Friedrich-Karl Zemke

Leucht Türme der Welt

Altertum
Britische Inseln · Norden
Ostsee mit Kattegat

Band 1

Koehlers Verlagsgesellschaft mbH
Herford

Bildnachweis:

Ryszard Bartoszuk, Danzig (1)
Dr. Werner Berthold, Leverkusen (9)
Peter Bish, Binfield, England (1)
Commissioners of Irish Lights, Dublin (1)
Deutsche Fototek Dresden (1)
Farvandsdirektoratet, Kopenhagen (5)
Chris Foulds, Crosby/Liverpool (2)
Barry G. Hawkins, Bradford-on-Avon, England (1)
J. G. Herder-Institut, Marburg (1)
Egbert Koch, Hamburg (1)
Hermann Lückert, Mönkeberg (2)
Armas Luige, Tallinn/Reval (7)
Hans-Joachim Luttermann, Rostock (2)
Merenkulkuhallitus, Helsinki (5)
Ansichtskarten-Verlag Mielck, Kiel (1)
Inge und Reinhard Nerlich, Hamburg (8)
Christhoper Nicholson, Bridgewater, England (4)
Northern Lighthouse Board, Edinburgh (7)
Botho v. Radowitz, Hamburg (1)
Sjöfartsverket, Norrköping, Schweden (13)
Karl Rainer Spitzer, Solingen (3)
Trinity House Lighthouse Service, London (8)
Wasser- und Schiffahrtsverwaltung der Bundesrepublik Deutschland (3)

Alle übrigen Abbildungen sind Fotos, Skizzen und Aquarelle oder Archivstücke des Verfassers

Das Bild auf der Vorderseite des Schutzumschlages zeigt den englischen Leuchtturm **Skerries** (Foto Chris Foulds).

Die Abbildungen auf der Rückseite des Schutzumschlages zeigen oben links den **Pharos** von Alexandria, oben rechts den **Torre de Hercules** (Spanien), in der Mitte die Leuchttürme **Cordouan** von 1611 (Frankreich) und **Longships** (England), unten die Leuchttürme **Beachy Head** (England) und **Feistein** (Norwegen).

Die Deutsche Bibliothek – CIP-Einheitsaufnahme

Leuchttürme der Welt / Friedrich-Karl Zemke.–
Herford: Koehler
NE: Zemke, Friedrich-Karl
Bd. 1: Altertum – Britische Inseln – Norden – Ostsee mit Kattegat. – 1992
ISBN 3-7822-0537-5

ISBN 3 7822 0537 5; Warengruppe Nr. 41

Schutzumschlag- und Innentitelgestaltung:
Regina Meinecke, Hamburg, unter Verwendung der o.g. Abbildungen
Produktion: Christine Detring und Heinz Kameier
Gesamtherstellung: Graphischer Betrieb Ernst Gieseking GmbH, Bielefeld
Printed in Germany

Definition einiger Begriffe:

Höhe

(eines Leuchtturmes) = Maß vom Erdboden, bei Türmen im Wasser vom Meeresspiegel (mittl. Wasserstand bzw. mittl. Tidehochwasser) bis zur Dachspitze. Früher galten allerdings in den einzelnen Ländern nicht nur unterschiedliche Meßgrundlagen, z. B. vom Erdboden bis Oberkante Mauerwerk oder bis zur Feuerebene, sondern auch unterschiedliche Maßeinheiten, wie Fuß oder Elle. Um Vergleiche zu ermöglichen, wurden hier alle Werte auf die o. a. Norm in Meter umgerechnet oder durch Schätzung ermittelt.

Feuerhöhe

= Höhe der Lichtquelle über dem Meeresspiegel.

Tragweite

= größte Entfernung, aus der ein Leuchtfeuer bei Dunkelheit und normaler Sicht mit bloßem Auge gerade noch gesehen werden kann, gemessen in Seemeilen (sm).

Nenntragweite

= Tragweite bei bestimmten, international festgelegten Sichtigkeitswerten.

Kerze

= Einheit der Lichtstärke einer Flamme, die auf einem Docht unter genormten Bedingungen brennt (1948 durch den Begriff »Candela« ersetzt, hier jedoch weiterhin mit dem allgemeinverständlichen Wort »Kerze« bezeichnet).

Baujahr

= Jahr der Erbauung, sofern das Feuer noch vor Jahresende in Betrieb genommen wurde. Hat sich die Erbauung über mehr als ein Jahr erstreckt, gilt in der gesamten Fachliteratur das Jahr der Inbetriebnahme, selbst wenn diese z. B. Anfang Januar erfolgte. Genaugenommen versteht man also unter diesem Begriff das Jahr der Inbetriebnahme und nicht das Baujahr.

Inhaltsverzeichnis

Verzeichnis der Lageskizzen

Leuchtturm **Ostia,**
gesehen von der Hafenseite (Rekonstruktion)

Einführung in das Gesamtwerk

Seefahrt ist nur mit Orientierungshilfen möglich. Die ersten Seefahrer und Fischer konnten sich lediglich nach markanten Objekten an Land, nach sog. Landmarken richten. Dies waren Berggipfel und Hügel, Dünen, Felsen, hohe Bäume, später auch von Menschenhand geschaffene Bauten, wie Kastelle, Tempel, Kirchtürme oder Windmühlen. Seit fast 3000 Jahren werden an weit sichtbaren Stellen der Seewege und Küsten sogar besondere Markierungszeichen errichtet, vornehmlich Spitztürme und Baken. Und immer noch richtet sich zumindest die Kleinschiffahrt nach solchen Landmarken, jetzt auch Seezeichen genannt.

Die größte Rolle spielt hierbei die Beobachtung durch das menschliche Auge. Was es bei Tage sehen kann, versinkt jedoch abends in Dunkelheit. Deshalb fand die Schiffahrt zunächst lediglich bei Tage und in Küstennähe statt. Nur verspäteten Fischern wurde notfalls mit einfachen Feuern am Anlegeplatz heimgeleuchtet.

Mit wachsender Bedeutung des Seehandels, auch zu entfernteren Häfen, entstand allmählich die Notwendigkeit, nachts weiterzusegeln. Mehr und mehr Seefahrer bekamen ein Interesse daran, sich auch bei Dunkelheit orientieren zu können. Dafür kamen damals nur offene leuchtende Feuer in Frage. Sie wurden zunächst vorwiegend an Hafeneinfahrten, Flußmündungen, Landspitzen und besonders gefährlichen Küstenpunkten der Seewege eingerichtet. Meist ließ man sie auch bei Tage nicht ganz ausgehen, damit die Rauchwolke weithin sichtbar war.

Schon im Altertum begann man, solche Leuchtfeuer auf Türme zu verlagern, die dann auch als Tagesmarke dienten. So entstanden die Leuchttürme, deren Geschichte hier geschildert werden soll.

Die Seewege der Ägypter und Griechen führten zunächst vorwiegend durch das östliche Mittelmeer bis hin zu den westlichen Küsten des Schwarzen Meeres, die Seewege der Phönizier hauptsächlich durch das westliche Mittelmeer. Besonders die Römer weiteten dann den Handelsverkehr erheblich aus und erschlossen die Seewege durch die Meerenge von Gibraltar um Spanien herum bis zum Englischen Kanal und zur Rheinmündung.

Die Geschichte der antiken Leuchttürme folgt nun recht genau der Entwicklung der Schiffahrt – nur mit zeitlichem Abstand.

Nach dem Verfall des Römischen Reiches dauerte es Jahrhunderte, bis wieder kühne Seefahrer begannen, in ferne Regionen zu segeln.

Diesmal machten vornehmlich Nordeuropäer mit der Erschließung von Ostsee, Nordsee und Nordatlantik den Anfang. Ihnen folgten die großen Entdecker aus weiteren Küstenländern Europas mit ihren Fahrten nach Amerika, Südafrika, Indien – bis schließlich dem Portugiesen Magellan 1519–1522 die erste Weltumseglung gelang. Nun entwickelte sich die Schiffahrt mit Riesenschritten weiter.
Und abermals folgte die Errichtung von Leuchttürmen der Erschließung von Seewegen an den Küsten, nun aber allmählich auch außerhalb der Alten Welt.
Eine offizielle Definition für den Begriff »Leuchtturm« gibt es übrigens nicht. Im allgemeinen versteht man darunter alle ortsfesten Träger von Lichtzeichen für die Navigation. Neben diesen reinen Zweckbauten sind als Leuchtfeuerträger auch Kastell- und Festungstürme, Kirchtürme, Schloßtürme, Wassertürme, Monumente und Hochhäuser benutzt worden.
Leider ist die Sichtbarkeit aller Seezeichen, natürlich auch der Leuchttürme, von wetterbedingten Faktoren abhängig. Falsche Standortbestimmung aufgrund schlechter Sichtverhältnisse ist die Ursache unzähliger Schiffskatastrophen. Erst im 20. Jahrhundert gelang die Erfindung von technischen Einrichtungen zur Schiffslenkung, die ohne optische Zeichen auskommen, z. B. Funkfeuer, Radar und Satellitennavigation. Diese Verfahren ermöglichen heute sowohl eine exakte Standortbestimmung auf See als auch die Ansteuerung von Häfen ohne jede Sicht. Immer mehr vorhandene Leuchttürme werden zusätzlich mit solchen Einrichtungen ausgerüstet, neue Türme oft nur noch als Träger dafür errichtet. Die bisherigen sichtbaren Strahlen werden durch unsichtbare ergänzt oder schon ganz ersetzt. Deshalb wird ein Leuchtturm-Veteran nach dem anderen überflüssig und außer Dienst gestellt. Viele von ihnen gelten bereits als maritimes Denkmal. So neigt sich die zweieinhalbtausendjährige Geschichte der Leuchttürme langsam ihrem Ende zu und wird allmählich Nostalgie. Blenden wir also zurück und lassen diese Geschichte hier noch einmal in Wort und Bild ablaufen.

Im **Band 1** werden zunächst die Leuchttürme der Antike und des Mittelalters bis zum 17. Jahrhundert vorgestellt. Es folgt der erste Teil des Kapitels »Weiterentwicklung in Europa«, in dem Ausbau und Perfektionierung der Leuchtfeuernetze geschildert werden.

Im **Band 2** wird das Kapitel »Weiterentwicklung in Europa« fortgesetzt. Ein gesondertes Kapitel ist der lichttechnischen Entwicklung gewidmet.

Band 3 enthält die Leuchtturmgeschichte von Afrika, Asien, Australien, Ozeanien und Amerika bis zum heutigen Stande. Den Schluß bilden Schrifttum, Register sowie Leuchtturm-Index für alle drei Bände.

Historische Entwicklung in der Alten Welt

Dieser Teil des ersten Bandes ist in die drei folgenden Abschnitte gegliedert:

- Die Leuchttürme der Antike
- Neubeginn im Mittelalter
- Die europäischen Leuchttürme des 17. Jahrhunderts

Die Zeit bis zum 17. Jahrhundert wurde bewußt gewählt, weil sich die Leuchtfeuergeschichte bis dahin im wesentlichen noch auf die Alte Welt beschränkte.

Die Leuchttürme der Antike

Aufstieg und Untergang

Hier standen sie:

Griechenland
Hellespont/Dardanellen
Bosporus
Schwarzes Meer
Ägäis
östliches Mittelmeer
Thyrrenisches Meer
Straße von Messina
Adria
Nordküste Afrika
Ligurische Küste
französische Mittelmeerküste
spanische Mittelmeerküste
spanische Atlantikküste
französische Atlantikküste
englische Kanalküste
Rheinmündung

Die Errichtung der ersten Leuchttürme wird den Griechen zugeschrieben. In der Zeit von etwa 800 bis 450 v.Chr. hatten sie ihre Macht auf Länder und Inseln rund um die Ägäis ausgedehnt und die Schiffahrt durch Befestigungen an strategisch wichtigen Punkten gesichert. Auf Kastellen an der Küste und auf Molenköpfen haben sie wohl auch die ersten Orientierungsfeuer eingerichtet.
Die früheste Erwähnung von nächtlichen Feuern für die Schiffahrt stammt aus dem 8. Jahrhundert v.Chr. von Homer, leider ohne nähere Angaben.
In **Piräus,** dem Hafen von Athen, wurden Reste von zwei Leuchtsäulen gefunden, die möglicherweise schon um 400 v.Chr. die Einfahrt nachts markiert haben. Gemäß Schilderung mehrerer antiker Schriftsteller sollen bereits lange vor der Zeitrechnung zwei Feuertürme auch die Einfahrt zum Hellespont (heute Dardanellen) flankiert haben, einer auf europäischer Seite bei **Sestos,** der sog. »Turm der Hero«, einer auf asiatischer Seite bei **Abydos** (heute Cap Nagara), nicht weit vom historischen Troja.

Medaille von Abydos (nach der Sage von Hero und Leander: in Heros Hand strahlt die Lampe, welche dem nächtlichen Schwimmer den Weg weisen sollte)

Da man vom Ägäischen zum Schwarzen Meer noch durch den Bosporus fahren muß, waren auch hier an der engsten Stelle, vermutlich etwa zur gleichen Zeit Leuchttürme errichtet worden, ebenfalls einer auf europäischer Seite in **Byzantium** (später Konstantinopel, heute Istanbul), einer gegenüber auf asiatischer Seite bei **Chrysopolis** (Skutari, heute Istanbul-Üsküdar).
Wahrscheinlich sind später einige dieser Türme von den Römern restauriert oder durch Neubauten ersetzt worden. Einen völlig neuen Leuchtturm sollen sie jedenfalls in **Panium** an der Einmündung des Bosporus in das Schwarze Meer gebaut haben. Noch am Ende des 16. Jahrhunderts wurde er – nun sogar mit einer Glaslaterne – als in Betrieb befindlich angetroffen.

Relief auf einer antiken Lampe

Medaille mit Abbild eines Leuchtturms

Antiker Holzleuchtturm mit Fackel

Sicherlich hat es damals auch an den Küsten des Schwarzen Meeres etliche Leuchtfeuer gegeben. Überliefert ist aber nur, daß eines östlich vom Bosporus in **Heraclia Pontica** (heute Ereğli) am Westrand des Pontischen Gebirges gebrannt hat, ein anderes nordwestlich von Byzanz in **Timeae,** möglicherweise auf einem relativ hohen Turm. Der Name **Neoptolemi Turris** (an der Dnjestr-Mündung) deutet ebenfalls auf die frühere Existenz eines römischen Turmes, vielleicht eines Leuchtturmes hin.
Die Navigation in der Ägäis mit ihren zahllosen Felseninseln stellte für die damalige Zeit ein großes Problem dar. Wahrscheinlich um etwa auf halbem Wege von Süd nach Nord oder umgekehrt eine schützende Bucht anlaufen zu können, wurde in **Smyrna** (türkisch Izmir) ein Leuchtfeuer eingerichtet. Aber auch an anderen Häfen Kleinasiens, so in **Attaleia** (heute Antakya), **Pitane** (gegenüber Lesbos), **Aegeae** am Golf von Iskenderun (bei Issos), **Patara** (östlich Rhodos) und **Laodicea** (heute Lattakia) sollen Feuer gebrannt haben.
Aber zuverlässig sind all diese überlieferten Angaben nicht, allein schon deshalb, weil es in keiner damaligen Sprache bereits ein Wort für Leuchtturm oder Leuchtfeuer gab. Dafür waren jedoch auf einigen Münzen und Medaillen Türme mit Feuer abgebildet.

Der Pharos von Alexandria

Alexandria war einst Mittelpunkt der griechischen Kultur in Ägypten. Mit seinem natürlichen Hafen am Nil-Delta verfügte die Handelsstadt zwischen Morgenland und Abendland über bedeutenden Schiffsverkehr. Ein Nachfolger des Stadtgründers Alexander d. Gr., Ptolomäus II. (Philadelphos) befahl, auf der vorgelagerten Felseninsel Pharos einen Riesenturm zu errichten, der wohl hauptsächlich zur Verteidigung des Hafens dienen sollte. Zum Architekten bestimmte er den Griechen Sostratos aus Knidos. Dieser zog ganze Heerscharen von Sklaven heran, um die benötigten Unmengen an Steinen herbeizuschaffen, zu bearbeiten und aufzuschichten. Die einzelnen Elemente ließ er mit Metallankern verbinden. 17 Jahre (300 bis 283 v.Chr.) dauerte der Bau des Superturmes. Er gilt nicht nur als Siebentes Weltwunder der Antike, sondern auch als Symbol und Urbild aller Leuchttürme, weil er sogleich oder zumindest nach zwei bis drei

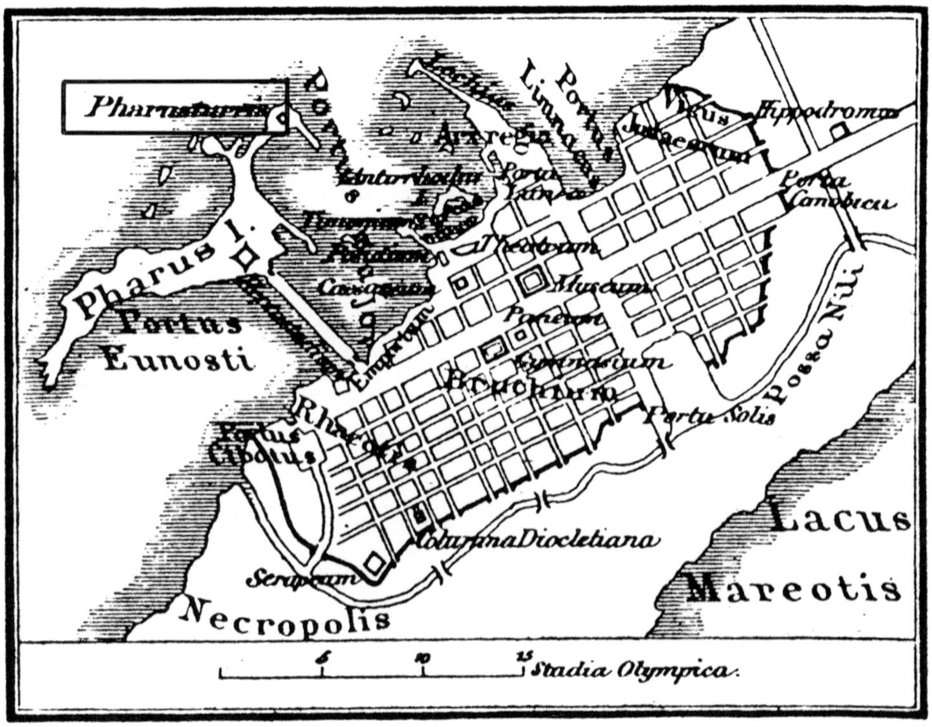

Das antike Alexandria

Kupferstich von 1870

Jahrhunderten mit einem Leuchtfeuer ausgestattet wurde. Zahlreiche Baumeister späterer Jahrhunderte sahen ihn als eine Art Prototyp an und ahmten ihn nach, wenn auch stets in verkleinerter Form. Von allen romanischen Sprachen wurde sein Name als Bezeichnung für Leuchtturm übernommen, als »phare«, »faro« oder »farol«.
Leider gibt es aus jener Zeit weder getreue Abbildungen noch genaue Beschreibungen des Turmes. Auch Darstellungen auf Münzen und Medaillen sind nur grob und keineswegs einheitlich. Lediglich aus Reiseberichten und Randbemerkungen arabischer und anderer Schriftsteller läßt sich ein Mosaik über Eigenschaften und Schicksal des Bauwerkes zusammensetzen. Danach muß der gewaltige Turmsockel vierkantig, sich nach oben verjüngend und etwa 75 m hoch gewesen sein, ein Mittelteil achteckig und etwa 35 m hoch, das Oberteil zylinderförmig, ca. 25 m hoch und gekrönt von der Statue des Sonnengottes Helios (Abb. Seite 17). Die Gesamthöhe betrug somit etwa 135 m. Zum Vergleich: Die größten ägyptischen Pyramiden waren 140 m hoch, aber damals schon 2000 Jahre alt. Es dauerte abermals 2000 Jahre bis wieder Bauwerke von solcher Höhe errichtet werden konnten.
Art und Dauer des Leuchtfeuer-Betriebes sind nicht genau bekannt. Sicher ist nur, daß ein Holz- oder Ölfeuer, abgesehen von einigen Unterbrechungen, jahrhundertelang gebrannt hat. Möglicherweise befand sich die Feuerstelle nicht auf der höchsten Plattform, sondern darunter im Turmschacht. So wurde der für die Stadt gefährliche Funkenflug vermieden, außerdem ließ sich hier die Luftzufuhr durch veränderliche Maueröffnungen regeln. Allerdings mußte der nach oben scheinende Lichtstrahl mittels einer Spiegeleinrichtung auf der höchsten Plattform in die Horizontale umgelenkt werden.
Durch häufige Restaurationsarbeiten gelang es fast tausend Jahre hindurch, den Verfall des Bauwerkes und Unterspülungen zu verhindern. 641 n.Chr. eroberten die Araber Alexandria. Sie bemühten sich nicht in gleichem Maße um die Erhaltung des Turmes. Um 700 stürzte das Oberteil ein, bei Erdbeben 956 und um 1100 auch das achteckige Mittelteil. Der verbliebene Unterbau wurde in eine Moschee umgewandelt. Ein Leuchtfeuer soll dann aber zeitweise noch bis etwa 1330 betrieben worden sein. Bei einem weiteren Erdbeben um 1350 brach dann schließlich nach über 1600 Jahren seit der Erbauung auch der massive Unterbau zusammen. Aus der gewaltigen Trümmermasse ließ ein türkischer Sultan 1477/78 das Fort Kait Bey erbauen, dessen umfangreiche Reste heute noch vorhanden sind. So endet die Geschichte des mächtigsten und höchsten Leuchtturms der Welt.
Um einem dringenden touristischen Bedürfnis abzuhelfen, soll der Riesenturm jetzt wieder erstehen – äußerlich möglichst naturgetreu, im Inneren allerdings mit modernen Hoteleinrichtungen. Von der Plattform aus wird eine phantastische Sicht über Alexandria garantiert.

Der **Pharos** *auf einer Münze (um 100 n.Chr.)*

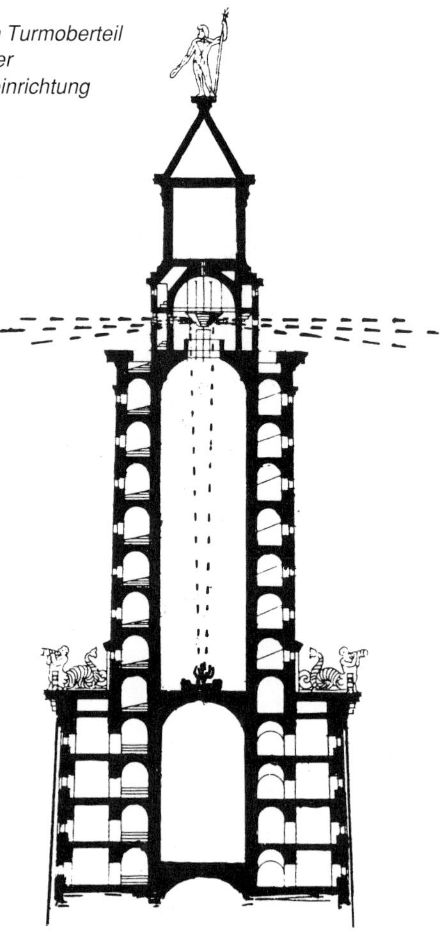

Schnitt durch Turmoberteil mit Innenfeuer und Spiegeleinrichtung

Der **Pharos** im Lauf der Jahrhunderte

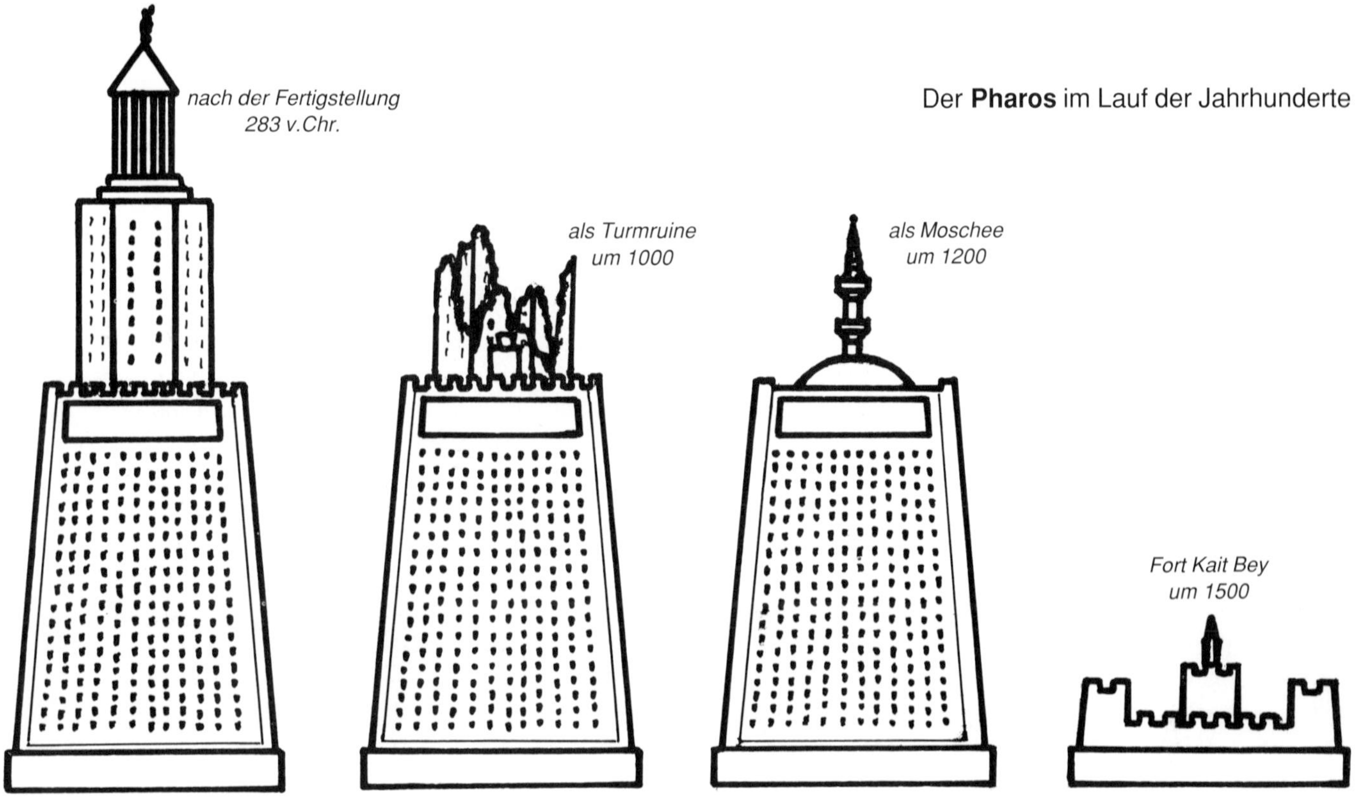

Der Koloß von Rhodos

Als Dank für die Errettung von Rhodos bei der Belagerung durch die Athener unter Demetrios beschlossen die Stadtväter die Errichtung einer Riesenstatue ihres Schutzgottes Helios. Von dem aus Lindos stammenden Bildhauer Chares wurde sie 292 bis 283 v.Chr. aus Bronze gefertigt, 34 m hoch, 20 Tonnen schwer, und auf einen Marmorsokkel gestellt. Die Figur muß so gewaltig gewirkt haben, daß sie als Koloß von Rhodos bekannt und zu den Weltwundern der Antike gezählt wurde.

Bereits nach 60 Jahren, 223 v.Chr., stürzte der Koloß bei einem Erdbeben um. Seine Bruchstücke sollen noch Hunderte von Jahren herumgelegen haben und zu besichtigen gewesen sein. Erst im 7. Jahrhundert n.Chr. entfernten die Araber alle Reste vom Sockel und transportierten das wertvolle Metall ab.

Die Annahme, die Figur habe mit gespreizten Beinen über der Hafeneinfahrt gestanden und ein Leuchtfeuer getragen, beruht auf falscher Auslegung der Weihinschrift durch mittelalterliche Historiker. Wie hätte auch das Feuer gewartet werden können, und wie hätten Segelschiffe mit ihren Masten die enge, niedrige Durchfahrt passieren können? Alle noch so wirkungsvollen Darstellungen entspringen daher reiner Phantasie. Wahrscheinlich hat die Statue an einer Hafenstraße gestanden, denn beim Einsturz sollen Häuser beschädigt worden sein.

Es wird wohl immer fraglich bleiben, ob der Koloß von Rhodos überhaupt in die Geschichte der Leuchttürme gehört.

Der fälschlich angenommene Standort über der Hafeneinfahrt

Ab etwa 250 v.Chr. rissen die Römer die Herrschaft im Mittelmeerraum und später in ganz Westeuropa an sich. Nun wurde Rom Mittelpunkt der damaligen Welt. Durch seine Schriftsteller erfahren wir auch einiges über Häfen, Küsten und Leuchttürme.
Da eine chronologische Aufzählung der Leuchttürme nach Erbauungsjahren wegen ungenauer oder fehlender Zeitangaben nicht möglich ist, erfolgt die Nennung nach regionalen Küstenabschnitten. Der Anfang sei gemacht mit den Leuchttürmen an den Häfen der Hauptstadt.

Der älteste Hafen von Rom lag an der natürlichen Tibermündung in **Ostia** und war vermutlich schon um 50 v.Chr. mit einem Wehr- und Leuchtturm ausgestattet worden. Als der Seehandel aufzublühen begann, reichte seine Kapazität bald nicht mehr aus. Außerdem versandete die Einfahrt durch Ablagerungen des Flusses im Laufe der Zeit so stark, daß sie von größeren Schiffen bald nicht mehr passiert werden konnte. Deshalb ließ Kaiser Claudius in den Jahren 42 bis 54 n.Chr. vier Kilometer nordwestlich einen neuen riesigen Hafen anlegen und durch einen Kanal mit dem bis Rom schiffbaren Tiber verbinden. Die Einfahrt sollte durch einen hohen Leuchtturm bezeichnet werden, und zwar mitten zwischen den weit ins Meer hinausragenden Molen im mehrere Meter tiefen Wasser. Dazu mußte eine künstliche Insel geschaffen werden, die zugleich als Wellenbrecher gedacht war. Die Erbauer lösten das Problem, indem sie ein großes Schiff – es hatte zuvor einen der schweren Obelisken von Ägypten nach Rom transportiert – an der vorgesehenen Stelle versenkten, mit Steinen füllen und darüber die Insel mit einer Plattform aufschütten ließen.
Darauf wurde dann der dicke, nach dem Vorbild des Pharos mehretagige, 35 m hohe Leuchtturm errichtet (Abb. auch Seite 6). Es handelte sich gewissermaßen um die erste Senkkastengründung, eine Methode, die übrigens noch heute angewendet wird. Der Turm trotzte im Jahre 62 n.Chr. dem Wellenansturm eines ungeheuren Orkans, bei dem sogar im Hafen 200 Schiffe vernichtet wurden. Erst im 15. Jahrhundert soll er eingestürzt sein, so gründlich war man bei seiner Erbauung vorgegangen. Aber auch dieser neue Hafen von Ostia versandete allmählich, weil sich die Küste immer weiter vorschob. Das gesamte Areal wurde zu Land. Heute befindet sich an der gleichen Stelle wieder ein Hafen Roms, aber der Flughafen.
Als Schiffshafen der Hauptstadt hatte schon damals das 50 km weiter nördlich gelegene **Centum Cellae** (heute Civitavecchia) immer mehr an Bedeutung gewonnen. Auch hier war ein Schiff zwischen den Molen versenkt, zur Insel aufgeschüttet und mit einem Leuchtturm gekrönt

*Der Hafen von **Ostia**; rechts der Leuchtturm, erbaut auf einem versenkten Schiff*

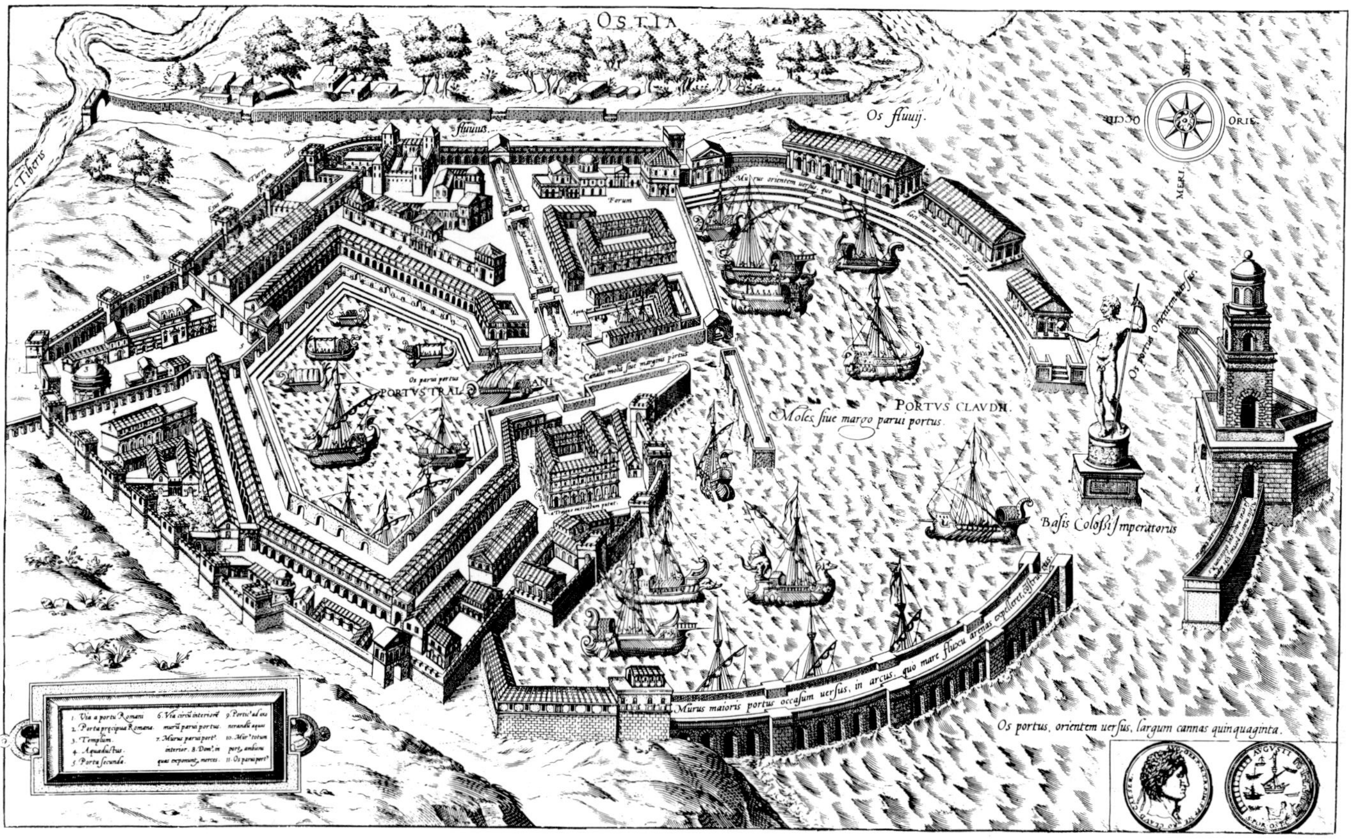

worden, der den Seefahrern viele Jahrhunderte lang leuchtete. Von ihm waren nur noch Trümmer vorhanden, als man 1616 daraus ein neues Leuchtfeuer einrichtete, das vierte an den Häfen von Rom.
Auch südlich von Rom, in **Terracina,** soll damals ein Leuchtturm gestanden haben.
Als strategisch günstigen und geschützten Stützpunkt für seine tyrrhenische Flotte hatte Kaiser Augustus schon vor der Zeitenwende die Bucht von Misenum im Golf von Neapel ausbauen und sichern lassen. Dazu gehörten auch Leuchttürme, und zwar je einer in **Misenum** (heute Miseno), im nahegelegenen **Baia** und in **Potuoli** (heute Pozzuoli). Eine ideale natürliche Landmarke am Golf von Neapel war außerdem der zeitweise sogar nachts leuchtende, 1280 m hohe Vesuv. Bei einem Ausbruch im Jahre 79 n.Chr. wurden die südwestlich und südlich gelegenen Städte Herculaneum, Pompeji und Stabiae verschüttet, während die westlichen Regionen mit Neapel und der Bucht von Misenum verschont blieben.
Im Süden wird der Golf durch die Felsennsel Capri (einst **Capreae**) begrenzt. Hier gab es damals einen Leuchtturm, über den einiges bekannt ist. Er wurde um 50 v.Chr. auf der hohen Nordostspitze errichtet, stürzte bei einem Erdbeben 37 n.Chr. ein, wurde aber wieder aufgebaut. Sein Sockel war quadratisch mit 12 m Kantenlänge, sein Aufsatz rund. Reste sind noch vorhanden, daher die genauen Maßangaben.
Mehrere Ortsnamen an italienischen Küsten beginnen mit »Torre«, was »Turm« bedeutet und den Schluß zuläßt, daß hier einst ein Turm gestanden hat, vielleicht sogar ein Leuchtturm.
Damit Schiffe die Durchfahrt zwischen der italienischen »Stiefelspitze« und Sizilien auch bei Dunkelheit finden konnten, wurde zwischen 100 und 60 v.Chr. an der engsten Stelle bei **Messana** (heute Messina) ein Leuchtturm erbaut, aber mehrmals durch Erdbeben beschädigt. Der Platz heißt heute noch »Punta del Faro«, und es steht dort ein Nachfolger. Als sicher gilt, daß auch die andere Seite der Straße von Messina bei **Rhegium** (heute Reggio di Calabria) durch ein Leuchtfeuer markiert war.

Nun zur Adria. Belegt ist die damalige Existenz eines Leuchtturmes am Absatz des italienischen Stiefels in **Brindisium** (heute Brindisi). Außerdem gibt es zuverlässige Nachricht von zwei Leuchttürmen im Mündungsgebiet des Po. Dort hatte Kaiser Augustus den damaligen Hafen **Classis** bei Ravenna zur Basis seiner Adria-Flotte gemacht und hier sowie in **Pomposa** – damals eine Insel

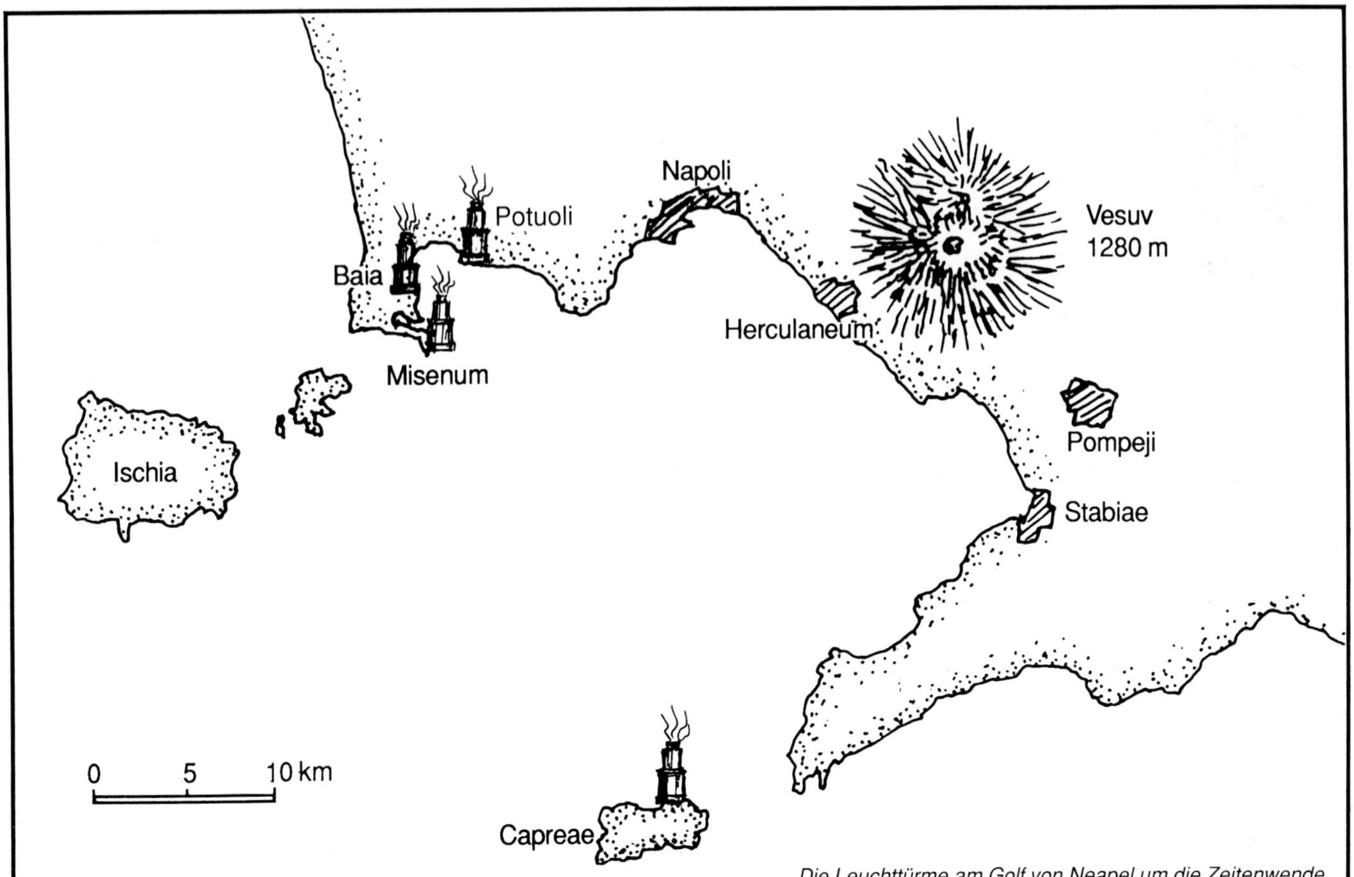

Die Leuchttürme am Golf von Neapel um die Zeitenwende

im Po-Delta – kurz vor der Zeitenwende je einen Leuchtturm errichten lassen. Beide Standorte liegen heute allerdings kilometerweit landeinwärts, weil sich die Küste in den vergangenen 2000 Jahren erheblich vorgeschoben hat. Der Glockenturm der Basilika von Pomposa wurde 1063 wahrscheinlich auf dem Fundament des alten Leuchtturmes errichtet. Im äußersten Norden der Adria, westlich von Triest, in **Aquileia,** heute ebenfalls schon weit landeinwärts, soll auch ein Leuchtfeuer gebrannt haben.
Weitere Leuchtturm-Standorte auf italienischer Seite der Adria sollen **Ariminium** (heute Rimini), **Ancona** und **Merinium** (am Sporn des italienischen Stiefels bei Vieste) gewesen sein, auf dalmatinischer Seite **Diadora** (heute Zadar), **Salona** (heute Solin bei Split) und **Dyrrhachium** (heute Durazzo/Durrës). In den meisten Fällen handelte es sich wohl um Kastelltürme, auf denen nur zeitweise bei Bedarf Leuchtfeuer brannten.
An der Nordküste Afrikas hatten die Phönizier 814 v.Chr. zur Sicherung der Schiffahrt im westlichen Mittelmeer **Karthago** gegründet, befestigt und wahrscheinlich schon früh mit einem Wehr- und Leuchtturm ausgestattet. Aber den Römern waren die Karthager ein Hindernis auf ihrem Wege zur Weltherrschaft. Deshalb zerstörten sie 146 v.Chr. die Stadt gründlich, wohl samt Leuchtturm. Später bauten sie dann ihren eigenen Feuerturm, achteckig und mit zwei Meter dicken Mauern, wie Ausgrabungen ergaben. Um 700 n.Chr. wurde Karthago noch einmal zerstört, diesmal von den Arabern, wohl auch samt Leuchtturm.
In **Leptis Magna** (150 km östlich Tripolis), einst auch von den Phöniziern gegründet, soll schon ein alter Leuchtfeuerturm gestanden haben, bevor die Römer um 200 n.Chr. den Hafen erweiterten und am Ende der Nordmole einen neuen imposanten Leuchtturm errichteten. Aus seinen Trümmern schloß man auf eine Höhe von 23 m. Vermutlich um die gleiche Zeit stand auch in **Caesarea** (heute Cherchel, westlich Algier) ein römischer Leuchtturm.

Die restaurierte »Lanterne d'Auguste« in Fréjus (einst **Forum Julii)**

Römischer Leuchtturm (nach einem alten Stich)

Auch an ihrem Flottenstützpunkt der ligurischen Küste **Forum Julii** (heute Fréjus) errichteten die Römer einen Leuchtturm. Da die Franzosen ihn »Lanterne d'Auguste« nannten, stammt er wahrscheinlich aus den Jahren um die Zeitenwende. Er hatte mehrere Etagen und eine Außentreppe. Als sich im Mittelalter die Küstenlinie durch Verschlammung immer weiter entfernte, wurde seine Leuchtfeuer-Einrichtung abgebaut und durch einen Spitzkegel als Tagesmarke ersetzt. Die restaurierte Ruine ist zu besichtigen.
Massilia (heute Marseille) soll damals auch schon mit einem Leuchtturm versehen gewesen sein, vermutlich auch **Albingaunum** (heute Albenga).
An der französischen und spanischen Mittelmeerküste hatten die Römer aber noch weitere Städte und Häfen gegründet oder besetzt, z. B. **Narbo Martius** (heute Narbonne, landeinwärts), **Emperion** (heute Amporias) und **Terraco** (heute Tarragona). Sicherlich hatten sie hier auch Leuchtfeuer unterhalten, vielleicht sogar noch weitere an diesem langen Küstenabschnitt; von ihnen ist jedoch nichts überliefert.
139 v.Chr. begannen die Römer ihren Krieg gegen die westiberischen Lusitaner mit einer siegreichen Schlacht ihres Heerführers Caepio. Etwa 40 Jahre danach erbauten sie an der klippenreichen Mündung des bis Hispalis (heute Sevilla) schiffbaren Guadalquivir einen Leuchtturm, den sie zu Ehren ihres Feldherrn **Turris Caepionis** nannten. Danach heißt noch heute der Ort Chipiona. In **Gades** (heute Cadiz) fanden sie einen phönizischen Leuchtturm vor, allerdings nur als Ruine. Entweder wurde er restauriert oder an der gleichen Stelle durch einen Neubau ersetzt. Jedenfalls waren die Mauern so dick, daß das Bauwerk anderthalb Jahrtausende überdauerte.

Der **Pharos** *in der Vorstellung des Verfassers*

Torre de Hercules *bei La Coruña, Spanien, heute ältester in Betrieb befindlicher Leuchtturm der Welt*

Torre de Hercules

An der Nordwest-Ecke von Spanien, in **Julio Briga,** auch Brigantinum genannt, bei der heutigen Hafenstadt La Coruña ließen die Römer vor rund 1.900 Jahren einen Turm errichten, auf dem wahrscheinlich von Anfang an ein Leuchtfeuer brannte. Er diente ihnen als Orientierungspunkt auf dem Seewege zum Englischen Kanal, vielleicht auch zu militärischen Zwecken.

Mit der Geschichte des Turmes und der Stadt sind zahlreiche Überlieferungen verbunden, in denen sich Legende und Wahrheit nicht mehr genau voneinander trennen lassen. So wird in einer spanischen Chronik aus dem Jahre 1255 die Erbauung des Turmes dem griechischen Helden Herkules zugesprochen. Dieser soll in einer drei Tage währenden Schlacht den Riesen Geryon besiegt haben; anschließend habe er den hohen Turm errichten und in dessen Fundament den Schädel des Geryon einmauern lassen. Die Chronik führt weiter an, daß mit diesem Ereignis die Gründung der Stadt »Crunna« verknüpft sei, deren Name sich von einer ersten sagenhaften Bewohnerin, die Herkules geliebt habe, herleitet. Sie berichtet weiterhin über das außergewöhnliche Alter des Bauwerkes und über die seltsamen Eigenschaften eines Wunderspiegels, der sich auf der Spitze vorgefunden habe und imstande gewesen sein soll, auf dem Meere fahrende Schiffe aus beträchtlicher Entfernung anzuzeigen. An anderer Stelle führt die Chronik Cäsar an; er sei nach Galizien an einen Ort namens »la Crunna« gekommen und hätte den von Herkules errichteten, inzwischen größtenteils eingestürzten Leuchtturm erneuern lassen.

Cäsar war aber bekanntlich bereits 44 v.Chr. ermordet worden. Nach neueren Forschungen fällt die Erbauung des Turmes in die Regierungszeit des römischen Kaisers Trajan (98–117 n.Chr.). Jedenfalls hatte sich der Name **Torre de Hercules** schon früh eingebürgert.

Der quadratische, auch innen stark ausgemauerte Granitturm war zunächst etwa 35 m hoch. Aus alten Darstellungen geht hervor, daß außen ein rampenartiger Aufgang emporführte. Wie dies baulich gelöst war, ist bis heute nicht ergründet, ebenso rätselhaft blieb, wie damals derartig fester Mörtel hergestellt werden konnte. Jedenfalls erwies sich das Bauwerk mit seinen 1,5 m dicken Mauern als so dauerhaft, daß ein Verfall erst nach über tausend Jahren einsetzte. Davon war zunächst die Außenrampe betroffen, deren Steine herabfielen, so zahlreich, daß damit Straßen gepflastert werden konnten. Im 16. Jahrhundert stand nur noch eine Ruine, die Vögeln als Nistplatz diente.

Eine 1682 bis 1685 durchgeführte Restaurierung rettete den Turm zunächst vor weiterem Verfall. Da die Wiederherstellung der Außenrampe zu aufwendig schien, installierte man eine hölzerne Innentreppe, wofür allerdings die Tonnengewölbe durchbrochen werden mußten. Ab 1685 diente er wieder als Leuchtturm, zunächst mit Öllampen auf zwei Ecktürmchen, von denen eines jedoch bald wieder einstürzte. Offenbar war man nicht sorgfältig ge-

Torre de Hercules

nug vorgegangen, denn nach relativ kurzer Zeit drohte erneute Baufälligkeit, so daß eine zweite, gründlichere Renovierung nötig wurde.
In den Jahren 1785 bis 1791 erhielt der Turm unter Wahrung der ursprünglichen Stilelemente eine mit Metallankern in den Altkern eingebundene Granitverkleidung von 60 cm Stärke, eine steinerne Innentreppe und einen achteckigen Aufsatz. Seitdem blieb seine äußere Form unverändert, nur die bald nach dem Umbau aufgesetzte Riesenlaterne wurde 1847 durch das heutige Oberteil mit einer weittragenden Linsenoptik ersetzt.
Seine Höhe beträgt jetzt 49 m, seine Feuerhöhe 106 m ü.M., da er auf einem Hügel steht. Die ihn umgebende Plattform entstand 1861, das angrenzende, zweistöckige Wohngebäude für die Wärter 1956.
Es handelt sich um den ältesten, noch in Betrieb befindlichen Leuchtturm der Welt.

Blick von innen auf die ursprüngliche Außenwand des **Torre de Hercules** *mit aufwärts führenden Quadern, möglicherweise Teile der ehemaligen Rampe*

Der Hafen **Gesoriacum** (später Bononia genannt, heute Boulogne-sur-Mer) an der Straße von Dover wurde von den Römern als Sprungbrett nach England benutzt. Um 40 n.Chr. ließ Kaiser Caligula dicht an der Steilküste den »Turris ordens« (französisch »Tour d'ordre«) als Wehr- und Leuchtturm errichten. Mit seinen 12 achteckigen, sich nach oben verjüngenden Etagen aus abwechselnd gelben und roten Ziegeln soll er sehr hübsch ausgesehen haben. Bei etwa 38 m Turm- und 64 m Meereshöhe war sein Feuer weit zu sehen. Nach Abzug der Römer verfiel er allmählich – bis Karl d. Gr. ihn 810 ausbessern und zumindest vorübergehend wieder in Betrieb nehmen ließ. In den Jahren ihrer Herrschaft über Boulogne ließen die Engländer 1545 um ihn herum ein Kastell bauen. Nachdem die Abbruchkante der Steilküste immer näher herangerückt war, stürzte der Turm 1644 ein.

Der römische Leuchtturm zu **Boulogne** *(Skizze nach alten Stichen)*

Nach der Eroberung Südenglands bauten die Römer etwa 50 n.Chr. auf einem 120 m hohen Kreidefelsen nördlich ihres Hafens **Dubra** (heute **Dover**) ein Kastell mit einem achteckigen Leuchtturm. Aufgrund seiner soliden Bauweise steht der Turm immer noch und gilt heute als das älteste Bauwerk Englands. Im Mittelalter nutzte man ihn als Kirch- und Wachturm der dort inzwischen entstandenen Normannenburg Dover-Castle, zeitweise auch wieder als Leuchtturm.

Auf dem Festland drangen die Römer schon im 1. Jahrhundert v.Chr. bis zum heutigen Holland vor und begannen mit großangelegten Kanalisierungen. So verbanden sie auch den Rhein mit der Maas und errichteten an der damaligen Mündung des Alten Rheins einen Hafen, den sie – wahrscheinlich nach ihrem Kaiser Caligula – **Calla** (heute **Katwijk**) nannten. 47 n.Chr. sollen sie dort auch einen Leuchtturm gebaut haben, damit ihre aus England zurückkehrenden Schiffe die Rheinmündung besser finden konnten.

Die vorstehend aufgeführten Leuchttürme sind sicher nicht die einzigen der Antike gewesen. Denn wahrscheinlich hat zumindest jede bedeutende Seestadt ihren Leuchtturm gehabt, nur wurde in vielen Fällen nichts davon überliefert.

Mit dem Untergang der römischen Herrschaft zu Lande 400 bis 600 n.Chr. verfiel auch ihre Herrschaft zur See. Auf den Meeren und an den Küsten begann eine Zeit der Gesetzlosigkeit. Piraterie und nächtliche Überfälle häuften sich. Die Küstenbewohner hatten natürlich kein Interesse daran, ungebetenen Gästen auch noch nächtliche Orientierungshilfen zu geben. So brannte bald kein Leuchtfeuer mehr, einige Leuchttürme wurden sogar absichtlich zerstört, andere verfielen.

Die Leuchttürme der Alten Welt hatten aufgehört zu existieren.

Der römische Leuchtturm bei **Dover**

damals (Rekonstruktion)

heute

Die Leuchttürme der Antike
(überliefert oder vermutet)

Standort		Bereich	Errichtung ca.	Bemerkungen
alter Name	jetziger Name			
Piräus	Piräus	Griechenland	400 v. Chr.	
Sestos	–	Dardanellen	v. Chr.	Turm der Hero
Abydos	Cap Nagara	Dardanellen	v. Chr.	
Byzantium	Istanbul	Bosporus	v. Chr.	
Chrysopolis	Istanbul-Üskudar	Bosporus	v. Chr.	
Panium	–	Schwarzes Meer	um 0	
Heraclia Pontica	Ereğli	Schwarzes Meer	v. Chr.	
Timeae	–	Schwarzes Meer	v. Chr.	
Neoptolemi Turris	–	Schwarzes Meer	?	
Smyrna	Izmir	Ägäis	v. Chr.	
Pitane	–	Ägäis	?	
Patara	–	östl. Mittelmeer	?	
Attaleia	Antakya	östl. Mittelmeer	?	
Aegeae	–	östl. Mittelmeer	v. Chr.	
Laodicea	Lattakia	östl. Mittelmeer	?	
Alexandria	Alexandria	östl. Mittelmeer	283 v. Chr.	Pharos
Rhodos	Rhodos	östl. Mittelmeer	283 v. Chr.	Koloß von Rhodos
Ostia	Ostia	Tyrrhenisches Meer	50 v. Chr.	50 n. Chr. verlegt
Centum Cellae	Civitavecchia	Tyrrhenisches Meer	100 n. Chr.	
Misenum	Miseno	Tyrrhenisches Meer	10 v. Chr.	
Baia	Baia	Tyrrhenisches Meer	10 v. Chr.	
Potuoli	Pozzuoli	Tyrrhenisches Meer	10 v. Chr.	
Capreae	Capri	Tyrrhenisches Meer	50 v. Chr.	
Terracina	Terracina	Tyrrhenisches Meer	?	
Messana	Messina	Straße von Messina	80 v. Chr.	
Rhegium	Reggio di Calabria	Straße von Messina	?	
Brindisium	Brindisi	Adria/ ital. Küste	?	
Classis	Classe	Adria/ ital. Küste	10 v. Chr.	heute landeinwärts
Pomposa	Pomposa	Adria/ ital. Küste	10 v. Chr.	heute landeinwärts
Aquileia	Aquileia	Adria/ ital. Küste	?	heute landeinwärts
Ariminium	Rimini	Adria/ ital. Küste	?	
Ancona	Ancona	Adria/ ital. Küste	?	
Merinium	–	Adria/ ital. Küste	?	
Diadora	Zadar	Adria/dalmatin. Küste	?	
Salona	Solin	Adria/dalmatin. Küste	?	
Dyrrhachium	Durazzo/Durrës	Adria/dalmatin. Küste	?	
Karthago	Karthago	Nordküste Afrika	v. Chr.	
Leptis Magna	–	Nordküste Afrika	50 n. Chr.	um 200 neuer Turm
Caesarea	Cherchel	Nordküste Afrika	n. Chr.	
Albingaunum	Albenga	ligurische Küste	?	
Forum Julii	Fréjus	franz. Mittelmeerküste	um 0	Rekonstruktion vorhanden
Massilia	Marseille	franz. Mittelmeerküste	?	
Narbo Martius	Narbonne	franz. Mittelmeerküste	?	heute landeinwärts
Emperion	Amporias	span. Mittelmeerküste	?	
Terraco	Tarragona	span. Mittelmeerküste	?	
Turris Caepionis	Chipiona	span. Atlantikküste	100 v. Chr.	
Gades	Cadiz	span. Atlantikküste	v. Chr.	
Julio Briga	La Coruña	span. Atlantikküste	100 n. Chr.	Torre de Hercules
Gesoriacum	Boulogne-sur-Mer	franz. Kanalküste	40 n. Chr.	Tour d'ordre
Dubra	Dover	engl. Kanalküste	50 n. Chr.	Ruine noch vorhanden
Calla	Katwijk	Rheinmündung	47 n. Chr.	

Die Leuchttürme der Antike

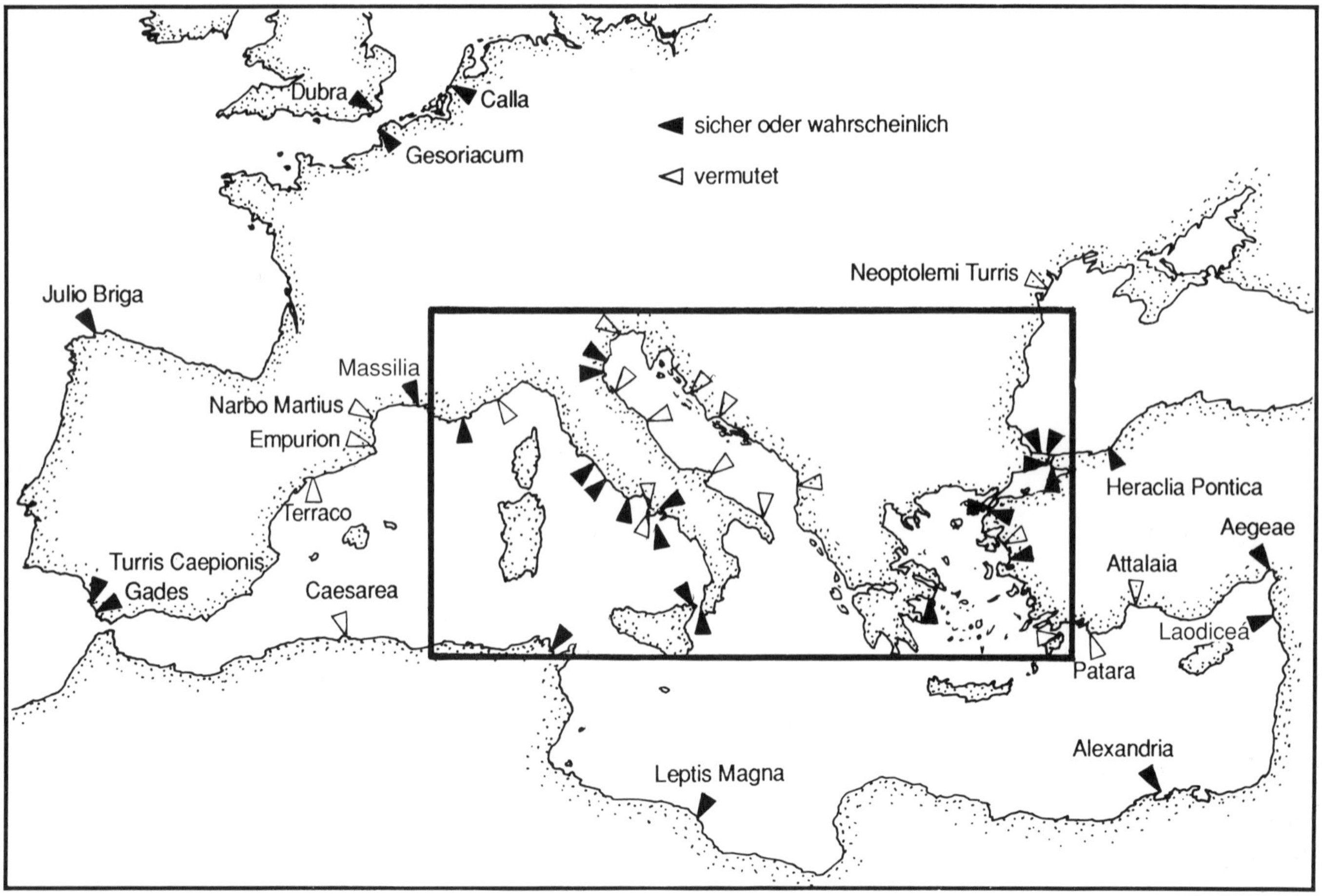

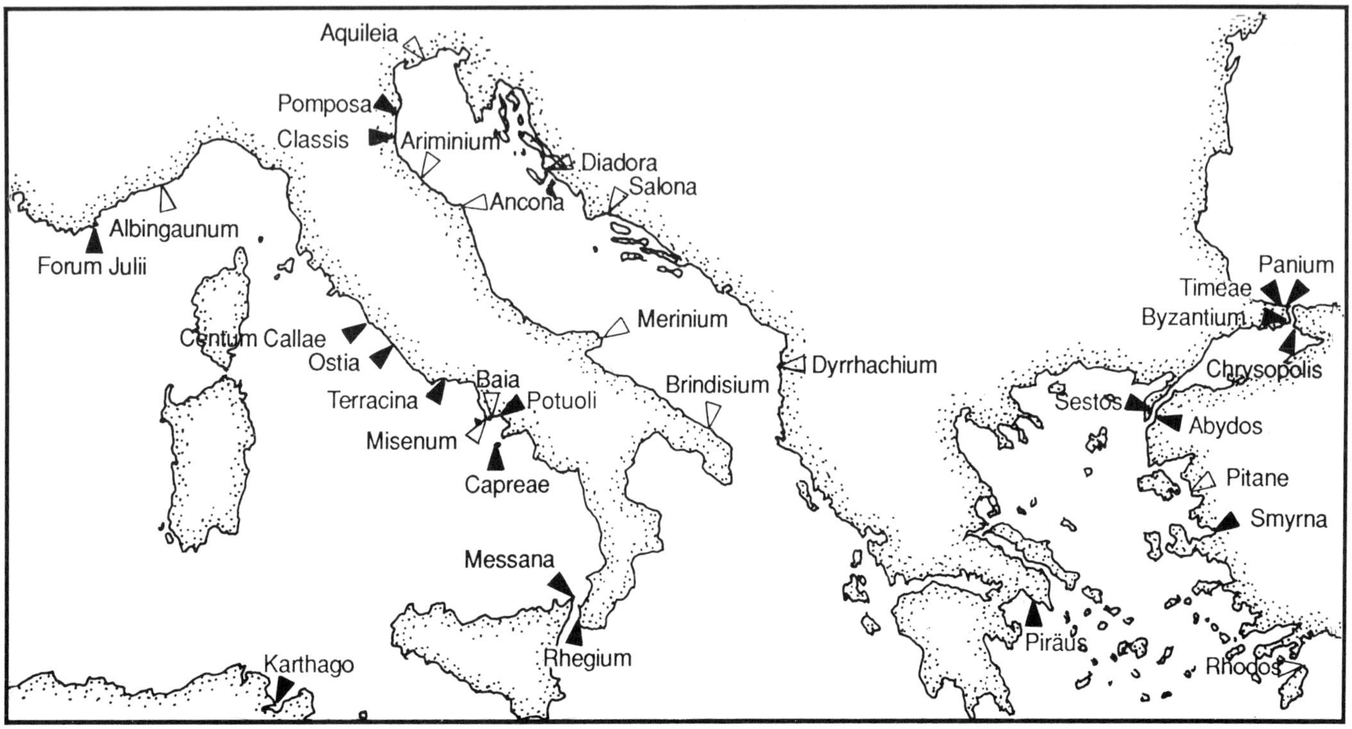

Neubeginn im Mittelalter

Erste Türme und Leuchtfeuer bis zum 16. Jahrhundert

Ältester Leuchtturm des Mittelalters, 1157/58 errichtet: **Meloria** *(hier der Nachbau von 1712)*

Die dunkle Zeit ohne Leuchttürme war auch ein dunkles Kapitel in der Geschichte der Seefahrt. Die Normannen, auch Wikinger genannt, kamen mit ihren kombinierten Segel/Ruderbooten aus Skandinavien, fuhren an den Küsten entlang bis zum Schwarzen Meer und viele Flüsse hinauf bis tief ins Land hinein. Sie überfielen die Ortschaften und verbreiteten Angst und Schrecken unter der Bevölkerung. Seeräuber trieben ihr Unwesen, überfielen die schwerfälligen Frachtschiffe, erschlugen die Besatzungen und raubten die Waren. Strandete ein Schiff, was besonders bei Sturm oder Dunkelheit häufig passierte, beschlagnahmte der Besitzer des Küstenabschnittes die gesamte Ladung. Für gewissenlose Leute hieß es in höchst frevelhafter Weise sogar »Gott segne unseren Strand«.

Das war das barbarische »Droit de Bris«, das sog. »Strandrecht«, das eigentlich »Strandunrecht« hätte heißen müssen.

Erst nach Jahrhunderten gelang es den staatlichen und kirchlichen Autoritäten, durch strenge Maßnahmen diesem Unwesen Einhalt zu gebieten und die friedliche Handelsschiffahrt allmählich wieder sicherer zu machen, nicht zuletzt durch Förderung des Seezeichenwesens.
Karl d. Gr. (768–814) machte den ersten Versuch, die Ordnung wieder herzustellen, indem er eine Flotte gegen die Seeräuber schickte. Auch ließ er Leuchtfeuer einrichten, u. a. auf den noch vorhandenen alten Leuchttürmen in La Coruña und Boulogne. Aber seine gutgemeinten Maßnahmen nutzten nicht viel, das Unrecht blieb, die Feuer gingen abermals aus.
Gegen Ende des 11. Jahrhunderts begann die Kirche als damals stärkste Macht, ihren Einfluß geltend zu machen. Sie bedrohte Piraterie und Ausübung des Strandrechtes mit schweren kirchlichen Strafen, so auch der Exkommunikation, und erklärte es als gottgefällige Aufgabe, das Unrecht auf den Meeren zu bekämpfen und den friedlichen Seefahrern zu helfen. So waren es denn auch vielerorts Mönche und Einsiedler, die durch Einrichtung und Unterhaltung von Laternenfeuern an ihren küstennahen Klöstern und Kapellen den Seeleuten die Orientierung zu erleichtern und sie vor Schiffbruch zu bewahren versuchten.
Bald darauf schlossen sich die weltlichen Mächte dem Vorgehen der Kirche an und erließen Seerechts- und Bergungsbestimmungen. Sie setzten ihre militärischen und rechtlichen Mittel ein und bedrohten Seeräuber sogar mit der Todesstrafe. Noch 1401 wurde Störtebeker hingerichtet.
Schließlich waren es die Kaufleute selber, die sich zu Schutzbündnissen zusammenschlossen, ihre Städte befestigten und ihre Schiffe bewaffneten. Zur größten Handelsmacht im Norden entwickelte sich unter Führung von Lübeck die im 12. Jahrhundert gegründete Hanse. Nun waren die Seewege sicherer geworden. Es wurden wieder Leuchttürme gebaut.
Die anfangs aus religiösen oder selbstlosen Motiven heraus eingerichteten Leuchtfeuer entsprachen allerdings nur in wenigen Fällen den Erfordernissen der Schiffahrt. Denn die Standorte von Klöstern und Kapellen waren schließlich nicht nach nautischen Gesichtspunkten ausgewählt worden. Die wieder aufblühende Schiffahrt wünschte sich ihre Orientierungshilfen natürlich vor allem an navigatorisch schwierigen Stellen, wie gefährlichen Hafenzufahrten und Meerengen. An welchen Stellen die ersten Leuchtfeuer des Mittelalters – sofern aufgrund der spärlichen Überlieferungen überhaupt noch feststellbar – dann tatsächlich eingerichtet worden sind, geht aus den Aufstellungen und Lageskizzen Seiten 26 bis 28 hervor.
Wer bezahlte nun die Einrichtung und Unterhaltung dieser ersten Leuchtfeuer? Ein unmittelbares Interesse an gekennzeichneten Seewegen und an nächtlicher Orientierung hatten zunächst Herrscher und Landesherren, die eine Flotte besaßen. Wie ihre Vorgänger in der Antike, so ließen auch sie jetzt Seebefestigungen, alte und neue Kastelltürme mit Leuchtfeuern ausstatten.
Später waren es die den lukrativen Seehandel betreibenden Kaufleute und Schiffseigner mit ihren Städten und Niederlassungen, z. B. Lübeck und Danzig, die um die Sicherheit ihrer Schiffe und Ladungen fürchteten. Außerdem waren die Schiffer selber bereit, etwas für ihre eigene Sicherheit zu opfern. Unter Ausnutzung dieser Bereitschaft wurde aus der anfänglich humanitären Aktion allmählich ein Geschäft.
Zunächst in England und Irland, später auch in anderen Ländern ließen sich clevere Privatleute von der Obrigkeit die Erlaubnis zur Erhebung von »Light-dues« (Feuergeld) erteilen und richteten dann möglichst schnell Leuchtfeuer an den genehmigten Stellen ein.
Die Höhe des Feuergeldes richtete sich nach Schiffsgröße bzw. Gewicht der Ladung. Die in der Konzession festgelegten Tarife waren von Fall zu Fall verschieden und später z. T. unverschämt hoch. Da ausländische Schiffe zeitweise wesentlich mehr zahlen mußten, gab es sogar internationale Verwicklungen.
Kassiert wurde im Zollhaus jedes angelaufenen Hafens. Weigerte sich ein Kapitän zu zahlen, wurde ihm mit Arrest oder Konfiszierung der Papiere, notfalls sogar mit Auslaufverhinderung gedroht.
Die kassierten Gelder wurden den Leuchtturm-Eignern anteilig zugestellt. Sie sollten eigentlich nur zur Deckung der Unterhaltskosten dienen, gingen aber oft weit darüber hinaus. Besonders hohe Erträge brachten natürlich Leuchttürme, die von vielen Schiffen passiert wurden, z. B. vor Liverpool. Für Dauernutzer gab es auch eine Art Abonnement.
Natürlich profitierte auch der Fiskus mit, denn die Obrigkeit verlangte von den Betreibern eine jährliche Konzessionsgebühr, in England »Crown Rent« genannt.

12. und 13. Jahrhundert

LT = Leuchtturm LF = Leuchtfeuer T = Turm F = Feuer

LF eingerichtet	Name/Standort	Turm- und Feuerart	Bemerkungen/Weiterentwicklung	Text/Abbildungen auf Seite ... bzw. in Band 2/...
1158	**Meloria** (Felseninsel 8 km vor Livorno)	Stein-T, 17 m, mit Öl-F	von Pisa errichtet, 1290 zerstört, 1304 auf T von **Magnale** verlegt (s. u.)	24, 33
ca. 1172	**Hook Point** (Süd-Irland)	Wehr- u. LT aus Stein mit offenem F	seit 17. Jh. mit Lat., noch in Betrieb, ältester LT der Brit. Inseln, 35 m	30, 35
ca. 1190	**Cap Peloro** (nordöstlich Messina, Sizilien)	unbekannt	Kreuzfahrer berichten von der Existenz eines LF, 1853 und 1884 jeweils neuer LT	2/105
1222	**Falsterbo** (SW-Spitze Schweden, damals dänisch)	T mit Holz-F, ab ca. 1630 Wipp-F	von Hansestadt Lübeck errichtet, seit 1795 schwedischer LT	30, 133, 2/128
ca. 1225	**Travemünde** (Vorhafen von Lübeck)	Stein-T mit Holz-F, 1539 erneuert, 30 m	von Hansestadt Lübeck errichtet, viele LF-Arten nacheinander, bis 1972 in Betrieb	30, 166, 2/128
ca. 1230	**Nidingen** (Kattegat, Schweden, damals dänisch)	Holz-F, ab 1624 Kohlenblüse	ab 1635 zwei Kohleblüsen (erstes Doppel-F der Welt), 1832 zwei Steintürme als Doppel-F, 1964 Beton-LT	134, 136
1230	**Kullen** (Nordende Øresund, Schweden, damals dänisch)	Holz-F, 1560 Stein-T mit erstem(?) Kohlenfeuer	1585 F auf neuen T verlegt, Kohlen-F(?), seit 1900 jetziger LT	31, 134, 136, 2/130
ca. 1240	**Köslin** (Kapelle auf Gollenberg, Ostpommern)	Lat. mit Metallspiegel, aufziehbar am Glocken-T	T 1532 abgebrochen. Der Hafen lag am Jamundersee, einst Meeresbucht	31
ca. 1246	**Tour de Constance,** Aigues-Mortes (Rhône-Delta)	LT mit Kerzenlat. auf dem 30 m hohen, dicken Stadtmauer-Eck-T	von Ludwig IX. erbaut, einst Startpunkt für Kreuzzüge, heute noch vorhanden, allerdings weit landeinwärts	31
1261	**Winchelsea** (Kloster nordöstl. Hastings, England)	unbekannt	Existenz erwiesen, da LF-Gebühren kassiert wurden	
1266	**Insel Lieps** (vor Wismar, heute nur noch Sandbank)	Kerzenlat.	von Hansestadt Wismar errichtet	
ca. 1270	**Hunstanton** (Norfolk, Ost-England)	T der St. Edmund's Chapel mit Kerzen-F	Wartung durch Einsiedler, ca. 1665 und 1778 jeweils neuer LT, letzterer noch erhalten	
1280	**Den Briel/Brielle** (Maas-Mündung)	2 Balkengerüste mit offenem F (»Vierboet«)	**Brielle-N** 1462 durch Stein-T ersetzt, ab Mitte 17. Jh. Kohle-F	32, 2/31
ca. 1284	**Nieuwpoort** (Yser-Mündung, Flandern)	2 Balkengerüste mit offenem F (»Vierboet«)	mehrmals abgebrannt, um 1400 Stein-T mit Schilfrohr-F, mehrere Nachfolger	32, 2/32
ca. 1290	**Tour du Guet,** Calais	Stein-F mit offenem F	1818 ersetzt, T noch vorhanden, 30 m	32

14. Jahrhundert

1304	**Magnale** (Insel in Leghorn-Bucht vor Livorno)	auf 1163 erbautem T offenes F, später Lat.	Ersatz für LT **Meloria** (s. o.), 1944 zerstört, 1956 wieder aufgebaut, 52 m	33, 2/107
1306	**Hiddensee** (Insel westlich Rügen), Südspitze	wahrscheinlich Holz-T mit Kerzenlat.	von Hansestadt Stralsund errichtet, bis 17. Jh. betrieben, Wartung durch Abt des Klosters St. Nicolai	
1312	**Venedig,** Lido-Hafen	Kirch-T St. Niccolo mit LF	Station für die Flotten der Kreuzzugfahrer	
ca. 1320	**St. Catherine's** (Südspitze Isle of Wight)	Kapellen-T mit Kerzen-F	F ca. 1530 eingegangen, 1785 und 1840 jeweils neuer LT	34, 115
1326	**Lanterna,** Genua	auf 1139 erbautem Stein-T offenes F	1512 z. T. zerstört, 1543/44 erneuert, höchster gemauerter LT der Welt, 70 m (ohne Laterne)	34, 36, 2/101, 2/107, 2/108, 2/128
1348	**Warnemünde**	Holz-T mit aufziehbarer Kerzenlat.	von Hansestadt Rostock errichtet, 1487 zerstört, 1588 neuer T, 1836 Ziehlat., seit 1898 jetziger LT	37, 165
ca. 1350	**Venedig,** Lido-Hafen	Kirch-T(?) St. Erasmo mit offenem F	wahrscheinlich zusätzliche Orientierungshilfe für Kreuzfahrer	
1360	**Cordouan** (Landzunge an Gironde-Mündung)	Stein-T, 16 m, mit offenem Holz-F	nach seinem Sieg über die Franzosen 1356 bei Poitiers vom »Schwarzen Prinzen« (Edward Prince of Wales) erbaut, 1611 durch Prachtbau ersetzt	46, 47, 53, 2/128, 2/138, 2/241
ca. 1365	**Dunkerk** (Dünkirchen, damals holländisch)	Balkengerüst mit offenem F	später 2 »Vierboete«, 1814 kleiner T mit Lat., seit 1843 jetziger LT	2/44, 2/67
ca. 1365	**Oostende** (damals holländisch)	Balkengerüst mit Öllampenlat., später offenes F	1772 LT-Säule, mehrere hohe Nachfolger, seit 1949 jetziger LT	2/32, 2/33, 2/67
1370	**Westkapelle** (auf Walcheren, Scheldemündung)	Balkengerüst, wahrscheinlich offenes F	1398 eingestürzt, mehrmals landeinwärts neu errichtet, ab 1818 LF auf Kirch-T von 1470	2/34
Im 14. Jh.	**Tino** (Insel vor La Spezia, Italien)	Festungs-T mit LF	Festung und dortige Flotte dienten der Abwehr von Piraten, 1839 und 1884 jeweils neuer LT	2/101, 2/132
	Porto Pi (Mallorca)	Stein-T mit Öl-F	mehrmals restauriert und erhöht, jetzt 38 m, noch in Betrieb	37, 2/91

15. Jahrhundert

LF eingerichtet	Name/Standort	Turm- und Feuerart	Bemerkungen/Weiterentwicklung	Text/Abbildungen auf Seite ... bzw. in Band 2/...
ca. 1427	**Ilfracombe** (Devon, SW-England)	Kapelle St. Nicholas mit Lat.	LF noch in Betrieb	37
1427	**Spurn Point** (Humber-Mündung)	Kapelle St. Mary and Anny mit Lat.	Wartung durch Eremiten, Bauwerk bei Küstenabbruch im 16. Jh. abgestürzt, ab 1675 mehrere neue Türme	44, 62, 2/130
1445	**Tour de la Lanterne,** La Rochelle	Festungs-T mit Kerzen in Lat. aus Stein	1476, 1670 und 1732 restauriert, T noch vorhanden, aber ohne LF, 1852 neuer LT **La Rochelle,** 25 m hoch	38
ca. 1450	**Panium** (Bosporus/Schwarzes Meer)	möglicherw. alter römischer T (s. Seite 10) jetzt mit Glas-Lat.	angetroffene Glasfassungen lassen auf das ungefähre Baujahr der Lat. schließen, T nicht mehr vorhanden	
1467	**Blankenberge** (Flandern)	Stein-T mit offenem Stroh-F (»Vierboet«)	1525 ausgebrannt, wieder aufgebaut, 1815, 1872 und 1954 jeweils neuer LT	2/34
1482	**Weichselmünde** (ehemal. Vorhafen von Danzig)	T des neuen Forts mit Kerzenlat.	von Hansestadt Danzig errichtet, F 1758 nach Neufahrwasser verlegt	38, 156
1482	**Hela** (Halbinsel in Danziger Bucht)	Holz-T der alten Kirche mit Kerzenlat.	von Hansestadt Danzig errichtet, 1660 durch Steinkohlenwippe, 1827 durch LT ersetzt	157
	Leuchtfeuerkette an der holländischen Küste, aufgeführt von Süd nach Nord:			
Mitte des 15. Jh.	**Goedereede** (auf Goeree)	Stein- oder Holz-T mit offenem F (oft Schilfrohr), zeitweise auch mit Kerzenlat.	1552 LF auf Kirch-T, ab 1912 LT **Westhoofd**	2/34
	Katwijk		Stein-T von 1628, jetzt Aussichts-T	21, 2/35
	Noordwijk		mehrere Nachfolger, seit 1923 jetziger LT	2/35, 2/43
	Egmond		bis 1892 zwei LT, nördl. T seit 1838 Heldendenkmal	2/35, 2/37
	Petten		F wahrscheinlich im 18. Jh. eingegangen	40
	Huisduinen (Den Helder)		1822 LT im Fort, seit 1878 LT **Kijkduin**	2/35
	Texel		LF nur zeitweise, erst 1864 LT	2/39
	Vlieland		1838 kl. T, 1910 Turmkopf von **Jjmuiden** als LT	2/40
	Terschelling (Brandaris)		zeitweise zwei LF, jetziger LT 1594 erbaut	39, 2/34, 2/40, 2/41
	erste LF an der ehemaligen Meeresbucht Zuiderzee:			
	De Ven	Feuerkorb am Galgen, 1700 Stein-T mit Öllampe	Stein-T von 1700 noch vorhanden	2/36
	Marken		1839 neuer runder Stein-T	236/, 2/38
	Hoek van't Ij		1893 Eisen-Gitter-T	2/36
im 15. Jh.	**Køge** (Bucht südwestl. Kopenhagen)	Erker am Giebel der Kirche mit Kerzen-F(?)	Schicksal unbekannt, heute nur kleines Hafen-F	
	Højerup (auf Kreidefelsen Stevns Klint, Seeland)	Kirch-T mit Lat.	Kirche 1928 z. T. abgestürzt, 1818 LT **Stevns,** 1878 jetziger LT	176

16. Jahrhundert

1521	**Torre de Belem** (in Tejo-Mündung, Lissabon)	Festungs-T mit offenem F	heute nur noch Warnfeuer, Wahrzeichen von Lissabon	40, 2/78
1531	**Köpu/Dager Ort** (auf Dagö, Insel vor Estland)	Stein-T, 20 m, mit offenem Holz-F	von Hansestadt Reval erbaut, 1845 auf 34 m erhöht und modernisiert, heute noch in Betrieb	41, 147, 148
ca. 1536	**Dünamünde** (Vorhafen von Riga)	Stein-T(?) mit offenem Holz-F	von Hansestadt Riga errichtet, zahlreiche Nachfolger, heute Beton-T	41, 147, 148, 152, 153, 2/125
1540	**North Shields/Tynemouth** (Ost-England)	2 verschieden hohe Türme mit Kerzenlat.	erste Richtfeueranlage der Welt mit Ober- und Unter-F, noch vorhanden mit neuen Türmen	42, 60
1551	**La Valetta** (Malta)	T des Kastells St. Elmo mit offenem F	wahrscheinlich jahrhundertelang in Betrieb, 1851 Gitter-T im Kastell	2/107
1555	**Torre San Raineri** (Messina, Sizilien)	Stein-T, 28 m, mit Öl-F	benannt nach einem Mönch, der die Schiffer mit Feuerzeichen vor Strudeln gewarnt hatte, T noch in Betrieb, jetzt 42 m	43, 2/101, 2/105
1558	**Dragør** (südl. Kopenhagen)	unbekannt	heute Fährhafen nach Limhamn, Schweden	
1560	**Skagen** (Nordspitze Jütland)	Wippe mit Kohle-F-Korb	1627 erneuert (Nachbildung von 1958 zu besichtigen), 1747 Stein-T (noch vorhanden), seit 1858 heutiger LT	134, 173, 174, 2/130
1560	**Anholt** (Insel im Kattegat)	Wippe mit Kohle-F-Korb	1788 Stein-T, noch in Betrieb, jetzt 42 m	134, 175, 2/130
1562	**Pillau** (Vorhafen von Königsberg, Ostpreußen)	Holz-T mit Kerzenlat. zum Aufhissen	1741 Turmhaus mit LF, ab 1813 heutiger LT, jetzt 31 m	155
1564	**La Ciotat** (westl. Toulon)	Wehr-T mit offenem F	Schicksal unbekannt, heute nur kleines Hafen-F	
ca. 1600	**Caistor** (Ost-England)	2 Holz-T mit Kerzenlat.	bis 1790 in Betrieb	
Ende des 16. Jh.	**Vera Cruz** (Mexico)	unbekannt	erster LT außerhalb Europas	

Die Leuchttürme des Mittelalters (bis 1600)

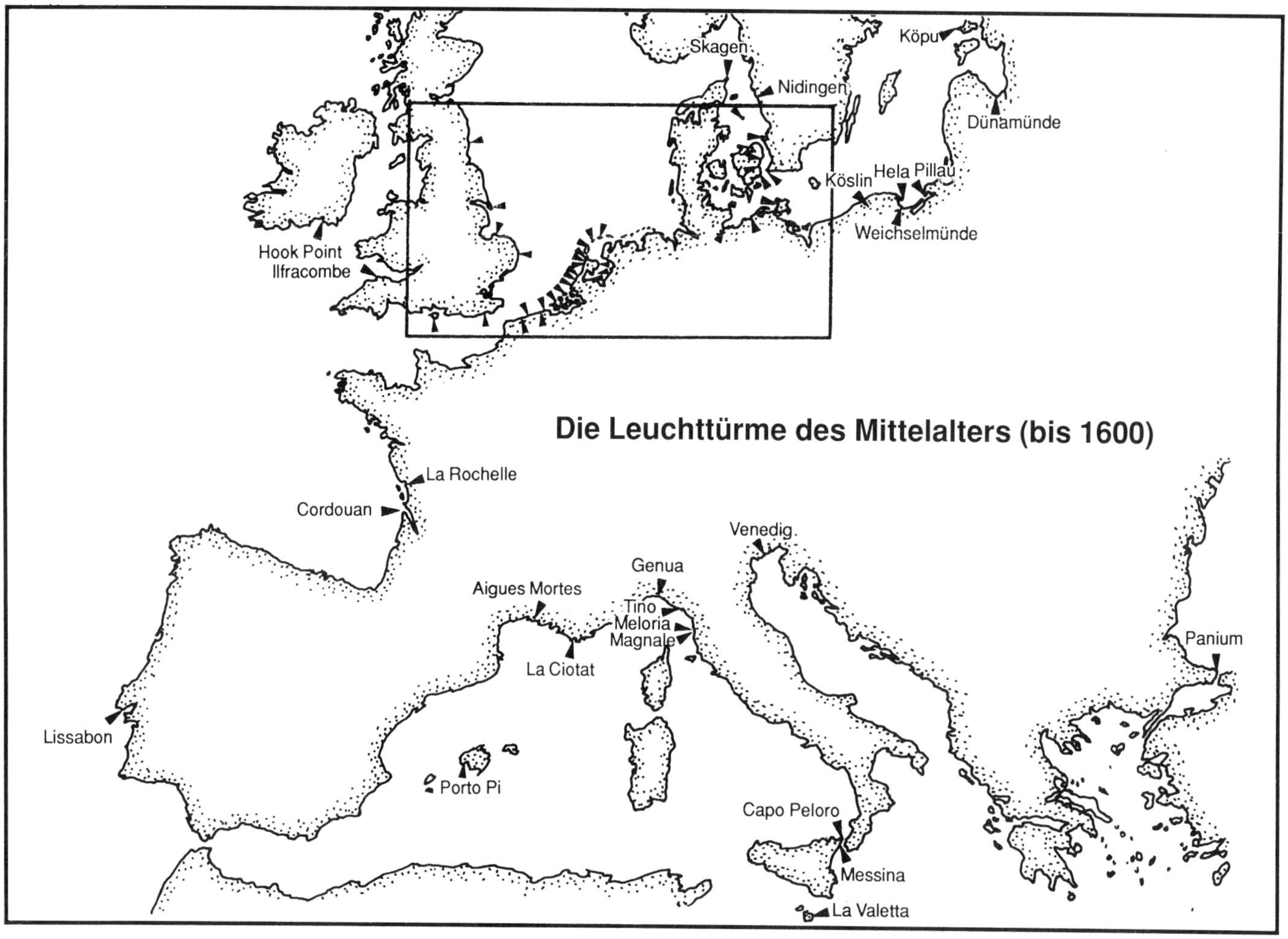

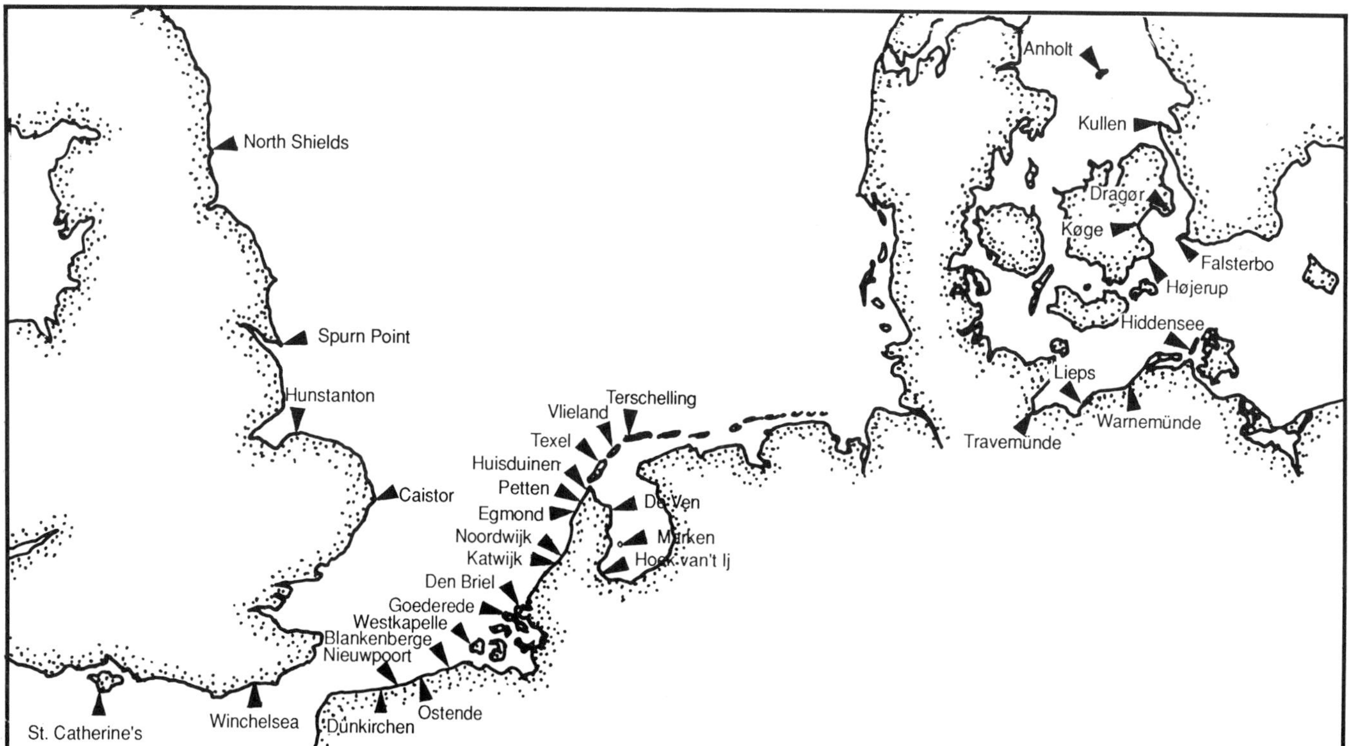

Der Sinn des Leuchtfeuerwesens – Sicherheit auf See – verkehrte sich ins Gegenteil, wenn die Gebühren einen Kapitän abschreckten, bei Sturm oder sonstiger Gefahr einen Nothafen anzulaufen. So manches aus diesem Grunde draußen gebliebene Schiff ging nämlich verloren. Immerhin entstand so auf den Britischen Inseln ein dichtes Leuchtfeuernetz. Auch später berühmt gewordene Leuchttürme, wie **Eddystone, Smalls** und **Skerries** verdanken ihre Entstehung diesem weltlichen Anreiz.
In Archiven gefundene Quittungen über Feuergeld oder Konzessionsurkunden sind übrigens oft die einzigen Beweise für die Existenz damaliger Leuchtfeuer.
Als die englische Leuchtfeuerbehörde Trinity House im 18. und 19. Jahrhundert auch die privat betriebenen Leuchttürme übernahm, mußte sie z.T. immense Ablösesummen an die Konzessionäre zahlen. Seitdem kassiert sie selber – bis heute.
Der Erzbischof von Canterbury hatte im 12. Jahrhundert eine Gesellschaft von »Gott zugewandten Menschen« gegründet, um »Seezeichen zur Orientierung der Seefahrer bereitzustellen«. Daraus war 1514 dieses berühmte »Haus der Dreieinigkeit« hervorgegangen, eine gemeinnützige Körperschaft, die inzwischen das gesamte Seezeichen- und Lotsenwesen in England betreibt. In anderen Ländern herrschte lange Zeit ziemliche Regellosigkeit. Es gab höchst unterschiedliche Abgabensysteme zur Unterhaltung der Seezeichen. Zentrale Leuchtfeuerbehörden bildeten sich zumeist erst im 18. oder 19. Jahrhundert.

Doch zurück zum Mittelalter.
Auf hoher See, ohne Sicht von Landmarken konnten damalige Seefahrer ihren Kurs nur nach Sonne und Windrichtung bestimmen, in klaren Nächten nach dem Lauf der Gestirne. Danach müssen sich auch die Wikinger gerichtet haben, als sie auf dem Nordatlantik nach Island, Grönland und schließlich bis nach Amerika gesegelt waren. Die Navigation auf hoher See wurde ansonsten erst im 13. Jahrhundert durch den inzwischen erfundenen Kompaß möglich. 1311 erschien in Italien die erste Seekarte mit angegebenen Kompaßkursen von Hafen zu Hafen. Ab etwa 1550 wurden Leuchttürme auf Seekarten eingezeichnet und in Segelhandbüchern aufgeführt.
Eine erhebliche Verbesserung der Beobachtungsmöglichkeiten und damit auch der Navigation brachte das 1608 erfundene Teleskop.

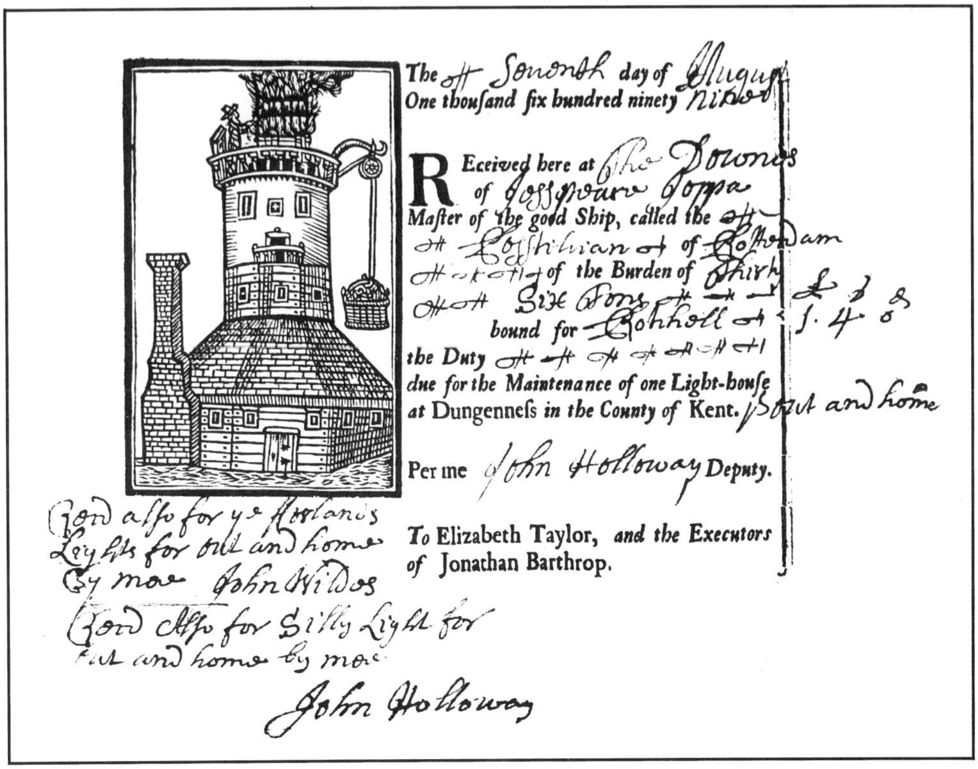
The Seventh day of August
One thousand six hundred ninety Nine
Received here at the Downes of ... Master of the good Ship, called the Postillian of Rotterdam of the Burden of Thirty Six Tons bound for Rotterdam
the Duty due for the Maintenance of one Light-house at Dungeness in the County of Kent. Out and home
£ s d 1 . 4 . 0
Per me John Holloway Deputy.
To Elizabeth Taylor, and the Executors of Jonathan Barthrop.
Good also for ye Hollands Lights for out and home by me John Wildes
Good also for Silly Light for out and home by me
John Holloway

Feuergeld-Quittung vom 7. August 1699 für das Schiff »Postillion« aus Rotterdam, gezahlt für die Unterhaltung des Leuchtturmes ***Dungeness,*** *gleichzeitig ein Bilddokument für einen Leuchtturm der damaligen Zeit (Kohlenblüse)*

Eine Reihe von mittelalterlichen Leuchttürmen bzw. Leuchtfeuern wird hier in Wort und Bild vorgestellt. Einige davon existieren noch heute, zumindest als Rekonstruktionen.

Hook Point

Die irische Südostküste ist reich an natürlichen Hafenbuchten. Eine besonders günstige liegt vor Waterford. Sie wird nämlich zusätzlich durch eine 5 km lange, wie eine breite Mole ins Meer hinausragende Landzunge geschützt. Auf ihrer Spitze sollen schon im 5. Jahrhundert Mönche des damaligen Klosters St. Dubhan gelegentlich ein Leuchtfeuer gebrannt haben, um Fischern bei schlechtem Wetter heimzuleuchten.

Im Gegensatz zu vielen anderen Zweckbauten auf der Insel, die nur zur Orientierung bei Tage oder zur Küstenüberwachung gedacht waren, wurde hier etwa 1172 ein massiver Wehrturm errichtet, auf dem ein offenes Feuer auch der nächtlichen Orientierung diente. Mit seinen 2,60 m dicken Wänden überdauerte er die Jahrhunderte und gilt heute als ältester in Betrieb befindlicher Leuchtturm der Britischen Inseln. In seinem 800jährigen Dasein hat er alle möglichen Leuchteinrichtungen getragen und gewissermaßen die ganze Leuchtfeuergeschichte bis zur 1972 erfolgten Elektrifizierung mitgemacht. Im 17. und 19. Jahrhundert wurde er restauriert und mit Laternenaufsätzen versehen. Damit ist er jetzt 35 m hoch. Seit der Erbauung beherbergt er eine kleine Kapelle (Abb. Seite 35).

Falsterbo und **Travemünde**

Im 12. und 13. Jahrhundert schlossen sich viele nordeuropäische Städte vom Niederrhein bis Livland zur Hanse zusammen. Ihr Handel hing entscheidend von gesicherten Transportwegen ab. Der wichtigste Seehandelsweg führte von der Ostsee um Dänemark herum zur Nordsee. Den Anfang einer Leuchtfeuerkette auf diesem Weg machte die führende Hansestadt Lübeck, indem sie 1222 in **Falsterbo** einen kleinen Leuchtturm errichten ließ (s. auch Seite 133). Wahrscheinlich nur wenig später ließ sie an dem 20 km vor ihren Toren liegenden Hafen **Travemünde** einen steinernen Leuchtturm erbauen; die ersten urkundlichen Erwähnungen stammen aus den Jahren 1226 und 1330. Nachdem dänische Truppen 1534 den Turm teilweise zerstört hatten, ließen ihn die Lübecker 5 Jahre später durch holländische Maurer, die ohne Gerüst arbeiteten, aus Backsteinen wieder aufbauen. »Rund und gelb«, wie ihn Thomas Mann in seinen Buddenbrooks beschreibt, steht er noch heute. Sein Äußeres hat sich seitdem nur durch die verschiedenartigen Laternenaufsätze verändert. Denn auch er hat die ganze Leuchtfeuergeschichte mitgemacht, vom offenen Feuer bis zur Elektrifizierung 1903. Einmalig waren im 16. Jahrhundert seine vergoldeten Hohlspiegel.

Als vor ihm ein Hotel-Riese in die Höhe zu wachsen begann, wurde 1972 sein Feuer gelöscht. Dieses leuchtet nun auf dem Dach des Riesen in 114 m Höhe. Der alte, inzwischen berühmt gewordene Leuchtturm steht seitdem unter Denkmalschutz. Seine Einrichtungen sind erhalten, auch der fest montierte Lotsenstuhl hinter einem Fenster auf halber Höhe, von dem aus einst der Hauptlotse die einkommenden Schiffe erspähte und den Einsatz seiner Kollegen organisierte.

Leuchtturm **Travemünde**

nach Wiederaufbau im 16. Jahrhundert

nach Einstellung des Betriebes 1972

Köslin in Ostpommern galt einst als ziemlich bedeutende Handels- und Seestadt. Ihre Schiffe befuhren die ganze Ostsee. Der Hafen lag am heutigen Jamunder See, der damals noch eine breite und tiefe Verbindung zur Ostsee hatte, praktisch also eine geschützte Meeresbucht oder ein Haff darstellte.
Auf dem 137 m hohen Gollenberg, nahe der Stadt, stand schon im 11. Jahrhundert ein Kloster. Einer alten Schrift zufolge wurde nachts am Turm der Kapelle eine Laterne aufgezogen als »Merkmal für die Seefahrer«. Aufgrund der großen Entfernung von 7 km bis zum Hafen und 10 km bis zur Ostsee hatte man das Licht mittels eines »polierten Beckens«, also einer Art Spiegel in Richtung See konzentriert. Das Becken wurde aber »nachhero« gestohlen, der Turm 1532 abgebrochen. Wahrscheinlich hat das Feuer von etwa 1240 bis zu diesem Zeitpunkt gebrannt. Heute ist der Jamunder See weitgehend verschlammt, die alte Verbindung zur Ostsee versandet; ein neues schmales Tief erlaubt keine Schiffahrt mehr.

Kullen, *erster schwedischer Leuchtturm, 1230 erbaut*

Tour de Constance

Das ist der Name eines über 30 m hohen Eckturmes der Stadtmauer von Aigues-Mortes. Er dient als überdimensionaler Sockel für den eigentlichen, 20 m hohen Leuchtturm mit origineller Eisenlaterne. Sie hatte einst den Kreuzzugfahrern und Seeleuten geleuchtet, als die viereckige Festung noch dicht am Golfe du Lion lag. Inzwischen hat die Rhône über 10 km Land vorgeschwemmt und die Stadt sozusagen »trockengelegt«, wodurch sie zur Bedeutungslosigkeit verurteilt wurde, wenn man von dem neuerlich errungenen Status als Touristenattraktion absieht.
Besagter Turm mit seinen 5 $^{1}/_{2}$ m dicken Mauern und der restaurierten Laterne wird besonders bestaunt und durch Schauergeschichten über seinen ehemaligen »Zweitnutzen« als Gefängnis noch aufgewertet. U. a. soll im 17. Jahrhundert eine achtjährige Maid eingeliefert worden sein, die ihr Verlies mit dem spärlichen Lichtschlitz erst als 59jährige Frau wieder verlassen durfte.

Tour de Constance *in Aigues-Mortes, ca. 1246 als Leuchtturm an der damaligen Rhône-Mündung erbaut*

Die Leuchtfeuer an der Maas-Mündung: rechts das 1280 errichtete Balkengerüst, links Leuchtturm **Brielle-Nord,** *1462 erbaut*

»Groote Vierboet« **Nieuwpoort,** *Flandern; hier der um 1400 errichtete Backsteinturm (Ersatz für Holzturm von 1284); das Licht schien aus den Fenstern der Turmspitze, gefeuert wurde mit Schilfrohr-Bündeln*

Tour du Guet, *Calais, ca .1290 errichtet, mehrfach renoviert, bis 1848 als Leuchtturm in Betrieb*

Meloria/Magnale/Leghorn

Pisa wurde einst an der Mündung des Arno gegründet. Inzwischen hat der Fluß 10 km Land vorgeschwemmt. Erst 3 km waren es im 12. Jahrhundert, als sich der Stadtstaat zu einem der großen politischen und wirtschaftlichen Machtzentren Italiens entwickelt hatte. Seehandel betrieben die Pisaner von ihrem Porto Pisano aus – nördlich Livorno, das damals noch ein unbedeutender Hafenort war. Zur Sicherung der klippenreichen Zufahrt errichteten sie 1157/58 unter großen Schwierigkeiten den etwa 17 m hohen viereckigen Leuchtturm **Meloria** (Abb. Seite 24) auf der 8 km vor der Küste liegenden gleichnamigen Felseninsel. Er wurde berühmt, weil er der erste richtige Leuchtturm des Mittelalters war, zugleich der erste auf einer Felseninsel im Meer und auch der erste, auf dem ein Ölfeuer brannte. Noch berühmter wurde allerdings sein 1174 bis 1273 erbauter schiefer Kollege in Pisa.

Im Verlauf der kriegerischen Auseinandersetzungen zwischen Genuesen und Pisanern, wobei es sogar zu einer Seeschlacht von Meloria kam, wurde der Leuchtturm nach schweren Beschädigungen 1267 und 1287 jeweils wieder aufgebaut, 1290 aber endgültig zerstört. Schließlich mußten die unterlegenen Pisaner Meloria ganz aufgeben. Auf das Leuchtfeuer wollten sie jedoch nicht verzichten; deshalb funktionierten sie 1304 ihren schon 1163 auf der dicht vor Livorno liegenden kleinen Insel Magnale erbauten Festungsturm zum Leuchtturm **Magnale** um.

Da Porto Pisano mehr und mehr verschlammte, machten sie nun das in der Leghorn-Bucht ohnehin geschützter liegende Livorno zu ihrem Haupthafen. Der besagte, über 40 m hohe Festungsleuchtturm **Magnale,** oft auch als Leuchtturm **Leghorn** bezeichnet, wurde von ihnen im Lauf der Jahrhunderte mehrfach restauriert, modernisiert und zuletzt mit einer Laternenoptik ausgestattet. Er war bis zum Zweiten Weltkrieg in Betrieb und wurde 1944 von deutschen Truppen gesprengt. 1956 erstand er neu, auf Wunsch der Bevölkerung von Livorno in der gleichen Form und Größe wie vorher. Zur Ummantelung verwendete man auch Steine aus der Trümmermasse. Damit sieht er nun wieder genauso aus wie einst. Er wurde zum Nationaldenkmal erklärt, um die Tradition des ältesten mittelalterlichen Leuchtturmes fortzusetzen. Heute ist Magnale keine Insel mehr, sondern durch Molen und Wellenbrecher in das Hafengebiet einbezogen.

Der 1163 erbaute Festungsturm **Magnale** *(vor Livorno), ab 1304 mit Einrichtung für Leuchtfeuer (Halbschnitt)*

Rekonstruktion von 1956

St. Catherine's

1314 strandete im Süden der Isle of Wight ein Schiff mit einer Ladung Wein, die der Kirche gehörte. Die Besatzung rettete eine ganze Anzahl von Fässern und verkaufte sie unter der Hand auf der Insel. Trotzdem wurden Schiff und Ladung als Totalverlust deklariert. Heute würde man das als Versicherungsbetrug bezeichnen. Die kirchlichen Eigentümer kamen auch prompt dahinter und statuierten ein Exempel. Sie schalteten den Papst ein, der den Erwerbern der gestohlenen Ladung als Buße auferlegte, oberhalb der Unglückstelle einen Leuchtturm zum Wohle der Schiffahrt und eine Kapelle – zum Wohle der Kirche – zu errichten. Beides wurde von den Erbauern geschickt vereint. So kam die Isle of Wight etwa 1320 zu ihrem ersten Leuchtturm. Leider nutzte er nicht viel, denn er stand 2 km von der Küste entfernt 213 m hoch über dem Meeresspiegel und wurde oft von Wolken verdeckt. Nach 200 Jahren bereitete die Reformation diesem katholischen Betrieb ein Ende, und allmählich deckten Erde und Gras das kleine Bauwerk zu.

Bei Ausgrabungen 1891 kam der Turm wieder zum Vorschein; er gilt als Kulturdenkmal und kann besichtigt werden. Im Volksmund heißt er »Pfefferstreuer«. Ausgegraben wurden auch Reste eines anderen Leuchtturmes, der 1785 in der Nähe errichtet, aber nie in Betrieb genommen worden war – heute als »Salzstreuer« bekannt. Erst 1838/40 entstand dicht am Meer der heutige Leuchtturm (s. Seite 115).

Ruine der ca. 1320 erbauten Leuchtturm-Kapelle **St. Catherine's,** *Isle of Wight (Kapellenschiff angedeutet)*

Genua

Neben der Hafeneinfahrt, auf dem heutigen Capo di Faro errichteten die Genueser 1139 einen Turm, der hauptsächlich militärischen Zwecken diente. Von seiner Plattform aus dirigierten sie aber auch einlaufende Schiffe mit Flaggen-, Rauch- und nächtlichen Strohfeuersignalen. Es soll auch schon gelegentlich Feuergeld kassiert worden sein, bevor ab 1326 ein ständiges Leuchtfeuer auf dem Turm brannte.

Leuchtturmwärter wurde 1449 Antonio Colombo, Onkel von Christopher Kolumbus (italienisch Christoforo Colombo), der auch aus Genua stammt und 50 Jahre später Amerika entdeckte. Vielleicht hat Christopher seinen Entschluß, westwärts nach Indien zu segeln, auf dem Turm seines Onkels gefaßt, wo er die Erdkrümmung erkannte, aber falsch einschätzte.

Der Turm überstand zahlreiche Kriegshandlungen seiner Erbauer, bis ihn 1512 böse Feinde zerstörten – so wie es die Genueser gut 200 Jahre zuvor mit dem Leuchtturm der Pisaner gemacht hatten.

Nun aber trieb sie der Ehrgeiz, und sie errichteten 1543/44 unter Ausnutzung des alten Sockels von 1139 ihre berühmte **Lanterna,** einen Riesenturm, bestehend aus zwei schlanken, viereckigen Säulen übereinander, die untere etwa 9 m, die obere 7 m im Quadrat. Mit 76 m (einschließlich 6 m Laterne) ist er noch heute der höchste gemauerte Stein-Leuchtturm der Welt. 348 Marmorstufen führen hinauf, neuerdings auch ein Fahrstuhl. Wegen seiner enormen Fernwirkung, er steht noch auf einem 45 m hohen Felsen, eignete er sich besonders für Experimente mit Leuchtfeuern. Im Lauf der Jahrhunderte standen auf ihm die unterschiedlichsten Laternen mit Feuerhöhen zwischen 114 und 117 m (Abb. Seite 36).

Der Hafen von Genua mit der **Lanterna** *im Mittelalter*

Leuchtturm **Hook Point,** *Irland, ca. 1172 errichtet, heute noch in Betrieb*

Lanterna, *Genua, mit 76 m (einschl. Laterne) höchster gemauerter Leuchtturm der Welt, 1543/44 erbaut auf Sockel von 1139*

Leuchtturm **Warnemünde** *mit aufgehißter Laterne (das Bild zeigt entweder den ursprünglichen Turm von 1348 oder den Ersatzturm aus dem 15. Jh.)*

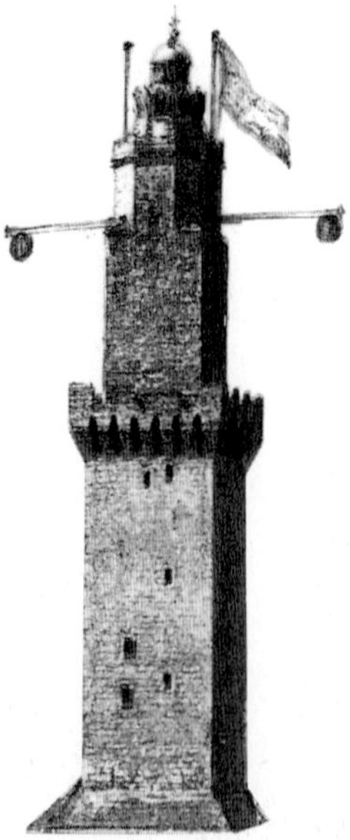

Leuchtturm **Porto Pi** *(Mallorca), restauriert und erhöht*

Porto Pi

Der Name ist keineswegs unanständig, sondern bedeutet »Hafen der Pinien«. Lange bevor relativ friedliche Urlauber über Mallorca herzufallen begannen, taten dies böse Feinde, gegen die man sich verteidigen mußte. Schon früh wurden deshalb rund um die Insel Befestigungen, Wach- und Signaltürme errichtet. Am Hafen Porto Pi entstand außerdem ein Turm als Pfeiler für die Sperrung der Einfahrt mit Ketten.

Auf dem höchsten Hafenturm soll über Winter ein Ölfeuer gebrannt haben, zumindest ab 14. Jahrhundert. Er wurde im Laufe der Zeit mehrmals restauriert und erhöht, sein Feuer verbessert.

Im 17. Jahrhundert erhielt der Turm Flaggenmasten und Rahen, an denen Signale gezeigt werden konnten, insbesondere über gesichtete Schiffe. So bedeutete z. B. ein Ball an halber Rahe »1 Schiff gesichtet«, je ein Ball am Ende der beiden Rahen und eine Flagge »Geschwader gesichtet«.

Seit 1807 strahlt aus der Laterne ein Drehfeuer. Inzwischen modernisiert und elektrifiziert, arbeitet es nach wie vor mit Parabolspiegeln. Es handelt sich um eine der wenigen Anlagen ohne Linsenoptik.

Kapelle mit Laterne in **Ilfracombe,** *Südwestengland, ca .1427 erbaut, noch in Betrieb*

Ilfracombe

Dieser kleine Hafen im südwestenglischen Devon wird von einem seewärts gelegenen Hügel überragt. Auf seiner Höhe erbauten fromme Leute eine Kapelle, die sie nach St. Nicholas, dem englischen Schutzpatron der Kinder, Kaufleute und Seefahrer benannten. Daß sie ab 1427 mit einem Leuchtfeuer ausgestattet war, geht aus einer Urkunde hervor, die jedem eine Steuerstundung versprach, der das Feuer in Betrieb hielt. Außerdem liegt die Beschreibung eines mittelalterlichen Chronisten vor, wonach die Laterne seitlich angebracht war. Da es in England damals aber 370 Kapellen des Namens St. Nicholas gab, bleibt ungewiß, ob tatsächlich **Ilfracombe** gemeint war. Jedenfalls leuchtet den Fischern dort auch heute noch ein Laternchen vom Dach der Kapelle, die letzte und einzige dieser Art in England.

Der Festungsturm **Tour de la Lanterne,** *La Rochelle, trägt seinen Namen seit 1445*

Tour de la Lanterne

La Rochelle war nicht nur Weinexporthafen, sondern auch Festung. Einer der drei alten Türme des Forts wurde 1445 als provisorischer Leuchtturm eingerichtet. Mit einer überdimensionalen Wachskerze leuchtete er aus den sechs Fenstern seines steinernen Aufbaues. Wie lange er das tat, ist unbekannt. Aber das trutzige Bauwerk mit seiner eleganten Spitze existiert noch.
Seit 1852 leitet eine Richtfeuer-Anlage in den Hafen. Ihr 25 m hohes Oberfeuer steht mitten in einer Häuserzeile.

Weichselmünde

Neben der ursprünglichen Mündung der Weichsel ließ die 5 km südlich liegende Hansestadt Danzig Mitte des 15. Jahrhunderts einen Festungsturm errichten. Dieser wurde 1482 mit einer Kerzenlaterne ausgestattet und zum Leuchtturm umfunktioniert. Um ihn herum entstand mit der Zeit eine kranzförmige Befestigungsanlage. Bei der Belagerung durch die Polen 1576 wurde der Turm zerschossen, aber anschließend wieder aufgebaut. 1709 brannte er aus, wurde jedoch 1721 abermals wiederhergestellt, obwohl die alte Weichselmündung inzwischen so versandet war, daß sie kaum noch benutzt werden konnte. An beiden Seiten hatten sich sogar kleine Inseln gebildet, die im Westen allmählich zur Westerplatte, im Osten zur Osterplatte zusammengewachsen waren. Das Weichselwasser hatte sich einen anderen Weg gebahnt, es floß nun zwischen Westerplatte und Festland hindurch ins Meer.

Festungsturm **Weichselmünde,** *ca. 1450 erbaut, 1482–1758 als Leuchtturm benutzt*

Querschnitt

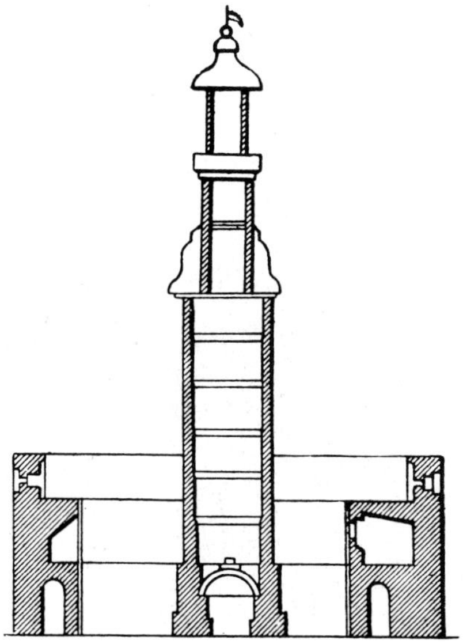

Da sich natürlich auch der Schiffsverkehr zu diesem neuen Fahrwasser, an dem übrigens der Ort »Neufahrwasser« entstand, verlagert hatte, verlegte man 1758 auch das Leuchtfeuer auf einen neuen Turm an der neuen Mündung (s. Seite 156). Der alte Turm diente nur noch als Landmarke, sein unterer Teil steht heute noch.

Terschelling

Auf dieser Westfriesischen Insel lebte im 6. Jahrhundert ein irischer Abt, Sint Brendanus, der Sage nach ein Heiliger mit Macht über Feuer und Licht. Mehrere mittelalterliche Dichtungen, besonders über Seefahrt, beruhen auf der nach ihm benannten Schrift »Navigatio Brendani«. Die Heimatinsel Terschelling weihte ihm eine im 13. Jahrhundert erbaute Kapelle, deren Turm »Turrus Brandaris« genannt wurde. So entstand der heute noch gebräuchliche Name. Auf seinem flachen Dach brannte etwa ab 1462 ein Leuchtfeuer; der Turm mußte jedoch 1559 wegen Baufälligkeit abgebrochen werden.

An seine Stelle trat 1594 ein 48 m hoher solider, vierkantiger Steinturm, einer seit dem 14. Jahrhundert an der gesamten südlichen Nordseeküste üblichen Bauart. Dieser neue **Brandaris** war eigentlich nur als Tagessichtzeichen gedacht, denn es gab zu jener Zeit zwei Kohleblüsen auf der Insel. Die westliche davon löste er jedoch aufgrund seiner wesentlich größeren Höhe bald ab. Auf seinem Dach brannten zunächst abwechselnd offene Feuer und Kerzenlaternen. 1837 erhielt er eine neue Laterne mit Hollands erstem Fresnel-Drehlicht. Mit der jetzigen Laterne besitzt er eine Gesamthöhe von 52 m, eine Feuerhöhe von 55 m und eine Tragweite von 29 nautischen Meilen (= 54 km). 1978 wurde er als einer der ganz wenigen Leuchttürme der Welt mit einem Personenlift ausgestattet.

*Der berühmte **Brandaris** auf Terschelling; hier der 1594 erbaute »neue« Turm (nach einem alten Stich)*

Der Turm heute

»Vierboet«, in Holland vom 13.–17. Jahrhundert üblich; hier der Turm zu **Petten** *(nach einem Stich von 1605)*

Heißfeuer an der damaligen Zuidersee, 15. Jahrhundert

Der **Torre de Belém** wurde 1515–1521 im Mündungstrichter des Tejo als Inselfestung und Leuchtturm für Lissabon erbaut. Die eigentümlich portugiesisch-maurische Stilkombination stammt von dem Baumeister Francisco de Arruda, der zuvor in Marokko gearbeitet und dort die arabische Kunst kennengelernt hatte. In den Schießscharten zwischen den Wappenzinnen standen einst Kanonen.

Der Turm wurde in den Napoleonischen Kriegen halb zerstört, 1845 aber wiederhergestellt.

Anfangs brannte ein offenes Feuer, wahrscheinlich auf der obersten Plattform, ab 1847 ein Laternenfeuer in 15 m Höhe auf einem Eisengestell über der unteren, seeseitigen Plattform. Heute leuchtet nur noch ein rotes Warnlämpchen zur Wasserseite, aber oben am Turm. Der **Torre de Belém** gilt nach wie vor als Wahrzeichen von Lissabon, er ist sogar auf Geldscheinen abgebildet.

Torre de Belém, *Lissabon, 1515–1521 als Festungs- und Leuchtturm erbaut, Wahrzeichen von Lissabon*

Köpu/Dager Ort

Von der estnischen Insel Dagö (Hiiumaa) aus erstreckt sich eine hügelige Landzunge namens Köpu weit nach Westen in die Ostsee. Auf ihrem 68 m hohen Gipfelpunkt steht der älteste Leuchtturm des baltischen Raumes, einst als **Dager Ort** bekannt. Seine von der Hansestadt Reval betriebene, allerdings mehrfach unterbrochene Erbauung dauerte von 1505 bis 1531. Die 20 m hohe Dachfläche diente als Plattform für ein offenes Feuer, das allerdings nur in den Sommermonaten brannte, denn auf der stets im Winter dort zufrierenden Ostsee war damals keine Schiffahrt möglich. Zunächst wurde Holz gebrannt, denn Bäume gab es auf der Insel genug. Später war es ein Kohlenfeuer.

Der trutzige Turm mit bis zu 2 m dicken Wänden und den 4 seitlichen Stützmauern überdauerte die Jahrhunderte. 1845 auf 34 m erhöht und mit einer Laternenoptik ausgerüstet, weist er noch heute allen von Süden kommenden Schiffen den Weg in den Finnischen Meerbusen.

*Leuchtturm **Dünamünde** (Riga) auf einer Seekarte des 16. Jahrhunderts*

Der Turm heute

*Leuchtturm **Köpu/Dager Ort** im Bau*

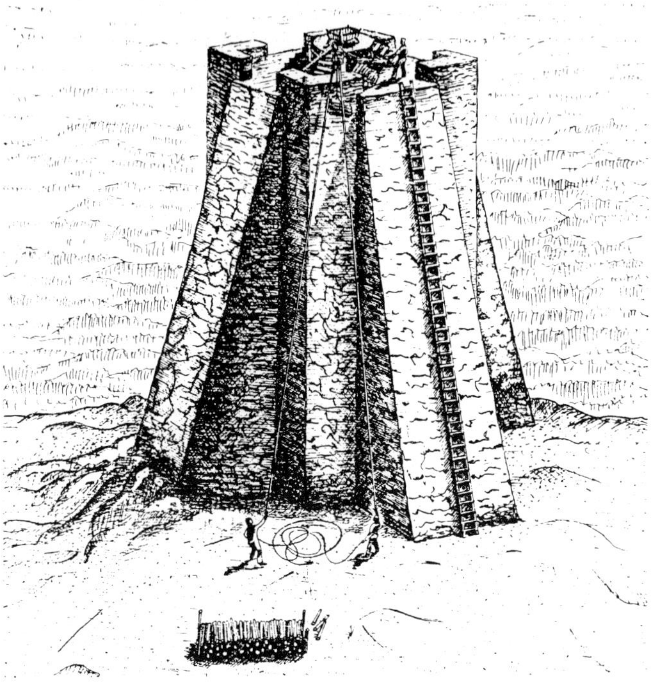

North Shields/Tynemouth

Sandbänke vor der Mündung des Tyne in Ost-England ließen nur eine bestimmte Richtung beim Einlaufen zu. So kam man auf den Gedanken, Schiffen diese Richtung durch zwei am Nordufer hintereinanderstehende Pfähle anzuzeigen. Die Einrichtung bewährte sich so gut, daß das damalige Trinity House of Newcastle die Pfähle 1540 durch stabile Steintürme mit Kerzenlaternen ersetzen ließ – natürlich nicht ohne sich vorher die Genehmigung zur Erhebung von Feuergeld einzuholen. Nun war auch ein nächtliches Einlaufen möglich.

Da der hintere Turm etwas höher war, brauchten die Schiffer nur beide Feuer übereinander in Deckung zu halten, um in der Fahrrinne zu bleiben. Das war die erste Richtfeueranlage, wie sie im Prinzip noch heute in unzähligen Fällen auf der ganzen Welt vorhanden ist.

Als sich durch Sandbankverlagerungen die Richtung der Fahrrinne veränderte, wurde 1658 einer der Türme an der richtigen Stelle neu erbaut, diesmal aber aus Holz, um ihn in zukünftigen ähnlichen Fällen möglichst leicht versetzen zu können. Der Abbiegepunkt aus der Richtlinie wurde übrigens durch eine Quermarkierung angezeigt, ab 1727 auch durch ein Feuer auf einem dritten Turm. Die Richtfeueranlage **North Shields** existiert weiterhin, allerdings seit 1810 mit neuen Türmen und modernen Leuchtfeuern.

North Shields, *die erste Richtfeuer-Anlage der Welt mit Oberfeuer (High light) und Unterfeuer (Low light), 1540 errichtet, dargestellt auf einer Seekarte von 1690. Bei dem dritten Feuer handelt es sich um den Leuchtturm* **Tynemouth,** *1644 erbaut (s. Seite 60). Anm.: Heute wird das Oberfeuer als »rear light«, das Unterfeuer als »front light« bezeichnet.*

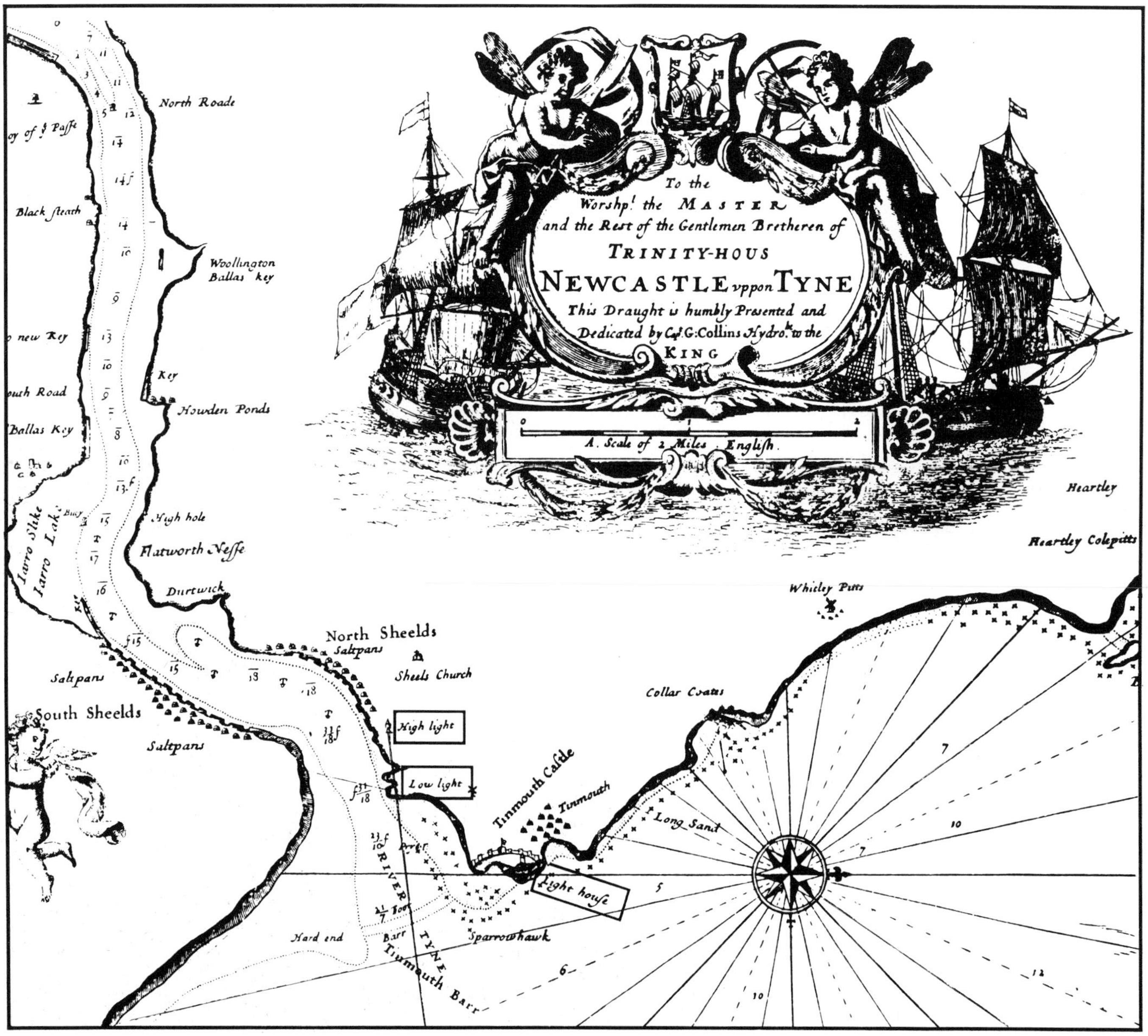

Messina

Die Straße von Messina ist berüchtigt wegen ihrer gefährlichen Strudel, die im Altertum vielen Schiffen zum Verhängnis wurden. Nach Homer waren daran zwei unangenehme Geschöpfe schuld, nämlich auf dem Festland das sechsköpfige Ungeheuer Skylla, auf Sizilien die abwechselnd wasserschlürfende und -speiende Göttin Charybdis. Heute kennt man die wahre Ursache: Aufgrund der auch im Mittelmeer vorhandenen Gezeitenunterschiede strömen große Wassermassen in 6stündigem Wechsel durch die Straße hin und her. Dabei wirkt der Meerestrichter wie eine Düse und läßt die Strudel entstehen.

Doch nun zu unserem Leuchtturm. Er entstand 1555 im Fort Campana, das Karl V. 1546 am Ende einer halb um den Hafen reichenden Landzunge hatte erbauen lassen. Man nannte ihn **Torre San Raineri** nach einem Mönch, der dort einst die Schiffer mit einem Feuer vor den Strudeln gewarnt hatte. Bei dem großen Erdbeben 1783 stürzte sein oberer Teil ein, aber auf dem verbliebenen Turmstumpf leuchtete bald wieder ein Ölfeuer. Nach Wiederaufbau und Ummantelung wurde der Turm 1857 mit je einem dicken und einem dünnen 8eckigen Aufsatz sowie einer Laternenoptik darüber versehen.

Torre San Raineri, *Messina, 1555 erbaut*

Der Turm heute

Die europäischen Leuchttürme des 17. Jahrhunderts

Neubauten und ihre Nachfolger

LF eingerichtet	Name/Standort	Turm- und Feuerart	Bemerkungen/Weiterentwicklung	Text/Abbildungen auf Seite ... bzw. in Band 2/ ...
1609	**Lowestoft** (Norfolk, Ost-England)	2 verschieden hohe Türme mit Kerzenlaterne	Richtfeuerlinie, 1676 neuer T für Ober-F (ältester LT Englands in Betrieb)	46, 53
1611	**Cordouan II** (Gironde-Mündung)	Prachtbau, 37 m, mit offenem Holz-F	26 Jahre Bauzeit, berühmtester LT Frankreichs, 1788/90 erhöht, 68 m, noch in Betrieb	46, 47, 53, 2/128, 2/138, 2/141
1613	**Cadiz,** Fort San Sebastian (Südspanien)	Stein-T, 20 m, mit offenem Teer-F, später Öl-F	1766 erhöht, 39 m, 1898 aus Kriegsfurcht abgetragen, 1913 Gitter-T, 37 m	47, 2/69
1615	**Dungeness** (Südost-England)	Stein-T, offenes Kohle-F	wegen Landvorschiebung 1635, 1792, 1904 und 1961 jeweils neuer LT näher am Meer	29, 48, 49, 2/132
1616	**Civitavecchia,** im Fort (Hafen von Rom)	Stein-T, wahrscheinlich mit Öl-F	mehrere Nachfolger, ab 1951 auf einem Hügel Traditions-LT in Form eines Bootssteuers	49, 2/107, 2/108
1624	**Wangerooge**	Lampen-F im 1597–1601 erbauten Wehr-T, 55 m	LT-»Weltmeister«: 8 Neubauten nacheinander (Vorgänger meist von Sturmflut zerstört)	50, 53, 2/28, 2/137
1630	**Helgoland**	Holz-T, 1679 kubischer Stein-T mit Kohle-F	1811 englischer LT, 18 m, 1902 deutscher LT, 36 m, 1965 ehemaliger Flak-Leitstand als LT	51, 52, 170, 2/146, 2/151
1636	**South Foreland** (östlich Dover)	2 Holzgestelle mit Kohle-F	Warnfeuerlinie, 1793/95 erneuert, 1843 Stein-T als Ober-F, bis 1988 in Betrieb	55, 2/132
1636	**North Foreland**	Holz-T mit Kohle-F	1693 Stein-T, 1792 erhöht, noch in Betrieb	56
1636	**Isle of May** (Firth of Forth, Schottland)	Stein-T, 12 m, mit Kohle-F	1816 neuer LT in gotischem Stil, Unterteil des alten Turmes erhalten	56, 57, 2/132
1637	**Orfordnees** (Ost-England)	2 Holztürme mit Kohle-F	mehrere Nachfolger abgebrannt oder von der See zerstört, seit 1793 jetziger LT, 30 m	57
1644	**Neuwerk** (Insel vor Elbmündung)	Holz-T mit Kohle-F (Kohlenblüse)	mehrfach zerstört oder abgebrannt, ab 1814 Wehr-T von 1310 als LT, 40 m, noch im Betrieb	54, 57
1646	**Runö** (Insel im Rigaer Meerbusen, Baltikum)	wahrscheinlich T mit Holz-F in der Festung	Nachfolger auf dem Inselberg: Holztürme 1757 und 1820, Dreibein-Eisentürme 1877 und 1937	48, 147, 153
1646	**Swalfer Ort/Sörve** (Südspitze Ösel, Baltikum)	wahrscheinlich Holz-T mit Holz-F	1770 Stein-T, 30 m, 1944 zerstört, 1960 Beton-T, 52 m	58, 147, 148, 150
1655	**Lindesnes** (Südspitze, »Nase« von Norwegen)	Haus mit Holz-T, erst Kohle-, dann Kerzen-F	1656 Betrieb wieder eingestellt, 1725 Doppel-F auf 2 Felsen, 1915 Eisen-T, 16 m	58, 59
1664	**Tynemouth** (Nordost-England)	Stein-T, 24 m, mit offenem Kohle-F	1841 umgebaut für Laterne, 1898 eingestürzt, ersetzt durch LT **St. Mary's Island**	42, 60, 117
ca. 1668	**Old Head of Kinsale** (Südost-Irland)	Steinhaus mit offenem Kohle-F auf dem Dach	1804 kl. LT, 1853 heutiger LT, 30 m	60, 71
ca. 1668	**Howth Hill** (Hügel auf Halbinsel vor Dublin)	Steinhaus mit offenem Kohle-F auf dem Dach	Betrieb Anfang des 19 Jh. eingestellt	61
ca. 1668	**Howth Baily** (vorne auf gleicher Halbinsel)	Steinhaus mit offenem Kohle-F auf dem Dach	1814 ersetzt durch heutigen LT, 13 m	61, 2/131
1669	**Landsort** (Insel vor Stockholm)	Lampenlicht auf Holzbake von 1642	1686 abgebrannt, 1687 Stein-T mit offenem Kohle-F, 1840 mit Laterne, noch in Betrieb	61, 134, 135
(1674)	**Flamborough Head** (Ost-England)	als LT gebaut, aber nie in Betrieb genommen	T heute unter Denkmalschutz, »echter« LT erst 1806 erbaut	62, 105
1675	**Spurn Point II** (Humber-Mündung)	auf T, 18 m u. Plattform je ein offenes Kohle-F	Richtfeuerlinie, Unter-F 5mal vernichtet, Ober-F 1775 mit erster geschlossener Lat. für Kohle-F, 1895 neuer LT, 39 m	62, 2/130
1680	**St. Agnes** (Scilly Inseln, SW-England)	Stein-F, 23 m, mit Kohle-F hinter Glaswand	2 m dicke Mauern, Schießscharten mit Kanonen, LT bis 1911 in Betrieb, jetzt Museum	63
1682	**Les Baleines** (Insel Ré, Biscaya)	Stein-T, 23 m, mit Öl-F in Lat., 1736 Kohle-F	1854 neuer LT, 50 m, alter T jetzt LT-Denkmal	63, 64, 2/67, 2/132
1685	**Chassiron** (Insel Oléron, Biscaya)	Zwillings-T, 22 m, zwei Holz-F übereinander	1836 neuer LT, 46 m, Unterteil des alten Turmes erhalten, jetzt Signalstation	64, 65, 2/128
1687	**Orskär** (Bottnischer Meerbusen, SW-Einlauf)	Holz-T, Lat. mit 5 Öllampen vor Spiegeln	1737 abgebrannt, 1739 Granit-T, 33 m, ab 1769 mit Blinklicht, LT noch in Betrieb	65, 134, 135, 2/138
1694	**Saint-Mathieu** (vor Brest, Bretagne)	Glocken-T des Klosters mit Kohle-F, 1695 Öl-F-Lat.	1835 neuer LT, 36 m, neben Abteiruine	66, 71
1695	**Stiff** (auf Ouessant, westlich der Bretagne)	Zwillings-T, 20 m, mit offenem Kohle-F	1831 auf 32 m erhöht, noch in Betrieb, originelles Bauwerk	66, 2/65, 2/67
1697	**Færder** (2 Inseln vor Oslo-Fjord)	Kohle-F auf Felsen von Store Færder	1802 kl. LT mit Kohle-F, ab 1852 mit Optik, 1857 LT auf Lille Færder, 43 m	66, 124
1698	**Eddystone** (Felsengruppe im Westteil des Ärmelkanals)	Holz-T, 24 m, mit Kerzenlat. – erster Riff-LT der Welt im Meer	1699 erhöht, 37 m, 1703 vom Orkan hinweggefegt, 1707 Stein/Holz-T, 28 m, 1755 abgebrannt, 1759 Granit-T, 27 m, wegen brüchigen Grundfelsens 1882 ersetzt durch neuen Granit-T, 51 m (LT von 1759 nach Plymouth verbracht, jetzt LT-Museum) – s. auch Tabelle S. 75	67, 68, 69, 70, 75, 2/129, 2/130

Die im 17. Jahrhundert eingerichteten europäischen Leuchttürme

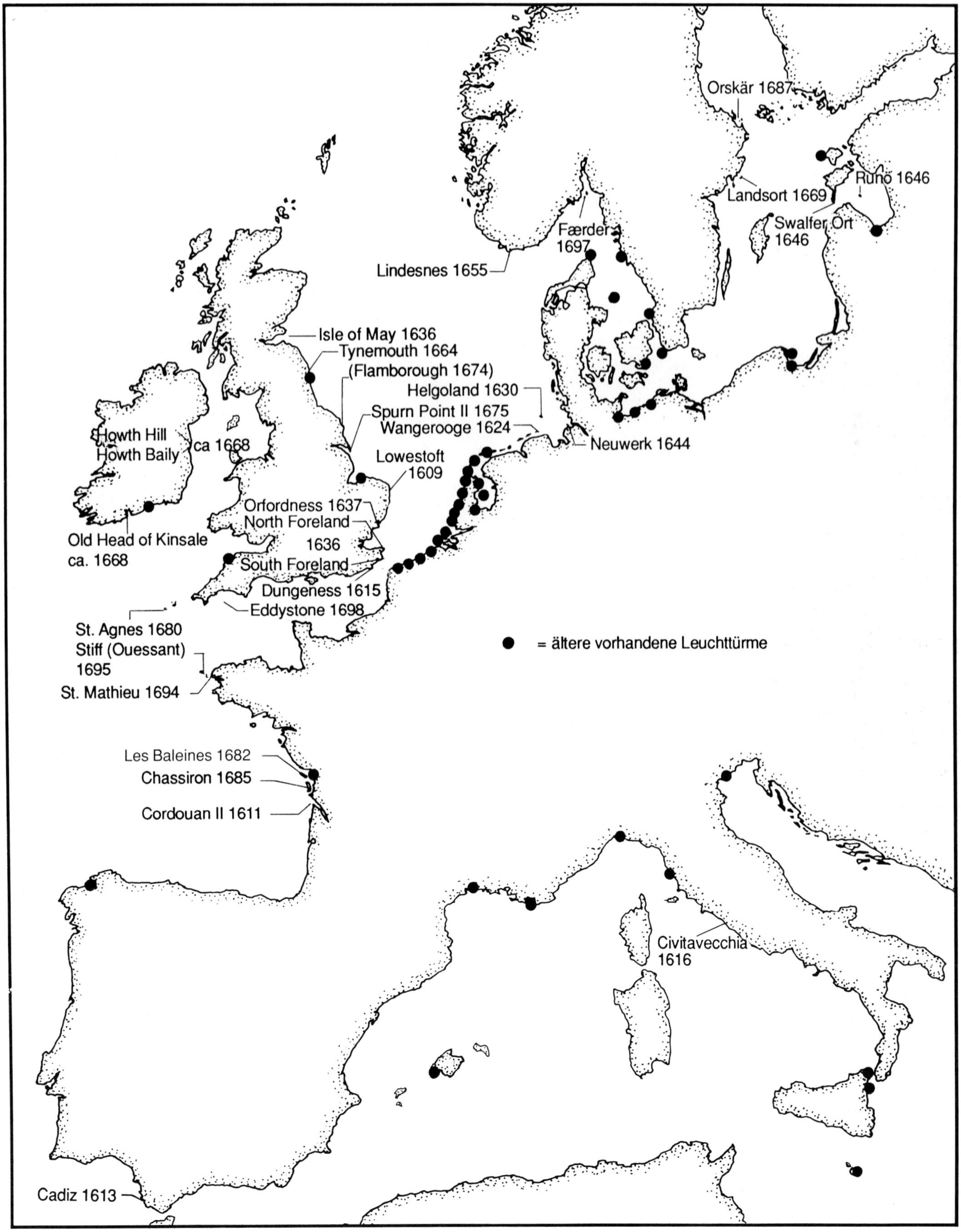

Obwohl im 17. Jahrhundert auch außerhalb Europas schon einige Leuchttürme entstanden, bleiben wir zunächst noch in der Alten Welt. Unter Beibehaltung der chronologischen Reihenfolge werden nachstehend die meisten der neuen europäischen Leuchttürme, ggf. mit ihren Nachfolgern, in Wort und Bild vorgestellt.

Die Leuchttürme von **Cordouan:**
links der alte Turm von 1360, rechts der Prachtbau, 1584–1611 erbaut (nach einer historischen Skizze von 1612)

Lowestoft

An diesem östlichsten Punkt Englands errichtete die Trinity House-Behörde ihre ersten beiden Leuchttürme, einen hohen auf dem Kliff und einen kleineren 30 m tiefer an der Landspitze. Auf beiden Türmen brannten Kerzen in einer Glaslaterne. Bei dieser Anlage handelte es sich auch schon um eine Richtfeuerlinie mit Ober- und Unterfeuer, die den Schiffen eine Passage wies durch das gefährliche Seegebiet zwischen Lowestoft und Winterton. Um die Tragweite des Oberfeuers zu erhöhen, wurde 1676 ein neuer, 16 m hoher dicker Steinturm errichtet und darauf zunächst ein offenes Kohlefeuer betrieben. Aber Funkenflug gefährdete die nur 80 m entfernten Häuser des Ortes. Deshalb wurde um den Feuerherd eine Glaslaterne mit Rauchabzug gebaut, wodurch allerdings die Leuchtwirkung erheblich litt.
Nach langwierigen Versuchen installierte Trinity House 1777 eine andere, originelle Leuchtanlage: eine riesige Gaslaterne, in der ein Ring aus 126 Ölflammen brannte, und zwar rund um einen Zylinder, der aus 4000 kleinen Spiegeln zusammengesetzt war.
Lighthouse Lowestoft ist heute der älteste in Betrieb befindliche Leuchtturm Englands, natürlich inzwischen mit einer modernen Leuchteinrichtung ausgestattet (Abb. Seite 53).

Cordouan II

Nun zum »Patriarch der Leuchttürme« oder, wie die Franzosen sagen, »Le Phare Roi«.
Neben dem alten Turm von 1360 sollte ein Prachtbau entstehen, und man beauftragte damit den berühmten Architekten Louis de Foix, bekannt durch grandiose Bauwerke, u. a. Escorial bei Madrid. Er wollte den neuen Leuchtturm ab 1584 in zwei Jahren fertigstellen, verkalkulierte sich aber gründlich, denn er hatte bisher nur Bauten auf dem Festland errichtet und nicht mit den Tücken der Biscayaküste gerechnet. Inzwischen war nämlich die Baustelle durch Landschwund zu einer Insel geworden. Auch sonst gab es zahlreiche unvorhergesehene Schwierigkeiten. Schließlich mußte schon nach wenigen Jahren (1595) noch ein dicker Mauerring um den entstehenden Turm gezogen werden. So dauerte der Bau nicht zwei, sondern sechsundzwanzig Jahre – bis 1611.
Foix erlebte seinen Triumph nicht mehr. Vor Verzweiflung schwermütig geworden, verschwand er 1602 spurlos; wahrscheinlich ist er noch im selben Jahr gestorben. Der Hauptteil seines im Renaissance-Stil gehaltenen Prachtbauwerkes existiert noch heute. Er enthält im I. Stock einen prunkvollen Raum, die sog. »Königshalle«, im II. Stock eine 11 m hohe Kapelle mit korinthischen Pilastern und Bildhauerarbeiten, nach oben abgeschlossen durch eine Domkuppel.
Die damalige Laterne war auch ein Kunstwerk, entsprach aber mit seinem von Säulen umgebenen und dadurch in mehreren Richtungen verdeckten Holzfeuer keineswegs den Erwartungen der Seefahrer. Nachdem die Turmspitze 1645 bei einem Unwetter zerstört worden war, stattete man den Turm mit einer besser sichtbaren Laterne ohne Säulen aus. 1727 erhielt der Turm einen eisernen Herd

für offenes Kohlenfeuer, 1782 eine Glaslaterne mit Öllampen und sphärischen Reflektoren.

Am Ende des 18. Jahrhunderts ließ sich eine gründliche Renovierung nicht länger hinausschieben. Sie wurde 1788 bis 1790 unter Leitung des Architekten Joseph Teulère durchgeführt. Er ließ den unteren Turmteil verstärken, alle Teile oberhalb der Kapelle abreißen und einen völlig neuen Oberbau errichten. Dadurch büßte der Turm zwar an Schönheit ein, wurde aber von 37 auf 68 m erhöht (Abb. Seite 53). Aufgrund seiner neuen Feuerhöhe von ca. 60 m und seiner exponierten Lage vor dem wichtigen Schiffahrtsweg nach Bordeaux war der Turm stets ein geeignetes Objekt für Experimente mit neuen Leuchtfeuern. So erhielt er z.B. 1823 die erste Fresnelsche Linsenoptik der Welt. Mit einer Renovierung der inzwischen durch Salzluft und Seewasserspritzer stark angegriffenen Ornamente wurde 1989 begonnen. Zur Erhaltung dieses Kulturdenkmals müssen erhebliche Geldmittel aufgewendet werden, wozu auch die Bevölkerung beiträgt.

Cadiz

Schon im Altertum stritt man sich um den Besitz dieses natürlichen Hafens mit idealer Verteidigungsmöglichkeit auf einer vorgelagerten Halbinsel. Hier stand einer der ersten Leuchttürme der Welt (s. Seite 16). Auf seinen 6 m dicken Grundmauern wurde 1613 ein runder Nachfolger errichtet, zunächst 20 m hoch, 1766 auf 39 m erhöht. 1794 erhielt der Turm als erster in Spanien ein Drehfeuer, 1856 eine neue Anlage aus Paris.

Leuchtturm ***Cadiz,*** *Unterteil von 1613, Oberteil von 1766, 1898 abgebrochen*

Der solide Turm würde sicher noch existieren, wenn man ihn nicht 1898 im Krieg gegen die USA abgebrochen hätte. Man fürchtete nämlich, markante Objekte an der Küste könnten einer feindlichen Flotte die Orientierung zu leicht machen. Wie auch in späteren Fällen – übrigens bis in die jüngste Zeit – hatte der Abriß kaum Einfluß auf das Kriegsgeschehen, nur mußte nachher Ersatz geschaffen werden. Das geschah hier zunächst durch ein Provisorium, und erst 1913 durch einen 37 m hohen Gitterturm aus Aluminium mit zentralem Treppenrohr. Die Laterne enthält eine Linsenoptik für Drehfeuer, von Anfang an mit elektrischer Lichtquelle.

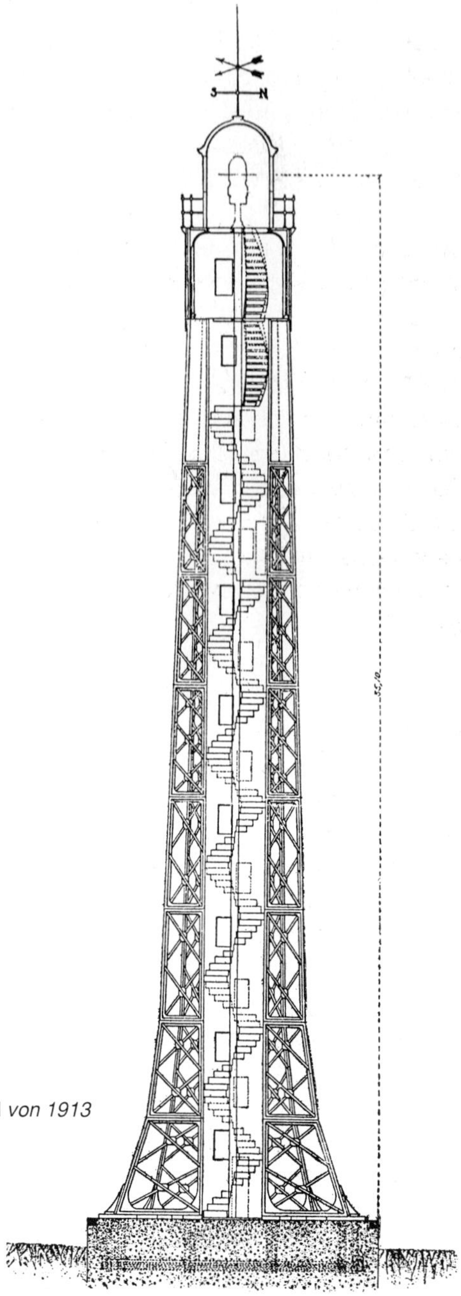

Leuchtturm ***Cadiz II*** *von 1913*

Dungeness

Die englische Südostküste besteht vielerorts aus steilen Kreidefelsen, aber am Kap Dungeness verläuft sie flach und bildet eine sich ständig weiter ins Meer vorschiebende Landnase. So stand auch der erste, 1615 dort errichtete Leuchtturm bald weit landeinwärts, und schon 1635, also nach 20 Jahren, mußte ein neuer Turm näher am Meer erbaut werden. Dieser etwa 20 m hohe Leuchtturm hatte eine größere Tragweite und blieb wesentlich länger in Betrieb als sein Vorgänger. Eine zeitgenössische Darstellung findet sich auf der Feuergeldquittung Seite 29.

Erster Leuchtturm **Dungeness,** *1615 erbaut, mit offenem Kohlefeuer*

Dritter Leuchtturm **Dungeness,** *1792 erbaut, zunächst mit Kohlefeuer in einer Laterne*

Allmähliche Landvorschiebungen machten dann 1792 aber doch den Bau eines dritten Leuchtturmes erforderlich. Mit 35 m war er damals der höchste englische Leuchtturm und eignete sich gut für Versuche mit neuen Leuchtfeuern. So wurde schon 1862 eine der ersten elektrischen Lichtanlagen ausprobiert, die sich jedoch nicht bewährte, so daß man 1874 wieder auf eine Dochtlampe zurückgriff.

Der Turm war zunächst schwarz mit einem roten Band, später rot/weiß. In einer Weihnachtsnacht wurde er vom Blitz getroffen und erhielt einen Mauerriß. Da er sich auch sonst nicht mehr recht modernisieren ließ, baute man 1903/04 den vierten Turm. Aufgrund seiner für englische Verhältnisse extrem großen Höhe von 41 m nannte man ihn »High Light Tower«. Sein Licht – nun endgültig elektrisch und in einer tonnenschweren Optik – strahlte bei guter Sicht bis Boulogne-sur-Mer an der gegenüberliegenden Seite des Ärmelkanals. Auch er war wie anfangs sein Vorgänger schwarz gestrichen, später erhielt er weiße Bänder.

Vierter Leuchtturm **Dungeness,** *1904 fertiggestellt, mit elektrischer Leuchteinrichtung*

Nach 50 Jahren hatte sich die Küste wieder um 500 m vorgeschoben. Außerdem wurde die Leuchtwirkung durch ein in der Nähe entstehendes Kernkraftwerk beeinträchtigt. Somit mußte 1960/61 an besserer Stelle noch ein fünfter Leuchtturm **Dungeness** gebaut werden. Er ist aus Beton, 43 m hoch und mit allen modernen technischen Einrichtungen ausgestattet. Wahrscheinlich ist dies nun aber der letzte Leuchtturm dort.
Sein stilisiertes Bild ziert nunmehr die Titelseiten aller britischen Leuchtfeuerverzeichnisse (Admiralty List of Lights).

Fünfter Leuchtturm **Dungeness,** *1960/61 erbaut*

Der Traditions-Leuchtturm **Civitavecchia,** *30 m hoch*

Civitavecchia

Von dem 1616 aus den Trümmern seines antiken Vorgängers errichteten Leuchtturm gibt es leider keine Abbildungen, auch nicht von einigen weiteren Nachfolgern. Jedoch wird die 2000jährige Leuchtfeuergeschichte der römischen Häfen durch einen 1951 erbauten Traditions-Leuchtturm dokumentiert. Er hat die Form eines Bootssteuers und steht, weil er gleichzeitig als Signalstation fungiert, in 100 m Höhe auf dem Monte Cappuccini oberhalb der Stadt. In den seitlich abgewinkelten Anbauten wohnt das Bedienungspersonal der italienischen Marine.

Wangerooge

Diese am tiefsten im Trichter der Deutschen Bucht liegende Ostfriesische Insel wurde immer wieder von verheerenden Sturmfluten heimgesucht. Was das Meer am Westende fortriß, spülte es allerdings meist am Ostende wieder an. So wanderte die Insel allmählich weiter nach Osten. Alle einst in der Inselmitte oder sogar im Ostteil errichteten Häuser und Bauwerke, natürlich auch die Leuchttürme, gelangten mit der Zeit an das unaufhaltsam näher rückende Westende, bis sie eines Tages den Angriffen einer Sturmflut unmittelbar ausgesetzt waren und von der See verschlungen wurden. Erst als es gegen Ende des 19. Jahrhunderts gelang, wirksame Uferbefestigungen anzulegen, hörte die Inselwanderung auf.
Aus der Skizze geht das Aussehen, aus der Tabelle die kurze Geschichte der 9 Leuchtfeuer-Bauwerke auf der Insel hervor.

1. 1624–1630	Lampenfeuer aus der Spitze des 1597–1601 errichteten Wehrturmes. Wegen mangelhafter Leuchtwirkung Betrieb 1630 wieder eingestellt. Turm ab 1855 außerhalb der Insel, vom Meer umbrandet, 1914 gesprengt,
2. 1630–1686	Holzturm mit Kohlefeuer,
3. 1687–1705	runder Steinturm, 11 m hoch, mit Kohlefeuer, 1705 ausgebrannt, später durch Sturmflut zerstört,
4. 1706–1825	neuer, weiter östlich errichteter massiver Steinturm, 10 m hoch, anfangs mit Kohlefeuer, ab 1814 mit Öllampen, 4. 2. 1825 durch Sturmflut zerstört,
5. 1825	Holzmast als Notleuchte,
6. 1825–1830	Holzturm mit Kohlefeuer,
7. 1830–1856	Steinturm mit Parabollampen als Blinkfeueranlage, 23 m hoch, 1854/55 von Sturmfluten unterspült, 1859 eingestürzt,
8. 1856–1969	neuer Steinturm mit Fresnelscher Linsenoptik, 30 m hoch, mehrfach modernisiert und erhöht, jetzt Leuchtturm-Museum,
9. 1969	Inbetriebnahme des 1966/67 erbauten Betonturmes, 64 m hoch.

Ergänzend sei noch erwähnt, daß 1933/34 im Westteil eine getreue Nachbildung des 55 m hohen ersten Turmes errichtet wurde, die seitdem als Wahrzeichen der Insel gilt (Abb. Seite 53).

Die Leuchtfeuer-Bauwerke auf Wangerooge von 1624 bis heute

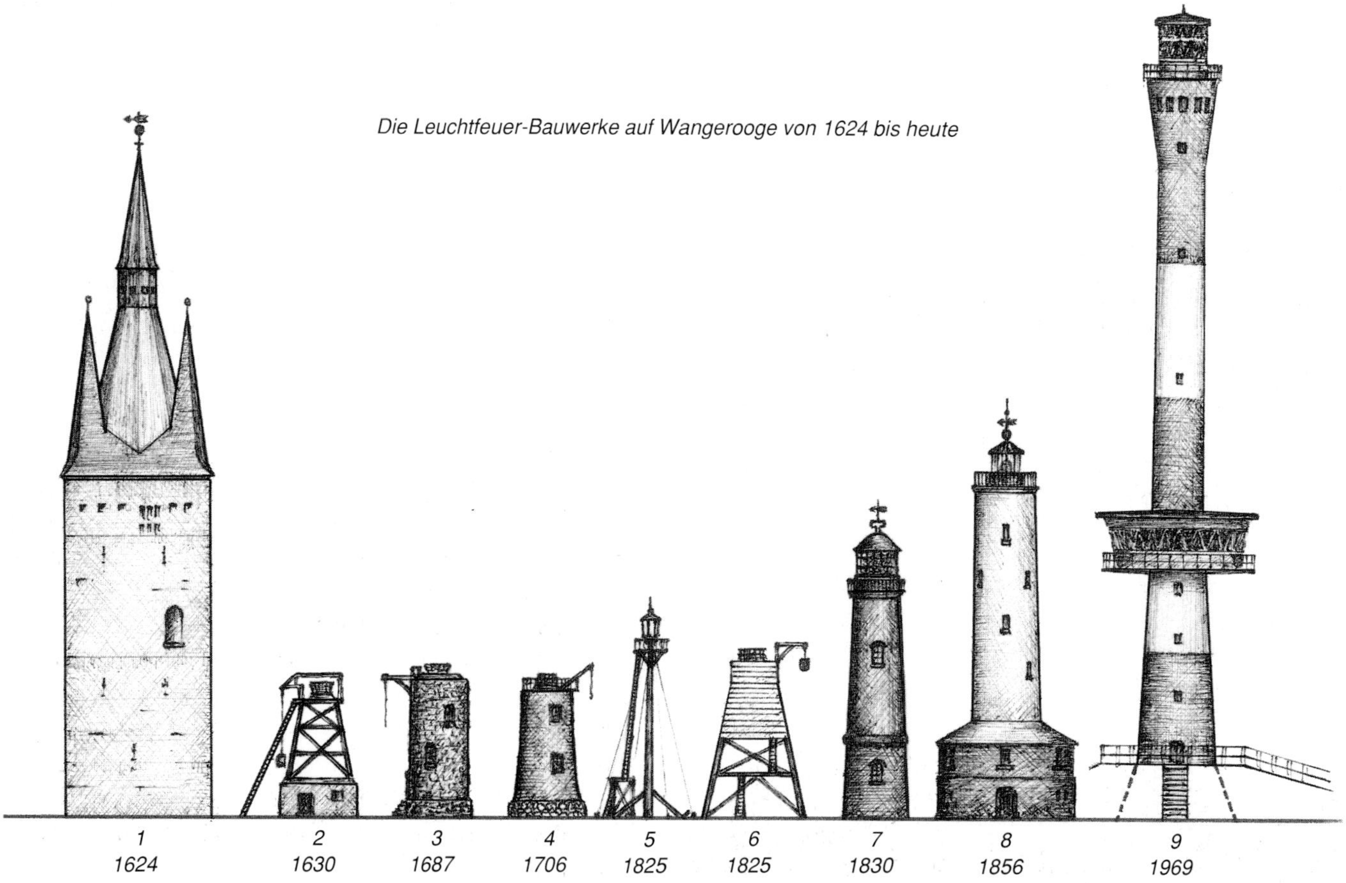

Helgoland
Schon lange bestand bei Seefahrern der Wunsch nach einem Leuchtfeuer auf diesem roten Felsen, um sich bei Nacht in der Deutschen Bucht orientieren zu können und um Schiffbrüchen vorzubeugen. Jedoch die Insulaner boykottierten den Bau, denn der Verkauf von Ladung und Trümmern gestrandeter Schiffe hatte sich zu einem einträglichen Geschäft entwickelt. Auch nachdem auf höhere Weisung 1630 endlich eine hölzerne Feuerbake errichtet worden war, ließen sie nichts unversucht, den Betrieb zu stören oder ganz lahmzulegen. Erst als 1679 ein massiver kubischer Steinturm die Aufgabe übernahm und Störungen unter Strafe gestellt wurden, gaben sie sich geschlagen.
Nach ihrer Besetzung Helgolands während der napoleonischen Kriege bauten die Engländer 1811 einen 18 m hohen Leuchtturm, dessen Lichteinrichtung sie stets auf den neuesten Stand brachten. Nachdem die Felseninsel 1890 durch ein Tauschgeschäft wieder deutsch geworden war, entstand 1900–1902 ein 36 m hoher Klinkerturm mit einer neuartigen Scheinwerferoptik (Abb. in Band 2, Seite 146). Aus einer Feuerhöhe von 85 m ü. M. wurden Lichtblitze in die Runde geschickt, die noch in 45 km Entfernung, z. B. auf Wangerooge, zu sehen waren. Am Ende des Zweiten Weltkrieges wurde der Turm bei einem englischen Bombenangriff völlig zerstört.

Kohlenblüse **Helgoland,** *1679 errichtet, bis 1811 in Betrieb, 1916 abgerissen*

Das historische Foto von 1902:
rechts der englische Leuchtturm **Helgoland,** *1810/11 erbaut, 18 m hoch, links der deutsche Leuchtturm* **Helgoland,** *1900/02 erbaut, 36 m hoch, 1945 durch Bomben zerstört*

Nach dem Kriege benutzten die Engländer Helgoland zunächst als Übungsziel für ihre Luftwaffe und sprengten 1947 den Südteil der Insel in die Luft. Übrig blieb ein gigantisches Trümmerfeld. Nur ein einziges Bauwerk, wenn auch stark beschädigt, war stehen geblieben: der ehemalige Flak-Leitstand aus meterdickem Beton. Dieser wurde 1952 zunächst provisorisch, nach einer Ummantelung 1964/65 endgültig als neuer Leuchtturm **Helgoland** in Betrieb genommen. Er ist 34 m hoch und wieder mit einem Blitzfeuer, allerdings neuerer Art, ausgestattet.
Auf der seit 1721 von der Hauptinsel getrennten, sog. Düne steht ein runder rot/weißer Metallturm, 1936 erbaut, 15 m hoch.

Helgoland 1947

1965: Der neue Leuchtturm **Helgoland** ▶

1952: Der ehemalige Flak-Leitstand als provisorischer Leuchtturm

*1676 errichtet und noch intakt: Leuchtturm **Lowestoft** nebst Wohngebäude für die Wärter*

Der 1933/34 errichtete Nachbau des 55 m hohen Wangerooger Turmes von 1601

*Leuchtturm **Cordouan** heute: Unterteil 1584–1611, Oberteil 1788–1790 erbaut, Laterne von 1823*

Kohlenblüse **Neuwerk,** *1644 errichtet, 23 m hoch; hier der Nachbau vor dem Deutschen Schiffahrtsmuseum Bremerhaven*

South Foreland

Wenn man per Schiff nach Dover fährt, sieht man schon von weitem östlich des Hafens die 100 m hohen Kreidefelsen von South Foreland. Aber auch unter Wasser gibt es an dieser Engstelle des Ärmelkanals ein großes Gebiet mit Felsenriffen und Sandbänken, die »Goodwin-Sands«. Wegen der unzähligen Schiffbrüche dort nennen es die Engländer »Ship swallower« (Schiffsschlund).

1636 errichtete man auf der hohen Kliffkante ein Ober- und ein Unterfeuer, die in ihrer Richtung warnend auf das gefährliche Seegebiet hinwiesen. Beides waren Holzgestelle, zunächst mit offenem Kohlefeuer, später mit Reflektorlampen in einer Laterne. 1793 bzw. 1795 wurden sie erneuert, 1843 bzw. 1846 aus Stein neu erbaut. Das Oberfeuer, 21 m hoch, mit einer Feuerhöhe von 114 m ü. M. blieb bis 1988 in Betrieb, das Unterfeuer wurde schon 1904 gelöscht, nachdem das berüchtigte Untiefengebiet inzwischen rundherum durch 4 Feuerschiffe markiert worden war.

Das hohe Kliff von South Foreland war ein idealer Testplatz für Leuchtfeuer. Nachdem schon 1858 erste Versuche mit elektrischem Bogenlicht hier stattgefunden hatten, testete Trinity House ab Herbst 1884 verschiedene Leuchtfeuerarten auf ihre Fernwirkung. Dazu waren neben dem neuen Oberfeuer drei Versuchstürme gleicher Feuerhöhe errichtet und mit den Riesenbuchstaben A, B, C gekennzeichnet worden, so daß sie von See aus deutlich zu unterscheiden waren. Die Kapitäne wurden aufgefordert, ihre Beobachtungen über die Leuchtwirkung der drei Feuer mitzuteilen. Bei den Versuchen, die bis 1885 dauerten, ging es im wesentlichen um den Vergleich zwischen konventionellen Lichtquellen und der neuen Elektrizität.

Das weithin sichtbare dritte Oberfeuer auf der hohen Kliffkante, 1843 erbaut, jetzt Leuchtturm-Museum

Obwohl elektrische Lichtbogenlampen am besten abschnitten, zögerte die englische Leuchtfeuerbehörde noch lange mit der allgemeinen Einführung, weil sie die Stromerzeugungsanlagen für zu aufwendig hielt.

Zu einem Test anderer Art kam es, als Guiglielmo Marconi (1874–1937), Erfinder der drahtlosen Telegraphie, vom Leuchtturm **South Foreland** aus am Weihnachtsabend 1898 erstmals eine Funkverbindung zu dem 18 km entfernten Feuerschiff GOODWIN herstellte. Der Nutzen dieser neuen technischen Einrichtung erwies sich schon im folgenden Jahr: Als das Feuerschiff schwer gerammt wurde, konnte es auf diesem Wege Hilfe anfordern.

Vor South Foreland fand übrigens 1666 die 4tägige Seeschlacht zwischen der holländischen und der englischen Flotte statt. Die Holländer unter Admiral Ruyter siegten und liefen 1667 sogar in die Themse ein.

Die 1884 errichteten 3 Türme für Tests mit verschiedenen Leuchteinrichtungen; links im Hintergrund das reguläre Oberfeuer

North Foreland

Dieses Pendant zum Leuchtturm **South Foreland** steht 25 km nördlicher an der Ecke zum Themse-Delta. Nach allerdings angezweifelten Berichten soll hier schon ab 1505 gelegentlich ein Kerzenfeuer gebrannt haben, bevor 1636 ein Holzturm als Kohleblüse eingerichtet wurde. Diese brannte 1683 ab und wurde 1693 durch einen achteckigen Steinturm ersetzt. 1792 erhöhte man den Turm von 16 auf 26 m und stattete ihn mit einer Parabolspiegellaterne aus. Seit 1950 steht der noch in Betrieb befindliche Turm – nun allerdings mit moderner Optik – unter Denkmalschutz.

Der 1693 erbaute Leuchtturm **North Foreland**

Der Turm nach Umbau und Erhöhung von 1792

Isle of May

1636 wurde auf dieser einsamen Insel im Firth of Forth der erste Leuchtturm Schottlands errichtet: ein Steinbau, 12 m hoch, 7,5 m im Quadrat, mit offenem Kohlefeuer. Nach Außerdienststellung des Turmes 1844 blieb das Unterteil erhalten. Da vom abgebrochenen Oberteil Skizzen existierten, konnte man sich noch ein genaues Bild von der ganzen Anlage machen. Im Erdgeschoß befand sich ein hübsch eingerichteter Wohnraum mit gewölbter Decke, die beiden Obergeschosse waren als Schlafräume für die drei Wärter eingerichtet. Eine Wendeltreppe innerhalb des Bauwerkes führte bis zur Plattform, in deren Mitte auf einem kleinen Sockel das Rostgitter für die Feueranlage stand. Verfeuert wurde die besonders hell brennende einheimische Kohle.

Erster Leuchtturm **Isle of May** *von 1636*

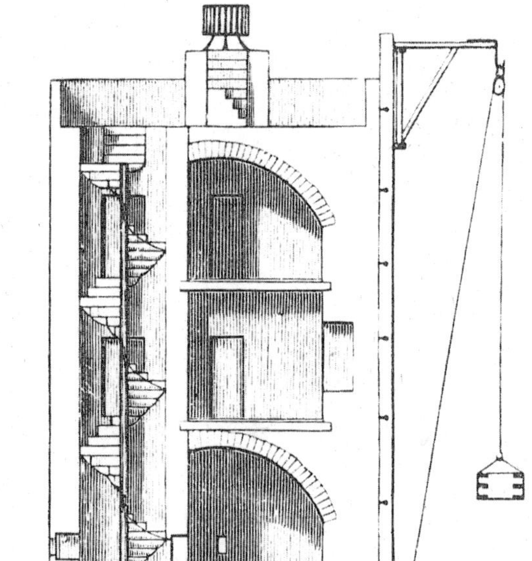

Ein Problem stellte damals der Kohletransport von der weit entfernten Landestelle bis zu dem auf einem 50 m hohen Hügel stehenden Turm dar. Im Winter wurden nämlich pro Nacht etwa 40 Zentner verfeuert. Anfangs mußten die Wärter diese schwere Arbeit selber verrichten, ab 1786 tat das ein Pferd. Das Pferd besorgte auch den Transport auf die Plattform mittels einer Zugleine.

Das erhaltene Turmunterteil ist heute zu einer »malerischen Ruine« umgebaut und dient Ornithologen als Beobachtungsstelle.

Ein neuer Leuchtturm wurde 1814/16 in gotischem Stil erbaut; er ist 24 m hoch und besitzt eine Feuerhöhe von 73 m. Zunächst waren beide Türme in Betrieb und bildeten eine Richtfeuerlinie für die Einfahrt nach Edinburgh. Seit 1844 leuchtet nur noch der neue Turm. Er erhielt 1886 als erster in Schottland eine elektrische Lichtquelle, wurde aber 1924 auf Ölgas-Glühlicht umgerüstet.

Der heutige Leuchtturm **Isle of May,** *1814/16 erbaut*

Orfordness

Nachdem hier vor der Küste in einer einzigen Sturmnacht 32 Schiffe gescheitert waren, errichtete ein Privatmann 1637 zwei hölzerne Leuchttürme, die in ihrer Richtung auf die gefährlichen Stellen hinwiesen. Die Rechnung, Profit durch Feuergeld zu erzielen, ging nicht auf, denn die Türme waren vom Unglück verfolgt: 1720 wurden sie bei einem französischen Überfall beschädigt, mehrere Nachfolger brannten ab oder fielen der See zum Opfer. Erst ein 1793 gebauter, 30 m hoher solider Steinturm blieb bis heute stehen. Er arbeitet seit 1965 automatisch.

Neuwerk

Auf dieser vor der Elbmündung liegenden Insel ließ die Hansestadt Hamburg 1299–1310 einen 40 m hohen massiven Wehrturm erbauen. Er war als Schutz gegen Seeräuber gedacht, stellte aber zugleich ein markantes Tagessichtzeichen am gefährlichen Seeweg der Außenelbe dar.

Um auch eine nächtliche Orientierung zu ermöglichen, wurde 1644 eine 23 m hohe hölzerne Kohleblüse errichtet. Sie war 170 Jahre in Betrieb, geriet 3mal in Brand, mußte mehrmals wegen Uferabbruches versetzt werden und wurde einmal vom Sturm umgeweht. Seit 1978 steht übrigens ein originalgetreuer Nachbau vor dem Deutschen Schiffahrtsmuseum in Bremerhaven (Abb. Seite 54).

Als nach den Napoleonischen Kriegen die Schiffahrt wieder in Gang kam, wurde der alte Wehrturm zum Leuchtturm umfunktioniert. Ab 1814 leuchtete seine damals moderne Parabolspiegel-Laterne aus 39 m Höhe über die Außenelbe. Die Laterne leuchtet auch heute noch, allerdings mit neuem optischen und elektrischen Innenleben. Es handelt sich um das älteste Leuchtturm-Bauwerk der Welt, dessen Mauerwerk noch im ursprünglichen Zustand besteht.

Von 1815–1885 hatte der Turm einen kleinen Bruder in 600 m Entfernung. Beide Feuer in Deckpeilung bildeten eine Richtfeuerlinie für die Einsegelung in die Elbmündung.

Leuchtturm **Neuwerk,** *1299–1310 als Wehrturm erbaut, seit 1814 mit Laterne*

Runö

Dieses mitten im Rigaer Meerbusen liegende Inselchen kam 1621 unter schwedische Herrschaft. Nach Genehmigung durch Gustav Adolf bauten die Insulaner 1646 eine Mini-Festung mit Leuchtfeuerturm. Näheres hierüber ist nicht bekannt. Erst 1757 wird ein Leuchtturm auf dem »Hochberg« im Westteil der Insel erwähnt, 1820 ein 24 m hoher Leuchtturm aus Holz inmitten von Bäumen.

1877 wuchs an gleicher Stelle eine vierbeinige pyramidenförmige Metallkonstruktion in die Höhe, deren Einzelteile aus Le Havre geliefert worden waren. Frankreich exportierte nämlich in der zweiten Hälfte des 19. Jahrhunderts Bauteile für solche Leuchttürme in alle Welt. Der neue, 38 m hohe graue Turm überragte jetzt alle Bäume und leuchtete mit seiner Laternenoptik etwa 20 km weit. Nach Zerstörung im Ersten Weltkrieg wurde er 1937 in ähnlicher Form wieder aufgebaut, nun aber rot angestrichen. Seine Höhe wird heute mit 40 m, seine Feuerhöhe mit 65 m angegeben.

Nebenbei bemerkt, genossen die Runöer für lange Zeit gewisse Eigenständigkeiten und Sonderrechte; z. B. konnten die Männer ihren Wehrdienst dort als Leuchtturmwärter ableisten.

Heutiger Leuchtturm **Runö**

Swalfer Ort/Sörve

Um nachts sicher an der Südspitze von Ösel vorbei in den Rigaer Meerbusen zu gelangen, veranlaßten die schwedischen Besatzer 1646, also gleichzeitig mit **Runö,** auch hier den Bau eines Leuchtturmes. Wahrscheinlich war er aus Holz. 1770 entstand an der gleichen Stelle ein vierkantiger 30 m hoher Steinturm, zunächst mit offenem Holzfeuer, ab 1856 mit 18 Reflektorlampen in einer zweistöckigen Laterne. 1944 wurde er zerstört und 1960 durch einen 52 m hohen Betonturm ersetzt (Abb. Seite150).

Zweiter Leuchtturm **Swalfer Ort,** *1770 erbaut*

Lindesnes

Im Juli 1655 erhielt Powel Hanson aus Kristiansand von der damals zuständigen dänischen Krone die Konzession, an der Südspitze, »Nase von Norwegen«, ein Leuchtfeuer zu betreiben, für das von den Schiffern Gebühren erhoben werden sollten. Prompt errichtete er auf dem 35 m aus dem Meer aufragenden Felsen vor Lindesnes ein Holzhaus mit Türmchen für das Kohlefeuer. Noch im Herbst des gleichen Jahres begann er mit dem Blüsen. Doch sogleich tauchten Probleme mit der Kohle auf. Die Beschaffung klappte nicht, und es gab Transportschwierigkeiten: Ohne Schnaps für die Arbeiter lief nämlich gar nichts. Und beides war in Norwegen schon damals teuer. So erwies sich der ganze Betrieb als unrentabel.

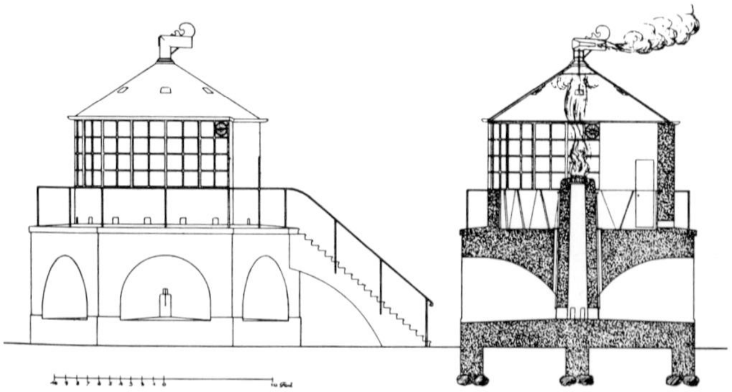

Kohlenfeuer **Lindesnes** *(1822–1854)*

Da Hanson seine Verpflichtung erfüllen wollte, versuchte er es wenigstens mit einem Kerzenfeuer. Der Lichtschein war jedoch so schwach, daß die Schiffer dafür kein Feuergeld zahlen wollten. So wurde das ganze Unternehmen schon Ende 1656 wieder eingestellt.

Nach diesem jämmerlichen Anfang vergingen fast 70 Jahre, bis es in Lindesnes nachts wieder leuchtete: 1725 wurde ein Herdfeuer direkt auf dem Felsen eingerichtet, gleichzeitig nahebei in **Markøy** ein zweites – zwecks Unterscheidung von dem Einzelfeuer **Skagen** auf der gegenüberliegenden Seite des Skagerraks. In den überlieferten Akten ist leider mehr die Rede von Privilegien für die privaten Betreiber, von Feuergeld, Kosten und Einnahmen für die Königliche Kasse als von den Feuern selber.

Nachdem 1782 die öffentliche Hand den Betrieb übernommen hatte, wurde ein Inspektor angestellt. Ihm stand eine alte 4-Pfünder-Kanone zur Verfügung, aber nicht etwa zur Verteidigung dieses Vorpostens, sondern für eine friedliche Aufgabe: Immer wenn ein Feuer nicht richtig brannte – er konnte beide von seiner Wohnung aus überblicken –, feuerte er einen Schuß ab, um die Wärter zu ermahnen, vielleicht auch, um sie zu wecken.

1822 war für beide Feuer ein Steinsockel mit Glaslaterne errichtet worden – ähnlich dem von 1806 im dänischen **Fakkebjerg.** Es wurden immer noch Steinkohlen gebrannt, in **Markøy** bis 1844, in **Lindesnes** bis 1854.

Nur **Lindesnes** erhielt danach eine moderne Laterne mit optischer Lichteinrichtung. Sie wurde 1915 auf einen neuen, 16 m hohen Gußeisenturm übernommen und leuchtet dort noch heute.

Dieser neue Leuchtturm ist auf einer Briefmarke zu 3,50 Kronen abgebildet. Auch sonst wird die Tradition dieser ersten norwegischen Leuchtfeuerstelle gepflegt. Neben dem Turm, der als kleines Museum eingerichtet ist, steht ein Nachbau des Holzhauses von 1655. Auch eine Rekonstruktion des ehemaligen Steinsockels kann dort besichtigt werden.

Leuchtturm **Lindesnes,** *1915 erbaut*

Tynemouth

Der Standort dieses Leuchtturmes ist in der alten Seekarte auf Seite 42 eingezeichnet. Es handelt sich um einen felsigen Küstenvorsprung, auf dem einst ein Kloster gestanden hatte. Neues Leben wuchs sozusagen aus den Ruinen, als aus der Trümmermasse 1664 ein wuchtiger Turm entstand. Zunächst hatte er einen quadratischen Querschnitt, und in 24 m Höhe leuchtete sein Kohlefeuer. Die Ausrüstung mit einer Laterne im Jahre 1841 geschah auf seltsame Weise: Während der untere Turmteil quadratisch blieb, erhielt der obere Teil einen 8eckigen Querschnitt. Außerdem trug man das oberste Stockwerk ab und setzte die Laterne auf die Plattform darunter. Wahrscheinlich waren Stabilitätsgründe maßgeblich. Übrigens stürzte der Turm 1898 trotzdem ein.

Die seltsame Veränderung des Leuchtturmes **Tynemouth.** *Linke Bildhälfte: der Turm bis 1841, rechte Bildhälfte: der Turm nach 1841*

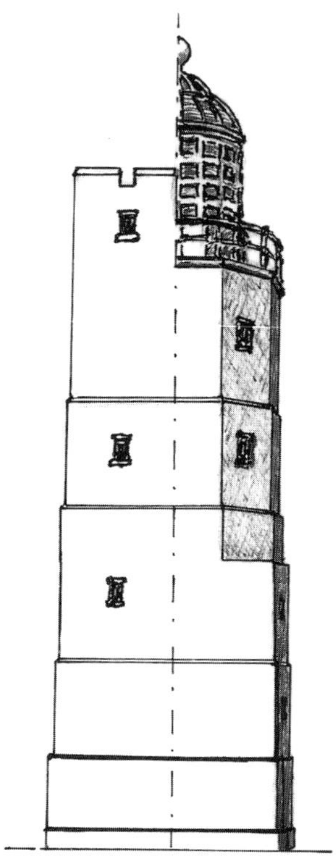

Das »Leuchthaus« auf dem **Old Head of Kinsale** *heute*

So mag es einst ausgesehen haben

Old Head of Kinsale

Diese felsige hohe Halbinsel gehörte zu den 6 Plätzen an der Ostküste Irlands, für die ein gewisser Sir Richard Reading 1665 die Konzession zur Einrichtung von Leuchtfeuern und Erhebung von Gebühren erhielt. Etwa 1668 erbaute er hier auf dem höchsten Punkt ein Haus mit einer Feuerstelle auf dem Dach, also ein »Leuchthaus«. Vielleicht stammt der englische Ausdruck für Leuchtturm »Lighthouse« von dieser Hausart ab.

Da das Bauwerk noch zum Teil erhalten ist, läßt sich auf die ursprüngliche Form schließen. In der Mitte enthält es besondere Mauerpfeiler für die Feuerplattform. Auf ihr wurden Reste einer Schmiedeeinrichtung mit Blasebalg für ein Kohlefeuer gefunden. Somit liegt die Vermutung nahe, daß es sich damals um eine Kombination von Leucht- und Schmiedefeuer handelte und daß der Dorfschmied gleichzeitig Leuchtfeuerwärter war.

1703–1714 brannten auf der Dachplattform Kerzen in einer Laterne, deren Leuchtwirkung jedoch so mangelhaft war, daß man anschließend wieder zu offenem Kohlefeuer überging. 1804 entstand in der Nähe ein kleiner Leuchtturm mit Öllampen in der Laterne.

1853 wurde der heute noch in Betrieb befindliche Leuchtturm erbaut, 30 m hoch mit einer Feuerhöhe von 72 m. Ein 1,2 km langer, von Mauern gesäumter Weg führt vom alten Leuchthaus zur Landspitze mit dem neuen Leuchtturm (Abb. Seite 71).

Howth Hill
Howth Baily

Zurück zu Sir Richard Reading. Zwei weitere Feuer, ebenfalls längliche »Leuchthäuser«, ließ er auf der Halbinsel Howth, nördlich Dublin errichten, eines hoch oben, **Howth Hill,** und eines an der Landspitze, **Howth Baily.** Ersteres erwies sich als ziemlich nutzlos, weil es zu weit vom Meer entfernt stand und wegen seiner hohen Lage oft von Wolken verdeckt war. Trotzdem ließ man es noch bis zum Anfang des 19. Jahrhunderts brennen. Das zweite, **Howth Baily,** blieb in Betrieb, bis es 1814 durch den heutigen Leuchtturm ersetzt wurde. Dieser steht auf dem 30 m hohen Endfelsen der Halbinsel und weist allen nach Dublin laufenden Schiffen den Weg.

Um seine Auflagen zu erfüllen, ließ Sir Reading noch drei weitere Leuchtfeuer einrichten: Eines erwies sich als Fehlkalkulation und wurde gleich wieder eingestellt (Isle of Magee in der Belfast-Bucht), das zweite schien nur aus dem Fenster eines Schlosses (Barry Oges Castle, jetzt Charlesfort bei Kinsale); als drittes galt die Erneuerung des Feuers auf dem ohnehin schon seit fast 500 Jahren in Betrieb befindlichen Leuchtturm **Hook Point** (s. Seite 30).

Landsort

Auf dieser felsigen Insel, 50 km südlich von Stockholm, wurde 1642 eine hölzerne Bake errichtet. In ihrer Kuppel brannte zunächst nur gelegentlich, ab 1669 allnächtlich ein Lampenlicht, verstärkt durch einen Metallspiegel. In einer Winternacht des Jahres 1686 fing die Kuppel Feuer, und der ganze Turm brannte ab.

Holzbake **Landsort** *von 1642, ab 1669 mit Leuchtfeuer*

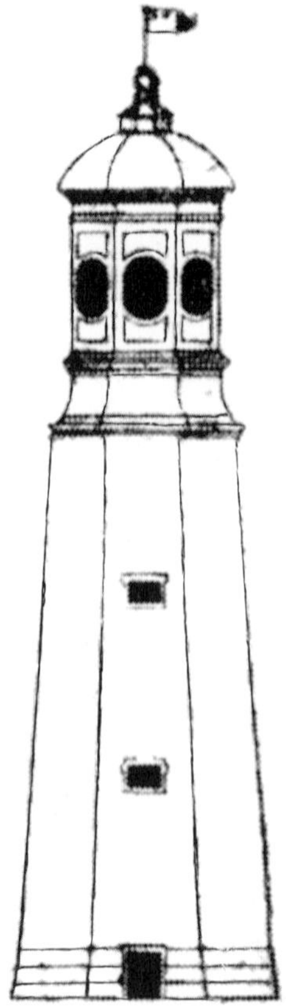

Da die Pläne für einen neuen steinernen Leuchtturm schon vorlagen, konnte sofort mit dem Bau begonnen werden. 1687 war er fertig, 20 m hoch und derartig solide, daß er noch heute existiert. Anfangs leuchtete auf ihm ein offenes Kohlefeuer, ab 1840 Parabolspiegellicht in einer Laterne. 1870 erhielt er nach gründlichem Umbau eine neue Kuppel mit moderner optischer Leuchteinrichtung, mit der er jetzt 27 m hoch ist.

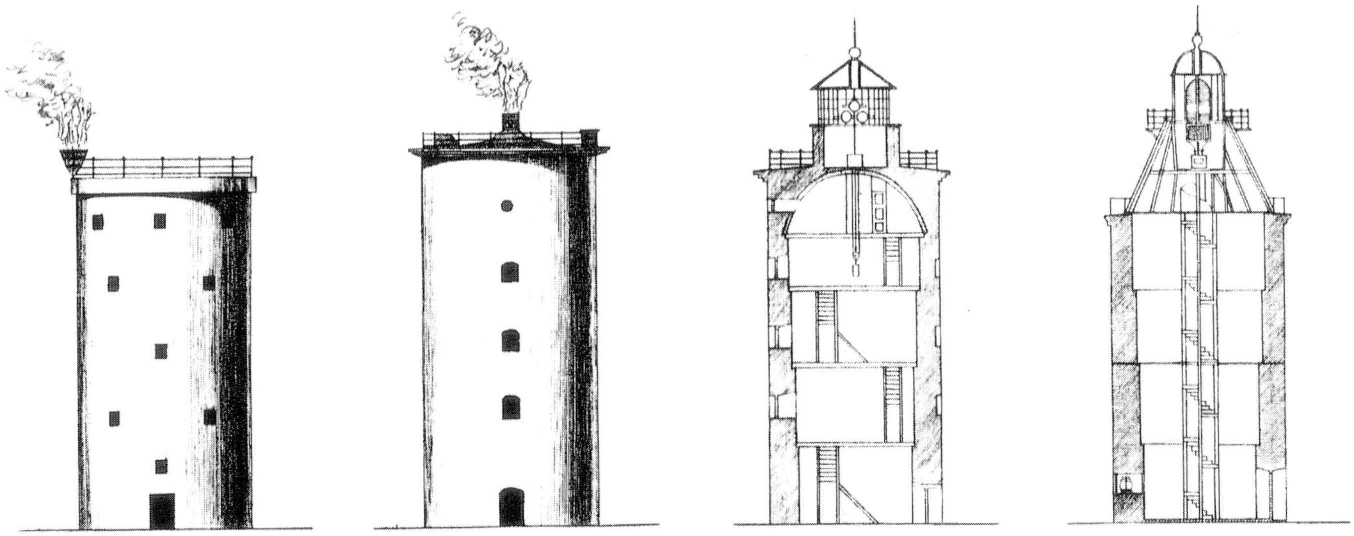

Der schwedische Leuchtturm **Landsort** *im Laufe der Jahrhunderte*

1687 *1750* *1840* *ab 1870*

Flamborough Head

Auf alten englischen Seekarten sind auch etliche Leuchttürme eingezeichnet, für die wohl Konzessionen erteilt worden waren, die danach aber entweder überhaupt nicht gebaut wurden oder deren Betrieb wegen mangelnder Rentabilität gleich wieder eingestellt wurde. Die damaligen Kartographen richteten sich oft nur nach den Angaben der amtlichen Stellen und nahmen an, daß die Konzessionäre alle genehmigten Leuchttürme auch tatsächlich errichten und befeuern würden.

Ein kurioses Beispiel ist der 24 m hohe, achteckige Steinturm **Flamborough Head** in Ost-England: 1669 genehmigt, 1674 mit großem Aufwand als Leuchtturm errichtet, aber nie befeuert. Er steht noch heute. Erst seit 1806 gibt es dort einen Leuchtturm, der auch tatsächlich leuchtet, 27 m hoch mit einer Feuerhöhe von 66 m (Abb. Seite 105). Insofern gehört in die Statistik eigentlich nicht die Jahreszahl 1674, sondern 1806.

Der Leuchtturm, der nie leuchtete: **Flamborough Head**

Spurn Point II

Das 60 km in das Land reichende Humber-Delta ist östliches Tor zu einem bedeutenden englischen Industriegebiet. In die See hinein ragt von Norden her eine lange hakenförmige Halbinsel, deren Spitze Spurn Point heißt. Wegen der ständigen Sandbankverschiebungen galt das Seegebiet vor der Halbinsel von je her als höchst gefährlich für die Schiffahrt. Deshalb hatten schon die Mönche 1427 auf der Landspitze ein Leuchtfeuer eingerichtet (s. Seite 27). Doch es war abgestürzt und der See zum Opfer gefallen.

Oberfeuer **Spurn Point,** *1775 erbaut, mit der ersten geschlossenen Laterne für Kohlefeuer (Schema-Skizze in Band 2, Seite 130)*

Erst nachdem viele Schiffseigner versprochen hatten, freiwillig Feuergeld zu zahlen, wurde 1675 eine Richtfeuerlinie geschaffen, die einen Weg durch die Untiefen wies. Das Oberfeuer war aus Holz, 18 m hoch, das Unterfeuer nur eine Plattform mit offenem Kohlefeuer.

Als eine Korrektur der Standorte erforderlich wurde, ließ der damals berühmte Leuchtturm-Konstrukteur John Smeaton 1775 zwei Steintürme errichten, 27 bzw. 15 m hoch. Aber der näher an der Küste stehende Turm wurde im Laufe der Zeit 5mal von Sturmfluten völlig vernichtet. Letzter in der langen Reihe ist ein 1895 errichteter, 39 m hoher Steinturm mit moderner Leuchteinrichtung. Er steht noch, ist allerdings seit 1985 außer Betrieb, weil die Humbermündung inzwischen über zahlreiche andere und bessere Leiteinrichtungen verfügt.

St. Agnes

40 km südwestlich von England liegen die Scilly's, eine Gruppe von 140 Inseln und unzähligen Felsenklippen, ein höchst gefährliches Gebiet für die Schiffahrt. Die Inseln sind so kahl, daß keine Bäume wachsen; nur 5 werden überhaupt bewohnt.

1680 wurde auf St. Agnes ein 23 m hoher, dicker Wehr- und Leuchtturm errichtet. Aufgrund der kriegerischen Zeiten bestückte man den Turm mit 4 Kanonen, die drohend aus Schießscharten im I. Stock ragten. Offenbar schreckten sie alle Eroberer und Piraten ab, denn sie brauchten nie in Aktion zu treten.

Das Kohlefeuer auf dem Dach war durch eine runde verglaste Wand gegen Wind geschützt, eine Neuerung in der damaligen Zeit. Ein Problem stellte die Eintreibung des Feuergeldes dar. Da kaum ein Schiff die Scilly's anlief, wurde es in Cowes auf der Isle of Wight kassiert. Doch viele Schiffer weigerten sich zu zahlen und behaupteten, sie hätten das Feuer in großem Abstand passiert und überhaupt nicht zu Gesicht bekommen. Die »Verweigerer« gründeten sogar einen Club. Aber es nützte ihnen nichts, die Zwangsmaßnahmen der Trinity House-Behörde brachen alle Widerstände.

1790 erhielt der Turm Parabolspiegellicht, 1806 eine neue moderne Laterne. Nach Inbetriebnahme mehrerer riesiger Felsen-Leuchttürme im angrenzenden Seegebiet wurde sein Feuer 1911 gelöscht. Heute ist er als Leuchtturm-Museum zu besichtigen.

St. Agnes-*Leuchtturm, 1680 erbaut, mit Schießscharten und Kanonen (frei nach einem Stich von 1690)*

Les Baleines

Vor dem französischen Atlantikhafen La Rochelle liegt eine 25 km lange Insel, Ile de Ré. Im Januar 1585 strandete an ihrer Nordwestecke ein kolossaler Wal. Seitdem heißt diese Stelle »Pointe des Baleines« nach dem französischen Wort für Walfisch »Baleine«. So entstand auch die für einen Leuchtturm zugegebenermaßen recht seltsame Bezeichnung – genauer gesagt, sogar für zwei, nämlich den ersten von 1682, 22 m hoch, sowie für den 1849 bis 1854 erbauten, 57 m hohen Nachfolger. Der erste »Walfisch«-Leuchtturm trug in seiner Steinlaterne ein Ölfeuer, ab 1736 in neuer Eisenlaterne zunächst ein Kohlefeuer, ab 1777 Parabolspiegellicht. Er steht noch heute, allerdings nur als Leuchtturm-Denkmal, denn seine Laterne hatte er an den Nachfolger abgegeben.

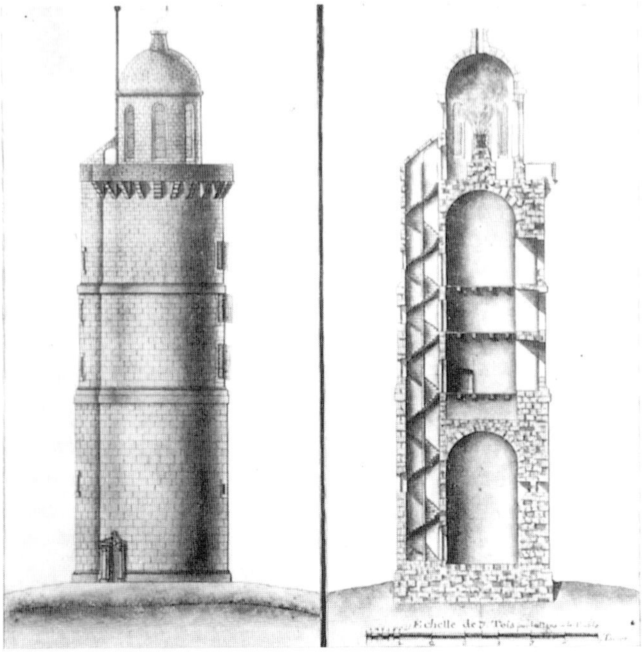

Erster Leuchtturm **Les Baleines,** *1682 erbaut*

Zweiter Leuchtturm **Les Baleines,** *57 m hoch, 1849–1854 erbaut, dahinter der Vorgänger von 1682 (ohne Laterne)*

Der neue, nach wie vor in Betrieb befindliche Turm erhielt schon 1882 ein elektrisches Feuer; der Generator für die Stromerzeugung wurde anfangs noch mit einer Dampfmaschine betrieben.
Beide Türme stehen im Abstand von 100 m hintereinander, der alte näher am Meer. Den neuen darf man besteigen und von seiner Galerie mit der typischen Steinbrüstung auf den »geköpften« Veteranen herabschauen.

Chassiron

Südlich der Ile de Ré liegt die etwas größere Insel Oléron. Hier begann man etwa zur gleichen Zeit ebenfalls mit dem Bau eines Leuchtturmes. Er wurde erst etwas später fertig (1685) und wies zwecks Unterscheidung von den Nachbartürmen **Cordouan** und **Baleines** eine Besonderheit auf: zwei Feuer schräg übereinander in einer originellen Zwillingsanlage.
Da Beschaffung und Transport von Kohle zu kostspielig und schwierig waren, behalf man sich zunächst mit nicht so hell brennenden Holzfeuern, ging aber 1778 zu Hohlspiegelanlagen mit Ölfeuern über. 1836 wurde diese seltsame Konstruktion durch einen »normalen«, 46 m hohen Turm ersetzt. Man darf ihn besichtigen und hat nach Besteigung der 242 Stufen bis zur Plattform bei klarer Sicht einen herrlichen Rundblick über die Nachbarinseln und das Küstengebiet bis zur Gironde-Mündung.

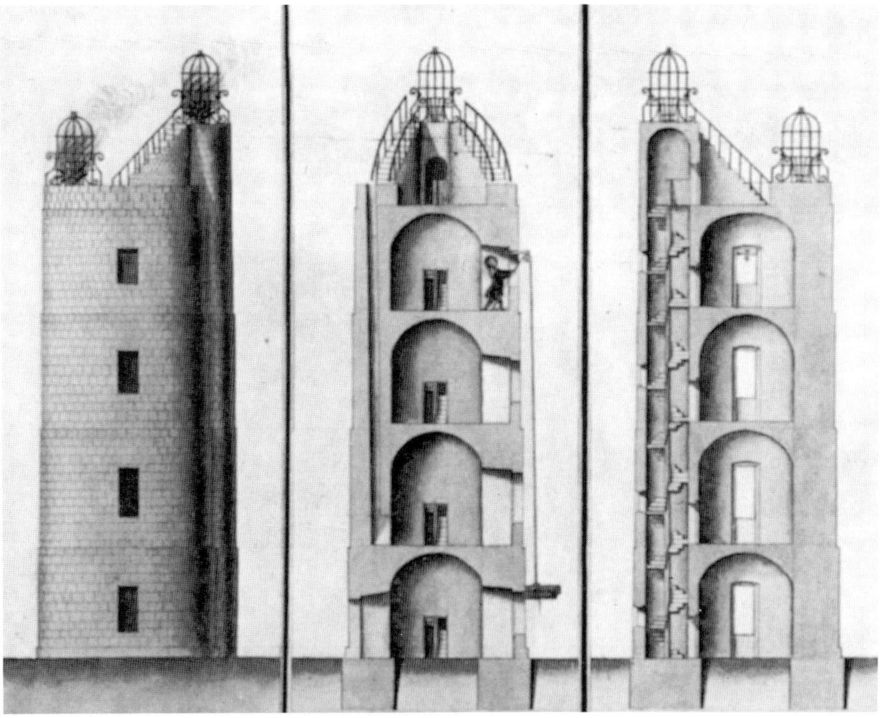

Der originelle Zwillingsturm **Chassiron,** *1685 fertiggestellt*

Der 1834 bis 1836 erbaute Leuchtturm ***Chassiron*** *heute*

Zweiter Leuchtturm ***Orskär*** *mit 6seitigem Unterteil von 1739 und rundem Oberteil von 1852*

Orskär

Auf dieser Insel an der Einfahrt zum Bottnischen Meerbusen wurde 1687 der bisher nördlichste Leuchtturm gebaut. Er war aus Holz und brannte 1736 nach einem Blitzschlag ab. Aber sein Nachfolger steht noch. Der 20 m hohe 6eckige Granitbau entstand 1739; ein runder Aufsatz machte den Turm 1852 noch um 13 m höher und verlieh ihm ein originelles Aussehen.

Doch etwas anderes hatte die Türme von **Orskär** berühmt gemacht, nämlich ihre neuartigen Leuchteinrichtungen: Bei dem alten Holzturm handelte es sich um 5 kreisförmig angeordnete Öllampen mit den ersten metallenen Hohlspiegeln dahinter. Der Steinturm von 1739 erhielt zunächst eine ähnliche Einrichtung mit noch größeren Reflektoren, 1769 aber eine der ersten Drehfeuer-Anlagen mit auf- und abschwellendem Licht. Diese erregte in der Fachwelt großes Aufsehen, weil man damals außerhalb Schwedens zur Unterscheidung von den ständig leuchtenden normalen Feuern nur aufwendige Doppel- oder Zwillingsfeuer kannte. Heute besitzt der Turm eines der stärksten Feuer in der nördlichen Ostsee.

Saint-Mathieu

Das ist der Name eines uralten Klosters in der Bretagne. Es liegt westlich von Brest an einer steil ins Meer abfallenden, höchst gefährlichen Ecke. Darum hatten die Mönche häufig Gelegenheit, von ihrem hochgelegenen Beobachtungsposten aus der Strandung von Schiffen zuzusehen. Ab 1400 erhielten sie das Recht, jeweils 10 % des Strandgutes zu behalten. Ihre Verpflichtung, dafür ein Warnfeuer zu betreiben, haben sie wahrscheinlich völlig ignoriert, denn es zerschellten dort besonders nachts immer wieder Schiffe.

Auch als ihr dicker, 20 m hoher Glockenturm 1692 extra restauriert wurde und einen Kohlefeuerherd auf dem Dach erhielt, blieb es dunkel. Warum, blieb auch im dunkeln, wobei den Mönchen nicht unterstellt werden soll, daß ihnen Standgut lieber war. Auf höchste Weisung nahmen sie 1694 endlich das Feuer in Betrieb. Doch auch dies taten sie so schlecht, daß man 1695 den Feuerkessel gegen eine Laterne mit 30 Öllämpchen, die nun wirklich gleichmäßig brannten, austauschte. 1771 erhielt der Turm eine der ersten Parabolspiegel-Anlagen mit 60 Lampen in vier Etagen.

1830–1835 entstand neben der mittlerweile zur Ruine und Touristenattraktion verwandelten Abtei der 37 m hohe, fotogene Leuchtturm mit den roten Ringen (Abb. Seite 71).

Stiff/Ouessant

Bleiben wir in der Bretagne. Wer je diese Küsten im Nordwesten Frankreichs erlebt hat, kann sich vorstellen, daß es sich dort um eines der für die Navigation schwierigsten Seegebiete handelt. An vielen Stellen sieht man Brandung und Gischt, so weit das Auge reicht. Ursache sind die zahllosen Über- und Unterwasserklippen bis hin zur Insel Ouessant. Starke Gezeitenströme und häufiger Nebel tun ein Übriges, die Gefahr für die Schiffahrt noch zu erhöhen. Deshalb hat man sich bemüht, auf möglichst vielen Klippen und Inseln dieses Seegebietes Leuchttürme zu installieren. Der erste entstand auf Ouessant. Der berühmte französische Festungsbaumeister Vauban hatte den originellen Zwillingsturm **Stiff** entworfen. Beide Turmsäulen waren innen miteinander verbunden; in der dickeren befanden sich Lagerräume und Wärterunterkünfte, während die dünnere als Treppenhaus diente.

Der Turm existiert noch heute, allerdings inzwischen umgebaut, erhöht und mit einer modernen Laterne ausgerüstet. Damit ist er jetzt 32 m hoch und erreicht eine Feuerhöhe von 85 m.

Færder

Am Eingang zum Oslofjord liegen zwei Felseninseln, Store Færder und Lille Færder. Sie sind wichtige Orientierungspunkte am Seeweg zur norwegischen Hauptstadt, die damals Christiania hieß.

Ein privater Konzessionär richtete 1697 auf dem kahlen Felsen von **Store Færder** ein Kohlefeuer ein. Es handelte sich um das zweite norwegische Leuchtfeuer. Da viele Schiffe passierten und Feuergeld zahlen mußten, wurde der Betrieb recht lukrativ. Deshalb mußte der Staat bei der Übernahme 1799 eine erhebliche Ablösesumme sowie Rente an den damaligen Betreiber zahlen. Nun erst wurde ein richtiger kleiner Leuchtturm erbaut, auf dem ab 1802 zunächst noch ein Kohlefeuer, ab 1852 eine Laterne mit Fresnelscher Linsenoptik größter Tragweite leuchtete.

Doch weite Schiffahrtskreise forderten eine Verlegung des Feuers auf die günstiger gelegene kleine und unbewohnte Felseninsel **Lille Færder.** Hier entstand 1856/57 der heutige, vielen Oslo-Fahrern vertraute kegelstumpfförmige Leuchtturm, rot mit weißem Band. Der 43 m hohe Gußeisenturm hat viele ähnliche Brüder in Norwegen (s. Seiten 123 und 124) sowie an Ost- und Nordsee.

Der 1695 erbaute Leuchtturm ***Stiff*** *nach der Erhöhung (Aufnahme etwa 1920)*

Aufgrund der häufig schlechten Sichtverhältnisse wurden im Laufe der Zeit die verschiedensten Nebelsignal-Anlagen installiert oder ausprobiert. Am originellsten war 1913 eine Unterwasserglocke in 1 km Entfernung, betrieben vom Leuchtturm aus mit einem langen Kabel.

Eddystone

22 km südsüdwestlich von Plymouth liegt der berüchtigte Eddystone, zu deutsch »Wirbelfelsen«, eine Steingruppe aus rotem Gneis. Die meisten dieser gezackten Klippen liegen dicht unter der Wasseroberfläche, nur einige wenige ragen bei Ebbe etwas heraus. Sie erwiesen sich häufig genug als tödliche Gefahr, insbesondere bei Dunkelheit. Deshalb wünschten sich viele Seefahrer dringend die Markierung dieser gefährlichen Gegend durch einen Leuchtturm.

Henry Winstanley, eine Art Allroundman, nahm dieses Wagnis auf sich, nachdem er eines seiner 5 Schiffe dort verloren hatte. 1696 begann er mit der Arbeit, die immer nur im Sommer und bei ruhiger See, meist erst nach stundenlanger Schiffsfahrt durchgeführt werden konnte. Im ersten Jahr gelang die Bohrung von 12 Löchern im Felsen der höchsten Klippe als Verankerung für eiserne Pfeiler.

Im folgenden Jahr gab es eine ungewöhnliche Verzögerung: Während das englische Bewachungsschiff zufällig einmal abwesend war, wurde Winstanley auf der Seebaustelle von der Besatzung eines französischen Schiffes gefangengenommen und nach Frankreich ins Gefängnis verschleppt. Ludwig XIV., der das erfuhr, soll jedoch seine sofortige Freilassung befohlen haben, angeblich mit den Worten: »Frankreich befindet sich im Krieg mit England, nicht mit der Humanität.« Nun konnte der Bau fortgesetzt werden.

Am 14. November 1698 brannte zum ersten Mal ein Kerzenfeuer auf dem fertigen Leuchtturm. Es war der erste auf einem Felsen im Meer, fast völlig aus Holz, 24 m hoch mit einer Feuerhöhe von allerdings nur 11 m.

Aber bald kam der Winter mit seinen Stürmen. Sie peitschten die See am Turm mit nie geahnter Wucht bis zu 30 Meter hoch auf. Es gab Schäden, auch die Later-

Der erste **Eddystone***-Leuchtturm, 1696/98 von Winstanley erbaut*

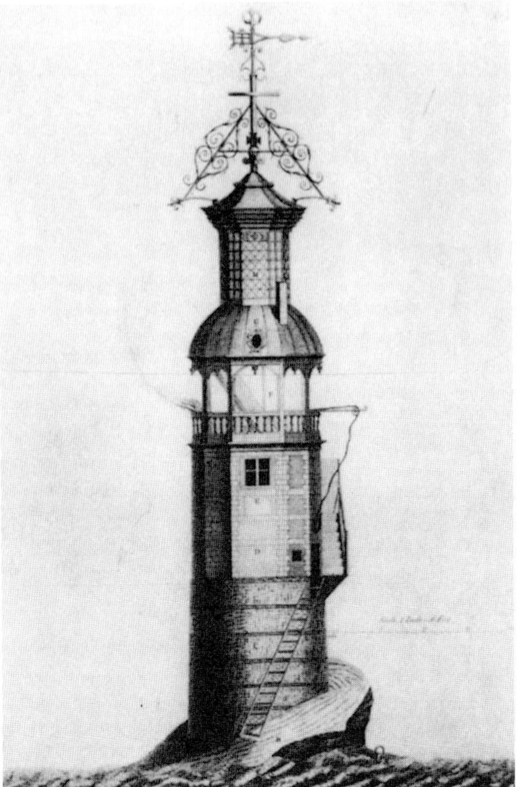

Der 1699 erhöhte und verstärkte Turm (1703 vom Orkan hinweggefegt)

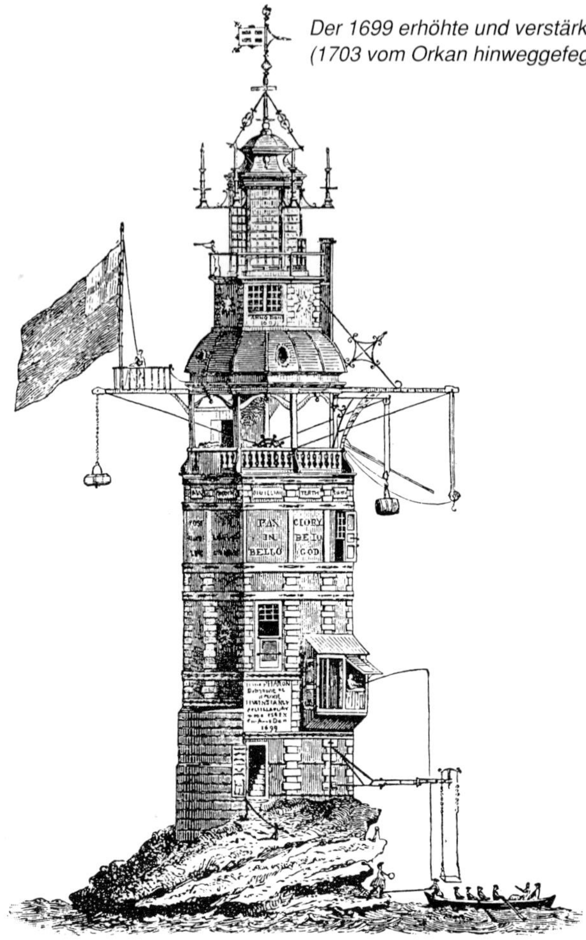

nenscheiben zerbarsten öfter, so daß die Kerzen verlöschten und von den Wärtern immer wieder entzündet werden mußten.
Doch Winstanley gab nicht auf und ließ den Bau im Sommer 1699 erheblich verstärken und auf 37 m erhöhen. Da er viel Wert auf Originalität und äußere Schönheit legte, glich das Ganze eher einer chinesischen Pagode als einem Meeresleuchtturm, für den es damals allerdings noch kein Vorbild gab. Vielleicht hat auch der zeitgenössische Zeichner einige Ornamente eigenmächtig hinzugefügt.

Zweiter **Eddystone**-*Leuchtturm, 1706/09 von Rudyerd erbaut (1755 abgebrannt)*

Nun trotzte das Bauwerk für einige Jahre allen Unwettern und leuchtete den Schiffern zur Warnung aus einer Höhe von 22 m mit seiner 60-Kerzen-Laterne. Am 26. November 1703 ließ sich Winstanley, der sich schon immer von der Standfestigkeit seines Turmes einmal selber überzeugen wollte, bei einem nahenden Sturm dorthin segeln. Es wurde der größte Orkan, den Südwest-England je erlebte. Er verursachte eine Sturmflut, die flache Küstengebiete verwüstete und Tausende von Opfern forderte. Er fegte auch den Leuchtturm **Eddystone** samt seinem Erbauer und den 3 Wärtern spurlos hinweg.

Nun wagte sich ein Außenseiter, der Seidenweber und Amateur-Architekt John Rudyerd, an die Aufgabe. Er errichtete 1706–1709 auf der gleichen Klippe einen völlig anderen, widerstandsfähigeren Turm. Der Sockel stützte sich auf 36 in den Felsen eingelassene Eisenstäbe. Die untere, völlig massive Turmhälfte bestand aus 8 Steinlagen mit Zwischenlagen aus Holzbalken, die obere Hälfte mit den Innenräumen ganz aus Holz. Schließlich wurde der Turm mit 15 cm dicken Eichenplanken völlig umkleidet. Auch die Laterne für Kerzenfeuer wurde aus Holz gebaut, was sich später als der einzige Fehler erwies.
Dieser neue **Eddystone** war mit 28 m nicht so hoch wie sein Vorgänger, leuchtete aber aus einer Höhe von 24 m ü. M. Er sah auch für heutige Begriffe schon wie ein Leuchtturm aus. Er widerstand allen Stürmen und hätte dies wohl noch lange getan, wenn er nicht in Brand geraten wäre. Am 2. Dezember 1755, als der schon etwas tüdelige, 94jährige Wärter Henry Hall Dienst hatte, fing die Laterne, wahrscheinlich durch Funkenflug, Feuer, das sich schnell ausbreitete. Hall versuchte von unten her zu löschen, wobei ihm heißes, geschmolzenes Blei vom Laternendach in den offenen Mund tropfte. Er litt entsetzlich, lebte aber anschließend noch 12 Tage mit dem $^{1}/_{2}$ Pfund schweren Bleiklumpen im Magen. Auch die beiden anderen Wärter konnten nun nichts mehr gegen das gewaltige Feuer ausrichten. Alle drei flohen nach unten auf die Klippe und konnten bei der schweren See erst nach 8 Stunden in höchster Not gerettet werden.
5 Tage lang brannte der Turm wie eine riesige Fackel im Meer und wurde völlig vernichtet.

Dritter Turm, 1756/59 von Smeaton erbaut (1882 ersetzt)

Nun mußte wieder ein neuer **Eddystone** gebaut werden. Der berühmt gewordene John Smeaton wurde mit der Aufgabe betraut. Er wählte eine geschwungene Turmform, die den Wellen weniger Angriffsfläche bot. Im Gegensatz zu seinem Vorgänger baute er den Turm ganz aus Granit. Und er hatte die grandiose Idee, alle Bausteine durch besondere Formgebung so ineinander zu verkeilen, daß sie sich durch keine Gewalt verschieben lassen. Auch erfand er eine Vorrichtung, mit der die bis zu 2 Tonnen schweren Steinblöcke direkt vom Transportschiff auf die Höhe des Turmes gehievt werden konnten. Nach 3jähriger Bauzeit war der Turm fertig, 27 m hoch mit einer Feuerhöhe von 22 m. Am 16. Oktober 1759 leuchteten die 24 Kerzen in der diesmal aus Eisen hergestellten Laterne erstmalig auf. 1811 und 1845 wurden jeweils modernere Leuchtanlagen installiert. Über 100 Jahre galt das Bauwerk als Vorbild für weitere Klippentürme in aller Welt, die im Kampf mit den Elementen bestehen sollten.

Aber die Dienstzeit auch dieses Turmes fand ein Ende. Nach 120 Jahren begann er bei Seegang alarmierend zu vibrieren und drohte zusammenzubrechen. Die Ursache lag jedoch nicht an dem von Menschenhand geschaffenen Bauwerk, sondern an dem von der Natur geschaffenen Felsen, der unterspült und brüchig geworden war. Den dadurch notwendig gewordenen Nachfolger mußte man also auf einer anderen, leider tiefer gelegenen Klippe errichten. Diese ragte jeweils nur bei Ebbe 3 Stunden lang aus dem Wasser heraus. Alle am Sockelbau beteiligten Arbeiter mußten sich anleinen und Schwimmwesten tragen, denn sie wurden öfter von Brechern fortgerissen. Zur Warnung vor großen Wellen war ein besonderer Beobachter abgeteilt und auf einem hohen Pfahl postiert.

Die Errichtung dieses gewaltigen, fast doppelt so hohen Turmes dauerte 4 Jahre. 2171 an Land vorgefertigte Blökke mit einem Gewicht bis zu 4 Tonnen wurden verarbeitet. Sie waren nicht nur seitlich, sondern auch in die darunter und darüber befindliche Lage eingepaßt.

Die Fertigstellung war ein großes Ereignis für ganz England, der Herzog von Edinburgh legte den letzten Stein, und der Erbauer James Douglass wurde zum Ritter geschlagen. Ausgerüstet mit einer 10 m hohen Laternenkuppel und zwei enormen Nebelglocken nahm dieser neueste, 51 m hohe **Eddystone** am 18. Mai 1882 seinen Betrieb auf.

Der Smeaton-Turm als Museum in Plymouth

Vierter **Eddystone***-Leuchtturm, 1878–1882 von Douglass erbaut, daneben noch der Smeaton-Turm von 1759*

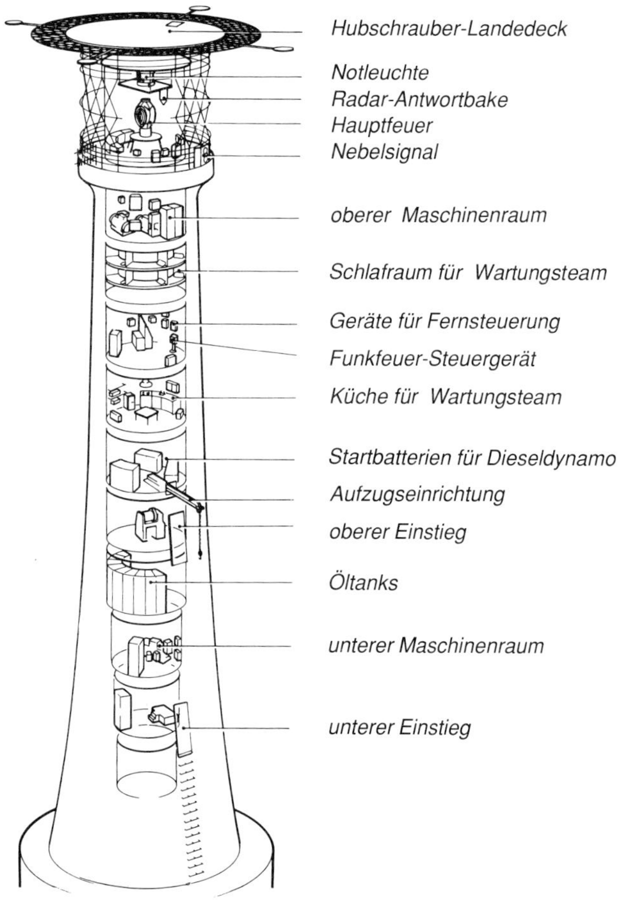

Der neueste Turm nach dem Umbau 1980/82

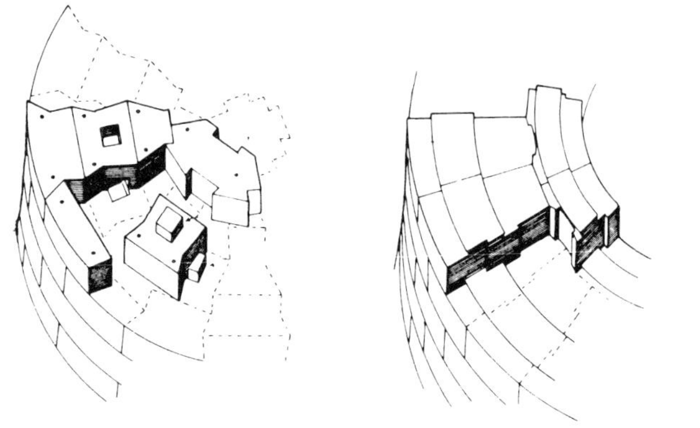

Prinzip der Baustein-Verkeilung, links von Smeaton 1756, rechts von Douglass 1882

Nun standen beide Türme nebeneinander – weit draußen auf dem Meer. Aber die Einwohner von Plymouth wollten den alten, nun nicht mehr benötigten Turm in ihrer Stadt haben. Mit ihrem gesammelten Geld wurden die oberen Zweidrittel des Smeaton-Turmes Stein für Stein abgetragen und in Hoe, dem alten Hafen von Plymouth, auf vorbereitetem Sockel wieder aufgebaut. Am 24. September 1884 wurde der an Land geholte Turm mit seiner ursprünglichen Laterne zur Besichtigung freigegeben. So steht er dort noch heute als Denkmal für seinen Erbauer, auf den eine Gedenktafel im ehemaligen Wärterraum hinweist.

Der neue Turm wurde 1980/82 für automatischen Betrieb umgerüstet und mit einem Hubschrauber-Landedeck versehen. Derweilen lag in der Nähe ein Feuerschiff aus. Am 18. Mai 1982, genau 100 Jahre nach der ersten Inbetriebnahme, gab es eine erneute Inbetriebnahme, diesmal ohne Wärter. Für alle Trinity House-Mitarbeiter war es ein Feiertag.

*Hier noch einmal alle **Eddystone**-Leuchttürme in chronologischer Reihenfolge*

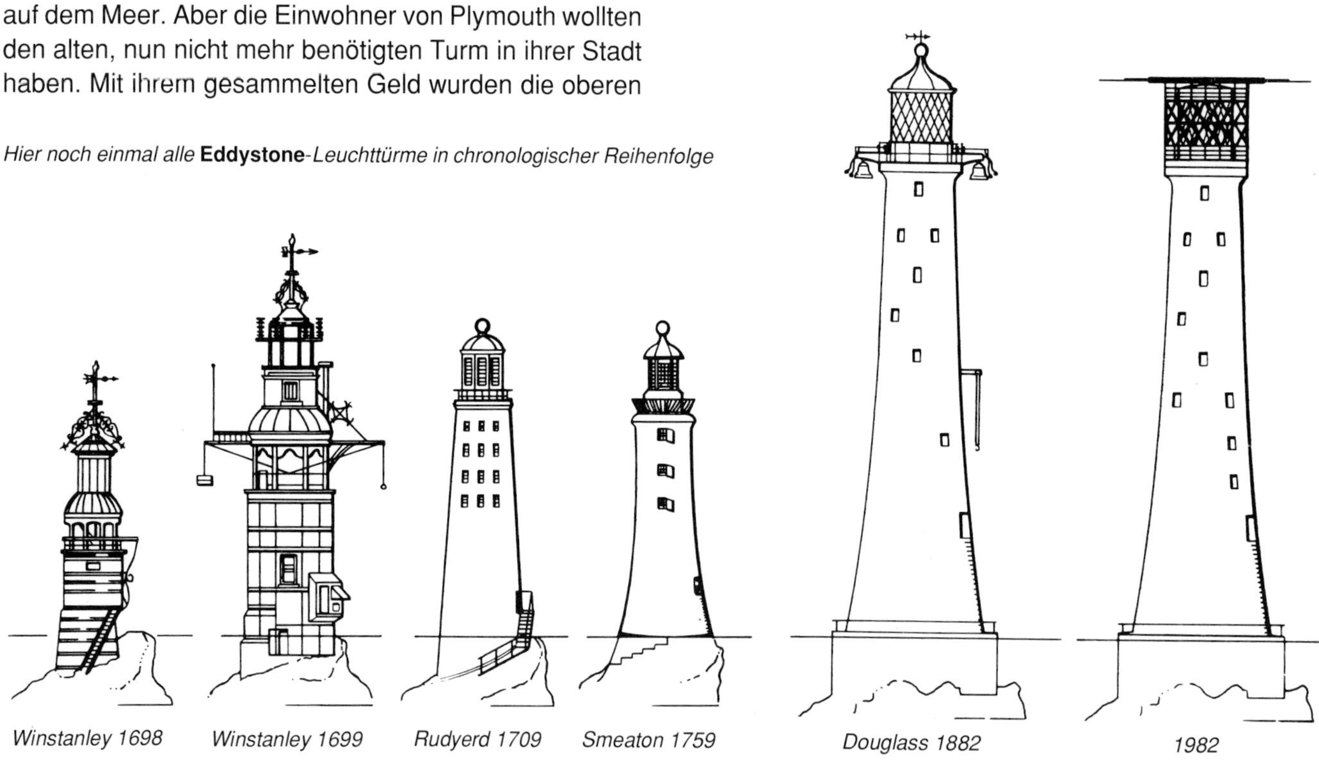

Winstanley 1698 *Winstanley 1699* *Rudyerd 1709* *Smeaton 1759* *Douglass 1882* *1982*

Nachfolger eines etwa 1668 eingerichteten irischen Feuers: Leuchtturm **Old Head of Kinsale,** *1853 erbaut*

Leuchtturm **Saint-Mathieu,** *Bretagne, erbaut 1830–1835, dahinter die Klosterruine, deren Turm 1694–1835 ein Leuchtfeuer trug*

Leuchtturm **Skerryvore,** *Hebriden, erbaut 1837–1844*

Weiterentwicklung in Europa

(Teil I)

Die nun allmählich auch in Übersee beginnende Leuchtfeuergeschichte macht eine Einteilung nach Erdteilen erforderlich. Zunächst wird jedoch die weitere Entwicklung in Europa behandelt, beginnend in diesem Band 1 mit dem Norden und Osten.

Das 18. Jahrhundert brachte nicht nur ein Aufblühen des Seeverkehrs, sondern auch eine alarmierende Zunahme der nächtlichen Schiffsstrandungen an den Küsten. Jedes Jahr kamen Tausende von Seeleuten ums Leben, zahllose Schiffe mit wertvollen Ladungen gingen verloren. Immer lauter wurden daher die Rufe nach zuverlässigen und unverwechselbaren Leuchtfeuern – einerseits an weiteren Gefahrenstellen zur Warnung, andererseits an sicheren Seewegen und Hafenzufahrten als Einweisung. Nachdem es zunächst kaum Fortschritte gab, wurden gegen Ende des Jahrhunderts bahnbrechende Erfindungen auf dem Gebiet der Lichttechnik gemacht. Ansonsten entstanden nur wenige neue Leuchttürme.

Erst im 19. Jahrhundert kam der Durchbruch. Mit der technischen Revolution begann der Übergang von der Handarbeit zur Maschinenarbeit, in der Seefahrt vom Segel- zum Dampfschiff. Als wichtigste Erfindungen für die Leuchttürme gelten Eisen- und Betonbau, Linsenoptiken, Gaslicht sowie Elektrizität. Das Jahrhundert wurde zur Hauptentwicklungszeit der Leuchttürme, ihre Anzahl vervielfachte sich. Europa, die »Alte Welt«, war noch führend auf den meisten Gebieten.

Im 20. Jahrhundert geht die technische Entwicklung in atemberaubendem Tempo weiter. Für die Schiffahrt und die Sicherheit auf See gewinnen Funkentelegraphie, Radar, Elektronik und Automation immer mehr an Bedeutung. Auch werden neue Navigationsmethoden entwickelt, bei denen man nicht mehr auf optische Sicht angewiesen ist. In Europa entstehen nur noch relativ wenige neue Leuchttürme, an Land zumeist als Ersatz für alte oder kriegszerstörte Exemplare, im Meer als Ersatz für Feuerschiffe.

Britische Inseln

Kaum ein anderes europäisches Land ist so sehr auf den Seeverkehr angewiesen wie dieses Inselreich. Für die Briten stellt Schiffahrt gewissermaßen eine Lebensfrage dar, vielleicht sogar eine Überlebensfrage. Außerdem fühlen sie sich verantwortlich für den »Durchgangsverkehr« in ihrem Englischen Kanal, nicht nur zu den eigenen Häfen an der Süd- und Ostküste, sondern auch zu den Häfen in Mittel- und Nordeuropa.

Aus dieser Erkenntnis heraus haben sie ein perfektes Leuchtfeuernetz aufgebaut und damit die nächtliche Navigation wesentlich erleichtert. In Anbetracht der langen felsigen Rias-Küste mit unzähligen vorgelagerten Steinriffen und Inseln stellt dies eine bewundernswerte und international anerkannte Leistung dar. Deshalb werden die Leuchttürme auf den Britischen Inseln hier zuerst und ausführlicher geschildert als diejenigen anderer Länder.

Das Leuchtfeuerwesen untersteht drei regionalen Behörden:

Trinity House

Wie bereits auf Seite 29 erwähnt, wird 1514 als Gründungsjahr angegeben. Diese Oberbehörde mit Sitz in London ist zuständig für England, Wales, die Kanalinseln (außer Jersey), Gibraltar sowie einige überseeische Leuchttürme. Nach Außerdienststellung einiger Exemplare betreut sie z. Z. noch etwa 80 Leuchttürme, davon 15 größere mit Höhen über 30 m. Leider wurde ihr erstes Stammhaus mit allen historischen Unterlagen 1714 durch Feuer vernichtet.

Commissioners of Northern Lighthouses (Northern Lighthouse Board)

Diese 1786 gegründete Behörde residiert in Edinburgh und ist zuständig für Schottland. Sie betreut aber auch die Leuchtfeuer auf der Isle of Man, die eigentlich zum Bereich von Trinity House gehört. Die ansässigen Kaufleute und Schiffer hatten einst für Schottland plädiert, weil die Leuchtfeuer-Gebühren dort niedriger waren; und so ist die Zuständigkeit bis heute geblieben. Etwa 70 Leuchttürme werden vom NLB betreut, davon 25 größere.

Commissioners of Irish Lights

Diese Behörde, deren Vorläufer-Organisation ebenfalls 1786 gegründet wurde, hat ihren Sitz in Dublin, Hauptstadt der Irischen Republik. Es handelt sich um eine offizielle Stelle, die für beide Teile der Insel zuständig ist, also auch für das englische Nordirland. Ihr unterstehen 85 Leuchttürme, davon 10 größere.

Der Bau von Leuchttürmen auf meeresumtosten Felsenriffen gilt zweifellos als schwierigste Aufgabe für die Konstrukteure. Der Fall **Eddystone** dürfte wohl als Beweis genügen.

Aber auch die Errichtung von Leuchttürmen auf entlegenen, kahlen Felseninseln am Atlantik und in der Irischen See stellte hohe Anforderungen an die Erbauer. Oft dauerte es ebenfalls mehrere Jahre bis zur Fertigstellung.

Schließlich sei noch die dritte Möglichkeit erwähnt, vorgeschobene Leuchtfeuer zu schaffen: Gründungen auf dem Meeresboden vor der Küste.

Auf allen drei Gebieten haben sich die Briten als Vorreiter und Pioniere betätigt und es zu einer Meisterschaft gebracht. Deshalb werden die wichtigsten Fälle dieser besonderen Leuchtturm-Gruppen hier auch als erste behandelt und gewürdigt.

Leuchttürme auf Felsenriffen
(»Rock-Lighthouses«)

Name/Standort		LF eingerichtet	Bauzeit Jahre ca.	Turm-/ Feuerhöhe in Meter	Turmart/Bemerkungen	Text/ Abbildungen auf Seite
Eddystone (Ärmelkanal)	I	1698	3	24/11	Holz-T mit Kerzenlat.	67–70
	Ia	1699	1	37/22	T erhöht und verstärkt, 1703 vom Orkan hinweggefegt	
	II	1709	4	28/24	Stein/Holz-T mit Kerzenlat., 1755 abgebrannt	
	III	1759	3	27/22	T aus verkeilten Granitblöcken, Kerzenlat., später Optiken, wegen brüchigen Grundfelsens 1882 ersetzt, T-Oberteil seit 1884 in Plymouth als Museum	
	IV	1882	4	51/41	T aus verkeilten Granitblöcken, Linsenoptik, 1982 elektrifiziert, automatisiert, Hubschrauber-Landedeck	
Smalls (Irische See, Süd)	I	1776	2	21/20	Holzgerüst mit Öl-F-Lat.	75, 76, 89
	II	1861	3	43/38	Granit-T, 1986 automatisiert, Hubschrauber-Landedeck	
Longships (vor Land's End)	I	1795	4	16/24	Granit-T mit Parabolspiegel-Lat., 1873 abgerissen	76, 77, 91
	II	1873	4	36/35	Granit-T, Optik mit Paraffin-Lampen, ab 1967 elektrisch, 1977 Hubschrauber-Landedeck, 1988 automatisiert	
South Rock (vor NO-Irland)		1797	4	18/17	Granit-T mit Dreh-F-Lat., 1877 durch Feuerschiff ersetzt, T aber noch vorhanden	78
Bell Rock (östl. Schottland)		1811	5	36/34	Granit-T, Fundament 4 m unter Hochwasser, Argandlampen, ab 1964 elektr., 1987 ausgebrannt, repariert, automatisiert	78, 79
Skerryvore (südl. Hebriden)		1844	7	48/46	Granit-T, Öllampen, 1954 ausgebrannt, repariert und elektrifiziert, 1972 Hubschrauber-Landeplattform auf dem Felsen	72, 80
Bishop Rock (vor Scilly Inseln westl. Einfahrt zum Ärmelkanal)	I	(1850)	3	36/—	6beiniger Eisen-T, 1850 kurz vor Inbetriebnahme zerstört	80, 81
	II	1858	7	45/34	Granit-T, Argandlampen, wegen Rißbildung im Fundament 1883–1887 umbaut und erhöht, Doppeloptik, Öllampen, jetzt elektr., 1976 Hubschrauber-Landedeck, Startpunkt für »Blaues Band des Ozeans«	
	IIa	1887	5	51/44		
Fastnet Rock (südl. Irland)	I	1854	7	28/45	Eisen-T, wegen Rißbildung ersetzt, 1905 abgebrochen	82, 90
	II	1904	5	54/49	Granit-T, Öl-F-Lat., ab 1969 elektr., Hubschrauber-Landeplattform auf dem Felsen, ca. 1988 automatisiert	
Needles (Isle of Wight)		1859	1	33/24	Granit-T, Öllampen, jetzt elektr., 1988 automatisiert, Landedeck	83, 92
Wolf Rock (vor Land's End)		1870	10	45/34	Granit-T, Argandlampen, jetzt elektr., 1973 erster britischer LT mit Hubschrauber-Landedeck, 1987 automatisiert	83
Dubh Artach (westl. Schottland)		1872	6	38/44	Granit-T, Öllampen, 1971 automatisiert, LF-Betrieb mit Acetylen-Gas, Hubschrauber-Landeplattform auf dem Felsen	83
Chicken Rock (südl. Isle of Man)		1874	6	44/38	Granit-T, Öllampen, 1960 ausgebrannt, 1960/61 repariert und automatisiert, LF-Betrieb mit Propan-Gas	84

Eddystone (s. Seiten 67–70)

Smalls

In der Irischen See, 40 km vor der Küste von Wales liegt eine Felsengruppe, die nur stellenweise etwas über die Wasseroberfläche hinausragt – eine Schiffsfalle, ähnlich **Eddystone.** In der Hoffnung auf Profit durch Feuergeld, zahlbar von den vielen nach Liverpool laufenden Schiffen, machte sich ein Außenseiter, der Geigenbauer Henry Whiteside an die Aufgabe, dort einen Leuchtturm zu errichten. Als Anregung für seine Konstruktion dienten ihm wahrscheinlich die holländischen Balkengerüste des 13. und 14. Jahrhunderts.

In vorgebohrte Löcher wurden 9 Eichenstämme eingelassen, 4 davon als schräge Abstützungen gegen Weststurm. Obendrauf setzte er ein 8eckiges Holzhaus mit Laterne. 1776, nach zwei Jahren Bauzeit, war der 21 m hohe Stelzenturm fertig.

Whiteside's Rechnung, daß sich die Wellen nicht voll brechen, sondern zwischen den Stämmen hindurchlaufen würden, ging auf. Nach späterer Anbringung einiger zusätzlicher Stützen hielt die Konstruktion 90 Jahre lang allen Atlantikstürmen stand. Übrigens entstanden nach diesem Stelzen-Prinzip bis in unsere Zeit hinein Hunderte von Trägergerüsten im Meer, meist allerdings aus Eisen, aber nicht nur Leuchttürme, sondern z. B. auch Bohrtürme und Hubinseln. Kohlen und Frischwasser wurden nicht oben im Holzhaus gelagert, sondern in einem eigens dafür in den Fels geschlagenen zwei Meter tiefen Hohlraum.

Die auf engstem Raum lebenden beiden Wärter waren völlig von der Außenwelt abgeschnitten. In der Regel wurden sie alle 28 Tage abgelöst; bei stürmischem Wetter mußten sie allerdings oft viel länger ausharren, weil ein Übersetzen nicht möglich war.

Zu dramatischen Situationen kam es mehrmals bei Orkan, als die See ihr hölzernes Gefängnis einschlug. In einem Fall wurde ein Wärter eingeklemmt und schwer verletzt, ein anderes Mal sogar getötet. Im Jahre 1800 starb ein Wärter, wahrscheinlich an einem Schock, also eines natürlichen Todes. Der Überlebende wagte es nicht, den Leichnam der See zu übergeben. Aus Angst, er könnte des Mordes verdächtigt werden, behielt er den Toten. Als Verwesung und Gestank einsetzten, wickelte er ihn in ein Tuch und hängte ihn außen an die Brüstung. Aufgrund dieses Vorkommnisses wurde die Besatzung auf drei Mann erhöht und ein Neubau geplant.

Inzwischen hatte man andrerorts schon Erfahrungen mit Riff-Leuchttürmen gesammelt und eine allgemeingültige Form entwickelt. Nach diesem Muster entstand 1859/61 unmittelbar neben dem alten Holzgestell ein etwa doppelt so hoher Granitturm, ausgerüstet mit einer weittragenden Optik.

Im Jahre 1902, als ein Unterwasser-Telegraphenkabel zum Leuchtturm verlegt wurde, war es endlich vorbei mit der völligen Weltabgeschiedenheit der Wärter; Sturm- und Seenotmeldungen sowie Schiffsbewegungen konnten nun hin und her durchgegeben werden, ab 1928 sogar per Telefon.

1970 wurde der Turm modernisiert, 1986 automatisiert und mit einem Hubschrauber-Landedeck für das Wartungsteam ausgestattet, so daß die Wärter endlich abgezogen werden konnten (Abb. Seite 89).

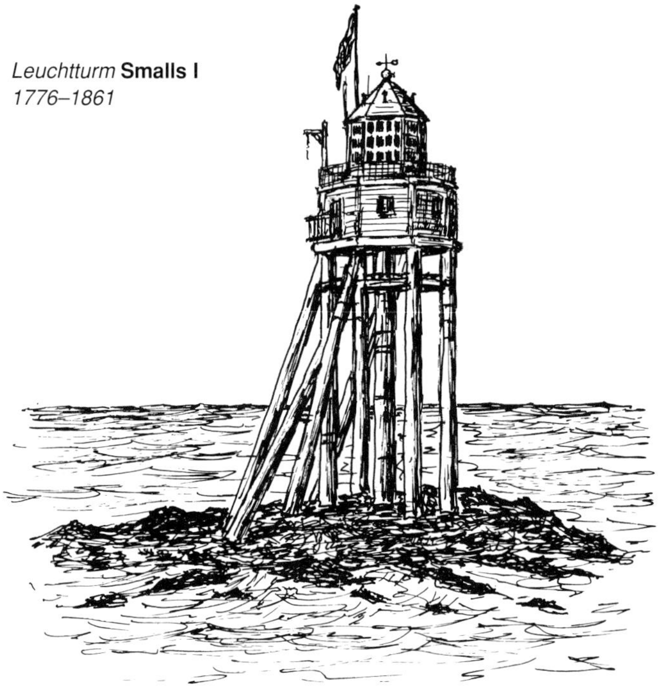

Leuchtturm **Smalls I**
1776–1861

Longships

An der Südwestspitze von England, genannt Land's End, schiebt sich eine 55 km lange Riff- und Felseninselzone in den Atlantik. Dieses gefährliche Seegebiet war zunächst nur nahe dem westlichen Ende durch den 1680 auf der Scilly-Insel **St. Agnes** errichteten Leuchtturm markiert. Erst 1791–1795, über 100 Jahre später, entstand auch am östlichen Ende ein Leuchtturm: **Longships.** So heißt eine 2 km vor Land's End liegende Felsengruppe, die aus der Ferne wie ein Konvoy von Schiffen aussieht. Carn Bras, das größte dieser Felsen»schiffe«, 12 m über Hochwasser herausragend, war für den Bau ausgewählt worden.

Leuchtturm **Longships I**
1795–1873

Leuchtturm **Longships II** *von 1873 (Aufnahme etwa 1902)*

Der Turm hatte drei Etagen, außer Vorrats- und Wassertankkeller nur je einen Wohn- und Schlafraum, aber keine Küche mit Herd. Deshalb sollen die Wächter ihr Essen über den Lampen der Leuchtfeuer-Laterne gekocht haben. Auch sonst rankten sich allerhand Geschichten um diesen Turm, die James Cobb zu seinem Roman »The Watchers on the Longships« anregten.

Da der Sturm die See am Felsen oft so hoch peitschte, daß Gischt das Licht der Laterne verdeckte, und das Bauwerk darüber hinaus altersschwach geworden war, ließ Trinity House 1870–1873 auf derselben Klippe einen neuen höheren Leuchtturm nach nun schon bewährtem Muster aus Granit errichten. Der alte Turm wurde abgerissen. Seine Steine dienten zum Bau von Wellenbrechern, um die Landung von Booten bei der fast ständig bewegten See zu erleichtern.

Heute brauchen dort keine Boote mehr anzulegen, denn alles kommt aus der Luft per Hubschrauber, für den 1977 ein Landedeck über der Laterne errichtet wurde. Seit 1988 wird der Turm ferngesteuert.

Aus dem angebohrten Felsenriff bricht die See allmählich Stück um Stück heraus, so daß der Turm in zunehmendem Maße gefährdet wird. Nach dem Orkanwinter 1989/90 konnte er nur noch durch eine intensive Behandlung mit langen Metallbolzen und Beton gerettet werden.

Für die Besucher von Land's End bietet die meist in Gischt eingehüllte Felsengruppe mit dem Leuchtturm ein faszinierendes Bild. Noch überwältigender ist der Anblick aus der Nähe vom Hubschrauber aus (s. auch Seite 91).

South Rock (Kilwarlin-Leuchtturm)

Dies ist der erste von Iren errichtete Felsen-Leuchtturm im Meer. Das gefürchtete, nur bei Ebbe sichtbare Riff liegt 5 km vor der irischen Nordost-Küste, gegenüber der Isle of Man.

Der 1793 begonnene Bau dauerte vier Jahre, denn es konnte – wie bei den bisher genannten Türmen – draußen immer nur während der Sommermonate gearbeitet werden. Wenn auch das Meer hier nicht die gleiche Zerstörungskraft besitzt wie beim **Eddystone,** so riß es im Winter doch mehrere Granitblöcke wieder hinweg und brachte im Sommer 1795 einen Transportkahn zum Sinken.

Nachdem die 40 Arbeiter anfangs täglich zwischen Festland und Baustelle hin und her gerudert waren, wurde draußen ein Wohnschiff für sie verankert. Dort litten sie jedoch derart unter Seekrankheit, daß sie lieber wieder ruderten.

Am 25. 3. 1797 war der Turm fertig und ging mit seinem Drehfeuer aus 15 versilberten Reflektorlampen in Betrieb. Von den vier übereinanderliegenden runden Räumen dienten die beiden unteren als Lager für Kohle, Wasser und Leuchtöl, die beiden oberen als Küche und Wohn/Schlafraum. Zunächst gab es nur einen Wärter, der mit seiner Familie in den engen und ziemlich dunklen Räumen des Turmes wohnte. Nachdem das dritte Kind dieses »Nachtarbeiters« geboren war, griff die Behörde ein: Sie engagierte vier andere Wärter, von denen jeweils

drei im Turm Dienst zu tun hatten, während der vierte an Land bei seiner Familie weilen durfte.
1877 wurde der Leuchtturm durch ein Feuerschiff ersetzt, weil dieses mitten im Feld der Riffe und somit an günstigerer Stelle placiert werden konnte. Der nur noch als Tagesmarke dienende Turm geriet allmählich in Vergessenheit. Aber er existiert noch heute, seine dicken Granitwände bewahrten ihn vor Zerstörung.

Bell Rock

Eigentlich heißt dieses vor der schottischen Ostküste liegende Felsenriff »Inchcape«. Im 14. Jahrhundert soll der Abt von Arbroath dort ein Floß mit einem Glockentürmchen verankert haben. Durch die Wellenbewegung läutete die Glocke ständig und warnte die Schiffer vor diesem Riff. So entstand der Name Bell Rock, zu deutsch »Glocken-Felsen«. Ein böser Seeräuber soll sie entfernt haben und ein Jahr später selber auf der Klippe umgekommen sein – als Strafe Gottes.
Nachdem 1799 im dortigen Gewässer 70 Schiffe zerschellt waren, wurde der Bau eines Leuchtturmes beschlossen und nach langen Verhandlungen über Finanzierung, Konstruktionsmöglichkeiten und Materialbeschaffung 1807 endlich begonnen. Auch diese Klippe liegt fast ständig unter Wasser, bei Flut sogar 4 m; die Entfernung zum Festland beträgt 19 km. Der Bau galt also als Wagnis, ähnlich wie beim **Eddystone.**

Leuchtturm **Bell Rock** *im Bau*

Leuchtturm **South Rock**
1797–1877

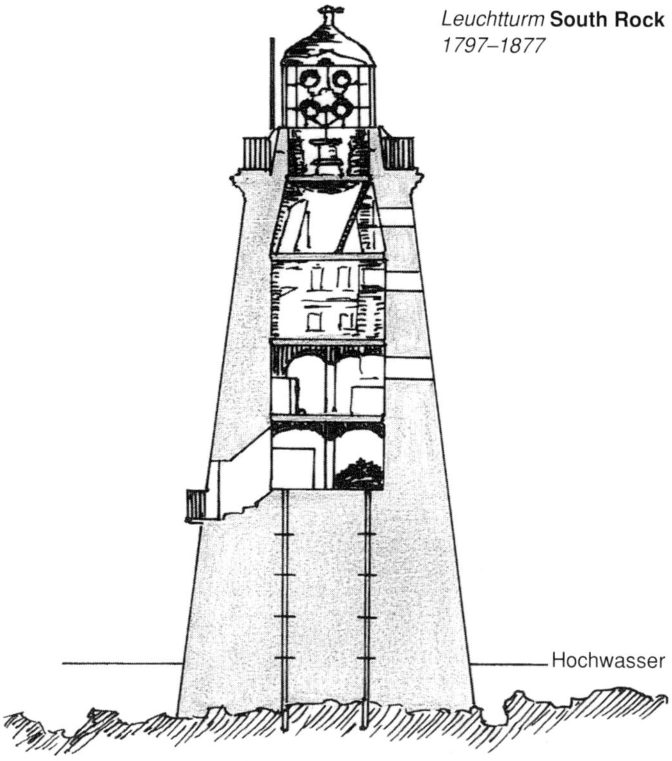

Der junge aus Glasgow stammende Ingenieur Robert Stevenson (1772–1850), ursprünglich nur als Assistent engagiert, löste alle Probleme meisterhaft und profilierte sich somit als eigentlicher Erbauer dieses ersten schottischen Felsen-Leuchtturmes im Meer. Er ließ zunächst ein geeignetes Transportschiff bauen sowie einen erbeuteten preußischen Fischkutter als provisorisches Feuerschiff herrichten und in der Nähe verankern. Beide Schiffe dienten auch als Unterkunft für Bauarbeiter.
Da auf dem Riff immer nur kurz bei völligem Niedrigwasser gearbeitet werden konnte, ließ er auch die nächtlichen Ebbezeiten – bei Fackelschein – ausnutzen. So gelang ihm schon im ersten Sommer 1807 die Errichtung einer Bauhütte auf Stelzen und die Ausstemmung der Grube für das Turmfundament mit 13 m Durchmesser. Die Meißelarbeiten schritten zügig voran, weil er eine Schmiede ständig in Betrieb halten ließ – zunächst auf einem der Schiffe, später in der Bauhütte. Sie sorgte für stets scharfe Werkzeuge. In der Schmiede entstanden auch Teile für eine Schienenbahn auf dem Riff, mit der die schweren Steinblöcke von den Landestellen zum Turm transportiert werden sollten.
Während der Wintermonate wurden auf einer Festlands-Baustelle die Granitblöcke für die Verkeilung behauen und zum Auslegen vorbereitet. Im Sommer 1808 konnten die untersten drei Lagen mit 400 Blöcken und 388 t Gewicht gelegt werden, im nächsten Sommer weitere Lagen. Am 8. Juli 1809 war der Turmsockel so hoch, daß er erstmalig nicht mehr bei Flut überspült wurde – ein Freu-

dentag für die 60 Werkleute. Nun wurde eine Strickleiterverbindung von der Bauhütte zum Turm, bald danach sogar eine feste Brückenverbindung hergestellt, und der Bau kam schneller voran. Schon ein Jahr später konnte auf 29 m Höhe in der 91. Lage der letzte Stein gelegt werden. 2.076 t Steine waren verbaut.

Nach Fertigstellung der Laterne nahm das Leuchtfeuer am 1. 2. 1811 seinen Betrieb mit einem abwechselnd rot/weißen Drehlicht auf. Die Bauhütte wurde abgerissen. Die Wärter lebten in den drei oberen von 6 runden Turmetagen mit einem Durchmesser von 3,4 m. Zur Nachrichtenübermittlung war gegenüber an Land in Arbroath extra ein Signalturm errichtet worden. Anfangs benutzte man einen Spiegeltelegraphen, später ein Semaphor mit besonders festgelegten Zeichen. Während der Bauperiode hatte man die Nachrichtenverbindung mit Brieftauben aufrechterhalten.

Da auch im Ersten Weltkrieg noch keine Telegraphen- oder Funkverbindung bestand, mußten besondere Nachrichten per Depeschenboot übermittelt werden. Der Kreuzer »Argyll« hatte 1915 für eine bestimmte Nacht das sonst nicht brennende Leuchtfeuer bestellt. Weil die Nachricht nicht rechtzeitig bei den Wärtern angekommen war und das Feuer nicht brannte, strandete der Kreuzer auf dem Riff; zum Glück gab es keine Menschenverluste.

Ein weiteres Unglück ereignete sich 1955: Ein Hubschrauber, der Zeitungen überbringen wollte, berührte mit seinem Rotor die Laterne und stürzte ins Meer. Die Besatzung kam ums Leben, außerdem fiel die beschädigte Laterne eine Woche aus.

Bell Rock ist heute der älteste in Betrieb befindliche Original-Felsenriff-Leuchtturm der Welt. Nach Modernisierung seiner Optik in den Jahren 1842, 1902 und 1960 wurde er 1964 auf elektrischen Betrieb umgerüstet. Aber er ist auch der am meisten vom Unglück betroffene: Im September 1987 brannte er innen aus, nachdem in der Küche Feuer ausgebrochen war; die drei Wärter konnten jedoch mit einem Hubschrauber gerettet werden. Das war nun aber der Anstoß, den Turm endlich auf Fernsteuerbetrieb umzurüsten und die Wärter abzuziehen.

Der Turm kurz vor der Fertigstellung; links die Bauhütte mit einer kleinen Laterne

Skerryvore (Abb. Seite 72)
Der Name stammt aus dem gälischen Dialekt, wie er im schottischen Hochland noch heute gesprochen wird (sgeir = Felsen, mhor = groß). Er bezeichnet den größten, bei Flut nicht völlig überspülten Felsen einer Riffgruppe südlich der Hebriden. Diese liegt 20 km vom nächsten Inselchen Tiree und 50 km von der etwas größeren schottischen Insel Mull entfernt. Sie ist den atlantischen Weststürmen voll ausgesetzt. Deshalb war die Erbauung des Leuchtturmes ein einziger Kampf mit den Naturgewalten. Er dauerte sieben Jahre, von 1837 bis 1844.
Architekt war Robert Stevenson's Sohn Alan, der die Erfahrungen seines Vaters gut verwerten konnte. Die auf dem Riff 1838 errichtete Stelzen-Bauhütte wurde allerdings schon von den ersten Winterstürmen völlig hinweggefegt, so daß er 1839 eine neue noch stabilere erbauen lassen mußte.
Im übrigen gab es viele Parallelen zum **Bell Rock.** Nur verfügte Alan zum Transport von Menschen und Material über eines der ersten Dampfschiffe. Beide Türme ähneln sich, allerdings ist **Skerryvore** höher und mit 4.300 t gut doppelt so schwer.
Die große Fresnelsche Drehlinsen-Optik einschließlich Ölleuchte wurde aus Frankreich bezogen. Sie nahm ihren Betrieb am 1. 2. 1844 auf und funktionierte anstandslos bis zu einem furchtbaren Ereignis:
Am 16. 3. 1954 brach im 7. Stock Feuer aus, und im Nu stand der ganze Turm mit den Ölvorräten in Flammen. Als die Nebelsignale explodierten, bekam das Mauerwerk einen 30 m langen Riß. Die gesamte Inneneinrichtung und die Laterne wurden durch das Feuer völlig vernichtet. Die drei Wärter hatten sich auf das Riff geflüchtet; sie wurden am folgenden Tag gerettet, aber nicht weil das Feuer beobachtet worden war, sondern weil ihr dienstfreier Kollege an Land aufgrund einer bösen Ahnung Alarm geschlagen hatte.
Zum Glück ließ sich der Turm reparieren, was ein Jahr in Anspruch nahm. Bei der Gelegenheit wurde auch die Umrüstung auf elektrischen Betrieb vorgenommen.
Nach Einrichtung einer Landeplattform auf dem Felsen erfolgt die Ablösung seit 1972 durch Hubschrauber.

Bishop Rock
So heißt der äußerste Felsen vor den Scilly-Inseln, 55 km von Land's End entfernt. Der Name entstand, weil seine Silhouette einer Bischofsmütze ähneln soll.
Hier beginnt der Ärmelkanal. Für Schiffe, die vom Atlantik her kommen, handelt es sich also um einen entscheidenden Orientierungspunkt, aber auch um eine große Gefahrenstelle mit vielen Riffen. Unzählige Segler scheiterten hier, 1707 sogar ein ganzes britisches Flottengeschwader.
1847–1849 wurde auf dem Bishop Rock ein Stelzenturm erbaut, ähnlich **Smalls I,** nur nicht aus Holz, sondern aus Eisen. Allerdings war er nicht gegen die Wetterseite besonders abgestützt. Noch vor Montage des Leuchtapparates, am 5. 2. 1850 zerstörte ein Orkan die ganze Konstruktion; er knickte die Pfeiler wie Streichhölzer ab. Doch der Architekt James Walker gab nicht auf und begann 1852 auf dem gleichen Felsen mit der Errichtung eines Granitturmes in der mittlerweile bewährten Form. Nach sieben Jahren Bauzeit mit vielen Rückschlägen leuchtete die Laterne am 1. 9. 1858 zum ersten Mal auf.

Aber auch gegenüber diesem Turm zeigte sich die stürmische See als harter Gegner. Oft schoß sie an der Außenwand hoch; einmal zerbrach sie dabei die Optik, ein anderes Mal riß sie sogar die in 35 m Höhe aufgehängte, fünf Zentner schwere Nebelglocke los, so daß sie auf dem Felsen zerschellte. Welch unvorstellbare Naturgewalt! Mehrmals fürchteten die Wärter um ihr Leben.

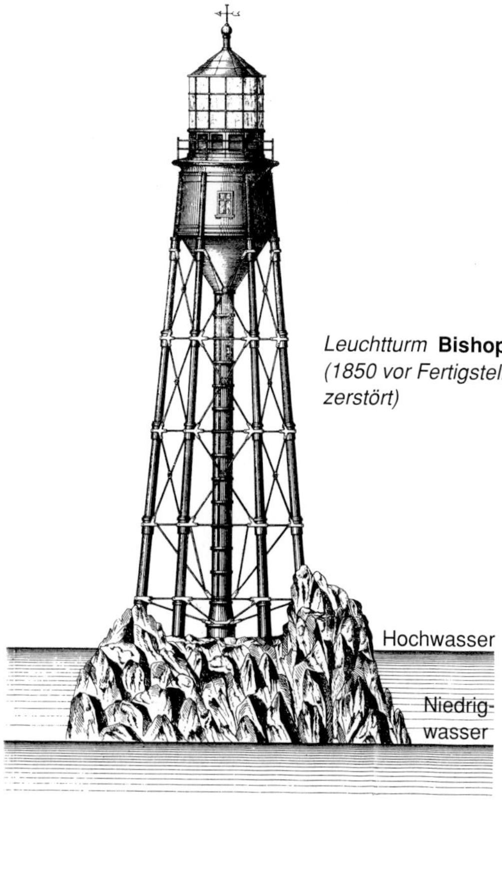

Leuchtturm **Bishop Rock I** *(1850 vor Fertigstellung zerstört)*

Als auch das Mauerwerk Risse bekam, entschloß sich Trinity House zu einer dicken Ummantelung und Erhöhung des Turmes. Die Arbeit begann 1883 und dauerte bis 1887. Als Architekt fungierte jetzt James Douglass. Er hatte grade seinen **Eddystone IV** vollendet und gab dem **Bishop Rock** eine ähnliche Form.

Während der ganzen Bauzeit wurde der Leuchtfeuerbetrieb nicht unterbrochen, nach Abbau der alten Laterne brannte bis zur völligen Fertigstellung ein provisorisches Licht über dem jeweils höchsten Turmteil. Wie ungeheuer massiv und solide der Turm nun geworden war, beweist das Granitsteingewicht: Zu den 2.500 t des alten Teiles waren noch 3.220 t durch die Ummantelung hinzugekommen.

Eine kleine Begebenheit am Rande: Am 23. Dezember 1946 ließ sich ein Reporter zum Turm übersetzen, um einen Stimmungsbericht vom Weihnachtsfest der Leuchtturmwärter zu bringen. Das Wetter wurde jedoch so schlecht, daß er erst nach vier Wochen wieder abgeholt werden konnte. Es wurde ein sehr lebendiger Bericht – verspätet. 1976 erhielt der Turm ein Hubschrauber-Landedeck über der Laterne, so daß die Wärter jetzt auf diese Weise abgelöst werden können.

Bishop Rock gilt als Startpunkt der Strecke für das Blaue Band des Ozeans. Seit den 80er Jahren des 19. Jahrhunderts wetteifern moderne Schiffe um die schnellste Zeit bei der Atlantik-Überquerung bis zum Endpunkt, dem Feuerschiff AMBROSE (heute Leuchtturm) vor New York. Die 2.949 sm (= 5.382 km) lange Strecke wurde in immer kürzerer Zeit bewältigt. An deutschen Schiffen errangen das Blaue Band die Schnelldampfer »Elbe« (1882), »Kaiser Wilhelm« (1898), »Deutschland« (1901), »Kronprinz Wilhelm« (1902), »Kaiser Wilhelm II« (1904), »Bremen« (1929 und 1933), »Europa« (1930), an berühmten ausländischen Schiffen »Mauretania« (England 1907), »Rex« (Italien 1933), »Normandie« (Frankreich 1935 und 1937), »Queen Mary« (England 1936). Den Rekord der Ozeanriesen hält seit 1952 die »United States« (USA) mit einer Zeit von 3 Tagen, 10 Stunden, 40 Minuten = durchschnittlich 34,5 Knoten = 63,9 km/h.

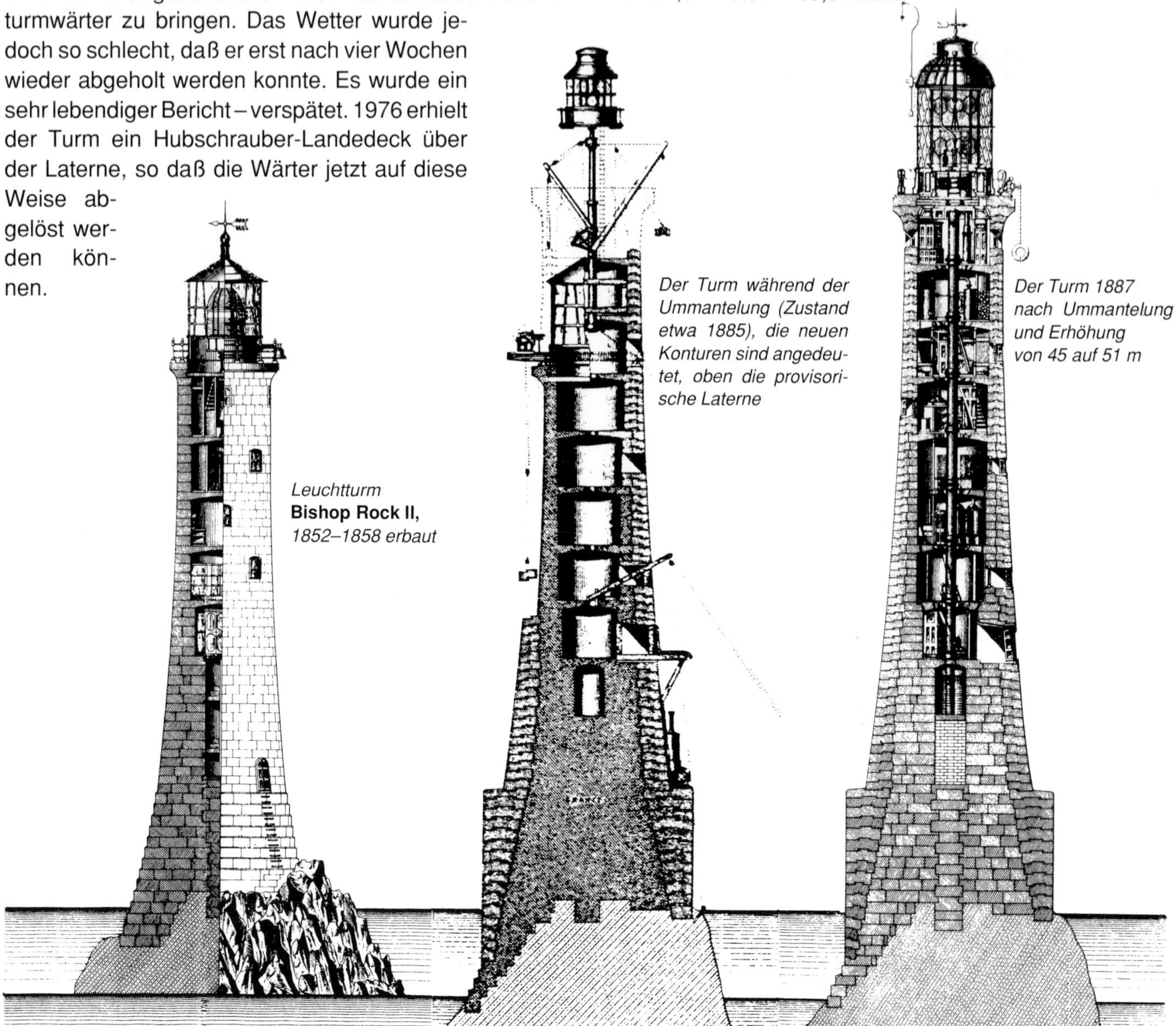

Leuchtturm **Bishop Rock II,** *1852–1858 erbaut*

Der Turm während der Ummantelung (Zustand etwa 1885), die neuen Konturen sind angedeutet, oben die provisorische Laterne

Der Turm 1887 nach Ummantelung und Erhöhung von 45 auf 51 m

Fastnet-Rock

Hochsee-Segler kennen diesen 20 m aus dem Wasser ragenden Felsen als berühmteste Wendemarke bei internationalen Regatten. Einst hielt man sich allerdings lieber in respektvoller Entfernung von ihm an dieser Sturmecke des Atlantik, 12 km vor Irlands Südküste.

Unter Leitung des irischen Architekten Georg Halpin jr. entstand 1848–1854 auf der höchsten Felsenstelle ein 28 m hoher runder Leuchtturm aus Gußeisen. Doch die Platten waren mit 31 mm Dicke wohl nicht stark genug, denn schon nach wenigen Jahren zeigte sich an der Wetterseite ein Riß im Sockel. Man rückte ihm zu Leibe mit Beton von innen und einem Eisenband von außen, wie man es schon zuvor bei dem ähnlichen, ebenfalls aufgeplatzten Leuchtturm **Calf Rock** an der Südwestküste Irlands getan hatte. Doch als letzterer 1881 genau in einer Linie von Bolzenlöchern völlig auseinanderbrach, war das Entsetzen groß. Da befürchtet werden mußte, daß der **Fastnet-Rock**-Turm früher oder später auf die gleiche Weise enden würde, entschloß man sich zum Bau eines neuen Turmes aus Granit.

Mit der Durchführung wurde William Douglass, Bruder von James, dem Erbauer von **Eddystone IV,** betraut. Neben der alten Eisenkonstruktion, aber weiter unten an den Fels gelehnt, wuchs ab 1899 der neue **Fastnet-Rock** empor. Nach vier Jahren war der Turm mit seinen 2.074 Granitblöcken von 4.633 t Gesamtgewicht fertig, nur die Laterne fehlte noch. Die Metallteile dafür waren gerade aus Birmingham eingetroffen und auf dem Felsen abgelegt, als ein Unwetter losbrach und viele von ihnen ins Meer riß oder zerstörte. Dadurch gab es eine erhebliche Verzögerung, und erst am 27. Juni 1904 konnte der Betrieb mit der riesigen Laterne von 5 m Durchmesser und der gewaltigen, 6 t schweren Doppeloptik (Abb. Band 2, Seite 144) aufgenommen werden.

Wenn man das Stück Granit-»Rückenlehne« nicht abzieht, ist er mit 54 m nach wie vor einer der höchsten Felsenriff-Leuchttürme der Welt und der höchste Leuchtturm der Britischen Inseln. 1969 wurde er auf elektrischen Betrieb umgerüstet. Zuvor hatte man auf einer gekappten Felsenspitze eine Hubschrauber-Landeplattform montiert, damit die Wärterablösung aus der Luft anschweben konnte. Jetzt kommt nur noch gelegentlich das Wartungsteam, denn der Turm wurde 1989 für Fernsteuerung eingerichtet.

Vom alten Turm steht noch der ausbetonierte Sockel mit der damaligen Wärterwohnung. Das Oberteil wurde 1905 abgerissen.

Traurige Berühmtheit erlangte der Fastnet-Rock 1979 beim Admiral's Cup Race. Auf dem Törn von Südengland aus um den Leuchtturm-Felsen gerieten 300 Yachten aufgrund falscher Wetterprognose in einen Orkan, bei dem 23 Boote sanken und 19 Menschen ertranken. Trotzdem wird dieses Rennen Jahr für Jahr wieder gestartet – mit Yachten aus immer mehr Ländern.

Foto aus dem Jahre 1904:
Neuer und alter Leuchtturm **Fastnet Rock** *nebeneinander (s. auch Abb. Seite 90)*

Needles

So heißen die spitzen Kreidefelsen, die wie Nadeln an der Südwestecke der Isle of Wight als schnurgerade Reihe ins Meer hinausragen. So heißt auch der 33 m hohe Granit-Leuchtturm vor der äußersten »Nadel« (Abb. S. 92). Er wurde 1859 dort in den Felsen eingesetzt, weil der seit 1786 existierende kleine Leuchtturm auf dem 140 m hohen Inselriff oft von Nebel- oder Dunstschwaden verdeckt worden war. Sein roter Lichtsektor warnt vor weiteren Klippen, sein grüner weist in das gefahrlose Gebiet. Da sich die Ablösung der Wärter von See her stets sehr schwierig gestaltete, rüstete man den Turm 1988 mit einem Hubschrauber-Landedeck über der Laterne aus und automatisierte ihn anschließend.

Wolf Rock

Bewohner der englischen Südwestküste hörten früher oft ein unheimliches Wolfsgebrüll von See her. Es kam von einem 15 km südsüdwestlich Land's End halb unter Wasser liegenden Felsen: In einer Höhle erzeugte die durch Wellen komprimierte, ausströmende Luft ein Geräusch ähnlich dem Heulen eines Wolfes. So kam der Felsen zu seinem Namen.

Eines Tages verstopften Fischer die Höhle mit Steinen, um dem Geheul ein Ende zu bereiten, möglicherweise aber auch in der Hoffnung auf mehr Strandgut von Schiffen, die nun nicht mehr akustisch vor dem Riff gewarnt wurden und scheiterten.

Aber Trinity House drängte auf Markierung dieser dicht am Hauptschiffahrtsweg liegenden Gefahrenstelle, hielt allerdings die Errichtung eines Leuchtturmes zunächst für unmöglich. In der Tat riß die See sogar alle ab 1795 errichteten Holz- und Betonbaken immer wieder fort, so daß man den aussichtslos scheinenden Kampf mit den Elementen 1848 aufgab. Doch 1861 nahm man ihn wieder auf, diesmal mit dem Bau eines Leuchtturmes.

Fast 10 Jahre dauerte es bis zur Fertigstellung. Weil keine Landemöglichkeit bestand, wurde der Felsen während der ersten 3 Sommerperioden von einer schwimmenden Plattform aus bearbeitet. 1864 konnte die erste Steinlage gelegt werden, 1869 waren mit der letzten Lage 3.300 t Granit verbaut. Am 1. 1. 1870 nahm der 45 m hohe Turm seinen Betrieb auf mit einer gewaltigen Optik, die 1867 auf der Weltausstellung in Paris Bewunderung erregt hatte. In der Form ähnelt der Turm seinem Nachbarn **Eddystone IV.**

Die Ablösung der Wärter war oft eine Angstpartie, bei hohem Seegang sogar unmöglich. Im Winter 1948 mußten die drei Wärter 92 Tage ausharren, ehe sie abgelöst werden konnten. Als ihnen die Vorräte auszugehen drohten, erprobte man eine neue Methode der Versorgung: Abwurf vom Hubschrauber aus. Die erste Ladung klatschte allerdings ins Wasser. 1973 wurde alles einfacher, seitdem landet der Helikopter oben auf einer Plattform. Nach Einrichtung des Turmes für Fernsteuerung konnte die Besatzung 1987 abgezogen werden.

Leuchtturm **Wolf Rock** *(Skizze des englischen Leuchtturmwärters B. G. Hawkins)*

Dubh Artach (Dhu Heartach)

Für die Sicherheit im Seegebiet vor der schottischen Westküste mit ihren zahlreichen Felsenriffen genügte der **Skerryvore**-Leuchtturm nicht. Etwa 40 km südöstlich von ihm wurde deshalb 1867–1872 unter ähnlich schwierigen Bedingungen auch noch dieser Riff-Leuchtturm auf einem 10 m über Hochwasser herausragenden Basalt-Felsenbuckel erbaut. Wegen der großen Entfernung bis zur nächsten bewohnbaren Insel hatte man auch hier eine Unterkunft auf Stelzen für die Bauarbeiter schaffen müssen.

In der Form ähnelt der Turm seinem etwas älteren Nachbarn **Skerryvore,** nur ist er mit 38 m um 10 m niedriger. Zur Unterscheidung erhielt er eine völlig andere Leuchtfeuer-Kennung und 1890 ein breites rotes Band.

Das Gestell der ehemaligen Bauhütte wurde 1971 zum Bau einer Hubschrauber-Landeplattform ausgenutzt. Zur gleichen Zeit erfolgte auch der Umbau des Turmes auf automatischen Betrieb mit einer Azetylen-Lichtquelle.

Chicken Rock

In der Irischen See gibt es eine in Felsenlöchern nistende Sturmvogelart, ähnlich Schwalben, schwarz mit einem weißen Fleck auf dem Schwanz, von dortigen Insulanern »Mother Carey's Chicken« genannt. Als Startbahn für Fischzüge und Schiffsgeleite bevorzugen sie ein flaches, bei Hochwasser sogar völlig überspültes Riff, 5 km südlich der Isle of Man, den nach ihnen benannten »Chicken Rock«.

So nützlich dieser »Hochsee-Flugplatz« auch für die Vögel sein mochte, so gefährlich war er natürlich für die Schiffahrt. Nun liegt zwischen ihm und der Isle of Man – gewissermaßen als Ableger der letzteren – eine unbewohnte Felseninsel. Darauf errichtete man 1816/18 zwei Leuchttürme hintereinander, die in ihrer Richtung genau auf das Riff hinwiesen. Sie erhielten den gleichen treffenden Namen wie die Insel: **Calf** (Kalb) **of Man** (Abb. Seite 107).

Da sie jedoch oft vernebelt waren, entschloß sich Northern Lighthouse Board zum Bau eines Leuchtturmes auf dem Felsen selber. 1869–1874 wurde er gebaut, ähnlich **Skerryvore** und **Dubh Artach,** 44 m hoch.

Leider gab es hier auch ein schlimmes Ereignis. Am 23. Dezember 1960 brach durch eine Explosion in den unteren Räumen Feuer aus. Die Flammen fraßen sich immer weiter nach oben und versperrten den drei Wärtern den Weg nach unten. In höchster Not rutschten sie von der Brüstung aus an einem Seil die 40 Meter, vorbei an dem brennenden Turm, nach unten auf den Felsen. Dabei erlitten sie Verbrennungen und rissen sich die Haut von den Händen ab.

Anschließend vollzog sich eine dramatische Rettungsaktion, denn weder Boote noch Hubschrauber konnten nahe genug herankommen, um die drei gegen überkommende Wellen ankämpfenden Männer zu übernehmen. Der am schwersten Verwundete wurde in einer Hosenboje zu einem Boot herübergezogen, fiel dabei aber noch ins Wasser, während die beiden anderen schwimmend das Boot erreichen mußten. Der Schaden war größer als acht Jahre zuvor beim **Skerryvore**-Brand. Zum Übersetzen der Reparaturarbeiter mußte extra eine Hubschrauber-Landeplattform auf dem Riff errichtet werden.

Leuchttürme auf Felseninseln

Name/Standort	LF eingerichtet	Bauzeit Jahre ca.	Turm-/ Feuerhöhe in Meter	Turmart/Bemerkungen	Text/ Abbildungen auf Seite
Skerries (Irische See, Höhe Liverpool)	1717 1804	3 2	12/30 22/36	Haus mit T auf dem Dach, offenes Kohle-F T erhöht, Öllampen, jetzt elektr., 1987 automatisiert, als letzter LT in England noch bis 1841 privat betrieben	85
Tuskar (südöstl. Irland)	1815	2	35/33	Granit-T, Dreh-F-Laterne, jetzt elektrifiziert, 1987 automatisiert	85
Longstone (vor NO-England)	1826	2	26/23	Granit-T, Argandlampen, jetzt elektr., 1838 Rettungstat des LT-Wärters und seiner Tochter Grace Darling	86
South Bishop (vor Küste von Wales)	1839	1	11/44	Stein-T, Öllampen, 1983 elektrifiziert und automatisiert, LT steht in Zugvogelroute	86
Muckle Flugga (nordöstl. Shetlands)	1854 1858	1 3	7/61 20/70	zunächst Gußeisen-T als Provisorium gemauerter T, Öllampen, jetzt elektrifiziert	87
Out Skerries (östl. Shetlands)	1858	3	30/44	Stein-T, Öllampen, 1972 automatisiert, LF-Betrieb mit Acetylen-Gas	
Godrevy (nordöstl. Land's End)	1859	1	26/37	8eckiger Stein-T, Öllampen, 1934 automatisiert, LF-Betrieb mit Acetylen-Gas	
Fidra (Firth of Forth)	1885	1	26/34	gemauerter T, Öllampen, 1970 elektrifiziert und automatisiert	
Round Island (Scilly Inseln)	1887	2	19/55	Granit-T, Öllampen, 1967 elektrifiziert, 1987 automatisiert	92
Bull Rock (vor SW-Irland)	1889	2	15/82	8eckiger Stein-T, Riesenoptik, Öllampen, 1974 elektrifiziert	
Sule Skerry (westl. Orkneys)	1895	4	27/34	Stein-T, Öllampen, 1982 automatisiert, LF-Betrieb mit Acetylen-Gas, einsamster LT der Britischen Inseln	88
Flannan Isles (westl. Hebriden)	1899	5	23/101	Stein-T, Öllampen, 1971 automatisiert, Betrieb mit Acetylen-Gas, 1900 mysteriöses Verschwinden von 3 LT-Wärtern	88
Hyskeir (südl. Hebriden)	1904	1	39/41	Stein-T, Öllampen, jetzt elektrifiziert, höchster Felseninsel-LT der Britischen Inseln	
Ve Skerries (westl. Shetlands)	1979	2	16/17	Beton-T, elektr.-automatischer Betrieb, gesamtes Baumaterial durch Hubschrauber abgesetzt	

Anm.: neben allen automatisierten LT wurden Hubschrauber-Landeplätze für das Wartungsteam eingerichtet.

Leuchtturm ***Skerries*** *heute (abgebildet auch auf der Vorderseite des Schutzumschlages)*

Skerries

Am Hauptschiffahrtsweg nach Liverpool, nordwestlich vom heutigen Fährhafen Holyhead liegt eine Riffkette im Wege: die Skerries. Der Name stammt auch vom gälischen »sgeir« ab, wie Skerryvore (s. Seite 80).

1714 ließ sich ein reicher Bürger, William Trench, gegen eine »Crown Rent« von jährlich 5 Pfund Sterling die Konzession zum Betrieb eines Leuchtfeuers und zur Erhebung von Feuergeld erteilen. Für die Errichtung des 12 m hohen Leuchtturmes und der Nebengebäude auf der unbewohnten äußersten Felseninsel der Riffkette wendete er sein ganzes Vermögen auf.

1717 begann er den Leuchtfeuerbetrieb mit zunächst offenem Kohlefeuer. Doch seine Rechnung ging nicht auf, denn viele Schiffer drückten sich um ihre Zahlungsverpflichtungen, so daß er kaum Einnahmen hatte. Darüber hinaus war sein Sohn zusammen mit sechs Arbeitern 1714 bei einer Bootsfahrt zur Baustelle ums Leben gekommen. Trench starb 1729 als armer gebrochener Mann, der eigentlich viel für die Sicherheit der Schiffahrt getan und geopfert hatte.

Profit erwirtschafteten erst seine Nachkommen, nachdem das Parlament der Familie eine Dauerkonzession erteilt hatte. Dafür mußte Trinity House 1841 zum Erwerb dieses letzten privaten Leuchtturmes die höchste Ablösesumme seiner Geschichte, 444.984 englische Pfund zahlen.

Nach Erhöhung auf 22 m im Jahre 1804 und mehrmaliger Modernisierung der Leuchtanlage wurde der Turm 1987 auf automatischen Betrieb umgerüstet. Eine Hubschrauber-Landeplattform war schon 1967 auf dem Felsen errichtet worden.

Tuskar

So heißt eine kleine Felseninsel 11 km vor der irischen Südostküste. Die Fährlinie Fishguard (England) – Rosslare (Irland) führt daran vorbei.

Unter Leitung von George Halpin sen. (Vater des Erbauers von **Fastnet I)** entstand 1812–1815 ein 35 m hoher Granit-Leuchtturm in der damals schon bewährten geschwungenen Form mit einer aus London gelieferten Parabolspiegel-Anlage.

Leider gab es dabei zwei tragische Ereignisse: In einer Oktobernacht 1812 riß eine Riesenwelle die hölzerne Bauhütte mit 24 Arbeitern ins Meer, 14 Mann ertranken. Und im August 1814 stürzte ein Bauarbeiter aus 22 m Höhe ab und kam zu Tode.

Für die Wärter wurden Unterkünfte am Leuchtturm gebaut, ihre Familien wohnten jedoch an Land. Einer der Wärter betätigte sich nachts – anstatt das Feuer zu bewachen – als Schmuggler mit Spirituosen und Seide aus Frankreich. Die Sache platzte und mißfiel seiner vorgesetzten Behörde, die ihn daraufhin fristlos entließ.

Im Zweiten Weltkrieg gab es auch ein schlimmes Ereignis: 1941 trieb eine losgerissene Mine an und detonierte am Felsen, wobei ein Wärter getötet, ein zweiter schwer verletzt wurde.

Bis 1969 kam die Ablösung per Motorboot, danach per Hubschrauber. Inzwischen ist auch dieser Turm automatisiert und »entmannt«.

Leuchtturm **Longstone,** *Ausgangspunkt einer spektakulären Rettungstat*

Longstone

Dieser »Lange Stein« gehört zu einer Gruppe von öden Felseninseln in der Nordsee, 10 km vor der nordenglischen Küste. Von dem darauf 1825/26 errichteten Leuchtturm hätte wahrscheinlich kaum jemand etwas erfahren, wenn nicht Grace Darling, die Tochter des Leuchtturmwärters zur Nationalheldin erklärt worden wäre.

Eines Morgens im September 1838 hatte die 22jährige auf einem benachbarten Riff ein Wrack erspäht, an das sich Schiffbrüchige klammerten. Offenbar war dort in der Nacht ein Schiff gestrandet. Inständig bat sie ihren Vater, mit ihr trotz der tosenden See dorthin zu rudern, um die Menschen zu retten. In übermenschlicher Anstrengung schafften sie die zwei Kilometer lange Strecke und retteten fünf Überlebende in ihrem kleinen Boot. Anschließend ruderten zwei der Geretteten zusammen mit dem Wärter noch einmal hin und brachten die restlichen vier Überlebenden auch zum Leuchtturm in Sicherheit.

Erst nach Tagen war es möglich, zum Festland überzusetzen. Nun berichtete die Presse der ganzen Welt über die Heldentat, und Grace erhielt die Rettungsmedaille. Als Folge ihres Einsatzes bekam sie Schwindsucht und starb nach drei Jahren, bezahlte also ihre Rettungstat mit dem Leben.

Bei dem gestrandeten Schiff handelte es sich um die »Forfarshire«, einen der ersten Luxusdampfer; er war wegen Maschinenschadens manövrierunfähig geworden, auf das Riff getrieben und dort zerschellt. 43 Menschen kamen bei dem Unglück ums Leben.

Grace Darling

South Bishop

Wie ein Berggipfel aus dem Wolkenmeer, so ragt hier, 6 km vor der Küste von Wales, ein steiler Felsen 35 m aus dem Ozean. Schon mit einem kleinen Leuchtturm von nur 11 m Höhe erzielte man die gewünschte Feuerhöhe von 44 m.

Erst nach Inbetriebnahme 1839, als immer mehr Vögel nachts gegen die helle Laterne flogen und verendeten, stellte sich heraus, daß der Felsen genau in der Zugvogelroute Irland – England – Kontinent liegt. Durch Anbringung von Sitzstangen vor dem Laternenglas wurde erreicht, daß die meisten anfliegenden Vögel dort Station machten und die Gefahr erkannten.

Der steile Felsen Muckle Flugga mit dem Leuchtturm

Muckle Flugga

Das ist ein 55 m aus dem Meer ragender Fels im äußersten Norden der Shetland Inseln, so steil, daß die ersten Besteigungen zwecks Erkundung der Möglichkeiten einem Hochalpinisten zur Ehre gereicht hätten.

Um möglichst bald ein Leuchtfeuer zeigen zu können, sollte auf dem Gipfel zunächst ein Provisorium errichtet werden. Im Sommer 1854 betätigten sich 36 Bauarbeiter als Bergsteiger und schleppten die 120 t Material für den kleinen Eisenturm und eine Wärterunterkunft nach oben. 26 Tage benötigten sie zum Zusammensetzen; nachts kampierten die meisten auf dem unwirtlichen Felsen. Ab 11. Oktober leuchtete das Feuer in der kleinen gußeisernen Laterne.

Die Winterstürme peitschten die See oft hoch über den Felsen. Die Wärter bekamen es mit der Angst, denn ihnen wurden Türen und Fenster eingeschlagen. Wasser drang in die Laterne – und das in über 60 m Höhe.

1856 begann man mit dem Bau der endgültigen Anlage. Obwohl jeweils etwa 100 Arbeiter eingesetzt wurden, dauerte es vom Schlagen der Stufen in den Granit bis zur Fertigstellung des 20 m hohen Leuchtturmes und der Nebengebäude drei Sommerperioden.

Bei flüchtiger Betrachtung ähnelt das Ganze nun durchaus einer uneinnehmbaren Felsenburg des Mittelalters. Dabei handelt es sich um den nördlichsten Leuchtturm der Britischen Inseln. Die Ablösung der Wärter erfolgt heute per Hubschrauber.

Leuchtturm **Muckle Flugga**

Sule Skerry

So heißt das 60 km westlich der Orkney's liegende öde Felseneiland mit dem einsamsten Leuchtturm der ganzen Britischen Inseln. Er wurde 1892–1895 erbaut. Interessierte Zuschauer dabei waren die »Bewohner« der Insel: unzählige Seevögel, insbesondere die putzigen Papageientaucher.

Verbindung mit der Außenwelt hatten die Wärter zunächst nur durch ihre Ablösung. Nachrichten versuchten sie durch Brieftauben zu übermitteln, oft allerdings vergebens. Erst als die Station 1925 mit Funkentelegraphie ausgerüstet wurde, besserte sich dieser Zustand. Nach der Automation 1982 konnten die Wärter endlich abgezogen werden. Nun gehört die Insel wieder ganz den Papageientauchern.

Papageientaucher auf dem Leuchtturmfelsen

Einsamster Leuchtturm der Britischen Inseln: **Sule Skerry**

Flannan Isles

Auf der zu dieser Gruppe gehörenden 100 m hohen Felseninsel Eilean Mor, 35 km von den Hebriden entfernt, ist es auch ganz hübsch einsam. 1895–1899 war hier ein 23 m hoher Leuchtturm aus Stein erbaut worden. Zwei Wärter-Teams von je drei Mann lösten sich alle 4 Wochen gegenseitig ab.

Doch als im Dezember 1900 der NLB-Tender mit der Ablösung kam, war die Insel leer, der Leuchtturm verlassen. In der Dienstkladde waren die Eintragungen bis auf die letzten 10 Tage korrekt erfolgt; allerdings hatte zu der Zeit Unwetter geherrscht. Im Wohnraum war der Tisch gedeckt, Essen vorbereitet, ein Stuhl umgeworfen, zwei Ölzeug-Garnituren fehlten. Es war unheimlich. Spekulationen reichten von Mord, Selbstmord, Absturz aus großer Höhe bis zu Entführung.

Bei genauer Untersuchung der Insel stellte sich heraus, daß ein Steinblock in 30 m Höhe wie von Riesenhänden versetzt worden war. Es mußte also irgendeine Gewalt gegeben haben. Die Untersuchungskommission kam schließlich zu folgender Erklärung: Zwei Wärter haben bei dem Unwetter ihr Ölzeug an und verrichten draußen irgendeine Tätigkeit. Der dritte deckt den Tisch, erkennt plötzlich eine Gefahr und läuft hinaus, um die beiden zu warnen. Alle drei werden von einer Riesenwelle erfaßt und ins Meer geschleudert.

Später erzählt ein Schäfer, der alljährlich im Sommer seine Schafe dort weiden läßt und die Insel gut kennt, es gäbe eine 300 m lange unterirdische Höhle, von der unter bestimmten Verhältnissen eine Riesenwelle ausgeht.

Leuchtturm **Smalls II** *im Sturm*

Leuchtturm **Fastnet Rock II** *(Irland)*

Leuchtturm
Longships II
(vor Land's End, England)

Die Reihe der »Needles« mit dem Leuchtturm **Needles** *am Ende*

Leuchtturm **Round Island** *(Scilly Inseln, England), ähnlich* **South Bishop** *(vor Wales)*
▼

Leuchttürme auf Meeresgrund

Name/Standort	LF eingerichtet	Wassertiefe in m ca.	Turm-/Feuerhöhe in m	Turmart/Bemerkungen	Text/Abbildungen auf Seite
Haulbowline (Ost-Irland)	1824 1830	4 3	37/32 12/?	a) Granit-T, nicht mehr in Betrieb, aber noch vorhanden b) 2 Pfahl-Türme (Schraubmethode?), nicht mehr vorhanden	93
Maplin (Themsemündung)	1838	5	20/11	Laterne und Wärterunterkunft auf 9 eingeschraubten Eisenpfählen, bis 1931 in Betrieb	93
Wyre (Irische See, nördl. Liverpool)	1840	4	21/ 9	Holzpodest mit Laterne und Wärterwohnung auf 7 eingeschraubten Eisenpfählen, bis etwa 1945 in Betrieb	94
Dundalk (vor Ost-Irland)	1855	4	20/10	typischer Schraubpfahl-T, 1968 modernisiert, elektrifiziert und automatisiert, noch in Betrieb	
Nab (östl. Isle of Wight)	1929	8	48/24	Beton-Caisson für U-Boot-Sperre aus Erstem Weltkrieg, ab 1929 mit LF, 1983 automatisiert, LF-Betrieb mit Acetylen	94
Kish Bank (Ost-Irland, vor Dublin)	1965	19	52/29	Teleskop-T aus Beton, im Hafen gefertigt, eingeschwommen, abgesenkt u. ausgefahren, elektr. Betrieb, bemannt	94, 95
Royal Sovereign (östl. Ärmelkanal)	1971	20	54/28	Teleskop-T, in 2 Teilen gefertigt, eingeschwommen, zusammengesetzt u. ausgefahren, elektr. Betrieb, bemannt	96
Inner Dowsing (vor engl. Ostküste)	1971	18	65/42	1957 erbautes Gestell zur Entnahme von Flöz-Proben, 1969/71 zum LF-Träger umgebaut, 1987 automatisiert, elektr. Betrieb	97

Haulbowline

Die östliche Grenze zwischen dem heutigen Nordirland und der Republik Irland wird von einer Meeresbucht, dem Carlingford Lough, gebildet. Das Gewässer ist wegen seiner vielen Untiefen recht gefährlich. Deshalb errichtete man mittendrin 1823/24 einen heute noch existierenden, 34 m hohen Granit-Leuchtturm. Sein Sockel steht 4 m unter der Hochwasserlinie auf einem Felsen.

Darüber hinaus entstanden etwa 1 km davon entfernt 1830 zwei 12 m hohe Richtfeuertürme auf Eisenstelzen, ebenfalls im Wasser, aber auf sandigem Grund. Wahrscheinlich handelte es sich – wie im nächsten Fall beschrieben – schon um die Schraubpfahl-Methode des aus Belfast stammenden Ingenieurs Alexander Mitchell (1780–1868).

Maplin

Mitchell meinte, wenn man eine Schraube in Holz einbohren kann, müßte man eigentlich auf ähnliche Weise auch eine Eisenstange in nicht zu harten Meeresboden einschrauben können. Es klappte tatsächlich. In der relativ ruhigen Themse-Mündung bohrte er 1838 neun Pfeiler aus Schmiedeeisen, je 15 cm dick und mit einem Schraubengang von 1,2 m Durchmesser am Ende, 6 m tief in den sandigen Meeresboden ein. Und das in 5 m tiefem Wasser. Obendrauf setzte er eine Laterne.

Auf diese Art wurden in den folgenden Jahrzehnten weitere Leuchttürme »eingepflanzt«, nicht nur auf den Britischen Inseln, sondern vor allem in Amerika. Einige davon stehen noch heute, meist allerdings in ruhigen Gewässern oder Buchten.

Schraubpfahl-Leuchtturm **Maplin** *(Themsemündung)*

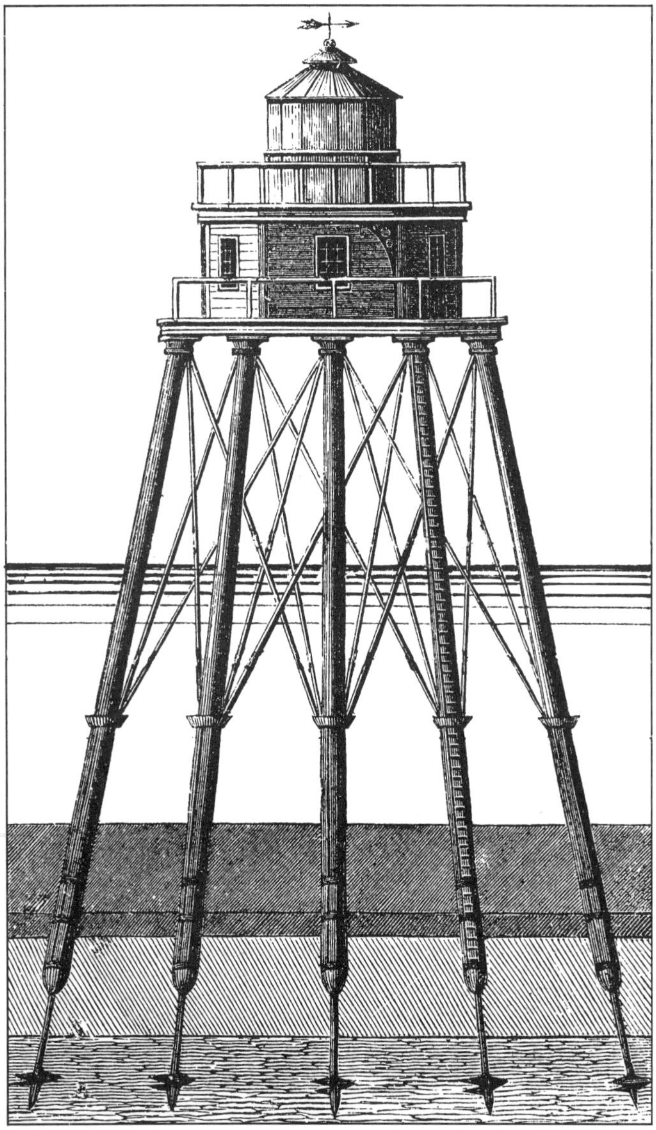

Darstellung der Schraubpfahlmethode am Beispiel des Leuchtturmes **Wyre** *(Irische See)*

Schraubengang eines Schraubpfahls

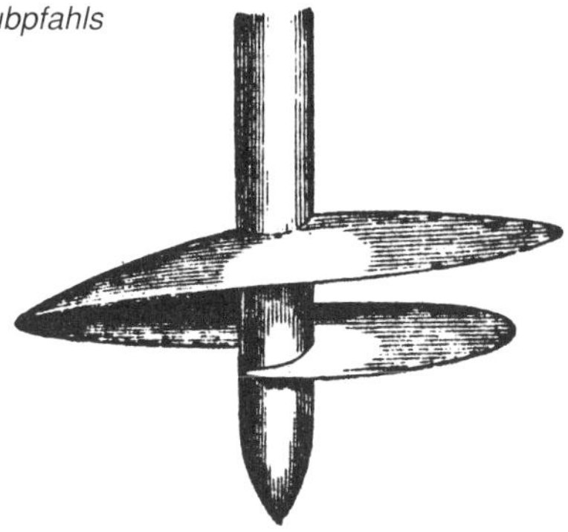

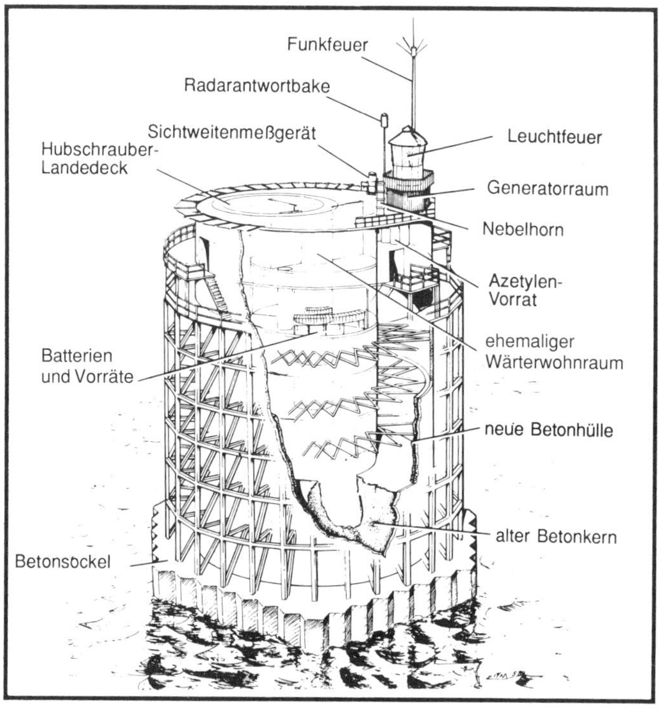

Der im Ärmelkanal abgesenkte **Nab**-*Turm*

Nab

Im Ersten Weltkrieg wollte die britische Admiralität den Ärmelkanal für deutsche U-Boote unpassierbar machen. 14 vorgefertigte Schwimmkästen aus Beton mit einem stählernen Turmaufbau sollten in bestimmten Abständen versenkt werden, um als Halterung für Minen und andere Sperranlagen zu dienen. Bei Kriegsende war jedoch erst ein Schwimmkasten fertig.

Nach langem Hin und Her über die friedensmäßige Verwendung wurde beschlossen, daraus einen Leuchtturm im Meer zu machen, und zwar als Ersatz für das Feuerschiff NAB, östlich der Isle of Wight. Der 48 m hohe Koloß wurde 1920 auf die vorgesehene Position geschleppt und abgesenkt. Er kam ein wenig schief auf und blieb so liegen.

Nach langer Bedenkzeit installierte Trinity House auf ihm 1929 zwei Leuchtfeuer, ein Nebelhorn und ein Funkfeuer. 1982/83 wurde der Turm auf automatischen Betrieb umgerüstet und mit einer Hubschrauber-Landeplattform für das Wartungsteam versehen. Während das Leuchtfeuer mit Azetylen-Gas betrieben wird, arbeiten Nebelhorn und einige andere Anlagen elektrisch. Da Versuche mit vier rundum aufgestellten Windkraftgeneratoren unbefriedigend verliefen, erzeugt nun ein Dieseldynamo den nötigen Strom.

Kish Bank

In der Bucht von Dublin lag seit 1811 ein Feuerschiff. Ein 1842 unternommener Versuch, dieses durch einen Schraubpfahl-Leuchtturm zu ersetzen, scheiterte. Die See zerschlug alle Pfeiler. Über 100 Jahre lang schien es aussichtslos, hier im fast 20 m tiefen Wasser einen Leuchtturm zu errichten.

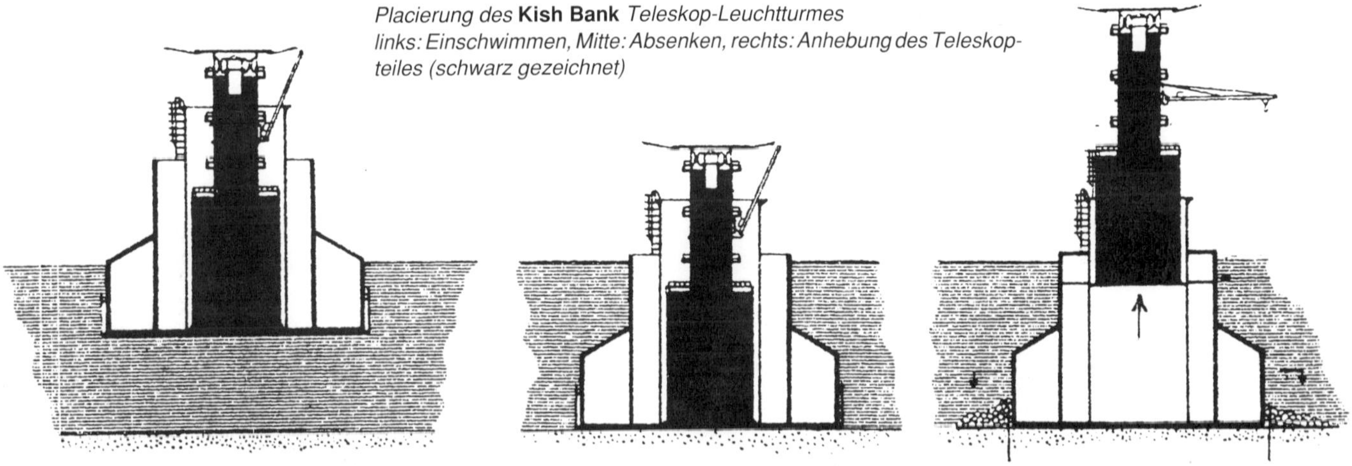

Placierung des ***Kish Bank*** *Teleskop-Leuchtturmes*
links: Einschwimmen, Mitte: Absenken, rechts: Anhebung des Teleskopteiles (schwarz gezeichnet)

An die Aufgabe ging man erst wieder heran, nachdem es 1959 dem schwedischen Ingenieur Robert Gellerstad gelungen war, im Bottnischen Meerbusen einen »Teleskop-Leuchtturm« aus Beton zu plazieren (s. Seite 140).
Bei dieser Methode wird der Turm im sicheren Hafen, und nicht draußen in der gefährlichen See gebaut. Nach Fertigstellung wird die aus zwei ineinander befindlichen topfartigen Teilen bestehende Konstruktion zum vorgesehenen Standort geschleppt, auf vorbereitetem Meeresboden abgesenkt und mit Steinschütten befestigt. Durch Flutung des Hohlraumes hebt sich dann das innere Topfteil mit dem Turm teleskopartig heraus, wobei noch etwas mit Seilen nachgeholfen wird. Nach Ausfüllung der gefluteten Räume mit Sand und Beton steht der nun mehrere tausend Tonnen schwere Turm unverrückbar fest, und der Betrieb kann sogleich aufgenommen werden.

Im Falle **Kish Bank** handelt es sich um die größte Version dieser Bauart, für die eine dänische Firma 1960 den Auftrag erhielt. In einer Baugrube von Dun Laoghaire, dem Nachbarhafen von Dublin, wurde der 6.700 t schwere Betonturm erbaut und 6 km davor ins Meer eingesetzt. 1965 nahm er seinen Betrieb auf. Er ist insgesamt 52 m hoch und ragt 31 m über mittleres Hochwasser hinaus. Innen bietet er genügend Platz für alle Technik und eine komfortable Wärterunterkunft mit Fernseher und Kühlschrank.

Leuchtturm
Kish Bank
als Motiv
einer Briefmarke

Der Turm im Schnitt

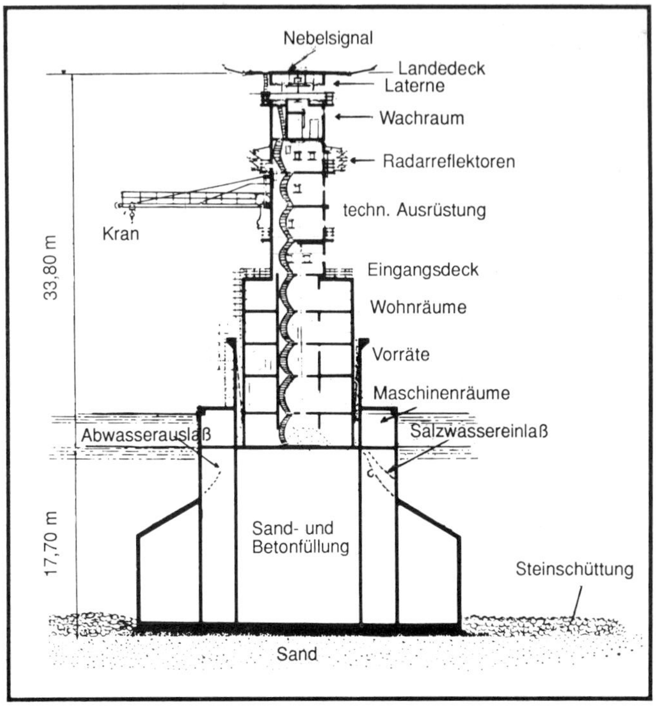

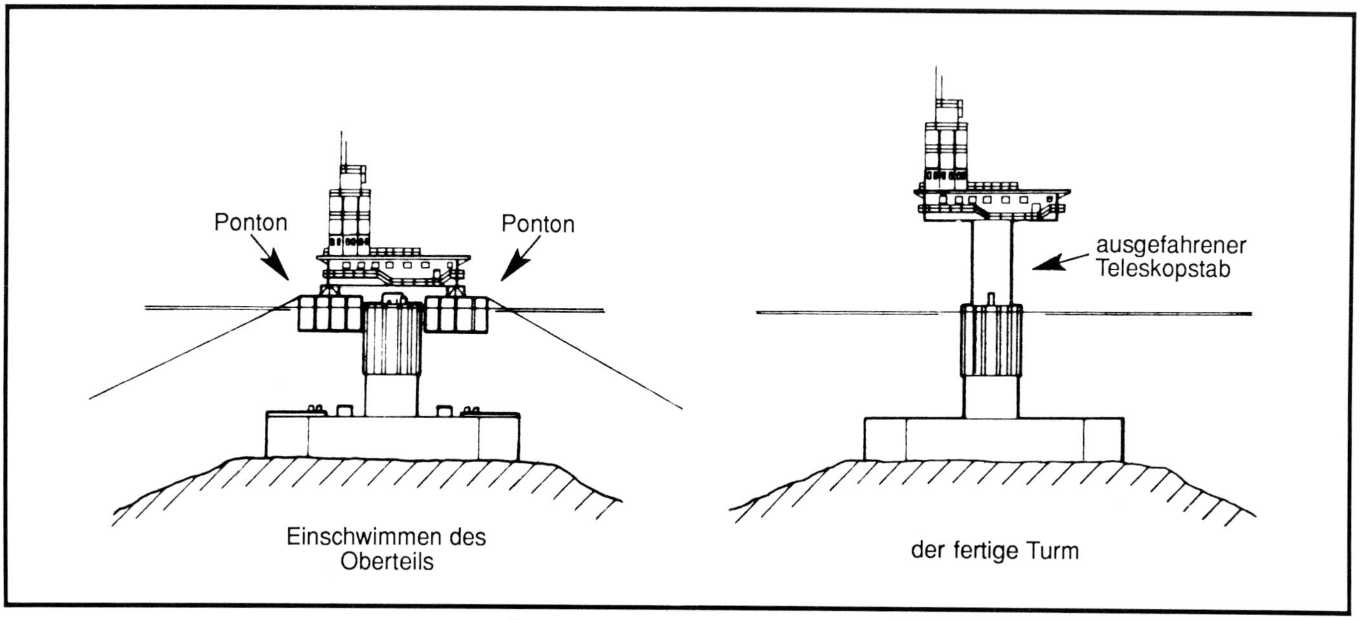

Teleskop-Prinzip des Leuchtturmes **Royal Sovereign** *(Ärmelkanal)*

Royal Sovereign

Nach dem **Kish Bank**-Erfolg entschloß sich Trinity House, das im Ärmelkanal, 13 km vor der Südostküste liegende Feuerschiff ROYAL SOVEREIGN auch durch einen Teleskop-Leuchtturm – allerdings anderer Konstruktion – zu ersetzen.

Die beiden Hauptteile wurden einzeln in getrennten Baugruben hergestellt. Nach Aufschwimmen wurde zunächst das Unterteil zur vorgesehenen Stelle geschleppt, dort abgesenkt und mit Beton ausgefüllt. Danach bugsierte man das auf Pontons gebaute Oberteil vorsichtig über den etwas aus dem Wasser ragenden Teleskopstab des Unterteils und befestigte es dort. Nach Abtrennung der Pontons wurde das ganze Oberteil durch den hydraulisch ausfahrenden Teleskopstab um 14 m angehoben. Damit beträgt die Gesamthöhe der Konstruktion jetzt 54 m, die Feuerhöhe 28 m.

Das Leuchtfeuer steht in einer Ecke der oberen Plattform, auf der Hubschrauber landen können. Zwischen unterer und oberer Plattform befinden sich die Arbeits- und Wohnräume der 4 Wärter sowie die technischen Anlagen. Dieseldynamos liefern den Strom.

Leuchtturm **Royal Sovereign**

Inner Dowsing

1957 ließ die englische Kohlebehörde ein Gestell erbauen, mit dem Flöz-Proben dem Meeresboden entnommen wurden. 1969, nach Beendigung der Aufgabe, kaufte Trinity House das Gestell und ließ es in Hartlepool zum Träger für Leuchtfeuer und andere technische Einrichtungen umbauen.

1971 wurde die 650 t schwere Konstruktion mit Schwimmpontons zum neuen Aufstellungsort, 20 km vor Lincolnshire an der englischen Ostküste, geschleppt und dort in 18 m Wassertiefe abgesenkt. Es ersetzte gleich zwei Feuerschiffe. Die Gesamthöhe mit Leuchtfeuer-Türmchen beträgt 65 m, die Feuerhöhe 42 m. Das Wohn- und Arbeitsdeck unter der oberen Plattform ist ähnlich gestaltet wie bei **Royal Sovereign.** Auch dieser eigentümliche Turm widerstand allen Stürmen.

Einst Flözproben-Gestell im Meer, jetzt Leuchtturm **Inner Dowsing**

1986/87 wurde der Turmkopf mit einem Hubschrauberlandedeck und mit automatisch arbeitenden Anlagen versehen, so daß die Wärter abgezogen werden konnten. Seitdem wird Solarenergie getestet und als zusätzliche Stromquelle genutzt.

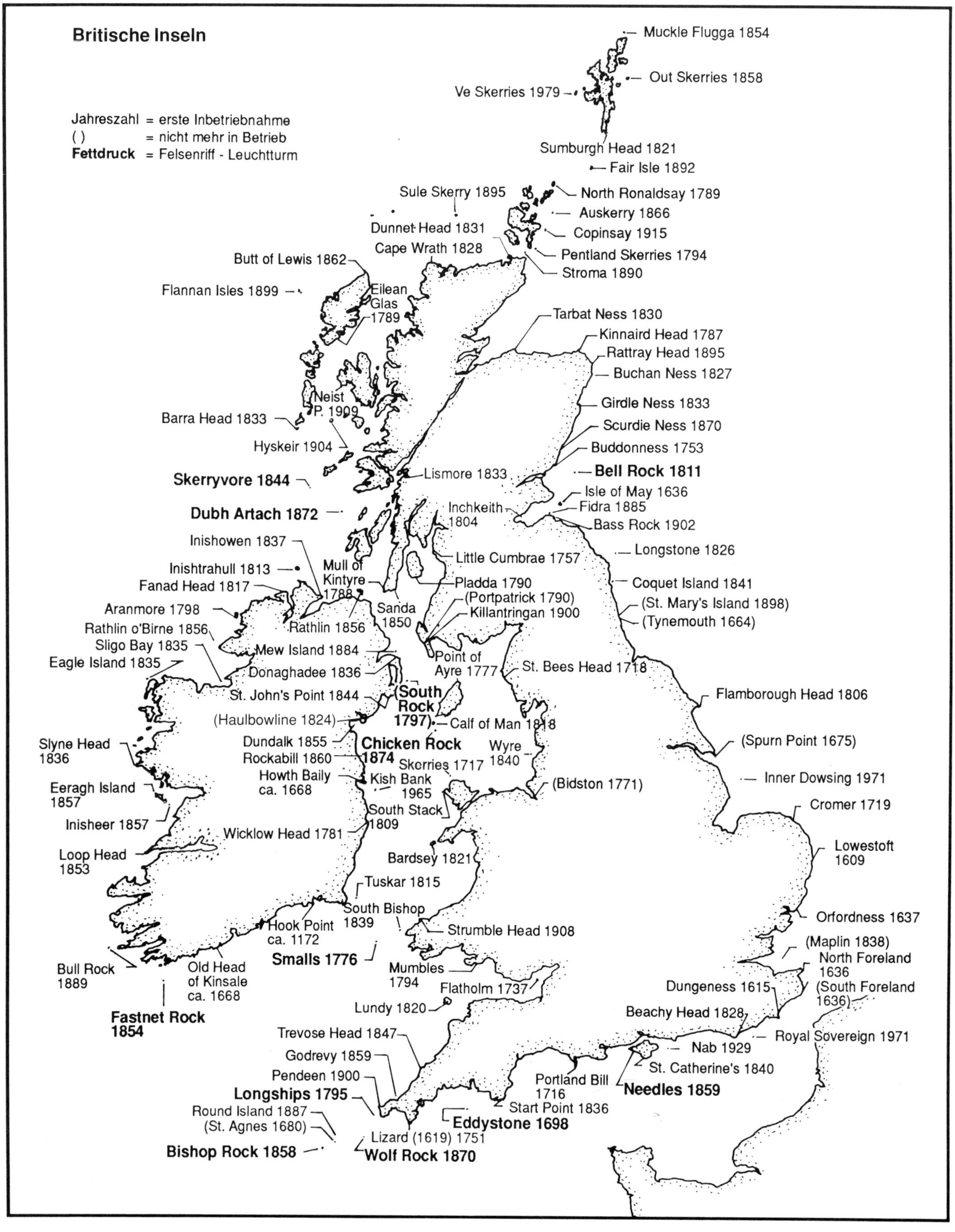
Britische Inseln
Jahreszahl = erste Inbetriebnahme
( ) = nicht mehr in Betrieb
Fettdruck = Felsenriff - Leuchtturm
Muckle Flugga 1854
Out Skerries 1858
Ve Skerries 1979
Sumburgh Head 1821
Fair Isle 1892
Sule Skerry 1895
North Ronaldsay 1789
Auskerry 1866
Copinsay 1915
Dunnet Head 1831
Cape Wrath 1828
Pentland Skerries 1794
Stroma 1890
Butt of Lewis 1862
Flannan Isles 1899
Eilean Glas 1789
Tarbat Ness 1830
Kinnaird Head 1787
Rattray Head 1895
Buchan Ness 1827
Neist P. 1909
Girdle Ness 1833
Barra Head 1833
Scurdie Ness 1870
Hyskeir 1904
Buddonness 1753
Bell Rock 1811
Skerryvore 1844
Lismore 1833
Isle of May 1636
Inchkeith 1804
Fidra 1885
Dubh Artach 1872
Bass Rock 1902
Inishowen 1837
Longstone 1826
Little Cumbrae 1757
Inishtrahull 1813
Mull of Kintyre 1788
Fanad Head 1817
Pladda 1790
Coquet Island 1841
(Portpatrick 1790)
(St. Mary's Island 1898)
Aranmore 1798
Sanda 1850
Killantringan 1900
(Tynemouth 1664)
Rathlin o'Birne 1856
Rathlin 1856
Sligo Bay 1835
Mew Island 1884
Point of Ayre 1777
Eagle Island 1835
Donaghadee 1836
St. Bees Head 1718
St. John's Point 1844
(South Rock 1797)
Flamborough Head 1806
(Haulbowline 1824)
Calf of Man 1818
Slyne Head 1836
Dundalk 1855
Chicken Rock 1874
Wyre 1840
(Spurn Point 1675)
Rockabill 1860
Skerries 1717
Howth Baily ca. 1668
Kish Bank 1965
(Bidston 1771)
Inner Dowsing 1971
Eeragh Island 1857
South Stack 1809
Cromer 1719
Inisheer 1857
Wicklow Head 1781
Loop Head 1853
Lowestoft 1609
Bardsey 1821
Tuskar 1815
South Bishop 1839
Orfordness 1637
Hook Point ca. 1172
Strumble Head 1908
(Maplin 1838)
Smalls 1776
North Foreland 1636
Bull Rock 1889
Old Head of Kinsale ca. 1668
Mumbles 1794
Flatholm 1737
Dungeness 1615
(South Foreland 1636)
Fastnet Rock 1854
Lundy 1820
Beachy Head 1828
Trevose Head 1847
Royal Sovereign 1971
Nab 1929
Godrevy 1859
St. Catherine's 1840
Pendeen 1900
Portland Bill 1716
Longships 1795
Needles 1859
Start Point 1836
Round Island 1887
Eddystone 1698
(St. Agnes 1680)
Lizard (1619) 1751
Bishop Rock 1858
Wolf Rock 1870

Weitere Leuchttürme

Der Aufbau des Leuchtfeuer-Netzes auf den Britischen Inseln vollzog sich natürlich im Einklang mit den geschilderten Vorposten im Meer. Die weiteren, ab 18. Jahrhundert errichteten Leuchttürme sind so zahlreich, daß im folgenden nur besonders interessante oder in exponierter Lage stehende Exemplare aufgeführt werden, wiederum in chronologischer Reihenfolge und mit der nachfolgenden Entwicklung. Vorangestellt ist jeweils das Jahr der Inbetriebnahme des ersten Leuchtturmes an dem betreffenden Standort.

1716 **Portland Bill** (Ärmelkanal)
So heißt der »Schnabel« der Halbinsel, die durch eine 10 km lange Kies-Nehrung mit dem Festland verbunden ist. Auf dieser Halbinsel entstanden 4 Leuchtturm-Generationen: 1716 zwei Kohleblüsen, 1789 eine neue, 1869 als Ersatz zwei Leuchttürme (Ober- und Unterfeuer) und 1906 der heutige konische Steinturm (Abb. Seite 110). Er ist mit 41 m der zweithöchste Küsten-Leuchtturm in England (nach **Dungeness V** mit 43 m). Die Kohlenbluse von 1789 war aus Furcht vor einer Invasion Napoleons ab 1798 mit zwei Kanonen bestückt. Das Unterfeuer von 1869 ist erhalten und dient als Beobachtungsstation für Ornithologen.

1718 **St. Bees Head** (Nordwest-England)
Auf einem Küstenvorsprung in 90 m Höhe leuchtete diese Kohlenblüse den Schiffen östlich der Isle of Man. Nach über 100 Jahren Betrieb war dies das letzte Kohlenfeuer auf den Britischen Inseln. Das Bauwerk, fast nur noch eine Ruine, brannte 1822 ab und wurde im folgenden Jahr endlich durch einen dicken, 17 m hohen Turm mit Ölfeuer ersetzt. Dieser leuchtet heute noch, allerdings mit elektrischer Lichtquelle.

Portland Bill, *vorne das 1869 erbaute ehemalige Unterfeuer, rechts im Hintergrund der heutige Turm (Abb. auch Seite 110)*

1719 **Cromer** (Ost-England)

70 m hoch ragt hier ein Kliff aus dem Meer. Ungewöhnlich starke Gezeitenströme nagen ständig daran und lassen die Abbruchkante unaufhaltsam immer näher an alle Bauwerke heranrücken. Einst war dort das ganze Dorf Shipden abgestürzt und von der See verschlungen worden. So geschah es auch mit dem 1719 erbauten, anfangs noch mit offenem Kohlefeuer betriebenen Turm. Er stürzte 1866 in die Tiefe. Aber man hatte vorgesorgt und schon 1833 weiter landeinwärts einen neuen Leuchtturm errichtet, 8-eckig, 18 m hoch, mit angrenzenden Wohngebäuden für die Wärter.

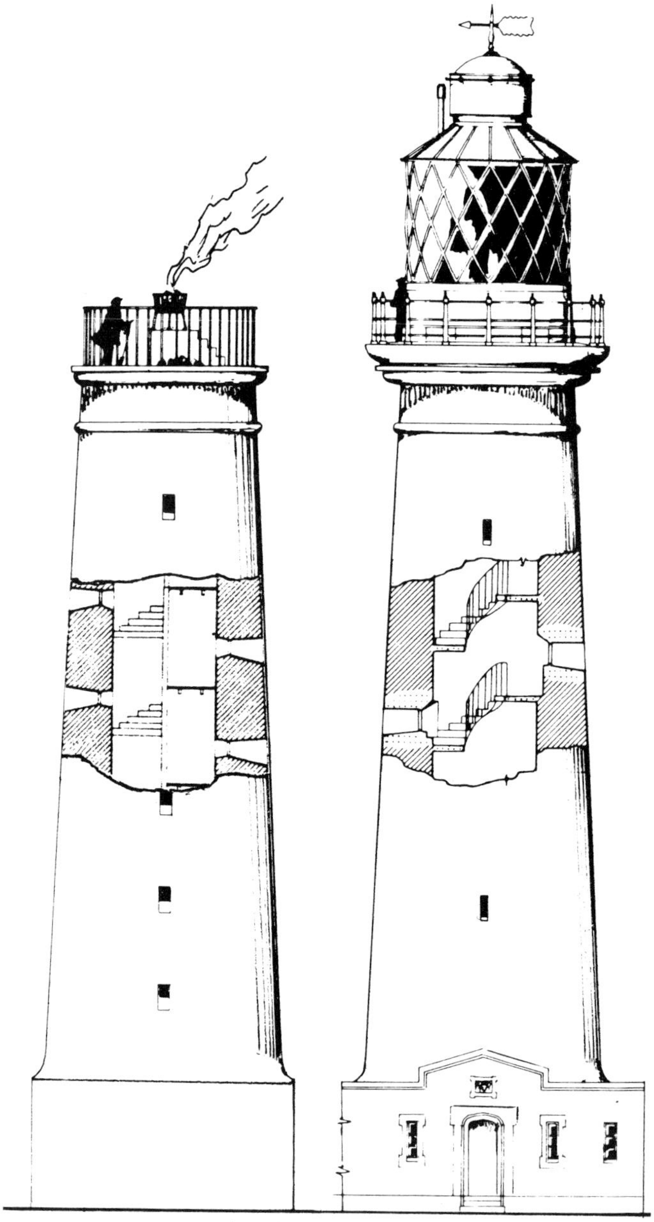

Leuchtturm **Flatholm**

1737 *ab 1867*

1737 **Flatholm** (Bristolkanal)

So heißt ein Inselchen in der sich zum Bristolkanal öffnenden Severn-Mündung. Das Licht des darauf erbauten Leuchtturmes gefiel dem Wettergott offenbar nicht, denn zweimal löschte er es aus: 1790, mitten in einer stürmischen Winternacht schickte er einen Blitz, der den eisernen Feuerkorb zersplitterte und den Feuerknecht die Treppe hinunterschleuderte. Im Februar 1902 beschmierte er das Glas der inzwischen aufgesetzten Laterne mit Schlamm; es handelte sich um Staub aus der Sahara, der als klebriger Niederschlag in der dortigen Gegend zu Boden fiel.

Aufgrund seiner soliden Bauweise mit zwei Meter dicken Mauern ist der über 250 Jahre alte Turm noch heute tadellos erhalten. Durch Aufsetzen der gewaltigen Laterne hatte sich 1867 seine Höhe von 22 auf 30 Meter vergrößert.

Die Leuchtfeuer-Anlage **Lizard** *1813*

1751 **Lizard** (Südkap von England)

Hier fällt ein größeres Hochplateau steil ins Meer ab. Man glaubt, im Flachland zu sein, steht aber plötzlich am Abgrund.

An den ins Meer ragenden Felsenzungen dieser Küste sind einst so viele Schiffe gescheitert, daß sich die Anwohner ihre Häuser aus Planken und sonstigen Schiffstrümmern bauen konnten. Böse Zungen behaupteten allerdings, sie hätten mit Seeräubern gemeinsame Sache gemacht. Ebenso wird behauptet, sie hätten einen schon 1619 errichteten Feuerturm sofort wieder zerstört, weil sie nichts von einer nächtlichen Navigationshilfe hielten.

1750/51 entstand dann aber gleich eine ganze Leuchtfeuer-Anlage: zwei Türme mit je einer originellen, verglasten Kohlefeuer-Laterne, dazwischen der Wohntrakt.

Die Anlage heute (Rückseite)

Von einem halbrunden Vorbau aus konnte der Inspektor die Feuer auf beiden Türmen beobachten und die Blüser notfalls ermahnen, indem er sein Kuhhorn ertönen ließ. Heute befinden sich auf dem Vorbau gleich zwei Hörner, allerdings wesentlich größere – zur Warnung der Schiffahrt bei Nebel.

1812 erhielten beide Türme eine neue Laterne, zunächst mit Parabollampen, ab 1874 mit superhellen elektrischen Lichtbogenlampen. Weil sich eine Art Bürgerinitiative über die nächtliche Lichtfülle beschwerte, mußten die Laternen zur Landseite hin abgeschirmt werden. Seit 1904 ist nur noch ein Turm in Betrieb. In seiner Optik leuchtet jetzt eine der hellsten Glühlampen von 100 Volt und 3.000 Watt.

In der Nähe befindet sich eine Institution, die auch mit der Sicherheit auf See zu tun hat: eine Rettungsstation.

Auf einer Gedenktafel stehen die Namen ihrer Boote, mit denen in den Jahren 1859–1934 insgesamt 490 Menschen aus Seenot gerettet wurden. Während die Bootsmannschaft früher immer eine lange steile Felsentreppe hinunterlaufen mußte, kann die heutige Besatzung bei der neuen Station mit einem Fahrstuhl schnell und sicher vom Auto-Parkplatz zum Bootsschuppen gelangen.

Die Nebelhörner des Leuchtturmes **Lizard**

1753 **Buddonness** (vor Firth of Tay, Ost-Schottland)

Auf dieser Landnase fand die größte »Schiebung« der Leuchtturm-Geschichte statt. 1753 waren hier zwei kleine Richtfeuer-Türme zur Bezeichnung der Fahrrinne nach Dundee gebaut, 1820 aber schon durch große Steintürme ersetzt worden. Nachdem sich aufgrund von Sandbankverlagerungen die Richtung der Fahrrinne verändert hatte, gab es zwei Möglichkeiten: Entweder an der richtigen Stelle ein neues Unterfeuer bauen oder das vorhandene dorthin schieben. Man wählte die zweite. 1884 wurde der 20 m hohe, 440 t schwere Koloß vom Wärterhaus getrennt und in 30 Tagen auf Schienen um 50 m verschoben. Eine Methode übrigens, wie sie für Versetzung von Bauwerken in der ganzen Welt bis heute üblich ist.

1757 **Little Cumbrae** (Firth of Clyde, West-Schottland)

Auf dieser kleinen Insel kann man die historische Kohlenblüse von 1757 besichtigen, allerdings nur als Rekonstruktion. Wegen ihrer zu großen Feuerhöhe von 122 m wurde sie schon 1792 durch einen erheblich weiter unten errichteten Leuchtturm abgelöst.

1771 **Bidston** (vor Liverpool)
Hier wieder etwas Historisches: die älteste bekannte Kombination von Leuchtfeuer und Wachturm mit Signalstation. Ein ausgeklügeltes optisches Verfahren diente dem Nachrichtenverkehr mit passierenden Schiffen. Auch konnte den Kaufleuten und Reedern die Ankunft ihrer oft sehnsüchtig erwarteten Schiffe signalisiert werden. Wieviel einfacher geht das heute bei ständigem Funkkontakt.

Leucht- und Wachturm
Bidston

1777 **Point of Ayre** (Isle of Man)
Erstes Leuchtfeuer dieser berühmten Insel war eine Kohlenblüse auf der Nordspitze. Wie lange sie geleuchtet hat, ist unbekannt. Jedenfalls soll sie nicht mehr in Betrieb gewesen sein, als dort 1818/19 nach Plänen von Robert Stevenson ein Steinturm entstand. Das imposante, 30 m hohe Bauwerk mit zwei roten Bändern ist Motiv einer Briefmarke zu 14 Pence.

Leuchtturm **Wicklow Head,**
1781–1818 in Betrieb

1781 **Wicklow Head** (Ostküste Irland)
Diese Landnase liegt neben einem natürlichen Hafen, den die Wikinger einst als Schlupfloch benutzt haben sollen. Daher der Name Wykylo = Viking's Loch = Wicklow. Im Jahre 434 landete hier der spätere Schutzheilige von Irland, St. Patrick. Zunächst war er allerdings wenig willkommen, denn die dortigen Heiden empfingen ihn mit Steinwürfen. Seinen Begleiter Mhantain kostete diese Art der Begrüßung alle Zähne, was ihm den Beinamen »der Zahnlose« eintrug.
Doch nun zu unserer Leuchtturm-Geschichte. Sie begann 1781 mit dem Bau je eines 8eckigen Ober- und Unterfeuers. Beide erhielten eine ebenfalls 8eckige Laterne mit Bullaugen, aus denen das Licht von 20 Kerzen zur Seeseite hin leuchtete.
Bleiben wir bei dem 30 m hohen Oberfeuer-Turm. Wie so viele damals auf Höhen errichtete Leuchttürme wurde auch er durch einen weiter unten stehenden Turm abgelöst und schon 1818 wieder außer Dienst gestellt. Man ließ ihn jedoch stehen als weithin sichtbare Tagesmarke. Nach einem Blitzschlag brannte seine hölzerne Einrichtung 1836 völlig aus. Erst 30 Jahre später wurde er restauriert. Er steht noch heute und wird wohl auch noch lange stehen bleiben, denn seine Mauern sind 2,30 m dick.
Auf dem Wicklow Head befindet sich jetzt nur noch das zweite, 1818 erbaute Unterfeuer in Betrieb. Es hatte 1868 ein originelles Ölgas-Feuer mit 108 Flammen erhalten, arbeitet seit 1974 aber elektrisch.

1787 **Kinnaird Head** (Ost-Schottland)
Bei dem hier 1574 erbauten Burgschloß hatte es zu einem Turm nicht mehr gereicht, ob aus sprichwörtlich schottischem Geiz oder nicht, bleibe dahingestellt.
Erst über 200 Jahre später, 1787, kam das Bauwerk, wenn auch nicht zu einem Burgturm, so doch zu einem Leuchtturm innerhalb der eigenen Mauern.
Es handelte sich um die Premiere der im Jahr zuvor gegründeten schottischen Leuchtfeuer-Behörde Northern Lighthouse Board. Die damalige Laterne enthielt schon Reflektorlampen, 17 Stück in drei Etagen. 1851 wurde sie gegen eine neue mit großer Linsenoptik ausgetauscht.
Für die Wärter und ihre Familien waren im angrenzenden Gelände Wohnhäuser errichtet worden, denn im Schlößchen soll es zwar nicht gespukt haben, aber nicht gerade sehr wohnlich gewesen sein. Heute werden keine Wärter mehr benötigt, denn der Turm wurde inzwischen auf automatischen Betrieb umgerüstet.

Leuchtturm **Kinnaird Head**

1788 **Mull of Kintyre** (Südwest-Schottland)
Hier ist nicht der Leuchtturm selber von Interesse, er mißt auch nur 12 m, sondern sein Standort. Dieser liegt nämlich 80 m hoch auf einem zerklüfteten unzugänglichen Küstenstreifen ohne Landemöglichkeit in der Nähe. So mußte alles Material vom 10 km entfernten Landeplatz auf dem Rücken von Pferden über schroffe Felsen herangeschafft werden. Jede Tour dauerte einen vollen Tag. Das größte Problem stellte der Transport der Laterne dar. Sie lag über ein Jahr an der Landestelle, ehe man eine Möglichkeit fand, dieses schwere zerbrechliche Stück mit einem besonderen Gespann zu transportieren. Aber es klappte, und am 1. Oktober 1788 begann die Laterne zu leuchten. Sie leuchtet heute noch, sogar als lichtstärkste von ganz Schottland – bis hinüber nach Irland.

1789 **Eilean Glas** (Scalpay Island, Hebriden)
Ähnliche Schwierigkeiten gab es bei diesem ersten Leuchtturm auf den Hebriden. Er war nur 10 m hoch, wurde aber 1825 von einem 30 m hohen Nachfolger abgelöst.

1789 **North Ronaldsay** (Orkney's Nord)
Auch hier wurde 1789 ein Leuchtturm in Betrieb genommen, 21 m hoch, der erste auf den Orkney Inseln. Auf dem flachen Gelände gab es nicht solche Schwierigkeiten. So konnte 1854 auch ein stattlicher Nachfolger mit 42 m Höhe entstehen. Es handelt sich um das letzte und höchste Exemplar einer Serie von konischen Steintürmen in Schottland. Vorläufer waren u. a. 1827 **Buchan Ness,** 36 m hoch, und 1830 **Tarbat Ness,** 41 m hoch (s. Seite 108). Zur besseren Unterscheidung von nachträglich hinzugekommenen Türmen wurden sie später mit weißen oder roten Bändern übermalt.

1790 **Portpatrick** (Südwest-Schottland)
Die engste Stelle im sog. Nordkanal zwischen Schottland und Irland hatten sicher schon die Wikinger entdeckt und zur Überfahrt benutzt. Überliefert ist, daß 1662 eine Schiffsverbindung vom schottischen Portpatrick zu dem nur 35 km entfernten irischen Hafen Donaghadee (s. Seite 114) eingerichtet wurde, die sich im 18. Jahrhundert zu einem bedeutenden Handelsweg entwickelte. Wann die beiden Häfen ihr erstes Leuchtfeuer erhielten, ist nicht bekannt.
Von einem kleinen Molen-Leuchtturm **Portpatrick** wird zum ersten Mal 1790 berichtet. Weil Funken seines offenen Kohlefeuers oft über Hafen und Häuser flogen, erhielt er bald eine geschlossene Laterne mit Reflektorlampen. Als sich Ende des 19. Jahrhunderts der Fährverkehr mit Dampfschiffen völlig zu größeren Häfen verlagert hatte, geriet Portpatrick in Vergessenheit. 1900 wurde der Leuchtfeuer-Betrieb eingestellt. Seitdem weist der neue, nahebei errichtete Leuchtturm **Killantringan** den Schiffen auf dem Nordkanal den Weg.

Die 1790/91 erbauten Türme des Doppelfeuers **Pladda** *(West-Schottland)*

1790 **Pladda** (Firth of Clyde, West-Schottland)
Auf dieser birnenförmigen Aran-Insel gibt es noch zwei gut erhaltene Original-Türme aus dem 18. Jahrhundert, einen 29 m hohen von 1790 und seinen kleinen Nachbarn, 13 m hoch, von 1791. Zunächst trugen beide eine Laterne mit Öllampen. Das Doppelfeuer sollte zur Unterscheidung von den Einzeltürmen der Umgebung dienen. Wie in ähnlichen Fällen verzichtete man auf das Feuer des kleineren Turmes erst, als mit modernen Optiken unverwechselbare Lichtzeichen zur Identifizierung erzeugt werden konnten. Hier war das 1891 der Fall, aber man ließ den kleinen Turm mit der alten Laterne aus Traditionsgründen stehen.

Einer der ersten Leuchttürme mit hübscher schottischer Kragstein-Galerie: **Buchan Ness,** *1827 erbaut, 36 m hoch*

1794 **Pentland Skerries** (Orkney's Süd)
Das 10 km breite Gewässer zwischen dem schottischen Festland und den Orkney Inseln, der sog. Pentland Firth, ist berüchtigt wegen seiner unberechenbaren Strömungen und Wirbel. Ursache sind die von mehreren Seiten zusammentreffenden Flutwellen.
Als Richtfeuer wurden an der Nordseite des Firth, auf einer einsamen Insel der Pentland Skerries zwei Leuchttürme gebaut. Sie nahmen ihren Betrieb am 1. Oktober 1794 auf. Aber es gab gleich ein tragisches Ereignis: Nachdem sich der Erbauer Smith wieder auf dem Festland hatte absetzen lassen, geriet sein Schiff in einen Orkan; es wurde in den Firth zurückgetrieben, wo es mit der gesamten Besatzung verlorenging.

Die Türme stehen nur 25 m weit auseinander. Sie sind beide relativ hoch, der größere 36 m, der kleinere 27 m. So konnte man ihre Lichter recht weit sehen. Hier wurde das niedrigere Feuer schon 1833 eingestellt, sein Turm dient heute als Träger für ein schwenkbares Nebelhorn. Beide Bauwerke sind gut instand. Sie gelten als architektonisch interessant, denn sie wurden – wahrscheinlich als
n – mit Kragstein-Galerien

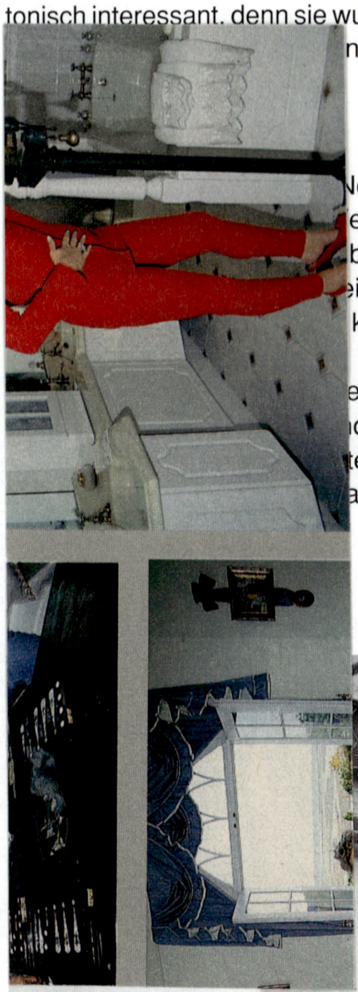

lord)
eranlassung der Hafenver-
betreut und erst 1975 vom
eine 2stufige Form, einst für
konstruiert, blieb bis heute

e auf der Skizze angedeu-
optik, wozu die Plattform
te. Neuerdings wurde die
arbetriebene Feuerschiffs-

Leuchtturm **Mumbles,** *1794 als Doppelfeuer mit zwei Kohleherden übereinander erbaut; (gestrichelte Linien: Laterne von 1860)*

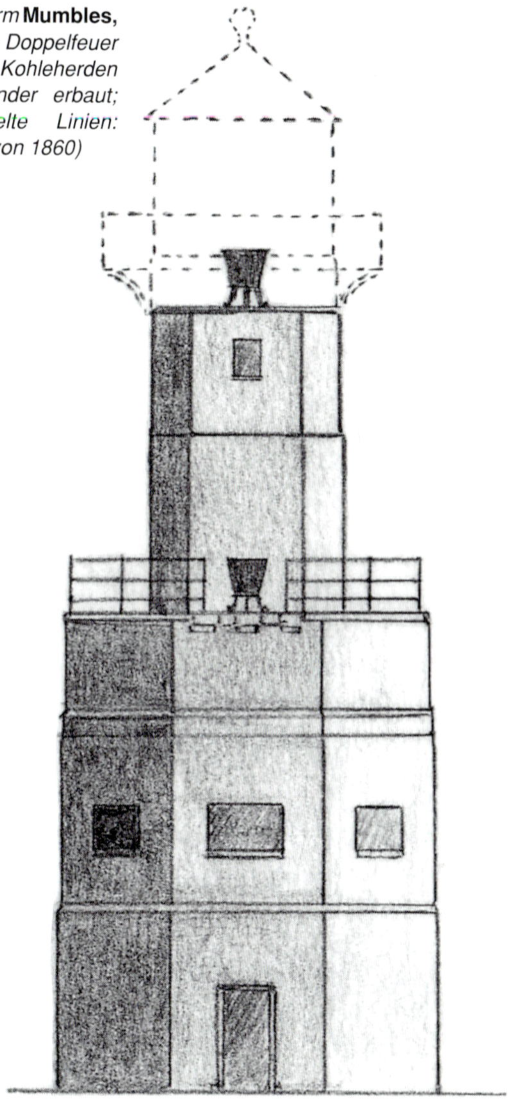

1798 **Aranmore** (Nordwest-Irland)
Wegen der vielen Schiffbrüche dort nannte man die ganze Gegend sinnigerweise »Bloody Foreland«, zu deutsch »Blutiges Vorgebirge«. An der seeseitigen Ecke der größten Insel entstand zunächst ein kleiner Steinturm mit Ölfeuer-Laterne. 1856 wurde er von einem 23 m hohen Neubau abgelöst. Dieser arbeitet seit 1953 elektrisch, seit 1976 automatisch.

1806 **Flamborough Head** (Ost-England)
Dieser Leuchtturm steht in der Nähe seines Vorgängers von 1674, der nie leuchtete (s. Seite 62). Dafür besitzt der neue jetzt mit einer Lichtstärke von 3,5 Millionen Kerzen eine der hellsten Laternen auf den Britischen Inseln.

Leuchtturm **South Stack**

1809 **South Stack** (Nordwest-Wales)
So heißt ein 35 m hoher Felsblock vor Holy Island in der Irischen See, auf dem 1808/09 der Leuchtturm entstand. Für den Transport von Menschen und Material war der vor dem Felsen klaffende Abgrund durch eine Seilbahn überbrückt worden. Die bei Sturm halsbrecherisch schwankende Anlage wurde 1828 durch eine eiserne Hängebrücke, 1964 durch eine Aluminiumbrücke ersetzt. Um dorthin zu gelangen, muß man zunächst eine Kletterpartie unternehmen und 400 in den Fels geschlagene Stufen hinuntersteigen. Heutige Schönwetter-Urlauber können sich meist gar nicht vorstellen, wie bei Winterstürmen die See hoch über Felsen und Brücke gepeitscht wird.
Der Turm ist 28 m hoch, aus Ziegelsteinen gemauert, 2wandig mit einem Hohlraum. Das Feuer leuchtet in 60 m Höhe ü. M. Aber viele Seeleute beschwerten sich, weil sie es bei tiefhängenden Wolken nicht sahen. Da kam ein pfiffiger Leuchtturmwärter auf die geniale Idee, in solchen Fällen einfach eine zusätzliche Laterne auf einem Schienenschlitten unter die Wolkendecke hinabzulassen. Seine Idee wurde 1832 durch den Bau einer entsprechenden Anlage verwirklicht.

1813 **Inishtrahull** (vor Nordkap Irland)
Kleiner Leuchtturm mit 55 m Feuerhöhe; 1958 durch moderne, 23 m hohe Betonsäule ersetzt.

1817 **Fanad Head** (Nordküste Irland)
Irischer Standardturm für die erste Hälfte des 19. Jahrhunderts. Der Nachfolger von 1886 wurde dann typisch für mehrere Leuchttürme in der zweiten Hälfte des 19. Jahrhunderts. Gleiches gilt auch für Laternen und Galerien, die allerdings vom Trinity House geliefert wurden.

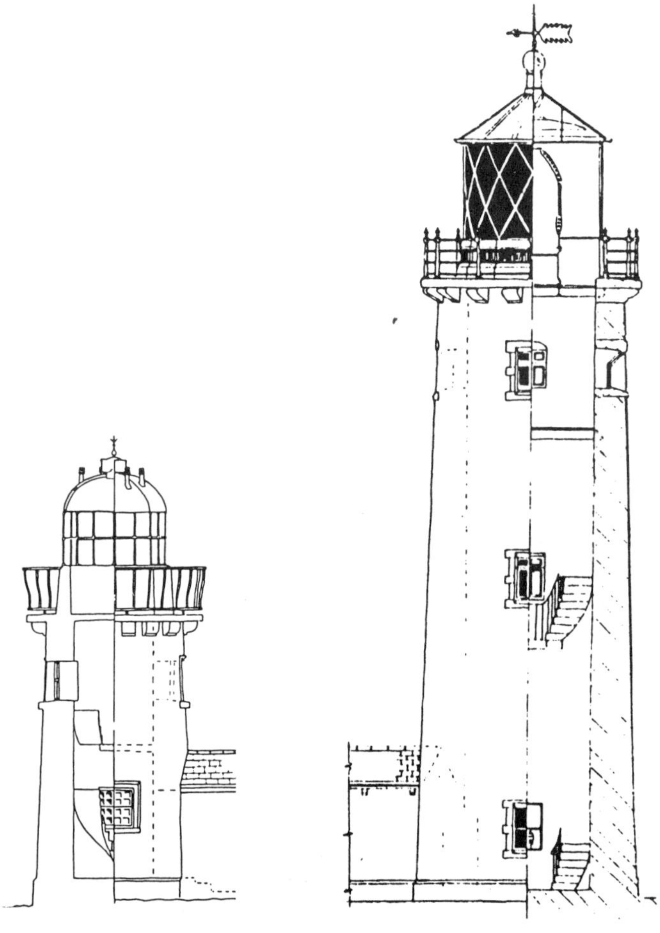

Fanad Head

erster Leuchtturm von 1817, 10 m hoch — *zweiter Leuchtturm von 1886, 22 m hoch*

1818 **Calf of Man** (südlich Isle of Man)
Von den bereits auf Seite 84 erwähnten Warnungs-Richtfeuern blieb hier nach Fertigstellung des **Chicken Rock**-Turmes 1875 nur das Oberfeuer weiter in Betrieb. Es wurde 1968 durch einen 8eckigen modernen Turm ersetzt. Wer Lust hat, das ausgediente Unterfeuer in seinem ursprünglichen Zustand zu besichtigen, der kann das tun; es steht unter Denkmalschutz.

Calf of Man
Die beiden 1816–1818 errichteten Leuchttürme

1820 **Lundy** (Bristolkanal)
Ein Denkmal setzten sich auch die Erbauer dieses Leuchtturmes auf dem 130 m hohen Gipfel der Felseninsel Lundy. Sie machten ihn sogar 29 m hoch, weil er möglichst weit nach allen Seiten leuchten sollte. Er tat es nicht, wie sie eigentlich schon hätten wissen müssen. Denn auch er wurde, wie andere zu hohe Feuer in diesen Breiten oft von Wolken verdeckt. Selbst ein zusätzliches Licht am Turmfuß half da nichts.
So sah man sich gezwungen, weiter unten zu leuchten. Das ging nur mit je einem neuen Turm im Norden und Süden der Insel. Beide wurden 1896/97 gebaut, aber großartig sind sie nicht. Interessanter ist der pensionierte Veteran auf dem Gipfel; er steht auch unter Denkmalschutz.

Der Leuchtturm weist eine Besonderheit auf: Er ist viereckig, für ganz Britannien eine Seltenheit. Er wurde nämlich aus Quadern errichtet, die vom Molenbau in Holyhead übriggeblieben waren. Sonstiges: 30 m hoch, zwei rote Bänder.

1821 **Bardsey** (Nordwest-Wales)
Die 3 km lange Insel galt einst bei den Druiden als heilig. Sie war eine Art Pilgerstätte für die frommen Anhänger in Wales. Heute ist sie einsam und verlassen, dafür aber ein Vogelparadies.

Leuchtturm **Bardsey**

Leuchtturm **Lundy,** *1820–1897 in Betrieb*

1821 **Sumburgh Head** (Shetland's Süd)
Furchterregend ragen die scharfkantigen, zackigen Felsen an der Südspitze aus dem Meer. In 90 m Höhe entstand hier unter größten Schwierigkeiten der erste Leuchtturm dieser nördlichen Inselgruppe.

1827 **Buchan Ness** (Ost-Schottland)
36 m hoher Steinturm am »Rucksack«, dem Ostkap des schottischen Festlandes (Abb. Seite 104).

1828 **Cape Wrath** (Nord-Schottland)
Das Kap ist 100 m hoch, der Leuchtturm darauf 20 m, leider wegen Nebels nur selten zu sehen.

1828 **Beachy Head** (Ärmelkanal Ost)
Die Kreideküste fällt hier senkrecht zum Meer ab. Auf ihrer 80 m hohen Klippe Belle Tout wurde 1828 ein Leuchtturm gebaut, dick und rund, mit einer Parabolspiegel-Laterne. Aber er stand zu dicht an der Abbruchkante, die mehr und mehr auf ihn zurückte, so daß er wegen Absturzgefahr 1899 außer Betrieb gesetzt werden mußte. Die Abbruchkante machte übrigens kurz vor ihm Halt. Er steht immer noch, allerdings ohne Laterne.

Leuchtturm **Beachy Head I**
(Belle Tout) 1828–1899

Da er oft von Wolken verdeckt gewesen war, sollte sein Nachfolger eine wesentlich geringere Feuerhöhe bekommen. Aber da war guter Rat teuer, denn so niedrige Stellen gibt es dort auf der ganzen Steilküste nicht. So entschloß man sich schweren Herzens, vor der hohen Kreidewand im Meer einen Leuchtturm mit der gewünschten Feuerhöhe zu errichten.
Für den Materialtransport von der Klippe nach unten mußte zunächst eine Seilbahn angelegt werden. Dann schuf man durch Aufschüttung eines Rundwalles eine Baugrube, die durch Pumpen möglichst trocken gehalten wurde. So konnte das Fundament weitgehend ungestört vorbereitet und gebaut werden. Der Weiterbau erfolgte danach von einem Eisengestell aus. 1902, nach zwei Jahren, war der Turm fertig, vom Grunde aus gemessen 43 m hoch, mit einer Feuerhöhe von 31 m. Bis 1983 war er bemannt, seitdem arbeitet er automatisch.
Wo kann sich ein normaler Spaziergänger schon mal einen Leuchtturm von oben anschauen? Hier kann er das.

1830 **Tarbat Ness** (Nordost-Schottland)
Auf der Spitze (Ness) einer Landzunge zwischen dem Moray Firth und dem Dornoch Firth steht dieser konische Steinturm. Mit 41 m ist er der höchste auf dem schottischen Festland. Zunächst war er ganz weiß, seit 1915 trägt er zwei rote Bänder.

1831 **Dunnet Head** (Nord-Schottland)
Dies ist die nördlichste Stelle des schottischen Festlandes, eine senkrecht aufragende Felsennase, 90 m hoch. Der Leuchtturm macht sie noch um 20 m höher. Wer ihn besteigen will, der darf, allerdings nur von 14 Uhr bis eine Stunde vor Sonnenuntergang. Der Blick reicht, wenn es nicht gerade mal wieder neblig ist, bis hinüber zu den Orkney-Inseln.

1833 **Barra Head** (südliche Hebriden)
Die südlichste Inselgruppe der Hebriden sind die Barra-Inseln. Die südlichste davon heißt Berneray. Auf ihrer Südspitze liegt der Barra Head, für die Navigation natürlich ein wichtiger Punkt. Er erhebt sich 200 m über den Meeresspiegel. Leider ließ sich für den Bau eines Leuchtturmes keine niedrigere Stelle finden. So ist **Barra Head** mit 208 m Feuerhöhe der höchstgelegene Leuchtturm auf den Britischen Inseln, aber auch der am häufigsten von Wolken verhüllte. Eine durch Heißwasserröhren aufgeheizte Laterne sollte Abhilfe schaffen, nutzte aber nichts. Auch alle weiteren Versuche, Wolken durchsichtiger zu machen, blieben erfolglos.

Leuchtturm **Beachy Head II**

Leuchtturm **Portland Bill** *(England)*

Leuchtturm **St. John's Point** *(Irland)*

Leuchtturm **Trevose Head** *(England)*

Leuchtturm **Pendeen** *(England)*
▼

1833 **Girdle Ness** (Ost-Schottland)
Zur Unterscheidung von den bereits vorhandenen Leuchttürmen an der dortigen Küste sollte dieser Turm zwei starke Lichter übereinander zeigen, und zwar in möglichst großem Abstand. Der inzwischen berühmt gewordene schottische Leuchtturm-Konstrukteur Robert Stevenson wurde mit der Aufgabe betraut und schuf hier sein architektonisches Meisterstück, einen 37 m hohen Turm mit zwei vorgekragten Galerien. Außer der normalen Laterne plazierte er über der unteren Galerie im Halbkreis zum Meer 13 Reflektor-Lampen, so daß von See her immer zwei Lichter übereinander als Doppelfeuer zu sehen waren.
Nachdem die Hauptlaterne 1890 eine Dreh-Optik mit individueller Kennung erhalten hatte, verzichtete man auf die unteren Feuer und deckte ihre Fenster ab.
Wegen der Ähnlichkeit mit orientalischen Vorbildern nennen die Schotten den Turm »Minarett«.

Leuchtturm **Girdle Ness**

1833 **Lismore** (West-Schottland)
Dieser weiße, 26 m hohe Turm hat gar nichts Besonderes, aber er liegt sehr hübsch mitten in der Fjord-Landschaft.

1835 **Sligo Bay** (Nordwest-Irland)
In dieser Bucht wurde die 1822 errichtete **Blackrock**-Bake 1835 zum Leuchtturm umgebaut, außerdem 1837 der kleine Leuchtturm **Oyster Island** neu erbaut.
Interessanter ist jedoch eine Kuriosität, der sog. »Metal Man«. Das ist eine 3,65 m hohe, gegossene Metallfigur im Marine-Dreß. Sie steht seit 1835 auf einem Sockel im Fahrwasser und weist mit dem rechten Arm zur Hafeneinfahrt. 1908 postierte man neben diesem originellen »Fahrtrichtungsanzeiger« eine kleine Laterne. Seitdem gehört er in die Geschichte der Leuchtfeuer und somit in dieses Buch.

Der »Metal Man« von Sligo

Eigentlich nicht hierher gehört dagegen sein Zwillingsbruder. Er steht auf der mittleren von drei 18 m hohen Säulen am Great Newtown Head vor Tramore in Südost-Irland. Ehemals hieß es, wenn ein Mädchen dreimal auf einem Bein um diesen eisernen Mann hüpft, ist es binnen eines Jahres verheiratet. Da heutzutage solche Anstrengungen nicht mehr nötig sind, hat man das Gelände privatisiert und abgesperrt.
Übrigens gibt es auf der Grünen Insel an zahlreichen exponierten Stellen unterschiedlich gestaltete »Seamarks« zur Orientierung bei Tage. Gehüpft wurde sonst allerdings nirgends.

1835 **Eagle Island** (West-Irland)
Zwei Leuchttürme, 27 und 20 m hoch, als Richtfeuerlinie auf einer winzigen Felseninsel im Süden vor der Sligo Bay.

1836 **Slyne Head** (West-Irland)
Zwei Leuchttürme, je 24 m hoch, als Richtfeuer auf einer ebenfalls winzigen Felseninsel.

1836 **Start Point** (Ärmelkanal, Südwest)
So heißt die äußerste Spitze einer ganz schmalen Halbinsel mit dem 28 m hohen, dicken Leuchtturm. Seine Zinnen hätten einem mittelalterlichen Burgturm gut zu Gesicht gestanden. Anfangs wohnten die Wärter wie damalige Ritter in den runden, engen Räumen, die nur spärliches Licht aus Fensterluken erhielten. Erst 1871 wurden für sie zwei Häuser neben dem Turm gebaut.
Doch der ganze Landvorsprung ist von Erosion bedroht. Nach heftigen Regenfällen im Winter 1989/90 stürzte bereits das am weitesten vorn stehende Gebäude mit der Nebelsignalstation ein (im Bild noch ganz rechts als Rundbau mit Türmchen sichtbar). Es wird befürchtet, daß in den nächsten Jahren Turm und Wärterhäuser ebenfalls einstürzen werden.

Leuchtturm **Start Point**

Leuchtturm **Donaghadee**

1836 **Donaghadee** (Nordost-Irland)
Wahrscheinlich hat es hier schon wesentlich früher ein Leuchtfeuer gegeben, denn es existierte bereits 1662 eine Fährverbindung nach Portpatrick (s. Seite 104) in Schottland, wohin man bei klarem Wetter hinübersehen kann. Die Laterne dieses hübschen kleinen Molen-Leuchtturmes brannte 1900 ab, wurde aber wiederhergestellt. Sie ist noch heute in der traditionellen Form mit Rauchabzug für die damaligen 7 Öllampen erhalten, obwohl der Turm 1934 als erster in Irland auf elektrischen Betrieb umgerüstet wurde.

1837 **Inishowen** (Nordküste Irland)
Auch von hier aus kann man in ein anderes Land hinübersehen, und zwar von der Republik Irland aus über den Lough Foyle, eine Meeresbucht, hinweg nach Nordirland, dem politisch zu Großbritannien gehörenden Teil der Insel.
Anfangs standen hier zwei verschieden hohe Leuchttürme hintereinander als Richtfeuer für die Einfahrt in die nach Londonderry bzw. Derry, wie der irische Republikaner sagt, führende Bucht. Heute steht vom Unterfeuer nur noch der Sockel, während das 23 m hohe ehemalige Oberfeuer jetzt mit einer Leitfeuer-Einrichtung ausgestattet ist.

1840 **St. Catherine's** (Isle of Wight)
Nach den auf Seite 34 beschriebenen, längst eingegangenen Vorläufern wurde 1838/40 endlich ein neuer Leuchtturm errichtet, 38 m hoch, 8kantig und mit einer besonders hübschen Galerie. Da sein Licht selbst bei einer Feuerhöhe von nur 54 m auch noch häufig von Wolken oder Seenebeln verdeckt wurde, verkürzte man 1875 den Turm um 13 Meter. Leider büßte er dadurch etwas von seiner architektonischen Schönheit ein.
Als 1932 die näher am Kliff stehende Nebelwarnanlage abzustürzen drohte und neu errichtet werden mußte, hatte man die nette Idee, sie als kleinere Version des Hauptturmes zu bauen und davor zu setzen. Nun wirkt das dünne Türmchen wie ein eng an die Mutter geschmiegtes Kind. Einheimische bezeichnen die beiden allerdings etwas respektlos als »Kuh und Kalb«. Die Kuh besitzt übrigens mit einer Lichtstärke von über 5 Millionen Kerzen das zweithellste Feuer in England.

Leuchtturm **St. Catherine's**

1841 **Coquet Island** (Nordost-England)
Dieser 22 m hohe Leuchtturm mit seinen Anbauten entstand im gleichen Burgstil wie kurz zuvor **St. Catherine's,** nur quadratisch. Das Markenzeichen des Architekten James Walker waren wehrhaft wirkende Brüstungen. Erster Wärter war William Darling, ältester Bruder von Grace Darling, der mutigen Retterin vom Leuchtturm **Longstone** (s. Seite 86).

1844 **St. John's Point** (Nordost-Irland)
Dies ist mit 40 m der höchste Leuchtturm auf der irischen Insel (Abb. Seite 111). Ziemlich einmalig ist seine Farbgebung: gelbe Bänder auf schwarzem Grund. Die hohe Laterne beherbergt etwa seit der Jahrhundertwende eine Doppelstock-Optik aus England.

1847 **Trevose Head** (Südwest-England)
Hier handelt es sich um ein typisches Beispiel für englische Leuchttürme des 19. Jahrhunderts (Abb. Seite 112). Die Laterne stammt noch aus dem Jahr 1847, die jetzige Optik von 1882. Die Anlage wurde 1973 auf elektrischen Betrieb umgestellt.
1896 bis 1919 gab es hier einen Superlativ: das größte Nebelhorn Englands; es war 11 Meter lang.

Leuchtturm **Coquet Island**

3-Stufen-Leuchtturm **Sanda**

1850 **Sanda** (Südwest-Schottland)
Dieser freistehende, 40 m hohe Felsklotz, genannt Ship Rock, trägt nicht nur einen Leuchtturm auf seinem Gipfel, sondern zwei weitere Türme stufenförmig an seiner Frontseite.
Nach heutigen Angaben wurden sie geschaffen, damit die Wärter von ihrem unten stehenden Haus auf Innentreppen trockenen Fußes nach oben gelangen konnten. Im allgemeinen wurde aber zu jener Zeit noch nicht so viel Aufwand zum Wohle des Personals getrieben; wie in ähnlichen Fällen hätte eine in den Fels geschlagene Treppe durchaus genügt. Deshalb liegt die Vermutung nahe, die beiden Türme hätten ehemals Leuchtfeuer getragen oder seien zumindest dafür vorgesehen gewesen. Schließlich gehörten Mehrfachfeuer damals zu den wenigen Unterscheidungsmöglichkeiten.

1853 **Loop Head** (Südwest-Irland)
Irlands größter Fluß, der Shannon – vielen Amerika-Reisenden durch den gleichnamigen Flughafen bekannt – besitzt einen 100 km langen Mündungstrichter. Er beginnt in Limerick – bekannt auch bei anderen Leuten durch die vorwiegend dort nicht entstandenen Nonsens-Verse. Der Trichter endet am Atlantik. Auf der nördlichen, 65 m aufragenden Landspitze thront der weiße, 23 m hohe Leuchtturm.

1856 **Rathlin** (Nordost-Irland)
Dies ist eine bumerangförmige Insel an der engsten Stelle zwischen Irland und Schottland. Von dem auf der Nordostspitze stehenden Leuchtturm aus gelang 1898 Marconi die erste drahtlose Telegraphie-Verbindung über 12 km zum irischen Festland nach Ballycastle. Die Sendeimpulse wurden aus über 70 m Höhe abgestrahlt (50 m Felsen + 27 m Leuchtturm).

Die nächsten nennenswerten Leuchttürme waren:
1857 **Inisheer** (Insel vor West-Irland), 34 m,
1857 **Eeragh** (Insel vor West-Irland), 31 m,
1860 **Rockabill** (Felseninsel nördlich Dublin), 32 m,
1862 **Butt of Lewis** (Hebriden, Nordkap), 37 m hoch.

1866 **Auskerry** (Orkney's Ost)
34 m hoher Leuchtturm, 1961 automatisiert. Vor Einführung drahtloser Telegraphie hatten exponierte schottische Leuchttürme, wie dieser, zwei Rahen unter der Galerie, um mit weit sichtbaren Bällen Signale setzen zu können. Es gab ein besonderes Verzeichnis, z.B. bedeutete je ein Ball am Ende der Ost- und West-Rah »Sendet Frischwasser bei nächster Ablösung«, zwei Bälle an der West-Rah »Sendet Boot«. Auch für den Fall, daß Frau Leuchtturmwärter in den Wehen lag, gab es ein Signal »Sendet sofort Hebamme«.

1870 **Scurdie Ness** (Ost-Schottland)
Dieser schlanke konische Turm ist der letzte der Ness-Serie, mit 39 m noch um 2 m höher als sein Nachbar **Girdle Ness,** das »Minarett«. Wie die meisten Leuchttürme der dortigen Küste trägt er ein weißes Kleid, damit er sich bei Tage gut gegen die schottischen Berge abhebt. Nur im Zweiten Weltkrieg sollten ihn die Wärter von oben bis unten schwarz anstreichen, um deutschen Fliegern die Orientierung zu erschweren. Die Männer protestierten, aber es nutzte ihnen nichts, sie mußten. 14 Tage dauerte die »Schwarzmalerei«. Jetzt ist er natürlich wieder weiß.

Leuchtturm **Scurdie Ness**

und dem sanftmütig
Ungeheuer von Loc
Ness. Doch die Real
übertraf unsere Träu

Einsamer Wächter auf steilen Klippen: Neist Point Leuchtturm (Isle of Skye)

1884 **Mew Island** (vor Nordost-Irland)
Im Belfast Lough (irische Bezeichnung für Fjord) liegen der Schiffahrt drei flache Inselchen im Wege. Sie erheben alle den Anspruch auf ein erstes Leuchtfeuer. Tatsache ist, daß auf Mew Island seit 1884 ein 37 m hoher Leuchtturm steht mit dem heute stärksten Feuer von ganz Irland.

1890 **Stroma** (südliche Orkney's)
Auf dieser Insel mitten im gefährlichen Pentland Firth wollte man erstmalig ein selbsttätiges Petroleum-Leuchtfeuer ausprobieren und errichtete dafür einen kleinen Turm. Aber die dortigen Fischer mißtrauten der neumodischen Funzel, die ohnehin alle 14 Tage gewartet werden mußte. Sie wollten lieber ein altmodisches Feuer, auf das sie sich verlassen konnten. So wurde 1896 ein 23 m hoher »normaler« Leuchtturm gebaut – mit altmodischen, aber bewährten Öllampen, von Wärtern betreut. Seit 1972 arbeitet er zwar mit moderner Elektrizität, aber bemannt ist er immer noch.

1892 **Fair Isle** (südlich Shetlands)
Je ein Leuchtturm im Norden und Süden der einsamen Insel, beide 26 m hoch. Sie werden nach wie vor mit Glühlicht betrieben.

1895 **Rattray Head** (Ost-Schottland)
Eigentlich handelt es sich hier um einen Turm im Meer, aber es sind nur 600 m bis zur Küste, und man kann bei Ebbe zu Fuß hinmarschieren.
Dieser vorgeschobene Posten sollte nicht nur optisch, sondern vor allem bei Nebel auch akustisch dazu auffordern, genug Abstand von der schottischen »Rucksackspitze« zu halten. Deshalb schuf man zunächst einen gewaltigen Sockel aus Granitblöcken zur Aufnahme des schwenkbaren Nebelhorns oben und der damals erforderlichen zahlreichen technischen Einrichtungen innen.
Das dauerte drei Sommerperioden. Erst danach wurde auf dem Sockel gegenüber dem Nebelhorn der Leuchtturm erbaut. So erklärt sich die Asymmetrie des Bauwerkes. Der Sockel ist vom Grund aus 14 m hoch, der Leuchtturm darauf 15 m. Seit 1977 arbeitet das Feuer elektrisch, seit 1982 automatisch.

Leuchtturm **Rattray Head**

Leuchtturm **St. Mary's Island,** *1898 bis 1985 in Betrieb*

1898 **St. Mary's Island** (Nordost-England)
Als der 1664 erbaute Leuchtturm **Tynemouth** (siehe Seiten 42 und 60) Anfang 1898 einstürzte, handelte Trinity House schnell: Etwas weiter nördlich, an günstigerer und weniger gefährdeter Stelle wurde ein neuer, 37 m hoher Turm errichtet und noch vor Jahresende in Betrieb genommen.
Für die Urlauber in der benachbarten reizvollen Whitley Bay wurde der Leuchtturm, erreichbar bei Ebbe über einen kleinen Damm, schnell zu einem beliebten Ausflugsziel. Eine englische Eisenbahn-Gesellschaft warb sogar mit seinem Bild für eine Reise zu dieser Bucht.

Leuchtturm **Neist Point** *auf Naturstein-Säulen*

1909 **Neist Point** (Hebriden)
Interessanter als der Leuchtturm sind hier die Naturstein-Säulen, auf denen er ruht. Die Entstehung dieser eigentümlichen kristallinen Formen erklärt man so: Vor 55 Millionen Jahren hatte sich Lava durch Risse und Löcher im basaltigen Urgestein nach oben gezwängt und war sofort erkaltet.
Am besten ausgeprägt und erhalten sind sie übrigens am sog. »Giant's Causeway« (Teufelsdamm) im geologisch verwandten Nordosten Irlands sowie bei Hofsos im Norden von Island.

1900 **Pendeen** (Südwest-England)
Aufgrund des immer stärker werdenden Schiffsverkehrs um Land's End ließ Trinity House hier noch diesen zusätzlichen Leuchtturm errichten. Mit einem nur 17 m hohen, dicken Rundbau wurde die für diese Gegend günstige Feuerhöhe von 59 m erzielt.
Besucher sind – wie auch bei vielen anderen noch bemannten englischen Leuchttürmen – gern gesehen. Sie können hier ein vorbildlich instandgehaltenes Bauwerk sowie die liebevoll gepflegten Metall- und Glasteile der gewaltigen 8seitigen Dreh-Optik bewundern (Abb. Seite 112).

1902 **Bass Rock** (Firth of Forth)
Der Name bezeichnet einen für die Schiffahrt gefährlichen steilen Felsen, der von Seevögeln bewohnt wird, vor allem von den an Land so unbeholfenen Tölpeln. Die Leuchtturmwärter haben ihren Spaß am Zuschauen.
Im Zweiten Weltkrieg ruhte der Leuchtfeuerbetrieb, und die Wärter ließen Turm und Wohngebäude vorübergehend allein. Als sie nach dem Krieg zurückkehrten, hatten sich die Vögel in den verlassenen Gebäuden eingenistet. Die Tölpel tölpelten überall herum, und ein Kormoran versorgte seine Jungen im Kohlenlager. Inzwischen hat jeder wieder sein richtiges Quartier. Ab und zu taucht jetzt ein neuartiger »Vogel« auf, der NLB-Hubschrauber mit der Ablösung.

1908 **Strumble Head** (West-Wales)
Der Felsen mit dem Leuchtturm liegt vor der Fishguard-Bay; die Fähre nach Rosslare (Irland) kommt daran vorbei. Die Lage ist ähnlich wie bei dem 100 Jahre zuvor errichteten Leuchtturm **South Stack,** (s. Seite 106) 140 km weiter nördlich: es gibt auch hier eine Brücke hinüber zum Felsen und steile Stufen. Turm und Feuerhöhe sind mit 17 bzw. 45 m allerdings geringer.
Es handelt sich hier um das derzeit hellste Feuer auf den Britischen Inseln; die Lichtstärke beträgt 6 Millionen Kerzen.

1915 **Copinsay** (Orkney's Ost)
Dies ist das letzte Exemplar der letzten schottischen Einheitsserie, zugleich das letzte klassische Leuchtturm-Bauwerk auf den Britischen Inseln.

Nach dem Ersten Weltkrieg wurden nur noch die folgenden, im übrigen bereits erwähnten größeren und modernen Leuchtfeuer-Bauten in Betrieb genommen:
auf dem Festland 1961 **Dungeness V** (s. Seite 49), auf der Isle of Man 1968 **Calf of Man** (s. Seite 107), sowie im Meer als Ersatz für Feuerschiffe 1929 **Nab** (s. Seite 94), 1965 **Kish Bank** (s. Seiten 94 und 95), 1971 **Royal Sovereign** (s. Seite 96) und **Inner Dowsing** (s. Seite 97).
Ansonsten lassen die drei britischen Behörden ihre vorhandenen Leuchtfeuer modernisieren, die exponierten Türme darüber hinaus auf automatischen Betrieb, z.T. auch mit Fernsteuerung oder Fernüberwachung, umrüsten. Der Ersatz weiterer Feuerschiffe durch Leuchttürme im Meer wird angestrebt, gestaltet sich aber schwierig aufgrund der meist ungünstigen Verhältnisse.

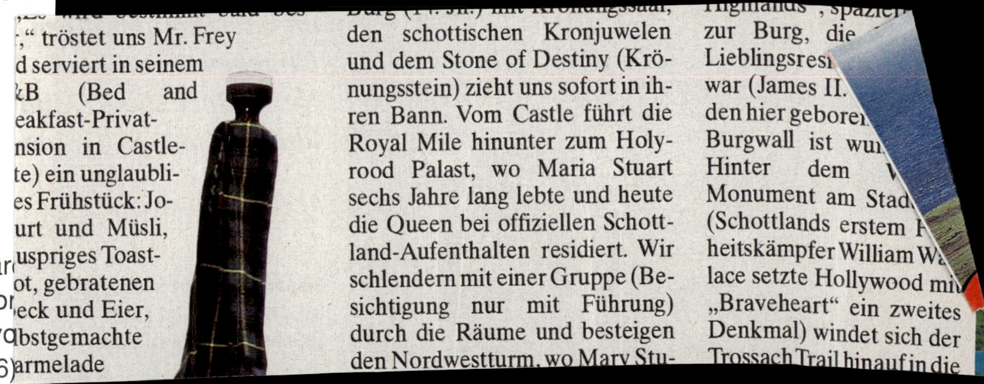
,“ tröstet uns Mr. Frey
d serviert in seinem
&B (Bed and
eakfast-Privat-
nsion in Castle-
te) ein unglaubli-
es Frühstück: Jo-
urt und Müsli,
uspriges Toast-
ot, gebratenen
eck und Eier,
bstgemachte
armelade

den schottischen Kronjuwelen und dem Stone of Destiny (Krönungsstein) zieht uns sofort in ihren Bann. Vom Castle führt die Royal Mile hinunter zum Holyrood Palast, wo Maria Stuart sechs Jahre lang lebte und heute die Queen bei offiziellen Schottland-Aufenthalten residiert. Wir schlendern mit einer Gruppe (Besichtigung nur mit Führung) durch die Räume und besteigen den Nordwestturm, wo Mary Stu-

zur Burg, die
Lieblingsres
war (James II.
den hier gebore
Burgwall ist wu
Hinter dem
Monument am Stad
(Schottlands erstem F
heitskämpfer William W
lace setzte Hollywood mi
„Braveheart“ ein zweites
Denkmal) windet sich der
Trossach Trail hinauf in die

Island

Hier wird es von Mitte Mai bis Anfang August kaum dunkel, denn die Insel liegt dicht am nördlichen Polarkreis. Bis zur Mitte des 19. Jahrhunderts wurde praktisch nur Küstenschiffahrt mit kleinen offenen Booten betrieben, und dafür genügten die Zeiten mit natürlicher Helligkeit. Leuchtfeuer wurden überhaupt erst gefordert, als Dampfschiffe aufkamen und die Fischer mit größeren Kuttern weiter hinausfahren wollten. Aber die Volksvertreter saßen in Kopenhagen, wo man sich zunächst jahrelang um die Frage stritt »Wer soll das bezahlen?«
So kam es denn auch 1875 erst mal zu einer Verordnung über Leuchtfeuergebühren, ehe überhaupt ein Feuerchen leuchtete. Das leuchtete erst ab 1878 auf der 45 m hohen Ecke einer Halbinsel südwestlich von Reykjavik; sein Name: **Reykjanes.** Es handelte sich um ein genau 6,17 m hohes Steintürmchen mit einer veralteten Parabolspiegel-Laterne. Also wirklich kein großartiges Bauwerk, aber es war halt der erste »Leuchtturm« auf Island, und sein Bild ziert seit 1978 eine Briefmarke zu 90 Aurar.
Wie es dort zuging, geht aus einer isländischen Beschreibung hervor: »Ein Mann wurde nach Dänemark geschickt, um Leuchttürme zu studieren. Bei seiner Rückkehr engagierte man ihn als Leuchtturmwärter mit einem Gehalt von 1.200 Kronen pro Jahr. Ein kleines Haus wurde für ihn und seine Familie gebaut, wo er eine Kuh und ein paar Schafe halten konnte und überdies Gelegenheit zum Fischen hatte. . . Von den dort häufigen Erdbeben blieb auch der Leuchtturm nicht verschont. Wenn sich die Seeleute über zu schwaches Licht beschwerten, waren meistens die Leuchtapparate wieder einmal heruntergefallen.«
Der Turm bekam aber immer mehr Risse und wurde 1908 durch einen 22 m hohen Nachfolger aus Beton, 1929 erneut durch einen 31 m hohen Stahlbetonturm mit moderner Laternenoptik ersetzt.
Inzwischen hatten die Isländer weiteres Know-how aus Dänemark bezogen und den Aufbau des Leuchtfeuernetzes an den 6.000 km langen Küsten ihrer Insel vorangetrieben. Dabei gab es neben der ständigen Erdbebengefahr noch genügend andere Probleme, z. B. die Menschenleere und Unwegsamkeit an vielen Küstenstrichen. So waren die meisten Leuchtfeuer-Standorte nur zu Pferde erreichbar. Immerhin gelang es, bis 1928 rund um die Insel 50 Leuchtfeuer zu installieren. Heute sind es weit über 100, meist allerdings gedrungene, niedrige Bauten. Leuchttürme im eigentlichen Sinne gibt es nur etwa 20, davon lediglich zwei größere (**Reykjanes III** und **Akranes** vor Reykjavik mit 31 m bzw. 32 m Höhe).

Reykjanes, *erster Leuchtturm auf Island, 1878–1908 in Betrieb*

Die größte Feuerhöhe mit 125 m besitzt das kleine, 1906 erbaute Feuerhäuschen **Stórhöfdi** auf der Westmänner-Insel Heimaey vor der Südwestküste. Es liegt am Hang des 5.000 Jahre untätig gebliebenen Vulkans Helgafell, dem Heiligen Berg. Doch in der Nacht vom 22. zum 23. Januar 1973 öffnete sich unter Donnergetöse eine 1.600 m lange Spalte, aus der ein Höllenfeuerwerk losbrach. Alle Menschen wurden zwar gerettet, aber die Lavamassen zerstörten Stadt und Hafen fast völlig. Jedoch das Leuchtfeuerhaus auf einsamer Höhe blieb verschont.
Unter der Erde brodelt es dort halt ständig, und das Gesicht der Insel verändert sich von Zeit zu Zeit. So wurde das südlichste Leuchtfeuer Islands, **Dyrhólaey,** 1967 dort erbaut, wo erst 1918 bei Ausbruch des Vulkans Katla die Küste 500 m vorgeschoben worden war.
Aufgrund der sommerlich hellen Nächte läßt man die Feuer im Norden der Insel vom 15. Mai bis 1. August, im Süden vom 1. Juni bis 15. Juli gar nicht brennen. So manche Leuchtfeuer-Behörde in südlicheren Regionen beneidet die Isländer um diese ideale Möglichkeit zur Durchführung von Bau- und Wartungsarbeiten.

Färöer

Dieses Vulkangebilde besteht aus 18 größeren und vielen kleinen Inseln; seit 1885 allerdings aus einer weniger, denn damals tauchte eine von ihnen, mit Namen Munken, wie ein U-Boot unter. Obwohl es sich gemäß wörtlicher Übersetzung um »Schafinseln« handelt, leben auch Menschen darauf.

Noch später als in Island, nämlich erst 1893 begann hier die Leuchtfeuergeschichte mit 6 über die Inselgruppe verteilten Lichtern für die ersten Tiefsee-Fischdampfer. Das waren im wahrsten Sinne des Wortes die »Schlußlichter von Europa«, denn alle anderen Küsten waren längst befeuert. Dabei handelte es sich in 5 Fällen nur um Tranfunzeln auf niedrigen Unterbauten. Lediglich auf der östlich gelegenen Insel **Nolsoy** entstand ein 14 m hoher Granitturm mit einer Optik größten Typs. Mit seiner nach dem letzten Krieg von Petroleum auf Elektrizität umgestellten Lichtquelle ist dies heute das hellste Feuer im ganzen Nordatlantik. Etwas verfrüht zum 100jährigen Jubiläum zeigt schon seit 1985 eine Briefmarke sein Bild.

Auch heute gibt es auf den Färöern zwar keine imposanten Leuchttürme, aber immerhin über 20 Leuchtfeuer auf kleinen Sockeln oder Häusern. Sie sind alle aus Stein, denn Holz ist kostbare Importware, weil dort keine Bäume wachsen. Einige stehen enorm hoch, am höchsten **Fugloy** auf der nördlichsten Insel; mit einer Feuerhöhe von 445 m hält es fast den Weltrekord. Zweithöchstes dort ist mit 240 m **Kadlur Fyr** im äußersten Norden.

Auf mehreren unzugänglichen Felseninseln bereitete die Errichtung ähnliche Schwierigkeiten wie zuvor in Schottland, z. B. 1909 im Westen **Mykines** in 100 m Höhe.

Norwegen

Schon ein kurzer Blick auf die Karte genügt, um zu erkennen, daß das Land fast nur aus Küsten und Häfen besteht. Da das Landesinnere gebirgig und unwegsam ist, gab es für die Norweger zunächst nur einen Verkehrsweg, den Weg über das Wasser.

Aufgrund der geographischen Lage entwickelten sich Wirtschaft und Schiffahrt allerdings zunächst fast ausschließlich im Süden des Landes. Während hier z. B. Bergen als blühende Hansestadt schon im 14. Jahrhundert regen Schiffsverkehr betrieb, blieb der kältere und im Winter dunkle Norden noch lange unterentwickelt und fast menschenleer.

So existiert regelmäßig Verbindung zu den nördlichsten Häfen erst seit 1893, als die Postdampfer begannen, auch im Winter zu verkehren. Die Eisenbahn fährt übrigens

auch heute noch nicht dorthin, wenn man von der Querverbindung Narvik-Kiruna-Luleå (Ostsee) absieht.

Der Aufbau des Leuchtfeuernetzes vollzog sich natürlich auch vom Süden aus. Den Anfang hatten 1655 bzw. 1697, für eine Seefahrernation eigentlich relativ spät, die beiden bereits geschilderten Feuerstationen **Lindesnes** und **Færder** gemacht (s. Seiten 58, 59 und 66).

Nach einem alten Bericht ging es dann so weiter: »In einer stürmischen Januarnacht des Jahres 1700 steuerte ein Schiff nach Stavanger und konnte nur mit knapper Not vor dem Untergang an den gefährlichen Schären bei Kvitingsöy bewahrt werden. Ein Besatzungsangehöriger namens Heinrich Petersen gelobte in seiner Todesangst, daß er dort draußen ein Feuer errichten wolle, falls er gerettet würde.« Er tat es. So entstand die heute noch existierende »Fyrstasjon **Kvitsøy«,** anfangs mit einem Kohlefeuer am Mast, seit 1829 mit einem 8eckigen steinernen Leuchtturm, den das für die Küstenbeleuchtung zuständige Kystdirektoratet 1855 von 22 auf 27 m erhöhen ließ. Die Familie Petersen wurde für ihre Verdienste geadelt und erhielt den Zunamen »von Fyhren«. Stolz unterzeichneten sie hinfort mit »Petersen v. Fyhren«.

Nicht geadelt hingegen wurde Familie Haavig, die 40 km weiter nördlich in **Høgevarde,** wahrscheinlich ebenfalls im Jahre 1700 auch ein Mastfeuer errichtete, allerdings nur mit einer Kerzenlaterne. Als nämlich 1799 eine vom Feuerinspektor in Kopenhagen bestellte, heller leuchtende Öllampe eintraf, wiesen sie diese empört zurück; mit so einem neumodischen Ding wollten sie nichts zu tun haben. Daraufhin verloren sie ihre Konzession.

Obwohl sich die neuen Betreiber geschickter verhielten, übernahm der Staat 1815 die Anlage und ließ 1858 ein »Feuerhaus« mit einem 14 m hohen Steinturm errichten. Es steht noch heute, allerdings mehr aus Tradition und seit 1902 nur noch mit einem symbolischen Lämpchen, weil sich die ganze Station inzwischen als überflüssig erwiesen hatte.

Das nächste Feuer entstand 300 km weiter nördlich auf dem Inselchen **Rundøy.** Vier Jahre hatte es gedauert, bis der Antragsteller, Amtsrichter Koren 1767 das königliche Privileg zum Betreiben eines Leuchtfeuers und zum Kassieren von Feuergeld erhielt. Grund für die Verzögerung war das Gutachten eines Neiders gewesen, der behauptet hatte, dem Bewerber ginge es mehr um persönliche Bereicherung als um die Interessen der Seefahrer. Wie in England, so waren nämlich auch in Norwegen die damaligen Konzessionäre selbständige Unternehmer, die für ihre Leistung Feuergeld bekamen, in diesem Fall »4 Schillinge pro Kommerztonne, einzuziehen an den Zollstellen zu Drontheim, Kristiansund und Molde. . .«
Hier ging es aber nun wirklich um die Interessen der Seefahrer, die schon lange auf nächtliche Navigationshilfen in dem zerklüfteten Schärengebiet warteten.
Koren stellte einen Feuerkessel hoch oben auf einen Felsen und nahm noch im selben Jahr den Betrieb auf, der jedoch erheblich teurer wurde als veranschlagt. Das lag, wie schon 1655 in **Lindesnes,** an den Kohlen, genauer gesagt, an ihrem Transport. Die Insel verfügte nämlich über keine geeignete Landestelle dafür.
Deshalb mußten sie schon in einem richtigen Hafen gelöscht, in Fässer umgeladen und auf kleinen Kähnen vor die Insel geschippert werden. Dort warf man die Fässer einfach ins Wasser, und Koren mit seinen Feuerknechten konnte zusehen, wie er diese langsam verkluckernden Dinger rasch an Land gezogen bekam. Dort mußten sie dann noch 140 m hoch zum Feuerherd geschleppt werden. Kann man es ihm da verdenken, daß er zu mogeln anfing und immer mehr Torf unter die Kohlen mischte?
Das fiel natürlich auf, weil das Feuer immer weniger auffiel.
Die Geschichte geht weiter mit viel Ärger, auch noch nach Übernahme durch den Staat 1807. Auf jeden Fall hat die Station **Rundøy** einen Rekord für Norwegen aufzuweisen, sie verzeichnet die häufigsten Veränderungen:

1815 Verlegung der offenen Feuerstelle weiter nach unten,
1825 Umbau zur geschlossenen Laterne,
1826 Verlegung der Laterne auf einen 9 m hohen Steinturm,
1858 Löschung dieses letzten Kohlefeuers in Norwegen, Inbetriebnahme einer modernen Linsenoptik auf einem an günstigerer Stelle neu erbauten, 38 m hohen Eisenturm,
1910 Verkürzung des Turmes um 11 m, Installation einer größeren Laterne (das abmontierte Turmoberteil samt Laterne kam anderweitig zum Einsatz),
1935 Verlegung der Laterne auf einen Betonunterbau am Platz des früheren Kohlefeuers, Elektrifizierung; der »kopflose« Eisenturm blieb noch jahrelang als Tagessichtmarke stehen.

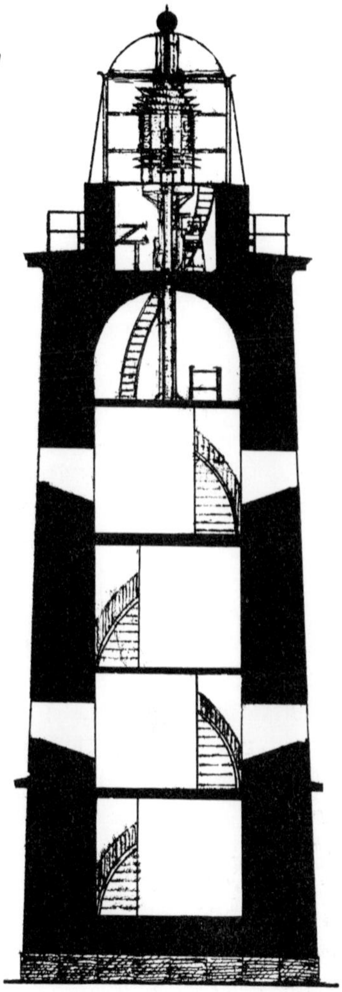
Querschnitt durch einen typischen Steinturm, hier **Jomfruland** *(1839–1908 in Betrieb)*

»Fyrstasjon« **Kvitsøy** *heute*

Nun weitere 300 km an der Küste entlang nach Nordosten zur zweitgrößten Stadt Norwegens, Drontheim. Auf der im Fjord vorgelagerten Festungsinsel **Munkholm** wurde 1798, zeitlich gesehen, das nächste Feuer angezündet. Als Plattform diente das Dach des dortigen Zuchthauses, als Unterkunft für die Wärter eine enge Zelle. Heute ist die Laterne ausgebaut, die Insel nicht mehr von Soldaten und Zuchthäuslern bevölkert, sondern von Ausflüglern, im Sommer von Badelustigen aus Drontheim. **Munkholm** und **Agdenes,** 1803 an der Einfahrt zum Drontheim-Fjord errichtet, waren damals für lange Zeit die nördlichsten Leuchtfeuer am Atlantik.

Weiter ging es danach zunächst nur in den südlicheren Regionen: Es folgten einige Feuerhäuser am und im Oslo-Fjord, so 1821 **Fulehuk** auf einer kleinen Insel.

Zum nächsten nennenswerten Fall gleich ganz nach Süden. Vor Kristiansand liegt eine Schäre namens Oksøy im Wege, damals ein idyllisches Fleckchen mit weidenden Schafen. Die mittlerweile eingerichtete Feuerkommission machte hier sofort Nägel mit Köpfen. Sie kaufte die ganze Insel, verbannte die Schafe auf das Festland und ließ 1831/32 erstmalig gleich einen richtigen Leuchtturm erbauen, 23 m hoch, dick und rund, massiv aus Mauersteinen. Aus Frankreich wurde probeweise eine der ersten Linsenoptiken bezogen. Zur Montage der 5 m hohen Laterne und Einweisung der ersten Leuchtturm-Wärter kam eigens ein Ingenieur aus Paris.

Mit dem Leuchtturm **Oksøy** hatte Norwegen einen Riesensprung nach vorne gemacht und seinen leuchtfeuertechnischen Rückstand erheblich aufgeholt. Nun sollte es auch so weitergehen. Schon 1853 wurde eine noch modernere Optik eingebaut. 1869 erhielt der Turm Telegraphenanschluß und einen Mast für Signalverkehr mit passierenden Schiffen, 1896 Telefonanschluß. Als diese exponierte Station eine noch gewichtigere Optik und weitere Einrichtungen erhalten sollte, traute man dies dem altersschwach gewordenen Mauerstein-Turm nicht zu und ersetzte ihn 1900 durch einen der mittlerweile eingeführten Gußeisen-Türme (Abb. Seite 124).

An der Südküste Norwegens ist der Gezeitenstrom oft so stark, daß Schiffe, besonders in den Buchten, gegen die Felsen getrieben werden, wenn sie die Gefahr nicht rechtzeitig erkennen. An der Halbinsel Lista beobachtete der dortige Hauslehrer Heidrich allein im November und Dezember 1781 acht solcher Strandungen und schrieb in einem Memorandum: »Der Anblick, einen Schiffbruch hier auf dem Lande mitzuerleben, sollte selbst die grausamsten Nationen bewegen, über Mittel zur Verhütung solcher Unglücke nachzudenken. . . «

Die Admiralität lehnte es jedoch ab, die Angelegenheit überhaupt zu behandeln. Aber immer wieder wurde von Schiffahrtskreisen ein Leuchtfeuer gefordert. 1804 bot ein gewisser Jens Smith sogar an, einen Leuchtturm auf eigene Kosten zu errichten. Er durfte nicht. Und viele Schiffe mußten noch stranden, ehe dort endlich 1834/36 der Leuchtturm **Lista** gebaut wurde, 30 m hoch, aus behauenen Steinen, mit einer Optik wie bei **Oksøy.**

Vielleicht aus schlechtem Gewissen oder um das anfängliche Versäumnis wett zu machen, ließ die Feuerkommission 1851/53 zwei gleiche Leuchttürme in je 45 m Abstand daneben setzen, angeblich zur besseren Erkennbarkeit. Dies ist weltweit der einzige Fall mit einem Drillingsfeuer, bestehend aus drei hohen Leuchttürmen nebeneinander. Kaum 20 Jahre später wurden denn auch diese »Drillingstürme« für unzweckmäßig erklärt, und man ließ nur einen davon stehen, nämlich den nördlichen der beiden neuen, nun allerdings mit einem besonderen Blitzfeuer.

Der andere neue wurde sorgfältig abgetragen, auf ein Schiff verladen und 500 Seemeilen weit transportiert, um 1875 als Leuchtturm **Halten,** auf einer Insel nördlich des Drontheim-Fjordes wieder aufgebaut zu werden.

Das Oberteil des alten Turmes kam 1874 vor Larvik als Leuchtturm **Svenner** wieder zum Einsatz.

Zurück zu dem auf **Lista** verbliebenen Turm. Er erhielt 1911 anstelle der Dochtlampe ein Petroleum-Glühlicht, 1922 eine elektrische Anlage, gespeist aus dem Ortsnetz, außerdem 1937 Funkfeuer.

Die »Drillingstürme« von **Lista**
1853–1873
(Skizze nach einem alten Foto)

Leuchtturm **Lista** *heute*

Was nun folgt, könnte man getrost als »norwegische Eisenzeit« bezeichnen. Denn fast 100 Jahre lang – bis zum Zweiten Weltkrieg – wurden die meisten neuen Leuchttürme aufgrund der in Skandinavien reichlich vorhandene Erze aus Gußeisen erbaut. Alle sind kegelstumpfförmig, aus einheitlichen Segmenten zusammengesetzt, für die man nur relativ wenige Gußformen benötigte. Mit etwa 40 solchen Türmen, die sich nur in ihrer Höhe und im Anstrich unterscheiden, ist Norwegen Weltmeister.

Höchster norwegischer Eisenturm: **Sletringen,** *1899 erbaut, 45 m hoch*

Mit der 1839 in **Villa** an der Westküste errichteten Station gab es einen Rückschritt zum offenen Kohlefeuer, das in anderen Ländern bereits durch Parabolspiegel-Leuchten, z.T. sogar schon durch Linsensysteme abgelöst worden war. Hier brannte es noch bis 1858 auf einem sechseckigen Steinturm.

Steinturm, dieses Stichwort soll nach dem historischen Abriß über die ältesten Feuer überleiten zur Bauweise. Zunächst wurden alle Leuchttürme aus Granit gebaut, nur wenn dieser örtlich nicht verfügbar war, aus Mauersteinen. Die letzten größeren Steintürme waren:

1839 **Jomfruland** (Insel im Südosten), einschl. Laterne 24 m hoch, 1908 durch Eisenturm ersetzt,
1842 **Kvitholm** (Insel vor Kristiansund), 27 m hoch, 1937 durch Betonturm ersetzt,
1844 **Store Torungen** (Insel im Südosten vor Arendal), 26 m hoch, 1914 durch Eisenturm ersetzt,
1844 **Lille Torungen** (Schäre 1 km vor **Store T.**), 29 m hoch, seit 1951 nicht mehr in Betrieb.

Im folgenden eine Aufzählung der über 30 m hohen Eisentürme:

1854 **Egerøy** (Südwestküste), 33 m hoch, (Abb. Seite 129),
1855 **Hellisøy** (Insel nordwestlich Bergen), 32 m,
1857 **Færder II** (s. auch Seite 66), mit 43 m damals höchster Eisenturm der Welt,
1858 **Rundøy II** (s. auch Seite 121), 38 m,
1859 **Andenes** (Vesterålen Nord), 35 m,
1881 **Ytterøy** (Insel im Nordwesten), 31 m,
1887 **Skomvær** (Insel 100 km westlich Bodø), 32 m,
1888 **Grip** (Schäre vor Kristiansund), 44 m,
1899 **Sletringen** (Insel 100 km westnordwestlich Drontheim), 45 m,
1900 **Måløy Skarholmen** (Vestfjord, nördl. Bodø), 34 m,
1900 **Utvær** (Insel vor Sognefjord), 31 m,
1900 **Oksøy II** (s. auch Seite 122), 36 m,
1905 **Slettnes** (östl. Nordkap), 39 m, nördlichster Leuchtturm der Welt (s. auch Seite 128),
1908 **Jomfruland II** (s. auch Seite 123), 31 m,
1914 **Store Torungen II** (s. auch Seite 123), 34 m hoch.

Die mittelgroßen Eisentürme von 15 bis 30 m Höhe sind zeitlich und räumlich dazwischen verteilt. Auch von ihnen dienen einige, von den kleineren sogar fast alle als Ersatz für alte Stein- und Holz-Feuerhäuser.

Leuchtturm **Oksøy II,** *1900 erbaut, 36 m hoch*

Feuerhäuser sind in ganz Skandinavien übliche Kombinationen von Wohnhaus und Türmchen, oder auch nur Erker mit dem Leuchtfeuer. Die Hausbewohner betrieben das Kerzen- oder Ölfeuer. Bis 1880 waren in Norwegen etwa 150 solcher Bauten auf Küstenvorsprüngen, bewohnten Inseln, aber auch an völlig einsamen, für die Navigation wichtigen Stellen entstanden.
Erst danach wurde es mit der Erfindung von Gasfeuern, die ohne menschliche Bedienung brennen, möglich, auch die unzähligen anderen Ecken und Gefahrenpunkte in den Schären und Fjorden zu befeuern.
Inzwischen gibt es weit über 2.000 Gasfeuerchen, alle in Eisenlaternen nach einheitlichem Muster. Diese meist nur auf niedrigem Unterbau stehenden Leuchtfeuer sind natürlich keine Leuchttürme im engeren Sinne, aber sie ermöglichen vielerorts überhaupt erst die nächtliche Schiffahrt – außerdem gehören sie in die »Eisenzeit«.

Feuerhaus mit Nebelglocke

Eines der unzähligen automatischen Gasfeuer

Vom Zeitalter des Beton blieb auch Norwegen nicht verschont. Ab Anfang unseres Jahrhunderts ließ das Kystdirektoratet eine Reihe von Betonbauten errichten, vor allem im hohen Norden. Mit 22 m höchstes Bauwerk ist der vierkantige Leuchtturm **Kjølnes,** 1949 erbaut als Ersatz für einen 20 m hohen Eisenturm, den deutsche Truppen 1944 gesprengt hatten. Weitere Betonbauten dort sind die Leuchtfeuer **Bøkfjord,** dicht vor der russischen Grenze, **Makkaur** sowie **Fruholmen II** (1933).
Zuvor hatte sich im kalten Norden Holz als recht dauerhaftes Material erwiesen. Der mit 21 m höchste Holzturm steht am östlichsten Punkt Norwegens, in **Vardø.** Sein besonders lichtstarkes Feuer leitet schon hinüber zur Halbinsel Kola.

Natürlich brauchen auch in Norwegen die Feuer in den hellen Sommernächten nicht zu brennen. Es gibt 8 von Süd nach Nord gestaffelte Zonen mit genau festgesetzten Brenndaten. In der südlichsten Zone z. B., die etwa in Höhe Bergen beginnt, müssen die Feuer jeweils vom 7. Juli bis 28. Mai brennen, in Höhe Drontheim vom 21. Juli bis 16. Mai und in der nördlichsten Zone nur vom 12. August bis 24. April, dafür aber im Winter monatelang durchgehend, weil es dort dann auch zur Tageszeit überhaupt nicht hell wird.

Süd- und Mittelnorwegen (die Lageskizze enthält auch einige nicht im Text erwähnte ältere oder bedeutende Feuer)

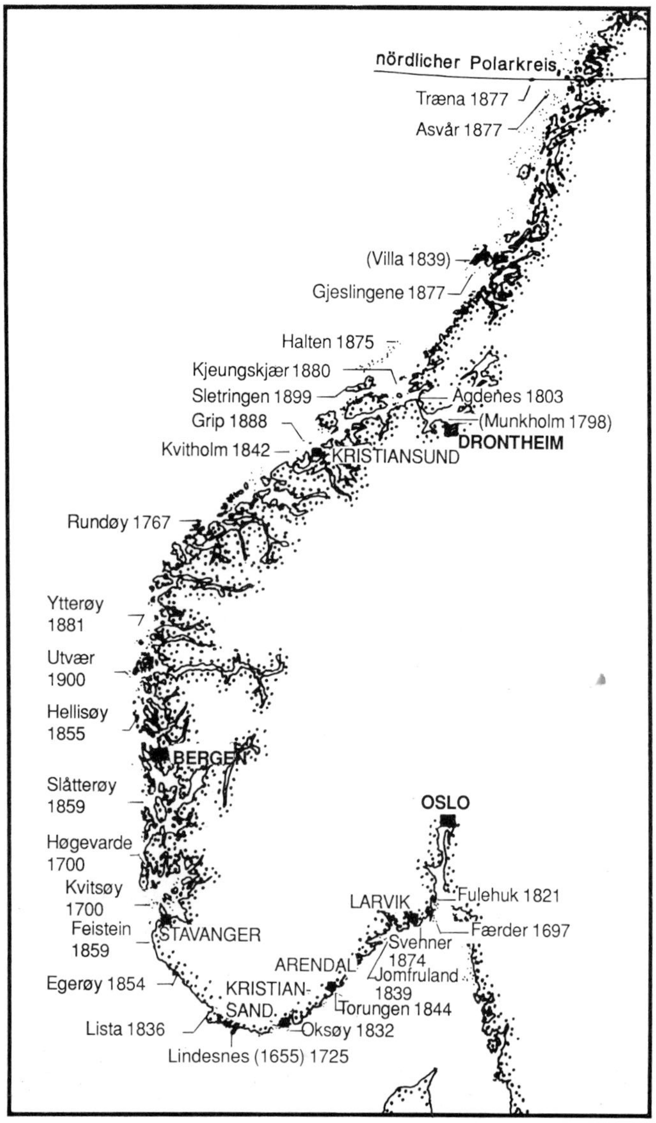

Barents-See und Weißes Meer

Bis weit um das Nordkap herum wirkt sich noch der Golfstrom aus, jedenfalls hält er die Nordseite der Halbinsel Kola auch im Winter eisfrei. Das sich südlich anschließende Weiße Meer trägt dagegen seinen Namen zu recht, denn es ist acht Monate im Jahr zugefroren, also weiß.
Den Seeweg dorthin entdeckte 1553 der Engländer Richard Chancellor, allerdings mehr durch Zufall, denn er wollte eigentlich die Nordost-Passage nach Amerika erkunden. Engländer waren es dann auch, die zuerst auf diesem Wege Handel mit der damaligen Kontinentalmacht Rußland trieben. Sie gründeten das heutige Archangelsk und bauten dort 1584 ein Fort.
Den ersten Leuchtturm bauten die Russen 1830–1839, 40 m hoch, rund, gelb/rot gebändert; sie nannten ihn **Mudjugski** nach der Insel, auf der er steht. Die Parabolspiegel-Laterne war aus Paris geliefert worden. 1842 folgten drei weitere etwa 18 m hohe Leuchttürme am Weißen Meer. Sie trugen wesentlich zur Erleichterung der Navigation in diesem Randmeer bei.
Für die Binnenschiffahrt waren inzwischen von Archangelsk aus über die Dwina Kanalverbindungen zum Dnjepr ins Schwarze Meer und zur Wolga ins Kaspische Meer hergestellt worden. Neben Archangelsk entwickelte sich das am südlichsten Meereszipfel gelegene Onega zu einem bedeutenden Hafen. An diesen beiden Buchten, sowie an der Einfahrt zum Weißen Meer entstanden in der zweiten Hälfte des 19. Jahrhunderts weitere Leuchttürme, 20 bis 40 m hoch, zum Teil auf Kliffs mit Feuerhöhen bis zu 100 m.

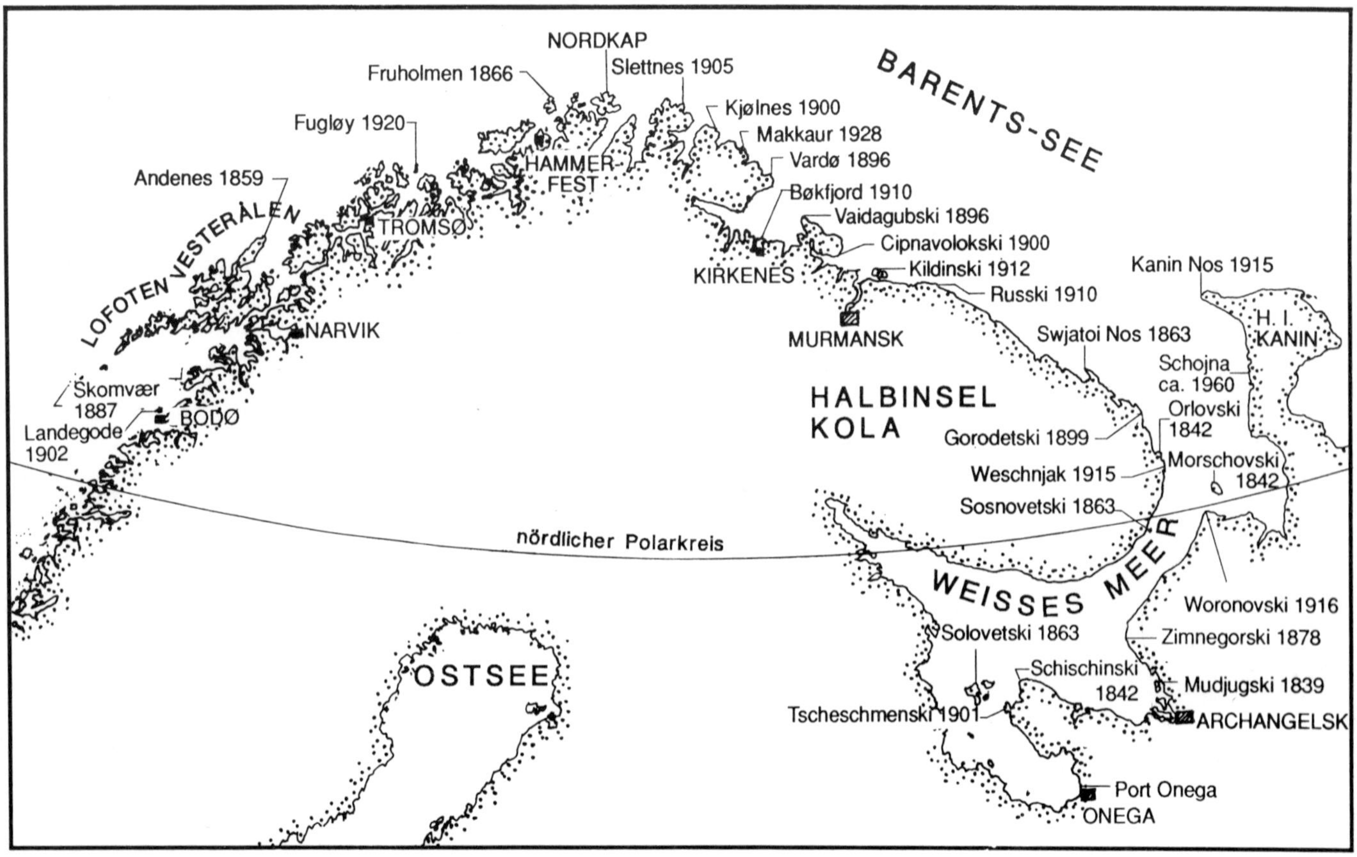

Nordnorwegen, Barents-See, Weißes Meer

Ein besonderer Fall: 1863 wurde der Turm der Sekirnaja-Kirche auf der Insel **Solovetski** zum Leuchtturm umfunktioniert; auch in neueren Leuchtfeuer-Verzeichnissen steht noch: »Weiße Kirche mit grünem Dach auf Hügel, Turmhöhe 27 m, Feuerhöhe 98 m, Tragweite 23 sm«.
Nur wenige Türme waren aus Stein. Als Baumaterial diente in den meisten Fällen Holz, das auch heute noch vereinzelt für Leuchtfeuer-Träger und Baken verwendet wird.
Erst Ende Mai schmilzt das Eis im Weißen Meer, bis dahin ruhte damals die Schiffahrt. Da es dann auch in diesen Breiten nachts schon ziemlich hell bleibt, ließ man die Feuer noch nicht brennen, sondern erst in den dunkler werdenden Nächten ab 1. August. Sie brannten dann »bis zur Schließung der Schiffahrt«, wie es damals hieß, also bis zur neuen Eisbildung. Heute brennen sie vom 1.–31. Mai und dann wieder ab Ende Juli bis 15. Januar.
Die Halbinsel Kola blieb im Gegensatz zum Weißen Meer noch lange unbefeuert. Der heute wichtigste Hafen Murmansk wurde nämlich erst 1899, allerdings als Alexandrowsk gegründet. Ab 1900 ging man daran, die im norwegischen Bereich schon existierende Leuchtfeuerkette bis zu diesem neuen Hafen, bald danach auch bis zum Weißen Meer zu verlängern. Allerdings handelte es sich meist um recht primitive Einrichtungen. Murmansk blieb auch zunächst noch ziemlich unbedeutend, bis es durch die 1915 bis 1917 von deutschen Kriegsgefangenen erbaute Murman-Bahn nach St. Petersburg an das Eisenbahnnetz angeschlossen wurde.
Im Zweiten Weltkrieg ließ die Sowjetunion an der dortigen Küste eiligst noch zusätzliche provisorische Feuer in Gestalt von hölzernen Leuchtbaken errichten, um die Schiffstransporte aus USA und England nicht noch so kurz vor dem Ziel unnötig zu gefährden. Nach dem Krieg wurden dann viele dortige Leuchtfeuer-Einrichtungen durch moderne Bauten ersetzt und einige neue Leuchttürme erstellt.
Auf der Lageskizze sind die Jahreszahlen der Inbetriebnahme für einige russische Leuchttürme nur ungefähr oder gar nicht angegeben, da amtliche Unterlagen fehlen. Eingezeichnet wurden die Standorte aller Feuer, die man heute als Leuchtturm ansprechen kann. Nur fünf von ihnen sind höher als 30 m. Am höchsten ist mit 45 m eine abgestumpfte Gitterpyramide in **Port Onega.**

Nicht mehr in der Skizze aufgeführt sind die sich östlich anschließenden arktischen Küsten. Dort gibt es fast nur Gitterbaken in Form von abgestumpften Pyramiden und einige Gittermasten mit Toppzeichen, beide Arten aus Holz oder Eisen.
Nördlichstes Leuchtfeuer ist ein schwarzer, 12 m hoher Gittermast mit Namen **Mys Zhelaniya** (Kap der Wünsche) in 76°57' Nord, 68° 34' Ost auf der Nordspitze von Nowaja Semlja, dem atomaren Testgebiet der Sowjets. Der nördlichste »echte« Leuchtturm ist übrigens der bereits auf Seite 124 erwähnte norwegische **Slettnes** in 71° 5' Nord, 28° 13' Ost. Wer mit der »Hurtigrute« um das Nordkap herumfährt, kann ihn vom Schiff aus sehen.

Leuchtfeuer-Bauwerke an der russischen Nordwestküste

1. Erster Leuchtturm am Weißen Meer: **Mudjugski,** *Steinturm, 40 m hoch, erbaut 1830–1839*

2. Achteckiger Holzturm: **Swjatoi Nos,** *20 m hoch, 1863 erbaut (Halbinsel Kola)*

3. Holzpyramide: **Kanin Nos,** *23 m hoch (Halbinsel Kanin)*

4. Abgestumpfte Holzgitter-Pyramide: **Madakha,** *22 m hoch (Halbinsel Kola)*

5. Metall-Gittermast mit Toppzeichen: **Mys Ostraya Ludki,** *22 m hoch (Halbinsel Kanin)*

6. Kegelstumpfförmiger Betonturm: **Morschovski II,** *30 m hoch (Eingang zum Weißen Meer)*

7. Säulenförmiger Betonturm: **Schojna,** *32 m hoch (Halbinsel Kanin)*

8. Metallturm: **Sosnovetski II,** *31 m hoch (Weißes Meer)*

Egerøy, *erster norwegischer Gußeisen-Leuchtturm, 1854 erbaut*

Ölands Södra Udde, *mit 41,6 m Schwedens höchster Leuchtturm, genannt »Langer Jan«*

Der Eingang

Schwedens schönster Hafen-Leuchtturm: **Helsingborg,** *gleichzeitig Lotsen- und Wetterstation, 1889 erbaut* ▶

Schwedischer Granit-Leuchtturm **Vinga** *(vor Göteborg), Baujahr 1890, 29 m hoch*

Understen II, *mit 39 m Schwedens höchster Beton-Leuchtturm auf festem Grund, 1922 erbaut*

Hätteberget, *moderner schwedischer Senkkasten-Leuchtturm im Meer, seit 1977 in Betrieb*

Erster nach der Teleskop-Bauweise errichteter Leuchtturm: der schwedische **Grundkallen,** *1961 fertiggestellt*

Suomenlinna kirkko,
Kirche mit Leuchtfeuer, vor Helsinki, Finnland

Finnischer Leuchtturm **Söderskär,**
1862 erbaut, 30 m hoch
▼

Die Ostsee (einschließlich Kattegat)

Im Vergleich zu den Weltmeeren handelt es sich eigentlich nur um ein winziges Gewässer, gewissermaßen um einen »Wurmfortsatz des Atlantik«. Doch der Seeverkehr entwickelte sich seit Gründung der Hanse zu erheblicher Größenordnung. Heute betreiben alle Anrainerstaaten einen bedeutenden Außenhandel, und ihre Schiffe benutzen von unzähligen Häfen aus die Ostsee als Verkehrsweg.

Dabei ist das Baltische Meer, wie es in vielen Ländern genannt wird, keineswegs ideal für die Navigation, jedenfalls nicht in der Nordwesthälfte. Dort haben nämlich die zurückweichenden Eiszeitgletscher eine völlig ausgefranste Schärenküste hinterlassen. Tausende von Felsen über und unter Wasser liegen den Schiffen im Wege. Und es werden immer mehr, denn seit Abschmelzung der Gletscher hebt sich die Landmasse und mit ihr Küste und Meeresboden. Die Hebung beträgt zwar kaum einen Meter pro Jahrhundert und dürfte selbst scharfen Beobachtern nicht auffallen, aber immerhin genug, um im Laufe der Zeit ganze Hafenanlagen trocken zu legen. So mußte z. B. der Erzverschiffungshafen Luleå schon 10 km seewärts verlegt werden.

In der südlichen Ostsee dagegen nagt das Meer an vielen Stellen, besonders an Steilküsten und drängt diese allmählich zurück. Für die Schiffahrt sind hier mehr die z.T. aus dem abgetragenen Material gebildeten Gründe und Sände gefährlich.

Die Morphologie der Ostsee spiegelt sich bei den Leuchttürmen wider: Im Süden stehen die meisten hoch auf dem Küstenstreifen, im Norden auf Meeresfelsen.

Seit dem Mittelalter hat kaum ein Meeressaum so häufige Kämpfe und Herrschaftswechsel erlebt wie die Ost- und Südküste des Baltischen Meeres. Auch zahlreiche Leuchttürme wechselten hier mehrmals ihre Besitzer oder wurden bei Kampfhandlungen zerstört.

Schweden

Die Leuchtfeuergeschichte hatte schon im 13. Jahrhundert mit den bereits geschilderten Fällen **Falsterbo, Kullen** und **Nidingen** begonnen. Diese drei Traditionsstandorte an der Verbindung zwischen Ost- und Nordsee sind nach wie vor von Bedeutung für die Navigation und mit Leuchttürmen besetzt. Hier die Nachfolger der ersten Feuer an den genannten Standorten:

1. **Falsterbo:** Auf dieser Südwestspitze Schwedens steht seit 1795 ein 25 m hoher dicker runder Steinturm. Anfangs brannte auf seiner geräumigen Plattform noch ein Steinkohlenfeuer.

Leuchtturm **Falsterbo** *(Südwest-Schweden), 1795 erbaut; an dieser Stelle hatte die Hansestadt Lübeck 1222 das erste deutsche Leuchtfeuer errichtet*

2. **Kullen:** Auf der in das Kattegat ragenden Felsenzunge steht, bereits in vierter Generation, der Turm von 1900. Er mißt zwar nur 15 m, besitzt aber mit 88,5 m die größte Feuerhöhe in ganz Skandinavien und mit 3,8 Mio. Kerzen die größte Lichtstärke. Man darf ihn besteigen und den Rundblick aus dieser Höhe genießen.
Den freien Blick vom Kullen-Felsen, allerdings nach oben, schätzte einst auch der auf Schonen geborene Astronom Tycho Brahe. Deshalb überließ ihm der dänische König die nahebei im Öresund gelegene Mini-Insel Ven als Lehen und baute ihm dort 1576 die berühmte Sternwarte Uranienborg. Als Gegenleistung mußte sich Brahe zur Unterhaltung des Leuchtfeuers **Kullen,** das damals auch noch mit teurer Steinkohle betrieben wurde, verpflichten.

3. **Nidingen:** Heute ein ordinärer, 24 m hoher Betonturm, 1946 erbaut. Interessanter sind jedoch seine vier Vorgänger, die jeweils paarweise leuchteten, das erste Paar von 1635 bis 1832, das zweite von 1832 bis 1946. In den schon damals stark befahrenen Gewässern zwischen Ost- und Nordsee bestand nämlich die Gefahr der Verwechslung mit den Feuern von **Skagen, Anholt** und **Kullen.** Deshalb kam man auf den Gedanken, neben der seit 1624 betriebenen offenen Kohlenblüse eine zweite gleichartige einzurichten. So entstand 1635 das erste Doppelfeuer der Welt. Andere Unterscheidungsmöglichkeiten gab es zu jener Zeit nicht. Damals war übrigens auch die schwedische Seite des Kattegat noch in dänischer Hand.

Leuchtturm **Kullen**

Zwillings-Leuchttürme **Nidingen** *(1832–1946 in Betrieb)*

Das zweite Duo bestand aus richtigen, 18 m hohen Steintürmen, auf denen zunächst auch noch Kohlefeuer brannten, allerdings in Glaslaternen. 1846 erhielten sie Linsenoptiken mit Argandlampen. Bei ihrer Pensionierung genau 100 Jahre später ließ man die originellen Zwillingstürme aus Tradition und Pietät stehen, denn vielen Seefahrern war ihr Anblick vertraut geworden.

Vom 14. bis 16. Jahrhundert wurden in Schweden keine neuen Standorte erschlossen.
Die beiden Leuchttürme des 17. Jahrhunderts – **Landsort** und **Orskär** – sind bereits beschrieben worden (Seite 61 bzw. 65).
Im 18. Jahrhundert ging es erst in der zweiten Hälfte weiter, und zwar mit 6 neuen Leuchttürmen: 2 vor Stockholm, 2 im Bottnischen Meerbusen, einer vor Göteborg und einer auf Öland.

Der erste war **Korsö** auf der gleichnamigen Insel südöstlich von Stockholm, 22 m hoch, schon 1746 gebaut, aber erst ab 1750 befeuert. Leider gab es Verwechslungen mit dem Nachbarturm **Landsort.** Deshalb sollte – wie in **Nidingen** – ein Zwillingsfeuer eingerichtet werden, und ein zweiter Turm dafür war schon fertig. Doch inzwischen hatte der schwedische Ingenieur Jonas Norberg eine Anlage konstruiert, die sich von allen bisherigen, ständig leuchtenden Feuern unterschied und somit ein zweites Feuer überflüssig werden ließ: ein Leuchtfeuer mit wechselnden Lichterscheinungen, erzeugt durch zwei zusätzliche schwenkbare Seitenlaternen. Es war das erste dieser Art in der Welt. Man setzte es 1757 auf den neueren, 26 m hohen Turm von **Korsö** und stellte den bisherigen außer Dienst. Mit nur wenigen Verbesserungen war die originelle Anlage wahrscheinlich 90 Jahre lang in Betrieb, denn erst 1847 soll eine moderne Optik eingebaut worden sein. Die Geschichte des Turmes endet 1882 mit dem Abriß. Heute befindet sich auf der Insel nur ein Funkfeuer.

Zum nächsten Fall, **Holmögadd.** Auf dieser kleinen Insel vor Umeå im Bottnischen Meerbusen leuchtete ab 1763 ein Kohlenfeuer, jedenfalls in der eisfreien Zeit. Als damals nördlichstes Feuer nicht nur der Ostsee, sondern der ganzen Welt hinkte es der technischen Entwicklung etwas hinterher: Es brannte nämlich zunächst an einem Wippbalken und erst ab 1838 auf einem richtigen Steinturm, hier allerdings gleich in einer geschlossenen Laterne; außerdem wurde es erst 1854 als letztes in Schweden durch eine Parabolspiegel-Anlage ersetzt, die eigentlich zu jener Zeit schon überholt war. Der solide, gut 20 m hohe Turm steht noch und leuchtet allnächtlich brav, jetzt aber mit einer Linsenoptik.

Am Eingang zum Bottnischen Meerbusen trennt der Öregrundgraben die Insel Gräsö vom Festland. Zu dem originellen Veteran **Orskär,** der schon seit 1687 das Nordende bezeichnet, gesellte sich 1765 an der engsten Stelle dieses gefährlichen Fahrwassers der Leuchtturm

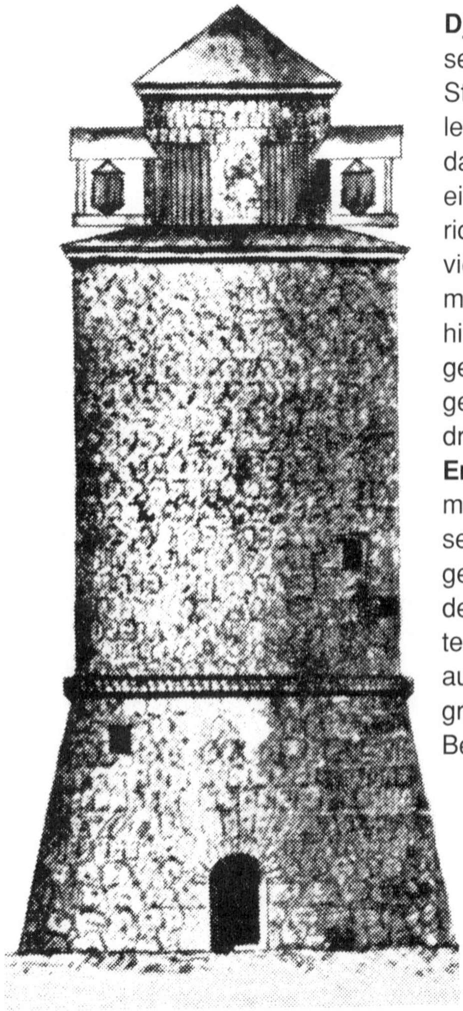

Leuchtturm **Korsö** *mit 2 zusätzlichen schwenkbaren Seitenlaternen zur Erzeugung von wechselnden Lichterscheinungen*

Djursten auf der Insel. Sein offenes Steinkohlenfeuer leuchtete bis 1830, danach erhielt er eine optische Einrichtung. Wie bei vielen alten Türmen, so ist auch hier die Vergangenheit noch sehr gegenwärtig. Ein dritter Turm, **Engelska Grundet,** mitten im Fahrwasser, folgte 1955. Er gehört zu den modernen, weiter hinten beschriebenen, auf dem Meeresgrund errichteten Betonbauten.

Festungs-Leuchtturm **Marstrand,** *1781 mit erstem Drehfeuer der Welt*

Nicht aus Beton, aber auch ganz schön dauerhaft sind die 6 m dicken Mauern einer Festung auf der Insel Marstrand am Nordende des Kattegat. Sie wurde im 17. Jahrhundert erbaut und heißt Carlsten. Ihr alles überragender Turm wurde zum Leuchtturm **Marstrand** umfunktioniert, denn seine riesige Plattform von 25 m Durchmesser bot sich als idealer Aufstellungsort für ein Leuchtfeuer geradezu an. Dort installierte Norberg 1781 denn auch eine dicke Laterne mit dem ersten Drehfeuer der Welt, das mit unterschiedlichem Blinken schon eine Art Kennung erzeugte. Erst nach 55 Jahren ersetzte man es durch eine Parabolspiegel-Anlage aus England, die bis 1868 diente, als die Feuerstelle seewärts auf eine Klippe mit dem neuen Leuchtturm **Pater Noster** (s. Seite 137) verlegt wurde. Dieser Name war entstanden, weil viele Schiffer ein Vaterunser gebetet hatten, nachdem sie die wegen ihrer gefährlichen Riffe berüchtigte Stelle glücklich passiert hatten. Bei dem neuen Turm handelt es sich um eine der für Schweden typischen Metallgitterkonstruktionen.

»Langer Jan«, sonst ein Seemann, aber keiner ist so groß wie dieser, nämlich 41,6 m; hier Spitzname für Schwedens höchsten Leuchtturm **Ölands Södra Udde** (Abb. Seite 129). Steckbrief: 1784/85 unter Gustaf III. erbaut; zuerst noch offenes, ab 1822 geschlossenes Kohlenfeuer; ab 1845 Optik des zweitgrößten Typs; Besucher zugelassen, oben herrlicher Blick über Öland und Kalmarsund.
Schlußlicht unter den neuen Türmen des 18. Jahrhunderts war **Grönskär** vor Stockholm, zwar schon 1774 erbaut, aber erst ab 1786 mit Kohlenfeuer, ab 1845 mit großer Optik.
Am Ende des 18. Jahrhunderts besaß Schweden 11 Leuchttürme, 8 von ihnen brannten Kohle. Und mit Kohle ging es auch bei den ersten Türmen des 19. Jahrhunderts zunächst noch weiter: **Östergarn** (östlich Gotland) von 1818 bis 1849, **Svartklubben** (Ålandsee) 1820–1842, **Storjungfrun** (Bottnischer Meerbusen) 1839–1853, außerdem bei den bereits erwähnten Zwillingstürmen **Nidingen** 1832–1846. Erst anschließend erhielten die Türme Parabol- oder Linsenoptiken mit Öllampen. Wie in Norwegen, so hatte man nämlich auch in Schweden recht lange die Kohle bevorzugt, weil die damals bekannten Ölsorten bei Kälte zu leicht eindickten.

Nun zur Bauweise. Abgesehen von den Wippfeuern handelte es sich bisher ausschließlich um Steintürme, meist von gedrungener Form. Und viele Steintürme folgten noch; hier die höheren:

1838 **Eggegrund** (vor Gävle), 18 m hoch,
1839 **Söderarm** (Ålandsee), 20 m,
1842 **Hållö** (Skagerrak), 20 m,
1843 **Morups Tånge** (Kattegat), 28 m,
1845 **Ölands Norra Udde** (Nordende Öland), 32 m,
1846 **Hoburg** (Gotland), 22 m,
1847 **Fårö** (Insel nördlich Gotland), 30 m,
1848 **Understen** (Ålandsee), 16 m hoch.

Die beiden höchsten davon befinden sich an landschaftlich originellen Plätzen:
Der eine, **Ölands Norra Udde,** scherzhaft »Langer Erich« genannt, steht auf dem westlichen Arm eines zangenförmigen Naturhafens, den die schwedische Flotte einst als Stützpunkt benutzt hatte. Zur Abschreckung von Feinden dienten damals Kanonenattrappen aus Baumstämmen, von denen man einige noch heute auf der dem Leuchtturm gegenüber liegenden, ohnehin etwas unheimlich wirkenden Landzunge, dem »Trollskogen« besichtigen kann.
Der andere, **Fårö,** steht nahe dem größten Flugsandfeld Europas. Dort darf man leider nicht hin, denn die Insel ist militärisches Sperrgebiet.
Die letzten schwedischen Stein- bzw. Granittürme waren 1890 **Vinga** (vor Göteborg, Abb. Seite 130), 29 m hoch, neben der alten Pyramiden-Bake und 1900 **Kullen** (Abb. Seite 134).

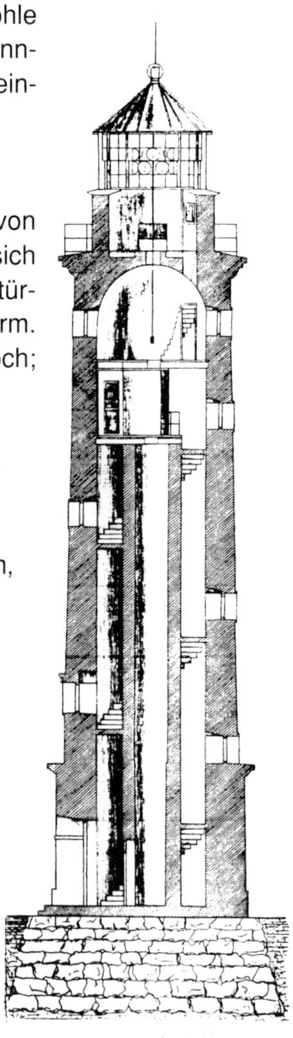

Leuchtturm **Fårö**

links: 1847 mit Parabolspiegel-Anlage in dicker Laterne (Turmschnitt)

rechts: mit neuer Laterne (Aufnahme 1925)

Inzwischen war auch in Schweden, allerdings etwas später als in Norwegen die »Eisenzeit« ausgebrochen. Hier handelt es sich um sog. Gittertürme aus genormten Eisenstreben, oben etwas verkleidet, und mit einem zentralen Treppenrohr. Etwa 20 Exemplare zwischen 17 und 37 m Höhe wurden davon gebaut.
Den Anfang machten 1863 gleich zwei, als Pärchen aufgestellt in **Sandhammaren** an der Südostspitze Schwedens, gegenüber Bornholm. Einer von ihnen war eigentlich überflüssig, er wurde denn auch 1905 auseinandergenommen und 1.200 km weiter nördlich auf der Schäre **Rönnskär** vor Piteå unter Erhöhung von 31 auf 37 m wieder aufgebaut. Die spezielle Konstruktionsmethode ermöglichte schnellen Aufbau und Versetzbarkeit. Bei dem schon erwähnten Leuchtturm **Pater Noster** hatte die Errichtung nur 7 Wochen gedauert, und das bei 32 m Höhe.
Nachstehend einige weitere größere Exemplare:
1864 **Häradskär** (gegenüber Gotland) 29 m,
1870 **Utklippan** (vor Karlskrona) 30 m,
1872 **Kapelludden** (Öland) 32 m hoch.
In der zweiten Hälfte des 19. Jahrhunderts entstanden auch einige völlig verkleidete Eisentürme, allerdings nur 10 bis 20 m hoch, z. B. die manchen Skandinavien-Reisenden sicher bekannten Molen- bzw. Hafenleuchttürme von **Trelleborg** und **Malmö.**

Leuchtturm **Pater Noster** *(Kattegat), 1868 erbaut*

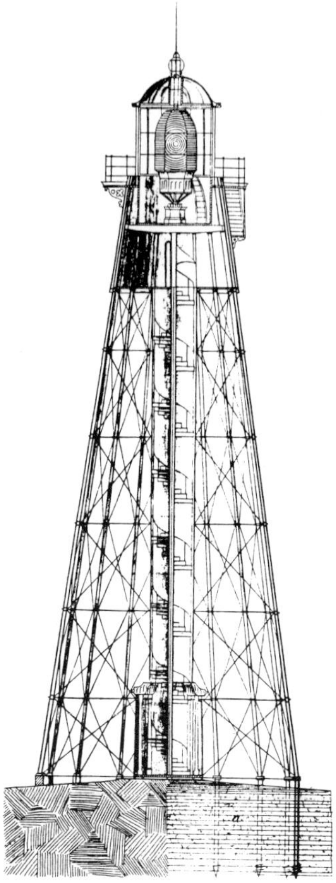

Erwähnt seien noch drei Inseln, auf die man nicht so leicht kommt. Die Leuchttürme darauf tragen ihre Namen: **Malören,** ein Felsen im Meer mit einer Mini-Holzkirche und dem nördlichsten Leuchtturm Schwedens, 1851 auch ganz aus Holz erbaut, 18 m hoch; **Gotska Sandön** (nördlich Gotland, militärisches Sperrgebiet) mit ursprünglich zwei je 24 m hohen Eisen/Holz-Türmen, 1859 erbaut, seit 1903 nur noch mit einem; **Stora Karlsö** (westlich Gotland) ein in das Wärterhaus hineingebauter, 18 m hoher Turm mit origineller Brüstung, dicht an der 40 m steil ins Meer abfallenden Felsenkante.

An kleinen Feuerhäusern, ähnlich den norwegischen (Seite 125) besaß Schweden 1850 etwa 30, z.T. als Vorläufer von Leuchttürmen. Ihre Zahl wuchs bis 1900 auf über 400 an. In schneller Folge tauchten nun auch in den schwedischen Schärengewässern immer mehr unbewachte Feuerchen auf, wie in Norwegen mit Gas betrieben.

Nachdem der Berliner Julius Pintsch 1878 das selbsttätige Gasfeuer für Bojen und Leuchtbaken erfunden hatte, war es dem Schweden Gustaf Dalén 1906 gelungen, einen automatischen Gasblinker zu konstruieren. Seitdem können auch Kennungen erzeugt werden; außerdem reicht der Gasvorrat länger, weil das Feuer nur in Intervallen leuchtet. Dalén erhielt 1912 den Nobelpreis für Physik zugesprochen, doch kurz vor der Verleihung gab es ein tragisches Ereignis: Er wurde durch eine Explosion bei einem Experiment blind. Die Gasfeuer seiner Firma, heute als AGA bekannt, sind nach wie vor in aller Welt begehrt. Sie brennen nicht nur auf kleinen Baken, von denen Schweden mittlerweile über 2.000 besitzt, sondern auch auf größeren Leuchttürmen.

Zurück zu den Baumethoden. Auch in Schweden wird Beton als Baumaterial für Leuchttürme eingeführt. Der erste in der Reihe ist **Bonden** (Bottnischer Meerbusen) 1913, der höchste mit 39 m **Understen II** (Abb. Seite 130) 1922. Letzterer dient, wie einige weitere, als Ersatz für einen altersschwach gewordenen Veteranen aus Stein.

Bisher handelte alles von Türmen auf festem Grund an Land oder auf Inseln. Aber was die schwedischen Konstrukteure so berühmt gemacht hat, sind ihre auf dem Meeresgrund errichteten Leuchttürme. Die Schweden nennen sie »Bottenfast fyr«. Kurz die Baumethode:

1. Fertigung des als Senkkasten ausgearbeiteten Sockels im sicheren Hafen,
2. Einschwimmen des Sockels zur Position, Absenkung und Beschwerung durch Füllung mit Material,
3. Bau des eigentlichen Turmes auf dieser künstlichen Beton-Insel.

Nach diesem Verfahren entstanden ab 1939 zunächst im relativ ruhigen Kalmarsund zwischen Öland und dem Festland einige kleine Leuchttürme, später auch größere in anderen und tieferen Gewässern. Der größte ist **Ölands Södra Grund,** 1948 bis 1951 erbaut, insgesamt 47 m hoch, davon 12 m unter Wasser. Sein »Topf«-Durchmesser beträgt 20 m.

Zwei weitere größere:

1947 **Utgrunden** (Kalmarsund), 28 m,

1956 **Kungsgrundet** (nördlich Öland), 29 m hoch über Wasser.

Fertigung eines Senkkastens im Hafen

Typischer Senkkasten-Leuchtturm, hier **Skansgrundet** *(Kalmarsund)*

Leuchtturm **Gustaf Dalén** *im Schwimmtopf auf dem Weg zum Aufstellungsort*

Hier einige weitere größere Exemplare:

1965 **Almagrundet** (östlich Stockholm), 30 m,

1965 **Trubaduren** (vor Göteborg), 26 m,

1967 **Gustaf Dalén** (vor Norrköping), benannt nach dem Erfinder, 26 m,

1969 **Finngrundet** (vor Gävle), 26 m,

1969 **Fladen** (südlich Göteborg), 26 m,

1970 **Västra Banken** (vor Gävle), 27 m,

1971 **Norströmsgrund** (vor Luleå), 29 m,

1974 **Farstugrunden** (vor Luleå), 29 m,

1977 **Hätteberget** (Kattegat Nord), 26 m hoch über Wasser (Abb. Seite 130).

Neuerdings baut man den Turm schon im Hafen völlig fertig und umschließt seine große Bodenfläche mit einer Art Spundwand. Dieser nun schwimmfähige »Turm im Topf« wird zum Aufstellungsort geschleppt und abgesenkt. Anschließend entfernt man die Topfwand. Der größte Turm dieser Art ist **Falsterborev** (vor Südwestspitze Schwedens) mit 50 m Höhe, davon 18 m unter Wasser, 1972 errichtet.

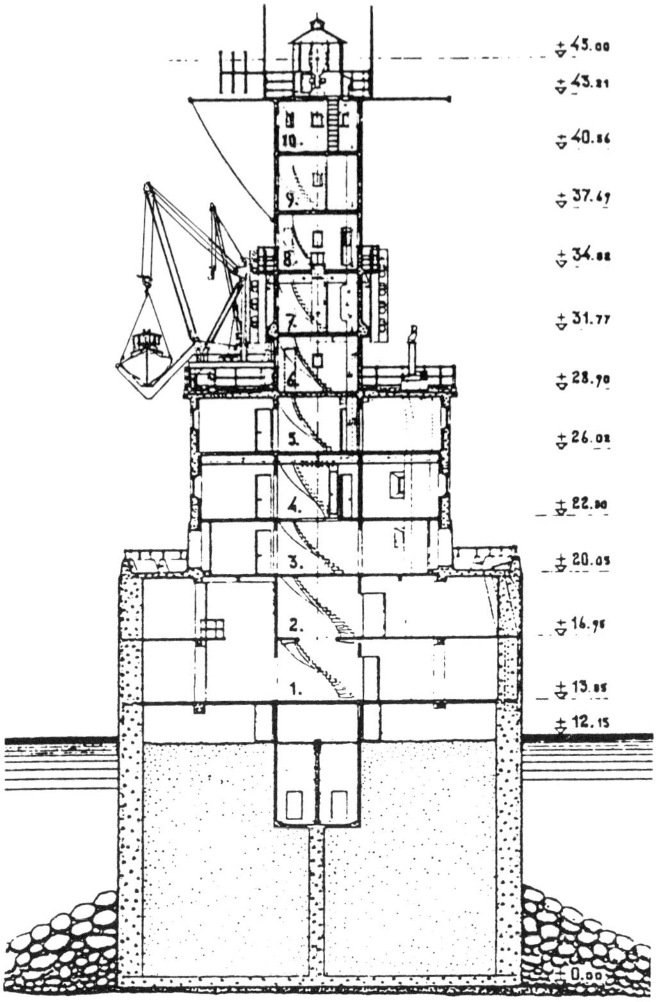

Leuchtturm **Ölands Södra Grund,** *1951 erbaut (seit 1970 mit Hubschrauber-Landedeck)*

Eine Weiterentwicklung, vielleicht sogar einen Superlativ stellt die von Robert Gellerstad erfundene Teleskop-Bauweise dar. Sie wurde bereits auf Seite 95 beschrieben (Leuchtturm **Kish Bank** in Irland). Vorreiter war aber der 1957 bis 1961 errichtete **Grundkallen** nordwestlich der Ålandsinseln. Nach ähnlichen Plänen wurden und werden weitere Teleskop-Leuchttürme gebaut, z. B. **Svenska Björn** (südlich der Åland-Inseln), **Sydostbrotten** (südlich Umeå), **Nordvalen** (Bottnischer Meerbusen) sowie **Revengegrundet** (vor Stockholm).

Insgesamt gibt es in schwedischen Gewässern schon über 70 »Bottenfast fyr« verschiedener Art und Größe, viele inzwischen mit Hubschrauber-Landedeck versehen, die meisten automatisiert und ferngesteuert. Nur 9 von ihnen blieben bemannt, weil sie mit meteorologischen oder Lotsenstationen kombiniert sind.

All diese im Wasser stehenden, z.T. über 50 km vom Land entfernten Außenposten erleichtern die Navigation sowohl draußen an den gefährlichen Gründen als auch in den Schärengebieten. Außerdem wurden durch sie im Laufe der Zeit alle 21 schwedischen Feuerschiffe ersetzt. Zwar gibt es hier keine Atlantikwellen, dafür müssen aber die nördlichen Türme oft einem unvorstellbar großen Eisdruck widerstehen. Näheres darüber im nächsten Abschnitt bei Finnland.

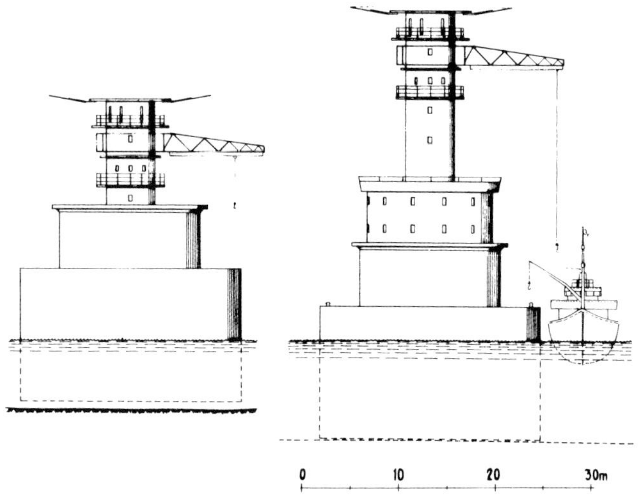

Teleskop-Leuchtturm **Sydostbrotten** *(Bottnischer Meerbusen), links während des Einschwimmens, rechts abgesenkt und ausgefahren*

Für Philatelisten: Eine ganze Serie von Briefmarken zeigt schwedische Leuchttürme.

Teleskop-Leuchtturm **Grundkallen** *im wandernden Eisfeld*

Finnland

Gleich ein Kuriosum: Selbst wenn man die ganze finnische Küste absucht, einen Leuchtturm findet man nicht, denn die stehen alle weit draußen auf vorgelagerten Inseln oder Felsen, die jüngsten sogar direkt im Meer.
Aber der Reihe nach. Zunächst sei erwähnt, daß Finnland erst 1917 selbständig wurde; bis dahin hatte es erst unter schwedischer, ab 1809 unter russischer Herrschaft gestanden. Kein Wunder also, daß die Interessen der einheimischen Seefahrer lange Zeit unberücksichtigt blieben, jedenfalls sofern es Geld kostete.
So wurde denn auch die erste primitive »Feuerbake« nicht vor Beginn des 18. Jahrhunderts errichtet, der erste richtige Leuchtturm erst 1753. Er heißt **Utö** und steht auf der gleichnamigen Insel zwischen dem Finnischen Meerbusen und den Åland-Inseln.
Es gibt ihn noch heute, allerdings nicht mehr im Original, denn er wurde 1808 im Krieg zwischen Schweden und Rußland gesprengt und 1814 wieder aufgebaut. Zuerst war er konisch, 30 m hoch und leuchtete gleich doppelt: zum einen aus der Laterne mit Öllampen, zum anderen mit einem herausragenden Kohlefeuer. Es war die Zeit, als man in Schweden nach Möglichkeiten zur Unterscheidung suchte, und die Insel war damals schwedisch.
Die zweite Ausführung wurde quadratisch, gut 20 m hoch. In der darüber befindlichen 8eckigen Riesenlaterne befand sich der damals weltgrößte Scheinwerfer, ein drehbarer Parabolspiegel von 3 m Durchmesser mit mehreren Öllampen um den Brennpunkt. Alle paar Minuten mußte er von Hand um 45° weiter gedreht werden, damit allmählich alle 8 Richtungen einen Schein abbekamen – und das die ganze Nacht über.
Das war natürlich nicht der Weisheit letzter Schluß, und so installierte man 1818 eine normale Anlage mit 7 Parabolen, anstelle der Handkurbel ein Drehwerk mit Antriebsgewicht, 1881 schließlich eine Fresnelsche Linsenoptik aus Paris. Der Granitklotz ist weiß gestrichen, nur an zwei Seiten senkrecht geteilt und zur Hälfte rot.
Weiter ging es dann zunächst nur in großen Zeitabständen. Erst 1800 folgte der kleinere Granitturm **Porkkala,** südwestlich Helsinki. Er leuchtete mit 10 Holzgasflammen vor einem drehbaren Hohlspiegel von 2 m Durchmesser. Das Gas wurde an Ort und Stelle aus einem der im damaligen Rußland üblichen Meiler gewonnen. Der Verkauf der anfallenden Nebenprodukte, Holzkohle und Teer soll die Unterhaltungskosten des Leuchtturmes voll gedeckt haben. Möglicherweise waren Köhler als Wärter engagiert.
Nach Zerstörung der originellen Leuchteinrichtung im Krieg 1808/09 wurde der Turm 1822 durch einen runden Aufsatz von 15 auf 30 m erhöht. Nun erhielt er eine der kurz zuvor in Rußland eingeführten Drehfeuer-Anlagen aus 17 Messingparabolen mit Argandlampen, 1882 dann endlich eine neue Laterne mit einer Linsenoptik aus Paris. Letztere wechselte 1920 hinüber zu dem 20 m hohen Betonklotz **Porkkala II.** Seitdem fristet der alte Turm sein Dasein nur noch als unbefeuerte Bake.

Erster Leuchtturm **Utö** *(1753–1808)*

Zweiter Leuchtturm **Utö** *(1814 erbaut)*

Leuchtturm **Porkkala**

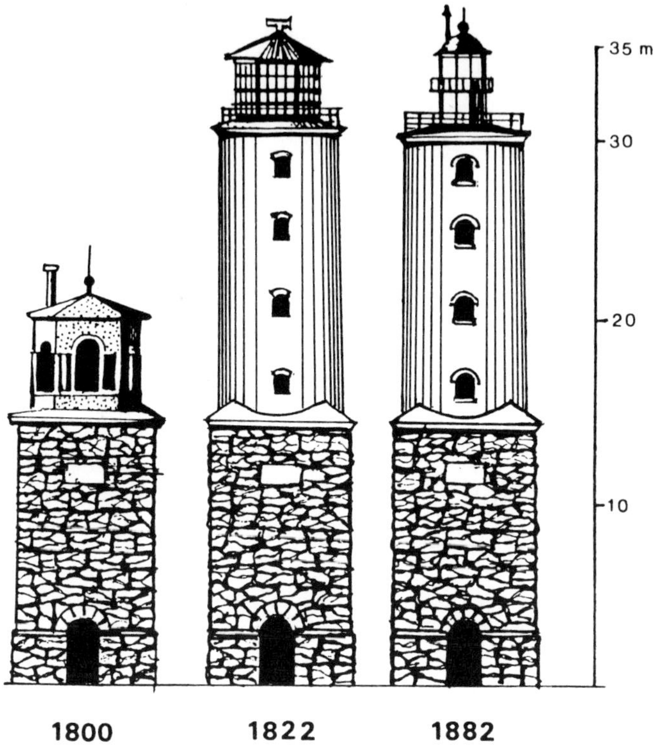

Nach **Porkkala** dauerte es über drei Jahrzehnte bis Finnland seinen dritten Leuchtturm erhielt. Das war **Isokari/ Enskär,** 1831/33 auf einer Schäre nordöstlich der Åland-Inseln erbaut, rund und dick, 34 m hoch, 1889 durch einen Kegelaufsatz noch um 3 m erhöht.

Nun ging es etwas schneller weiter. Der vierte in der Reihe war 1835 **Pellinge,** südöstlich Helsinki; heute allerdings auch nur noch Bake.

Abgesehen von einigen zwischenzeitlich errichteten kleineren Holzbauten, handelte es sich bei allen finnischen Leuchttürmen zunächst um massive Ziegelsteinbauten auf Granitsockel.

1848 bis 1863 wurde eine Serie von 8eckigen Leuchttürmen gebaut: **Norrskär** mitten im Bottnischen Meerbusen, **Lågskär** südlich Åland, **Söderskär** (Abb. Seite 132) vor Helsinki (als Ersatz für **Pellinge**) und **Russarö** vor Hangö an der nördlichen Einfahrt zum Finnischen Meerbusen.

Leuchtturm der 8eckigen Serie, hier **Söderskär** *von 1862*

Leuchtturm der runden Serie, hier **Marjaniemi** *(Foto 1987)*

Zwischen 1868 und 1875 folgte eine Serie mit rundem Querschnitt: **Sälskär** nördlich Åland, **Marjaniemi** auf der Insel Hailuoto im hohen Norden, **Säppi/Säbbskär** vor Pori und **Sälgrund** ebenfalls im Bottnischen Meerbusen. Alle Türme dieser beiden Serien erhielten Höhen zwischen 25 und 30 m.

Zeitlich und räumlich dazwischen entstanden darüber hinaus einige kleinere Steintürme.

Außer **Utö** trug keiner der ersten Türme mehr ein Kohlenfeuer, sondern gleich irgendeine Hohlspiegelanlage. Die erste Linsenoptik wurde 1862 auf dem Leuchtturm **Söderskär** installiert. Sie stammte – wie anschließend zahlreiche weitere – aus Paris und leuchtet noch heute in dem 1972 automatisierten Turm.

Nebenbei bemerkt: Die auf »-skär« endenden Leuchtturmnamen heißen nach der Schäre, auf der sie stehen. In einigen Fällen ist hinter dem finnischen der noch heute gebräuchliche schwedische Name angegeben. Nach wie vor wird nämlich im Westen Finnlands schwedisch gesprochen, auf den Åland-Inseln sogar ausschließlich.

Nun zum »Eddystone Finnlands«. So nennen Seeleute den 1880 bis 1882 südlich der Åland-Inseln auf einer Schären-Klippe errichteten Leuchtturm **Bogskär.** Er steht 60 km von der nächsten menschlichen Siedlung entfernt. Man hatte ihn extra aus Gußeisen gebaut in der Annahme, daß er so allen Naturgewalten am besten trutzen würde. Das tat er auch – bis zum 14. Februar 1889. Ein tagelanger Orkan hatte den Wasserspiegel und damit die Eisdecke schon um mehrere Meter bis zur zweiten Etage des Turmes steigen lassen, als das Eisfeld zu wandern begann. Nun türmten sich gewaltige Eisblöcke bis zu 8 m hoch auf und drückten die Turmplatten wie dünnes Blech ein. Der Turm begann zu schwanken und drohte umzustürzen.

Die 5 Wärter hatten sich nach oben geflüchtet und fürchteten um ihr Leben. Der Turm stürzte zwar nicht um, doch nach Abflauen des Sturmes stellten sie mit Entsetzen fest, daß die unteren drei Etagen mit allen Lebensmitteln und Kohlevorräten durch Eis- und Wassereinbruch völlig zerstört waren. Deshalb mußten sie nun hungern und frieren, bis es nach 6 Wochen einem Tender gelang, den Turm zu erreichen und sie zu retten.

Auch der Turm wurde gerettet – 1894 durch eine teilweise Füllung und Umkleidung mit Beton. 1906 erhielt er drahtlose Telegraphie, damit sich die Wärter mit der Landstation in Verbindung setzen konnten. Bis dahin stand im Leuchtfeuerverzeichnis: »Schiffsführer werden ersucht, etwaige Signale vom Thurm der nächsten Behörde mitzuteilen.« **Bogskär** wurde 1920 als erster finnischer Leuchtturm automatisiert, damit die Wärter abgezogen werden konnten. 1922 unterzog man ihn einer Modernisierungsprozedur und erhöhte ihn von 26 auf 29 m.

Neuerdings hat ihn ein moderner ferngesteuerter Turm mit Hubschrauber-Landeplattform abgelöst.

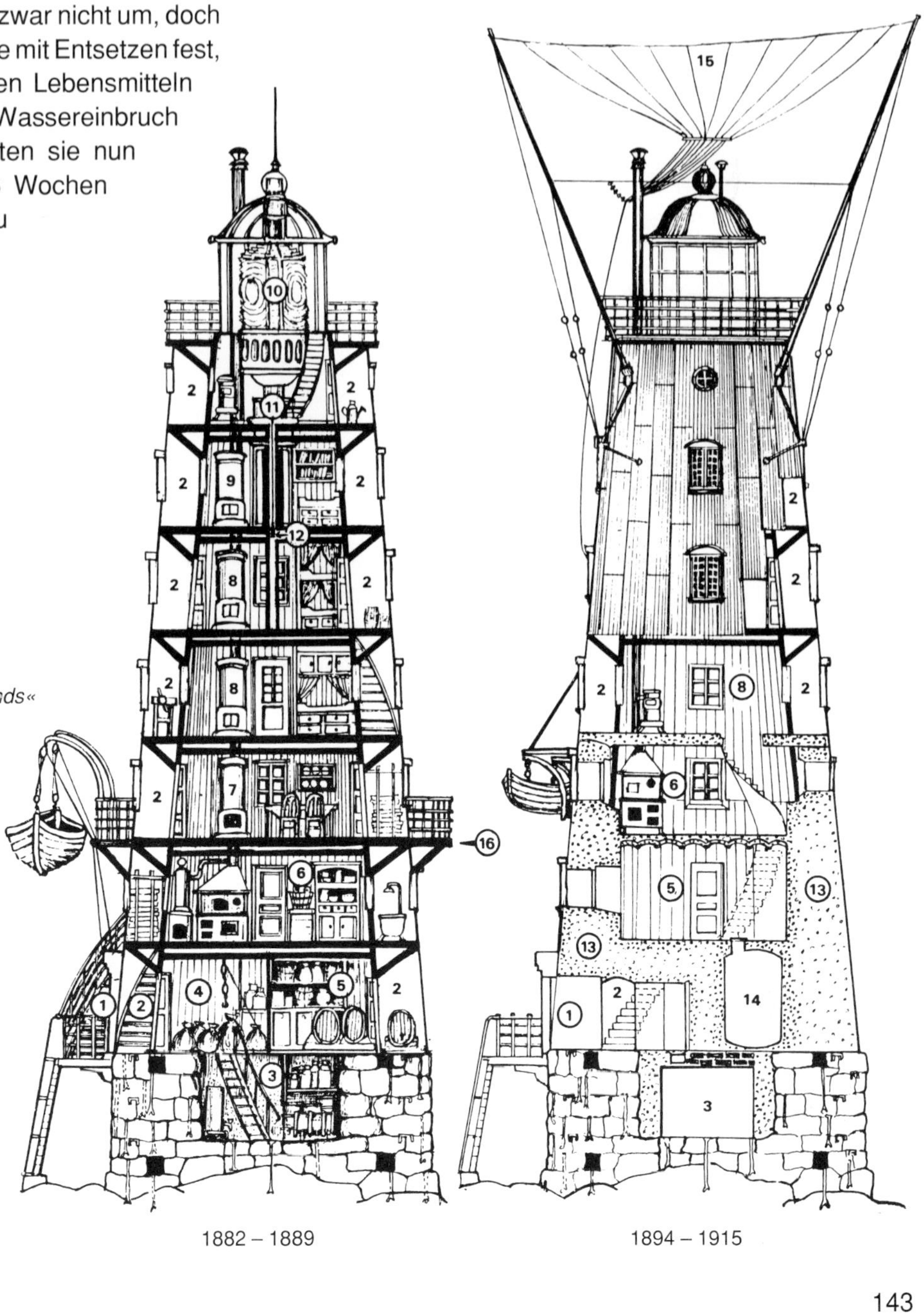

Leuchtturm **Bogskär,** *der »Eddystone Finnlands«*

1 Eingang
2 Treppe
3 Ölvorräte
4 Kohlenkeller
5 Lebensmittel
6 Küche
7 Wohnraum
8 Schlafraum
9 Wachstube
10 Laterne
11 Drehwerk
12 Antriebsgewicht
13 Betonfüllung
14 Wassertank
15 Antenne (seit 1906)
16 Wasserspiegel am 14. 2. 1889

1882 – 1889

1894 – 1915

Im Gegensatz zu Norwegen und Schweden begnügte sich Finnland mit ganz wenigen Eisentürmen. Für Konstruktion und Aufbau bediente man sich schwedischer, deutscher oder französischer Fachleute. An größeren Exemplaren entstanden um 1890 überhaupt nur diese drei: **Valassaaret/Walsörarne,** ein 35 m hoher Gitterturm, sowie die geschlossenen Gußeisentürme **Tankar,** 30 m und **Yttergrund,** mit einer Doppelstock-Laterne 44 m hoch, alle im Bottnischen Meerbusen.
Erwähnt seien noch zwei Nachzügler unter den Steintürmen, beide an der nördlichen Einfahrt zum Finnischen Meerbusen: **Jussarö** und mit 46 m der höchste finnische Leuchtturm **Bengtskär.**

Dicht vor Helsinki liegt eine kleine Inselgruppe. Die Schweden hatten sie einst zu einer Festung ausgebaut, die sie »Sveaborg« = »Schwedenfestung« nannten. »Suomenlinna« = »Finnenfestung« heißt sie jetzt. Dazwischen – bei den Russen – hieß sie »Viapori«. Selbige errichteten dort 1854 eine russisch-orthodoxe Militärkirche. Die Finnen machten daraus nicht nur ein lutherisches Gotteshaus, sondern auch den Leuchtturm **Suomenlinna kirkko** (Abb. Seite 132), der den Schiffen seit 1929 den Weg nach Helsinki weist. Mit einer Höhe von 42 m über dem Erdboden wäre er beinahe der höchste in Finnland geworden. Dafür ist seine Feuerhöhe mit 54 m aber wirklich finnischer Rekord. Zur Erinnerung an den ehemaligen Militärcharakter hat man rundherum lauter Kanonenrohre– allerdings senkrecht nach unten gerichtet — als Kettenhalter aufgestellt.

Größere Aktivität begann Finnland verständlicherweise erst nach Abschüttelung der russischen Fremdherrschaft zu entfalten. Zunächst mußte das ganze Leuchtfeuerwesen organisiert und neu geordnet werden. Außerdem galt es, die beiden im Ersten Weltkrieg zerstörten Leuchttürme möglichst schnell zu ersetzen: 1918 schon entstand **Lågskär II,** 36 m hoch, 1922 **Jussarö II,** 26 m hoch, beide aus Beton und pyramidenförmig. Beton wurde nun auch in Finnland zum hauptsächlich verwendeten Baumaterial.

Zwischen den Kriegen gab es weiter keine größeren Neubauten, denn man konzentrierte sich zunächst auf die Automation der entlegensten Feuer, wobei die inzwischen erfundenen selbsttätigen Gasleuchten zu Ehren kamen. Elektrizität als Lichtquelle blieb übrigens bis heute eine seltene Ausnahme, denn Netzstrom steht auf unbewohnten Schären ohnehin nicht zur Verfügung. Nur wenige einsame Türme erhielten einen Dieselgenerator für elektrische Lampen, Funkfeuer usw., als Reserve dient aber stets eine Gasleuchte.

Höchster finnischer Leuchtturm: **Bengtskär,** *46 m hoch, 1906 erbaut (Foto von 1907)*

Eine bauliche Ausnahme nach dem Zweiten Weltkrieg war der 1953 mitten im »Betonzeitalter« entstandene Ziegelturm **Kylmäpihlaja** (südwestlich Pori). In Form und Größe ähnelt er seinem derzeitigen Kollegen auf Helgoland (Seite 52).

Nun zum Hauptproblem, dem Ersatz der 8 Feuerschiffe durch Leuchttürme im Meer. Da die »schwimmenden Leuchttürme« bei Eisgang leicht vertreiben und ihre Position nicht halten können, holt man sie während der »Eiszeit« in den Hafen. Früher waren sie dann draußen auch gar nicht nötig, denn die Segelschiffahrt ruhte ohnehin.
Die nördliche Ostsee friert übrigens in jedem Winter zu, besonders fest an den Schärenküsten. Der Bottnische Meerbusen ist selbst im mildesten Winter fast ganz mit Eis bedeckt. Im harten Winter reicht die Eisdecke oft bis Gotland oder noch weiter nach Süden. Als Dampfschiffe mit immer stärkeren Maschinen und Eisbrecher aufkamen, wollten die Kapitäne möglichst auch bei Eisgang weiterfahren. Es wurde also nötig, die Feuer auch im Winter zu zeigen, besonders an den wichtigsten Stellen im Meer. Da es sich dabei meist um Feuerschiffs-Positionen handelte, ging man so früh wie möglich daran, hier feste Leuchtfeuerträger einzupflanzen.

Dem Beispiel Schwedens folgend, begann Finnland 1950 mit der Errichtung von Betontürmen im Meer nach der Senkkastenmethode. Der erste war **Kalbådagrund,** südöstlich von Helsinki in 10 m Wassertiefe eingesetzt und seit 1953 in Betrieb. Von der Betonsäule ragten 25 m aus dem Wasser, darüber befand sich noch die Laterne und eine Hubschrauberlandeplattform. 1956 und 1959 folgten zwei ähnliche Türme, **Nahkiainen** weit nördlich im Bottnischen Meerbusen und **Helsinki** südlich der Hauptstadt. Weitere waren im Bau.
Doch dann passierte etwas, was man nicht für möglich gehalten hatte. Es war der 13. April 1964, ein klarer Frühlingstag: Der Wachhabende des Lotsenturmes Orrengrund besteigt seinen Ausguck und sucht den Horizont ab. Aber dort, wo bisher der Leuchtturm **Kalbådagrund** zu sehen war, ist die Eisfläche leer. Er glaubt seinen Augen nicht zu trauen und greift erneut zum Fernglas, aber es stimmt, der Turm ist verschwunden.
Ein eiligst dorthin geschickter Eisbrecher mit Tauchern an Bord stellt fest, daß der Turm in der Wasserlinie abgebrochen ist und nun auf dem Meeresboden liegt. Wie 1889 beim Leuchtturm **Bogskär,** so hatte auch hier das wandernde Eisfeld den Schaden angerichtet. Zum Glück gab es keine Menschenverluste, denn der Turm war unbemannt.
Die in Arbeit befindlichen Betontürme wurden nun noch nach der bisherigen Methode zu Ende gebaut: **Oulu 1, Oulu 2, Oulu 3** und **Raahe** – eine Serie gleicher Türme mit einer Feuerhöhe von 22 m, alle im hohen Norden, sowie einige kleinere Exemplare in anderen Gewässern.

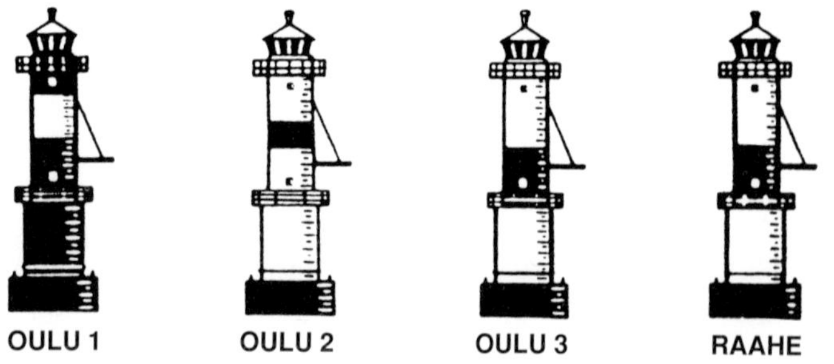

13. April 1964: Zerstörung des Leuchtturmes **Kalbådagrund** *durch Eis*

Mittlerweile waren alle Feuerschiffe ersetzt bis auf KEMI, das nördlichste. Dort in der Nähe sollten zwei gleiche Türme errichtet werden. Aufgrund des Rückschlages mit dem abrasierten Betonturm **Kalbådagrund** hatte man einen völlig neuen Typ aus Stahl entwickelt. Es handelte sich um ein dreibeiniges, in den Meeresboden eingerammtes Stativ, das in der Wasserlinie dünn gehalten war und erst darüber den eigentlichen, gut 20 m hohen Turm mit einem Hubschrauberlandedeck trug.

Im September 1973 waren beide Türme, **Kemi 1** und **Kemi 2** fertig, und das Feuerschiff wurde eingezogen. Doch schon Ende des Jahres, als der Winter ein bewegtes Eisfeld bildete, begannen die Türme zu vibrieren. **Kemi 1** wurde leck, Azetylen trat aus und explodierte. So entschloß man sich schweren Herzens, beide Neubauten sofort wieder zu sprengen, um größeren Schaden zu verhindern. Das Feuerschiff mußte noch einmal her, natürlich erst nach der »Eiszeit«.

Nun griff man wieder auf Beton zurück. **Kemi 1** wurde 1975 durch einen Senkkastenturm mit dem enormen Topfdurchmesser von 26 m ersetzt. Die Betonform im Schleppzustand wog allein 1.900 t, der fertige Turm, mit Eisen und Steinen beschwert, fast 7.000 t.

Zu dieser Konstruktion hatten Schweden und Kanada mit ihren Erfahrungen beigetragen. Der Turm ist in ein gemeinsames Forschungsprogramm einbezogen, das u. a. die Einwirkung von Treibeis auf Meeresanlagen ermitteln soll. Deshalb leuchtet er nicht nur, sondern funkt laufend automatisch alle möglichen Daten, darunter Angaben über den Eisdruck, an eine Landstation. Zu letzterem Zweck erhielt er in der Wasserlinie eine mit Instrumenten gespickte »Halskrause« aus Stahl und Beton mit 400 t Gewicht.

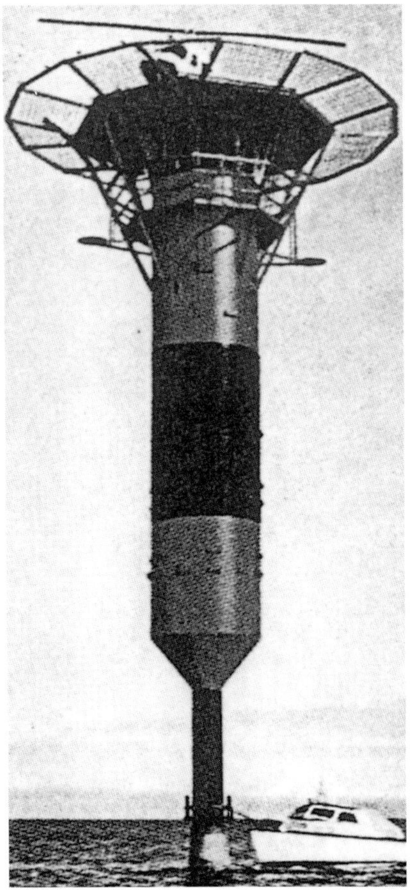

Erster Leuchtturm **Kemi 1**, *1973 errichtet und wieder gesprengt*

Das Feuerschiff konnte nun endgültig eingezogen werden, es liegt seitdem als Museumsschiff in Helsinki.

Zwei Jahre später entstand etwas südlicher ein weiterer Betonturm nach gleichen Plänen: **Kokkola.** Aber aufgrund ausländischer Erfolge mit Stahltürmen im tiefen Wasser versuchte man es auch in Finnland erneut mit Stahl, z. B. bei dem neuen **Kemi 2.** Man hatte gelernt und machte es besser: Ein Stahlbein wurde wesentlich tiefer eingerammt, nämlich 18 m, das Oberteil dünner und leichter gehalten und mit einem Pufferteil zur Verringerung der Erschütterungen versehen.

Mit solchen und ähnlichen Konstruktionen vervollkommnete Finnland sein Leuchtfeuernetz. Inzwischen stehen dort fast 30 eissichere Türme im Meer.

Alle Leuchttürme sind mittlerweile automatisiert, die letzten Wärter wurden 1984 vom Leuchtturm **Norrskär** abgezogen. Einige Türme arbeiten mit Windkraftenergie, zahlreiche Leuchtbaken mit Solarenergie.

Zweiter Leuchtturm **Kemi 1** *(1975) mit Eisdruck-Meßanlage*

Rußland/Baltikum

Bevor St. Petersburg für die Schiffahrt Bedeutung erlangte, liefen die meisten Seetransporte über Riga oder Reval (estnisch Tallinn). Deshalb begann die Leuchtfeuergeschichte des Baltischen Meeres auch an den Seewegen zu diesen beiden alten Hansestädten.

Den Anfang hatten im 16. Jahrhundert **Köpu/Dager Ort** und **Dünamünde** gemacht, im 17. Jahrhundert gefolgt von **Runö** und **Swalfer Ort/Sörve.** Alle vier Standorte sind nach wie vor mit Leuchttürmen besetzt.

Im Anschluß an die kurzen Beschreibungen auf den Seiten 27, 41, 44 und 58 sei hier auf **Dünamünde** (lettisch **Daugavgriva)** näher eingegangen: Sicherlich wurde der Turm des etwa 1536 eingerichteten Leuchtfeuers mehrmals erneuert, Genaueres ist aber erst wieder ab 1818 bekannt. Jedenfalls hält dieser 10 km vor Riga liegende Hafen mit mindestens 6 Leuchttürmen nacheinander den Rekord in der Ostsee.

1818 entstand ein 8eckiger Holzturm, gut 30 m hoch, mit einer der damals üblichen Parabolspiegel-Anlagen in der Laterne. An zwei Auslegern konnten Signale gesetzt werden. Nachdem im Krimkrieg englische Kriegsschiffe begonnen hatten, auch russische Häfen in der Ostsee zu beschießen, bekamen es die Rigaer mit der Angst. Sie ließen den Leuchtturm 1854 vorsorglich abtragen, damit er dem Feind nicht den Weg zu ihrer Stadt weisen konnte.

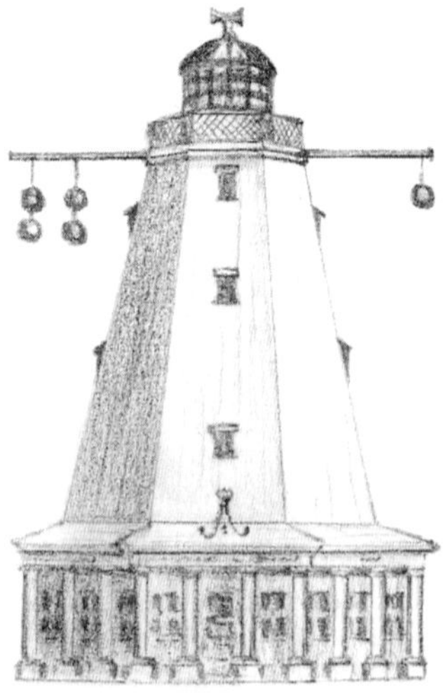

Leuchtturm **Dünamünde** *(1818–1854)*

Nach Beendigung der Feindseligkeiten wurde 1856 zunächst ein Provisorium aus Sparrenwerk errichtet, und erst 1863 wieder ein richtiger Leuchtturm. Im Rigaischen Almanach von 1869 steht darüber: »Dieser neue, auch als Bolderaascher oder Rigascher bekannte Leuchtthurm ist ganz aus Gußeisen gebaut, er steht auf einem Granitsockel und enthält eine aus Kanonengut gearbeitete Laterne. Der Thurm selbst war früher roth und ist gegenwärtig weiß angestrichen, die Laterne und das Dach haben eine grüne Farbe. . . Die Höhe des Lichtes von der Bodenfläche beträgt 93, über dem Meeresspiegel 103 englische Fuß. . .« (= 28,3 bzw. 31,4 m).

Anmerkung

In einem Gebiet, wo estnisch, lettisch, litauisch, deutsch, finnisch und russisch gesprochen wurde und z.T. noch wird, haben auch die Orte oft mehrere Namen und mit ihnen die Leuchttürme. Hier sind jeweils die gebräuchlichsten aufgeführt. Der russische Name ist übrigens meist eine buchstabengetreue Übersetzung der einheimischen Schreibweise.

Leuchtturm **Dünamünde** *(1863–1917)*

Leuchtturm **Dünamünde** *1920–1944*

Nach Zerstörung im Ersten Weltkrieg wurde der Turm 1920 durch einen neuen, ganz schlanken, 30 m hohen Betonturm ersetzt. Dieser hinwiederum überlebte den Zweiten Weltkrieg nicht, und es entstand Mitte der 1950er Jahre eine ganze Anlage mit einem 30 m hohen Betonturm, mehreren Maschinen- und Wohngebäuden.

Vor der Schilderung weiterer Einzelfälle kurz ein Überblick:
Nach den vier Leuchttürmen des 17. Jahrhunderts ging es hier – im Gegensatz zum finnischen Gebiet – schon im 18. Jahrhundert verstärkt weiter, und zwar mit 12 neuen Leuchttürmen. Das 19. wurde dann, wie in vielen europäischen Ländern, zum Jahrhundert der Leuchttürme. Es entstanden unzählige Neubauten, etwa 15 davon über 30 m hoch, weitere 15 über 20 m hoch. In unserem 20. Jahrhundert ging es außer notwendigen, z.T. sehr hohen Ersatzbauten um Verdichtung des Leuchtfeuernetzes mit vielen meist kleinen Türmen sowie um Technisierung.
Zum Baumaterial. Für waldreiche Gegenden wie die baltischen Küstengebiete war Holz zunächst am günstigsten und überall verfügbar. So wurden bis etwa zur Mitte des 18. Jahrhunderts fast alle Leuchttürme aus Holz gebaut. Danach kam die Zeit der Steintürme, ab etwa Mitte des 19. Jahrhunderts die der Eisentürme und schließlich in unserem Jahrhundert die Zeit der Betontürme. Einige Ausnahmen bestätigen auch hier die Regel.

Zurück zu den Holztürmen. Über die ersten Exemplare ist nur wenig bekannt. Es handelte sich wohl um Gerüste, etwa 20 m hoch. Zunächst wurden offene Feuer unterhalten, aber um 1800 waren schon Öllampen mit Hohlspiegeln in Laternen gebräuchlich. Von den letzten hölzernen Leuchttürmen standen einige bis in unsere Zeit.
Nun zu den Steintürmen, die bis auf Ausnahmen rund und meist dick wurden. Der nach **Köpu** älteste, heute noch in Betrieb befindliche steht auf einem Kap nordwestlich von Reval. Er wurde 1760 erbaut, heißt **Suuropi** und mißt 20 m (Abb. Seite 149).

Hier weitere größere Stein-Leuchttürme:

1770 **Swalfer Ort/Sörve,** 30 m hoch, quadratisch (s. Seite 58)
1788 **Naissaare/Nargen** (»Fraueninsel« vor Reval), 18 m hoch, 1849 auf 35 m erhöht oder durch neuen Steinturm ersetzt, 1941 zerstört
1788 **Kolka/Domesnäs** (Nordkap von Kurland) Oberfeuer 24 m hoch, quadratisch, Unterfeuer 16 m hoch
1804 **Osmussaare/Odensholm** (Insel westlich Estland), 30 m hoch, 1941 zerstört
1807 **Seiskari/Seskär** (Insel im östlichen Finn. Meerbusen), 25 m hoch; Ersatz für Holzturm von 1725
1808 **Pakri/Paker Ort** (Insel westlich Reval), 22 m hoch; Ersatz für Holzturm von 1724; 1889 wegen Absturzgefahr durch Erosion abgebrochen und ersetzt durch neuen Steinturm, 52 m hoch (Abb. Seite 151)
1808 **Narva/Hungerburg** (Finn. Meerbusen, Südost), 21 m hoch, 1941 zerstört
1809 **Vilsandi/Filsand** (Insel vor Ösel), 35 m hoch
1815 **Tolboukin** (Insel im östl. Finn. Meerbusen), 30 m hoch; Ersatz für Holzturm von 1719
1845 **Lyser Ort/Ovisi** (Nordwestkap von Kurland), 36 m hoch.

Die Nachzügler waren:

1871 **Mohni/Ekholm** (Insel nordöstl. Reval), 24 m hoch; Ersatz für Holzturm von 1806
1884 **Mikelbaka/Michailowski** (Nordwest-Kurland, bei dem Dorf Pissen), 52 m hoch, ab 1890 als zweiter Leuchtturm der Ostsee mit elektrischer Lichtquelle, im Ersten Weltkrieg zerstört
1896 **Reval-Katharinenthal,** 40 m hoch; Ersatz für Holzturm von 1835 (Abb. Seite 149)
ca.1910 **Schepelewski** (Bucht von St. Petersburg), 36 m hoch.

Zu den Steinbauten zählen eigentlich auch mehrere, hier nicht im einzelnen aufgeführte Kirchtürme, auf denen Leuchtfeuer installiert wurden.

Leuchtturm **Suuropi** *(westlich Reval), 1760 erbaut*

Leuchtturm **Reval-Katharinental,** *1896 erbaut*

Leuchtturm **Keri/Kokskär** *(nördlich Reval) mit Sockel von 1803, Aufsatz von 1858*

Leuchtturm **Osmussaare II** *(Insel vor Estland), 1954 erbaut*

Leuchtturm **Naissaare II** *(Insel vor Reval), 1960 erbaut*

Dritter Leuchtturm **Swalfer Ort/Sörve** *(Südspitze Ösel/Saaremaa), 1960 erbaut*

Leuchtturm **Tallinn** *(vor Reval), 1970 erbaut, seit 1973 atomar betrieben*

In diesem Zusammenhang sei Hogland genannt, eine 10 km lange und bis zu 160 m aufragende Insel mitten im Finnischen Meerbusen. 1723 war in 110 m Höhe das erste Leuchtfeuer eingerichtet worden, weitere, allerdings nur in Gestalt von Laternen auf relativ niedrigen Stein- oder Holzsockeln folgten 1807, 1861 und 1868 an anderen Stellen rund um die Insel. Am Südufer entstand schließlich 1906 als Ersatz für einen alten Holzturm der heutige steinerne Leuchtturm **Hogland,** 22 m hoch.

Von 1917 bis 1944 gehörte die Insel übrigens zu Finnland, wo sie Suursaari genannt wird.

Leuchtturm **Pakri/Paker Ort** *von 1889*

Rostra-Säule *in St. Petersburg*

Um diese strategische Position hatte es im 18. Jahrhundert mehrere Seeschlachten zwischen Schweden und Rußland gegeben. Nach einem Sieg trennten die Russen die hölzernen Bugschnäbel der eroberten schwedischen Schiffe ab und brachten sie als Trophäen nach St. Petersburg. Diese befinden sich jetzt als eherne Nachbildungen an den beiden sog. **Rostra-Säulen** (Rostra = Schnabel). Bei diesen Säulen soll es sich um alte Leuchttürme handeln, sie stehen vor dem Börsenkomplex auf der Strelka – gegenüber der Eremitage.

An dieser Stelle sei ein Mann erwähnt, der das Seezeichenwesen im damaligen Rußland entscheidend beeinflußt hat: Leonti Spafarjew (1765–1847). Als Seeoffizier war er in Europa herumgekommen und hatte die schon weiter entwickelten Leuchtfeuer in westlichen Ländern kennengelernt. Um 1800 in die Seezeichenbehörde berufen, trieb er den Leuchtturmbau und die technische Entwicklung energisch voran. So ließ er z. B. eine Anlage mit Reflektorlampen aus England kommen und nachbauen. Danach konstruierte er einen eigenen Laternentyp, der ab 1804 Zug um Zug auf den dortigen Leuchttürmen zum Einsatz kam. Nach Erfindung der Linsenoptik in Frankreich kaufte er 1827 ein Muster und ließ die Linsen in einer St. Petersburger Glashütte nachmachen. Damit stellte er Versuche auf dem Dach der Admiralität an. Aufgrund der komplizierten Herstellung dauerte es allerdings noch bis 1858, ehe Linsenapparate allgemein eingeführt werden konnten.

Tahkuna, *mit 40 m einer der höchsten gußeisernen Leuchttürme*

Die erwähnte Richtfeuer-Anlage von **Kolka/Domesnäs** am Nordkap von Kurland wurde aufgrund eines Privilegs aus der Zeit der Schwedenherrschaft privat betrieben. Ein gewisser Baron v. Osten kassierte dafür jährlich 3.325 Rubel – damals eine stattliche Summe. Aber Mitte des 19. Jahrhunderts übernahm die russische Verwaltung die Initiative. Da das Kap wegen zahlreicher Untiefen nur in weitem Abstand umrundet werden kann, sollten diese beiden an Land befindlichen Feuer durch einen draußen im Meer stehenden Leuchtturm ersetzt werden. Dazu schüttete man 5 km vor der Küste eine künstliche Insel auf, umgab sie mit einer Mauer und errichtete mittendrin 1857/58 den neuen Leuchtturm **Kolka/Domesnäs.** Im damaligen Rußland war er der erste einer Reihe von Gußeisentürmen. Er leuchtet noch heute, ist 21 m hoch und rot angestrichen.

Nach kleineren Neubauten in den 1850er Jahren folgte nun eine Serie von kegelstumpfförmigen Gußeisentürmen nach norwegischem Muster:

1863 **Dünamünde,** 30 m hoch (s. Seite 147)
1864 **Wormsö** (Insel vor Estland), 24 m
1865 **Kinö/Kihnu** (Insel in der Riga-Bucht), 25 m
1866 **Virtsu/Werder** (Insel im Moon-Sund), 26 m
1867 **Nerva/Narvi** (Insel am Einlauf nach Wyborg), 28 m
1867 **Libau,** 29 m (Abb. Seite 153)
1870 **Seiskari/Seskär,** 30 m, Ersatz für Steinturm von 1807
1875 **Tahkuna** (Nordkap von Dagö), 40 m hoch.

Der originellste unter den baltischen Leuchttürmen ist **Keri/Kokskär** (Insel nordöstlich Reval). 1803 hatte er das erste Leuchtfeuer dieser Station, einen 1719 erbauten Holzgitterturm abgelöst. Er besteht im Wesentlichen aus Sockel, wohl dem markantesten aller Leuchttürme. Auf diesem Steinkonus thronte zunächst eine 8eckige Laterne mit kupfernen Reflektoren, wobei es sich um einen Nachbau des von Spafarjew aus England bezogenen Musters handelte. 1858 erhielt er dann seine heutige Form durch einen originellen Gußeisen-Aufsatz mit der ersten Linsenoptik. Damit beträgt seine Höhe 30 m, seine Feuerhöhe 32 m (Abb. Seite 149).

Der Turm war im damaligen Rußland stets Vorreiter und Versuchsobjekt. So wurde z. B. 1908 Erdgas getestet. Da es als Glühlicht nicht hell genug brannte, nutzte man es danach wenigstens für Raumbeleuchtung und Heizung aus.

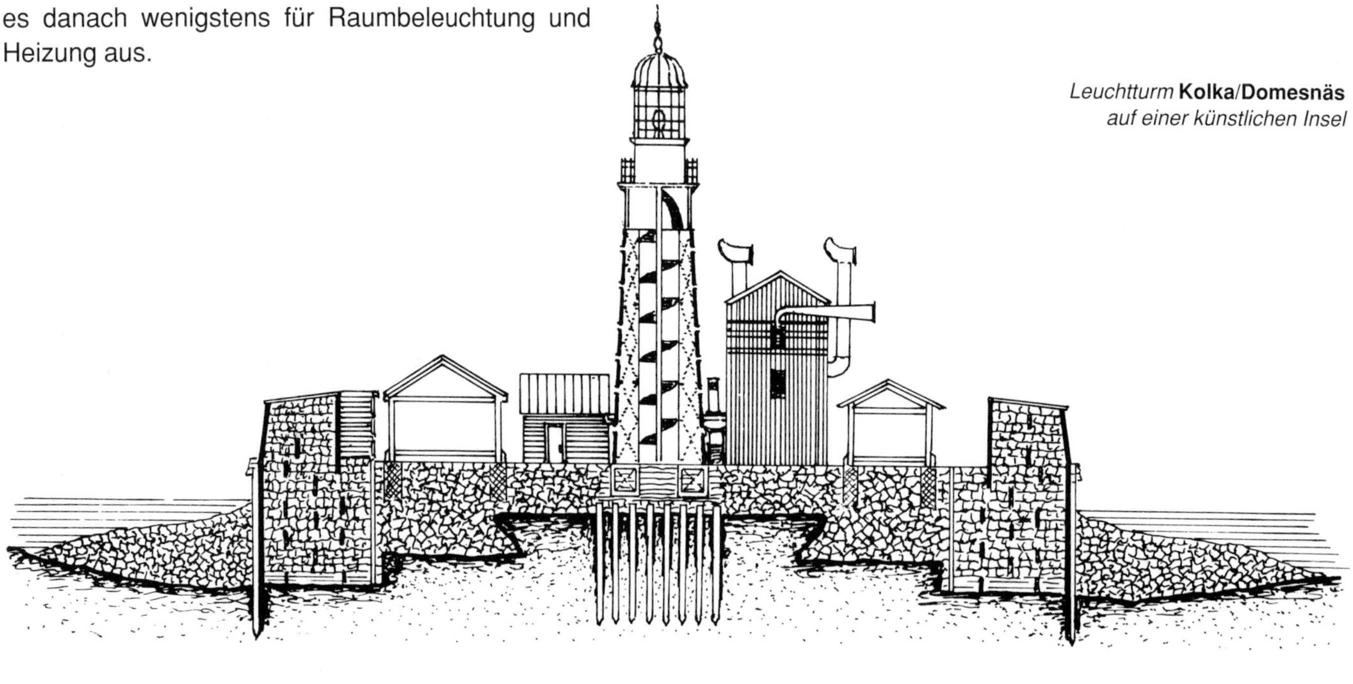

Leuchtturm **Kolka/Domesnäs** *auf einer künstlichen Insel*

Zu Testzwecken bezog man aus Frankreich zwei völlig andere Eisenkonstruktionen in Einzelteilen und setzte sie zusammen. Der eine war 1875 **Ristna** (Westkap von Dagö), ein eigenartiger Rippenturm von 30 m Höhe, der heute noch existiert. Bei dem anderen handelte es sich um **Runö,** den auf Seite 58 beschriebenen und abgebildeten »Vierbeiner« von 1877.
Mehrere größere Eisentürme von 20 bis 51 m Höhe wurden noch zu Anfang unseres Jahrhunderts als Richtfeuer in der Kronstädter Bucht errichtet. 1920 folgte noch **Dünamünde V** (s. Seite 148). Der letzte und mit 56 m auch höchste war dann 1934 **Mikelbaka II.** Er ersetzte den im Ersten Weltkrieg zerstörten dortigen Steinturm, wurde aber im Zweiten Weltkrieg ebenfalls zerstört.
1924 begann mit dem 19 m hohen runden Leuchtturm **Kübassaare** (Ostkap von Ösel) auch hier das Betonzeitalter. Nachstehend eine Aufzählung der Exemplare über 30 m Höhe:

1931	**Abruka II,** 36 m hoch; Ersatz für Holzturm von 1897
1935	Oberfeuer **Norby** (auf Wormsö), 34 m hoch
1954	**Osmussaare II,** 35 m hoch (Abb. Seite 150)
ca.1955	**Mikelbaka III,** 56 m hoch
ca.1957	**Dünamünde VI,** 30 m hoch
1959	**Narva II,** erster aus ringförmigen Eisenbetonblöcken zusammengesetzter Leuchtturm, 30 m hoch
1960	**Swalfer Ort III,** 52 m hoch (Abb. Seite 150)
1960	**Naissaare II,** 45 m hoch (Abb. Seite 150).

Leuchtturm **Libau** *von 1867*

Leuchtturm **Ristna** *von 1875*

In den sechs letztgenannten Fällen handelt es sich ausschließlich um Ersatz für im Zweiten Weltkrieg zerstörte Stein- oder Eisentürme. Außerdem wurden zahlreiche weitere Exemplare, zumeist aus monolithaltigem Stahlbeton errichtet.
Es gibt auch einen modernen, ferngesteuerten Leuchtturm im Meer, **Tallinn** (vor Reval), 1970 in 10 m Wassertiefe auf vorbereitetem Grund errichtet (Abb. Seite 150). Der untere Teil besteht aus Mauerwerk, der obere aus Metall. Seine Höhe über dem Wasserspiegel beträgt 31 m, seine Feuerhöhe 29 m. Er ersetzte das Feuerschiff REVALSTEIN, das auf gleicher Position gelegen hatte.
1973 baute man ihm zwei Radioisotope mit thermoelektrischem Generator ein. Damit wurde er der erste atomare Leuchtturm der Welt. Sein Licht leuchtet ständig. In einer sowjetischen Zeitschrift steht: ». . . Der Leuchtturm ist als Ehrenmal für die Opfer des großen vaterländischen Krieges errichtet, sein ewiges Feuer wird mit friedlicher Atomkraft betrieben. Schiffe aus aller Welt salutieren beim Passieren des Leuchtturmes durch Dippen der Flagge, um die Gefallenen zu ehren.«

Südküste

(deutsche und ehemals deutsche Küste)

Die bereits vorne erwähnten, vom 13. bis 16. Jahrhundert eingerichteten Leuchtfeuer-Standorte **Travemünde, Hiddensee, Warnemünde, Hela, Weichselmünde/Neufahrwasser** und **Pillau** sind auch heute mit Leuchttürmen bestückt. Sie werden – wie auch andere Leuchttürme dieser Region – hier etwas ausführlicher behandelt.
Die bisherige chronologische Aufzählung wird im folgenden einmal ersetzt durch eine geographische von Ost nach West. Denn ein großer Teil der südlichen Ostseeküste verläuft langgestreckt, und die Leuchttürme sind in fast gleichmäßigen Abständen wie Laternen an einer Seepromenade aufgereiht. Beschrieben werden aber, wie allgemein, nur größere bzw. besonders interessante Exemplare.

Memel

Das war einst die östlichste und zugleich nördlichste Hafenstadt des Deutschen Reiches. Eine 1740 errichtete Steinkohlenwippe war dort erstes Leuchtfeuer. Sie wurde 1796 durch einen runden Backstein-Leuchtturm ersetzt. Während der Bauzeit hatte man umdisponiert und anstatt des ursprünglich vorgesehenen Kohlefeuers eine Hohlspiegel-Anlage in Auftrag gegeben. Es war die erste in Deutschland. Wegen mangelhafter Tragweite verbesserte man sie 1819 unter gleichzeitiger Erhöhung des Turmes von 17 auf 24 m. Mit ihren 13 neuen, silberplattierten Scheinwerfern leuchtete sie nun so gut, daß man erst 1909 eine Laterne mit Fresnelscher Optik einbaute.
Der schachbrettartig rot/weiß angestrichene Turm wurde bei den schweren Kämpfen gegen Ende des Zweiten Weltkrieges zerstört. Stadt und Hafen wechselten den Besitzer, Memel hat seitdem den litauischen Namen Klajpeda.
Etwa 1950 erbauten die Sowjets an der alten Stelle den 40 m hohen, schwarz/weiß gebänderten Betonturm **Klajpeda** mit einem schwarzen Vertikalstreifen an der Seeseite und roter Laterne.

Leuchtturm **Memel** *um 1850*

Leuchtturm **Memel** *um 1930*

Nidden

Dieses Dorf liegt auf halber Strecke der 98 km langen Kurischen Nehrung. Dort entstand 1874 ein 8eckiger Backstein-Leuchtturm. Mit seiner Optik größten Typs strahlte er aus einer Feuerhöhe von 68 m weit über Meer und Kurisches Haff; der 50 m hohe Dünenberg Urbo-Kalns machte es ihm möglich, denn er war selber nur 23 m hoch. Nach Zerstörung im Zweiten Weltkrieg bauten die Sowjets an gleicher Stelle einen neuen, 29 m hohen runden Leuchtturm als Ersatz.
Südlich von Nidden (jetzt Neringa) liegt übrigens Rybacij, das ehemalige Rossitten mit seiner berühmten Vogelwarte. Sie wurde einst hier errichtet, weil es in Europa keinen Ort gibt, den mehr Zugvögel überfliegen als die Kurische Nehrung.

Brüsterort

Das ist die nordwestliche Ecke der Samland-Halbinsel. Um sie zu markieren, wurde schon ab etwa 1700 ein Leuchtfeuer auf der 35 m hohen Steilküste betrieben. Etwa 1820 ersetzte man es durch eine Aufzugslaterne mit drei Parabolspiegeln.
1845/46 wurde dann dort der 30 m hohe Leuchtturm erbaut und als erster in Deutschland mit einer aus Frankreich bezogenen Riesenoptik ausgerüstet. Daraus blinkt er noch heute, nur steht im Leuchtfeuerverzeichnis jetzt **Mys Taran,** und der erste Leuchtturmwärter ist ein Russe.
Berühmter als der Leuchtturm ist seine Umgebung, die sogen. Bernsteinküste, wo das »Gold der Ostsee« im Tagebau-Verfahren gewonnen wird, bis zu 1.000 t im Jahr.

Leuchtturm **Brüsterort**

Pillau

Das in diesem Vorhafen von Königsberg 1562 erstmals eingerichtete Leuchtfeuer wurde mehrfach verändert und 1741 auf ein Turmhaus verlegt. Dort brannte es zunächst auch noch als offenes Kohlenfeuer, ab 1756 aber in einer Laterne mit Metallspiegeln.
Der in den ersten Jahren des 19. Jahrhunderts auf einem Sockel aus Feldsteinen errichtete, 27 m hohe Turm mit meterdicken Mauern diente zunächst nur als Lotsenwarte und erst seit Abzug der Franzosen 1813 auch als Leuchtturm. Elf große Hohlspiegel mit Argandlampen standen im Halbkreis zur Seeseite hin, zwei weitere zur Haffseite. 1909 erhielt der Turm eine neue Laterne mit moderner Optik, womit er 31 m hoch wurde. Zunächst war er ganz weiß, erst nach einer Renovierung 1927 bekam er seinen roten Kopf. Er existiert noch heute, nur Pillau heißt jetzt Baltijsk.
1913 war vor dem Turm ein Denkmal des Großen Kurfürsten, des Förderers von Pillau aufgestellt worden. Kaiser Wilhelm II. hatte es gestiftet. Heute steht es in der Patenstadt Eckernförde zur Erinnerung an die einstige deutsche Seestadt Pillau.

Leuchtturm **Pillau** *mit Denkmal des Großen Kurfürsten*

Kahlberg

Dieses frühere Ostseebad auf der Frischen Nehrung ist nächster Standort in der Feuerkette. Der erste Leuchtturm, ein 23 m hoher Ziegelsteinbau stammt von 1895. Beim Rückzug der deutschen Truppen 1945 wurde er gesprengt. Die Polen bauten 1951 einen knallroten Ersatzturm aus Beton, 27 m hoch. Sie nennen Turm (und Ort) **Krynica Morska,** es ist der östlichste ihres nach dem Zweiten Weltkrieg einverleibten Küstengebietes.

Danzig

Wie auf Seite 39 geschildert, wurde das Feuer 1758 von **Weichselmünde** nach **Neufahrwasser,** dem nunmehrigen Vorhafen von Danzig verlegt. Zu diesem Zweck war ein dicker runder, 22 m hoher Steinturm erbaut worden, der einen großen Teil der Leuchtfeuergeschichte mitmachte: Zuerst leuchtete auf seiner Plattform ein offenes Kohlenfeuer, ab 1817 eine Parabolspiegel-Laterne mit Kerzen, ab 1819 mit Gasflammen, ab 1860 mit Dochtlampen und ab 1888 elektrisches Bogenlicht an einem 9 m hohen Mast über der Laterne.

Für die Leuchtgasfeuer hatte die Stadt 1818 extra eine kleine Gasanstalt errichten lassen. Es handelte sich um die erste Lichtquelle dieser Art für Leuchtfeuer überhaupt. Danzig leistete hier mit mehreren Neuerungen einen wesentlichen Beitrag zur leuchtfeuertechnischen Entwicklung. So lieferte auch die 1888 von der Firma Siemens & Halske eingebaute elektrische Lichtanlage wertvolle Erkenntnisse. Sie war die erste in Deutschland und in der ganzen Ostsee.

Leuchtturm **Danzig-Neufahrwasser** *(1758–1894)*

Die Anlage wurde 1894 auf einen neuen kombinierten Leucht- und Lotsenturm übernommen, der einem in Cleveland/Ohio am Eriesee 1873 erbauten 8eckigen Leuchtturm nachgebildet war. Bis 1929 trug er noch eine Zeitball-Einrichtung, mit der er 37 m hoch war, sonst nur 28 m.

Sein Feuer leuchtete hinweg über die Westerplatte, wo 1939 mit den Schüssen des Linienschiffes »Schleswig-Holstein« der Zweite Weltkrieg begann. 1945 kam der

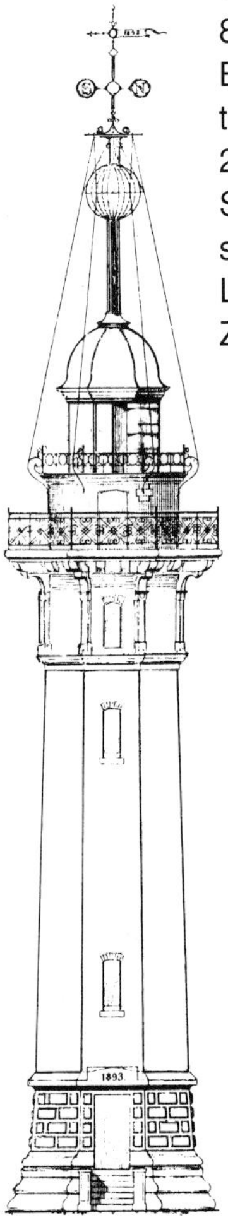

Leucht- und Lotsenturm **Danzig-Neufahrwasser** *von 1894 mit Zeitball-Einrichtung*

Beobachtungs- und Leuchtturm **Nowy Port** ▶ *von 1984*

Krieg dorthin zurück, und mit der deutschen Bevölkerung wurden auch die Leuchtturmwärter vertrieben. Danzig heißt seitdem Gdańsk, Neufahrwasser Nowy Port. 1984 wurde auch dieser Turm abgelöst, und zwar durch einen kombinierten Beobachtungs- und Leuchtturm aus Beton, 56 m hoch. Er steht etwas weiter östlich hinter einem neuen Hafenbecken.

Hela

Die ab 1482 eingerichteten hölzernen Leuchtfeuerbauten (s. Seite 27) mußten aufgrund von Sturmschäden immer wieder erneuert werden. Das wurde den Danzigern zu dumm. Deshalb entschlossen sie sich Anfang des 19. Jahrhunderts zur Errichtung eines soliden, runden Ziegelsteinturmes. Er wurde 1827 feierlich eingeweiht. Es handelte sich nämlich um den seinerzeit mit 42 m höchsten und modernsten deutschen Leuchtturm. Er war mit einem der ersten neuartigen Drehfeuer versehen, bestehend aus sechs Parabolscheinwerfern auf einem rotierenden Tisch.

Ab 1919 gehörte Hela zum sogen. Polnischen Korridor, der Ostpreußen vom übrigen Deutschland abtrennte. Kurz nach Kriegsbeginn 1939 sprengten polnische Pio-

Erster Leuchtturm ***Hela*** *(1827–1939)*

Zweiter Leuchtturm ***Hela,*** *1942 erbaut*

niere den Turm. Doch 1942, mitten im Zweiten Weltkrieg wurde in der relativ kurzen Zeit von sieben Monaten unter deutscher Leitung ein neuer, 39 m hoher Ersatzturm aus Ziegeln erbaut.

Seit 1945 ist Hela wieder polnisch, es heißt jetzt Hel.

Rixhöft

Seit eh und je ist dieses 67 m hoch aufragende Kap ein wichtiger Ansteuerungspunkt für Seefahrer. Weil es aus bestimmter Perspektive einem Riesenhaupt ähnelt, nannten es schon die Germanen »Rieserhöft«; daher der Name Rixhöft. Mehrere Legenden handeln von dieser etwas mysteriösen Landschaft. Danach wurden dort einst Mörder in Buchen verwandelt. Wir kommen noch darauf zurück. Jedenfalls wurde nach echten Überlieferungen 1730 ein Leuchtfeuer eingerichtet, zunächst wahrscheinlich eine Kohlenblüse, später ein Turm mit offenem Feuer. 1821/22 entstand in 54 m Höhe ein schon lange geplanter konischer Steinturm. Er war zunächst mit 15 außergewöhnlich hellen Parabolscheinwerfern ausgerüstet. Diese wurden 1866 gegen eine große Fresnelsche Optik ausgewechselt, deren Tragweite damals schon 22 sm betrug, denn man war bestrebt, das Feuer dieses wichtigen Küstenpunktes besonders weit leuchten zu lassen.

Zurück zu den legendären Buchen, die wirklich existierten und immer höher wuchsen, so hoch, daß sie begannen, das Licht zu verdecken. Nun gab es zwei Möglichkeiten: entweder Bäume abholzen oder Feuer erhöhen. Man wählte die letztere und das gleich zweimal: 1910 wurde der Turm auf Veranlassung der damals zuständigen deutschen Behörden um 5 m erhöht, und weil die Bäume immer weiter wuchsen, 1978 auf Veranlassung der nunmehr zuständigen polnischen Behörden um weitere 7 m. Das geschah jeweils durch einen Metallaufsatz. So entstand das jetzige eigentümliche Gebilde von 33 m Höhe. Um Verwechslungen mit Nachbarfeuern auszuschließen, leuchtete ab 1874 in 190 m Entfernung ein 29 m hoher »Partner« mit gleicher Lichtstärke und in gleicher Feuerhöhe. Er wurde überflüssig, als der alte Turm im Zuge der ersten Erhöhung 1910 eine Scheinwerferoptik mit unverwechselbarem Blitzfeuer erhielt. Der zweite Turm blieb jedoch ohne Laterne stehen und diente u. a. dem polnischen Dichter Stefan Zeromski als Arbeitsstätte.
Der polnische Name für Rixhöft ist Rozewie.

Stilo
Ein breiter Gürtel mit Strand, Dünen und Wald, unterbrochen von zahlreichen Seen, zieht sich an der ganzen ostpommerschen Küste entlang – ein ideales Erholungsgebiet.

Auf einer 45 m hohen Düne, 1000 m vom Meer entfernt, entstand 1904 bis 1906 das – zeitlich gesehen – letzte Glied der langen pommerschen Leuchtfeuerkette, ein 33 m hoher Eisenturm. In der Form ähnelt er den norwegischen und den anderen deutschen aus Gußeisenteilen zusammengeschraubten Türmen, nur ist er nicht rund, sondern 16eckig.
Der Bau hatte so lange gedauert, weil es in dieser damals noch völlig einsamen Naturlandschaft keine Straßen oder Wege gab. So gestaltete sich der Transport des schweren Baumaterials äußerst schwierig. Da das Feuer von Anfang an elektrisch betrieben werden sollte und hier noch kein Netzstrom zur Verfügung stand, mußte sogar noch ein besonderes Maschinenhaus zur Stromerzeugung gebaut werden.
Nach dem Zweiten Weltkrieg behielten die Polen den Anstrich des Turmes in den früheren deutschen Nationalfarben Schwarz-Weiß-Rot (allerdings von unten nach oben) bei. Auch den Ortsnamen veränderten sie nicht.

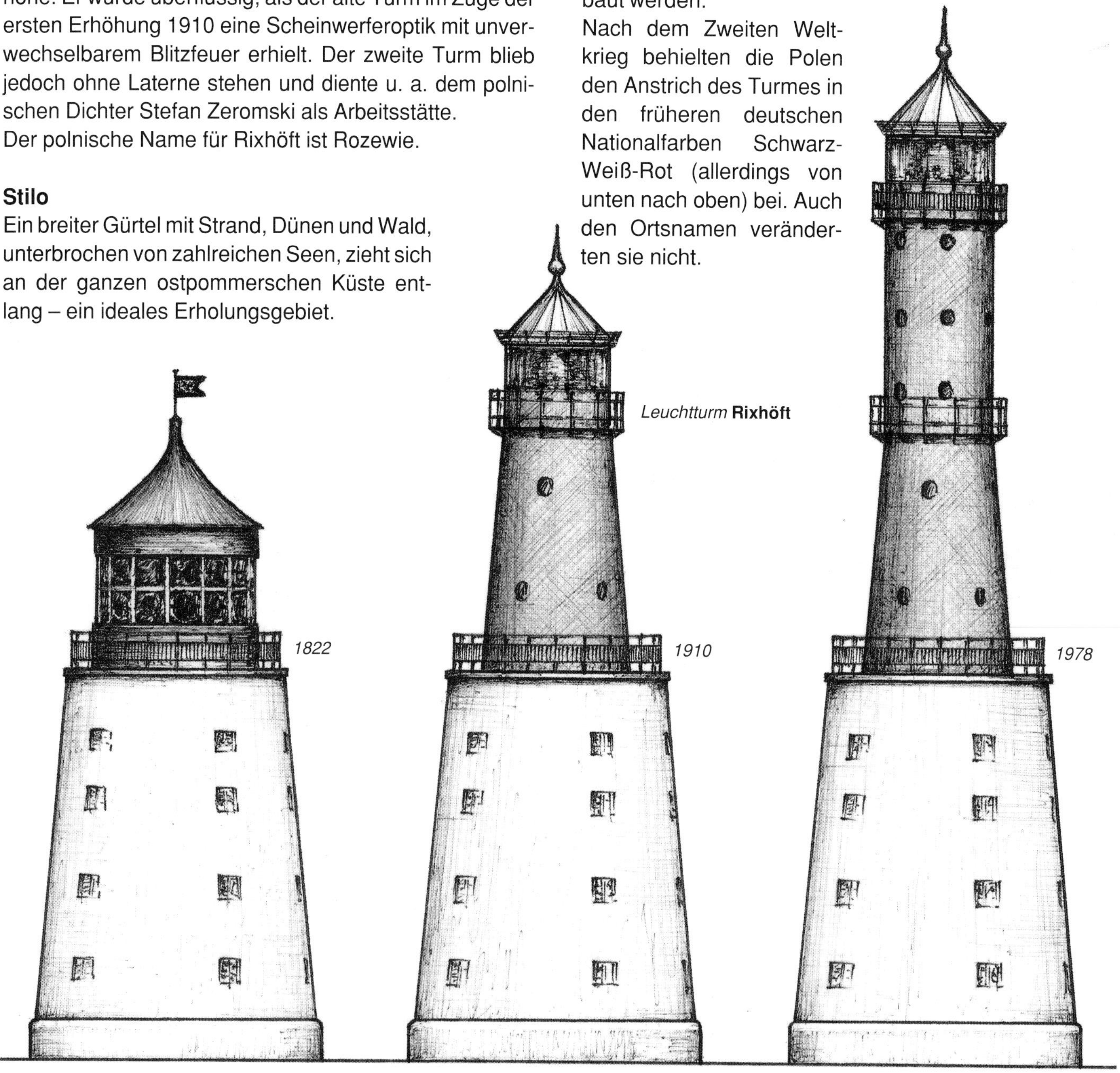

Leuchtturm **Rixhöft**

Leuchtturm **Stilo**

Scholpin

Die Standortwahl für diesen Leuchtturm war nicht leicht gefallen. Gern hätte man ihn auf den 115 m hohen Revekol gestellt, aber dann hätte er 6 km von der Küste entfernt gestanden. So entschied man sich für die nur 1 km landeinwärts gelegene, 55 m hohe Scholpiner Düne.

1873 begannen die Vorbereitungen. Das Baumaterial für diesen Turm kam über See. Es wurde extra eine Anlegebrücke für Lastkähne gebaut und eine Fahrspur für Pferdekarren vom Strand bis zur Dünenkuppe angelegt. Von der Landseite her wäre der Antransport wegen des sandigen Untergrundes noch schwieriger gewesen. Hier waren einst sogar die berühmten Wanderdünen entsprungen, die dann auf ihrem Zug nach Osten ganze Wälder, das alte Leba und das Dorf Lonske verschüttet hatten. Sie wandern übrigens noch heute unaufhaltsam weiter, jedes Jahr um 12 m.

Ausgerüstet mit einer von Frankreich als Reparation gelieferten riesigen Drehlinsen-Optik, nahm der 25 m hohe, dunkle Ziegelturm Anfang 1875 seinen Betrieb auf.

100 Jahre später: Die einst kahle Düne ist inzwischen bewaldet, polnische Soldaten bewachen den Leuchtturm, der jetzt **Czołpino** heißt.

Jershöft

Auf dieser 23 m hohen Landnase entstand 1829/30 ein Haus mit dickem Leuchttürmchen. Ein Drehfeuer aus 15 Parabolspiegel-Scheinwerfern erzeugte lange Blinke. Doch es wurde von Bäumen verdeckt – offenbar ein Schildbürgerstreich aufgrund preußischer Sparsamkeit. Als die Störenfriede gefällt werden sollten, setzten sich die Einwohner zur Wehr, denn schließlich verhindern Bäume den unheilvollen Sandflug. So wurde das Feuer gleich wieder außer Betrieb gesetzt, und der preußischen Verwaltung blieb nichts anderes übrig, als den Bau eines richtigen hohen Leuchtturmes im Etat einzuplanen. Dieser wurde 1837/38 neben dem bisherigen Gebäude aus roten Ziegeln errichtet und mit der vorhandenen Laterne ausgestattet. Damit war er nun stolze 33 m hoch und leuchtete über alle Bäume hinweg. 1899 ersetzte man die Parabole durch eine Linsenoptik. Die alte solide Drehmaschine blieb jedoch weiter in Tätigkeit.

Anstelle von Jershöft steht jetzt Jarosławiec auf Land- und Seekarten.

Leuchtturm **Scholpin**

Funkenhagen

An dieser Stelle der Leuchtfeuerkette mußte ein besonders hoher Leuchtturm gebaut werden, denn größere Bodenerhebungen gibt es hier nicht. Er entstand 1876/77 als Ziegelrohbau, 51 m hoch. Ausgerüstet mit einer großen Drehlinse, nahm er am 1. 1. 1878 seinen Betrieb auf. Zu seinem Schutze wurden schon bald durch zwei besonders konstruierte Dampframmen 25 Buhnenreihen aus Baumstämmen ins Meer getrieben. Mit diesen fauchenden Ungetümen rammte man anschließend noch zahlreiche Buhnen an weiteren gefährdeten Küstenstreifen ein. 1945 wurde der Turm leicht beschädigt, aber repariert und 1948 wieder in Betrieb genommen. Für Funkenhagen erfanden die Polen den Namen Gaski (Gänschen). Hier scheint die Zeit stehengeblieben zu sein.

Leuchtturm **Funkenhagen**

Kolberg

An der glatten ostpommerschen Küste gibt es keine Naturhäfen, sondern nur durch Molen befestigte Mündungen kleiner Flüsse mit einigen maritimen Anlagen. Mit Kolberg an der Persante als Beispiel sei einer dieser kleinen Häfen erwähnt, bekannt geworden durch die Verteidigungskämpfe gegen die Franzosen unter Napoleon 1806 sowie gegen die Russen und Polen 1945.

Neben dem Hafen steht das alte und trutzige Fort Münde. Auf seinem seit 1873 nicht mehr militärisch genutzten Gelände errichtete man 1894 ein neues Lotsengebäude mit turmartigem Aufbau für das Leuchtfeuer.

Ein richtiger, 21 m hoher Leuchtturm entstand erst 1909 im Festungskomplex. Er wurde beim Rückzug der deutschen Truppen im März 1945 gesprengt. Die Polen als neue Besitzer von Kolberg, das sie Kołobrzeg nennen, errichteten sofort nach Kriegsende auf dem Rund des alten Festungswerkes einen neuen dicken Leuchtturm, 30 m hoch.

Leuchtturm **Kolberg** *(1909–1945)*

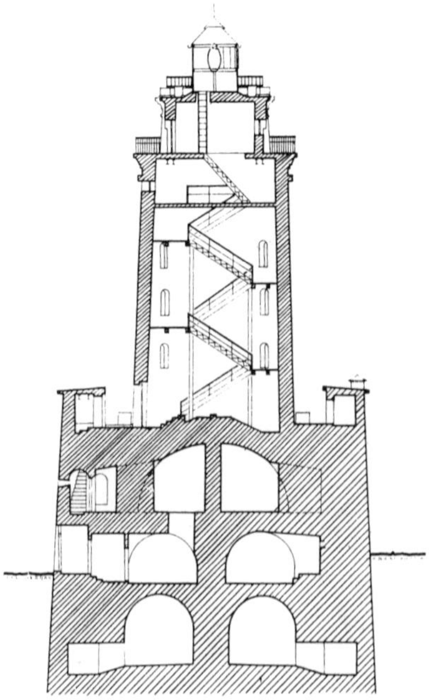

Der polnische Leuchtturm **Kołobrzeg** *von 1945*

Groß-Horst

Hier wurde 1865/66 ein weitreichendes Seefeuer mit einer Optik größten Typs erbaut. Es handelte sich um einen hübschen, 45 m hohen Turm aus gelben Ziegeln, die acht Kanten rot abgesetzt.

Er steht auf dem östlichen Ende einer langen Steilküste, aus der das Meer Jahr für Jahr ein Stück fortreißt. Einige Kilometer weiter stand einst ein Dorf namens Hoff. Dort rückte das Meer in 600 Jahren 2000 Meter bis zur Kirche des Ortes vor, von der ab 1901 Stück für Stück auf den Strand niederstürzte. Ein Rest der Südwand hielt sich noch lange auf der 18 m hohen Kliffkante, er dürfte aber auch in diesen Jahren abstürzen. So gelangte die Kirche von Hoff zu trauriger Berühmtheit.

Das gleiche Schicksal hätte sicher auch den dicht an der 22 m hohen Kante stehenden Leuchtturm ereilt, wenn man dem Vorrücken des Meeres nicht rechtzeitig Einhalt geboten hätte. Das geschah zwischen den beiden Weltkriegen durch Buhnenbau und Betonierung einer 500 m langen Steiluferstrecke, die nun von den Polen instandgehalten werden muß. Sie nennen Groß-Horst Niechorze.

Leuchtturm **Groß-Horst**

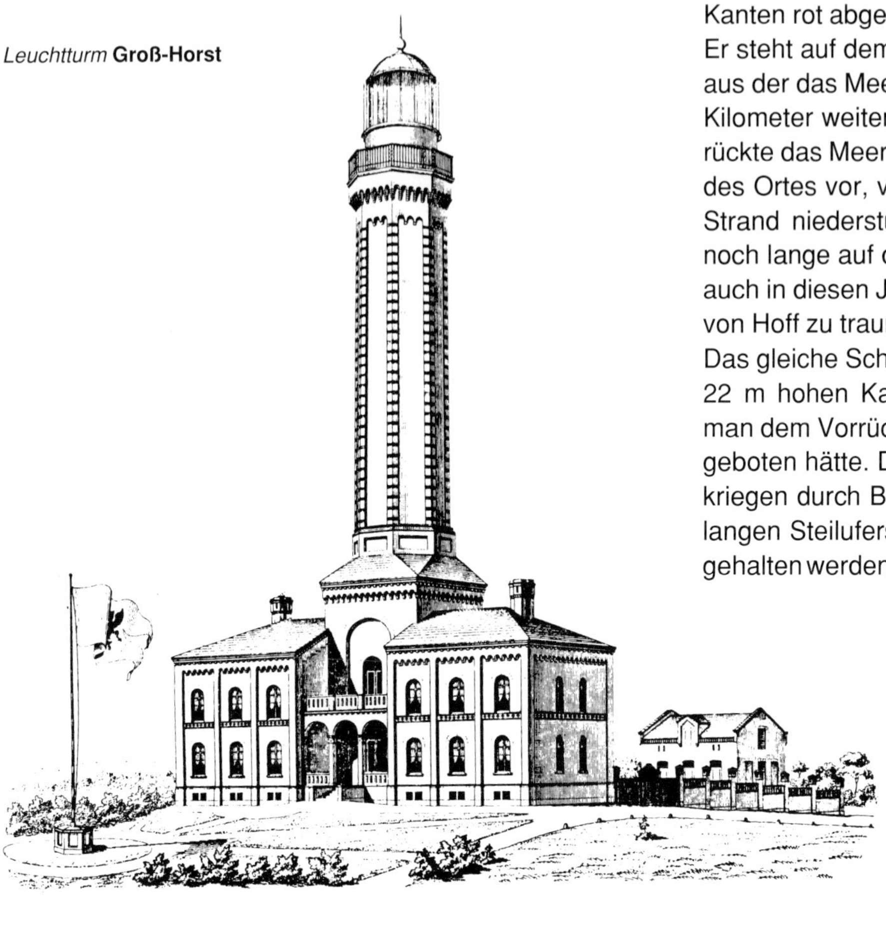

Swinemünde

An diesem Vorhafen von Stettin sollen zwar schon zuvor verschiedene Leuchtfeuer gestanden haben, der erste Leuchtturm wurde jedoch erst 1828 errichtet, und zwar auf dem Kopf der nach 10jähriger Bauzeit fertiggestellten 1,5 km langen Ostmole. Über das vom berühmten Berliner Baumeister Karl Friedrich Schinkel entworfene, 13 m hohe Bauwerk heißt es in einer alten Beschreibung: »Die aus sechs Astrallampen mit Scheinwerfern bestehende Erleuchtungsvorrichtung wird in der eisernen Mittelröhre auf- und niedergezogen. . .« Auch nach Errichtung einer Leuchtbake auf dem neuen Kopf der 1877 verlängerten Mole blieb der Turm noch bis 1914 stehen.

Der eigentliche große Leuchtturm **Swinemünde,** der zum Wahrzeichen der ganzen Pommerschen Bucht wurde, entstand in den Jahren 1857 bis 1859 an der Ostseite der Swine in Osternothafen. Mit einer Höhe von 68 m bis zur Spitze des Kuppeldaches ist er einer der höchsten gemauerten Leuchttürme der Welt.

Leider erwies sich seine Verblendung aus gelben Mauersteinen als nicht haltbar genug. Da Ausbesserungen nichts nützten, entschloß man sich zu einer völlig neuen Ummantelung mit härteren Steinen aus Schweden, die 1902/03 erfolgte. Abgesehen vom unteren Teil, den man erheblich verstärkte, wurde der bis dahin achteckige Turm rund.

Über 300 Stufen sind es auf der Wendeltreppe bis zur Galerie. Unzählige Besucher genossen vor dem Zweiten Weltkrieg den herrlichen Blick von oben, z.B. nach Nordwesten über die Ostseebäder Ahlbeck, Heringsdorf, Bansin und Zinnowitz bis zur Greifswalder Oie, bei klarer Sicht sogar bis zu den Kreidefelsen auf Rügen, oder nach Nordosten zur Steilküste von Misdroy.

Der große Leuchtturm ***Swinemünde*** *vor dem Umbau*

1945 fiel auch Swinemünde wie viele andere deutsche Städte an Polen. Sie nennen es Swinoujscie, Stettin heißt seitdem Szczecin.

Hafeneinfahrt Swinemünde mit der langen Ostmole und dem Leuchtturm (Foto 1937)

Ostsee

(westliche Fortsetzung Seite 183)

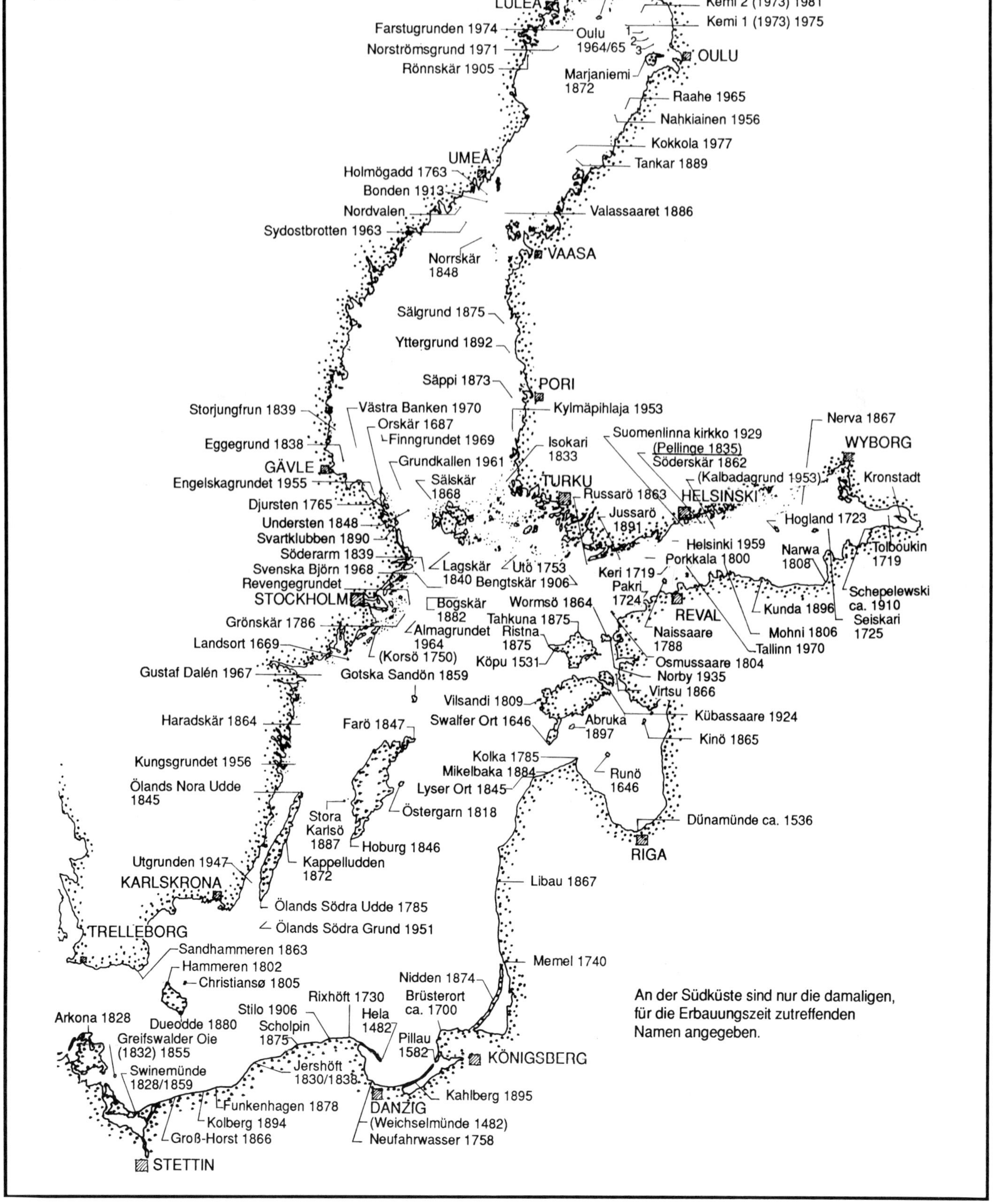

Greifswalder Oie

Diese als »Helgoland der Ostsee« bekannte Mini-Insel ragt zwar nur 15 m auf, stellt aber auch ein ideales Leuchtturm-Podest dar. Die 1832 errichtete Bake mit zwei Feuern übereinander wurde 1855 von einem 39 m hohen Backsteinturm abgelöst. Bei der 1890 erforderlich gewordenen Ummantelung erhielt das ursprünglich runde Bauwerk einen achteckigen Querschnitt.

Die Leuchtfeuer-Einrichtung bestand anfangs aus 12 auf einem Drehtisch montierten Parabolscheinwerfern, von denen 6 ein weißes und 6 ein rotes Licht ausstrahlten. So erschien abwechselnd weißes und rotes Licht. Die Anlage bewährte sich so gut, daß man sie erst 1914 durch einen Linsenapparat ersetzte.

Leuchtturm **Greifswalder Oie**

Arkona

Rügen, die größte deutsche Insel setzt sich vorwiegend aus Halbinseln zusammen. Auf der nördlichsten, namens Wittow liegt das Kap Arkona. Der ganze Landvorsprung besteht aus steil zum Meer abfallenden, bis zu 46 m hohen Kreidefelsen.

Für die 1683 zwischen Pommern und Schweden eröffnete Postverbindung mit Segelschiffen soll am Wittower Posthaus ein Laternenfeuer, später auf dem Kap eine Feuerbake eingerichtet worden sein. Als Ersatz dafür wurde 1826/27 nach Entwürfen von Schinkel der erste Leuchtturm Arkona errichtet. Das 21 m hohe, vierkantige Gemäuer ist von einer 23eckigen Laterne gekrönt. Sie leuchtete am 1. Januar 1828 zum ersten Mal auf; aus 17 Fensterseiten strahlte je ein Parabolscheinwerfer mit weißem Licht zur Seeseite, aus den restlichen 6 Fenstern rotes Licht zur Landseite hin. Er existiert noch heute und soll demnächst als Leuchtturm-Museum eingerichtet werden.

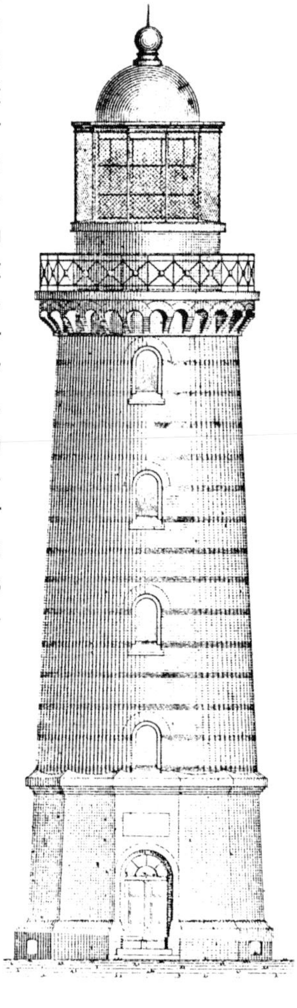

Leuchtturm **Dornbusch**
vor dem Umbau

Unmittelbar neben ihm entstand 1901/02 ein runder, 35 m hoher Nachfolger (Abb. Seite 167). Es handelt sich um einen Zwillingsbruder des zu gleicher Zeit erbauten zweiten Leuchtturmes **Helgoland** (s. Seite 51). Die beiden unterschieden sich nur in der Art ihrer elektrischen Blitzfeuer. Im Gegensatz zum Helgoländer Turm steht **Arkona II** noch heute; seine hübsche Klinkerfassade war leider ab 1980 für zehn Jahre mit schwarz/roten Bändern übermalt.

Dornbusch

Es gibt sie tatsächlich – dornige Büsche – auf dem 72 m hohen Nordende der Insel Hiddensee, westlich von Rügen. Die Anhöhe heißt übrigens auch »Bakenberg«, wahrscheinlich benannt nach einer Bake, die einst dort oben als Seezeichen gestanden hat. Seit 1888 steht hier allerdings ein Leuchtturm, 28 m hoch. Er machte zunächst nicht nur weit sichtbare Lichtblinke, sondern auch Ärger, indem seine Außenhaut wegen einer Bodensenkung aufplatzte. 1927 wurden Ärger und Mauerrisse so groß, daß man ihm einen Betonmantel anzog. Vorher war er rund und mit 13 Ziegelsteinringen hübsch verziert, mit Mantel ist er 12eckig und nicht mehr so hübsch.

Leuchtturm **Darßer Ort**

Darßer Ort

Dieser runde, 35 m hohe Leuchtturm wurde 1847/48 aus Ziegeln gemauert und mit einer großen Fresnelschen Linsenoptik französischer Herkunft ausgestattet. Sein anfängliches Petroleum-Dochtlicht wurde 1936 gegen eine elektrische Lampe ausgewechselt. Seit 1978 arbeitet das Leuchtfeuer automatisch.

Während der sozialistischen Mißwirtschaft 1945 bis 1989 war – wie auch in zahlreichen anderen Fällen – nichts zur Erhaltung des Bauwerkes getan worden. Deshalb mußte 1990 eiligst eine Grunderneuerung durchgeführt werden.

Warnemünde

So heißt der Vorhafen von Rostock. Er hat eine lange Leuchtfeuergeschichte (s. Seiten 26 und 37). Der heutige Leuchtturm entstand 1897/98 dicht am Strand auf einer kleinen Düne. Mehrfarbiges Verblendmauerwerk und eine Galerie auf halber Höhe – einst als Lotsenausguck vorgesehen – verleihen dem 31 m hohen Turm ein besonders hübsches und typisches Aussehen. Die Laterne beherbergt eine Gürteloptik mit umlaufenden Vorlinsen zur Erzeugung der Kennung; ihre Lichtquelle ist seit 1919 elektrisch.

Warnemünde wurde zu Anfang unseres Jahrhunderts international bekannt. Denn ab 1903 konnte man im D-Zug von Berlin nach Kopenhagen reisen – ohne umzusteigen, wohlgemerkt. Eisenbahnfähren von Warnemünde nach Gedser machten es möglich. Das geht heute noch. Nach dem letzten Weltkrieg verlagerte sich allerdings der größte Teil des deutsch-dänischen Eisenbahnverkehrs zur Vogelfluglinie Puttgarden (Fehmarn) – Rødby (Lolland). Der deutsch-schwedische Eisenbahnverkehr mit Fähren von Saßnitz (Rügen) nach Trelleborg wurde erst 1909 aufgenommen.

Leuchtturm **Warnemünde** *in den 1930er Jahren*

Buk

Bei diesem 1878 erbauten, nur 21 m hohen »Dickerchen« handelt es sich um den höchstgelegenen deutschen Leuchtturm. Er steht etwas landeinwärts auf dem 78 m hohen Bastorfer Berg in Mecklenburg und bringt es damit auf die stolze Feuerhöhe von 95 m. Zuerst war er ganz rot, 1930 erhielt er ein weißes Band.

Hier endet nun die »Laternenpromenade« der südlichen Ostsee mit den hohen und weittragenden Seefeuern. 50 km weiter westlich beginnt die schleswig-holsteinische Küste. Da sie stark gegliedert ist, stehen die Leuchttürme dichter, besitzen dafür aber meistens keine so große Tragweite. Sie werden hier nur in besonders interessanten Fällen ausführlicher beschrieben, ansonsten regional zusammengefaßt.

Leuchtturm **Buk**

Maritim-Hochhaus Travemünde mit Leuchtfeuer in 114 m Höhe

Am westlichen Ende der Lübecker Bucht liegt Travemünde. Die Leuchtfeuergeschichte begann hier schon etwa 1225 (s. Seite 30). Die Geschichte des alten Leuchtturmes **Travemünde** kann man auf einer Traditionstafel ablesen. Trotz seiner 30 m Höhe wirkt er jetzt etwas verloren hinter dem riesigen Maritim-Hochhaus. Letzteres trägt nun seit 1974 die Leuchteinrichtung, ein Drehfeuer mit modernen Parabol-Scheinwerfern. Mit einer Feuerhöhe von 115 m hält es den Höhenrekord in der Ostsee. Es wird ferngesteuert.

Travemünde hat in den letzten Jahrzehnten durch den angewachsenen Fährverkehr nach Skandinavien erheblich an Bedeutung gewonnen. Es entstanden immer mehr Verladeeinrichtungen für immer größere Fährschiffe, außerdem eine neue längere Nordmole. Die auf ihrem Kopf 1964 errichtete Molenbake hat etwas Einmaliges: Sie leuchtet nicht nur aus ihrer Laterne, sondern auch von innen heraus, denn sie besteht aus Glasbausteinen.

Die alte **Marienleuchte** *von 1832*

Leuchtturm **Bülk,** *1863/65 erbaut*

Leuchtturm **Falshöft,** *1908/09 erbaut*

Auf dem nördlichen Kreidefelsen von Rügen: Alter Leuchtturm ***Arkona,*** *1826/27 erbaut, daneben neuer Leuchtturm* ***Arkona,*** *1901/02 erbaut (noch ohne schwarz/rote Übermalung)*

An der Westseite der Lübecker Bucht gibt es noch zwei weitere Leuchttürme, **Pelzerhaken,** 1843 erbaut, 1936 auf 19 m erhöht, und **Dahmeshöved,** 28 m hoch, 1878/79 erbaut. Letzterer ist ein beliebtes Ausflugsziel für die Badegäste von Dahme und Kellenhusen, bis zur Automatisierung 1978 durfte man ihn sogar besteigen.
Fehmarn und Vogelfluglinie sind untrennbare Begriffe. Aber nicht nur Zugvögel benutzen diese Route von und nach Skandinavien, sondern auch immer mehr Menschen. Zahlreiche kombinierte Eisenbahn- und Autofähren verkehren Tag und Nacht zwischen der deutschen Insel Fehmarn und der dänischen Insel Lolland.
Weniger für diese Fähren, als für die unzähligen Schiffe, die hier in Ost-West-Richtung passieren, hat man an jeder Ecke der Insel einen Leuchtturm hingestellt, den ersten 1831/32 an der Nordosthuk, wo sich die meisten Strandungen ereigneten. Eigentlich ist es gar kein Turm, sondern ein großes Haus mit einem 15 m hohen Mittelbau, auf dessen Flachdach einsam die Laterne thront (Abb. Seite 168). Noch die Dänen hatten es bauen lassen, denn Schleswig-Holstein stand bis 1864 unter ihrer Herrschaft.

Leuchtturm **Dahmeshöved**

Leuchtturm **Flügge** *von 1916, 38 m hoch*

Maria, Gattin von König Frederik IV., weihte das Bauwerk ein, das nach ihr **Marienleuchte** genannt wurde. Es steht noch heute, das Leuchtfeuer brennt jedoch seit 1967 auf einer 33 m hohen rot/weißen Betonsäule in der Nähe.
Der zweite Leuchtturm auf der Insel wurde 1872 in **Flügge** an der einsamen Südwesthuk gebaut. Er war nur 16 m hoch und wurde 1916 durch einen 38 m hohen Nachfolger abgelöst. Dieser erhielt erst 1954 als letzter größerer deutscher Leuchtturm eine elektrische Lichtquelle. Bis dahin war er mit Glühlicht betrieben worden. Als Schutz vor Verwitterung und um die häufigen Anstriche zu vermeiden, umkleidete man den achteckigen, ursprünglich gelben Ziegelturm mit rot/weißen Kunststoffplatten. So sieht er nun aus wie ein roter Turm mit zwei dicken weißen Bändern.
Ein dicker achteckiger Steinturm namens **Westermarkelsdorf** sichert seit 1881 die Nordwesthuk. Der kleine, nur 18 m hohe Geselle erwies sich als derartig solide, daß es sich noch lohnte, ihn im Alter von 103 Jahren zu automatisieren und an die Fernsteuerung anzuschließen.

Die vierte, im Südosten der Insel liegende Ecke, genannt **Staberhuk,** erhielt ihren Leuchtturm erst 1903. Ausgerüstet wurde der extra dicke, 22 m hohe Turm mit der Super-Laterne des 1902 abgelösten, ehemals englischen Leuchtturmes **Helgoland** (s. Seite 51).

Der Leuchtturm **Neuland** schloß die Lücke zwischen Fehmarn und Kiel. Er war zwar schon 1915/16 erbaut worden, ging aber erst 1918 in Betrieb. Äußerlich ähnelt er dem gleichzeitig erbauten Kollegen **Flügge II,** nur ist er mit 40 m etwas höher.

Nun zur engeren Kieler Bucht. In Holtenau befinden sich die Schleusen für den heute meist befahrenen Kanal der Welt, den Nord-Ostsee-Kanal, früher »Kaiser-Wilhelm-Kanal«, international »Kiel-Canal« genannt. Bei seiner feierlichen Eröffnung 1895 wurde hier auch der denkmalsähnliche, 20 m hohe Leuchtturm **Holtenau** eingeweiht. Eine Tafel erinnert an das Ereignis, eine Ehrenhalle im Erdgeschoß an die 8jährige Bauzeit unter drei deutschen Kaisern. Zweimal wurde der Kanal inzwischen verbreitert und für die größten Schiffe passierbar gemacht.

Leuchtturm **Staberhuk**

Ansichtskarte aus dem Jahr 1895 von der Eröffnung des Nord-Ostsee-Kanals mit dem Leuchtturm **Holtenau**

Schon zuvor hatte es eine Verbindung zur Nordsee gegeben, den Schleswig-Holsteinischen Kanal, allerdings nur für kleine Schiffe bis 35 m Länge. Unter dänischer Regie erbaut, 1784 eröffnet, führte er von Holtenau aus nur bis Rendsburg zur Eider, die nach vielen Windungen in die Nordsee mündet.
Etwas weiter seewärts vom Kanalende, bei Friedrichsort hat die Kieler Förde eine Engstelle, einst beherrscht durch eine Festung. Hier brannte ab 1815 ein Leuchtfeuer, zunächst auf einem Holzgestell, seit 1853 auf einem kleinen Eisenturm, seit 1866 auf einem Steinturm. Der jetzige, 1969/70 auf einer künstlichen Insel errichtete moderne Leuchtturm **Friedrichsort** ist aus Stahlbeton, 33 m hoch. Zwei Jahre lang ließ man seinen über 100 Jahre alten Vorgänger daneben noch stehen. Es war ein Anblick, der etwas wehmütig stimmte: Vertreter der guten alten und der supermodernen Zeit standen sich gegenüber.

Alter Leuchtturm von 1866 und neuer Leuchtturm **Friedrichsort** *von 1970 nebeneinander*

Die Landecke, an der sich die Kieler Förde zur Ostsee hin öffnet, heißt Bülk. Hier bauten die Dänen 1807 ein kombiniertes Lotsen- und Leuchthaus. Daß ein Leuchtfeuer, wie in einigen ähnlichen Fällen, erst ab 1815 brennen konnte, daran war Napoleon mit seiner Kontinentalsperre schuld. Denn erst mußten seine Truppen zurückgeschlagen werden.
Ein 16 m hoher Leuchtturm **Bülk** mit einem der ersten kleinen Linsenfeuer entstand 1844. Aber schon 1863 begann unter dänischer Leitung die Errichtung des heutigen Leuchtturmes. Auf einem Findlingsstapel wurde das Fundament gemauert. Als der Sockel vier Meter hoch war, begann der Deutsch-Dänische Krieg, und die Mauerleute hörten auf zu arbeiten. Ein paar Monate später bauten sie weiter, nun unter preußischer Leitung. 1865 war der 27 m hohe Turm, bestückt mit einer Gürtelleuchte, fertig. 1889 erhielt er eine rote »Bauchbinde«. Mehrfach umgebaut, modernisiert und 1970 mit Kunststoffplatten umkleidet, so steht er noch heute an seiner Küstenecke, allerdings jetzt mit schwarzem Band (Abb. Seite 168).

Der Leuchtturm **Kiel** befindet sich nicht in Kiel, sondern 20 km nordöstlich der Stadt im 13 m tiefen Wasser. Er ersetzte nach 4jähriger Bauzeit 1967 das Feuerschiff KIEL, das auch als schwimmende Lotsenstation gedient hatte.
Kurz die Baumethode: Man schleppte drei gewaltige, an Land hergestellte Beton-Schwimmkästen über den vorbereiteten Untergrund, versenkte sie zentimetergenau, füllte sie mit Sand und setzte den vorgefertigten, 30 m hohen Aluminiumturm mit einem Schwimmkran obendrauf.

Leuchtturm **Kiel**

Es handelt sich um eine Schwimmkastengründung nach schwedischem Muster, nur grenzen an den quadratischen Mittelteil mit dem Leuchtturm noch die beiden anderen, längeren Kästen als Molen, und zwar im rechten Winkel zueinander, um den Lotsenversetzbooten bei jeder Windrichtung Schutz bieten zu können. Auf der westlichen Mole besteht Landemöglichkeit für Hubschrauber.

Gegenüber dem ehemaligen Feuerschiff besitzt diese Anlage zahlreiche Vorteile, z. B. bessere Möglichkeiten für technische Einrichtungen, Schutz der Menschen vor Kollisionen, Aufrechterhaltung des Lotsenbetriebes auch bei Eisgang sowie geringere Unterhaltungskosten.

Leuchtturm **Kalkgrund**

Neuer Leuchtturm **Eckernförde,** *1985/86 erbaut, 27 m hoch*

Der Leuchtturm **Eckernförde** an der gleichnamigen Bucht nördlich von Kiel entstand 1907, nachdem dort Marineanlagen in Betrieb genommen worden waren. Es handelte sich eigentlich nur um ein hohes Wärterhaus mit aufgesetzter Leuchtfeuerkammer. Am 1. Oktober 1986 wurde es durch einen 27 m hohen ferngesteuerten Betonturm ersetzt. Es gab eine kleine Feier für den letzten deutschen Leuchtturmwärter, der bis dahin noch das alte Feuer betreut hatte.

Der nächste nennenswerte Leuchtturm Richtung Norden ist **Falshöft,** ein 1908/09 erbauter typischer Gußeisenturm von 24 m Höhe (Abb. Seite 168).

Der letzte deutsche Leuchtturm vor der dänischen Grenze heißt **Kalkgrund.** Er steht seit 1963 in der Flensburger Außenförde auf einer Untiefe, die bis dahin von einem Feuerschiff bezeichnet worden war. Bei diesem Bau in 5 m Wassertiefe handelte es sich um eine sog. Pfahlgründung. Man verwendete dazu eine Stahlbetonglocke mit Führungslöchern, durch die die Pfähle bis zu 30 m tief eingeschlagen wurden. Auf diesem Fundament entstand dann der eigentliche, mit Kacheln umkleidete Betonturm mit einer Höhe von 24 m über Wasser.

Dänemark

Bis zur Eröffnung des Nord-Ostsee-Kanals 1895 mußten alle größeren Schiffe von und zur Ostsee durch dänische Gewässer fahren, zumal auch die schwedische Küste am Øresund zunächst noch zum Königreich Dänemark gehörte. Diesen strategischen Vorteil nutzten die Dänen nicht nur militärisch, sondern auch wirtschaftlich weidlich aus: Die königlichen Gentlemen baten zur Kasse. 1429 führten sie an der Hauptroute den Sundzoll ein, zahlbar an der engsten Stelle, in Helsingør. Drohende Kanonenmündungen verliehen der Forderung entsprechenden Nachdruck und sorgten dafür, daß kein Transit-Skipper entwischte. Die einträgliche Geldquelle sprudelte bis 1857. Für das außerdem ab 1561 kassierte Feuergeld wurde allerdings etwas getan. Schließlich waren schon im 13. Jahrhundert Leuchtfeuer auf schwedischer Seite, danach auch auf dänischen Inseln eingerichtet worden. Damit sind wir beim Thema.

Nachdem über die Feuer auf schwedischer Seite **Falsterbo, Kullen** und **Nidingen** bereits berichtet worden ist, nun zur dänischen Seite. Markantester Punkt – sozusagen Wendemarke für die Schiffahrt zur Nordsee – ist **Skagen.** Hier wird die 400jährige Leuchtfeuergeschichte Dänemarks zum Anfassen demonstriert – in vier Beispielen:

Wippfeuer **Skagen,** *Nachbildung des 1560 errichteten Originals*

»Weißes Feuer« **Skagen,** *1747–1858 in Betrieb*

1. Das 1560 erbaute, 1627 erneuerte Wippfeuer steht als Nachbildung in Originalgröße auf einem Hügel. Mit dieser Konstruktion wurde auf einfache Weise eine erstaunliche Feuerhöhe erzielt. Der Feuerkorb befand sich an dem durch Gegengewicht ausbalancierten Balken, der mittels einer Winde auf- und abbewegt werden konnte. Allerdings mußte der Korb zu jeder Nachfüllung heruntergekurbelt werden. Nachteilig war ferner, daß das Feuer bei Flaute nur schwach brannte, weil es in der Höhe nicht künstlich angefacht werden konnte. Wahrscheinlich diente das erste Exemplar in Skagen als Muster für mehrere spätere Leuchtfeuer in Nordeuropa.
2. Das sog. »Weiße Feuer«, einen 1747 erstmalig in Dänemark aus Stein erbauten Leuchtturm, kann man sogar noch im Original bestaunen. Auf dem 20 m hohen Bauwerk hatte anfangs offenes, ab 1816 nach englischem Vorbild verglastes Kohlefeuer geleuchtet. 1835 erhielt der Turm eine aus 19 kreisförmig aufgestellten Parabolspiegellampen bestehende Anlage. Zu sehen ist jetzt wieder der ursprüngliche Zustand mit dem Feuerkorb.

3. Das »Graue Feuer« ist am imposantesten. Der 1858 in Betrieb genommene steinerne Leuchtturm ragt 46 m in den Himmel. Er trägt noch seine Original-Laterne mit der aus Paris bezogenen gewaltigen Optik. Man darf hinauf und die bei Sonne in allen Regenbogenfarben schillernden Prismenringe bewundern. Außerdem hat man oben einen phantastischen Blick über die Nordspitze von Jütland mit dem Kattegat bzw. der Ostsee im Osten und der Nordsee im Westen – die Dänen nennen sie logischerweise Vesterhavet (Westsee).
4. Das »Skagen Vest Fyr« repräsentiert als reiner Zweckbau die neueste Zeit. Die schlanke, 26 m hohe Betonsäule wurde 1956 in 14 Tagen gegossen – 14 Monate hatte 100 Jahre zuvor der Bau von Nr. 3. gedauert. Der ferngesteuerte Turm steht drei Kilometer weiter westlich auf einem ehemaligen deutschen Bunker aus dem Zweiten Weltkrieg. Er ersetzte den 1892 noch etwas weiter westlich erbauten, vom Absturz bedrohten Leuchtturm **Højen.** Genaugenommen gehört er schon in das nächste Kapitel »Nordsee«, aber das Leuchtturm-Freilichtmuseum Skagen ist schließlich so eine Art Niemandsland. Noch genauer genommen, liegt es gar nicht in Skagen, sondern in Grenen, wie die äußerste Landspitze heißt.

»*Graues Feuer*« **Skagen** *von 1858*

Skagen Vest Fyr *von 1956*

Mitten im Kattegat, eigentlich genau in der Hauptfahrtroute liegt die 20 qkm große, von gefährlichen Untiefen umgebene Insel Anholt. Das hier 1560 gleichzeitig mit Skagen errichtete Wippfeuer ersetzten die Dänen 1788 durch den imposanten, 30 m hohen Leuchtturm **Anholt** mit zunächst offenem Kohlefeuer. Zu Beginn der napoleonischen Kriege gegen England wurde es 1807, wie alle dänischen Feuer, gelöscht, was die Briten, die nun illegal weiter Seehandel trieben, höchst übelnahmen. Als Ersatz legten sie prompt vor Anholt, übrigens auch vor Skagen, ein Feuerschiff aus. Als dieses 1809 von Eismassen zerquetscht wurde, besetzten sie kurzerhand die Insel, nahmen den Leuchtturm wieder in Betrieb und umgaben ihn zum Schutz mit einem Kasemattenring. Diesen bauten die Dänen nach dem Kriege teilweise wieder ab und gaben dem Turm 1881 durch Erhöhung und eine neue Laterne das heutige Aussehen.

Leuchtturm **Anholt**

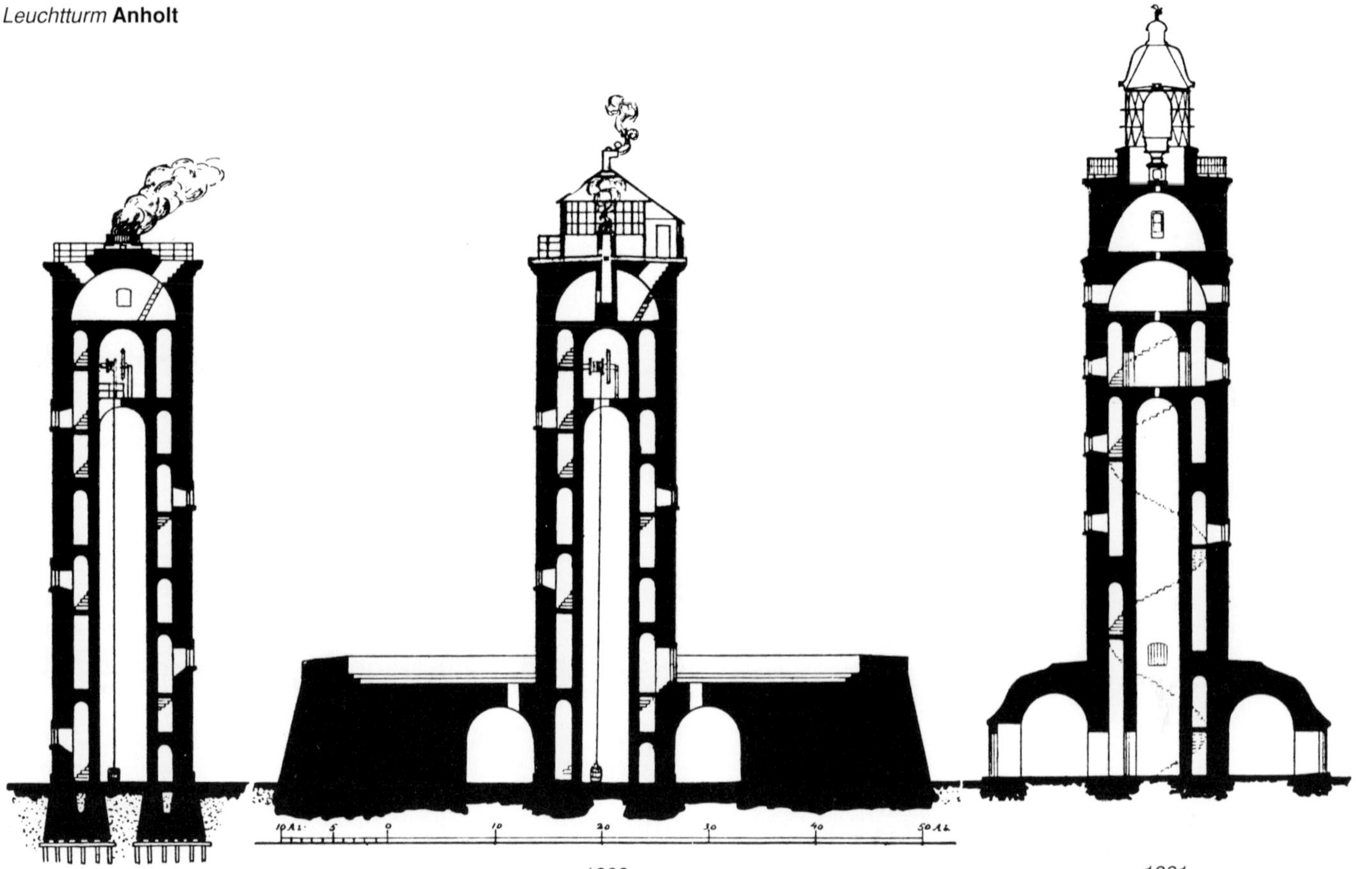

1788
mit offenem Kohlefeuer

1809
mit geschlossenem Kohlefeuer
und englischer Kasematte

1881
aufgestockt und mit
neuer Laterne, 42 m hoch

Nun zum nächsten markanten Punkt der Route, nach Helsingør. Aus einer Festung, von der aus Dänemark den hier nur 5 km breiten Øresund überwachte, entstand 1577–1585 das Schloß **Kronborg.** Shakespeare machte es berühmt, indem er die Handlung seiner Tragödie »Hamlet« dorthin verlegte. Weniger bekannt ist, daß die wahnwitzig anmutende Idee des dortigen Justizrates J. G. Hansen, aus dem an der Nordostecke des Schlosses stehenden »Dronningen Tårn« (Turm der Königin) einen Leuchtturm zu machen, 1772 tatsächlich realisiert wurde. Da ein Kohlefeuer zu gefährlich schien, ließ man einige Lampen vom obersten Rondell leuchten, baute aber 1800 die ganze Turmspitze zu einer Laterne um. 1842 mit der ersten Linsenoptik Dänemarks ausgerüstet, 1878 als Wechselfeuer eingerichtet, so leuchtet sie noch heute aus 31 m Höhe über den Sund. Von den Fährschiffen aus kann man das hübsche, in holländischem Renaissancestil gehaltene Schloß gut beobachten. Aber man muß schon sehr genau hinschauen, um den Laternenturm zu identifizieren.

Schloß **Kronborg** *mit Leuchtturm*

Am Nordausgang des Sundes, auf einem hohen Ufer entstand zur gleichen Zeit auch die Leuchtfeuer-Anlage **Nakkehoved.** Sie bestand aus zwei Türmchen in 130 m Abstand und mit der gleichen Feuerhöhe von 45 m. Seit 1898 leuchtet nur noch der westliche Turm, 1906 auf 21 m erhöht. Der östliche mit seiner Kohlenfeuer-Laterne ist erhalten und kann besichtigt werden.

Am Südausgang des Sundes – gegenüber Falsterbo – liegt die Halbinsel Stevns. Auf ihrem Kap aus Kreidefelsen hatte es schon im Mittelalter ein Leuchtfeuer gegeben (s. Seite 27). 1818 wurde wieder eines eingerichtet, zunächst auf einem kleinen Turm. Es war das erste Drehfeuer Dänemarks mit einer aus Paris bezogenen Hohlspiegel-Anlage. 1878 wurde es abgelöst von einer Linsenoptik auf dem neuen, 27 m hohen Leuchtturm **Stevns.**

Neben dem Øresund gibt es als Passagen zwischen Kattegat und Ostsee noch die beiden Belte, den Großen und den Kleinen. In diesen inselreichen Gewässern hat Dänemark zweckmäßigerweise ein dichtes Netz mit sehr vielen kleinen Leuchtfeuern geschaffen. Hohe, imposante und weitreichende Exemplare sucht man hier vergebens, sie wären auch überflüssig. Deshalb werden aus diesem Seegebiet nur einige etwas größere oder interessante Türme bzw. Leuchtfeuer aufgeführt.

Leuchtturm **Keldsnor,** *34 m hoch, 1905 erbaut*

Den Anfang hatte 1705 eine Laterne am Posthaus von **Baagø,** einer Insel mitten im Kleinen Belt, gemacht; erst seit 1816 steht dort ein kleiner Leuchtturm.

Im Großen Belt ging es vor allem um die Sicherung der wichtigen Fährverbindung zwischen den beiden größten dänischen Inseln Seeland und Fünen. Die Leuchtfeuergeschichte beginnt hier 1727 mit einem offenen Kohlefeuer in **Halskov** (Seeland), 1750 gefolgt von einem Wippfeuer in **Knudshoved** auf einer Landzunge vor Nyborg (Fünen). Dazwischen ist der Belt mit 16 km am schmalsten, und bis heute verkehren die Fährschiffe auf dieser Strecke, so auch die Eisenbahnfähren der Dänischen Staatsbahn. Diese hatte in **Halskov** bei Dunkelheit und Nebel ein primitives offenes Kohlefeuer – als letztes in der Welt – noch bis 1904 betrieben.

Die Fährschiffe passieren auf halbem Wege das Inselchen **Sprogø.** Dort wurde 1809 ein Leuchtfeuer eingerichtet, 1868 abgelöst von einem 19 m hohen Leuchtturm auf dem Inselbuckel.

Wenn die Brücken/Tunnel-Kombination zur Überquerung des Großen Belt fertig ist, dürften Fährlinie und Leuchtturm an Bedeutung verlieren.

Am Südausgang dieses Beltes liegt die Insel Langeland. Sie heißt nicht nur so, sie ist auch lang: 53 km. Die Südspitze **Fakkebjerg,** wo sich die beiden Belt-Routen vereinigen, erhielt 1806 eine Kohlefeuer-Laterne auf Steinsockel, eine Anlage, wie sie dann 1822 auch an der Nase von Norwegen, in **Lindesnes** und **Markøy** errichtet wurde (s. Seite 59). Ab 1834 leuchteten Reflektorlampen. 1905 übernahm der nahebei an der Südostspitze errichtete vierkantige Leuchtturm **Keldsnor** die Aufgabe; er ist mit 34 m der höchste in dieser dänischen Inselwelt. Gegenüber dem Nordende von Langeland liegt die kleine Insel **Omø** mit 22 m hohem Leuchtturm.

Nun zurück zum Kleinen Belt, der an seiner engsten Stelle nur 600 Meter breit und seit 1935 für Schiene und Straße, seit 1970 auch für die Autobahn überbrückt ist. Dort am Nordende steht der 1900 erbaute, 21 m hohe Leuchtturm **Strib.** Viele Ostsee-Segler kennen den vierkantigen Gesellen mit dem originellen roten Kronendach der damaligen Türme. Er hatte übrigens 1883 schon einen bescheidenen Vorgänger aus Eisen als Wegweiser für den Fährverkehr. Zwei weitere Türme am Kleinen Belt sind **Skjøldenæs** auf Ærø, 1881 erbaut, 22 m hoch, und **Helnæs** auf Fünen, 1901 erbaut, 28 m hoch.

Beispiel für ein dänisches Wärterhaus mit Laterne: hier in ***Kekenis/Kegnæs*** *auf Alsen (1845 erbaut); daneben der deutsche Leuchtturm von 1896 (Aufnahme um 1900)*

Am Südausgang des Kleinen Beltes liegt die Insel Alsen. Sie gehörte, wie der gesamte Landesteil Nordschleswig, 1864 bis 1920 zum Deutschen Reich. Während dieser Zeit ging natürlich der Ausbau des Leuchtfeuernetzes weiter. 1896 entstand auf dem Südende der 19 m hohe Leuchtturm **Kekenis/Kegnæs** als Ersatz für das dort schon 1845 von den Dänen erbaute Laternenhaus, 1904 auf der Nordspitze der Leuchtturm **Nordborg/Nørborg,** 18 m hoch.

Viele Leuchttürme in der ganzen Welt werden nach einigen Jahren erhöht, um die Tragweite zu vergrößern. Im Fall **Taksensand** war es umgekehrt: Der 1905 unter deutscher Leitung erbaute, 32 m hohe Leuchtturm war den Dänen zu hoch, sie ließen ihn 1953 bis auf 19 m abtragen. Sein Licht hatte zu weit geleuchtet, außerdem war es öfter von Seenebeln verdeckt worden.

Leuchtturm **Taksensand,** *1905 erbaut, 32 m hoch. . .*

. . . 1953 auf 19 m gekürzt

Kirchturm **Tunø,**
1801 zum Leuchtturm umgebaut

Vesborg, 1858 runder Steinturm, 19 m hoch auf 20 m hohem Kliff der Insel Samsø
Nordre Rønner, 1880 Granitturm, 18 m hoch
Æbelø, 1883 Granitturm, 18 m hoch
Sletterhage, 1894 erster Betonturm Dänemarks, 16 m hoch, rund.
Zeitlich und räumlich dazwischen zahlreiche weitere kleinere Türme.

Nun mit einem zeitlichen und räumlichen Sprung noch einmal zurück zum Kattegat und zum Gebiet nördlich der beiden Belte. Originell ist das Leuchtfeuer der kleinen Insel **Tunø.** Hier funktionierte man 1801 einfach den Kirchturm zum Leuchtfeuer um. Der vierkantige Turm erhielt anstelle der Spitze zunächst ein Lampenfeuer, 1846 eine Linsenoptik; 1906 wurde er auf 19 m erhöht und mit einer größeren Laterne ausgestattet. Er leuchtet heute noch. Bis 1903 hatte übrigens der Pastor die Oberaufsicht – gewissermaßen als Bindeglied zur »Christlichen Seefahrt«.
Nachstehend noch einige »richtige« Leuchttürme in diesem nördlichen Seegebiet:
Hirsholm, 1838 Laternentürmchen am Wärterhaus, 1887 Granitturm, 27 m hoch
Fornæs, 1839 Laterne auf dem Wärterhaus, 1892 Granitturm, 27 m hoch
Hesselø, 1841 kleiner Steinturm, 1865 neuer runder Turm, zunächst mit dem ungewöhnlichen Anstrich in rot/gelben Ringen, mehrfach verändert und auf 24 m erhöht, heute weiß
Sejrø, 1852 runder Steinturm, 19 m hoch
Hjelm, 1856 runder Steinturm, 18 m hoch auf 35 m hoher Insel

Granit-Leuchtturm **Fornæs**
am Ostkap des dänischen Festlandes, 1892 erbaut

Im südlichen Seegebiet gibt es diese drei markanten Kap-Leuchttürme:
Gedser, 1802 sechseckiger Steinturm, 10 m hoch mit Kohlefeuer in Laterne, ab 1834 mit Parabolspiegellampen, ab 1851 mit Linsenoptik, 1905 auf 20 m erhöht und mit neuer Laterne
Møn (südlich von den berühmten Kreidefelsen Møns Klint), 1845 sechseckiger Steinturm, 13 m hoch
Hyllekrog, 1905 viereckiger Steinturm, 18 m hoch.

Jetzt endlich zu Bornholm, der dänischen Ferieninsel. Von der schwedischen Südküste liegt sie nur knapp 40 km entfernt. Zur Markierung dieser Durchfahrt (»Bornholmsgattet«) entstand 1802 auf dem hohen felsigen Nordteil der kleine dicke Leuchtturm **Hammeren** mit einer Kohlefeuer-Laterne. 1872 wurde er abgelöst von einem runden massiven Granitbau, mit Laterne 21 m hoch. Ebenfalls aus Granit ist der Felsen, auf dem er steht. Der Turm leuchtet von dort oben mit einer Feuerhöhe von 91 m.

Granit-Leuchtturm **Hammeren II,** *Bornholm, 1872 erbaut*

Leuchtturm **Gedser** *(Aufnahme ca .1910)*

Auf einer Tafel steht seine Geschichte; hier einige Auszüge daraus:
»Standort 55° 17' Nord, 14° 45' Ost; 1951 automatisiert, seitdem elektronisch kontrolliert (zusammen mit anderen Feuern auf der Insel); Optik 1870 in Paris aus Kristallglas in Handarbeit hergestellt; Glühlampe 1000 W; Lichtstärke 300.000 Kerzen; Tragweite 20 sm; Leuchtzeit von 1/2 Stunde vor Sonnenuntergang bis 1/2 Stunde nach Sonnenaufgang, Schaltung durch Uhrwerk; bei Stromausfall automatische Umschaltung von Strom auf Gas; Lampe 6 sec an, 6 sec aus.«
Gleich nebenan wird Granitgestein abgebaut und verschifft. Noch ein Stückchen weiter südlich stehen die imposanten Ruinen der im 13. Jahrhundert erbauten Festung Hammershus. Sie hatte jahrhundertelang eine Rolle in der Geschichte Dänemarks gespielt.

Eine kleinere Festung gab es 19 km nordöstlich von Bornholm auf zwei von drei Inselchen. Sie sind so klein, daß man sie einst Ærtholme (Erbseninseln) nannte. Heute heißen sie wie die ehemalige Festung **Christiansø.** So heißt auch der 1805 innerhalb eines restlichen Rundturmes errichtete Leuchtturm. Er lugt nur schüchtern mit seiner Laterne über die Ringmauer hinweg, erreicht aber trotzdem eine Feuerhöhe von fast 30 m und leuchtet weit genug, um Schiffen die Orientierung zwischen den zahlreich herumliegenden Riffen zu erleichtern.

Leuchtturm **Christiansø**

Die Südspitze von Bornholm heißt **Dueodde.** Urlauber schätzen sie wegen ihres weißen Strandes mit einem Sand, so fein, daß ihn einst Europas Fürsten zum Tintenlöschen benutzten. Dahinter zieht sich – genau wie an der gegenüberliegenden Küste in Ostpommern – ein Gürtel mit Dünen und Kiefern entlang. Mittendrin erhebt sich der 1961/62 erbaute, mit 47 m höchste Leuchtturm Skandinaviens. Er ist aus Beton und zur Besichtigung freigegeben. Der Aufstieg über 206 Stufen lohnt sich wegen des herrlichen Rundblicks über Meer und Insel von der extra großen Plattform aus. Aber er hatte schon Vorgänger, gleich zwei wegen einer Richtfeuerlinie, beide 1880 aus Bornholm-Granit erbaut. Der größere, 39 m hohe stand 1,5 km landeinwärts, der kleinere, 15 m hohe weiter vorne nahe dem heutigen Betonturm.

Skandinaviens höchster Leuchtturm: **Dueodde II** *(Bornholm), 1961/62 erbaut*

Da von Granit und Beton die Rede war, kurz zur Bauweise der dänischen Leuchttürme. Zunächst waren alle gemauert, vier-, sechs- oder achteckig, hier und da auch als Teil des Wärterhauses. Bis zum Anfang unseres Jahrhunderts wurden weiterhin Steintürme gebaut, allerdings zum Schluß immer seltener. Zwischendurch, von 1850 bis zum Ersten Weltkrieg, entstanden auch einige kleine Eisentürme, von 1872 bis 1892 überwiegend Granittürme fast einheitlicher Bauart. Beton als Baumaterial wird ab 1894 verwendet, zunächst vereinzelt und nur bei kleinen Türmen, inzwischen fast ausschließlich.

Leuchtturm **Nordre Røse** *im Eiswinter 1892*

Besondere Erwähnung verdienen die im Meer, zumeist auch hier als Ersatz für Feuerschiffe errichteten Leuchttürme. Den Anfang machte 1877 **Nordre-Røse** (vor Kopenhagen) in 4,5 m Wassertiefe. Dazu war eine künstliche Insel von etwa 20 m Durchmesser aufgeschüttet und, ähnlich manchen Hafenmolen, mit einer Granitmauer eingefaßt worden. Mittendrauf entstand ein dickes Granittürmchen, mit Laterne 17 m hoch. Im Überwasserteil des Fundamentes befanden sich die Lager-, Maschinen- und Wohnräume der Wärter. Granit war bewußt gewählt worden, um dem Bauwerk besondere Festigkeit zu verleihen. Aber man kannte noch nicht die unvorstellbare Kraft des Eises. Im extrem kalten Winter 1892 schob sich ein wanderndes Eisfeld auf die Insel, türmte riesige Eismassen bis zu 10 Meter hoch auf und drückte die Granitwand ein. 1893 wurde der Unterbau repariert und so verstärkt, daß er bis heute gehalten hat.

Leuchtturm **Hals-Barre,**
1912 erbaut

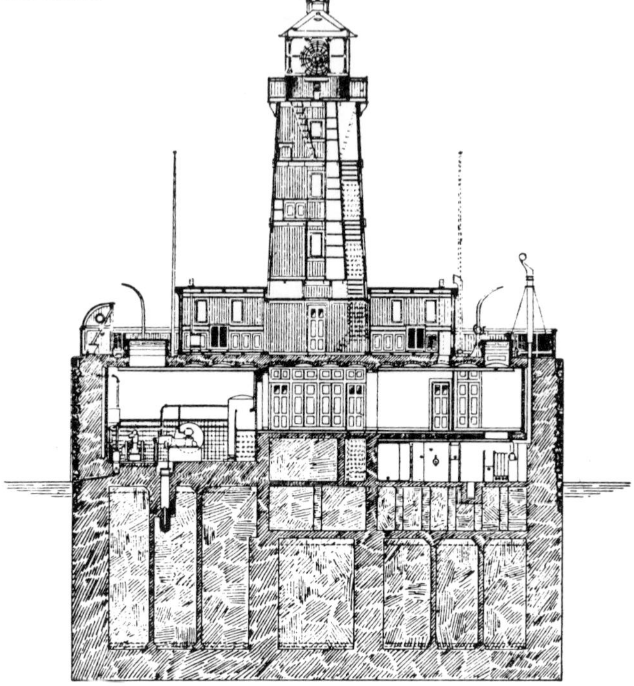

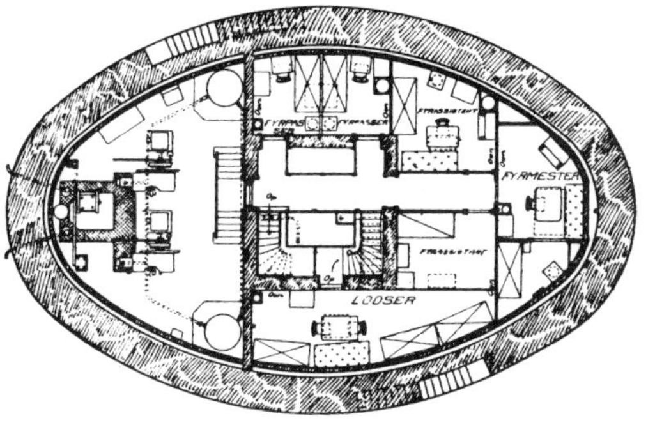

Erst als bereits Erfahrungen über Tiefwassergründungen aus anderen Ländern vorlagen, wagte man sich an einen Bau in 9 Meter Wassertiefe, und zwar nach der Senkkastenmethode: 1912 entstand der Leuchtturm **Hals-Barre** (Kattegat Westseite) auf einem abgesenkten ovalen Betontopf von 21 m Länge und 12 m Breite. Eine Umkleidung dieses Fundamentes mit Natursteinen, die von oben bis zwei Meter unter die Wasserlinie reicht, schützt den Beton in der Wellen- und Eiszone. Innen befinden sich neben technischen Einrichtungen die Wohnräume für Wärter und Lotsen, denn das abgelöste Feuerschiff hatte auch als Lotsenstation gedient. Obendrauf steht ein 15 m hoher viereckiger Eisenturm, aus dessen Laterne Petroleum-Glühlicht leuchtet, obwohl schon seit der Inbetriebnahme ein Motor-Dynamo elektrischen Strom erzeugt, aber nur für die Nebelsirene. »An Deck«, so würde man bei einem Schiff sagen, wird der Turm von zwei Aufenthaltshäuschen für die Wachhabenden flankiert.

Als Senkkastengründungen entstanden kurz vor dem Zweiten Weltkrieg zwei weitere Leuchttürme im Meer:

1. **Drogden** (Øresund) auf ovalem Betonfundament in 10 m Wassertiefe vierkantiger Turm, 18 m hoch; zugleich Lotsenstation. Ersatz für die 1838 eingerichtete gleichnamige Feuerschiff-Station
2. **Røsnæs Puller** (vor Westspitze Seeland) auf rundem doppelstöckigem Betonsockel erster Stahlturm Dänemarks, 10 m hoch, unbemannt, ferngesteuert über Kabel von Landstation aus.

Nach den in Schweden gemachten guten Erfahrungen mit den im Hafen gefertigten und eingeschwommenen Leuchttürmen entwickelten die Dänen ihren eigenen Typ, einen Betontopf von 25 m Durchmesser und 14 m Höhe mit dem fertigen, 22 m hohen Betonturm obendrauf. Das Ungetüm wird auf den geglätteten Grund der vorgesehenen Sandbank geschleppt, abgesenkt, beschwert und so stehen gelassen. Im Gegensatz zu den Schweden lassen sie den Topf dran, der nun 5 m aus dem Wasser herausragt. Natürlich ist diese Methode auch nur in relativ ruhigen Gewässern anwendbar. Zwei fast gleiche Exemplare wurden als Ersatz für die beiden letzten Feuerschiffe gebaut und plaziert: 1964/65 **Læsø Rende** (Kattegat Nordwest) in 8 m Wassertiefe und 1970/71 **Sjællands Rev N** (vor Nordwestspitze Seeland) in 10 m Wassertiefe. Beide Türme sind 26 m hoch über Wasser, ferngesteuert und mit Hubschrauber-Landedeck zum Absetzen des Wartungsteams ausgerüstet. Die Dieselaggregate, Ölvorräte, sowie Notunterkünfte befinden sich im oberen Topfteil.

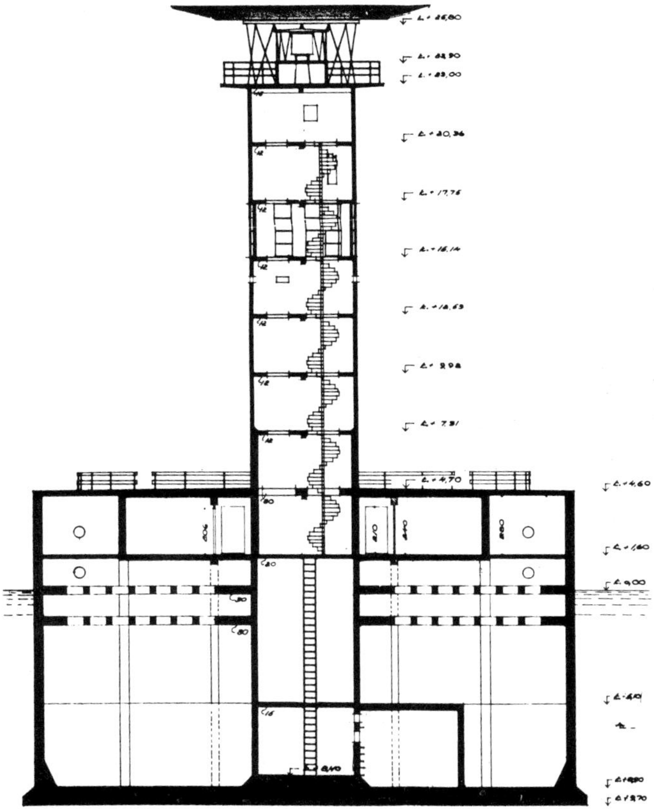

Leuchtturm **Sjællands Rev N** *im Schnitt*

Leuchtturm **Læsø Rende** *im Schlepp zum Standort*

Westliche Ostsee, Belte und Kattegat (mit östlicher Nordsee, behandelt in Band 2)

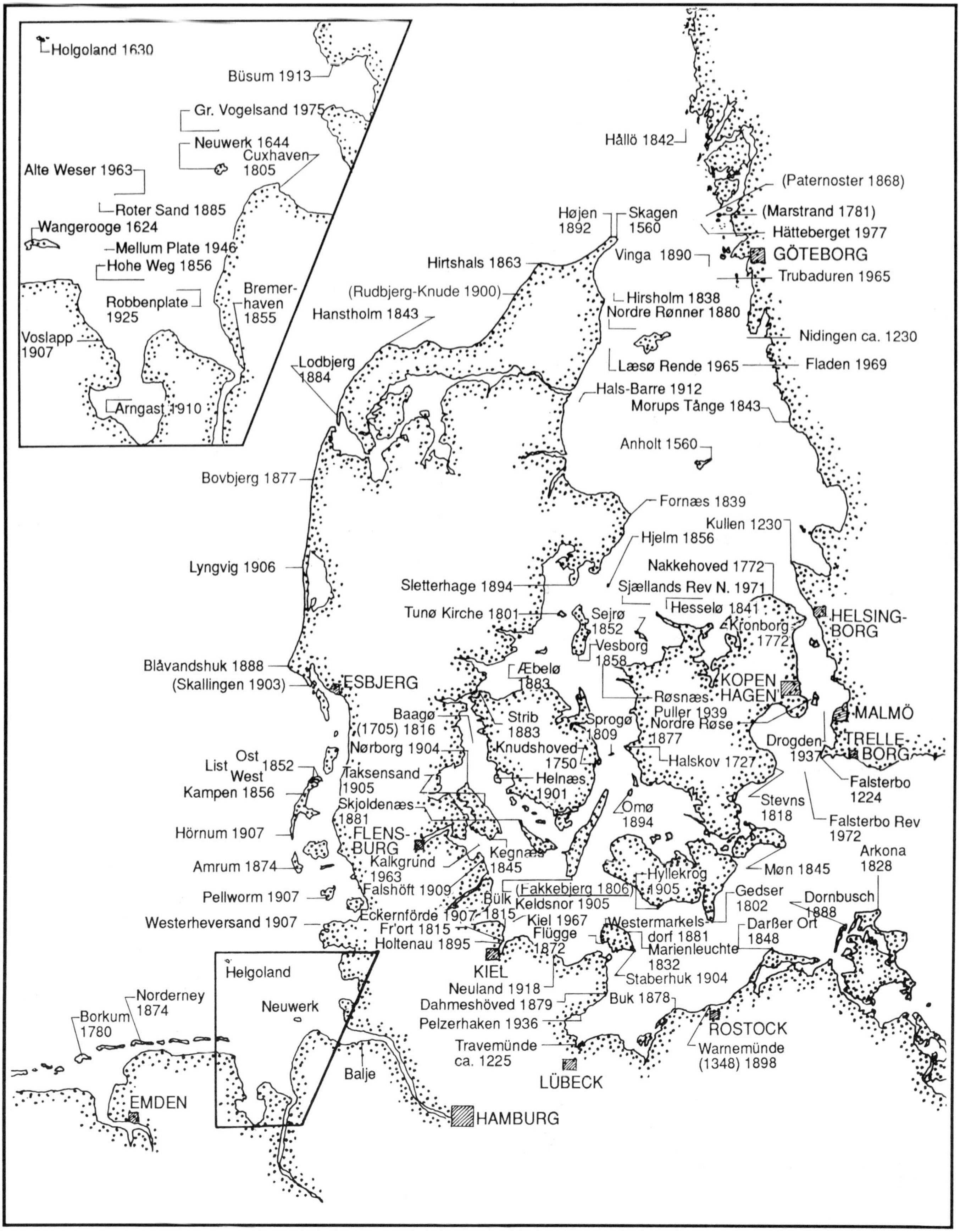

Überleitung zu Band 2

Bei mehrbändigen Werken muß aus buchtechnischen Gründen leider gelegentlich ein Schnitt mitten durch ein Kapitel gemacht werden. Hier ist dies für das Kapitel »Weiterentwicklung in Europa« der Fall: Dänemark wird regelrecht von Nord nach Süd »zerschnitten«. Während die Leuchttürme auf der Ostseeseite in diesem Band geschildert wurden, geht es in Band 2 mit den Leuchttürmen an der Nordseeküste weiter. Aus Gründen der Übersichtlichkeit zeigt umseitige Lageskizze jedoch – abgesehen von Bornholm – ganz Dänemark mit den angrenzenden deutschen und schwedischen Küsten.

Als Vorgeschmack auf Band 2 lugt auf diesem Bild schon die Kuppel des ältesten dänischen Leuchtturmes an der Nordseeküste hervor. Gleich zu Anfang steht allerhand über ihn, so auch, daß sein Licht zunächst im Kopenhagener Tivoli-Park leuchtete. Vor einem anderen dänischen Leuchtturm wehte der Wind eine Düne so hoch, daß er außer Dienst gestellt werden mußte.
Weiter geht es mit deutschen, holländischen und belgischen Türmen am Meer. Ein längerer Abschnitt ist Frankreich gewidmet, dem Land mit den höchsten Leuchttürmen der Welt und den trutzigen Wächtern vor der bretonischen Felsenküste.
Danach sind die nächtlichen Wegweiser rund um die Iberische Halbinsel genauso geschildert wie ihre Artgenossen auf den Kanaren, Azoren und Balearen.
Welche Mittelmeer-Urlauber kennen schon die Leuchttürme von Südfrankreich, Korsika, Italien, Sardinien und Sizilien? Hier sind viele von ihnen beschrieben und natürlich auch abgebildet.
Die Leuchtturm-Reise geht weiter durch das östliche Mittelmeer, die Dardanellen bis zu den russischen Exemplaren am Schwarzen Meer.
Wußten Sie, daß es auch Leuchttürme im Binnenland gibt, z. B. am Genfer See?
Das anschließende Kapitel »Die Lichter auf den Türmen« handelt von der Entwicklung der Leuchtfeuertechnik. Geschildert wird der Weg von antiken Lichtquellen bis zu modernen elektrischen Lampen und Laserstrahlen, vom ersten parabolischen Reflektor bis zur Mammut-Optik, vom uhrwerksbetriebenen Drehfeuer bis zur Drehantenne eines Leuchtturmes mit seinem Radarbild.
Und das alles aus weltweiter Sicht.

130 m
120 m
110 m
100 m
90 m
80 m
70 m
60 m
50 m
40 m
30 m
20 m

Die Abbildungen zeigen vor dem **Pharos** von links nach rechts die Leuchttürme:
Torre de Hercules, **Magnale**, **Hook Point**, **Travemünde**, **Tour de Constance**, **Neuwerk**, **Westkapelle**, **Köpu/Dager Ort**, **Lanterna**, **Cordouan II**, **Eddystone III**, **Sandy Hook**, **Amédée**, **Roter Sand**, **Île Vierge II**, **Großer Vogelsand**,
alles Vorreiter oder sonstige berühmte Exemplare

Leucht Türme der Welt

Friedrich-Karl Zemke

LEUCHT TÜRME DER WELT

West- und Südeuropa
Geschichte der Leuchtfeuertechnik

Band 2

Koehlers Verlagsgesellschaft mbH
Herford

Bildnachweis Band 2:

Heinz Bartling, Bremen (1)
Dr. Werner Berthold, Leverkusen (5)
Prof. Dr. Wolfgang Fallosch, Graz (3)
Farvandsdirektoratet, Kopenhagen (1)
Hans-Joachim Hatje, Flensburg (1)
Dieter Jürgen Goldau, Hamburg (1)
Barry G. Hawkins, Bradford-on-Avon (1)
Fa. Philipp Holzmann, Niederlassung Hamburg (1)
Egbert Koch, Hamburg (2)
Inge und Reinhold Nerlich, Hamburg (23)
Phares et Balises, Bonneuil-sur-Marne (9)
Fa. Pintsch-Bamag, Dinslaken (1)
Kees Polderman, Zierikzee, Niederlande (1)
Fa. August Prien, Hamburg (1)
H. Redmann, Hamburg (1)
Karl Rainer Spitzer, Solingen (8)
M.A. Sanchez Terry, Salou/Tarragona (2)
Wolfgang Schoft, Eckernförde (1)
Fa. Ludig Voß, Cuxhaven (1)
Wasser- und Schiffahrtsverwaltung der Bundesrepublik Deutschland (3)

Alle übrigen Abbildungen sind Fotos, Skizzen und Aquarelle oder Archivstücke des Verfassers

Das Bild auf der Vorderseite des Schutzumschlages zeigt den französischen Leuchtturm **Eckmühl** am Pointe de Penmarc'h (Foto Karl Rainer Spitzer).

Die Abbildungen auf der Rückseite des Schutzumschlages zeigen oben links den Großen Leuchtturm **Bremerhaven,** oben rechts den niederländischen Leuchtturm **West Schouwen,** in der Mitte die Leuchttürme **Créac'h** (Frankreich, Insel Ouessant) und **Cabo Mayor** (spanische Nordküste), unten den italienischen Leuchtturm **Cozzo Spadaro** (Sizilien) sowie eine Scheinwerferlinse englischer Fertigung.

Definition einiger Begriffe:

Höhe

(eines Leuchtturmes) = Maß vom Erdboden, bei Türmen im Wasser vom Meeresspiegel (mittl. Wasserstand bzw. mittl. Tidehochwasser) bis zur Dachspitze. Früher galten allerdings in den einzelnen Ländern nicht nur unterschiedliche Meßgrundlagen, z.B. vom Erdboden bis Oberkante Mauerwerk oder bis zur Feuerebene, sodern auch unterschiedliche Maßeinheiten, wie Fuß oder Elle. Um Vergleiche zu ermöglichen, wurden hier alle Werte auf die o.a. Norm in Meter umgerechnet oder durch Schätzung ermittelt.

Feuerhöhe

= Höhe der Lichtquelle über dem Meeresspiegel.

Tragweite

= größte Entfernung, aus der ein Leuchtfeuer bei Dunkelheit und normaler Sicht mit bloßem Auge gerade noch gesehen werden kann, gemessen in Seemeilen (sm).

Nenntragweite

= Tragweite bei bestimmten, international festgelegten Sichtigkeitswerten.

Kerze

= Einheit der Lichtstärke einer Flamme, die auf einem Docht unter genormten Bedingungen brennt (1948 durch den Begrif »Candela« ersetzt, hier jedoch weiterhin mit dem allgemeinverständlichen Wort »Kerze« bezeichnet).

Baujahr

= Jahr der Erbauung, sofern das Feuer noch vor Jahresende in Betrieb genommen wurde. Hat sich die Erbauung über mehr als ein Jahr erstreckt, gilt in der gesamten Fachliteratur das Jahr der Inbetriebnahme, selbst wenn diese z.B. Anfang Januar erfolgte. Genaugenommen versteht man also unter diesem Begriff das Jahr der Inbetriebnahme und nicht das Baujahr.

Die Deutsche Bibliothek – CIP-Einheitsaufnahme

Leuchttürme der Welt/Friedrich-Karl Zemke.–
Herford: Koehler
NE: Zemke, Friedrich-Karl
Bd. 2: West- und Südeuropa; Geschichte der Leuchtfeuertechnik. – 1992
ISBN 3-7822-0538-3

ISBN 3782205383; Warengruppe Nr. 41

Schutzumschlag- und Innentitelgestaltung:
Regina Meinecke, Hamburg, unter Verwendung der o.g. Abbildungen
Produktion: Christine Detring und Heinz Kameier
Gesamtherstellung: HB-Drucke Brackmann GmbH, Löhne
Printed in Germany

Inhaltsverzeichnis

Verzeichnis der Lageskizzen

Südturm der Leuchtturm-Anlage **Cap de la Hève,** *ab 1863 als erster der Welt ständig elektrisch betrieben*

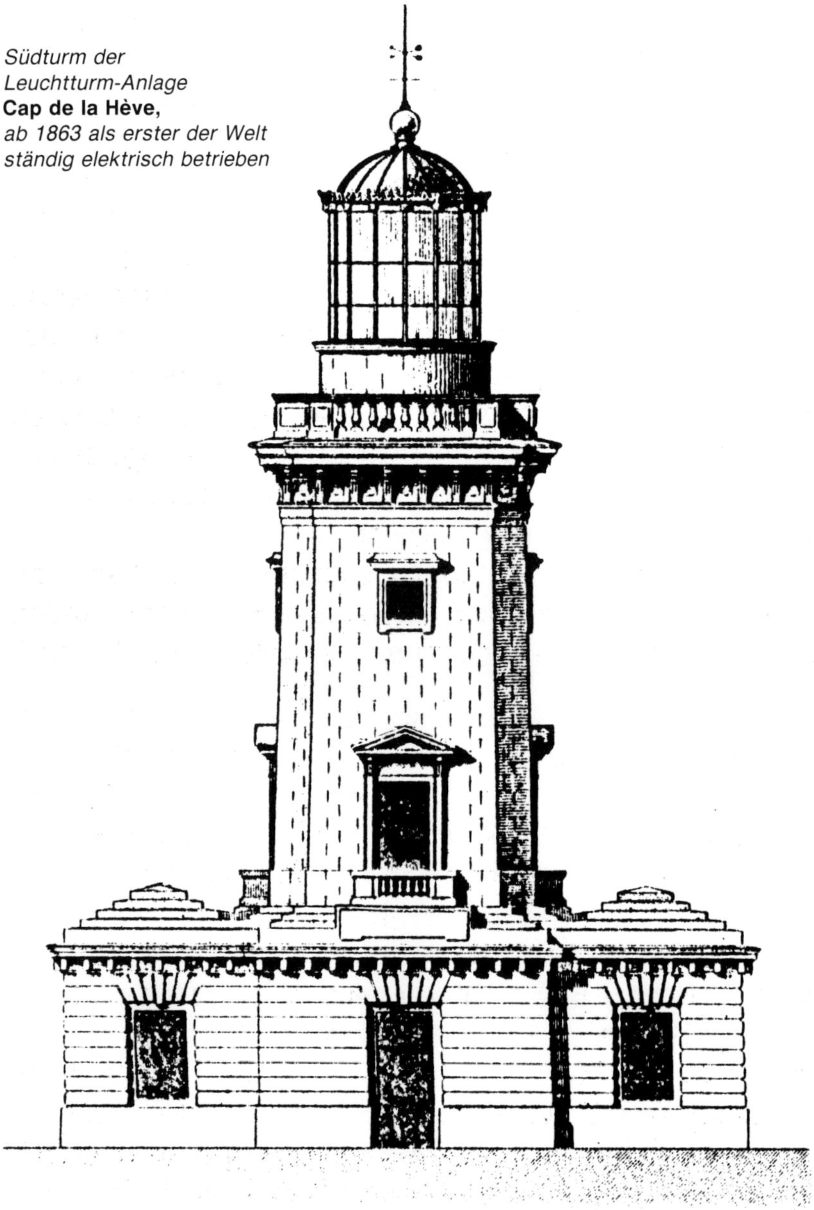

Einführung in das Gesamtwerk

Seefahrt ist nur mit Orientierungshilfen möglich. Die ersten Seefahrer und Fischer konnten sich lediglich nach markanten Objekten an Land, nach sog. Landmarken richten. Dies waren Berggipfel und Hügel, Dünen, Felsen, hohe Bäume, später auch von Menschenhand geschaffene Bauten, wie Kastelle, Tempel, Kirchtürme oder Windmühlen. Seit fast 3000 Jahren werden an weit sichtbaren Stellen der Seewege und Küsten sogar besondere Markierungszeichen errichtet, vornehmlich Spitztürme und Baken. Und immer noch richtet sich zumindest die Kleinschiffahrt nach solchen Landmarken, jetzt auch Seezeichen genannt.

Die größte Rolle spielt hierbei die Beobachtung durch das menschliche Auge. Was es bei Tage sehen kann, versinkt jedoch abends in Dunkelheit. Deshalb fand die Schiffahrt zunächst lediglich bei Tage und in Küstennähe statt. Nur verspäteten Fischern wurde notfalls mit einfachen Feuern am Anlegeplatz heimgeleuchtet.

Mit wachsender Bedeutung des Seehandels, auch zu entfernteren Häfen, entstand allmählich die Notwendigkeit, nachts weiterzusegeln. Mehr und mehr Seefahrer bekamen ein Interesse daran, sich auch bei Dunkelheit orientieren zu können. Dafür kamen damals nur offene leuchtende Feuer in Frage. Sie wurden zunächst vorwiegend an Hafeneinfahrten, Flußmündungen, Landspitzen und besonders gefährlichen Küstenpunkten der Seewege eingerichtet. Meist ließ man sie auch bei Tage nicht ganz ausgehen, damit die Rauchwolke weithin sichtbar war.

Schon im Altertum begann man, solche Leuchtfeuer auf Türme zu verlagern, die dann auch als Tagesmarke dienten. So entstanden die Leuchttürme, deren Geschichte hier geschildert werden soll.

Die Seewege der Ägypter und Griechen führten zunächst vorwiegend durch das östliche Mittelmeer bis hin zu den westlichen Küsten des Schwarzen Meeres, die Seewege der Phönizier hauptsächlich durch das westliche Mittelmeer. Besonders die Römer weiteten dann den Handelsverkehr erheblich aus und erschlossen die Seewege durch die Meerenge von Gibraltar um Spanien herum bis zum Englischen Kanal und zur Rheinmündung.

Die Geschichte der antiken Leuchttürme folgt nun recht genau der Entwicklung der Schiffahrt – nur mit zeitlichem Abstand.

Nach dem Verfall des Römischen Reiches dauerte es Jahrhunderte bis wieder kühne Seefahrer begannen, in ferne Regionen zu segeln. Diesmal machten vornehmlich Nordeuropäer mit der Erschließung von Ostsee, Nordsee und Nordatlantik den Anfang.

Ihnen folgten die großen Entdecker aus weiteren Küstenländern Europas mit ihren Fahrten nach Amerika, Südafrika, Indien – bis schließlich dem Portugiesen Magellan 1519–1522 die erste Weltumseglung gelang. Nun entwickelte sich die Schiffahrt mit Riesenschritten weiter.
Und abermals folgte die Errichtung von Leuchttürmen der Erschließung von Seewegen an den Küsten, nun aber allmählich auch außerhalb der Alten Welt.
Eine offizielle Definition für den Begriff »Leuchtturm« gibt es übrigens nicht. Im allgemeinen versteht man darunter alle ortsfesten Träger von Lichtzeichen für die Navigation. Neben diesen reinen Zweckbauten sind als Leuchtfeuerträger auch Kastell- und Festungstürme, Kirchtürme, Schloßtürme, Wassertürme, Monumente und Hochhäuser benutzt worden.
Leider ist die Sichtbarkeit aller Seezeichen, natürlich auch der Leuchttürme, von wetterbedingten Faktoren abhängig. Falsche Standortbestimmung aufgrund schlechter Sichtverhältnisse ist die Ursache unzähliger Schiffskatastrophen. Erst im 20. Jahrhundert gelang die Erfindung von technischen Einrichtungen zur Schiffslenkung, die ohne optische Zeichen auskommen, z.B. Funkfeuer, Radar und Satellitennavigation. Diese Verfahren ermöglichen heute sowohl eine exakte Standortbestimmung auf See, als auch die Ansteuerung von Häfen ohne jede Sicht. Immer mehr vorhandene Leuchttürme werden zusätzlich mit solchen Einrichtungen ausgerüstet, neue Türme oft nur noch als Träger dafür errichtet. Die bisherigen sichtbaren Strahlen werden durch unsichtbare ergänzt oder schon ganz ersetzt. Deshalb wird ein Leuchtturm-Veteran nach dem anderen überflüssig und außer Dienst gestellt. Viele von ihnen gelten bereits als maritimes Denkmal. So neigt sich die zweieinhalbtausendjährige Geschichte der Leuchttürme langsam ihrem Ende zu und wird allmählich Nostalgie. Blenden wir also zurück und lassen diese Geschichte hier noch einmal in Wort und Bild ablaufen.
Im **Band 1** wurden zunächst die Leuchttürme der Antike und des Mittelalters bis zum 17. Jahrhundert vorgestellt. Es folgte der erste Teil des Kapitels »Weiterentwicklung in Europa«, in dem Ausbau und Perfektionierung der Leuchtfeuernetze in Nordeuropa geschildert wurden.
Im vorliegenden **Band 2** wird nun das Kapitel »Weiterentwicklung in Europa« fortgesetzt. Das anschließende Kapitel ist der lichttechnischen Entwicklung gewidmet.
Band 3 enthält die Leuchtturmgeschichte von Afrika, Asien, Australien, Ozeanien und Amerika bis zum heutigen Stande. Den Schluß bilden Schrifttum, Register sowie Leuchtturm-Index für alle drei Bände.

Weiterentwicklung in Europa

(Teil II)

Die Nordsee

Band 1 endete mit den Leuchttürmen an der Ostsee. Hier geht es nun weiter mit der Nordsee. Die Dänen sagen dazu allerdings »Vesterhavet« (Westsee), weil sie westlich von ihnen liegt.
Die bereits am Ende des ersten Bandes gezeigte Lageskizze von Dänemark mit den angrenzenden Küsten wird hier auf Seite 11 noch einmal gebracht, gewissermaßen als Überleitung von der Ostsee zur Nordsee.
Dieses Randmeer des Atlantik gilt als eines der gefährlichsten und tückischsten Seegebiete der Welt. Außer Stürmen drohen den Schiffen verwickelte Gezeitenströme, verworrene Meeresbodenstrukturen aus Riffen, veränderlichen Sandbänken mit ihren Sturz- und Grundseen, Mahlsände und häufiger Nebel.

Nachdem im Band 1 innerhalb des Kapitels »Britische Inseln« die Leuchttürme an der Westseite der Nordsee behandelt wurden, folgt jetzt die Ostseite, wo besonders die Deutsche Bucht als Schiffsfriedhof gefürchtet ist. Aber auch am Meeressaum hat der Mensch gegen die Naturgewalten zu kämpfen. Seit eh und je brechen Sturmfluten über die Küsten an der Ostseite der Nordsee herein, reißen immer mehr Land fort oder machen es zu Inseln oder Wattenmeer. Erst seit etwa hundert Jahren gelang es Deutschen und Holländern, durch wirkungsvolle Schutzmaßnahmen das Vordringen des Meeres vielerorts aufzuhalten, ja stellenweise sogar Land zurückzugewinnen.

Natürliche, schützende Häfen gibt es an diesen umbrandeten, veränderlichen Küsten nicht. Erst der Mensch hat mit technischen Mitteln einige Häfen künstlich geschaffen. Bedeutende Häfen liegen aber ausschließlich an oder tief in Flußmündungen.
In diesem für Schiffe höchst gefährlichen Meer müssen Leuchtfeuer schon möglichst weit draußen zu sehen sein. Deshalb hat man an der Küste und auf vorgelagerten Inseln, später sogar im Küstenvorfeld hohe, weittragende Leuchttürme errichtet. An zahlreichen Untiefen wurden darüber hinaus seit Anfang des 19. Jahrhunderts Feuerschiffe ausgelegt, die inzwischen allerdings durchweg von Türmen im Meer oder großen Schwimmkörpern mit automatischem Leuchtfeuer ersetzt worden sind. Die Fahrwasser innerhalb des Küstensaumes bis zu den landeinwärts gelegenen Häfen sind ebenfalls mit Leuchttürmen besetzt.

Dänemark

Um die dänische Nordseeküste machten alle Schiffe anfangs einen möglichst großen Bogen, denn die dortigen Riffe waren gefürchtet. Außerdem gab es garkeine Häfen – der erste künstlich angelegte, Esbjerg, wurde erst 1874 fertig. Infolgedessen hielt man Leuchtfeuer zunächst für erläßlich. Nur in Richtung Skagen wurde die genaue Orientierung wieder erforderlich.
So bauten die Dänen an der Ecke zum Skagerrak auf der Steilküste von **Hanstholm** 1842/43 ihren ersten Nordsee-Leuchtturm, achteckig, 20 m hoch. Sie installierten eine aus Paris bezogene Fresnelsche Gürtellinse mit zusätzlich 180 Spiegeln ober- und unterhalb (abgebildet auf Seite 141). Lichtquelle war eine Argandlampe. Als elektrische Lichtbogenlampen aufkamen, sollte der Turm als erster in Dänemark mit diesem neuen Wunderlicht ausgestattet werden. In Frankreich wurde eine komplette Anlage einschließlich Laterne, neuer Riesenoptik und Dynamo bestellt, zu liefern aber nicht nach Hanstholm, sondern zunächst nach Kopenhagen zur Industrieausstellung 1888. Die Leuchtfeuer-Verwaltung hatte sich nämlich einen besonderen Gag ausgedacht: Am Abend des Eröffnungstages mit allerlei Pomp und Königsbesuch sollte ein im Ausstellungsgelände, dem heutigen Tivoli-Lustpark aufgestellter Leuchtturm mit dieser Laterne schlagartig die ganze Stadt erhellen. Beinahe hätte es auch geklappt, denn alles stand pünktlich bereit, nur die Laterne war nicht rechtzeitig geliefert worden. So mußten die Majestäten auf die groß angekündigte Erleuchtung verzichten. Erst Wochen später konnte das Spektakel nachgeholt werden.
1889 wechselte die Anlage planmäßig zum Leuchtturm **Hanstholm** hinüber, der für einige Zeit als hellster der Welt galt. Er war jetzt 23 m hoch bei einer Feuerhöhe von 65 m und leuchtete 20 sm weit. Zum Betrieb waren ständig zwei Mann erforderlich, einer für Kessel, Dampfmaschine und Generator, der andere für die Lichtanlage, bei der die Kohlenstäbe noch von Hand reguliert werden mußten.
35 Jahre lang blieb dies der einzige dänische Leuchtturm mit elektrischer Lichtquelle. Erst 1924 begann man in Dänemark damit, weitere Türme auf elektrischen Leuchtbetrieb umzurüsten. Heute wird der Leuchtturm **Hanstholm** aus dem öffentlichen Netz gespeist, er arbeitet automatisch, der Schornstein für die alte Kesselanlage ist längst abgebaut, und einige nicht mehr benötigte Gebäude sind zu einem kleinen Küsten-Museum umgestaltet.

Ihren zweiten Nordsee-Leuchtturm bauten die Dänen 1862/63 an der Landecke südwestlich Skagen; er heißt nach dem Kliff, auf dem er steht, **Hirtshals** (Abb. Seite 17). Aufschlußreich ist die Eintragung im Leuchtfeuer-Verzeichnis von 1903: »T. grau, 35 m hoch, mit w. Viereck an der NW-Seite, und Nebengebäuden. Nebelsirene jede 2. Min. ein Doppelsign. Telegraphen-, Fernsprech-, Semaphor- u. Rettungs-Station. Eissignale an einem Mast mit Raa, ...«
Zwischen Hirtshals und Hanstholm (Entfernung ca. 100 km) befanden sich damals acht Rettungs-Stationen – ein Beweis für die Gefährlichkeit dieses Seegebietes.

Hanstholm, *erster dänischer Leuchtturm an der Nordseeküste, 1842/43 erbaut, ab 1889 mit elektrischer Lichtanlage (nach einem Foto von 1890)*

Östliche Nordsee (mit westlicher Ostsee, behandelt in Band 1)

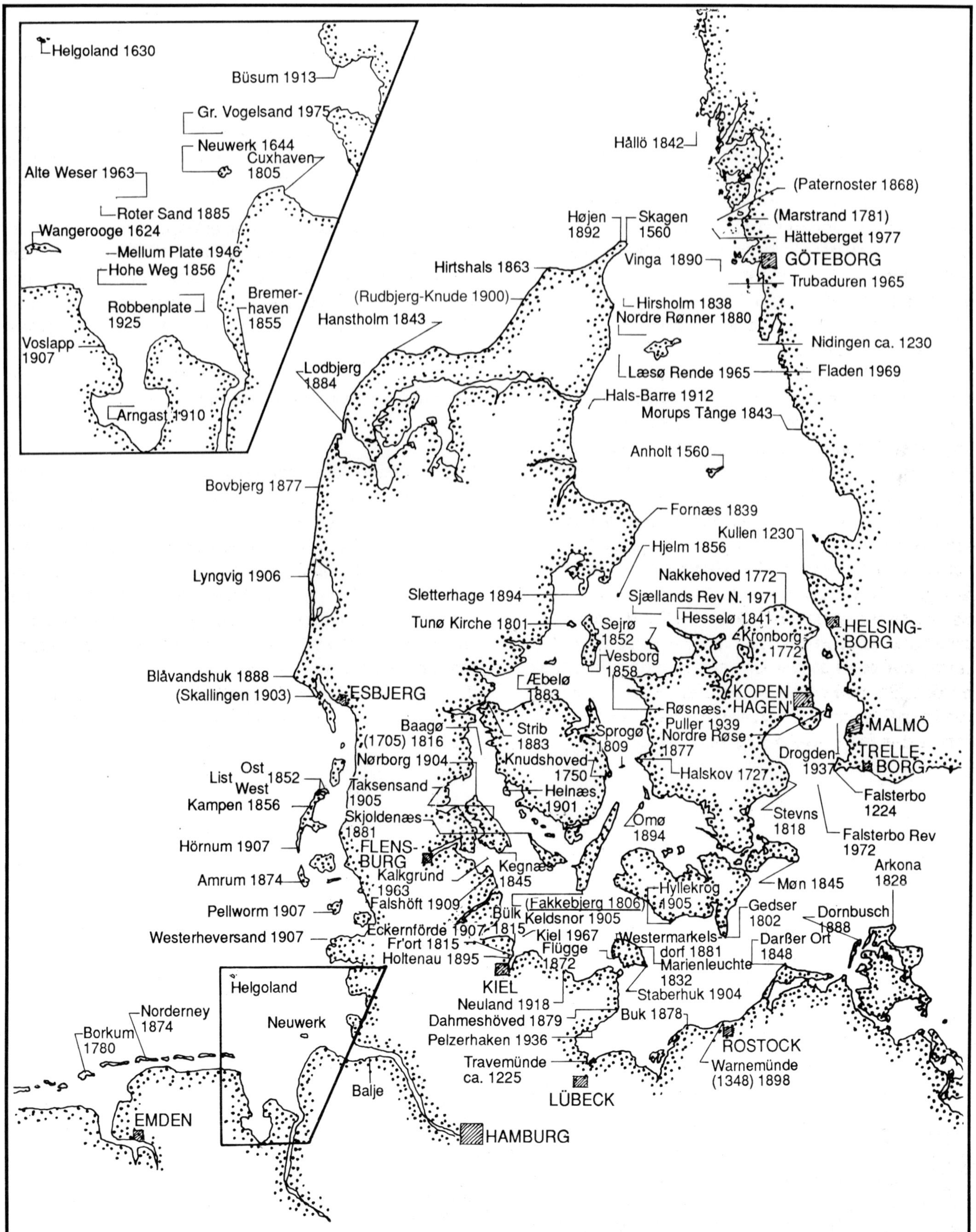

Weiter ging es 1877 mit dem runden roten Backstein-Leuchtturm **Bovbjerg**, 26 m hoch, Feuerhöhe 62 m, 1884 mit dem runden, 35 m hohen Granitturm **Lodbjerg** und 1888 mit einer Holzbake in **Blåvandshuk**. Letztere wurde aber schon 1900 abgelöst von einem vierkantigen Betonturm (Abb. Seite 17). Mit 39 m hält er den Höhenrekord an der dänischen Westküste. Er erhielt 1901, zugleich mit zwei vor der Küste liegenden Feuerschiffen, Funkentelegraphie, um Notrufe empfangen zu können. Kurz zuvor war nämlich vor der Huk ein deutscher Dampfer mit vielen Menschen gesunken, für den nur mangels einer Nachrichtenverbindung nicht rechtzeitig Hilfe hatte herbeigerufen werden können.

Funkentelegraphie bedingt eine elektrische Anlage. Aus heutiger Sicht erscheint es erstaunlich, daß viele Leuchttürme und Feuerschiffe elektrisch betriebene Nebenanlagen besaßen, lange bevor auch ihre Lichtquellen auf Elektrizität umgerüstet wurden.

Alle dänischen Nordsee-Leuchttürme stehen auf Kliffs oder sonstigen Anhöhen. Der Leuchtturm **Rudbjerg-Knude** steht seit 1900 auf einer 70 m hohen Düne hinter einem steilen Kliff von 60 m Höhe. Da er selber 23 m hoch ist, überragt er die Kliffkante noch beträchtlich und leuchtet weit hinaus, d.h. er tat es. Jetzt leuchtet er nämlich nicht mehr. Der Grund dafür hat ihn berühmt gemacht: Bald nach seiner Fertigstellung lagerte sich am Strand immer mehr Sand ab. Der Wind begann damit, diesen Sand aufzuwirbeln, am Kliff hochzuwehen und oben wieder abzulagern. So bildete sich hinter dem Kliff eine neue Dünenkette. Im Lauf der Jahre wurde sie höher und höher und verdeckte allmählich das Licht des Leuchtturmes, so daß sich die Leuchtfeuer-Verwaltung 1968 gezwungen sah, das Feuer außer Betrieb zu setzen (Abb. S. 17).

Die Gemeinde war clever und propagierte Düne und Leuchtturmanlage als Sehenswürdigkeit. Sie verwandelte die Wärterunterkünfte in ein kleines Museum, in dem man die Leuchtfeuer- und Flugsandgeschichte verfolgen kann, d.h. man konnte. Denn inzwischen hatte die Düne das Wandern gelernt und die Gebäude erreicht. Bald wird nur noch der Leuchtturm aus dem Sand herausragen.

Übrigens auch nördlich und südlich wirkt sich der Flugsand unheilvoll aus, indem er Häuser, Kirchen und Friedhöfe regelrecht unter sich begräbt. Nur wer diese Naturerscheinung selber erlebt hat, kann sich vorstellen, wie machtlos der Mensch dagegen ist.

Leuchtturm **Bovbjerg**

Leuchtturm **Lodbjerg**

Das Ende der flachen Halbinsel **Skallingen** (vor Esbjerg) wurde 1903 durch einen 24 m hohen Betonturm markiert. Er war vierkantig und ziemlich dick, weil er die Wohnungen der Wärter enthielt. Bei einer Sturmflut 1909 sackte er wegen Unterspülung an einer Seite ab, so daß er abgerissen werden mußte. Als Ersatz diente für einige Jahre eine Bake auf Eisenstelzen.

Leuchtturm **Skallingen** *(1903–1909)*

Der Leuchtturm **Lyngvig** auf der Landzunge vor dem Ringkøbing-Fjord schloß 1906 die letzte Lücke. Er steht auf einer Düne und mißt 38 m. Wer die 264 Stufen auf der Wendeltreppe hinaufklettert, hat von der Galerie aus einen weiten Blick über Meer und Fjord.

Leuchtturm **Lyngvig**

Deutschland

Im Vergleich zur deutschen Ostseeküste entwickelte sich die Schiffahrt hier im »nassen Dreieck« mit all ihren besonderen Gefahren erst relativ spät. Die Hauptschifffahrtswege führten nämlich zunächst von Holland und England direkt um Skagen herum zur Ostsee, also an der Deutschen Bucht vorbei.

Die ersten Leuchtfeuer entstanden im 17. Jahrhundert. Einschließlich ihrer Nachfolger wurden sie bereits in Band 1 erwähnt und abgebildet: **Wangerooge** (Seiten 50 und 53), **Helgoland** (Seiten 51 und 52), **Neuwerk** (Seiten 54 und 57).

Erst nach über 100 Jahren ging es weiter auf **Borkum**, der westlichsten deutschen Insel. Ab 1780 ließ die Hafenstadt Emden dort ein offenes Kohlefeuer unterhalten. Es brannte auf einem 14 m hohen Holzturm. Über 40 m hoch ragte dagegen ein schon 1576 als Tagesmarke erbauter Backsteinturm auf, dessen Seiten genau in die vier Himmelsrichtungen wiesen. Die Idee, daraus auch eine Nachtmarke zu machen, wurde 1817 verwirklicht. Nach Abtragung des Spitzdaches war eine Plattform entstanden, auf der zunächst eine große Laterne mit 27 im Kreis aufgestellten Parabolspiegellampen leuchtete, ab 1857 eine kleinere mit Fresnelscher Gürtellinse.

Borkum, alter Turm, 1576 als Tagesmarke erbaut, 1817–1879 als Leuchtturm in Betrieb

Großer Leuchtturm **Borkum,** *1879 erbaut*

In einer Märznacht 1879 leuchtete nicht nur die Laterne, sondern der ganze Turm. Funken aus einem durchgerosteten Ofenrohr hatten den Dachstuhl entzündet, und bald sorgten 2000 Liter brennendes Öl und stürmischer Wind für ein riesiges Feuerwerk. Der Turm brannte innen völlig aus, aber die alten soliden Mauern blieben stehen – bis heute.

Noch im gleichen Jahr wurde in der Rekordzeit von fünf Monaten der sog. Große Leuchtturm **Borkum** erbaut, 60 m hoch, ausgerüstet mit einer Drehfeuer-Optik größten Typs. Als Lichtquelle diente zunächst eine fünfdochtige Petroleumlampe, seit 1909 Petroleum-Glühlicht, ab 1925 elektrisches Glühlicht. 1977 wurde der Turm automatisiert und umgerüstet auf Fernsteuerung vom Festland aus. Man darf ihn besteigen, 315 Stufen führen hinauf zur Galerie mit Aussicht über deutsche und holländische Nachbarinseln.

Dem damaligen Bauunternehmer verdankt Borkum seine 6 km lange Inselbahn vom Hafen bis zum Leuchtturm mitten im Ort. Er hatte zum Transport des Baumaterials in aller Eile einen Schienenweg anlegen lassen, auf dem die mit »1 PS« gezogenen Loren verkehrten. Seit 1888 verkehren auf dieser Strecke Personenwagen, gezogen von Loks mit etwas mehr PS.

Cuxhaven an der Elbmündung wurde Standort des ersten deutschen Nordsee-Leuchtturmes auf dem Festland. Er war schon 1803/04 erbaut worden, mußte aber bis 1805 auf den aus England bestellten Lampenapparat warten. Mit seiner im Laufe der Zeit immer wieder modernisierten Lichtanlage hat der 23 m hohe Veteran seither Millionen von Schiffen den Weg in die Elbe gewiesen. Jetzt ist er Senior aller in Betrieb befindlichen deutschen Leuchttürme. Böse Zungen behaupten, er stehe dort nur noch aus Tradition und Pietät, denn mehrere moderne Feuer an Unter- und Außenelbe hätten inzwischen seine Aufgabe übernommen.

Kleiner Leuchtturm **Borkum**

In 1,1 km Entfernung vom Großen Leuchtturm leuchtet seit 1889 sein kleiner Bruder, gußeisern, 16eckig, 28 m hoch. Im Volksmund heißt er noch heute »der elektrische Leuchtturm«, weil er von Anfang an elektrisch betrieben wurde. Auch sonst machte er etwas Seefahrtsgeschichte, denn er war 1900 – zugleich mit dem 35 km seewärts liegenden Feuerschiff BORKUMRIFF – der erste mit Funkentelegraphie. Nun konnten Dampfer und Segler, die das Feuerschiff passierten, über eine Nachrichtenkette mit der Heimat in Verbindung treten. Heute krönt ihn ein Radar-Gerät, dessen Impulse auf den Bildschirm der Revierzentrale auf dem Festland zur Auswertung übertragen werden.

Leuchtturm **Cuxhaven** *(Holzschnitt aus dem Jahre 1864), heute noch fast unverändert*

In Bremerhaven wurde 1825 der tideunabhängige Neue Hafen dem Verkehr übergeben. Als Einfahrtsfeuer entstand neben der Schleuse 1854/55 der Große Leuchtturm **Bremerhaven,** 37 m hoch. Er gilt als einer der schönsten der Welt (Abb. auch Seite 18). Einst besaß er noch einige im gleichen neugotischen Stil gehaltene Anbauten mit Wohnungen für die Leuchtturm- und Schleusenwärter. Sie wurden leider im Zweiten Weltkrieg zerstört. Die Leuchtfeuereinrichtung bestand anfangs noch aus Argandlampen mit Parabolscheinwerfern. Der verzierte Ausleger diente der Anzeige von Sturmwarnungen. Seit 1961 ferngesteuert, erfüllt der unter Denkmalschutz stehende Turm als Oberfeuer einer Richtfeuerlinie immer noch seine Aufgabe.

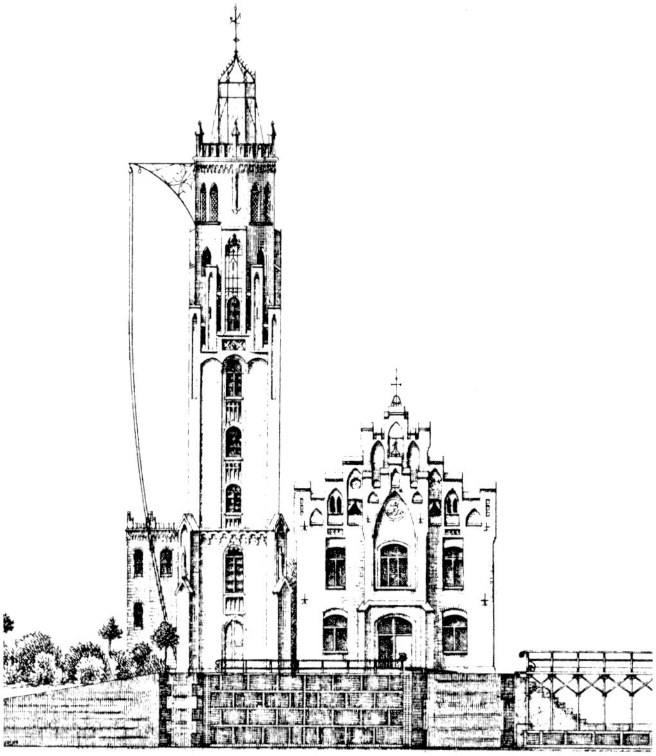

Großer Leuchtturm **Bremerhaven** *(1855)*

Kaiserschleuse Ostfeuer, *der »Klingelturm« von Bremerhaven*

Acht Kilometer ziehen sich die Hafen- und Kaianlagen hier am östlichen Weserufer entlang, umgeben von zahlreichen weiteren Leuchttürmen aller Art, bis zu 43 m hoch. Darunter ist ein 1900 erbauter richtiger Bilderbuch-Leuchtturm, mit Namen **Kaiserschleuse Ostfeuer,** zwar nur 18 m hoch, aber mit seinen Blindfenstern und dem Rundbogenfries architektonisch interessant. Navigatorisch von untergeordneter Bedeutung, wartet er doch mit einer Besonderheit auf: Seine Nebelglocke läßt als einzige in Deutschland bei Milchsuppenwetter immer noch ihr Geläut erklingen. Deswegen heißt er auch bei den Bremerhavenern »Klingelturm«.

Leuchttürme an der dänischen Nordseeküste (s. Farbseite rechts):

Hirtshals, *1863 erbaut*

Blåvandshuk, *1900 erbaut*

Rudbjerg-Knude *(1900–1968),*
links die zwischen Turm und Meer aufgewehte Düne

Leuchtturm **Hohe Weg**, *1855/56 im Wattenmeer erbaut (1893–1976 mit Windsemaphor)*

Typischer Gußeisen-Leuchtturm: **Hörnum**, *1906/07 erbaut* ▶

◀ *Einer der schönsten der Welt:*
Großer Leuchtturm **Bremerhaven**, *1854/55 erbaut*

Der Riese im Meer: Leuchtturm **Großer Vogelsand**, *1973/75 erbaut, 83 m hoch, davon 43 m über, 38 m unter Wasser*

25 km vor Bremerhaven liegt der Hohe Weg, ein Wattenrücken, der jeweils bei Ebbe für vier Stunden trocken fällt. Dicht an der Fahrrinne durch das riesige Wattenmeer hatte die an einer sicheren Zufahrt interessierte Stadt Bremen 1783 eine Tagesmarke errichten lassen, die sog. »Bremer Bake«. Bei aufkommender Dampfschiffahrt sollte sie durch einen Leuchtturm ersetzt werden, und Bremen beauftragte seinen aus Holland stammenden Hafenbaumeister J. J. van Ronzelen mit dieser Aufgabe.
Das Risiko war groß, denn es gab noch keine einschlägigen Erfahrungen, und niemand wußte, wie sich reißende Strömung, Sandschliff, Korrosion, Eisdruck und der mögliche Rammstoß eines Schiffes auswirken würden. Aber dem erfahrenen Seebau-Fachmann gelang das Kunststück.
Im Sommer 1854 begannen die Arbeiten. Van Ronzelen ließ zunächst 120 Pfähle in den Sandboden rammen, mit Ketten zusammenkoppeln und rundherum eine konkav ansteigende Steinböschung anlegen. Auf diesem massiven Sockel entstand anschließend der achteckige Klinkerturm **Hohe Weg**. Dabei diente die umgebaute Bremer Bake als Unterkunft für die Bauarbeiter, ein auf Pfählen errichteter Schuppen als Materiallager.

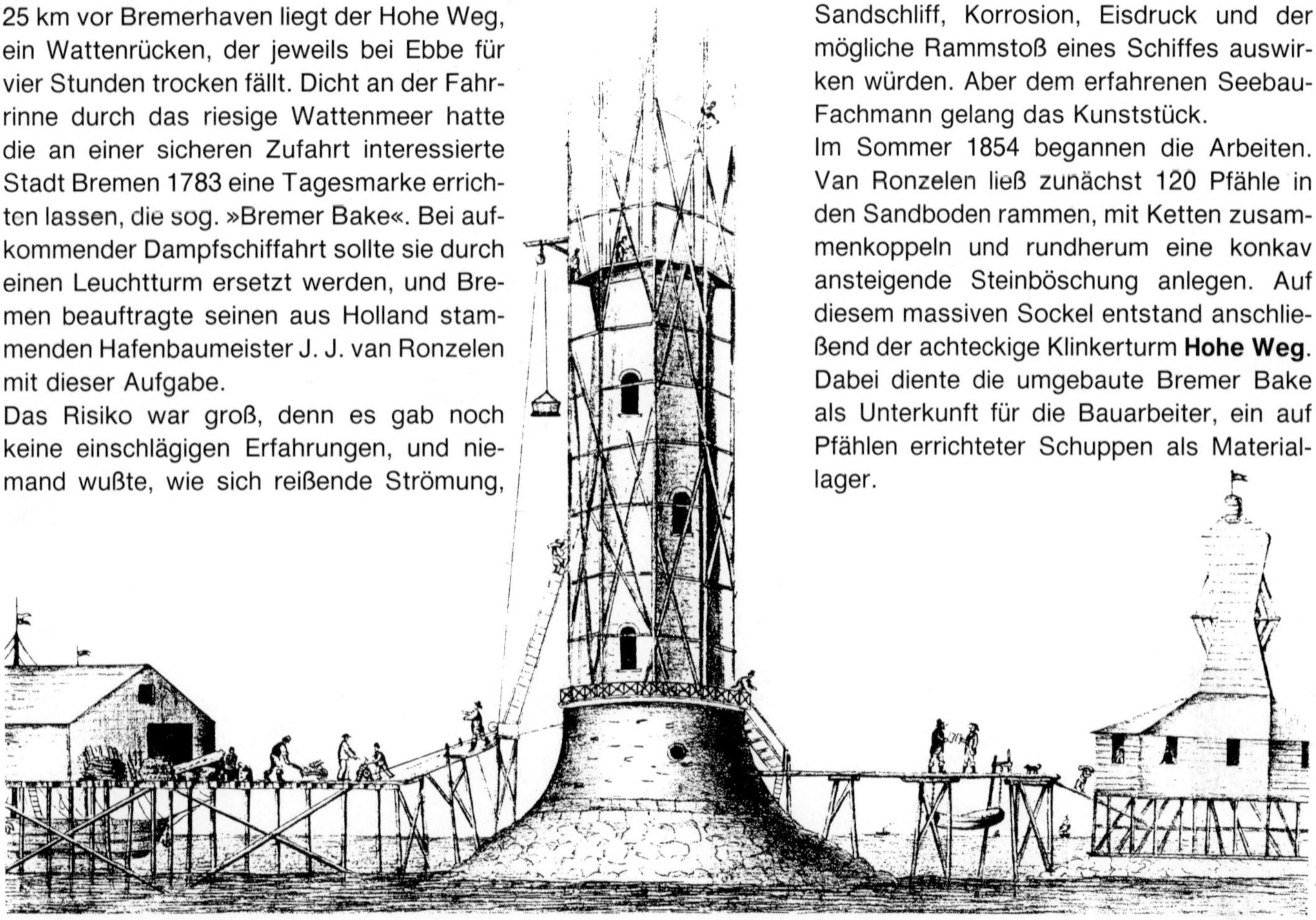

Zeitgenössische Darstellung vom Bau des achteckigen Leuchtturmes **Hohe Weg**, *rechts die als Unterkunft eingerichtete »Bremer Bake«, links der Materialschuppen*

Wie bei einigen britischen Türmen auf Meeresfelsen, so war auch hier der Bau des Fundamentes ein Wettlauf mit den Gezeiten, denn es konnte immer nur bei Ebbe gearbeitet werden. Oft wurde auch das nächtliche Niedrigwasser bei Fackelschein zur Weiterarbeit ausgenutzt. Aber häufig genug zerstörten Sturmfluten das kurz zuvor Geschaffene wieder. Bei einem Orkan wurde sogar die Unterkunftshütte an der Bake fast völlig vernichtet. Zum Glück gelang es einem der ersten damaligen Schleppdampfer, die Menschen aus höchster Not zu retten.
Trotz aller Rückschläge wurde der 33 m hohe Turm in 15 Monaten fertig und am 1. 12. 1856 in Betrieb genommen. Spötter behaupteten, er sehe aus wie eine holländische Windmühle ohne Flügel. Doch er wurde berühmt und galt als Wahrzeichen der Deutschen Bucht – bis ihm 1885 ein Kollege den Rang ablief.
Einige Jahre später stattete man ihn noch mit einer Löschbrücke aus, an der bei Hochwasser Versorgungsschiffe anlegen konnten. 1857 wurde er durch ein Telegraphenkabel mit dem Festland verbunden, so daß seine Wärter Schiffs- und Wettermeldungen durchgeben konnten. 1893 errichtete man auf der Löschbrücke ein Semaphor zur Anzeige der Windverhältnisse bei Borkum und Helgoland; es wurde mittels mehrerer Leinen vom Turm aus bedient, bis 1972 betrieben und 1976 abmontiert.
1961/62 erfolgte ein größerer Umbau mit völliger Veränderung des Turmkopfes. Seitdem ist er 36 m hoch, und es dreht sich wirklich etwas auf der »Windmühle« – eine Radarantenne. Denn das Bauwerk erwies sich als derartig solide, daß noch nach über 100 Jahren eine Modernisierung und Einbeziehung in die Radarkette der Außenweser lohnte (Abb. Seite 19).
Sein erstes Leuchtfeuer war eine in Frankreich hergestellte Fresnelsche Gürtellinse (Abb. Seite 134), erste Lichtquelle Petroleumglühlicht. 1941 erhielt der Turm Dieselgeneratoren und elektrisches Glühlicht. 1973 wurde er an die Fernsteuerung angeschlossen, die letzten Wärter verließen den Turm. Jetzt steht der immer noch aktive Veteran unter Denkmalschutz, 1986 restauriert und hübsch angemalt.

Noch unter dänischer Herrschaft wurde 1855/56 der 38 m hohe Leuchtturm **Kampen** auf Sylt erbaut. Die heute noch vorhandene Signatur an der Ostseite erinnert an den dänischen König Frederik VII., der damals gleichzeitig Herzog von Schleswig und Graf von Holstein war. Die Verblendung aus hübschen gelben Klinkern von der Ostseeinsel Bornholm wurde um 1900 mit grauer Farbe übermalt. 1953 erhielt der Turm sein heutiges Kleid: weiß mit schwarzem Band. Seine tonnenschwere Gürtellinse stammt aus Paris. Früher hieß er übrigens »Leuchtturm Rotes Kliff«, denn er steht – allerdings in sicherer Entfernung – hinter diesem berühmten roten Steilufer, das von der See mit ihren Sturmfluten immer weiter zurückgedrängt wird.

Leuchtturm **Kampen** *(Sylt)*

Weiter nördlich, auf dem sog. Ellenbogen von Sylt hatten die Dänen schon 1852 zwei ihrer ersten eisernen Leuchttürme in 2,7 km Abstand hingestellt: **List-Ost** und **List-West**. Sie sind zwar nur 14 bzw. 11 m hoch, aber recht fotogen in der idyllischen Dünenlandschaft. 1864 wurde die Insel mit ihren damals drei Leuchttürmen deutsch.

Die südliche Nachbarinsel **Amrum** erhielt ihren Leuchtturm 1874. Er ist mit 42 m noch etwas höher als sein Sylter Kollege. Die Großdüne, auf der er steht, macht ihn noch gut 20 m höher und verleiht ihm eine Spitzenposition auf der Insel. Er leuchtet ebenfalls aus einer riesigen, aus Frankreich bezogenen Optik, neuerdings 23 sm weit.

Leuchtturm **Amrum**

Auch er ist inzwischen längst automatisiert und »entmannt«. Jetzt kommt nur noch routinemäßig das Wartungsteam. Die ehemaligen Wärterunterkünfte stehen, wie auch bei anderen reizvoll gelegenen Leuchttürmen, den Bediensteten der Leuchtfeuerverwaltung als Urlaubsquartier zur Verfügung. Der rund gemauerte rote Turm mit zwei weißen Bändern ist zur Besichtigung freigegeben. Der Blick von oben schweift über die nordfriesische Inselwelt und das Wattenmeer.

Über die gut 100 km südwestlich liegende ostfriesische Inselwelt können Besucher von der Galerie des 1873/74 erbauten Leuchtturmes **Norderney** schauen, der noch höher, nämlich 54 m in den Himmel ragt. Er ist auch gemauert, aber achteckig auf viereckigem Sockel.

Leuchtturm **Norderney**

Der erste in tiefem Wasser der offenen See gebaute Leuchtturm der Welt heißt **Roter Sand**. Als immer mehr, immer größere und immer schnellere Dampfschiffe die Weltmeere befuhren, wollte Bremen das nächtliche Einlaufen zu seinen Häfen durch Errichtung eines Leuchtturmes auf halbem Wege zwischen Bremerhaven und Helgoland erleichtern. Als dicht am Fahrwasser liegender Aufstellungsort wurde eine gefährliche Untiefe zwischen zwei Mündungsrinnen der Weser ausgewählt, der sogenannte Rote Sand.

Zum Bau des bei Flut 11–13 m tiefen Wassers wurde eine völlig neue Methode ausgeklügelt. Hier die vereinfacht erklärten einzelnen Phasen:

1. Fertigung eines linsenförmigen, unten offenen Eisenkastens, eines sog. Caissons im Hafen,
2. Einschwimmen des Caissons zur Baustelle mit Schleppern,
3. Absenkung auf den Meeresboden,
4. Einlassung in den Meeresboden durch Entfernung des Sandes unter der überstülpten Fläche; derweil oben Aufstockung durch Beton zwecks Gewichtsvermehrung,
5. Ausfüllung des Caissons mit Mauerwerk und Zement,
6. Errichtung des Eisenturmes auf diesem künstlichen Felsen im Meer.

Schleppzug mit dem Caisson, im Mai 1883 unterwegs von Bremerhaven zur Baustelle Roter Sand (nach einem Gemälde von Heinrich Hellhoff)

Das größte Risiko bestand, solange der noch hohle, unbeschwerte Caisson nicht tief genug eingesunken und dem Spiel von Wind, Wellen und Tidestrom ausgesetzt war. In dieser Phase wurde denn auch 1881 während eines Novembersturmes der Caisson völlig zerschlagen. Aber man ließ sich nicht entmutigen und fing schon im nächsten Jahr wieder von vorne an, diesmal unter Leitung des jungen Regierungsbaumeisters Walter Körte (1855–1914). Gemeinsam mit seinen Ingenieuren und Bauarbeitern gewann er den Kampf gegen die Naturgewalten. In der schwierigsten Phase arbeiteten die Männer, wie auf der Skizze sichtbar, in dem mit Fackeln erleuchteten Raum im Meeresboden und schafften den Sand hinaus, damit der Caisson weiter absinken konnte. Das taten sie – herabgelassen durch eine Druckschleuse im Mittelschacht – bei einem Luftdruck, der erheblich höher sein mußte als der Außendruck, und bei Temperaturen bis zu 50° C.

Oft genug gab es Arbeitsunterbrechungen, wenn die Transportschiffe wegen zu hohen Seeganges nicht anlegen konnten. Aber im Oktober 1883, als die Herbststürme einsetzten, stand das Caisson-Fundament unverrückbar fest. 1884 wurde der eiserne Turmschaft hochgezogen, 1885 die Einrichtung installiert.

Am 25. Oktober 1885 nahm der Leuchtturm mit seinen drei typischen Erkern den Betrieb auf. Die Laterne mit dem Hauptfeuer leuchtete nach beiden Seiten in die Fahrtrichtungen. Der erste Erker trug ein Nebenfeuer, der zweite eine Nebelglocke, der dritte den Blitzableiter.

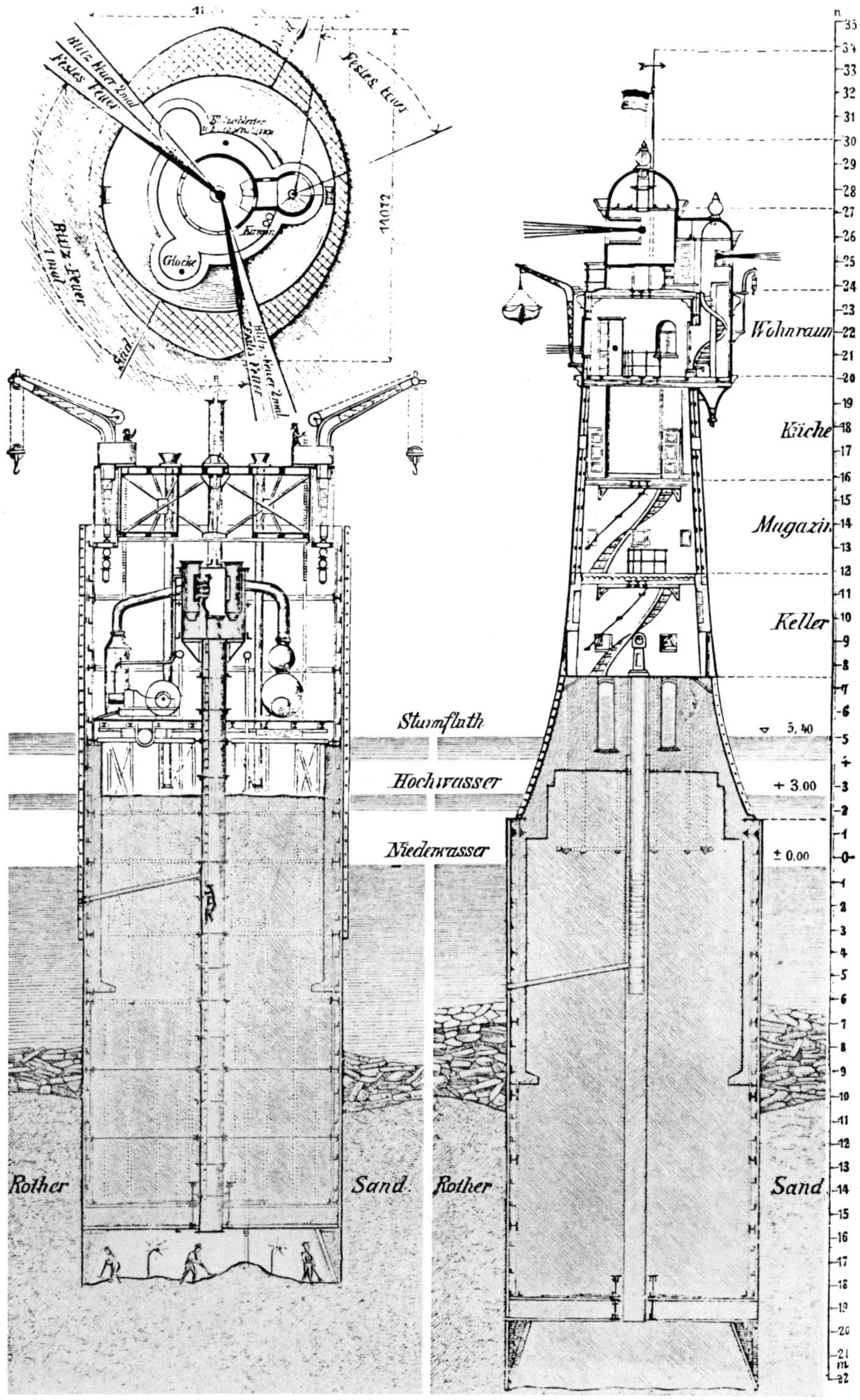

Alte Darstellung vom Leuchtturm **Roter Sand,** *links: der Caisson während der Bauarbeiten, rechts: Schnitt durch den fertigen Turm*

In aller Welt wurde der Turm im Meer als deutsche Pionierleistung bewundert. Unzählige Schiffe fuhren nun dicht an ihm vorbei – in beiden Richtungen. Für Millionen Menschen war er in den damaligen deutschen Nationalfarben Schwarz-Weiß-Rot der letzte Gruß der Heimat, insbesondere für Auswanderer, für viele heimkehrende Seeleute der erste. So wurde er schnell zum Symbol für den Begriff Leuchtturm schlechthin.

Ansichtskarte aus dem Jahre 1904. Der Dampfer hatte damals das Blaue Band des Ozeans errungen (19361 BRT, 23 Knoten, Besonderheit: größte je gebaute Kolbendampfmaschine mit 4 x 9500 PS, Bauwerft: Vulcan, Stettin)

Hiermit hatte auch an der deutschen Nordseeküste die Zeit der eisernen Leuchttürme begonnen. In den folgenden Jahren entstanden zahlreiche verschiedenartige Exemplare bis zu 35 m Höhe im Wattenmeer vor Bremerhaven und an den Unterläufen von Weser und Elbe.

Als der Turm nach 70 Jahren neue technische Einrichtungen erhalten sollte, stellte sich heraus, daß seine Standsicherheit aufgrund von Verfallserscheinungen des Fundamentes gefährdet war. Deshalb entschloß sich die Wasser- und Schiffahrtsverwaltung, einen Ersatzturm zu bauen, zumal sich auch das Fahrwasser durch Sandwanderungen erheblich verlagert hatte. Am 1. 9. 1964, als dieser Ersatzturm – nach seinem Standort **Alte Weser** genannt – den Betrieb aufnahm, löschte der **Rote Sand** sein Feuer, die Besatzung wurde abgezogen.

Nun war er navigatorisch überflüssig, stand aber unter Denkmalschutz, und man fragte sich, was mit dem immer unsicherer werdenden Turm geschehen soll. Als Pläne bekannt wurden, das eiserne Oberteil abzuschneiden und an Land aufzubauen, begann ein Sturm der Entrüstung, und es bildete sich eine Initiative zur Erhaltung dieses populären Wahrzeichens der Deutschen Bucht an Ort und Stelle im Meer. Und er wurde erhalten, indem man eine in der Form genau angepaßte, 100 t schwere Stahlmanschette um das Caisson-Fundament legte. Sie mußte vorsichtig über den Turm gestülpt werden – ein Kunststück, das erst nach langem Warten auf ruhige See am 1. Oktober 1987 mit zwei Schwimmkränen gelang. Anschließend füllte man den Zwischenraum mit Beton aus. Nach einer kosmetischen Behandlung im folgenden Jahr glänzt er nun als maritimes Museumsstück, der alte Leuchtturm **Roter Sand**.

Überstülpen der Stahlmanschette (Firma Ludwig Voß, Cuxhaven)

Der mit 65 m höchste eiserne und zugleich höchste deutsche Leuchtturm ist ein gewaltiger Gitterturm mit drei verstrebten Gratsparren, 1889/90 erbaut. Er steht in **Campen** an der Unterems und muß mit einem Leitstrahl besonders weit, nämlich bis Borkum leuchten. Die schon damals eingebaute elektrische Lichtbogenlampe machte das möglich. Wegen des gelblichen Scheins der aus Frankreich stammenden Optik bezeichneten die Schiffer das Licht etwas romantisch als »Mond von Campen«. 1976 war es vorbei mit der Romantik, denn das alte Leitfeuer wurde durch ein Präzisionssektorfeuer (s. Seite 150) ersetzt. In dem zu einem kleinen Museum umgestalteten ehemaligen Maschinenhaus kann man die alte Leuchtfeuer-Anlage besichtigen, ebenso den 1906 anstelle der Dampfmaschine installierten Dieselmotor mit dem Stromaggregat. Im Sommer dürfen Besucher auch die 320 Stufen im Treppenrohr zur Galerie aufsteigen und den Rundblick über das Unteremsgebiet genießen.

Höchster deutscher Leuchtturm:
Campen */ Unterems, 65 m hoch*

Die nächsten drei Eisentürme können sozusagen in einem Atemzug genannt werden, denn sie wurden nicht nur gleichzeitig 1906/07 erbaut, sondern auch auf die gleiche Weise, nämlich – ähnlich wie die norwegischen aus einheitlichen Gußeisensegmenten zusammengeschraubt. Sie unterscheiden sich nur etwas in ihrer Höhe.
Es handelt sich um **Westerheversand**, 40 m, **Pellworm**, 35 m und **Hörnum** (Abb. Seite 19), 34 m hoch, alle in Schleswig-Holstein. Später folgten noch zwei weitere kegelstumpfförmige Gußeisentürme: 1910 **Arngast** auf 112 eingerammten Pfählen mitten im Jadebusen, 36 m und 1913 **Büsum**, 22 m hoch.

Auf einer Pfahlgründung im Wattenmeer vor Bremerhaven entstand 1923/24 aus Ziegelmauerwerk der Leuchtturm **Robbenplate**, viereckig, 30 m hoch. Er war 1959 der erste, der eine Radaranlage zur Überwachung des Schiffsverkehrs auf der Außenweser erhielt.

Leuchtturm **Robbenplate**

Mit einer ähnlichen Gründungsmethode und unter größten Schwierigkeiten wie s. Z. beim **Rote Sand** war während des Zweiten Weltkrieges östlich von Wangerooge in 12 m tiefem Wasser ein gemauerter, klobiger Flak-Turm mit Geschützen und Scheinwerfern errichtet worden, um aus England einfliegende Bomber schon möglichst früh unter Feuer nehmen zu können. Nach Kriegsende und Demontage der militärischen Einrichtungen wurde der 5geschossige Koloß aufgrund seines günstigen Standortes zum Leuchtturm **Mellumplate** umgerüstet. Seit 1946 trägt er ein Leuchtfeuer und dient einem friedlichen Zweck, wie ein Feuerschiff, das bis 1940 an dieser Stelle gelegen hatte. 1973 wurde er an die Fernsteuerung angeschlossen und mit einem Hubschrauber-Landedeck ausgerüstet. Damit ragt er 32 m über mittleres Tidehochwasser hinaus.

Einst Flak-Turm, jetzt Leuchtturm **Mellumplate**

Stahlbetonturm **Wangerooge**, *64 m hoch*

In den weiteren Nachkriegsjahren ging es um Modernisierung und Ersatz überalterter Leuchttürme in Verbindung mit dem Aufbau neuer Navigationssysteme. In Deutschland wurden alle vorhandenen Feuer automatisiert und für Fernsteuerbetrieb oder Fernüberwachung umgerüstet, neue von vornherein dafür eingerichtet. Seit 1986 gibt es hier keinen bemannten Leuchtturm und keinen Leuchtturmwärter mehr. Alle Leuchttürme und sonstigen Feuer für die Navigation sind in Reviere eingeteilt. Sie werden von Revierzentralen aus ferngesteuert bzw. überwacht. Diese organisieren auch den Einsatz der Wartungstrupps.
Die meisten neuen Türme entstanden nun aus Stahlbeton, rund und schlank. Besonders hohe Exemplare sind **Wangerooge** mit 64 m (s. auch Band 1, Seite 50), Oberfeuer **Voslapp** mit 61 m an der Jade und **Balje** mit 56 m an der Unterelbe. Aber es wurden auch neuartige Materialien ausprobiert, z. B. glasfaserverstärkter Kunststoff (GFK), allerdings nur für Türme bis 46 m Höhe.

Am meisten Aufmerksamkeit erregten jedoch zwei Riesen im Meer. Der erste war der als Ersatz für den **Rote Sand** 1960–1964 erbaute, schon erwähnte Leuchtturm **Alte Weser**. Seine drei Hauptteile – unterer Schaft, obe-

Hauptphasen beim Bau des Leuchtturmes **Alte Weser**

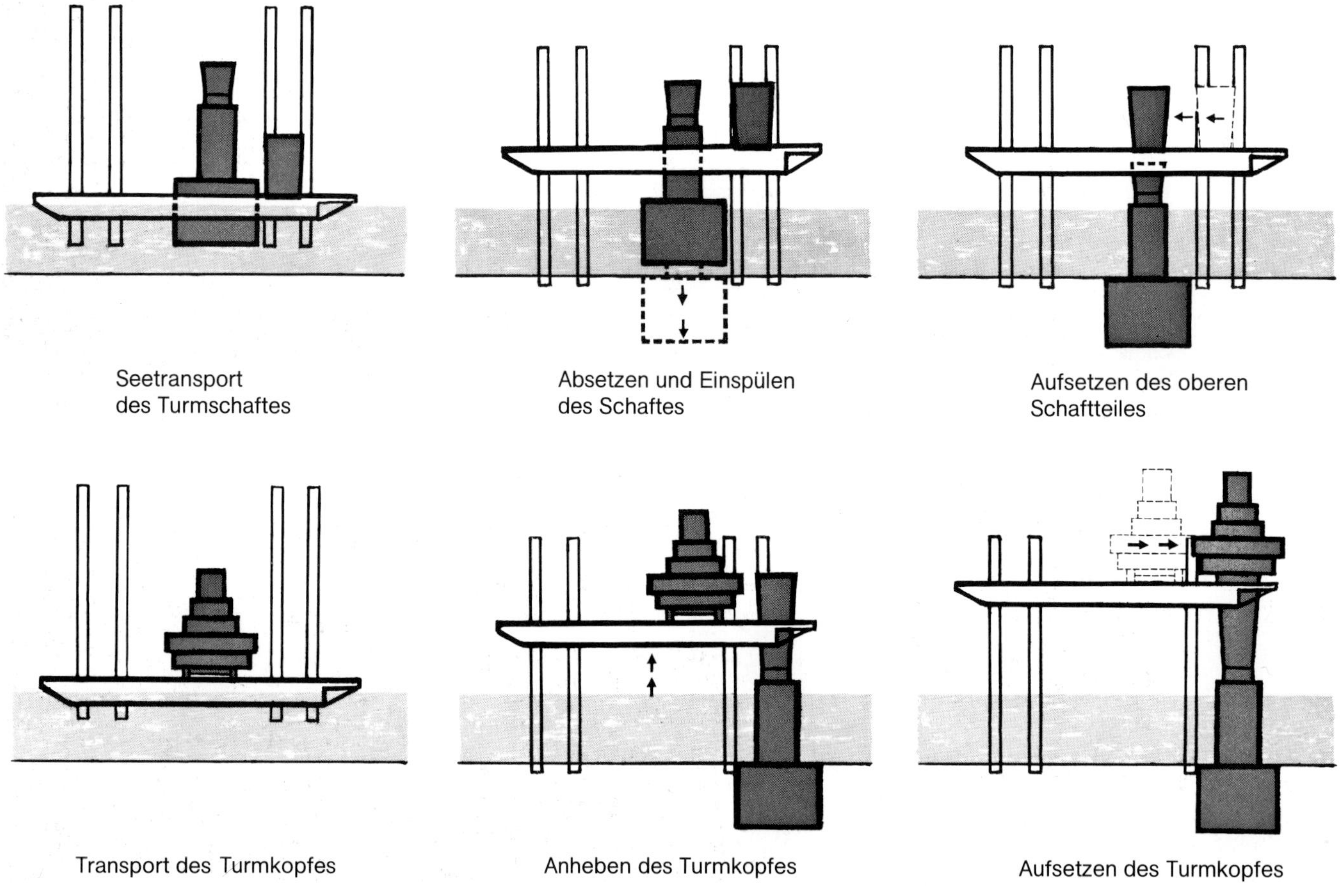

Bau des Leuchtturmes **Alte Weser** *(Letzte Phase: Verschieben des Turmkopfes auf den Schaft)*

rer Schaft, Turmkopf – entstanden aus Stahl in einem Trockendock. Der untere Schaft wurde in 13 m Wassertiefe als offener Brunnen 11 m tief in den Meeresboden eingespült und ausbetoniert, die beiden anderen Teile daraufgesetzt und verschweißt. Für Transport zur Baustelle und Montage benutzte man eine Hubinsel.

Das ganze Bauwerk ist 62 m hoch, 38 m über und 24 m unter Wasser. Die ausladenden Obergeschosse bieten genug Platz für technische Einrichtungen und zur Unterbringung von Menschen. Bis zum Anschluß an die Fernsteuerung 1972 war der Turm nämlich noch mit vier Wärtern besetzt, aber auch heute halten sich dort gelegentlich Techniker oder Wissenschaftler auf. Im Turmkopf ist das Leuchtfeuer in doppelter Ausführung untergebracht, darüber noch der Radardom.

Leuchtturm **Alte Weser:**
links Querschnitt, rechts Ansicht des fertigen Turmes

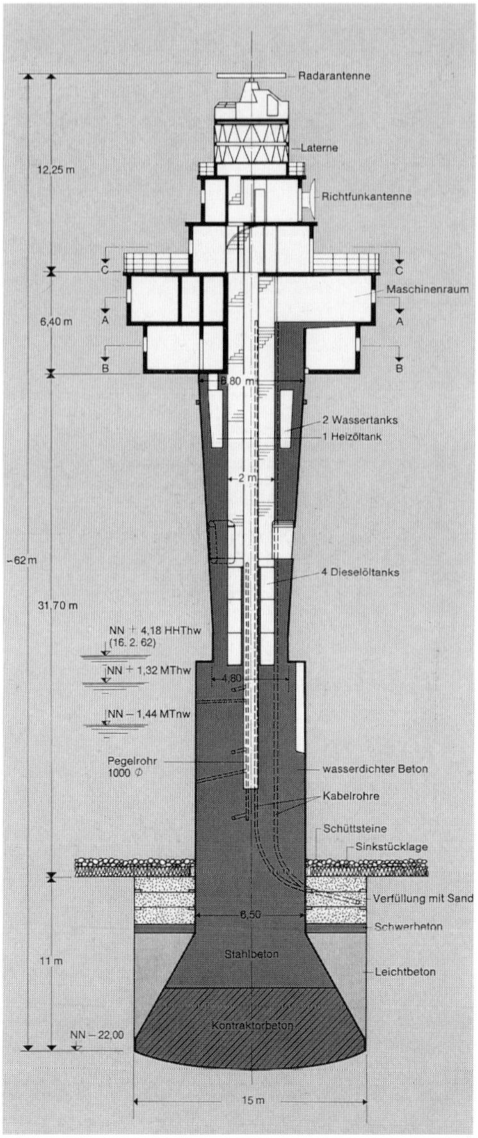

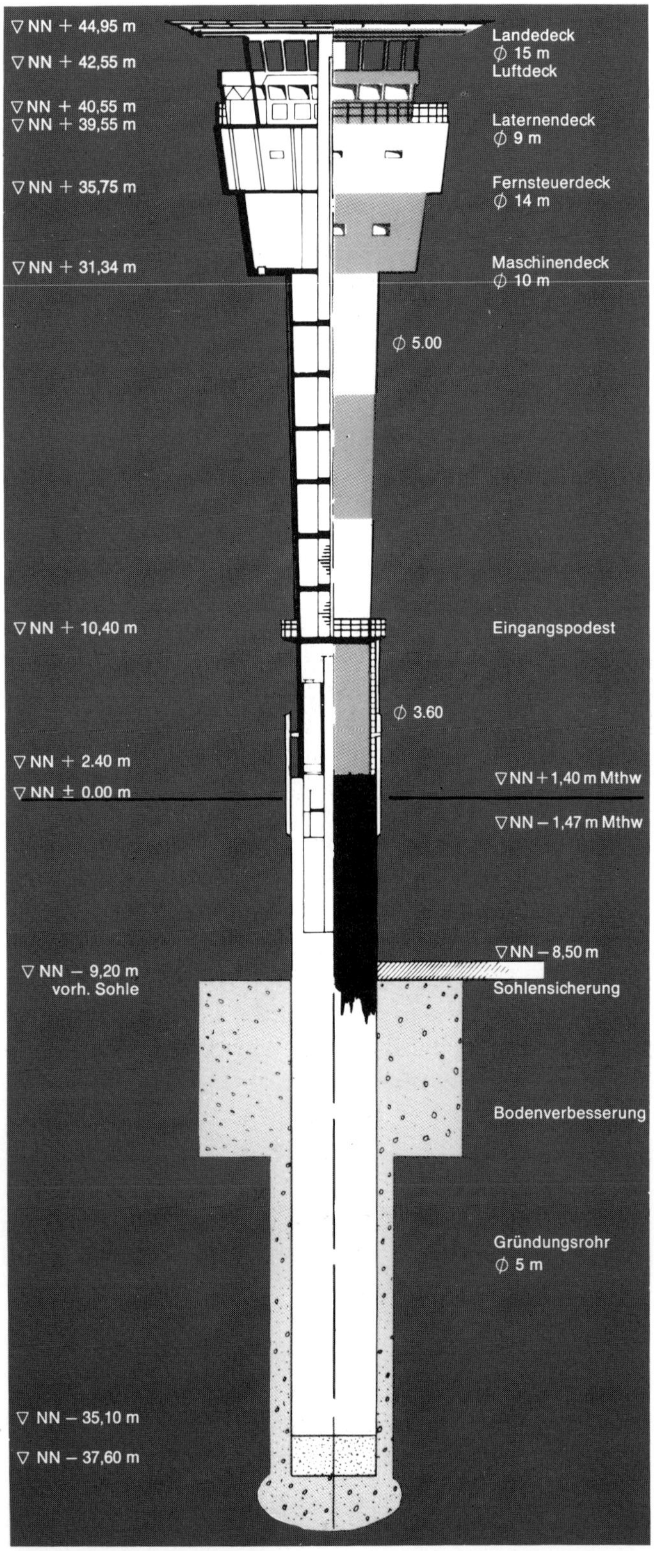

Leuchtturm **Großer Vogelsand**

Der zweite Riese heißt nach der Untiefe, auf der er steht, **Großer Vogelsand**, 1973/75 in 9 m Wassertiefe erbaut als Ersatz für das Feuerschiff ELBE 2. Es ist Deutschlands modernster, teuerster und – wenn man das Unterwasserteil hinzurechnet – höchster Leuchtturm (Abb. auch Seite 20). Er mißt 83 m, davon stehen 38 m unter Wasser, 45 m darüber. Mehr als 28 m tief mußte sein Gründungsrohr eingespült werden, denn der Meeresboden besteht hier aus lockerem Mahlsand. Nach Ausfüllung dieses 5 m dicken Gründungsrohres mit Beton wurde der ganze, aus Stahl vorgefertigte Turm mit einem Schwimmkran aufgesetzt.

Hier die Beschreibung von oben nach unten, zunächst für die fünf Decks:

- Das Landedeck für Hubschrauber hat einen Durchmesser von 15 m, mit Fangnetz von 20 m.
- Das aus aerodynamischen Gründen offene Luftdeck enthält alle Antennen und einen Lastenaufzug.
- Auf dem Laternendeck stehen drei Lichtprojektoren, eine Drehoptik und eine Gürteloptik.
- Das Fernsteuerdeck enthält Anlagen zum automatischen und Fernwirk-Betrieb sowie Notunterkünfte für das Wartungsteam.
- Im Maschinendeck stehen drei vollautomatisch arbeitende Dieselaggregate zur Energieversorgung, denn ein Landanschluß besteht nicht.

Im Turmschaft darunter führt eine Wendeltreppe durch alle Zwischenpodeste bis zum Eingangspodest mit einem frei zugänglichen, per Fernsehkamera überwachten Raum für Schiffbrüchige. Der unterste Schaftbereich enthält die Treibstoff- und Wassertanks.

Aufsetzen des Turmes auf das eingepflanzte Gründungsrohr

Niederlande / Belgien

Der Name »Niederlande« besagt eigentlich etwas Bedrohliches: Das Land liegt niedrig, nämlich unter dem Meeresspiegel, der bekanntlich allmählich immer mehr ansteigt. Um nicht in den Fluten zu versinken, führen die Menschen dort einen ständigen Kampf gegen das Wasser. Immer wieder durchbrach es bei Sturmfluten die Deiche und verursachte ungeheure Verluste an Land, Menschen und Tieren. Noch 1953 ertranken 1800 Menschen.

In ihrem Überlebenswillen entwickelten sich die Niederländer notgedrungen zu Experten für Wasserbau. Ihre Meisterwerke des 20. Jahrhunderts sind der 30 km lange Abschlußdeich, mit dem sie die Meeresbucht Zuiderzee zu einem Binnensee machten, und die Abdämmung des Deltas von Rhein, Maas und Schelde, mit der sie ihre Küstenlinie um mehrere hundert Kilometer verkürzten.

Ihr Umgang mit dem nassen Element machte sie aber auch zu hervorragenden Seefahrern, die natürlich an Navigationshilfen interessiert waren. So begannen sie schon im 13. Jahrhundert mit der Einrichtung von Leuchtfeuern an ihren Küsten und Hafenzufahrten. Wie vorbildlich geschlossen ihre Leuchtfeuerkette bereits im 15. Jahrhundert war, geht aus der Skizze in Band 1 auf Seite 28 hervor.

Zunächst zur Maasmündung, wo schon im Mittelalter die Handelswege mehrerer europäischer Länder zusammenliefen, und wo sich heute der größte Hafenkomplex der Welt, mit Namen Europoort befindet. Bei Den Briel auf der Insel Voorne hatte hier auch die holländische Leuchtfeuergeschichte begonnen. Im Lauf der Jahrhunderte gab es mehrere Generationen von Feuerbaken, ehe 1817 der Turm der im 16. Jahrhundert erbauten Kirche von **Brielle** zum Leuchtturm umfunktioniert wurde.

Bei vielen mittelalterlichen Kirchen an niederländischen Küsten – übrigens auch auf **Borkum** (s. Seite 14) – war der Turm als weit sichtbarer Orientierunspunkt für die Schiffahrt errichtet worden. In einigen Fällen wirkte das Kirchenschiff dagegen nur wie ein kleiner Anbau. Bei mehreren Türmen dieser Art wurde später die Spitze entfernt und auf der so entstandenen Plattform eine Laterne installiert. In **Brielle** brannte darin anfangs noch Kohlefeuer, ab 1825 ein Lampenlicht.

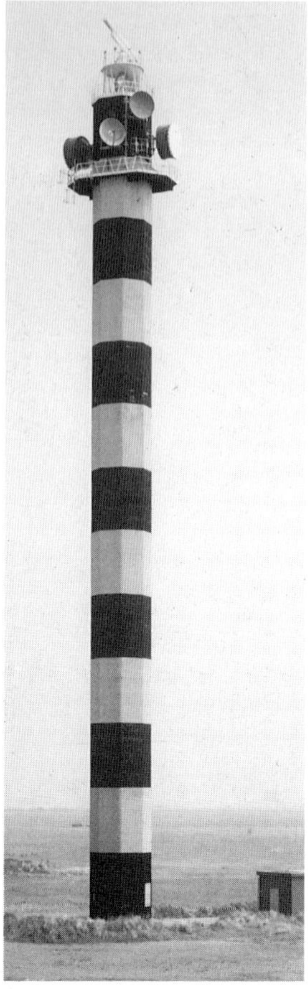

Maasvlakte, *Hollands höchster und modernster Leuchtturm*

Leuchttürme **Hoek van Holland:**
Eisenturm von 1893 und Betonturm von 1974

Turm und Kirche existieren noch, allerdings seit etwa 1875 ohne Leuchtfeuer. Ältestes, noch existierendes ehemaliges Leuchtfeuer-Bauwerk in den Niederlanden ist jedoch der 1462 erbaute vierkantige Turm in **Den Briel**.

Allmählich hatte der nördliche Mündungsarm so viel an Bedeutung gewonnen, daß man sich 1873 gezwungen sah, dort mit der Aufstellung von Leuchttürmen zu beginnen. Höchster mit 21 m wurde 1893 der kegelstumpfförmige Gußeisenturm **Hoek van Holland**. Rund 80 Jahre später wurde er zusammen mit den anderen dortigen Leuchttürmen durch moderne unbemannte Betontürme ersetzt, die nunmehr den gesamten Hafenkomplex **Europoort** befeuern. Der größte steht davor, am Ende einer aufgeschütteten Landzunge: **Maasvlakte**, ein achteckiger gelb/schwarzer »Bleistift«, 62 m hoch mit der Optik des erwähnten **Hoek van Holland**-Turmes. Einige nach schwedischem Muster vorgefertigte, bis zu 30 m hohe Schwimmkastentürme wurden in tiefem Wasser abgesetzt und durch einen Ring von mehreren hundert Betonblöcken, je 50 t schwer, gesichert (Abb. Seite 43).

Zurück ins Mittelalter – nach Flandern, wo die Feuerbaken »Vierboet« hießen. In **Nieuwpoort** standen zwei, eine »Groote« (s. Band 1, Seite 32) und eine kleine, oft abgebrannt oder anderweitig zerstört, aber immer wieder ersetzt. 1691 erbaute der berühmte französische Festungsbaumeister Vauban dort das »Fort Vierboet«, wahrscheinlich außen um die Feuertürme herum. Gut 100 Jahre später beschossen es seine Landsleute und verschonten auch die Vierboete nicht.
Nun baute man nur noch einen Turm immer wieder auf, seit 1883 allerdings näher am Meer, das hier an der Ysermündung inzwischen um fast zwei Kilometer zurückgewichen war. Das jüngste, steinerne Exemplar wurde 1914 von belgischen Truppen gesprengt, 1923 wieder aufgebaut, 1944 von deutschen Truppen gesprengt, 1948/49 erneut aufgebaut, diesmal aus Beton, 26 m hoch, rot/weiß gebändert. Wie oft die Geschichte mit dem Leuchtturm **Nieuwpoort** dieses Zerstörungsspielchen insgesamt getrieben hat, läßt sich heute nicht mehr genau feststellen.

Heutiger Leuchtturm **Nieuwpoort**

»Säulen«-Leuchtturm **Ostende** *von 1772*

Ähnlich erging es seinem Nachbarn in **Ostende**. Der Name besteht übrigens zu Recht, denn der Ort lag einst wirklich am Ostende einer Insel, die im Laufe der Zeit allerdings mit dem Festland zusammengewachsen war.
Nach ebenfalls unruhigem Vierboet-Dasein in den ersten Jahrhunderten entstand 1771/72 ein Leuchtturm in Säulenform, etwa 25 m hoch. Seine Eisenlaterne war zunächst offen, und es brannte Kohlenfeuer, ab 1776 geschlossen, und es leuchtete ein Hohlspiegellicht. Als immer mehr Bauten am Hafen sein Licht beeinträchtigten und ein 1839 zusätzliches Leuchtfeuer nicht weit genug reichte, mußte ein neuer Leuchtturm her. Den alten ließ man aber noch stehen, allerdings ohne Optik, dafür aber mit einer langen Fahnenstange für Flaggensignale. Deshalb hieß er nun »Flaggenstock«.

Leuchtturm **Ostende** *von 1860*

Der neue Leuchtturm wurde 1858/60 nach französischen Plänen erbaut und mit einer Optik größten Typs ausgestattet. Mit seinen 52 m Höhe leuchtete er nun über alles hinweg. Besucher schätzten den weiten Blick von oben in die friedliche Umgebung, im Ersten Weltkrieg aber auch deutsche Artillerie-Beobachter den Blick in feindliche Stellungen. Deshalb schossen ihn 1917 englische Kriegsschiffe zusammen.

1918, nach dem Krieg, wurde zunächst der »Flaggenstock« wieder provisorisch als Leuchtturm hergerichtet, ehe 1924/26 der nächste Leuchtturm entstand, diesmal wieder in Form einer dorischen Säule, 65 m hoch, vom Volksmund »Lange Nele« genannt, später auch »Badehose« wegen der weiß/roten Bänderung. Im Zweiten Weltkrieg erhielt er eine gelb/braune Camouflage-Bemalung. Bei den Rückzugsgefechten der deutschen Truppen im September 1944 wurde er vernichtet, ebenso der »Flaggenstock«.

Den nächsten und wahrscheinlich letzten Leuchtturm **Ostende** baute ein Luxemburger Unternehmer 1947/49 aus Beton. Obwohl »nur« 58 m hoch, heißt er auch wieder »Lange Nele«. Weil die Lichtanlage von einem Uhrwerk geschaltet wird, verzichtete man erstmalig auf einen ständigen Leuchtturmwärter.

Leuchtturm **Ostende** *von 1949*

Der nächstälteste Vierboet-Standort im Mittelalter war **Westkapelle** auf Walcheren, damals einer Insel. Nach wechselvollem Schicksal mußte der Platz Ende des 18. Jahrhunderts wegen Küstenabbruches aufgegeben werden. Aber etwas weiter landeinwärts stand die schon 1470 gebaute Kirche mit einem mächtigen Turm. Während der napoleonischen Kriege errichteten die Franzosen auf der 40 m hohen Dachfläche des Turmes anstelle der Spitze ein Semaphor als Glied einer optischen Nachrichtenkette. Nach ihrem Abzug nutzte man auch hier die Dachfläche zum Aufbau einer Laterne. Ihre 15 Parabolspiegellampen – die ersten in den Niederlanden – leuchteten ab 1818.

In einer Märznacht 1831 schlug der Blitz ein und entzündete die auf halber Höhe lagernden Ölvorräte. Den darüber wohnenden drei Wärtersleuten war der Weg nach unten versperrt, und sie flüchteten auf das Dach. Wie durch ein Wunder breiteten sich die Flammen nicht nach oben bis zu ihnen aus. Der Grund: Eine über dem Öllager befindliche Eisentür schottete das Oberteil des Turmes ab. Aber die armen Menschen mußten nun auf dem Dach in Gluthitze und Qualm ausharren, bis die ganze Kirche ausgebrannt war. Dann erst wurde es möglich, sie mittels einer abenteuerlichen Leiterkombination herunterzuholen. Schon in der nächsten Nacht leuchtete die Laterne wieder.

Der Turm ließ sich erhalten, er steht heute noch. 1906 erhielt er einen eisernen Aufsatz mit einer neuen Laterne. Damit ist er jetzt 52 m hoch.

Erheblich später als bei den Nachbarn begann man in den Niederlanden und in Belgien mit der Einführung elektrischer Lichtquellen. **Westkapelle** und **Terschelling** waren 1907 die ersten Leuchttürme mit Bogenlampen.

Bisher beschrieben wurde die Entwicklung der im 13. und 14. Jahrhundert eingerichteten Leuchtfeuer-Standorte. Nun zu den Gründungen des 15. und 16. Jahrhunderts. Da hierbei eine exakte chronologische Reihenfolge nicht möglich ist, ersatzweise eine geographische von Süd nach Nord.

In **Blankenberge**, wo nachweislich schon seit 1467 eine Vierboet stand, ließ Napoleon im Krieg gegen England 1810 einen höheren Turm als Beobachtungsstation bauen. 1815 nach der Schlacht bei Waterloo wurde auch auf diesem Turm eine Laterne plaziert. Seine Nachfolger: 1872 ein 21 m hoher Backsteinturm, 1954 ein 25 m hoher Betonturm.

Leuchtturm **Westkapelle,** *1470 als Kirchturm erbaut*

Auf der Insel Goeree am Hafenort **Goedereede** brannte zuerst ein offenes Feuer auf einer Düne. 1512 war der damals übliche markante Turm – ähnlich dem von **Westkapelle** – mit einer kleinen Kirche daran erbaut worden. Als erster in Holland wurde er 1552 zum Leuchtturm um-

Heutiger Leuchtturm **Blankenberge**

Leuchtturm **Westhoofd II**

Leuchtturm **Noordwijk aan Zee**

funktioniert. Anstelle des Kohlenfeuers erhielt er 1834 einen Aufsatz und eine Laterne mit optischer Einrichtung. Beides wurde wieder entfernt, nachdem 1912 ein Nachfolger aus Beton, allerdings weiter seewärts in **Westhoofd** fertig geworden war. Dieser fand 1945 beim Rückzug der deutschen Truppen ein gewaltsames Ende und wurde 1949/50 durch den jetzigen, 52 m hohen Backsteinturm **Westhoofd** ersetzt. Der alte Kirchturm steht aber immer noch, er beherbergt jetzt ein Museum.

Bei **Katwijk aan Zee** mündete einst ein Rheinarm. Hier hatten schon die Römer ihren Leuchtturm (s. Band 1, Seite 21). In den letzten Jahrhunderten versandete die Mündung aber immer mehr, so daß der dortige Hafen seine Bedeutung verlor. Aus dem überflüssig gewordenen Leuchtturm von 1628 wurde in den 1920er Jahren ein Aussichtsturm.

In **Noordwijk aan Zee** leuchtete nur ein sog. Fischerfeuer. Bis 1824 brannte es noch auf einem Holzturm, ab 1854 auf einem 20 m hohen Steinturm. 1913 hielt man es für überflüssig, löschte es und brach das Bauwerk ab. Zur Verdichtung der Leuchtfeuerkette wurde dann aber 1921/23 doch wieder ein Leuchtturm gebaut. Er ist gut 20 m hoch, viereckig, weiß, aus betonverstärktem Backstein und steht an der Seepromenade.

Seit dem 15. Jahrhundert hatten in **Egmond aan Zee** zwei Feuer nebeneinander gebrannt. 1834 ersetzte man sie durch zwei runde weiße Leuchttürme, einen nördlichen, 20 m hoch und einen südlichen, 13 m hoch. Der südliche wurde 1899 gelöscht und 1915 abgebrochen, der nördliche 1838 in ein Denkmal für den Nationalhelden van Speyk umgestaltet. Dieser hatte sich 1831 mit seinem Kanonenboot vor Antwerpen in die Luft gesprengt, um nicht in belgische Hände zu fallen. Der noch in Betrieb befindliche van Speyk-Turm (Abb. Seite 37) mit einem trutzigen Löwen über dem Eingang erhielt nach mehrmaliger Veränderung des Oberteils schließlich einen verglasten Umgang für Besucher. Aber nicht nur der Turm, sondern auch der Ortsname ist mit Heldenverehrung verbunden: Etwas landeinwärts liegt die Ruine des Schlosses Egmond. Den Grafen dieses Geschlechtes und niederländischen Freiheitskämpfer hatte bekanntlich schon Goethe in seiner Tragödie »Egmont« unsterblich gemacht.

Die Schiffsroute in die ehemalige Zuiderzee führte zwischen Texel und der Landecke von Den Helder hindurch. Die Feuerbake **Huisduinen** wies den Weg zur Enge, das Fort Kijkduin beherrschte die Durchfahrt. 1822 wurde die Feuerbake durch einen 22 m hohen runden Backstein-Leuchtturm mitten auf der Bastion von **Kijkduin** ersetzt. Die Laterne enthielt 26 »englische Lampen«.

Mit dem Fort soll auch der Leuchtturm 1875 abgebrochen worden sein, obwohl erst 1877/78 ein Nachfolger in der Nähe entstand. Es handelt sich um einen rotbraunen 16eckigen Gußeisenturm, so stabil, daß man ihm vor einigen Jahren noch schweres technisches Gerät aufbürden konnte. Er mißt 55 m und besitzt das hellste Licht der Niederlande. Die Holländer haben auch einen Spitznamen für diesen langen schlanken Gesellen: »Langer Jaap«.

Leuchtturm **Kijkduin**
(»Langer Jaap«)

Nun zur Zuiderzee. Amsterdam war damals nur über diese Meeresbucht erreichbar. Der Seeweg dorthin wurde vom 15. Jahrhundert an durch drei Leuchtfeuer gesichert: **De Ven** (Landnase von Enkhuizen), **Marken** (Insel im SW) und **Hoek van't Ij** (Landnase östlich Amsterdam).

Alle drei Stellen erhielten 1700 je einen 15 m hohen vierkantigen Steinturm mit Öllampen-Laterne – eines der ältesten Beispiele für Serienbauweise.

Ihre weiteren Schicksale:

- **De Ven** steht noch, nach Feuer 1834 restauriert.
- **Marken** erhielt 1839 einen runden Steinturm auf altem Fundament. Starker Eisgang drückte 1971 diesen Turm ein Stückchen weiter (Abb. Seite 38).
- **Hoek van't Ij** wurde 1893 durch einen kleinen eisernen Gitterturm ersetzt.

Auch jetzt haben alle drei wieder etwas gemeinsam, nämlich die gleiche Einheitslaterne mit automatischem Glühlicht.

Im 18. und 19. Jahrhundert wurden an der Zuiderzee noch einige weitere Feuer eingerichtet, von denen die meisten allerdings durch Landgewinnung überflüssig geworden sind. Einzige bedeutende Ausnahme ist **Urk**, früher auf einer Insel mitten in der Meeresbucht, heute am Rande des Neulandes. Seit 1845 steht hier in zweiter Generation ein 15 m hoher runder Steinturm mit einem Drehfeuer.

Die Zuiderzee ist seit der Abdämmung 1932 ein Binnensee, neuerdings geteilt durch einen quer hindurchführen-

Leuchtturm **De Ven**, *1700 erbaut*

den Fahrdamm. Der Nordteil heißt »Ijsselmeer«, der Südteil »Markenmeer« (niederländisch bedeutet Zee = Meer, Meer = See).

Leuchtturm **Hoek van't Ij** *von 1893*

Leuchtturm **Urk** *von 1845*

Leuchtturm **Egmond aan Zee** *(van Speyk-Turm)*

Leuchtturm **West Schouwen**

Leuchtturm **Marken**, *dahiner Zuiderzee-Kuff aus 19. Jahrhundert*

Südwestliche Nordsee

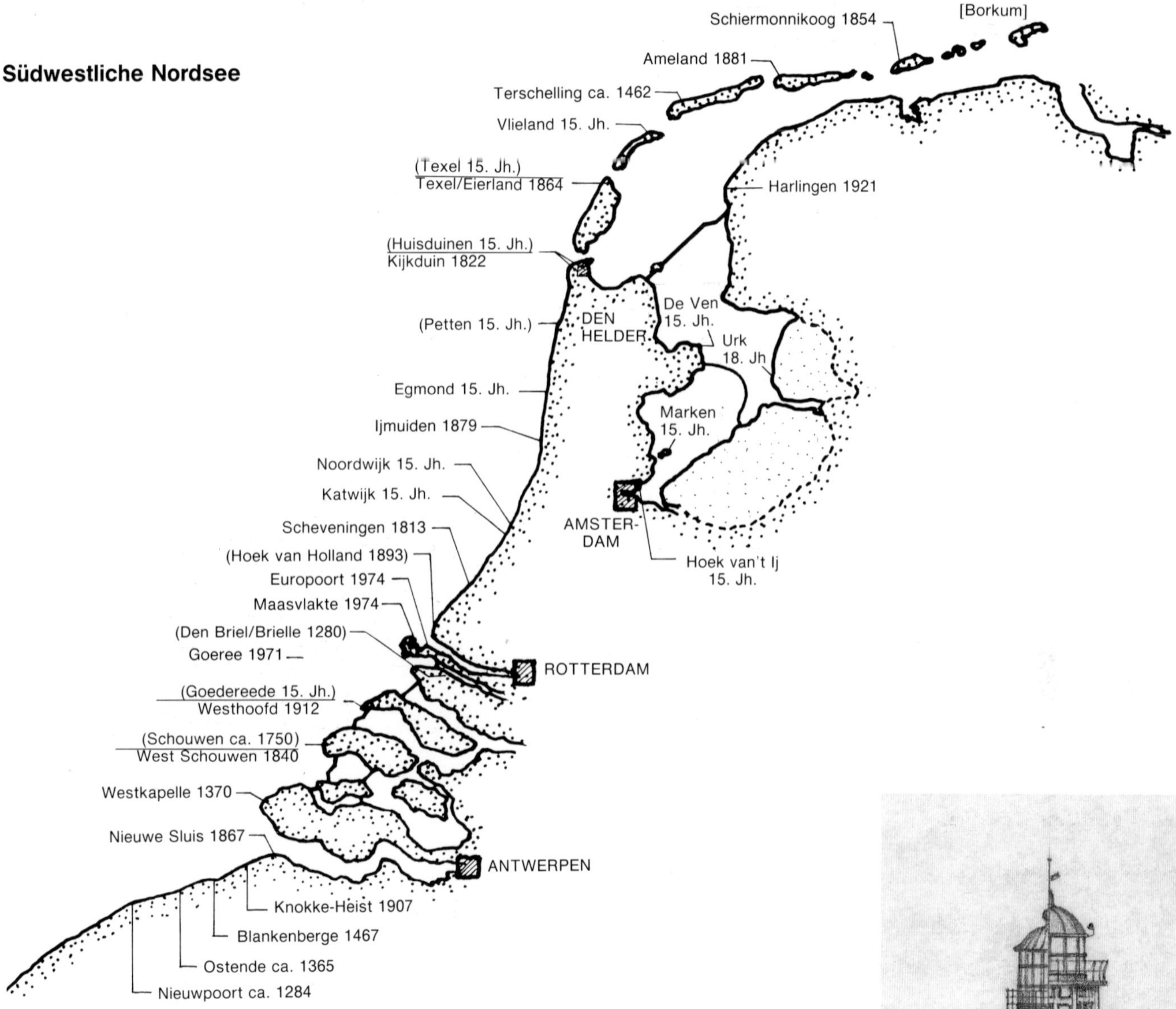

Nördlich von Den Helder liegt Texel, die größte und westlichste Westfriesische Insel. Älteste Landmarke dort war ein zu Anfang des 15. Jahrhunderts errichteter Kirchturm. Ob er später auch als Leuchtturm gedient hat, ist unbekannt. Jedenfalls soll 1462 ein Leuchtfeuer auf der Insel gebrannt haben. Aber erst nachdem besagter Kirchturm 1859 wegen Baufälligkeit abgerissen worden war, entstand 1863/64 auf einer Düne im Norden der Insel ein richtiger Leuchtturm: **Texel / Eierland**, 35 m hoch.

Im Zweiten Weltkrieg wurde er durch zahlreiche Granattreffer »schwer verwundet« und überlebte nur mit knapper Not. Aber die sofort anschließende Behandlung in Form einer Ummantelung mit Beton rettete den Patienten. Dadurch veränderte sich allerdings sein Aussehen erheblich: Aus einem schlanken kegelstumpfförmigen wurde ein dickeres zylinderförmiges Bauwerk.

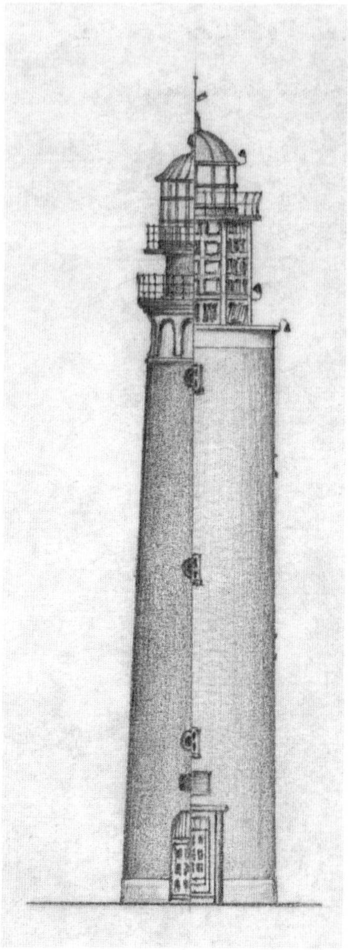

Leuchtturm **Texel / Eierland**, *Halbschnitte: links vor, rechts nach Umkleidung*

Auf der sich anschließenden Insel Vlieland steigt die Dünenlandschaft 40 m hoch auf. Große Türme sind nicht nötig. Auf einem Steinsockel leuchtete bis 1838 ein Kohlefeuer, danach auf einem gedrungenen Turm eine Parabolspiegel-Laterne aus England. Der derzeitige Leuchtturm **Vlieland** ist auch nur 16 m hoch, er hat aber eine Seereise gemacht. Es handelt sich nämlich um die oberen drei Etagen eines 1878/79 in **Ijmuiden** erbauten Gußeisenturmes (s. Seite 42), die 1910 samt Laterne 100 km weiter nördlich hier auf der Insel als Leuchtturm **Vlieland** wieder aufgebaut wurden.
Auf der nächsten Insel, Terschelling, steht der Senior aller holländischen Leuchttürme: **Brandaris** (s. Band 1, Seite 39).

Soweit die Beschreibung der bis zum 15. Jahrhundert eingerichteten Leuchtfeuer-Standorte.
Im 16. und 17. Jahrhundert wurden keine weiteren Standorte eingerichtet, denn das Leuchtfeuernetz galt als ausreichend, außerdem waren die Niederländer mit Kriegen und Eroberungen beschäftigt.
Weiter ging es erst wieder im 18. Jahrhundert, und zwar auf der Insel Schouwen, wo noch eine dunkle Lücke klaffte. Um 1750 wurden zwecks Unterscheidung von den Nachbarfeuern gleich zwei Kohleblüsen in Betrieb genommen. Sie mußten noch bis 1840 brennen, weil dann erst ihr Nachfolger, der 50 m hohe, hübsche Backsteinturm **West Schouwen** (Abb. Seite 38) fertig wurde.
Kurz seine Geschichte:

- Bauzeit $2^{1}/_{2}$ Jahre (in Betrieb ab 25. März 1840)
- Linsendrehfeuer größter Ausführung, Argandlampe, mechanisches Drehwerk mit Antriebsgewicht
- 1882 modernere Optik, Petroleumlampe
- 1910 Gasglühlicht
- 1934 elektrisches Glühlicht, elektrisches Drehwerk
- 1935 rot/weiße Spiralbemalung (wegen Eröffnung eines Flughafens in der Nähe)
- 1940 Optik durch Maschinengewehrfeuer zerstört
- 1946 Hilfslicht
- 1953 neue Optik
- 1979 neuer Turmkopf mit Radar und Küstenwach-Station, Fahrstuhl.

Im heute mondänen Seebad Scheveningen soll schon ein Fischerlicht gebrannt haben, ehe 1813 eine steinerne Feuerbake errichtet wurde. Der jetzige rotbraune

Leuchtturm **Scheveningen**

Eingang

Leuchtturm **Scheveningen** stammt von 1875. Er ist aus Gußeisen, 12eckig, 30 m hoch und hat gotisch geformte Fenster.

Die östlichste der Westfriesischen Inseln, **Schiermonnikoog**, erhielt zur Unterscheidung von den Einzelfeuern **Terschelling** und **Borkum** 1853/54 zwei gleiche steinerne Leuchttürme von 35 m Höhe, allerdings in ungewöhnlich großem Abstand. Als die Unterscheidung durch ein individuelles Feuer gewährleistet werden konnte, installierte man 1911 auf dem äußeren Turm solch eine Anlage und machte aus dem anderen Feuerturm einen Wasserturm. Der übriggebliebene Feuerturm bekam einen roten Kopf, man darf ihn besteigen und aus einem verglasten Umgang hinunterschauen. Der zweckentfremdete Doppelgänger sieht ihm aber immer noch sehr ähnlich, weil er sein Laternengehäuse behalten durfte.

Leuchtturm **Schiermonnikoog**

Leuchtturm **Nieuwe Sluis**

Als letzte Westfriesische Insel erhielt **Ameland** 1880/81 ihren Leuchtturm. Er entspricht ungefähr dem, was sich Landratten unter dem Begriff vorstellen: schlank, konisch, rund und schön hoch (55 m), rot mit weißen Bändern. Was sie weniger interessiert: Er ist aus Gußeisen, besitzt eine Drehoptik größter Art mit vielen Strahlenfeldern, seit 1923 mit elektrischer Lichtquelle.
Der Turm steht in Hollum, am Westende der Insel. Von seiner Plattform aus hat man einen weiten Rundblick. Die Aussicht vom naturgeschützten Ostkap Het Oerd mit seiner seltenen Fauna und Flora ist allerdings auch recht reizvoll.

Wenn man mit der Fähre von Vlissingen über die Westerschelde nach Breskens fährt, sieht man rechts voraus auf dem Deich einen schwarz/weiß gebänderten Leuchtturm. Er heißt **Nieuwe Sluis**, stammt von 1866/67, ist aus Gußeisen, 8eckig und 22 m hoch.
Es handelt sich um einen der ersten Gußeisentürme. Niederländische Gießereien spezialisierten sich darauf und fertigten zwischen 1856 und 1899 für die heimischen Küsten elf Exemplare von 11 bis 56 m Höhe, meist rund, einige aber auch 8-, 12- oder 16eckig. Die Teile für doppelt so viele gußeiserne Leuchttürme – sogar bis zu 60 m hoch – lieferten sie übrigens etwa in der gleichen Zeit nach Niederländisch-Indien (s. Band 3, Seite 42).

Damit Schiffe nicht weiterhin den Umweg durch die Zuiderzee machen mußten, bauten die Holländer 1865 bis 1876 den sog. »Noordzeekanal« von Amsterdam nach Ijmuiden mit riesigen künstlichen Häfen an beiden Enden. Als Richtfeuer für die Einfahrtslinie in **Ijmuiden** entstanden 1878/79 zwei runde Gußeisentürme mit säulenartigem Wulstfuß, das Oberfeuer 43 m, das Unterfeuer 38 m hoch. Die Leuchteinrichtungen stammten aus Frankreich.

Während die Türme mit ihrer anfänglich rot/weißen »Ringelstrumpf-Bemalung« witzig wirkten und zu Spitznamen verleiteten, geben sie sich jetzt seriös in rotbraunem Anstrich.

Der Unterfeuer-Turm mußte außer dieser Schönheitskorrektur noch zwei größere »Operationen« über sich ergehen lassen: Bei der ersten, 1909 wurde sein Oberteil »amputiert«, es zog – wie bereits geschildert – nach Vlieland um, während das verbliebene Unterteil eine neue Laterne erhielt. 1966, bei der zweiten machte auch das Unterteil eine Reise, die allerdings schon nach etwa 40 Metern endete. Diese auf Schienen durchgeführte Verschiebung war erforderlich geworden, weil die Einfahrtslinie aufgrund einer Molenerweiterung um 4° korrigiert werden mußte.

Die Leuchttürme von **Ijmuiden** *um 1900*

Oberfeuer **Ijmuiden** *und Fischerdenkmal heute*

Das gekürzte und versetzte Unterfeuer heute

Eines der zahlreichen **Europoort**-*Feuer:* **Nieuwe Noordendam,** *1974 errichtet, 30 m hoch*

Im 20. Jahrhundert entstanden außer den bereits genannten nur noch relativ wenige Leuchttürme. Hier die wichtigsten:

1907 **Knocke-Heist** (Flandern), ein origineller Turm aus Beton als Oberfeuer für die Einfahrtslinie nach Zeebrügge, neuerdings ersetzt durch eine 30 m hohe rot/weiße Säule mit Leitfeuer, aber noch vorhanden.

1921 **Harlingen** (Friesland), weißer viereckiger Steinturm, 20 m hoch (ähnlich und vom gleichen Architekten wie der Leuchtturm **Noordwijk aan Zee**, Seite 35).

1971 **Goeree** (20 sm westlich Hoek van Holland im Meer) als Ersatz für das 1891 ausgelegte Feuerschiff MAAS (1964 in GOEREE umbenannt). Es handelt sich um ein vierbeiniges Eisengestell, ähnlich dem amerikanischen Texas tower-Typ (s. Band 3, Seite 129). Diese künstliche Nordseeinsel dient auch als Wetterstation und ist noch bemannt. Das Wohn- und Arbeitsdeck befindet sich 20 m über dem Meeresspiegel, nach oben abgeschlossen durch eine quadratische Hubschrauber-Landeplattform. Das Leuchtfeuer-Türmchen steht an einer Ecke, es besitzt eine Feuerhöhe von 31 m.

Der kombinierte Leucht/Wasserturm **Knokke-Heist**

Leuchtturm-Insel **Goeree**

Atlantik

Die europäischen Küsten des Atlantischen Ozeans reichen vom hohen Norden bis zur Straße von Gibraltar. Sie wurden durch das von Westen anbrandende Meer in Jahrtausenden zernagt. Die härtesten Felsen blieben stehen, während beiderseits Buchten ausgewaschen wurden. So entstanden die vielen großen und kleinen felsigen Landzungen, auf deren Kaps heute Leuchttürme stehen.
Die Leuchttürme der Britischen Inseln und Norwegens am Atlantik wurden schon in Band 1 beschrieben; hier folgen nun die des Ärmelkanals und der südwestlichen Küsten Europas.

Frankreich (einschl. Britische Kanalinseln)

Die Leuchtfeuergeschichte begann an der Kanalküste mit ihrem enormen Gezeitenunterschied. Da viele Häfen nur bei Hochwasser angelaufen werden konnten, wurden alle Feuer hier zunächst gewissermaßen als nächtliche »Wasserstandsanzeiger« eingerichtet, die ersten schon im 13. Jahrhundert. Sie hießen »feu de marée«

Leuchtturm **Dünkirchen**

Leuchtturm **Calais**, *links der alte Glockenturm (Aufnahme etwa 1905)*

und leuchteten nur während der 4stündigen Hochwasserzeit – einige übrigens bis ins 20. Jahrhundert. Ihre Einstufung als Leuchtfeuer oder Leuchtturm im üblichen Sinne ist umstritten und hier ohne Bedeutung. In den meisten Fällen blieb es nämlich auch später bei kleinen Hafen- oder Molenfeuern, die ohnehin nicht alle aufgeführt werden können.
Ausnahmen sind **Calais** und **Dünkirchen,** wo auch die ersten Leuchtfeuer eingerichtet worden waren (s. Band 1, Seiten 26 und 32). Beide Häfen besitzen aufgrund ihrer Lage strategische Bedeutung. Sie erlebten bis in die jüngste Zeit hinein schreckliche Kämpfe und häufigen Besitzerwechsel. Ihre Feuer gingen deshalb oft aus, aber immer wieder an. Genaueres über sie weiß man jedoch erst wieder vom 19. Jahrhundert an.
In **Calais** wurde der Bau eines hohen Leuchtturmes, dessen Licht über den ganzen Ärmelkanal reichen sollte, immer wieder hinausgeschoben. Nach den napoleonischen Kriegen behalf man sich 1818 zunächst mit einer Parabolspiegel-Laterne auf einem alten Glockenturm. 1848 war dann endlich der imposante, heute noch existierende Ziegelturm fertig, 51 m hoch, 8eckig, ausgerüstet mit einem Drehfeuer. 1883 erhielt er eine elektrische Bogenlampe.

In **Dünkirchen** ging ein Leuchtfeuer schon 1814 wieder an, aber zunächst nur auf einem kleinen Unterbau. Es wurde 1843 abgelost von einem 57 m hohen Leuchtturm, der alle Kriege überdauerte. Als runde weiße Säule mit schwarzem Kopf, so steht er da – gleich neben der Ostschleuse.

Außerdem gibt es am Ende der Westmole ein mit 35 m ungewöhnlich hohes Einfahrtsfeuer, unten weiß, oben braun. Mit seinen drei tellerförmigen Ringen auf halber Höhe und dem auskragenden Turmkopf wirkt es recht originell (Abb. Seite 68).

Die Geschichte der übrigen, bis Ende des 17. Jahrhunderts eingerichteten Leuchtturm-Standorte an der französischen Atlantikküste wurde bereits in Band 1 geschildert. Wenden wir uns nun den ab 18. Jahrhundert erbauten Exemplaren zu.

Wie im Kapitel »Britische Inseln« des ersten Bandes, so werden auch hier die Leuchttürme auf Riffen und Felseninseln vorangestellt. Denn die Schwierigkeiten bei ihrer Errichtung waren die gleichen, und einige dieser sturmumtosten Vorposten im Meer haben genau so Seefahrtsgeschichte gemacht wie die britischen. Die meisten stehen in einem Seegebiet, das tausenden von Schiffen zum Verhängnis wurde, nämlich vor der bretonischen Küste, die den denkbar höchsten Grad an Zerrissenheit aufweist und mit vorgelagerten Klippen übersät ist.
Fast alle dortigen Leuchttürme heißen nach dem Riff oder Felsenplateau, auf dem sie stehen. Ihre Zahl ist mittlerweile auf nahezu 50 angewachsen. Vor keiner anderen Küste der Welt gibt es mehr.

Hier eine Aufstellung der wichtigsten:

Leuchttürme auf Felseninseln und Riffen (Auswahl)

T = Turm, LT = Leuchtturm

Name/Standort	LF eingerichtet	Bauzeit Jahre ca.	Turm-/Feuerhöhe in Meter	Turmart/Bemerkungen	Text/Abbildungen auf Seite
Casquets (8 km vor Kanalinsel Alderney)	1724	2	14/27 ab 1877: 23/37	3 Steintürme, ein Dreieck bildend, ab 1877 nur NW-T in Betrieb, erhöht auf 23 m; anfangs Privatbesitz, ab 1785 Trinity House (England)	46
Cap de la Hague (vor HI Cotentin NW)	1837	2	51/48	runder Granit-T auf dicht vor der Küste liegendem Überwasserriff	55
Les Héaux de Bréhat (Golf von St.Malo W)	1840	6	57/48	ca. 10 m Tidenhub, Riff nur bei Ebbe über Wasser, runder Porphyrgranit-T, damals höchster Felsenriff-LT der Welt	46
Haut Banc du Nord (vor Ile de Ré)	1854	5	32/23	Ausnutzung des Tidenhubs für Bau des Fundamentes, runder Granit-T in geschwungener Form	47
Les Barges (nordwestl. Ile de Ré)	1861	5	29/25	T und Baumethode ähnlich **Haut Banc du Nord**	47
Les Hanois (südwestl. Kanalinsel Guernsey)	1862	2	36/33	typisch englischer Riff-LT aus verkeilten Granitblöcken, 1962 elektrifiziert, seit 1979 mit Hubschrauberlandedeck, noch bewacht	47
Les Triagoz (nördl. Bretagne)	1864	4	30/31	Granitsockel und Stein-T formmäßig dem länglichen Felsen angepaßt, jetzt elektr. Lichtquelle, Windkraftgenerator	51
Roches-Douvres I (Golf von St.Malo, westl. Jersey)	1869	4	55/55	16eckiger Eisen-T, 1867 auf Weltausstellung Paris, danach zerlegt u. auf dem Riff wieder aufgebaut, 1944 zerstört	48
II	1951	4	65/60	gemauerter T auf Granitsockel mit Wohngebäude	
Les Pierres Noires (vor Finistère)	1872	3	28/27	runder Stein-T, Menschen- und Materialtransporte vom Nachbarfelsen aus mittels Seil	48, 50
Le Four (vor Finistère)	1874	3	28/28	runder Stein-T auf Beton- und Granitsockel	50
La Corbière (südwestl. Jersey)	1874	2	19/36	weißer kegelstumpfförmiger Stein-T auf spitzem Felsengipfel, 2 Wärter bis zur Automatisierung 1976	50
Ar-Men (vor Finistère Süd)	1881	15	34/29	auf Unterwasser-Felskegel Beton/Granitsockel und runder Stein-T, Ø unten 7 m, oben 5 m, enge Wärterräume	50, 51, 52
La Vieille (vor Finistère Süd)	1887	2	33/33	T ähnlich **Les Triagoz,** nur Sockel etwas höher	51
La Jument (südl. Ouessant)	1911	7 1/2	48/36	Aufbau wie bei **Ar-Men,** T aber 8eckig, Bausumme z.T. gestiftet – und gezahlt, obwohl Bedingung (Fertigstellung in 7 Jahren) nicht erfüllt wurde	52
Kéréon (südöstl. Ouessant)	1916	7	34/24	Aufbau und T ähnlich **Ar-Men,** T benannt nach 1794 hingerichtetem 19jährigem Fähnrich, Bausumme gestiftet von dessen Großnichte	53

Casquets

Diese Felsengruppe gehört der britischen Krone.
Wie in England üblich, hatte sich ein Privatmann um die Konzession bemüht, die allerdings die Auflage enthielt, drei Feuer zu betreiben, um Verwechslungen sowohl mit den Einzel-, als auch mit den Zwillingsfeuern auszuschließen. So kam es zu den »Drillingen«, denen der Konzessionär sogar Namen gab: St. Peter, St. Thomas und Dungeon. Anfangs leuchteten auf allen drei Türmen Kohlefeuer in geschlossenen Laternen, ab 1770 Öllampen, ab 1818 Drehfeuer.
Da aufgepeitschte See die Laternen aufgrund der geringen Feuerhöhe oft verdeckte, erhöhte man 1877 einen Turm und ließ nur dessen Licht noch brennen, ab 1952 elektrisch. Die beiden anderen wurden »degradiert« zu Trägern von Nebelhorn und sonstigen Einrichtungen.

Leuchtturm **Casquets**

Les Héaux de Bréhat

Als Erbauer dieses ersten weit von der Küste entfernten französischen Riff-Leuchtturmes profilierte sich der Ingenieur Léonce Reynaud. Zur Ermittlung des günstigsten Standortes ließ er zunächst ein Jahr lang die Felsengruppe beobachten und Messungen durchführen. Derweil richtete er auf der Insel Bréhat eine Basis ein und traf Vorbereitungen für Material und Transport.
Im folgenden Jahr begannen die Bauarbeiten, die zunächst jeweils nur für kurze Zeit bei niedrigstem Wasserstand möglich waren. Reynaud hatte als Standort ein genau in Richtung des Tidenstromes liegendes Riff ausgewählt, so daß das Boot mit den Arbeitern auf dem Hinweg den Ebbstrom, auf dem Rückweg den Flutstrom ausnutzen konnte. Denn es handelte sich immerhin um eine Strecke von 12 km.
Als eine genügend hohe Plattform fertig war, ließ er dort eine Unterkunft und eine Schmiede einrichten, damit die Männer bei ruhigem Wetter draußen bleiben und weiterarbeiten konnten, sobald das Wasser wieder genug gefallen war. So entstand in drei Sommerperioden das Mauerwerk, in der folgenden die Inneneinrichtung, in der letzten die Laterne.
Die im Zweiten Weltkrieg zerstörte Laterne wurde ersetzt, das Feuer arbeitet jetzt automatisch, betrieben mit Propangas.

Leuchtturm **Les Héaux de Bréhat** *im Bau*

Der Turm im Siegel der französischen Leuchtfeuerbehörde (Ende 19. Jahrhundert)

Haut Banc du Nord

Dieses Riff taucht selbst bei Ebbe kaum aus dem Wasser auf. Deshalb nutzte man die Flut aus, um Steine und Füllmaterial für das Fundament einzuschwimmen und mit dem fallenden Wasserspiegel abzusenken. Dazu war eine sinnreiche Führungseinrichtung auf dem Felsen angebracht worden. Trotzdem wurde für die Errichtung des Sockels mehr Zeit benötigt als für den Turm selber. Mit seiner konkav ansteigenden Form ähnelt das Bauwerk den britischen Riff-Türmen des 19. Jahrhunderts.

Wie in vielen ähnlichen Fällen lebten die Wärter in unvorstellbar engen runden Räumen, bis sie durch die Automatisierung erlöst wurden.

Les Barges

Wie kurz die Einsatzzeiten bei der Erstellung des Fundamentes für solchen Riff-Turm waren, zeigt dieses Beispiel: Im ersten Jahr (1857) gestattete es die Wetterlage ganze 24 Mal, zur Baustelle hinauszufahren; die Arbeitszeit pro Aufenthalt am Felsen betrug nicht mehr als durchschnittlich $1\frac{1}{2}$ Stunden. Im folgenden Jahr waren es 54 Einsätze mit durchschnittlich zwei Stunden Arbeit. Bei wachsender Turmhöhe konnte natürlich länger gearbeitet werden, wobei sich die Einsätze aber auch dann auf die Sommermonate beschränkten.

Der Turm ist seit der Automatisierung mit einem Hubschrauber-Landedeck ausgerüstet. Das Leuchtfeuer arbeitet neuerdings elektrisch, wobei Windkraft zur Energiegewinnung ausgenutzt wird.

Leuchtturm **Les Barges**

Leuchtturm **Les Hanois**
(Aquarell des englischen Leuchtturmwärters B. G. Hawkins)

Roches-Douvres

Victor Hugo beobachtet 1866 die schwierigen Vorarbeiten auf diesem weit draußen liegendem Felsenriff und beschreibt sie in seinem Roman »Les Travailleurs de la Mer«. Derweil wird der Turm selber 300 km davon entfernt – in Paris als Attraktion für die Weltausstellung 1867 – aus Eisenplatten zusammengeschraubt. Zwei Jahre zuvor war schon in der 20000 km entfernten französischen Kolonie Neukaledonien ein fast baugleiches Exemplar erstellt worden (**Amédée**). Beide Türme, eigens für Transport konstruiert, wiegen trotz ihrer Höhe von 55 m jeweils nur gut 300 t.

Der Pariser Turm, wieder in seine Einzelteile zerlegt, reist 1868 zum Riff hinüber, um dort erneut zusammengesetzt zu werden. Aber der Umzug ist ihm offenbar nicht bekommen, denn er kracht, quietscht und schwankt schon bei wenig Wind fürchterlich, sehr zum Leidwesen seiner Wärter. Außerdem bildet sich innen Kondenswasser und Rost. Erst die Zerstörung des Turmes 1944 bereitet allem ein Ende.

1948/51 entsteht ein Nachfolger, aber aus Stein. Dabei gibt es mehr Transportunfälle als 80 Jahre zuvor.

Nebenbei bemerkt, der alte Zwillingsbruder im Pazifik bewährt sich bei dem dortigen Klima besser, er steht immer noch (s. Band 3, Seite 83).

Leuchtturm **Les Pierres Noires**

Leuchtturm **Roches-Douvres II**

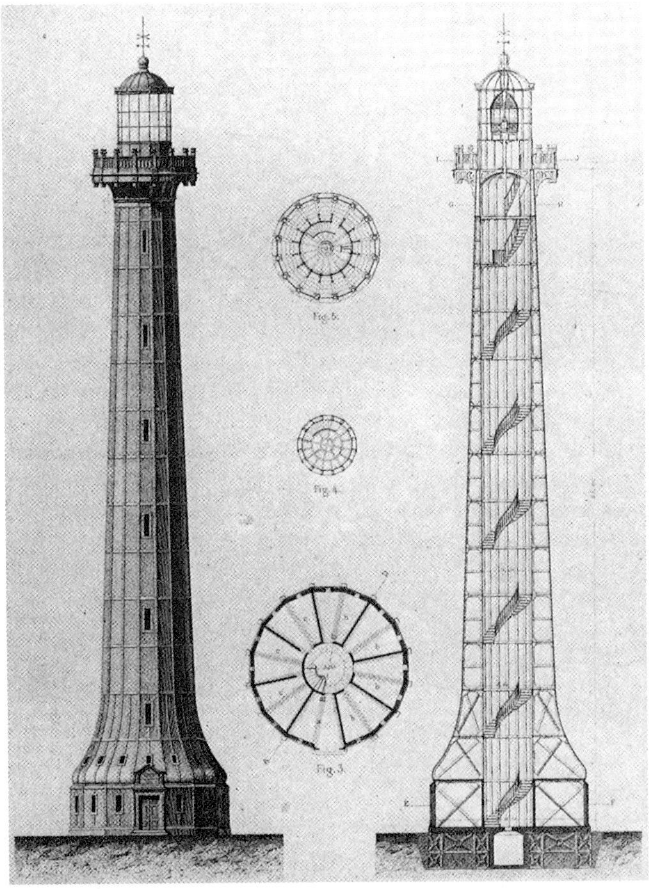

◀ *Gußeisen-Leuchtturm* **Roches-Douvres I**

Frankreich (Nord- und Westküste)

Fettdruck = Felsenriff-Leuchtturm

Leuchtturm **La Corbière**, *1874 erbaut*

La Corbière

Seit eh und je scheiterten Schiffe an den Klippen vor Jersey, der südlichsten Kanalinsel, wobei das begehrte Strandgut anfiel. Auch hier sollen üble Insulaner die Schiffer mit Fackellicht getäuscht haben.

Nach jahrelangen Streitigkeiten mit Trinity House um die Kosten ließen schließlich die States of Jersey einen Leuchtturm bauen, wobei sie sich – selbst zu jener Zeit – noch das Recht vorbehielten, Feuergeld zu kassieren.

Heute kann man mit dem Auto auf den südwestlichsten Parkplatz der Insel fahren und bei Ebbe zum Leuchtturm hinübermarschieren.

Le Four

Der Turm wurde 1874 nach gleichen Plänen erbaut wie zwei Jahre zuvor **Les Pierres Noires** (Abb. Seite 48). Er steht auf einem noch kleineren Felsenriff, hat aber keinen Anstrich.

Es gibt übrigens einen zweiten, weniger berühmten Felsenriff-Leuchtturm gleichen Namens, weiter südlich, vor Croisic, in nicht ganz so stürmischer Gegend, Baujahr 1846 (nach anderen Quellen 1822). Er ist auch 28 m hoch, aus Stein, rund und trägt seit etwa 1910 schwarz/weiße Spiralbänder.

Ar-Men

Am Ende der gefürchteten, 20 km langen Klippenstraße »Chaussée de Sein« steht dieser Unterwasser-Felshökker, der mit seinen drei Zacken nur bei Ebbe etwas herausragt. Der hier unbedingt erforderliche Leuchtturm sollte auf Bohrlöchern basieren, gewissermaßen als riesiger »Stiftzahn«. Der französische Ingenieur Joly und sein Assistent Lacroix betätigten sich als »Fels-Dentisten« und schafften das Kunststück.

Auch in diesem Fall konnte natürlich zunächst immer nur kurz auf dem Riff gearbeitet werden, und zwar aufgrund der geringen Oberfläche mit höchstens 8 Mann, die am Felsen angeseilt und mit Schwimmwesten versehen waren. In den ersten beiden Jahren (1867 und 1868) entstanden bei zusammen 23 Ausfahrten 50 Bohrlöcher. Erst im dritten Jahr konnte mit dem Bau des Sockels begonnen werden. Allein das dauerte 6 Jahre. Wie klein die pro Saison erzielten Aufstockungen waren, geht aus der Skizze hervor.

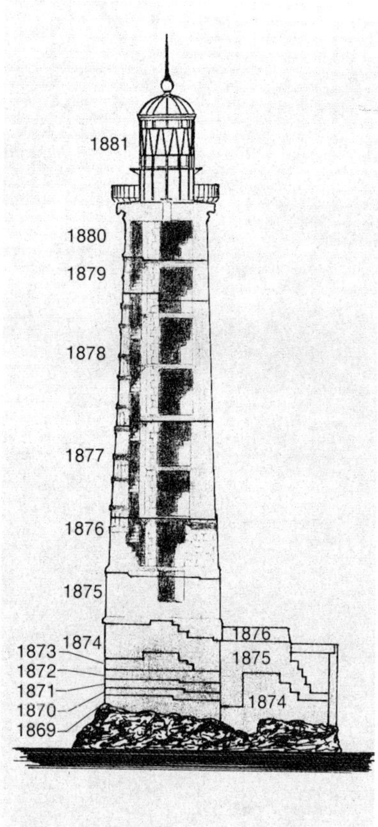

Leuchtturm **Ar-Men**
(Bauphasen 1869–1881)

In den 15 Jahren Bautätigkeit gab es insgesamt 290 Ausfahrten mit 1217 Arbeitsstunden auf dem Felsen. Bei den Bretonen hieß die Baustelle »Hölle der Höllen«. Bei den Leuchtturmwärtern hatte sich nämlich eine Art Klassifizierung eingebürgert: Als »Höllen« wurden die Türme auf Klippen im Meer mit den schlimmsten Lebensbedingungen bezeichnet, als »Fegefeuer« Türme auf kleinen Inseln mit einem bescheidenen Komfort, und »Paradiese«, das waren die Türme auf dem Festland. Der fertige Turm enthält 2200 t Material. Am 31. August 1881 leuchtete seine Laterne zum ersten Mal auf. Die Ablösung der Wärter konnte nur mittels Seil erfolgen, sie stellte jedesmal eine Angstpartie dar, oft war sie erst nach Monaten möglich. Jetzt ist der Turm automatisiert.

Leuchtturm ***Ar-Men****,*
dessen Erbauung 15 Jahre dauerte (1867–1881)

Zwei ähnliche Türme: links **Les Triagoz** *von 1864 (zeitgenössische Darstellung), rechts* **La Vieille** *von 1887*

Errichtung des Fundamentes auf dem Riff

umstimmen, daß es besser sei, einen Leuchtturm zu haben, der Schiffbrüche verhindern kann, als es erst zu einem Schiffbruch kommen zu lassen und danach die Menschen zu retten. Außerdem mußte die Regierung noch einmal den gleichen Betrag dazulegen.
Eine weitere Bedingung des Erblassers konnte dagegen ohne juristische Bedenken erfüllt werden: eine Inschrift am Turm mit der Erinnerung an den Stifter.

La Jument
Der französische Geograph Charles-Eugène Potron (1832–1904) hatte in seinem Testament bestimmt, daß 400000 Francs seines Erbes für die Errichtung eines modernen, hohen und lichtstarken Leuchtturmes auf einem Felsen vor Ouessant verwendet werden sollten. Bei Rückkehr von einer Weltreise wäre sein Schiff dort nämlich 1878 bei Sturm und Dunkelheit beinahe gescheitert, weil nächtliche Orientierungsmöglichkeiten fehlten.
Der französischen Regierung kam das sehr gelegen, denn sie hatte ohnehin den Aufbau einer bis Ouessant reichenden Leuchtfeuer-Kette auf Riffen beschlossen. So begann man gleich 1904 mit dem Bau des äußersten Leuchtturmes **La Jument** in der Hoffnung, das Geld dafür zu erhalten.
Nur hatte die Sache einen Haken: Potron hatte nämlich bestimmt, daß der Turm innerhalb von sieben Jahren fertig sein müsse, wenn nicht, sollte die Summe der französischen Gesellschaft zur Rettung Schiffbrüchiger zufallen. Das Beispiel **Ar-Men** zeigte aber, wie lange so etwas dauern kann, und hier handelte es sich um einen noch schwierigeren Fall.
Es wurde ein Wettlauf mit der Zeit gegen Meer und Felsen. Schon im dritten Baujahr mit besonders schlechtem Wetter konnte der Zeitplan nicht eingehalten werden, obwohl nun moderne technische Mittel zur Verfügung standen, z. B. elektrische Kräne. Aber es galt, über 4000 t Material zu verarbeiten. So wurde der Termin um ein halbes Jahr überschritten.
Der Testamentsvollstrecker verweigerte zunächst die Zahlung, ließ sich aber schließlich mit dem Argument

Leuchtturm **La Jument** *heute*

Kéréon

Charles Maria Le Dall de Kéréon hieß ein Fähnrich zur See, der mit 19 Jahren während der französischen Schreckensherrschaft 1794 zum Tode verurteilt und hingerichtet worden war. Über 100 Jahre später stiftete seine Großnichte, Madame Jules Lebaudy, einen ansehnlichen Betrag zur Errichtung eines Riff-Leuchtturmes, der den Namen ihres damals noch so jungen Großonkels tragen und unvergessen machen sollte. Die Behörde ging gerne darauf ein, und so kam es, daß dieser Turm nicht nach dem Felsen heißt, auf dem er steht. Im übrigen handelt es sich hier auch um einen »Stiftzahn«.

Leuchtturm **Kéréon**

Weitere Leuchttürme

Von den Riffen im Meer wieder zurück aufs Festland bzw. zu bewohnten Inseln. Im 18. Jahrhundert wurden hier fünf Leuchtfeuer-Standorte neu eingerichtet. An diesen fünf Stellen leuchten auch heute noch Feuer, allerdings jeweils auf neueren Bauwerken. Die Nennung erfolgt wieder in der zeitlichen Reihenfolge ihrer ersten Inbetriebnahme.

Es begann 1701 mit dem noch von Vauban entworfenen Leuchtturm **Cap Fréhel** (St. Malo-Bucht), auf dem anfangs Fackelfeuer unter einem Dach, ab 1715 ein offenes Kohlenfeuer und ab 1775 Hohlspiegellicht in einer Laterne leuchtete. In den benachbarten Häfen wurde Feuergeld für ihn kassiert. Der 20 m hohe Turm mit seinem seitlichen Wendeltreppenanbau existiert noch, nicht hingegen sein Nachfolger von 1847, er wurde im Zweiten Weltkrieg zerstört.

Der heutige, dritte Leuchtturm **Cap Fréhel** (Abb. Seite 55) einschließlich der weit ausladenden symmetrischen Seitenflügel entstand 1947 bis 1950. Die hübsche und architektonisch interessante Bauanlage auf der 60 m hohen Felsenzunge ist ein beliebtes Ausflugsziel für Besucher der Bretagne.

Der Leuchtturm in seiner exponierten Lage stellt ein besonders wichtiges Schiffahrtszeichen dar; seine Höhe beträgt 33 m, seine Feuerhöhe 85 m und seine Tragweite 29 sm.

Leuchtturm **Cap Fréhel II**, *22 m hoch, 1847 erbaut; links im Hintergrund der Vorgänger von 1701 (Aufnahme etwa 1930)*

Das nächste Feuer leuchtete ab 1739 in **Biarritz**, allerdings zunächst auf dem Turm der Pfarrei. Erst fast ein Jahrhundert später, 1831/32 entstand der heutige hübsche weiße Leuchtturm auf dem nördlich gelegenen Felsenvorsprung **Pointe de Saint Martin**. Er mißt 47 m und ist für Besucher zugänglich. Wer die 251 Stufen hinaufklettert, hat einen weiten Blick über die ganze Ecke der Biscaya und kann den Surfern zuschauen. Eine enorm hohe Dünung läuft nämlich sanft bis zum Strand auf und macht die Gegend zu einem Eldorado für Surfing-Freunde.

Vauban hatte schon 1699 vorgeschlagen, zugunsten des Schiffsverkehrs nach Le Havre vier Leuchttürme zu errichten, und zwar je einen am **Pointe d'Ailly** im Osten und in **Gatteville** am Cap Barfleur im Westen, sowie zwei als Doppelfeuer am **Cap de la Hève** nördlich der Seinemündung. Aber erst 1775 wurden sie gebaut und anfangs noch mit offenem Kohlefeuer betrieben. Das in Le Havre kassierte Feuergeld reichte für ihre Unterhaltung. Auch diese Türme leuchten schon lange nicht mehr, an ihre Stelle traten ebenfalls Neubauten. Doch der Reihe nach.

Die Leuchttürme **Gatteville**: *links von 1775, 27 m hoch, rechts von 1835, mit 75 m damals höchster der Welt*

Leuchtturm **Pointe d'Ailly** *von 1852, 24 m hoch; heutiges Aussehen nach Wiederherstellung 1958*

Der Turm auf dem **Pointe d'Ailly** stand zu nahe an der 75 m hohen Steilküstenkante, so daß er schon nach wenigen Jahrzehnten abzustürzen drohte und 1852 ersetzt werden mußte. Der Nachfolger überstand den Zweiten Weltkrieg nur schwer beschädigt, wurde aber 1957/58 wieder aufgebaut. Er ist zwar lediglich 24 m hoch, besitzt aber in Anbetracht seiner Feuerhöhe von 95 m und enormer Lichtstärke mit 31 sm die größte Tragweite aller Seefeuer an der Kanalküste.

Der Turm in **Gatteville** – rund 27 m hoch – steht wohl noch, dient jetzt aber als Signalstation. Er wurde abgelöst durch einen 1831 bis 1835 erbauten schlanken Riesen-Leuchtturm von 75 m Höhe, den damals höchsten der Welt, übrigens auch heute noch auf einem der Spitzenplätze.
Das Mauerwerk dieses Superturmes besteht aus 11000 Granitblöcken mit einem Gesamtgewicht von 7400 t, sein Durchmesser beträgt unten 9 m, oben 6 m. Genau soviel Stufen, wie ein Jahr Tage hat, führen hinauf. Bei guter Sicht kann man seine Lichtblitze noch jenseits des hier schon 100 km breiten Ärmelkanals auf der Isle of Wight wahrnehmen.

Riff-Leuchtturm **Cap de la Hague**, *1834–1837 erbaut, 51 m hoch*

Leuchtturm **Cap Fréhel III**, *1947–1950 erbaut*

Frankreichs hellster Leuchtturm: **Créac'h** *auf der Insel Ouessant, 1861–1863 erbaut, seit 1939 mit Doppelstock-Laterne, 55 m hoch (Spitzname »Preußischer Grenadier«)*

Die Leuchtturm-Anlage **Cap de la Hève** *von 1776*

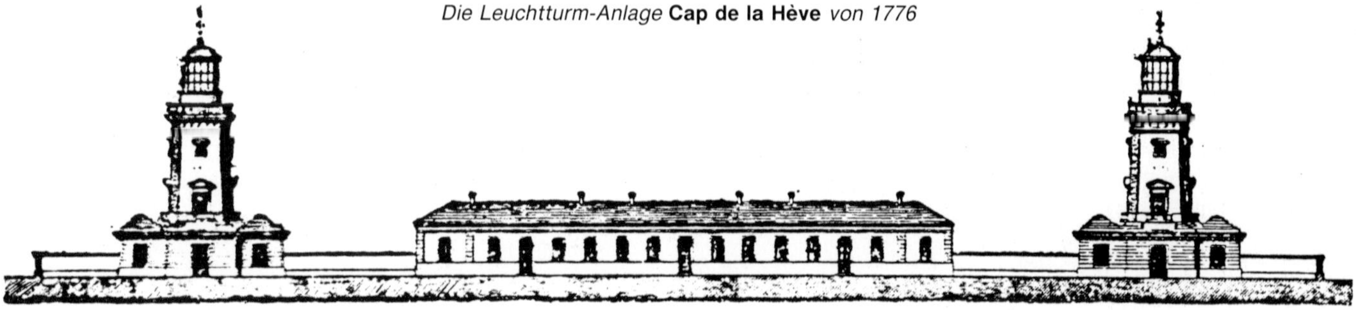

Auf dem 100 m hohen Plateau des **Cap de la Hève** entstanden zwei 20 m hohe Leuchttürme im Abstand von genau 100 m, dazwischen Wärterwohnungen und Magazine in einem Flachbau. Die recht aufwendig errichtete Anlage war erst 1776 fertig. Sie galt jahrzehntelang als Vorbild für Zwillingsfeuer auf Steilküsten, nicht nur wegen ihrer interessanten Architektur, sondern auch weil die Harmonie von Feuerhöhe und Abstand der Türme voneinander gute Entfernungsschätzungen auf See ermöglichte.
Aber noch aus einem anderen Grund gingen die Türme in die Leuchtfeuergeschichte ein: Nach vielen Experimenten mit neuen Lichtquellen und Optiken waren es die ersten in der Welt, die elektrische Anlagen für ständigen Betrieb erhielten, der Süd-Turm 1863, der Nord-Turm 1865. Im erweiterten Mittelbau arbeitete für jede Leuchtturm-Einheit eine 5-PS-Dampfmaschine, die zwei sog. Alliance-Stromerzeuger wechselseitig, oder bei diesigem Wetter zur Erhöhung der Leuchtkraft sogar gemeinsam antreiben konnte. Auch die Leuchtapparate auf den Türmen waren doppelt vorhanden und im Störungsfall schnell umschaltbar. Eine der Original-Alliance-Maschinen wechselte später zum Deutschen Museum in München, wo auch die ganze Leuchtfeuer-Anlage als Modell erstellt wurde.
Bald nachdem der nördliche Turm mit unverwechselbarem Blinkfeuer ausgerüstet worden war, stellte man 1893 den Betrieb des anderen Turmes ein.

Nach Zerstörung im Zweiten Weltkrieg und anschließendem Abriß des ganzen Komplexes wurde an gleicher Stelle ein moderner, 32 m hoher Betonturm errichtet, der heute auch der Radar-Überwachung dient.

Der Südturm, ab 1863 als erster der Welt mit elektrischer Lampe

Heutiger Leuchtturm **Cap de la Hève**, *32 m hoch*

Das 19. Jahrhundert wurde zu einem Jahrhundert der Leuchttürme. Nach bahnbrechenden Erfindungen errang sich Frankreich eine führende Stellung auf dem Gebiet des Leuchtfeuerwesens. Von französischen Firmen hergestellte Optiken waren konkurrenzlos, sie wurden in alle Welt exportiert, vielfach mit Laternengehäuse, vereinzelt sogar samt Eisengestell als kompletter Leuchtturm. An der französischen Atlantikküste entstanden nicht nur die meisten Riff-Leuchttürme der Welt, sondern auch die meisten »Riesen«: etwa 50 Türme über 30 m Höhe, etliche davon sogar über 50 und 60 m. Außerdem wurden hunderte von »normalen« Leuchttürmen errichtet.

Aus dieser Fülle können hier nur einige besonders interessante Fälle herausgegriffen und beschrieben werden. Auf der Lageskizze (Seite 49) sind jedoch darüber hinaus die Standorte besonders hoher Leuchttürme und sonstiger wichtiger Seefeuer nebst Jahreszahl der ersten Inbetriebnahme eingetragen.

Von allen zu Anfang des 19. Jahrhunderts errichteten Exemplaren stehen nur noch wenige im Original, die meisten wurden inzwischen ersetzt. Das trifft auch zu für zwei um 1805 erbaute Leuchttürme in **Le Touquet Paris-Plage** an der Canche-Mündung, südlich Cap Gris-Nez. Sie waren mit sphärischen Reflektoren ausgerüstet und wurden 1852 durch zwei Ziegeltürme von je 56 m Höhe mit Linsenoptiken ersetzt. Seit 1900 leuchtete nur noch einer. Nach Zerstörung im Zweiten Weltkrieg wurde er mit etwas verändertem Querschnitt, aber in der gleichen Höhe wieder aufgebaut. Sein Äußeres schließt jede Verwechslung aus: achteckig mit gekehlten Seiten, oranger Anstrich, im oberen Drittel braunes Band, weiße Galerien, grüne Laterne.

Einer der beiden Leuchttürme **Le Touquet Paris-Plage** *von 1852*

Der Turm nach dem Wiederaufbau

Ein echter Veteran dagegen ist der 1828 erbaute, heute noch betriebene Leuchtturm **Granville** auf dem Cap Lihou im Osten des Golfes von St.-Malo. Er erhielt damals eine der ersten Fresnelschen Gürtellinsen, die erst nach 70 Jahren gegen eine neue Optik für Blinkfeuer ausgetauscht wurde. Das Feuer blinkt über den Ostteil eines riesigen Wattengebietes, in dem der Tidenhub aufgrund des Rückstaues von den Kanalinseln die enorme Höhe von 12 m erreicht.

Am **Pointe de Penmarc'h***, der Südspitze der Bretagne stehen die Reste eines gut 10 m hohen Steinturmes aus dem 18. Jahrhundert, auf dem möglicherweise schon ein Leuchtfeuer gebrannt hat, bevor neben ihm 1834/35 ein Leuchtturm aus Granit entstand. Bei diesem handelt es sich um einen ca. 44 m hohen Turmtyp, der anschließend in einigen weiteren Exemplaren gebaut wurde und vereinzelt noch heute in Betrieb ist (Abb. unten).

Leuchtturm **Île de Batz** *von 1836, 43 m hoch*

Leuchtturm **Granville** *von 1828, heute noch in Betrieb*

Er besaß eine Leuchtanlage – Dochtlampe in gewaltiger Optik – mit der damals größtmöglichen Tragweite, für die seine Feuerhöhe von 41 m zunächst völlig ausreichte. Für das später geplante elektrische Licht hätte der Turm aber um 20 m aufgestockt werden müssen, um die größere Tragweite voll ausnutzen zu können. Da die Fundamente hierfür jedoch zu schwach waren, entschloß man sich, einen neuen Turm von 65 m Höhe zu bauen, was allerdings eine hübsche Stange Geld kosten würde. Dieser Entschluß wurde dadurch erleichtert, daß eine gewisse Marquise de Bloqueville (1815–1892) testamentarisch 300000 Francs für den Bau eines Granit-Leuchtturmes an einem gefährlichen Punkt der Bretagne gestiftet hatte. Das paßte ins Konzept, wenn auch das Geld nicht reichen würde. Aber der Staat wollte zuzahlen, und so wuchs der Turm ab 1893 in die Höhe. Er wurde am 10. Oktober 1897 feierlich eingeweiht und erhielt – wie im Testament bestimmt – den Namen **Eckmühl** (phare d'Eckmühl). Eckmühl (heute Eggmühl) ist ein bayerisches Dorf südlich Regensburg.

*** Anmerkung:**
»c'h« = Schreibweise eines bretonischen Lautes, der noch etwas krächzender ausgesprochen wird als z.B. im deutschen Wort »Krach«.

Wie kam dieser französische Leuchtturm zu dem deutschen Namen – und das in einer Zeit, als sich Franzosen und Deutsche keineswegs grün waren? Hier die Erklärung:
Besagte Marquise war Tochter des Marschalls Davout (1770–1823), der von Napoleon nach der 1809 gegen die Österreicher gewonnenen Schlacht bei Eckmühl den Beinamen »Duc d'Eckmühl« erhalten hatte. In ihrer Verfügung stand u. a., »daß dieser edle Name lange gesegnet bleibe, und daß die Tränen, die durch das Verhängnis der Kriege vergossen wurden, getilgt werden sollen durch die aus Sturmgefahr geretteten Menschenleben.«
Das klang sehr edel, doch ausgerechnet Davout hatte sich als Befehlshaber von Besatzungstruppen in Deutschland nicht gerade menschenfreundlich verhalten, weshalb die Unterdrückten von ihm nur als »Marschall de Wut« sprachen. Auch hatte die Marquise bestimmt, daß eine Statue ihres Vaters mit den am Sockel einzugravierenden Namen aller seiner Schlachten im Leuchtturm aufgestellt werden sollte. Der Schlachten waren so viele, daß der Platz nicht reichte. Aber es kam der Vorliebe der Franzosen für alles Glorreiche entgegen. Was den bis heute beibehaltenen deutschen Namen betrifft, so wurde schon damals bewiesen, daß man Bedenken mit Geld ausräumen kann.
Der Turm ist einer der schönsten in Frankreich, nicht nur äußerlich, sondern auch innen hübsch mit Opalplatten ausgestattet. 120 Meter entfernt steht sein zu kleiner Vorgänger, seit 1897 ohne Laterne, jetzt aber mit Antennen und technischen Geräten.

Die Leuchttürme **Pointe de Penmarc'h:** *rechts der alte von 1835, links der neue von 1897, nach einem Schlachtenort in Bayern zusätzlich* **Eckmühl** *genannt (Aufnahme 1897)*

Leuchtturm **Goulphar** *auf der Belle Île*

Im Süden der Bretagne liegt die Belle Île (= Schöne Insel). Sie macht ihrem Namen alle Ehre mit den vielfältigen Landschaftsformen, den hübschen kleinen Häfen und den seltsamen Felsgebilden an der rauhen Westseite. Dort – allerdings etwas landeinwärts, besser inseleinwärts – erhebt sich 52 m hoch der Leuchtturm namens **Goulphar**, 1834/35 erbaut und am 1. 1. 1836 in Betrieb genommen. Er schickt sein Licht über ein Riffgebiet rund um die Insel, seit 1890 aus einer Drehoptik mit elektrischer Lichtquelle.

In der Dünenlandschaft des Badeortes **Berck-Plage** an der Kanalküste entstand 1836 ein Häuschen, aus dessen Dach der kleine Leuchtturm sozusagen herauswuchs. Der Wärter hatte also seinen Arbeitsplatz »zu Hause«. Der Turm war nur 11 m hoch und leuchtete nicht weit genug. Deshalb setzte man 1867/68 einen fast dreimal so hohen Kollegen neben das Haus. Nach Zerstörung dieser Idylle im Zweiten Weltkrieg erstand 1954 ein dritter Turm, erstmalig aus Spannbeton, mit Kacheln verkleidet und mit 45 m höher als beide Vorgänger zusammen.

Die ersten beiden Leuchttürme von **Berck-Plage**

Dritter Leuchtturm **Berck-Plage**

An der engsten Stelle des Ärmelkanals kann man von zwei Kaps aus nach England hinübersehen, vom Cap Blanc-Nez, der »Weißen Nase« aus Kreidefelsen und vom Cap Gris-Nez, der »Grauen Nase« aus Granit. Beide Plätze boten sich zur Aufstellung eines Leuchtfeuers geradezu an. Doch man ließ diese Möglichkeit zunächst ungenutzt, vielleicht weil davon auch der einstige Erbfeind England hätte profitieren können. Auf französischer Seite blieb es bei Hafenfeuern für die eigene Schiffahrt.

Erst nach energischen Vorstellungen ausländischer Reedereien wurde endlich 1837 der 24 m hohe Leuchtturm **Cap Gris-Nez** gebaut. 1869 erhielt er eine elektrische Ausrüstung mit Bogenlicht. Aus einer Feuerhöhe von 70 m reichten seine Blitze damit nun aber über den ganzen Pas-de-Calais.

Im Zweiten Weltkrieg wurden die deutschen Geschützstellungen und Bunker dort immer wieder von England aus angegriffen. 1943 traf es auch den Leuchtturm. Auf beiden Kaps sind übrigens noch heute Bombentrichter erkennbar. Nach anfänglicher Ausstattung mit einem provisorischen Feuer strahlt seit 1957 das Licht eines neuen, 31 m hohen Leuchtturmes über den Pas-de-Calais. Eine inzwischen daneben eingerichtete Zentrale wacht über den Schiffsverkehr.

Leuchtturm **Île de Sein** *(vor Finistère Süd), 1843 erbaut, 51 m hoch*

Leuchtturm **Cap Gris-Nez I** *(1837–1943)*

Leuchtturm **Cap Gris-Nez II**

Am anderen Ende des Ärmelkanals, vor der bretonischen Nordwestküste liegt inmitten lauter Über- und Unterwasserfelsen die kleine Leuchtturm-Insel **Île Vierge**. Hier wurde 1843/45 der erste, 1897 bis 1902 der zweite Leuchtturm errichtet. Der erste besteht aus Steinen, die auf der Insel geschlagen wurden, und besitzt quadratischen Querschnitt – eine Seltenheit in Frankreich. Er dient jetzt nur noch als Antennenträger, sein Haus als Unterkunft. Obwohl er auch schon ganz schön hoch ist, nämlich 31 m, wirkt er gegenüber dem zweiten wie ein Zwerg. Denn bei diesem handelt es sich um einen Giganten aus Granit, den mit 83 m höchsten »echten« Leuchtturm der Welt. Echt, weil er ausschließlich als Träger eines Leuchtfeuers geplant und errichtet wurde – im Gegensatz zu hohen oder noch höheren Bauwerken, die primär anderen Zwecken dienen, aber ein Leuchtfeuer für die Navigation tragen.

Das Feuer des Turmes strahlt aus einer Höhe von 77 m ü. M. Es besitzt eine Tragweite von 27 sm, was jedoch noch keinen Superlativ in den dortigen Gewässern darstellt. Dieses Prädikat verdient das Feuer eines Kollegen, von dem noch die Rede sein wird.

Unser Gigant ist, wie viele französische Leuchttürme, für Besucher zugänglich, die mit Booten übergesetzt werden. Sie müssen sich dann allerdings alpinistisch betätigen und 397 Stufen hinaufklettern. Derweil können sie das Interieur bewundern, das u. a. mit 12000 italienischen Opalplatten besonders hübsch gestaltet wurde. Oben angelangt, freuen sie sich über die herrliche Aussicht oder ärgern sich über die schlechte Sicht.

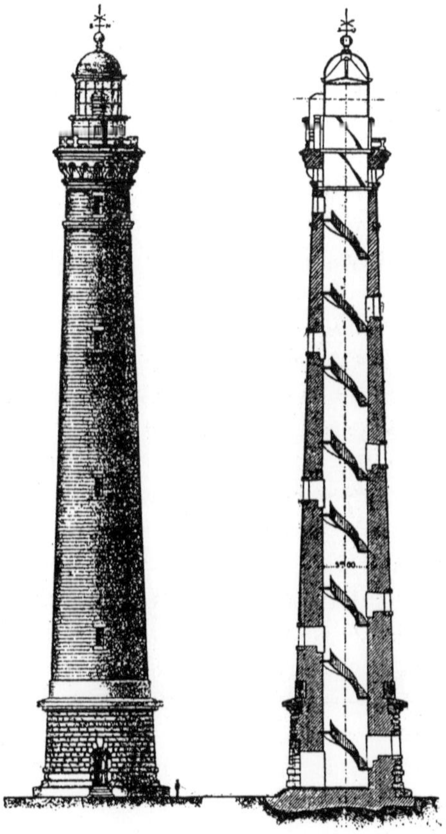

Höchster Leuchtturm der Welt: **Île Vierge II**

Ehemaliger und jetziger Leuchtturm **Île Vierge**

Um die Mitte des 19. Jahrhunderts entstand nördlich der Gironde eine Reihe von Leuchttürmen aus Holz in Gerüstbauweise, u.a. 1860 der 30 m hohe **La Coubre**. Er hielt nicht lange und wurde durch einen um 1900 erbauten doppelt so hohen Steinturm abgelöst. Dieser war wohl solide und dauerhaft erstellt, er mußte aber schon nach fünf Jahren eiligst ersetzt werden, denn das Meer war bei einer Sturmflut bis zu ihm vorgerückt und hatte die Gründungspfähle freigespült. Da eine Rettung nicht möglich war, riß man 1907 den sich schon langsam seewärts neigenden, schönen Turm ab. Der 1905 erbaute Ersatzturm ist aus Beton, 65 m hoch. Er steht wahrscheinlich weit genug vom Strand entfernt, um nicht das Schicksal seines Vorgängers erleiden zu müssen.

Versetzbarer Richtfeuer-Leuchtturm aus Holz an der Gironde, hier **Pontaillac** *von 1857, (ähnlich* **La Coubre** *von 1860)*

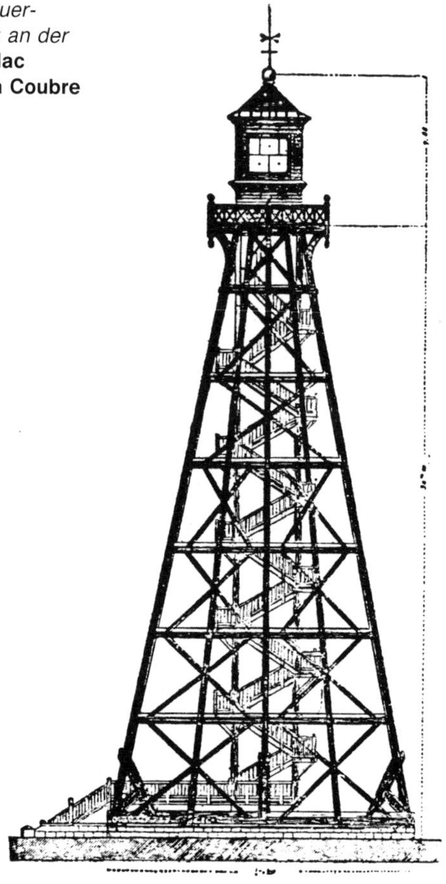

Leuchtturm **La Coubre II** *mit freigespülten Gründungspfählen*

Leuchtturm **La Coubre III**

wie Normannen für sich. Unten der Strand von Trestrignel

m (Normandie), 1905 erbaut, 38 m hoch

Äußeres bei Tage ist natürlich sein
Inbetriebnahme strahlt er das hellste
n Seegebietes aus. Er wurde in der
imal verstärkt, nämlich 1888 durch
rischen Lichtanlage und 1939 durch
iner Doppelstock-Optik. Bei einer
Millionen Kerzen beträgt die Trag-
n. Das ist der angekündigte Super-

r ehemaligen Stromerzeugungsan-
det sich heute ein Leuchtfeuer-Mu-
rprétation des Phares et Balises).
chte der Seezeichen von der Antike
dargestellt. Ein großer Teil ist den
n gewidmet.

chttürmen in der Welt mit Spiralbe-
dem bereits genannten Felsenriff-
46 zwei 30 bzw. 42 m hohe Exem-
elines (östlich Calais) und **Contis**
r laufen wie bei dem niederländi-
en (Abb. Seite 38) schräg um den
in Schwarz/Weiß.

Die meisten der im weiteren zeitlichen Verl
bauten interessanten Leuchttürme wurde
wähnt, entweder als Felsenriff-Turm oder
ger in der zweiten oder dritten Generation
Im Zweiten Weltkrieg wurden etwa 20%
türme zerstört oder schwer beschädigt. Ab
daher vordringlich um Ersatz oder Insta
den ersten 18 Monaten wurden 150
Leuchtfeuer eingerichtet. Der sich ansch
mäßige Wiederaufbau war bereits End
Jahre abgeschlossen. Man hatte viel Geld
um als Ersatz nicht nur zweckmäßige,
schöne oder originelle Bauwerke zu erst
Beispiele:

Leuchtturm **Cap d'Antifer II** *(nördlich Le Havre)*
1905 erbauten, 1944 zerstörten Vorgänger; de
turm besitzt mit 128 m die größte Feuerhöhe
Leuchttürme

Der zerschossene Leuchtturm **Ault** *(südlich So*
erbaut, 28 m hoch, war bereits 1950 wiederhe
alten Ornamenten versehen

Leuchtturm ***Pointe de Pontusval*** *(Bretagne NW), 1869 erbaut*

In den 1960er Jahren begann die französische Leuchtfeuerbehörde (Service des Phares et Balises et de la Navigation) mit der Automatisierung exponierter Leuchttürme. Gleichzeitig entstand unter Einbeziehung mehrerer Leuchttürme ein modernes Schiffahrts-Leitsystem am Ärmelkanal vom Cap Gris-Nez bis Ouessant.

International betrachtet, ist Frankreich das Land der Leuchtturmriesen. Wenn man die inzwischen zerstörten oder abgerissenen Exemplare mitzählt, so entstanden dort seit Anfang des 19. Jahrhunderts etwa 80 Leuchttürme mit Höhen über 30 m, davon sechs superhohe: vier über 60 m, je einer über 70 m und über 80 m Höhe. In keinem anderen Land der Welt mit noch so langen Küsten gibt es mehr davon.

Nun kurz zu den hauptsächlichen Bauweisen. Spezialität von Vauban waren die Steintürme mit seitlich angebautem Treppentürmchen; Beispiele sind **Cap Fréhel** (Seite 53) und **Stiff** (Band 1, Seite 66). Auch weiterhin wurden überwiegend Steintürme gebaut, im 19. Jahrhundert zum Teil in Serien nach Mustern verschiedener Art und Größe. Der mit gut 50 m Höhe und originellem Kopf größte Typ entstand um 1850. Es gab ihn in zwei Versionen: a) achteckig, Beispiele sind **Les Baleines II** (Abb. in Band 1, Seite 64) und **Calais** (Seite 44), b) rund, Beispiel ist **Dünkirchen** von 1843 (Seite 44), übrigens auch **Ostende** von 1860 (Seite 33). Für Türme mit Höhen von je etwa 40, 30 und 20 m gab es ebenfalls Standard-Pläne. Kleinster Typ war ein Wärterhäuschen mit angebautem, viereckigem Turm von 12 m Höhe. Er wurde etwa 15 mal gebaut, vor allem in der Bretagne, und steht zumeist noch heute, z. B. am **Pointe de Pontusval**.

Bei weitem am häufigsten noch vorhandener Turmtyp ist ein 13 m hoher runder Steinbau, der ab Mitte des 19. Jahrhunderts an Häfen und auf Molenköpfen Aufstellung fand. Es gab auch einen gußeisernen Molenturmtyp, der sich jedoch nicht so gut bewährte. Im übrigen wurde mit Eisen eigentlich nur experimentiert. Auch die Mitchellsche Schraubpfahlmethode (s. Band 1, Seiten 93/94) fand nur in einem Fall Anwendung: 1859 vor **Walde** (im Sandstrand östlich von Calais) mit einem 6-Beine-Gestell, 18 m hoch; der Turm blieb bis zum Zweiten Weltkrieg in Betrieb, steht aber immer noch. Dagegen spielte Beton, insbesondere wasserbeständiger und schnell trocknender für den Sockelbau von Riff-Leuchttürmen schon früh eine bedeutende Rolle. Léon Bourdelles (1838–1899) hatte die Entwicklung entscheidend vorangetrieben und war dafür sogar 1875 zum Ritter der Ehrenlegion ernannt worden.

Meistgebauter Serientyp des 19. Jahrhunderts: gemauerter Molen-Leuchtturm, 13 m hoch

Gußeiserner Molen-Leuchtturm

Der originellste: Westmole **Dünkirchen**

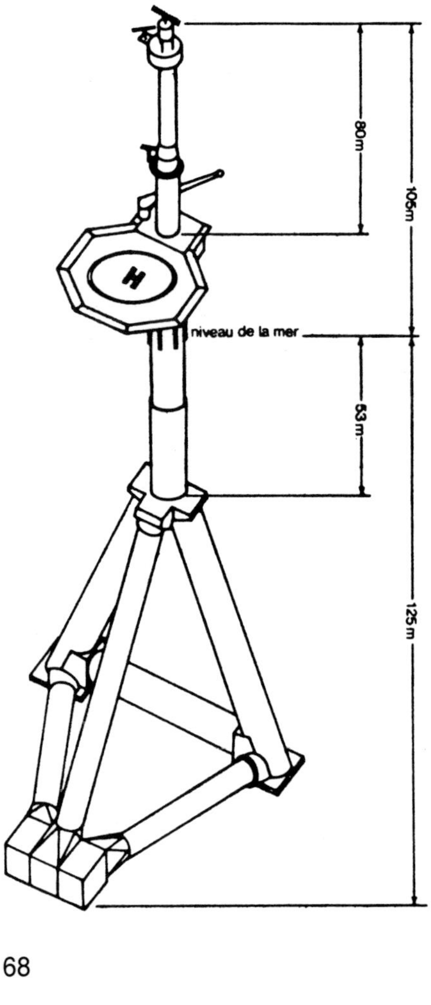

Geplanter Riesen-Leuchtturm **Ouessant**

Was die Bauweise betrifft, hier noch das Neueste und Letzte: Die Ölpest an der bretonischen Küste nach dem Tankerunglück 1978 war der Anlaß zu der Überlegung, die dicht westlich von Ouessant verlaufende Schifffahrtsroute weiter meerwärts zu verlegen. Dazu sollte 70 km westlich der Insel in 125 m Wassertiefe ein Riesen-Leuchtturm eingesetzt werden, der noch 100 m über die Oberfläche ragt.

Die neuartige Beton- und Stahlkonstruktion würde 25000 t wiegen und insgesamt 232 m hoch sein. Als Grundelement war ein Dreifuß-Stativ aus Betonröhren vorgesehen, dessen Beine unten durch horizontale Streben verbunden sind. Darauf sollte sich der eigentliche Turm mit allen Einrichtungen erheben. Sein Name war schon festgelegt: Leuchtturm **Ouessant**.

Aber alles ging schief. Schon die Vergabe der Bauaufträge im Jahre 1983 soll nicht mit rechten Dingen zugegangen sein. Der erste versenkte Betonblock kam 1985 schief auf, weil der Meeresboden nicht genügend erforscht war. Zwei der Baufirmen machten pleite, und die veranschlagten Kosten wuchsen von 150 auf 500 Millionen Francs. Als 160 Millionen verplempert waren, wurde das ganze Projekt eingestellt, zumal Radar- und Satellitennavigation inzwischen weiterentwickelt waren und ausreichten. Zu den Pannen gehört wohl auch, daß der Superturm etwas voreilig in das berühmte Buch der Rekorde aufgenommen worden war.

Spanien

Die atlantische Küstenlinie Spaniens, unterbrochen durch Portugal, besteht aus zwei höchst unterschiedlichen Teilen. Ihr nördlicher, längerer Teil ist ausschließlich felsig mit eingelagerten natürlichen Hafenbuchten. Einige Kaps ragen weit über 100 m hoch auf; Leuchttürme da oben brauchen nicht hoch zu sein. Imposante Exemplare wie in Frankreich gibt es deshalb nicht. Einzige Ausnahme ist der »Methusalem« **Torre de Hercules** in La Coruña (s. Band 1, Seiten 18–20).

Der andere Teil, die Südwestküste Spaniens verläuft – abgesehen vom letzten Stückchen – flach als Folge der Landvorschwemmung von Guadalquivir und Rio Tinto. In dortigen Hafen begannen viele mittelalterliche Entdeckungsfahrten. Auch Kolumbus brach am 3. August 1492 von Palos, einem kleinen Hafen am Unterlauf des Rio Tinto aus auf. Er wollte auf dem westlichen Seeweg nach Indien segeln und entdeckte Amerika, das ihm quasi im Wege lag. Genau genommen, entdeckte er nur vorgelagerte Inseln.

Leuchtfeuer sah Kolumbus auf seinen Reisen nicht. Erst 1613, über 100 Jahre nach seinem Tode entstand auch auf dem südlichen spanischen Küstenstrich ein Leuchtturm, und zwar in **Cadiz** (s. Band 1, Seite 44 und 47).

Iberische Halbinsel und Balearen

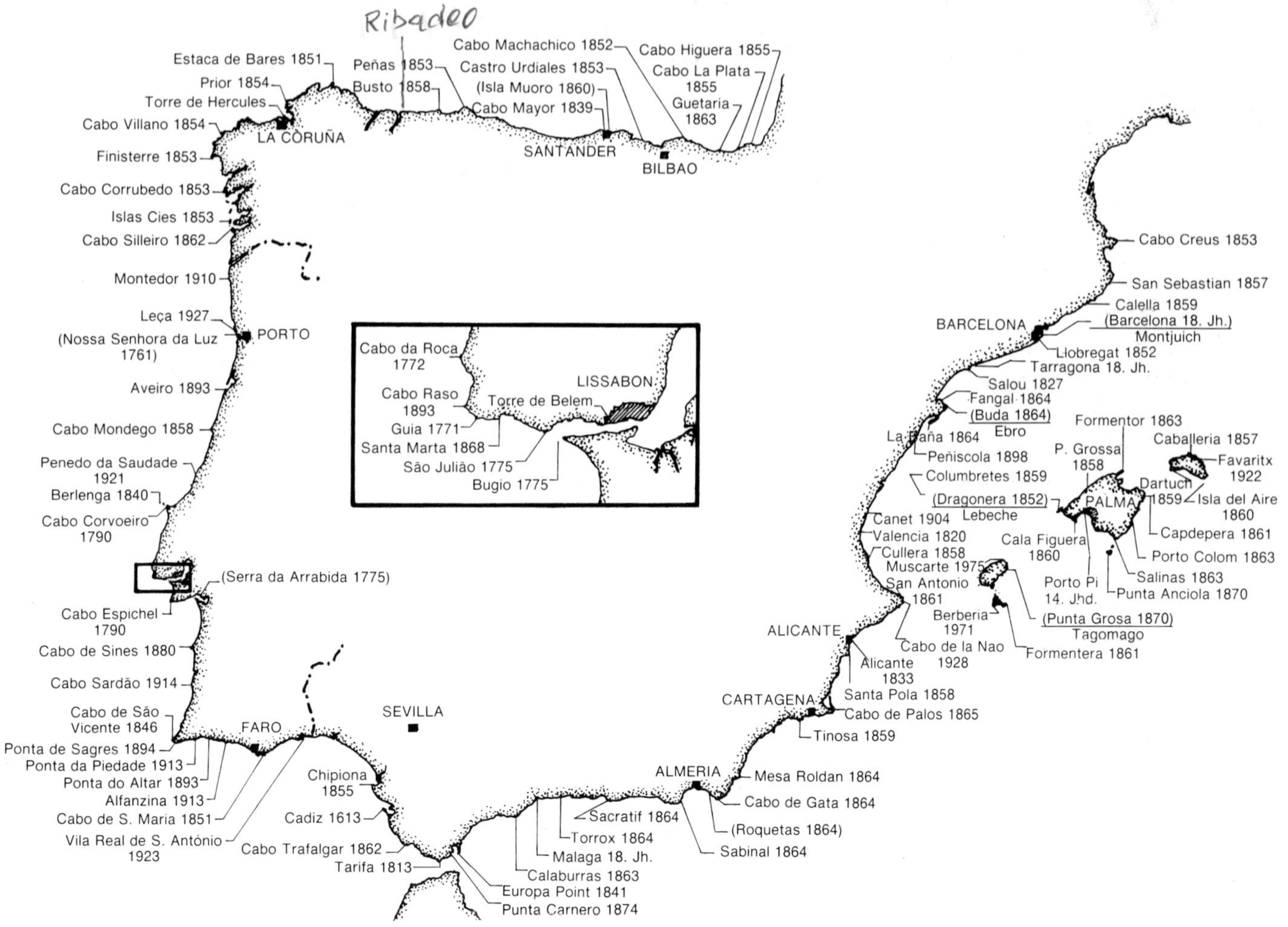

Ansonsten dauerte es noch fast zwei Jahrhunderte, ehe einige neue Feuer, meist kümmerlicher Art, an spanischen Häfen aufleuchteten. Sie dienten eigentlich nur den Fischern, und ihre Unterhaltung war ungeregelt. 1748 wurden in Spanien zwar offiziell Leuchtfeuergebühren eingeführt, sie galten an der Atlantikküste jedoch zunächst nur für die beiden erwähnten Leuchttürme. Private Initiativen gab es auch danach nicht.
So blieb Spaniens Küstenbeleuchtung lange Zeit hindurch sträflich vernachlässigt. Im Gegensatz zu anderen seefahrenden Nationen begann man erst im 19. Jahrhundert, in Anbetracht rapide zunehmenden Schiffsverkehrs und auf massiven internationalen Druck hin, ein Leuchtfeuernetz planmäßig aufzubauen.
Mit einem gewaltigen Programm, dessen Schwerpunkt in der Zeit zwischen 1840 und 1870 lag, wurde versucht, Versäumtes nachzuholen. Hierbei erwies es sich als vorteilhaft, daß im nördlichen Küstenabschnitt die »Sockel« für viele Leuchttürme in Gestalt hoher Felsvorsprünge gewissermaßen schon von Natur aus vorhanden waren und nur niedrige Bauten errichtet zu werden brauchten. Das ging schnell, und Bedenken wegen zu großer Feuerhöhe hatte man nicht, denn Hochnebel ist in diesen Breiten selten.

Leuchtturm **Cabo Silleiro II** *von 1925; Höhe 29 m, Feuerhöhe 85 m; Nachfolger des 1862 näher am Meer erbauten Graniturmes*

Dicht an der französischen Grenze: Leuchtturm **Cabo Higuera**, *21 m hoch, 1881 erbaut, seit 1957 mit moderner, 23 sm weit tragender Laterne; er ersetzte das erste Leuchtfeuer von 1855*

Bleiben wir zunächst noch im nördlichen Küstenabschnitt, wo fast nur solche relativ niedrigen Kap-Leuchttürme neben oder auf ihrem Wärterhaus stehen. Die Standorte der wichtigsten Exemplare nebst Jahreszahl ihrer Inbetriebnahme sind aus der Lageskizze ersichtlich. Größte Feuerhöhe mit 187 m verzeichnet der Leuchtturm **Islas Cies** auf dem Monte Faro nördlich der portugiesischen Grenze, zweithöchste mit 153 m der Leuchtturm **Cabo la Plata** nahe der französischen Grenze. Größte Lichtstärke besitzen heute die Leuchttürme **Cabo Machachico II** (Nordküste) mit 6,6 Mio Kerzen und 30 sm Tragweite sowie **Cabo Silleiro II** (Nordwestküste) mit 4,2 Mio Kerzen und 29 sm Tragweite.

Der älteste und höchste dieser Türme wurde 1838/39 auf dem **Cabo Mayor** (Abb. Seite 73) erbaut. Seine Höhe beträgt 30 m, seine Feuerhöhe 91 m. Nur wenige Kilometer von Santander entfernt, ist er ein beliebtes Ausflugsziel. Neben ihm steht das originelle Denkmal »Rettung«.
Von dort aus kann man hinübersehen zu einer unbewohnten kleinen Felseninsel mit dem Leuchtturm **Isla Muoro**. Im Januar 1865 zerschlug die See seine in 42 m Meereshöhe befindliche Laterne, ein Beweis dafür, daß Biscaya-Stürme denen an britischen und bretonischen Küsten keineswegs nachstehen.

Aber auch einige alte Kastelle dienen als Unterbau. Ein sehenswertes Beispiel ist der 1853 auf dem mittelalterlichen Castillo de Santa Anna errichtete Leuchtturm **Castro Urdiales** (nordwestlich Bilbao). Zusammen mit dem alten Gemäuer bringt er es auf eine Feuerhöhe von 49 m.

Felseninsel und Leuchtturm **Isla Muoro**

Leuchtturm **Castro Urdiales** *auf dem Castillo de Santa Anna*

Nun zur Südwestküste Spaniens. Sie ist arm an Häfen und nur an wenigen markanten Stellen befeuert. Am südlichsten Punkt des europäischen Festlandes und zugleich am Ende der atlantischen Küste steht seit 1813 der Leuchtturm **Tarifa**. Streng genommen, steht er auf der gleichnamigen Insel davor. Er ist leicht konisch, 33 m hoch und leuchtet mit einer Lichtstärke von 2,2 Mio Kerzen bis hinüber zu der hier nur 15 km entfernten afrikanischen Küste.

45 km nordwestlich liegt ein kleiner, nur 20 m hoher Küstenvorsprung, das Kap Trafalgar. Der Name wurde weltweit bekannt nach der Seeschlacht am 21. Oktober 1805, in der Admiral Nelson mit seiner englischen die vereinigte spanisch-französische Flotte entscheidend schlug, aber schließlich selber durch einen Scharfschützen fiel, der ihn an seinen Orden erkannt hatte.

Damals stand auf dem Kap ein rechteckiger Wachturm, dessen Reste heute noch an der äußersten Kliffkante vorhanden sind. Ob er einmal als Leuchtturm gedient hat, ist nicht bekannt. Der jetzige 34 m hohe Leuchtturm **Cabo Trafalgar** entstand 1861/62. Mit seinen Einkerbungen in Form von überhohen gotischen Fenstern gilt es als ein architektonisch besonders interessantes, vielleicht sogar einmaliges Bauwerk. Er besitzt mit 4 Mio Kerzen eine größere Lichtstärke als alle anderen Feuer in Südspanien und Nordwestafrika. Schließlich leitet er schon hinüber zur Straße von Gibraltar, die hier offiziell beginnt.

Leuchtturm **Cabo Trafalgar**

Cabo Mayor *(bei Santander), höchster Leuchtturm der spanischen Nordküste*

Leuchtturm **Penas II** *(Nordspanien), 1929 erbaut, Höhe 18 m, Feuerhöhe 117 m*

Leuchtturm **Cabo Espichel** *(südwestlich Lissabon), 1790 erbaut, 32 m hoch*

Leuchtturm **Cabo da Roca II** *(Portugal) am westlichsten Punkt des europäischen Festlandes*

Wappen der spanischen Seezeichenbehörde

Der wichtigste Orientierungspunkt dieser Küste liegt jedoch an der Mündung des bis nach Sevilla schiffbaren Guadalquivir. Er heißt Chipiona und war schon den alten Römern einen Leuchtturm wert (s. Band 1, Seite 16). Aber erst 1855 wurde er wieder befeuert, zunächst allerdings nur mittels einer Laterne auf dem Kirchturm des Ortes. Zehn Jahre danach begann auf dem etwas vorgelagerten Felsen Del Pierro der Bau des Leuchtturmes **Chipiona**; 1867 war er fertig. Er ist ein Prachtexemplar, auf das die Spanier stolz sind, und das mit 62 m den Höhenrekord des Landes hält.

Abschließend noch einiges über die generelle Weiterentwicklung in Spanien: Erste elektrische Bogenlampe brannte ab 15. Januar 1886 auf dem extra dafür erbauten Leuchtturm **Cabo Villano II**, nahe Finisterre. Aus 104 m Feuerhöhe trug das Licht gemäß Leuchtfeuerverzeichnis schon damals 25 sm weit. Trotzdem dauerte es noch mehr als drei Jahrzehnte bis weitere Türme auf elektrische Lichtquellen umgerüstet wurden. Das mutet um so erstaunlicher an, als man schon vor der Jahrhundertwende begonnen hatte, an Häfen elektrische Beleuchtung einzuführen und dafür Strom zu erzeugen.

In den 1920er Jahren startete ein Modernisierungs- und Erweiterungsprogramm, das allerdings durch den Spanischen Bürgerkrieg ein vorzeitiges Ende fand. Immerhin war ein neu entwickelter Laternentyp auf zahlreichen alten und einigen neuen Leuchttürmen zum Einsatz gekommen. Erst lange nach dem Zweiten Weltkrieg wurde ein neues Programm aufgenommen, nun aber mit einem noch moderneren Laternentyp. Bis zum Ende der 1980er Jahre konnten einige weitere Türme zur Verdichtung des Leuchtfeuernetzes errichtet und zahlreiche exponierte Exemplare auf automatischen Betrieb umgestellt werden.

Chipiona, *höchster spanischer Leuchtturm*

Toston *(Fuerteventura) mit drei Leuchtturmgenerationen*

Kanarische Inseln

Da die Islas Canarias (zu deutsch »Hundeinseln«) nicht nur zu Spanien, sondern auch zu Europa gehören, sei ihre Leuchtfeuergeschichte hier kurz erwähnt. Sie haben immerhin gewaltig an Bedeutung gewonnen, wenn man bedenkt, daß sie im 14. Jahrhundert offenbar kaum etwas wert waren, denn sie wurden an einen Admiral verschenkt; im 15. Jahrhundert kosteten sie schon 15000 Dukaten, und heute könnte sie wohl kaum jemand mehr bezahlen.

Etwas später als auf der heimischen Halbinsel begann die spanische Regierung mit der Errichtung von kleinen Leuchttürmen. 1864 bis 1866 erhielten alle Inseln, außer den beiden westlichsten, ihr erstes Feuerchen. Eines davon wird noch heute fast im ursprünglichen Zustand betrieben: der ganze 6 m hohe Faro de **Martiño** auf der Mini-Insel Lobos (nördlich Fuerteventura). Die anderen sind inzwischen durch höhere Türme, neuerdings aus Beton, ersetzt oder wenigstens mit modernen Optiken und neuen Laternengehäusen ausgestattet worden. In **Toston** auf Fuerteventura stehen sogar drei Generationen hintereinander, der älteste 6 m, der mittlere 15 m, der neueste 30 m hoch.

Von den neueren Türmen besitzt eine wesentlich größere Höhe mit knapp 50 m nur der 1987/88 erbaute **Pechiguera II** auf Lanzarote. Auch hier ließ man den alten, 10 m hohen Vorgänger von 1865 noch stehen.

Alter und neuer Leuchtturm **Pechiguera** *(Lanzarote)*

Von – im wahrsten Sinne des Wortes – überragender Bedeutung auf der Inselgruppe ist der Leuchtturm **Maspalomas** im Süden von Gran Canaria. Er wurde 1888/90 erbaut und ist 56 m hoch. Welcher Urlauber dieser »Glücklichen Insel« kennt ihn nicht?

Über die größten Tragweiten dort verfügen die neuen Lichtanlagen von zwei alten, nur 10 m hohen Türmen aus dem Jahr 1865, beide in etwa 230 m Meereshöhe auf dem Nordkap ihrer Insel: **Punta Anaga** auf Teneriffa und **La Isleta** auf Gran Canaria.

Die auch noch recht stolze Feuerhöhe von 196 m erreicht der originelle, 1954 fertiggestellte Leuchtturm **La Entallada** auf Fuerteventura. Der breite Bau mit seinen beiden würfelförmigen Seitenteilen erinnert an einige der ehemaligen Doppelfeuer, nur erhebt sich hier der eigentliche Feuerturm in der Mitte. Der rechte Seitenteil beherbergt die Wärterunterkünfte, der linke die Maschinenanlage. Da noch kein Netzanschluß besteht, muß der Strom durch einen örtlichen Dieselgenerator erzeugt werden. Er macht einen Höllenlärm – sogar bei Tage, denn er versorgt auch das Funkfeuer.
Schließlich sei noch eine »Neuerscheinung« des Jahres 1991 erwähnt: der 55 m hohe dicke Beton-Leuchtturm **Morro Jable** am Südkap von Fuerteventura. Er ergänzt den 1865 erbauten Kollegen **Jandia** am Westkap, ein Ziel der beliebten Jeep-Safaris.

Leuchtturm **Maspalomas** *(Gran Canaria)*

Leuchtturm **La Entallada** *(Fuerteventura)*

Portugal

Ein Blick auf den Globus genügt, um festzustellen, daß keine Küste in Europa günstiger für Entdeckungsfahrten in andere Erdteile liegt als die portugiesische. Diesen Vorteil nutzend, segelten portugiesische Seefahrer als erste am weitesten hinaus – anfangs nur zu den Atlantischen Inselgruppen und nach Westafrika, dann um Südafrika herum nach Indien, schließlich sogar um die ganze Welt, korrekter: um die Erdkugel.

Ausgangspunkt der meisten Fahrten war Lissabon, geschützt am Unterlauf des Tejo liegend. Hier leuchtete ab 1521 ein erstes Feuer auf der Tejo-Festung **Torre de Belém** (s. Band 1, Seite 40). Ansonsten blieb es noch lange dunkel.

Die Geschichte der echten Leuchttürme in Portugal begann erst im 18. Jahrhundert, und zwar an dem nächst wichtigen Hafen Porto, wo die Engländer ihren geliebten Portwein einzukaufen pflegten. Die dort niedergelassenen englischen Gesellschaften waren um ihre Transportschiffe besorgt und drängten auf Befeuerung der gefährlichen Duoro-Mündung. So entstand 1761 auf dem 50 m hohen nördlichen Steilufer der erste richtige Leuchtturm, ein dicker, vierkantiger Steinbau von 20 m Höhe mit dem einschlägigen Namen **Nossa Senhora da Luz**. Sein Luz leuchtete bis 1927, nachdem neuere Feuer die Aufgabe übernommen hatten. Inzwischen hatte sich nämlich der Schiffsverkehr von dem für größere Einheiten ohnehin unzugänglichen Hafen Porto zu dem ab 1893 einige Kilometer nördlich an der Küste entstandenen künstlichen Hafen Leixões verlagert. Wir kommen noch darauf zurück.

Der zweitälteste Leuchtturm, 1771 an der 30 m hohen Landecke westlich von Lissabon erbaut, ist dagegen gut erhalten und noch aktiv. Sein Name war einst auch so lang wie der seines älteren Artgenossen, nun läßt man allerdings die »Nossa Senhora« einfach weg und nennt ihn nur noch **Guia**. Er ist achteckig, 28 m hoch und leuchtet – wie fast alle portugiesischen Feuer – aus einer in Frankreich komplett hergestellten Laterne.

Seit 1772 gibt es auf dem **Cabo da Roca** einen Leuchtturm. Doch die heutigen Kap-Besucher finden ihn lange nicht so interessant wie den Fleck, auf dem sie da oben stehen. Es handelt sich nämlich um den westlichsten Punkt des europäischen Festlandes, markiert durch einen Gedenkstein mit der geographischen Angabe

LATITUDE 38° 47' NORTE
LONGITUDE 9° 30' OESTE

Leuchtturm ***Guia****, 1771 erbaut, noch in Betrieb*

Das verstehen In- und Ausländer. Besonders letztere lassen sich dieses »kontinentale« Erlebnis sogar etwas kosten. Dabei sieht das Kap genauso aus wie die meisten anderen. Das rührige Fremdenverkehrsamt »Serviços de Turismo« macht nämlich daraus ein Geschäft und stellt dort im obligatorischen Souvenir-Laden auf Wunsch – natürlich gegen ein (kein) geringes Entgelt – eine namentliche »Urkunde« aus mit Datum, Siegel und schwungvoller Unterschrift des Präsidenten.
Und für alle, die sich doch für den Leuchtturm interessieren: Den alten runden, 16 m hohen Turm mit seiner Öl-Lampe gibt es gar nicht mehr. 1896 ersetzte man ihn durch einen rechteckigen, 22 m hohen Nachfolger mit elektrischer Lichtquelle und neuer Optik (Abb. Seite 74). Aus einer Feuerhöhe von 165 m blitzt sein Licht mit einer Nenntragweite von 26 sm weit über den Atlantik.

Südöstlich der Tejo-Mündung liegt eine Barre, auf der im Mittelalter unter größten Schwierigkeiten das kreisrunde Fort San Lourenço da Barra erbaut worden war. Sein Durchmesser beträgt 50 m, der Durchmesser einer äußeren Schutzmauer 150 m. Immer wieder mußte es ausgebessert werden, weil das Meer Breschen geschlagen hatte, so auch 1755 mit einer Flutwelle nach dem großen Erdbeben.

*Leuchtturm **Bugio** auf ehemaligem runden Fort*

Um die Schiffahrt vor diesem gefährlichen Punkt zu warnen, errichtete man 1775 mittendrin den kleinen Leuchtturm **Bugio**. Er existiert nicht mehr im Original, denn 1896 war er aufgrund der Angriffe des Meeres so stark verwittert, daß man ihn völlig erneuerte. 1981 als einer er ersten exponierten Türme in Portugal automatisiert, leuchtet er weiterhin aus einer Meereshöhe von 28 m über die Tejo-Bucht.

Im Jahre 1775 wurden noch zwei weitere Leuchtfeuer eingerichtet, und zwar **Serra da Arrabida** bei Setubal (südöstlich Lissabon) in 140 m Höhe sowie **São Julião** im gleichnamigen Fort an der Nordseite der Tejo-Mündung. Während das erstere nicht mehr existiert, leuchtet auf dem alten vierkantigen, 22 m hohen Turm des Forte de São Julião nach wie vor ein Feuer für die Schiffahrt. Nur ist es längst kein offenes mehr, sondern ein elektrisches in der Laterne eines achteckigen Aufsatzes, ebenfalls 1981 automatisiert.

Als letzte Leuchttürme des 18. Jahrhunderts entstanden 1790 **Cabo Corvoeiro** (nördlich Lissabon), vierkantig, 27 m hoch und **Cabo Espichel** (südlich Lissabon). Letzteren zeichnen zwei Besonderheiten aus: erstens besitzt er mit 168 m die größte Feuerhöhe in Portugal, zweitens wurde er 1891 als erster im Lande mit elektrischer Lichtquelle ausgerüstet. Äußerlich ähnelt er seinem etwas älteren Kollegen **Guia** (Abb. Seite 74 bzw. 78).

Bedingt durch kriegerische, politische und wirtschaftliche Erschütterungen trat nun eine Pause von 50 Jahren ein. Darüber hinaus wechselte im 19. Jahrhundert die Zuständigkeit für den Leuchtturmbau zwischen mehreren Ministerien, Behörden und der Marine, 1881 sogar zum Post- und Telegraphenamt. In offiziellen Berichten ist mehr die Rede von den vielen leitenden Persönlichkeiten mit langen klangvollen Namen als von Leuchttürmen. So erscheint es fast als ein Wunder, daß zwischen 1840 und 1898 doch noch etwa 20 Türme neu errichtet wurden, davon sogar zwei mit Höhen über 30 m. Zu Anfang des 20. Jahrhunderts entstanden auch noch einige neue Exemplare, darunter drei höhere.
Ein paar Fälle seien herausgegriffen und nachstehend beschrieben; darüber hinaus sind weitere Leuchtturm-Positionen auf der Lageskizze (Seite 69) eingetragen.

*Alter Festungsturm **São Julião**, 1775 als Leuchtturm eingerichtet, seit 1865 mit französischer Laterne*

Gut 10 km vor der Westküste liegt die Ilhas das Berlengas, größte Insel eines für die Schiffahrt sehr gefährlichen Archipels. Auf ihrem Felsenrücken entstand 1840 der 29 m hohe Leuchtturm **Berlenga**. Inzwischen mehrfach modernisiert und mit einer großen Optik ausgestattet, trägt sein Licht aus einer Feuerhöhe von 114 m jetzt nominell 27 sm weit. 1985 wurde er auf automatischen Betrieb umgestellt. Der Vorrat für das mit Gas betriebene Feuer braucht nur einmal jährlich erneuert zu werden. Seit 1987 kann man sein Bild für 25 Escudos bei Postämtern kaufen.

Die Südwestecke Portugals heißt **Cabo de São Vicente** nach einem Kloster, das dort im frühen Mittelalter gegründet worden war. Über Jahrhunderte hinweg hatten die Mönche Gelegenheit, von ihrem 60 m hohen »Logenplatz« aus, Schiffsstrandungen, Kaperungen, ja Seeschlachten zwischen feindlichen Flotten zu beobachten. Wahrscheinlich haben sie einst auch – wie vielfach an anderen europäischen Klöstern – im Interesse der Seeleute ein Leuchtfeuer auf einem Turm ihrer Abtei unterhalten.

1835 wurde beschlossen, dort unter Einbeziehung der vorhandenen Gemäuer einen Leuchtturm zu errichten. Aber ehe es dazu kam, wieherte 10 Jahre lang der Amtsschimmel über reihenweise Erlasse und sonstige Bürokratie. Dann konnte man endlich auf einer Tafel die stolze Inschrift lesen: »Dieser Leuchtturm wurde im Oktober 1846 gebaut im Auftrage der Königin Maria II. und unter Leitung des Brigadegenerals A.C.C.P. Furtado, dem Direktor des Leuchtfeuerwesens.« Aber der Turm mit seiner dünnen Laterne war keineswegs großartig und eigentlich für diesen wichtigsten Navigationspunkt an Portugals Küste mehrere Nummern zu klein. So wurde er 1907 durch einen wuchtigen Granitbau mit gewaltiger Laterne ersetzt. Die feierliche Einweihung fand am 25. März 1908 statt. Während der Bauzeit hatte noch die alte Leuchte auf einem provisorischen Holzturm den Betrieb aufrechterhalten.

Bei der neuen Optik handelt es sich um eine der größten in Frankreich hergestellten Scheinwerferlinsen. Sie ist 3½ m hoch und wiegt 4 t (abgebildet auf Seite 135). Seit der Umstellung von Petroleumglühlicht auf elektrische Glühlampe 1946 besitzt sie mit 32 sm die größte Tragweite in Portugal.

Hellster Leuchtturm in Portugal:
Cabo de São Vicente II, *Höhe 28 m, Feuerhöhe 86 m*

Leuchtturm **Berlenga**

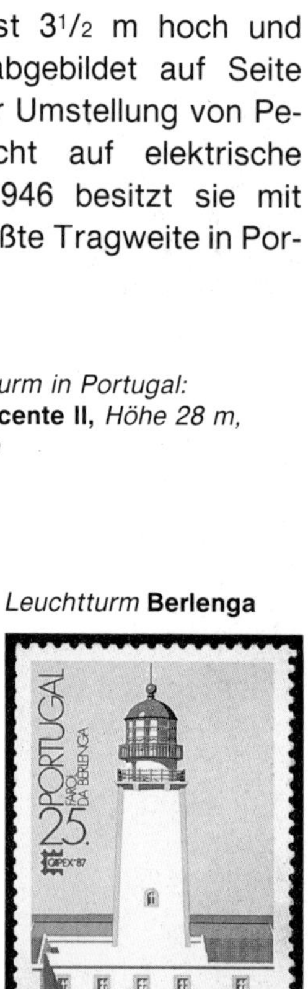

An der südlichen Landnase Portugals liegt die Hafenstadt Faro. Ihr Name ist gleichbedeutend mit dem Begriff »Leuchtturm« in romanischen Sprachen (im Portugiesischen »farol«). Obwohl keineswegs urkundlich nachweisbar, so besteht doch die Möglichkeit, daß der Ortsname von einem frühzeitlichen Leuchtturm her stammt. Schließlich wurde Faro 1596 durch Brandschatzung und 1755 durch Erdbeben völlig zerstört, wohl jedesmal samt aller Urkunden. Einige Kilometer südlich liegt das **Cabo de Santa Maria**, hier nicht als Felsenvorsprung, sondern aus mehreren veränderlichen Sandinseln bestehend. Auf einer dieser Inseln, mit Namen Ilha de Culatra, wurde 1850/51 ein 30 m hoher Leuchtturm erbaut und 1922 auf 48 m erhöht.

Der mit 62 m weitaus höchste Leuchtturm Portugals heißt **Aveiro**. (Vielleicht wollten die Portugiesen nicht hinter den Spaniern mit ihrem ebenfalls 62 m hohen Rekordhalter **Chipiona** zurückstehen). Unübersehbar erhebt er sich am flachen Strand einer dem Hafenstädtchen dieses Namens vorgeschwemmten Landzunge. Seine Errichtung auf lockerem Grund begann 1885 mit der Ausschachtung einer Grube, in der zunächst eine 6 m dicke Betonplattform auf Pfählen entstand, und endete 1893 mit Plazierung der 5 m hohen Drehfeuer-Laterne. Der Turmschaft besteht aus Granit und roten Steinen.

Aveiro, *Portugals höchster Leuchtturm*

Leuchtturm **Cabo de Santa Maria** *(Aufnahme um 1925)*

Vibration – wahrscheinlich aufgrund des nahen Wellenschlages – verursachte 1929 eine Rißbildung, der man durch Umgürtung mit 14 Betonringen und Errichtung eines Schutzwalles erfolgreich begegnete. Aber das Meer holte sich 1935 trotzdem ein Opfer: das weiter vorn stehende Türmchen mit dem Nebelhorn.

Der große Turm erhielt 1947 eine neue optische Einrichtung für kombiniertes See- und Luftfahrtfeuer, 1948 Funkfeuer, 1951 elektrisches Glühlicht und 1958 einen Lift. Er ist an das örtliche Stromnetz angeschlossen, besitzt aber ein Notsstromaggregat. Das Wärterteam besteht aus 6 Mann, die jedoch außerdem für die Schifffahrtsüberwachung von Aveiro zuständig sind.

Wie angekündigt, noch einmal kurz zurück nach Leixões, dem heutigen Überseehafen von Porto. Die Befeuerung begann 1898 mit einem Molenturm und endete 1927 mit der Fertigstellung des 46 m hohen Beton-Leuchtturmes **Leça** etwa 1 km nördlich des Hafens an der flachen Küste. Ein baugleicher Turm war schon 1923 am anderen Küstenende Portugals nahe der Grenze zu Spanien in **Vila Real de Santo Antõnio** errichtet worden. Mit diesen beiden Türmen fand die Bautätigkeit im Mutterland ein vorläufiges Ende. Weitere Neubauten entstanden nur noch auf den Azoren.

Leuchtturm **Lęca**
(Aufnahme etwa 1930)

Was das Baumaterial betrifft, so wurde fast ausschließlich Stein oder Granit verwendet. Typisch sind dabei die versetzten Kantensteine an allen eckigen Türmen. In der zweiten Hälfte des 19. Jahrhunderts bezog man aus Frankreich einige komplette Eisentürme bis zu 20 m Höhe. Erster Betonbau war 1894 **Ponta de Sagres** (Südwestspitze), ganze 13 m hoch. Beton blieb aber bis heute die Ausnahme.

Montedor, *Portugals nördlichster Leuchtturm, 1910 erbaut, Höhe 28 m, Feuerhöhe 103 m*

Die am Tejo begonnene Leuchtfeuergeschichte Portugals soll – wenigstens symbolisch – dort auch enden. 1961 bis 1966 wurde eine 2278 m lange Hängebrücke über den Fluß gebaut. Ihre beiden Pfeiler im Strom sind 190 m hoch, sie tragen Leuchtfeuer für die Schiffahrt in 10 m Höhe – und für die Luftfahrt in 190 m Höhe.
Eine noch größere Höhe, nämlich 223 m weist die Spitze der auf einem Lissabon gegenüberliegenden Hügel stehenden Christus-Statue auf. Die 28 m hohe Figur mit ausgebreiteten Armen erhebt sich auf einem Sockel von 82 m Höhe. Getreu einem 1940 gemachten Gelöbnis wurde das Monument 1952 bis 1959 errichtet, weil Portugal vom Zweiten Weltkrieg verschont blieb.

Azoren

Diese portugiesische Inselgruppe im östlichen Atlantik gehört ebenfalls zu Europa. Wenn uns auch der Wetterbericht bei einem ausgedehnten Azorenhoch Sonnenschein verheißt, so ist es dort doch oft höchst unwirtlich und an der felsigen Küste für die Schiffahrt gefährlich. Denn an durchschnittlich 175 Tagen im Jahr gibt es Regen, oft Sturm, und Nebel ist so häufig, daß die Azoren auch als Ilhas de Bruma (Nebelinseln) bezeichnet werden.
In Anbetracht des sich ab Anfang des 19. Jahrhunderts rasch entwickelnden Schiffsverkehrs erwies sich eine Befeuerung der Inseln als dringend erforderlich. Erste Feuer entstanden auf der größten Insel São Miguel, und zwar 1852 am Hafen **Ponta Delgada** und 1876 auf der Ostspitze **Ponta do Arnel**. Ab 1882 folgten Leuchttürme auf weiteren Inseln, die weitaus meisten jedoch erst im 20. Jahrhundert, die letzten in den 1950er Jahren.

Europa Point, *der englische Leuchtturm von Gibraltar, im Hintergrund die afrikanische Küste bei Ceuta*

Leuchtturm
Sacratif
an Spaniens
Mittelmeer-
küste

Besonders hoch sind sie alle nicht, denn die bis an die Küste reichenden vulkanischen Berge bieten genügend günstige Standorte. Fast durchweg handelt es sich nur um 15 bis 20 m hohe vierkantige Türme mit angebautem, einstöckigem Wärterhaus. Sie wären hier gar nicht erwähnt, wenn nicht einer von ihnen Schlagzeilen gemacht hätte, und zwar der an der Westspitze von Faial stehende Leuchtturm **Capelinhos**, 1903 erbaut und mit 35 m der höchste auf der ganzen Inselgruppe.

Am 27. September 1957 um 8 Uhr früh ruft sein Wärter in höchster Aufregung beim Hafenkommandanten der Hauptstadt an: »Sie können die ganze Stadt zum Fischessen einladen, vor meinen Fenstern kocht das Meer, und Fische werden zu Tausenden gesotten an Land gespült.« Nach tagelangen kleinen Erdstößen war nämlich in 1 km Entfernung plötzlich ein unterseeischer Vulkan ausgebrochen, dessen Zentrum sich schnell der Insel näherte. Bald darauf brach der Vulkan unmittelbar neben dem Leuchtturm erneut auf und überschüttete den Westteil der Insel mit Asche und Felsbrocken – monatelang. Die dortige Bevölkerung mußte fliehen, ihre Häuser wurden zerstört. Aber die Leuchtturm-Ruine steht noch heute. Inzwischen entstand weiter östlich ein Ersatz.

Leuchtturm **Capelinhos** *auf der Azoren-Insel Faial nach dem Ausbruch des Vulkans 1957*

Leuchtturm **Ponta do Pargo**, *Madeira, mit der enormen Feuerhöhe von 312 m, 1922 erbaut*

Madeira

Auch diese Insel ist dem portugiesischen Mutterland angegliedert, gehört also zu Europa. Wer von Madeira schwärmt, denkt sicherlich zuerst an Urlaub, an den dortigen Wein, vielleicht auch an die grandiose, bis zu 500 m steil aufragende Felsenküste, aber bestimmt nicht an Leuchttürme. Sie stehen an den unwegsamen Ecken der Insel und sind praktisch nur von See aus sichtbar. Besonders imposant ist keiner, erwähnt werden lediglich drei wegen ihrer enormen Feuerhöhe. In allen Fällen handelt es sich um Steintürme, 14 m hoch, auf oder neben dem Wärterhaus. Den Anfang machte 1870 **São Lourenzo** auf der dem Ostkap vorgelagerten kleinen Insel Fora mit einer Feuerhöhe von 110 m. Erst etwa 50 Jahre später folgten **São Jorge** im Norden, Feuerhöhe 271 m, und **Ponta do Pargo** im Westen mit der enormen Feuerhöhe von 312 m.

Nicht nur die Küsten von Gibraltar bis zum östlichen Schwarzen Meer, sondern praktisch auch alle Mittelmeerinseln – außer Zypern – gehören noch zu Europa. Die größeren Teile des Mittelmeeres heißen Ligurisches, Tyrrhenisches, Adriatisches, Ionisches und Ägäisches Meer, östlich folgt das Marmarameer als Übergang zum Schwarzen Meer, dessen fast abgetrennter Nordteil Asowsches Meer genannt wird.
Weitere Küstenstriche und besonders die Inseln sind felsig-bergig, so daß niedrige Leuchtturm-Bauten genügen. Nur an den relativ wenigen Flachküsten findet man hohe, imposante Exemplare.

Gibraltar

Die Entfernung zwischen Europa und Afrika beträgt an dieser Stelle der Meerenge 20 km. Die Straße von Gibraltar ist hier nicht am schmalsten, aber am besten zu übersehen und zu kontrollieren. Es handelt sich um eine ins Meer ragende Felsenzunge, 5 km lang und bis zu 426 m hoch. Umkämpft seit dem Altertum von Römern, Mauren, Spaniern, Holländern und Franzosen, seit 1704 gehalten von den Engländern, die sie mit einem Handstreich genommen hatten.
Die südlichste Spitze heißt Punta de Europa. Hier ließ Trinity House 1838–1841 den Leuchtturm **Europa Point** (Abb. Seite 83) bauen. Die spektakuläre Grundsteinlegung fand am 26. April 1838 im Beisein von 10000 Menschen statt. An königlichen Besuch und die Legung eines Steines in bequemer Höhe erinnert eine Tafel:

PLACED BY
ADELAIDE QUEEN DOWAGER
OF GREAT BRITAIN & IRELAND
17 OCTOBER 1838

Der 19 m hohe Turm leuchtet aus einer Feuerhöhe von 49 m. Eigentlich heißt er »Victoria Tower«. Er besitzt heute noch seine große Optik von 1841, nur die Lichtquelle wurde inzwischen mehrfach verbessert, zuletzt bei der Umstellung auf elektrischen Betrieb 1956. Der Hauptwärter (Principal Keeper) ist Engländer, seine beiden Assistenten stammen aus Gibraltar. An einem Flaggenmast weht der Union Jack.

Seit der 1984 wieder geöffneten Grenze zwischen Spanien und Gibraltar kann man ohne den Umweg über Ceuta oder Tanger zum Europa Point gelangen. Aber nicht etwa der Leuchtturm, sondern eher der berühmte Felsen mit den einzigen in Europa frei lebenden Affen hat als Attraktion erheblich an Bedeutung gewonnen. Immer mehr Touristen üben sich ebenfalls in der Kletterkunst, um diesen noch auf allen vieren laufenden Urahnen zuzuschauen.
Eine weitere Kuriosität ist die Zufahrtstraße von der Neutralen Zone her. Neben der überraschenden Tatsache, daß im britischen Gibraltar Rechts-Verkehr gilt, muß man nach 100 Metern die beiderseits in die See hinausragende Startbahn für Flugzeuge überqueren, solange die Ampel »grün« zeigt. »Rot« garantiert den Zusammenstoß mit einem startenden oder landenden Jet.

Gibraltar

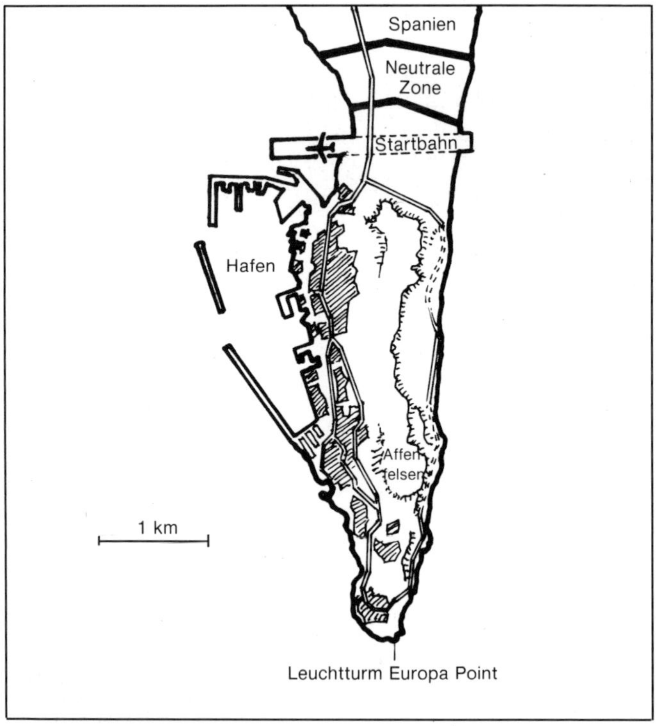

Spanien

Das Land hat hier seine längste Küste, bestehend aus lauter Felsenkaps, dazwischen mehr oder weniger lange Strandabschnitte. Auf vielen Felsen stehen noch Reste der im Mittelalter errichteten Wach- und Festungstürme. Denn die damaligen »Gäste« kamen über See und ungebeten. Vielleicht aus diesem Grunde hat es frühe Leuchttürme hier nicht gegeben.
Feuer für die Schiffahrt wurden erst Anfang des 18. Jahrhunderts errichtet, und zwar auf den Hafenmolen von **Barcelona, Tarragona** und **Malaga**. Sie waren aus Holz und wurden später durch stabilere Bauten ersetzt. So entstand in **Malaga** 1816/17 der erste richtige hohe und dicke Leuchtturm der spanischen Mittelmeerküste. Weitere Leuchttürme folgten 1820 auf der Mole von **Valencia**, 1827 am Hafen **Salou** und 1833 auf einem Kirchturm von **Alicante**.

Helle Mondnächte müssen damals zur Küstenbeleuchtung ausgereicht haben, denn in alten Leuchtfeuer-Verzeichnissen steht z. B.: »**Salou**, Südmole, nicht erleuchtet 3 Tage vor und nach Vollmond.« An den romantischen Gestaden des Mittelmeeres ist die Sicht bekanntlich meist besser als im rauhen Norden Europas. Deshalb genügten zunächst auch Laternen mit Öl-Lämpchen.

Holzleuchtturm **Barcelona** *(nach einem alten Stich)*

Leuchtturm **Malaga** *1816/17 erbaut, 32 m hoch*

Leuchtturm **Llobregat** *bei Barcelona, 1852 auf einem alten Fort erbaut, 31 m hoch*

Etwas später als am Atlantik startete Spanien hier das Leuchtturm-Bauprogramm. Der Schwerpunkt lag zwischen 1852 und 1868. In dieser Zeit entstanden rund 50 Leuchttürme. Die Standorte der wichtigsten sind in der Lageskizze (Seite 69) eingezeichnet. Fast durchweg handelt es sich nur um kleine runde Steintürme auf oder neben dem einstöckigen Wärterhaus. Viele stehen nämlich – wie ihre Kollegen in Nordspanien – auf emporragenden Kaps und brauchten gar nicht hoch zu sein. Allein acht von ihnen leuchten aus einer Feuerhöhe von über 100 m, der Leuchtturm **Mesa Roldan** (östlich Almeria) sogar aus 222 m. In drei Fällen nutzte man alte Kastelle als Unterbau aus.

Hier die wenigen Ausnahmen mit größeren Turmhöhen:

1852 **Llobregat** (bei Barcelona) auf einem Kastell, 31 m (Abb. Seite 87),

1864 **Sabinal** (südwestlich Almeria), 30 m,

1864 **Buda** (Ebro-Mündung), 52 m – dieser Standort wird noch gesondert behandelt,

1865 **Cabo de Palos** (bei Cartagena), 50 m.

Letzterer steht auf einer 35 m hohen Felsennase vor dem Mar Menor, dem mit 164 qkm größten Salzwassersee des Kontinents, der nur durch eine schmale, 20 km

Spanischer Leuchtturm-Typ aus der zweiten Hälfte des 19. Jahrhunderts, hier **Formentera** *auf der gleichnamigen Balearen-Insel, 1861 erbaut.*

Leuchtturm **Cabo de Palos**, *1862–1865 erbaut*

lange Landzunge vom Meer getrennt ist. Der Turm ist nach ähnlichen Plänen gebaut wie **Chipiona** (siehe Seite 75). Als Konstrukteur in beiden Fällen gilt der spanische Architekt Lucio del Valle y Arana.

Besondere Erwähnung verdienen die Leuchttürme in der Ebro-Mündung. Das vom Fluß verschwemmte Material hat nicht nur eine Nase ins Meer getrieben, sondern auch an beiden Seiten eine Landzunge gebildet, hinter denen sich nunmehr geschützte Naturhäfen befinden. 1857 wurde beschlossen, in weit vorgeschobener Position auf der Insel Buda, nahe dem Cabo Tortosa, ein hohes, weitreichendes Feuer und je ein kleines auf beiden seitlichen Landzungen zu errichten.

Aber in Spanien besaß man noch keine Erfahrung mit Bauten auf Schwemmland, das hier und da sogar noch auf Wanderschaft ging. Über die besten Referenzen verfügte eine englische Firma in Birmingham, die schon Schraubpfahl-Leuchttürme eingepflanzt hatte und im Begriff war, zwei hohe Eisengittertürme auf Korallenriffen im Roten Meer zu errichten. Sie erhielt 1860 den Bauauftrag für alle drei Leuchttürme. 1864 waren sie fertig.

Bei den beiden kleinen handelte es sich um Schraubpfahlgestelle mit Wärterhaus und Türmchen, **La Baña,** 18 m, **Fangal,** 10 m hoch. Der Leuchtturm **Buda** erhob sich dagegen 52 m und galt als Pionierleistung. Sein Gußeisen-Gestell aus acht verstrebten Gratsparren mit zentralem Treppenrohr sah aus wie ein Schraubpfahl-Leuchtturm mit nach oben verlängerten Streben. In einer zeitgenössischen Beschreibung hieß es: »Der Turm ist silbergrau, die Laterne grün, die Kuppel weiß angestrichen. Die Optik zweiter Größe stammt aus England, die Lampe wird mit Olivenöl gespeist. Position des Feuers ist

40° 45' 24'' N, 7° 9' 15'' O.«

Einschlägig vorbelasteten Navigatoren dürfte auffallen, daß dieser Punkt gar nicht an der spanischen Küste, sondern im Meer vor Sardinien liegt. Die Erklärung ist einfach: Damals hatte noch jedes seefahrende Land seinen eigenen Null-Meridian; der spanische ging durch Cadiz. Erst 1884 einigte man sich auf den Welt-Null-Meridian von Greenwich.

Der Turm – inzwischen mit modernisierter Leuchteinrichtung – blieb bis zum Spanischen Bürgerkrieg 1936 in

Leuchtturm **Buda**, *auch* **Cabo Tortosa** *genannt (1864–1962)*

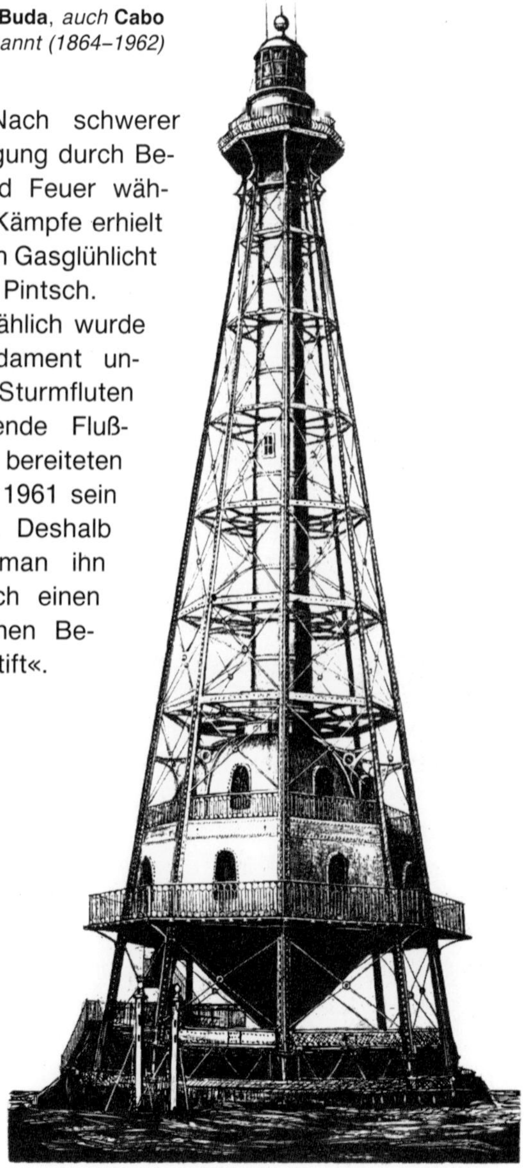

Aktion. Nach schwerer Beschädigung durch Beschuß und Feuer während der Kämpfe erhielt er 1939 ein Gasglühlicht der Firma Pintsch.

Aber allmählich wurde sein Fundament unterspült. Sturmfluten und reißende Flußwasser bereiteten 1959 und 1961 sein Ende vor. Deshalb ersetzte man ihn 1962 durch einen 48 m hohen Beton-»Bleistift«.

Leuchtturm **La Baña** *(1864–1975)*

Doch die von zwei Seiten vorrückenden Wasser holten sich auch diesen Turm als Beute: 1965 neigte er sich und stürzte ein. Seitdem ist die Stelle ständig überspült. Heute steht dort ein Metallmast auf einer Plattform, deren Beine 20 m tief eingerammt sind. Die Höhe dieses kleinen Leuchtfeuers beträgt nur 18 m, es heißt Faro de **Ebro**.

Die beiden anderen Leuchttürme der Ebro-Mündung gibt es auch nicht mehr im Original. **Fangal** hat ebenfalls bereits zwei Nachfolger, seit 1972 einen Eisenturm, seit 1986 einen Betonturm, 20 m hoch. **La Baña** wurde 1975 durch einen 24 m hohen Betonturm ersetzt. Der ausgediente Veteran reiste in Einzelteilen nach Tarragona, wo er jetzt als Denkmal für die Eisentürme des Ebro-Deltas steht.

65 km vor der Küste gibt es eine ziemlich unbekannte kleine Inselgruppe, die Columbretes, auch Schlangeninseln genannt, vulkanischen Ursprungs und klippenreich. Sie liegt eigentlich genau in der Schiffahrtsroute, die zwischen den Balearen und dem Festland hindurchführt. Hier wurde 1859 der Leuchtturm **Columbretes** errichtet. Er steht auf einem 65 m hohen Felsen und leuchtet seit Inbetriebnahme aus einer Riesenoptik, um die Schiffe schon aus möglichst großer Entfernung vor diesen gefährlichen Felsen zu warnen.
Zurück zur Küste. Hier wurden nach der großen Bauwelle nur noch vereinzelt neue Leuchttürme errichtet, z. B. 1898 **Peñiscola** (südlich der Ebro-Mündung). Mit seinen 10 Meter Höhe ist er zwar nicht besonders aufregend, aber insofern interessant, als man ihn harmonisch in den mittelalterlichen Burg-Komplex auf einer malerischen Halbinsel eingefügt hat. Sein Licht strahlt dort aus einer Höhe von 56 m.

Wie an den anderen Küsten Spaniens und der Kanaren, so wurde das Leuchtfeuernetz im 20. Jahrhundert auch am Mittelmeer etwas verdichtet. Außerdem lief nach dem Zweiten Weltkrieg ein Programm zum Ersatz überalterter Leuchttürme. An ihre Stelle traten runde Betontürme, die aus genormten Teilen relativ schnell und einfach zusammengesetzt werden. Je nach Anzahl der verwendeten Ringteile beträgt ihre Höhe 20 bis gut 30 m. Sie arbeiten automatisch. Auch wurde damit begonnen, gut erhaltene ältere Türme mit geringer Tragweite auf Solarenergie umzustellen und die Wärter abzuziehen.

Moderner Standard-Leuchtturm aus Beton

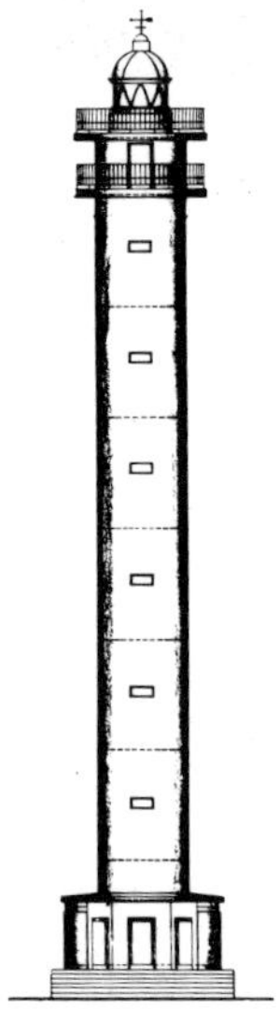

Siegel der spanischen Leuchtfeuer-Behörde

Burg und Leuchtturm **Peñiscola**

Balearen

Zu diesem spanischen Archipel gehören eigentlich nur Mallorca und Menorca sowie einige kleinere Eilande davor; der Einfachheit halber zählt man heute aber auch die Pityusen mit Ibiza und Formentera nebst umliegenden Inselchen dazu.
Die Bewohner dieser Inselgruppe erlebten seit 3000 Jahren immer wieder schreckliche Invasionen der Mittelmeeranrainer und anderer Mächte. Darüber hinaus litten sie in den letzten Jahrhunderten unter ständigen Raubüberfällen von Piraten, die sich auf den kleinen Felseninseln eingenistet hatten. Im 15. und 16. Jahrhundert bauten sie deshalb rund um ihre Inseln ein System von Wach- und Wehrtürmen, sog. Atalayas. Man hätte sie auch als Leuchttürme bezeichnen können, denn auf ihnen wurden Strohfeuer angezündet. Allerdings leuchteten sie nicht Nacht für Nacht zur Sicherheit der friedlichen Schiffahrt, sondern nur bei Annäherung von Feinden oder Piraten als Alarmsignal von Turm zu Turm. Dann bereiteten sich die Küstenbewohner auf Abwehr vor oder flohen ins Landesinnere. Die Reste dieser Türme sind heute noch vorhanden.

Leuchtturm **Formentor** *(Mallorca)*

Der erste »richtige« Leuchtturm aber entstand im 14. Jahrhundert auf Mallorca am ältesten Hafen von Palma: **Porto Pi** (s. Band 1, Seite 37). Später baute man die sich nordöstlich anschließende Bucht zu einem größeren Hafen aus. Ein dort Anfang des 18. Jahrhunderts errichtetes hölzernes Molenfeuer wurde 1821 bei einem Unwetter zerstört und 1827 ersetzt. Der heutige Molenturm auf dem dicken runden Unterbau stammt übrigens von 1868.

Die Leuchtturm-Geschichte der Balearen verlief ähnlich wie an der spanischen Ostküste. Auch hier haben wahrscheinlich schon einige Hafenfeuer gebrannt, bevor 1852 ein Bauprogramm einsetzte, das bis etwa 1870 dauerte. Auch hier handelte es sich dabei zumeist um die typischen, etwa 15 m hohen runden Türme mit Wärterhaus, fast durchweg auf Felsenkaps errichtet.

Größte Feuerhöhe mit über 300 m besaß anfangs der 1852 erbaute Leuchtturm **Dragonera**, 1910 allerdings ersetzt durch den Kollegen **Lebeche** mit nur 130 m Feuerhöhe (beide auf der Insel Dragonera westlich Mallorca). Das mit 210 m höchste Licht über dem Meeresspiegel besitzt seitdem der 1863 erbaute Leuchtturm **Formentor** auf dem schwindelerregend steilen Nordkap von Mallorca. Der Anblick ist überwältigend, von keinem anderen spanischen Leuchtturm gibt es mehr Ansichtskarten – und wohl auch Privatfotos.
Zum Verwechseln ähnlich – was Namen, Bauweise und Felsen betrifft – ist der Leuchtturm **Formentera**, benannt nach der Insel, auf der er steht (südlich Ibiza). Er leuchtet »nur« aus 142 m Höhe. Jules Verne, an den dort eine Tafel erinnert, entdeckte in ihm seinen »Leuchtturm am Ende der Welt«. Vernes Roman handelt allerdings von dem Leuchtturm an einem wirklichen Ende der Welt, nämlich von Feuerland an der Südspitze Amerikas (s. Band 3, Seite 154).

Leuchtturm **Formentera**, *1861 erbaut*

Die beiden letztgenannten Türme sowie der Artgenosse **Caballeria** auf dem Nordkap von Menorca besitzen seit Anbeginn die hellsten und weittragensten Feuer der Balearen.
Insgesamt entstanden während der Bauperiode etwa 25 Leuchttürme, einige davon nur auf abenteuerlichen Wegen erreichbar. Die wichtigsten Standorte sind aus der Lageskizze (Seite 69) ersichtlich.
Zu den hohen Leuchttürmen des 19. Jahrhunderts zählt nur einer: **Isla del Aire** (südlich Menorca) mit 35 m, inzwischen betonumkleidet.

Etwa 100 Jahre nach ihrer Erbauung erhielten alle Türme eine neue Laterne und modernere Ausstattung; zwei wurden durch Betonbauten ersetzt: **Porto Colom** (Mallorca Ost), 28 m hoch, und **Dartuch** (Menorca), 38 m hoch; zwei entstanden neu, beide schwarz/weiß spiralförmig gestrichen: **Favaritx** (Menorca), 28 m hoch, und **Muscarte** (Ibiza), mit 52 m höchster der Balearen, **Cala Figuera** (Mallorca) von 1860 wurde erhöht und ebenfalls mit Spirale versehen.

Leuchtturm **Dartuch** *(Menorca)*

Leuchtturm **Berberia** *(Formentera), 1971 erbaut, 20 m hoch*

Ein Nachzügler und gleichzeitig Vertreter der modernen Standardtürme aus Beton ist der 1971 erbaute Leuchtturm **Berberia** an der Südwestspitze von Formentera. Seine Optik ist auf Seite 135 abgebildet.

Eines kann man allen Urlaubern versichern: Die Leuchttürme stehen nicht an überfüllten Stränden oder neben Bettenburgen, sondern in natürlicher, reizvoller Umgebung, wohin ein Ausflug lohnt.

Leuchtturm **Cala Figuera** *(Mallorca), 24 m hoch*

Die Leuchttürme von Sète: links **Môle Saint-Louis**, *rechts* **Mont Saint-Clair**

Frankreich

Die Mittelmeerküste des Landes ist nur etwa 1/4 so lang wie die atlantische und bei weitem nicht so gefährlich. Entsprechend geringer ist hier auch die Zahl der Leuchttürme.
Besonders im Ostteil gibt es geschützt hinter Landzungen liegende Naturhäfen, die schon im Altertum von Handels- und Kriegsflotten genutzt wurden. Einige waren auch mit Leuchtfeuern versehen; genau weiß man es von **Massilia/Marseille** und **Forum Julii/Fréjus** (siehe Band 1, Seite 16).
Bis ins späte Mittelalter hinein entstanden zahlreiche Forts, oft mehrere an einem Hafen, sowie unzählige der obligatorischen Wachtürme als »Feuermelder« bei Alarm. Die meisten von ihnen stehen heute nutzlos herum. Im Gegensatz zu anderen Mittelmeerländern funktionierte man hier einige besonders geeignete Festungstürme zu Leuchttürmen um. Vorreiter war ca. 1246 der **Tour de Constance** in Aigues-Mortes (s. Band 1, Seite 31).
Es folgten, allerdings erst erheblich später: 1700 **Port-Vendres** (im Südwesten) auf einem Festungsturm des 17. Jahrhunderts, mit neuer Laterne heute noch in Betrieb als Leuchtturm **Fort Fanal** (Höhe 17 m, Feuerhöhe 29 m) und 1745 **Port de Bouc** (östlich der Rhône-Mündung). In **Collioure** (im Südwesten) existiert noch ein runder Festungsturm, der damals auch ein Leuchtfeuer getragen hat, jetzt aber mit einer Metallhaube abgedeckt ist.

Leuchtturm **Port-Vendres** *um 1780 (nach einem alten Stich)*

Der ehemalige Leuchtturm **Collioure** *heute*

Etwas genauer überliefert ist die Leuchtfeuergeschichte des Fährhafens **Sète**, der übrigens bis 1929 Cette hieß. Etwa 1720 wurde der dicke Turm des Hafenforts St. Louis zum Leuchtturm umgebaut. Gemäß einer damaligen Beschreibung war er 40 Fuß hoch und von 18 Kanonen flankiert. Auf einer Plattform brannte zunächst ein offenes Kohlefeuer. 1771 erhielt der etwas aufgestockte Turm eine große Laterne mit 24 halbkreisförmig angeordneten Reflektorlampen. Noch 1843 wurden die flachen Spiegel gegen parabolisch geformte ausgetauscht, obwohl es schon Linsenoptiken gab.
Da das Mauerwerk zu verfallen begann, entstand 1860/61 ein 30 m hoher Ersatzbau. Trotz seiner für Molentürme ungewöhnlichen Feuerhöhe von 32 m und einer relativ großen Optik reichte die Tragweite für die Schiffahrt in dem weiten Golfe du Lion nicht aus. So errichtete man 1902 auf einem oberhalb des Hafens liegenden Hügel in 75 m Höhe zusätzlich den Leuchtturm **Mont Saint-Clair**, 23 m hoch, ausgestattet mit einem weittragenden Feuer; er steht neben dem Seemannsfriedhof gleichen Namens und leuchtet den lebenden Seeleuten.
Der Molenturm wurde im Zweiten Weltkrieg schwer beschädigt, 1948 aber in der alten Form wieder aufgebaut. Offiziell heißt er **Sète, Môle Saint-Louis**.

*Felseninsel **Planier** mit Leuchtturm Nr. 3, links daneben der Stumpf von Nr. 2*

Im Meer, 18 km südwestlich von Marseille, dem wichtigsten französischen Mittelmeerhafen, liegt den Schiffen ein flaches, nacktes Felseneiland im Wege. Darauf steht der mit 66 m höchste französische Leuchtturm des Mittelmeeres. Er heißt **Planier** wie der Felsen.

Hier seine Vorgeschichte:

Schon im Mittelalter soll dort ein kleiner dicker Turm erbaut worden sein, wahrscheinlich als warnendes Seezeichen. Es wurde – ohne Ergebnis – lange darüber gestritten, ob er rund oder eckig war und ob er schon als Leuchtturm fungiert hatte, bevor man ihm 1774 eine Laterne mit Reflektorlampen aufsetzte. Das war Leuchtturm Nr. 1.

Leuchtturm Nr. 2 entstand 1827/30, diesmal nachweislich rund, 37 m hoch und mit einer der ersten riesigen Linsenoptiken ausgerüstet. Im damaligen Leuchtfeuerverzeichnis stand: »Drehfeuer, jede 30 sec sichtbar, die Verfinsterungen werden erst bei mehr als 6 sm Abstand total. Turm weiß mit einem kleinen Turm daneben«, (wohl dem alten).

Leuchtturm Nr. 3 wurde ein 59 m hoch aufragendes Musterexemplar, 1881 fertiggestellt, der erste im Mittelmeer mit elektrischer Lichtquelle. Seine Lichtstärke betrug schon damals 1,3 Mio Kerzen. Da er im Zweiten Weltkrieg zerstört wurde, errichtete man um 1950 den anfangs erwähnten Leuchtturm Nr. 4, noch höher (66 m) und zugleich moderner, rund, aber originellerweise mit einer viereckigen Plattform.

Wesentlich dichter vor Marseille liegt die Felseninsel **Château d'If** mit einer 1524 erbauten Feste. Sie diente einst als Staatsgefängnis und wurde bekannt durch den Roman »Der Graf von Monte Christo« von Alexander Dumas d. Ä. (1844). Sicher wäre der dortige kleine Leuchtturm erwähnt worden, wenn es ihn schon gegeben hätte; er wurde jedoch erst 1863 erbaut, allerdings im Zweiten Weltkrieg zerstört, aber 1950 ersetzt.

Leuchtturm Nr. 4 als Silhouette

Französische Mittelmeerküste

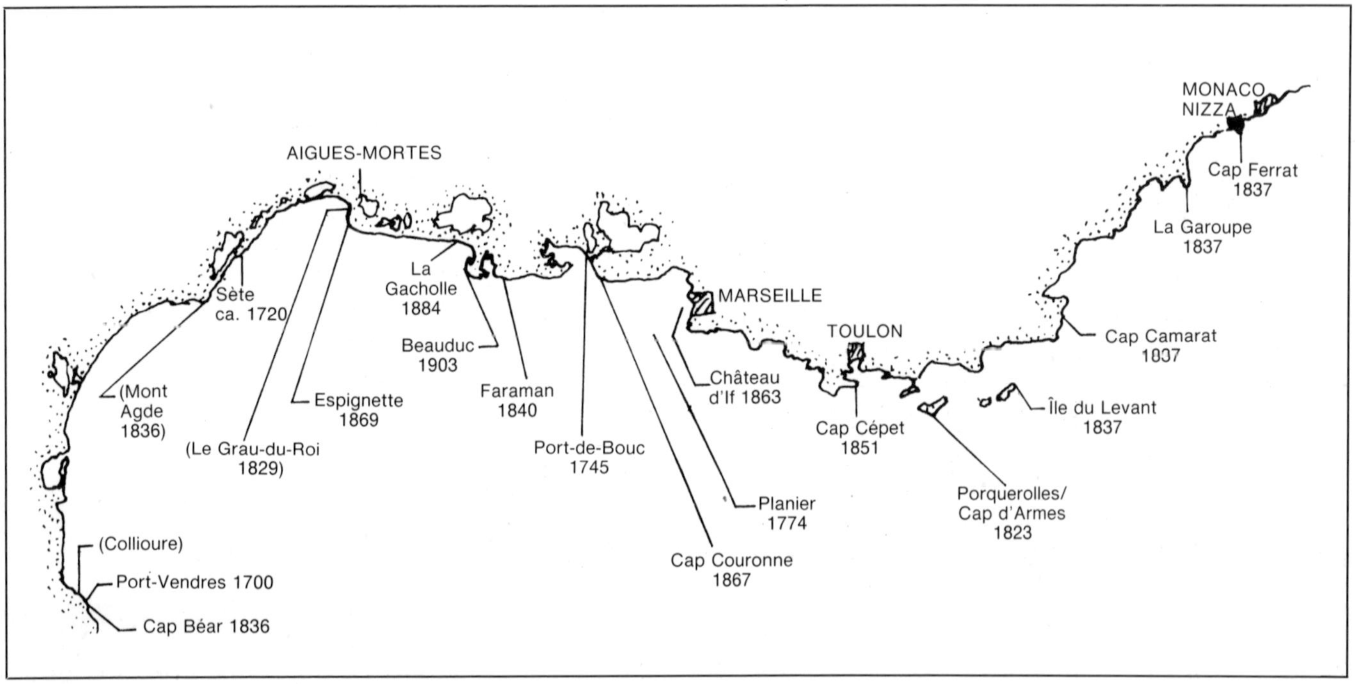

Marseille entstand schon lange vor der Zeitenwende an einem geschützt liegenden Naturhafen. Der erste Teil der Leuchtfeuergeschichte bleibt wohl im Dunkel, auf ihren frühen Beginn deutet jedoch der Name eines Platzes vor der Hafeneinfahrt hin: »Le Pharo«. Dort steht heute ein Seemannsdenkmal.

Weil der alte Hafen nicht mehr ausreichte, baute man um die Mitte des 19. Jahrhunderts eine 3,5 km lange Quermole als Schutz für zahlreiche neue Bassins. Das damalige Ostende dieser Mole wurde ab 1855 durch einen hübschen weißen Leuchtturm bezeichnet. Er ist 26 m hoch, heißt **Sainte-Marie** und ruht auf Eisenpfählen, nunmehr außer Dienst und ersetzt durch einen roten Eisenzwerg zu seinen Füßen. Um 1900 gab es an den Häfen von **Marseille** weitere 15 Leuchttürme, allerdings alle kleiner als **Sainte-Marie**.

Leuchtturm **Sainte-Marie** *(Marseille) um die Jahrhundertwende, heute noch fast unverändert*

Südöstlich vom Kriegshafen Toulon liegen die Hyèrischen Inseln. Auf dem Südkap der größten steht seit 1823 ein Leuchtturm, zunächst nach der Insel benannt: **Porquerolles**. Weil inzwischen noch mehrere Leuchtfeuer dazugekommen sind, heißt er jetzt genauer nach dem Standort **Cap d'Armes**. Er ist terrassenförmig gebaut, zwar nur 20 m hoch, leuchtet aber aus einer Feuerhöhe von 80 m. Seine Blitze sollen schon auf der 200 km entfernten Insel Korsika gesehen worden sein.
Die riesige Scheinwerferoptik war zu Beginn des Zweiten Weltkrieges nicht wie die anderer großer Seefeuer abmontiert und ausgelagert worden, sondern leuchtete weiter, während der Besatzungszeit allerdings nach Maßgabe der Kriegsmarine. 1944, beim Rückzug der deutschen Truppen wurde der Befehl erteilt, den ganzen Turm zu sprengen. Doch der französische Wärter kämpfte um die Erhaltung mit dem Argument, der Leuchtturm sei für die Schiffahrt der ganzen Welt da. Der verantwortliche deutsche Marineoffizier zeigte Verständnis und verweigerte die Ausführung des Befehls, womit er riskierte, vor ein Kriegsgericht gestellt zu werden.

Leuchtturm **Cap d'Armes** *auf der Insel Porquerolles*

Alter Leuchtturm **Le Grau-du-Roi**

An der hinter der Insel liegenden Bucht von Hyères hat vielleicht schon im Altertum ein Leuchtturm gestanden. Denn es existieren dort die Mauerreste eines frühromanischen Klosters »Saint-Pierre d'Almanarre«. Und »Al'Manar« heißt im Arabischen »Leuchtturm«.

Die Rhône spült pro Jahr Schwemmland bis zu 50 m weit vor. So geriet auch Aigues-Mortes allmählich ins Hinterland. Jetzt führt ein Kanal von dort zu dem kleinen, aber neueren Hafen **Le Grau-du-Roi** mit seinem 1829 auf dem damaligen Westmolenkopf erbauten Leuchtturm. Er erhielt auch schon eine Linsenoptik, allerdings nur mittlerer Größe. Sie reichte jedoch nicht aus, um als Seefeuer zu dienen. So wurde der Turm bald wieder außer Dienst gestellt, zumal die Mole wegen Verlandung inzwischen verlängert und 1858 mit einem neuen Feuerchen versehen worden war. Der »Frühpensionär« steht aber immer noch als maritimes Denkmal und Zeuge für die damalige Bauweise. Mit seinem alten originellen Laternengehäuse ist er gut 20 m hoch.

Leuchtturm **Cap Béar II**

Die in Frankreich begonnene und stürmisch vorangetriebene Entwicklung von Linsenoptiken führte zum schnellen Aufbau einer Seefeuerkette an der eigenen Mittelmeerküste. Nach **Planier** und **Porquerolles** entstanden in den Jahren 1836 bis 1840 sieben weitere Leuchttürme mit großen weittragenden Feuern. Nachstehend eine Aufzählung von West nach Ost:

1. **Cap Béar**: 12 m hoher, dicker Steinturm in 200 m Höhe auf dem Mont Béarn, 1905 weiter unten und näher am Meer ersetzt durch Neubau, 23 m hoch, Feuerhöhe 80 m.
2. **Mont Agde**: 17 m hoher, viereckiger Turm in 110 m Höhe auf erloschenem Vulkan, 1895 durch Leuchtturm **Mont Saint-Clair** überflüssig geworden und gelöscht.
3. **Faraman**: 37 m hoher Steinturm in der Camargue, dem Rhône-Delta, 1892 ersetzt durch 43 m hohen Betonturm (große Turmhöhe erforderlich, da es dort keine Bodenerhebung gibt).
4. **Île du Levant**: 13 m hoher, viereckiger Turm in 60 m Höhe.
5. **Cap Camarat**: 25 m hoher, viereckiger Turm in 110 m Höhe.
6. **La Garoupe**: 27 m hoher, runder Turm in 80 m Höhe, 1944 zerstört, 1948 in viereckiger Form wieder aufgebaut, 1974 auf 29 m erhöht und modernisiert.
7. **Cap Ferrat**: 33 m hoher, runder Turm in 70 m Höhe, im Zweiten Weltkrieg zerstört und anschließend ersetzt durch viereckigen, nach oben zu achteckigen Steinturm von 32 m Höhe.

Damit waren die Schwerpunkte des Leuchtfeuernetzes gesetzt. In den folgenden Jahren wurde es nur noch etwas verdichtet durch kleine und mittelgroße Leuchttürme mit meist geringerer Tragweite. Die wichtigsten sind aus der Skizze auf Seite 97 ersichtlich.
Inzwischen wurden die meisten Feuer modernisiert, einige Türme erhöht. Neuerdings stehen Automation und bei Türmen geringerer Tragweite Umstellung auf Windkraft- und Solarenergie im Vordergrund.

Leuchtturm **Faraman II** *(Camargue), 1892 erbaut, 43 m hoch*

Korsika

Diese riesige Felseninsel war über 1000 Jahre Spielball der Mächte, bevor sie 1768 französisch wurde, als die Genuesen sie für ganze zwei Millionen Francs an Frankreich verkauften. Sie blieb es jedoch auch dann noch nicht, denn danach kamen die Briten, die erst 1796 wieder abzogen. Also erklärlich, daß bis dahin nur die üblichen Wach- und Schutztürme, aber keine Leuchttürme gebaut wurden. Das tat erst die französische Regierung, indem sie zunächst 6 weittragende Seefeuer einrichten ließ: 1844 **La Revellata** im Nordwesten, Insel **Sanguinaires** im Westen und **Cap Pertusato** im Süden (Abb. Seite 103), 1845 **Pointe de Chiappa** am Golf von Porto Vecchio im Südosten, alles viereckige, 16 m hohe Einheitstürme auf Felsen in 60 bis 80 m Höhe.
1847 folgte **Cap Corse** auf dem Gipfel des 60 m aufragenden winzigen Inselchens Giraglia im äußersten Norden. Hier herrscht völlige Einsamkeit, wenn man von den Kaninchen absieht. Vor der Automatisierung waren noch die Wärter da, für die schon der Besuch eines Seglers als aufregende Abwechslung galt. Das sechste und letzte weittragende Feuer entstand 1864 noch zusätzlich an der langen Ostküste in Gestalt eines 29 m hohen 8eckigen Leuchtturmes mit Namen **Allistro** auf einer Höhe von 70 m.
Im Laufe der Zeit kamen noch einige schwächere Feuer hinzu, als erstes 1854 **Madonetta** auf einer Kalksteinzunge an der Einfahrt von Bonifacio (Abb. Seite 103).

1892 wurde ein originelles Zwillingsfeuer gebaut: **Sénétose** auf einem Kap im Südwesten. Es wies in seiner Richtung mit rotem Licht auf die gefährliche Riffgruppe Les Moines hin. Als selbsttätige Gasfeuer aufkamen, bezeichnete man das Gebiet durch den Beton-Leuchtturm **Les Moines** auf einem Unterwasserfelsen. Es handelte sich um einen »Stiftzahn«, bei dem die in der Bretagne gemachten Erfahrungen ausgenutzt werden konnten. Mit 30 m ist es das höchste Leuchtfeuer-Bauwerk auf bzw. vor Korsika. Nun konnte auf eines der beiden Feuer von **Sénétose** verzichtet werden.
Abgesehen von einigen kleinen Ergänzungen wurde nicht mehr viel getan. Aufgrund des gegenüber der französischen Festlandküste erheblich geringeren Schiffsverkehrs blieb auch das Leuchtfeuernetz hier entsprechend weitmaschiger (s. Lageskizze Seite 106).

Leuchtturm **Pointe de Chiappa**

Leuchtturm **Sénétose**

Italien

Auch was die Leuchttürme betrifft, so handelt es sich bei Italien um eines der geschichtsträchtigsten Länder. Vor 2000 Jahren segelten hier die Römer und beherrschten die Meere mit ihren Flotten, wobei ihnen schon damals zahlreiche Leuchttürme nachts den Weg wiesen (s. Band 1, Seiten 14–16 und 22/23). Auch im frühen Mittelalter entstanden rund um den italienischen »Stiefel« zunächst wieder mehrere Leuchttürme, so die beiden heute noch existierenden: **Lanterna** in Genua (s. Band 1, Seiten 34 und 36) und **Torre San Raineri** in Messina (s. Band 1, Seite 43).

Politische Zerrissenheit, Fremdherrschaft und Machtkämpfe innerhalb der heutigen italienischen Grenzen sind wahrscheinlich Schuld daran, daß es dann zunächst nur schleppend weiterging. Im 18. Jahrhundert wurden nur Hafen- und Molenfeuer gebaut. Als einzige Ausnahme gilt der 16 m hohe runde Leuchtturm **Colle Cappuccini** oberhalb von Ancona in 100 m Höhe. Papst Benedikt XIV. (1740–1758) hatte ihn 1750 errichten lassen. Jetzt steht dort ein zinnenbewehrter quadratischer Nachfolger, 15 m hoch, mit grauen senkrechten Streifen. Seine Riesenlaterne besitzt mit 36 sm die größte Nenntragweite in ganz Italien.

Um die Mitte des 19. Jahrhunderts setzte dann aber in Anbetracht des rapide wachsenden Schiffsverkehrs eine enorme Bauwelle ein, allerdings zunächst auf regionaler Ebene ohne einheitlichen Plan. Schließlich bestand Italien noch 1848 aus acht Einzelstaaten, die erst 1861 geeint wurden. Genau genommen, ging der Kampf um die Einigung von Sardinien und Sizilien aus, weshalb diese beiden Inseln hier gleich mit einbezogen werden. Mit ihnen beträgt die Küstenlänge im heutigen Italien fast 8000 km.

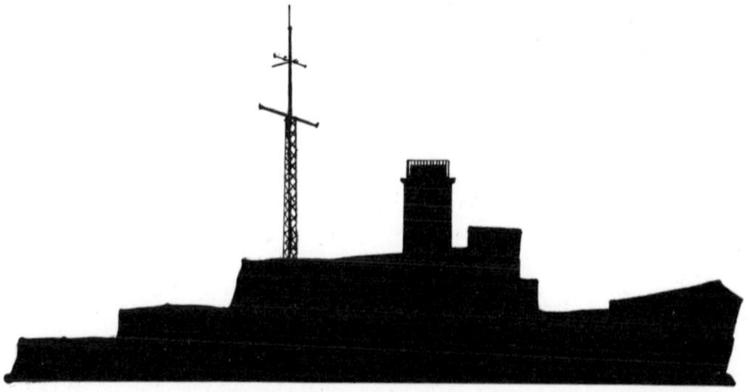

Silhouette des Forts ***Augusta-Avalos*** *mit altem Turm und Signalmast (s. Text auf Seite 102)*

1870 wurde eine zentrale Seezeichenbehörde geschaffen, die ab 1881 den Leuchtfeuerbau koordinierte und mit einem überregionalen Programm für den Aufbau eines planmäßigen Leuchtfeuernetzes sorgte. Seit 1910 residiert sie in Rom als Unterabteilung des Marineministeriums, das alle Leuchttürme als militärische Objekte behandelt.

Als günstige Aufstellungsplätze boten sich die unzähligen an Häfen und übersichtlichen Küstenstellen im Mittelalter errichteten Forts und Bastionen an. Zumeist genügten schon kleine Türme, um die erforderliche Feuerhöhe zu erzielen, wenn nicht ohnehin vorhandene Festungstürme zur Einrichtung eines Leuchtfeuers ausreichten.

Hier nur einige prominente Beispiele:

1830 **Porto Ercole** (Westküste): 19 m hoher Leuchtturm auf dem oberhalb des Hafens gelegenen Fort La Rocca im Süden der reizvollen Halbinsel Argentario.

1839 **Isola del Tino** (vor La Spezia): Laterne auf dem 18 m hohen runden Festungsturm mit einer Feuerhöhe von 114 m, erst Öl-, dann Kohlefeuer. Für eine neue Laterne mit großer Linsenoptik und elektrischer Bogenlampe wurde 1884 extra ein etwas höherer Turm daneben gebaut; zwei Dampfmaschinen mit je einem Generator sorgten für die gewaltige benötigte Strommenge von 50 bis 200 Amp. Es handelte sich um das erste elektrische Leuchtfeuer in Italien. Wegen zu hohen Auf-

wandes wurde es allerdings 1912 gegen ein Petroleum-Glühlicht ausgetauscht. Mit der Einführung von elektrischen Feuern begann Italien ansonsten erst erheblich später.

1858 **Augusta-Avalos** (Sizilien-Ost): 16 m hoher, inzwischen allerdings längst außer Dienst gestellter Leuchtturm auf der Mauer eines schon reichlich altersschwachen Forts, benannt nach dessen Erbauer Ferdinando Avalos. An sich überhaupt nicht erwähnenswert, aber die Silhouette des auf einer Sandbank vor der Küste liegenden Forts mit dem schornsteinähnlichen ehemaligen Leuchtturm und dem Mast einer Signalstation gleicht – von See her gesehen – dem Umriß eines Kriegsschiffes (s. Abb. Seite 101). Im Zweiten Weltkrieg hielt es ein englischer U-Boot-Kommandant auch für ein solches und torpedierte es. Trotzdem »sank« es nicht, sondern erhielt nur einige weitere Risse.

1862 **Portoferraio** (Elba): Laterne auf einem 23 m hohen Turm der Forte Stella. Der Turm war 1778 im Stil der alten Festung erbaut worden. Aus einer Feuerhöhe von 63 m leuchtet er dem Schiffsverkehr zur gleichnamigen Inselhauptstadt.

Auch zwei von Michelangelo erbaute Festungstürme kamen zu Leuchtturmehren. Papst Pius IX. (1846–1878) hatte die Idee, diese an der Westküste seines Kirchenstaates nutzlos herumstehenden Kulturdenkmäler einem guten Zweck zuzuführen, indem er ihnen eine Leuchtfeuerlaterne aufsetzen ließ:

1860 **Fiumara Grande** auf dem Turm San Michele (existiert nicht mehr),

1866 **Capo Circeo**, 1914 ersetzt durch Leuchtturm, 18 m hoch.

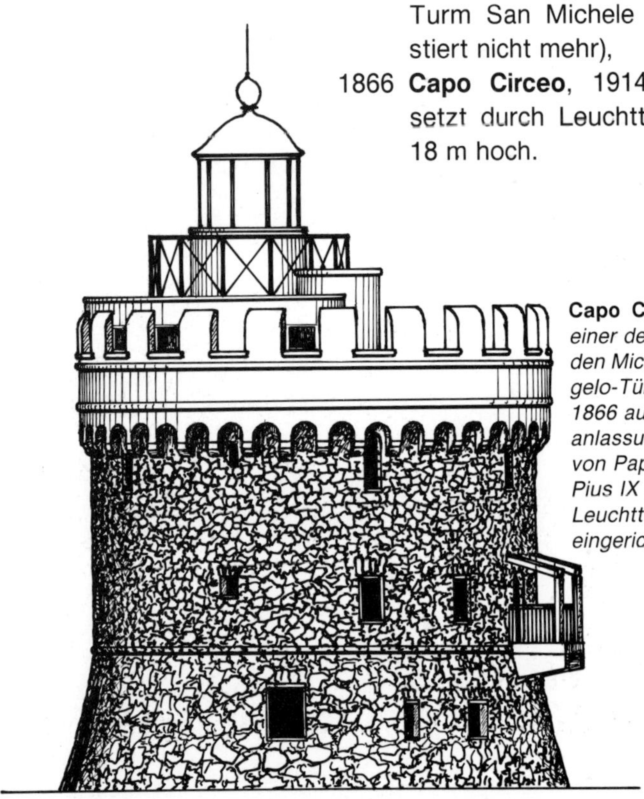

Capo Circeo, *einer der beiden Michelangelo-Türme, 1866 auf Veranlassung von Papst Pius IX als Leuchtturm eingerichtet*

Leuchtturm **Portoferraio** *auf Elba*

Aus der Lageskizze auf Seite 106 sind – wie nun schon üblich – die Standorte der wichtigsten Feuer nebst Jahreszahl der ersten Inbetriebnahme ersichtlich.

Bei genauem chronologischen Vorgehen hätte auch schon Sardinien genannt werden müssen. Denn die Straße von Bonifacio zwischen Korsika und Sardinien wurde fast um die gleiche Zeit wie an der französischen Seite auch an der sardinischen Seite befeuert, und zwar 1845 mit den Leuchttürmen **Capo Testa** (Abb. Seite 113) und **Isola Razzoli**. In den 1850er und 1860er Jahren folgten weitere Feuer rund um Sardinien, zu Anfang des 20. Jahrhunderts noch einige. Dabei handelt es sich fast durchweg um relativ niedrige Türme. Die meisten stehen allerdings recht hoch. Größte Feuerhöhe mit 186 m besitzt der Leuchtturm **Capo Caccia**, selbst nur 24 m hoch. Lediglich diese drei zählen zu den größeren Türmen:

1858 **Isola dei Cavoli** (im Südosten) mit 37 m Höhe, 74 m Feuerhöhe,

1859 **Punta Caprara** auf der Insel Asinara (im Nordwesten) mit 35 m Höhe, 80 m Feuerhöhe,

1864 **Capo Sandalo** (im Südwesten) mit 30 m Höhe, 134 m Feuerhöhe (Abb. Seite 114).

Leuchtturm **Madonetta** *an der Einfahrt von Bonifacio (Korsika), 1854 erbaut*

Leuchtturm **Cap Pertusato** *(Korsika Südkap), 21 m hoch, 1844 erbaut*

Punta Penna,
mit 70 m Italiens höchster Leuchtturm an der Adria

Auf Sizilien hatte die große Bauwelle erst 1853, also etwas später als auf Sardinien eingesetzt. Sie dauerte länger, außerdem wurde auch dieses Leuchtfeuernetz zu Anfang des 20. Jahrhunderts noch verdichtet.
Wichtigster Punkt Siziliens ist die Nordostspitze, wo die Straße von Messina mit 3,1 km am engsten ist. Der Punkt heißt **Capo Peloro** – oder auch heute noch »Punta del Faro«. Wie in der Zusammenstellung in Band 1 auf Seite 26 erwähnt, soll dort nämlich schon im 12. Jahrhundert ein Leuchtfeuer gebrannt haben. Näheres ist nicht bekannt, möglicherweise fiel es einem der Erdbeben zum Opfer. Aber da gibt es noch den dicken runden »Pelorus«-Turm aus späterer Zeit, auf dem zumindest ab 1853 eine Seeleuchte stand. Sie wurde 1884 abgelöst von dem heutigen achteckigen, schwarz/weiß gebänderten Leuchtturm **Capo Peloro**. Trotz seiner 37 m Höhe nimmt er sich jedoch recht bescheiden aus gegenüber seinem neuen 389 m hohen Nachbarn, dem inselseitigen der beiden Hochspannungsmasten, die das Kabel frei über die ganze Meerenge tragen. Das Pendant auf dem Festland ist »nur« 233 m hoch, steht aber auf einer Anhöhe. Beide besitzen oben ein Feuer für die Schiff- und Luftfahrt.

Da die Einhaltung einer genauen chronologischen Reihenfolge für ganz Italien zu verwirrend wirken würde, wird zunächst die Entwicklung auf Sizilien und umliegenden Inselchen weiter geschildert. Der Küstensaum bietet im Vergleich zu Sardinien nicht so viele hochgelegene Stellplätze. Deshalb mußten mehr relativ hohe Leuchttürme an flachen Stellen errichtet werden. Ihre

Leuchtturm **Capo Scalambri**

Leuchtturm **Capo Peloro**

Anzahl ist beträchtlich, hier seien aber wieder nur die über 30 m hohen Exemplare aufgeführt:

1555 **Torre San Raineri** (Messina) quadratisch, 1857 durch zwei achteckige Aufsätze auf 42 m erhöht (Abb. in Band 1, Seite 43),

1859 **Capo Scalambri** (Südküste) 34 m, rund,

1859 **Capo San Vito** (NW-Kap) 40 m, rund – im Gegensatz zu seinem achteckigen Namensvetter bei Tarent,

1864 **Cozzo Spadaro** (SO-Küste) 36 m, 8eckig (Abb. Seite 115),

1865 **Capo Granitola** (Westküste) 35 m, rund (Abb. Seite 115),

1895 **San Ciacomo** am Hafen von Licata (Südküste) 38 m, rund.

Nun zu den umliegenden Inseln. Wann sie erstmalig befeuert wurden, geht aus der Lageskizze hervor.
Hier nur die höchsten Leuchttürme auf diesen Inseln:

1853 **Isola Vulcano** (nordöstlich) 31 m, 8eckig,

1860 **Punta Sottille** auf Favignana (im Westen) 38 m, rund,

1867 **Punta Libeccio** auf Marettimo (im Westen) 24 m; 8eckig mit einer Feuerhöhe von 73 m,

1904 **Porcelli** (10 km vor Trapani, Westküste) 25 m; hierbei handelt es sich um einen massiven dicken runden Turm auf einer gefährlichen Klippe. Er war noch mit Unterkünften für die Wärter konstruiert und gebaut worden. Inzwischen hatten sich aber unbewachte Gasfeuer so weit durchgesetzt, daß man 1914 solch ein Licht einbaute und die Wärter wieder abzog.

Italien und umliegende Küsten

Silhouette des Vulkaneilandes **Strombolicchio** *mit Leuchtturm, links die abgesprengte und hängengebliebene Felsenspitze*

Und hier der niedrigste Leuchtturm:

1906 **Strombolicchio** (nordöstlich). Das ist ein Felsen nahe der eigentlichen Vulkaninsel Stromboli. Oben steht ein ganze 6 m hohes rundes Eisentürmchen, es leuchtet aber aus einer Höhe von 56 m ü. M. Größte Schwierigkeit bei der Errichtung hatte die gezackte Struktur des Vulkanfelsens bereitet. Es mußte nicht nur ein Steig nach oben geschlagen, sondern auch eine Aufstellfläche geschaffen werden. Dazu sprengte man die Spitze des Felsens ab, sie blieb etwas tiefer hängen. Das unbewachte, zunächst mit Propangas betriebene Feuer wurde in den 1970er Jahren auf elektrische Lichtquelle, gespeist durch Solarenergie umgerüstet.

Wegen ihrer räumlichen Nähe zu Sizilien wird die ehemals britische, jetzt selbständige Inselgruppe ***MALTA*** mit erwähnt. Es handelt sich auch um einen traditionsreichen Leuchtfeuerstandort (s. Band 1, Seite 27). Hohe Leuchttürme gibt es aber nicht. Einziges Seefeuer mit 25 sm Tragweite ist heute der Leuchtturm **Gordan Hill** im Nordwesten der Insel Gozo. Er mißt nur 21 m, steht aber 160 m hoch. Als Gegenstück fungiert im Südosten der Hauptinsel Malta der 24 m hohe, schwarz/weiß gebänderte Leuchtturm **Delimara Point**. Die genannten Türme wurden 1852 bzw. 1853 mit Hilfe vom Trinity House erbaut.

Leuchtturm **Capo Santa Maria de Leuca** *(ähnlich Leuchtturm* **Capo San Vito II** *vor Tarent)*

Nun zum italienischen Festland, dem »Stiefel«. Wie bei Frankreich, so können auch hier aus den vielen Stellen des engmaschigen Leuchtfeuernetzes nur einige interessante Fälle herausgegriffen werden. Zunächst wieder die hohen Leuchttürme:

1. an der Westküste

1304/1956 **Magnale** (Livorno) 52 m, rund (Beschreibung/Abb. Band 1, Seite 33),

1326/1544 **Lanterna** (Genua) 76 m, quadratisch (Beschreibung/Abb. Band 1, Seiten 34 und 36),

1883 **Capo di Vado** (südwestl. Genua) 34 m, 8eckig,

1951 **Civitavecchia** (Traditionsturm Monte Cappuccini) 30 m, Sonderform (Beschreibung/Abb. Band 1, Seite 49),

2. an der Südküste

1865 **Isola Sant'Andrea** (vor Gallipoli) 43 m, 8eckig,

1866 **Capo Santa Maria di Leuca** (Südspitze »Stiefelabsatz«) 48 m, 8eckig,

1869 **Capo San Vito II** (vor Tarent) 43 m, 8eckig,

3. an der Ostküste (Adria)

1853 **Piave Vecchia** (östl. Venedig) 48 m, rund (Abb. Seite 109),

1861 **Capo Gallo** (im Südosten) 34 m, 8eckig, 1930 ersetzt durch **Torre Canne** (s. u.),

1862 **Porto Corsini** (Marina di Ravenna) als Haus mit Laterne erbaut, vor dem Ersten und nach dem Zweiten Weltkrieg aufgestockt, jetzt 33 m, 8eckig,

1867 **Capo d'Otranto** (im Süden) 32 m, rund – 1985 gelöscht und ersetzt durch höher gelegenen, 8 m hohen Betonbau,

1871 **Punta San Cataldo** (Bari) 62 m, 8eckig (Abb. Seite 108),

Der Leuchtturm von Bari: **Punta San Cataldo,** *62 m hoch*

Der Leuchtturm auf Capri: **Punta Carena**, *1867 erbaut, 29 m hoch*

1885 **Punta della Maestra I** (Po-Mündung) 43 m, rund – im Zweiten Weltkrieg zerstört, 1951 ersetzt,
1919 **Punta Penna** (Mitte der Küste) 70 m, 8eckig, höchster Leuchtturm an der Adria (siehe Abb. Seite 104),
1930 **Torre Canne** (im Südosten) 32 m, 8eckig,
1951 **Punta della Maestra II** 45 m, rund.

Ihre Standorte befinden sich an flachen Küstenabschnitten, nur drei stehen etwas erhöht und bringen es auf Feuerhöhen von über 100 m, nämlich die **Lanterna** auf 117 m, der Traditionsturm **Civitavecchia** auf 124 m und **Capo Santa Maria di Leuca** auf 102 m. An den übrigen Küsten mit hohen Kaps bringen es dagegen schon niedrige Türme auf respektable Feuerhöhen. Rekordhalter ist **Capo Palinuro** am »Stiefelspann« mit 206 m, gefolgt von **Gaeta** (nordwestl. Neapel) mit 185 m und **Pesaro II** (nordwestl. Ancona) mit 175 m. Außerdem stehen einige Feuer auf vorgelagerten Inseln recht hoch, z.B. auf Ischia. In Anbetracht der häufigen Gewitter ist hier die Blitzableitung von besonderer Wichtigkeit.

Leuchtturm **Pesaro II** *mit Blitzableiter*

Als Baumaterial diente zunächst fast ausschließlich einheimisches Gestein, das bekanntlich über hinreichende Dauerhaftigkeit verfügt, wie die unzähligen erhaltenen Gemäuer aus früheren Jahrhunderten beweisen. Aus Holz entstanden aufgrund der Baumarmut im Lande nur vereinzelt Türmchen an der nördlichen Adria. Eisen als Baumaterial diente in der zweiten Hälfte des 19. Jahrhunderts für einige kleine Molenfeuer sowie auf Sandbänken vor Livorno für mehrere Türmchen auf Schraubpfählen englischer Konstruktion.

Die etwa zehn im Zweiten Weltkrieg zerstörten Leuchttürme waren bis 1965 ersetzt. In dieser Zeit wurden auch einige Türme erhöht, oder es entstanden höhere neben den alten Bauwerken. Dabei kam nun vorwiegend Beton zur Anwendung, für **Punta della Maestra II** wurden Ringe aufgeschichtet.

Bei Tage leuchten fast alle Türme in weißer oder hellgelber Farbe, um sich gut vom fast immer blauen Himmel oder dunklen Bergrücken abzuheben. Als einziges Seefeuer ist **Piave Vecchia** schwarz/weiß beringt.

Italien gehört zu den Ländern, die schon relativ früh Fresnelsche Linsenoptiken einführten. 1837 kam die erste aus Paris, hunderte von weiteren Glasgebilden aller Größen folgten im Laufe der nächsten Jahrzehnte als französische Importe, meist samt Laternengehäuse.

Ende der 1970er Jahre begann die italienische Leuchtfeuerverwaltung mit der Automation exponierter Leuchttürme und mit der Umstellung auf Solarenergie bei kleineren Feuern. Während die Türme selbst gut in Schuß gehalten werden, verkommen leider einige ehemalige Wärterunterkünfte.

Originellster Hafenleuchtturm: ***Cervia*** *(südlich Ravenna), etwa 1850 erbaut, später auf 16 m erhöht*

Leuchtturm ***Piave Vecchia*** *(zwischen Jesolo Lido und Venedig)*

Obwohl es sich nicht um einen Leuchtturm handelt, sondern nur um ein hohes Bauwerk mit Leuchtfeuer auf dem Dach, sei noch das Marine-Ehrenmal **Monumento al Marinaio d'Italia** in Brindisi erwähnt. Das in Form eines riesigen Steuerruders gehaltene 53 m hohe Monument wurde 1933 fertig (Abb. Seite 110). Es enthält eine Krypta mit der Statue »Madonna Stella Maris«. Vom Dach aus hat man einen weiten Blick über die Stadt mit der Endsäule der Via Appia und den Hafen. Wenn der Fahrstuhl streikt, muß man dazu allerdings 258 Stufen zu Fuß hinaufklettern. Fotografieren darf man oben nicht. Die Kontur des Bauwerkes erinnert ein wenig an das deutsche Marine-Ehrenmal in Laboe bei Kiel (72 m hoch, erbaut 1927–1936).

Gewissermaßen als Überleitung zur östlichen Adria ist für Italien noch ein Ort nachzutragen: Triest. Die Stadt gehörte 500 Jahre lang zu Österreich und war wichtigster Seehandelsplatz der Donau-Monarchie. Sie wurde 1919 italienisch, 1947 Freistaat und erst nach einer Abstimmung 1954 endgültig italienisch.

Die Österreicher hatten den Hafen in der ersten Hälfte des 18. Jahrhunderts ausbauen lassen. Auf dem Kopf der 1751 fertiggestellten **Molo Santa Teresa** errichteten sie 1831/33 einen 32 m hohen Leuchtturm mit dem ersten Drehfeuer an der Adria. Er ist schon lange außer Betrieb. Dafür leuchtet jetzt ein modernes Drehfeuer auf einer originellen Kombination von Leuchtturm und Monument, dem **Faro della Vittoria**, 1923 bis 1927 erbaut auf den Resten des österreichischen Forts Kressich. Über der Laterne erhebt sich – fast im wahrsten Sinne des Wortes – ein geflügelter Bronze-Engel. Bis zu seinen Flügelspitzen sind es vom Boden aus 70 m, vom Meeresspiegel aus 115 m. Weiter unten am Denkmal steht ein steinerner Seemann, darunter hängt der Anker des englischen Kriegsschiffes »Audace«, das als erstes der damaligen Alliierten den Hafen nach dem Ersten Weltkrieg angelaufen hatte.

Leuchtturm **Molo Santa Teresa** *von 1833 in Triest*

Das Marine-Ehrenmal **Monumento al Marinaio d'Italia** *in Brindisi*

Der **Faro della Vittoria** *in Triest auf einem der ersten Fotos (die Bäumchen sind inzwischen hochgewachsen)*

Adria Ostküste

Der größte Teil dieses Meeressaumes bildet einen Archipel. Laut Ozeanographischem Institut in Split besteht er aus 60 größeren, meist langgestreckten bewohnten und 659 unbewohnten Inseln sowie 426 Klippen und 82 Riffen, deren scharfe Kanten oft kaum sichtbar sind. Aber diese Zahlen können schon wieder überholt sein, denn Küste und Inseln versinken allmählich im Meer, allerdings nur alle tausend Jahre um einen Meter. Immerhin werden etliche römische Bauwerke schon umspült. Urlauber betrachten die Inseln als romantisches Ferienparadies, Kapitäne dagegen als Testgebiet für Navigationskünstler. Größere Schiffe bevorzugten deshalb zunächst die leichter erreichbaren Häfen rund um die im Nordwesten liegende Halbinsel Istrien. Hier begann im 18. Jahrhundert auch die Leuchtfeuergeschichte mit dem bereits geschilderten, damals österreichischen Standort Triest.

Aber auch der sich südlich anschließende Küstenstrich gehörte bis 1918 zum österreichisch-ungarischen Herrschaftsbereich. Neben Triest war Fiume (heute Rijeka) ein bedeutender Handelshafen, Pola (heute Pula) ein Kriegshafen für die damalige österreichische Flotte. Die ersten beiden Leuchttürme baute man denn auch an den dortigen Zufahrtswegen, nämlich auf den ins Meer vorspringenden, flachen Nord- und Südkaps von Istrien:

1818 **Punta Salvore / Savudrija**, 29 m hoch. In einer überdimensionalen Laterne brannten erstmalig Gasflammen, 42 an der Zahl in drei Kränzen übereinander – allerdings noch ohne Reflektoren dahinter (Abb. Seite 131). Wegen zu hohen Aufwandes – extra Gasanstalt und häufig neue Brennkränze – wurde die Anlage 1824 umgeändert in 42 Reflektorlampen, gespeist mit Olivenöl.

1832 **Capo Promontore / Porer**, 31 m hoch – auf einer vorgelagerten Klippe, die später noch für den Bau einer Signalstation und weiterer Einrichtungen ausgenutzt wurde.

1848/49 folgte – nun schon weiter südlich – der mit 40 m auch heute noch höchste Leuchtturm der östlichen Adria: **Punta Bianca / Veli rat** auf dem Nordwestkap der Dugi Otok, der »langen Insel«. Zu seinem Bau hatte man das Eiweiß von 200000 Eiern verwendet, um den Mörtel widerstandsfähiger zu machen – entsprechende chemische Zusätze gab es damals noch nicht. Ein Spaßvogel schlug später vor, als Nebelsignal den Laut einer gackernden Henne ertönen zu lassen.

Bei diesen drei ältesten, nach wie vor in Betrieb befindlichen Leuchttürmen handelt es sich um zylinderförmige Steinbauten mit einer Galerie, beim letztgenannten verziert durch Kragsteine.

Zu Anfang der 1850er Jahre entstanden noch drei kleinere Leuchttürme – zwei weiter im Süden, einer im Norden:

1851 **Porto Rosso / Rt. Struga** auf der Insel Lagosta / Lastovo, Höhe 17 m, Feuerhöhe 104 m,

1854 **Punta d'Ostro / Rt. Ostra** vor dem Golf von Cattaro / Kotor, Höhe 17 m, Feuerhöhe 80 m,

1854 **Rovigno / Rovinji** an der Westküste von Istrien, nur 14 m hoch.

Danach ging es aufgrund der Kriege, in die Österreich verwickelt war, nur langsam weiter. Der einzige bedeutende Leuchtturm-Neubau in dieser Zeit war 1866 **Stončica** auf der Insel Lissa / Vis, 28 m hoch und als erster 8eckig.

Er war noch nicht ganz fertig, als am 18. Juli des genannten Jahres ein italienisches Geschwader erschien und die Forts auf der Insel unter Feuer nahm. Aber alle Angriffe und Landungsversuche konnten abgewehrt werden. Zum Glück für die bedrängten Verteidiger er-

Höchster Leuchtturm der östlichen Adria: **Punta Bianca / Veli rat** *auf der Insel Dugi Otok*

Leuchtturm **Sestrice,** *26 m hoch, mit Spiralbemalung*

schien am dritten Tag die österreichische Flotte unter Admiral Tegetthoff und brachte den Italienern eine vernichtende Niederlage bei. Sie ging als Seeschlacht von Lissa in die Geschichte ein.
Der Leuchtturm wurde weitergebaut. Mit einer Tragweite von 22 sm besitzt er heute das hellste Licht von allen Seefeuern vor der dalmatinischen Küste.
Erst ab 1870 betrieb man die so notwendige Verdichtung des Leuchtfeuernetzes energisch. Auf zahlreichen Inseln und Klippen entstanden nun kleine Leuchttürme mit Wärterhaus, z. T. in Einheitsbauweise. Der einzig größere und zugleich originelle namens **Sestrice** wurde 1876 auf einer Felseninsel südlich Dugi Otok errichtet. Auf einem Steinsockel erhebt sich der 8eckige, spiralförmig rot/weiß bemalte Eisenturm. Er ist durch eine Brücke mit dem Wärterhaus verbunden.
Ansonsten war Eisen als Baumaterial seit etwa 1870, aber nur für einige kleinere Türme und Molenfeuer verwendet worden.
Um beim Baumaterial zu bleiben, 1898 entstand nördlich der Einfahrt nach Fiume der erste Leuchtturm aus Beton, **Mlaka**. Zusammen mit dem dreistöckigen Haus, auf dem er steht, bringt er es auf stolze 38 m. Er war auch der erste österreichische Leuchtturm mit elektrischer Lichtquelle, Strom stand dort nämlich damals ohnehin schon für die Hafenbeleuchtung zur Verfügung.
Nebenbei bemerkt, der neueste Beton-Leuchtturm **Pomorac** (= Seemann), ebenfalls 38 m hoch, steht seit 1958 in Split am Wellenbrecherfuß des Stadthafens. Es handelt sich um eine Art Obelisk, der bei Tage aussieht wie ein stehendes Lineal, bei Nacht wie eine blinkende Vertikale. Das Bauwerk enthält ein Grabmal und gilt als Gedächtnis-Leuchtturm für den »Unbekannten Seemann«.

Leuchtturm **Capo Testa** *(Sardinien), 23 m hoch, 1845 erbaut, inmitten seltsam geformter Granitfelsen* ▶

Mitten in der Adria, schon ziemlich dicht am italienischen »Stiefelsporn«, aber noch zu Dalmatien gehörend, liegt die Felseninsel **Pelagosa / Pelagruza** mit einem 1894 erbauten lichtstarken Leuchtturm. Er krönt die höchste Stelle und erzielt damit bei einer eigenen Höhe von 22 m eine Feuerhöhe von 110 m.

Nach der Staatsgründung Jugoslawiens blieben die Leuchtfeuer zunächst vernachlässigt, man hatte genug andere Aufgaben. Erst nach dem Zweiten Weltkrieg ging die in Split residierende Behörde daran, das Seezeichenwesen zu reorganisieren und zu modernisieren. Zahlreiche, meist kleine Feuer wurden neu eingerichtet, alte umgestellt von Öl und Azetylen auf elektrischen Betrieb, z. T. schon auf Solarenergie.
Die Adria wird im Süden durch die nur 72 km breite Straße von Otranto begrenzt. Nachdem auf italienischer Seite 1866 und 1867 zwei hohe weittragende Leuchttürme errichtet worden waren, folgte die gegenüberliegende albanische Seite 1871 mit dem nur 12 m hohen Leuchtturm **Otok Sazan** auf der gleichnamigen Insel. Er leuchtet aus einer Feuerhöhe von über 100 m, besitzt aber nur eine Tragweite von ganzen 10 sm. Der einzige albanische Leuchtturm mit größerer Tragweite steht auf der Halbinsel vor Durrës, dem Hafen der Hauptstadt Tirana, er heißt **Sqepi i Durrësit**.

San Giovanni de Pelago, *mit 22 m höchster der vielen Klippen-Leuchttürme, 1854 erbaut*

Leuchtturm **Capo Sandalo** *auf der Insel San Pietro (südwestlich Sardinien), 30 m hoch, 1864 erbaut*

Hier wachte einst der „Koloß von Rhodos“ über die Stadt – bis zum großen Erdbeben 227 v. Chr.

Ein Hirsch und eine Hirschkuh aus Bronze bewachen heute die Einfahrt zum Hafen von Rhodos

FREIZEIT REVUE

WO DIE GÖTTER URLAUB MACHEN

Wo die Welt am schönsten ist

Reif für die Insel? Dann sind Sie in Griechenland genau richtig. Aber welche darf es denn sein? In der Ägäis liegen viele hundert kleine Inseln zum Entdecken bereit. Würde man Poseidon, den griechischen Gott des Meeres; fragen, bekäme man vermutlich zur Antwort: jede hat ihren Reiz, doch die schönsten sind die Kykladen. Verständlich, schließlich hat er der Sage nach die „Inseln des Lichts" im Herzen der Ägäis erschaffen. 210 Nymphen soll der grimmige Poseidon zu Stein verwandelt haben, weil sich die Schönen nackt im Meer tummelten. An den vielen Urlaubern, die sich heute hüllenlos an den weißen Sandstränden von Mykonos – vor allem denen im Süden – vergnügen, hätte er wohl kaum seine Freude gehabt. Auch wenn's hier im St-Tropez der Ägäis im Sommer laut und hoch hergeht, Mykonos ist ein bilderbuchschönes Kykladenstädtchen mit engen, gewundenen Gassen. Das Weiß der kubischen Häuser, das Rot und Blau der Kirchenkuppeln scheinen hier noch intensiver zu leuchten als anderswo. Bunte Fischerboote und stolze Jachten liegen am Hafen vor Anker. Zur Abwechslung mal Kultur gefällig? Mykonos' kleine Nachbarinsel Delos (täglich per Ausflugsboot zu erreichen) ist die größte antike Grabungsstätte ganz Griechenlands. Ein Tor eines Tempels, der um 500 v. Chr. begonnen, aber nie vollendet wurde, ist das Wahrzeichen der Insel Palatia. Hier finden Sonnenanbeter kilometerlange Sandstrände (z.B. die von Mikri Vigla) und windgeschützte Badebuchten und Surfer optimalen Wind. Über eine Mole erreicht man Naxos, die größte Kykladeninsel, mit ihren frucht-

Ein gewaltiger Vulkanausbruch vor 3500 Jahren verlieh Santorin, der südlichsten Kykladeninsel, ihr bizarres Aussehen. Dunkle Steilhänge ragen aus dem tiefblauen Meer empor, schneeweiße Häuser klammern sich an den Kraterrand. Wer die 850 Stufen vom Hafen hinauf zum Hauptort Thira steigt (bequemer, aber unromantischer mit der Seilbahn), wird mit dem atemberaubendsten Rundblick entschädigt. Der Grund, warum die Kykladen bei Insel-Springern so beliebt sind, liegt auf der Hand: Auch von den weniger touristischen Inseln – wie Sikinos, Milos (hier wurde 1820 die „Venus von Milo" gefunden), dem schroffen Folegandros oder Amorgos mit seiner berühmten Klosterfestung Chryssoviotissa aus dem 8. Jh. – von fast überall erreicht man die Nachbarinseln entweder per Motorsegler oder uriger mit einem Fischerboot.

Nomen est omen – „zerstreute Inseln" heißen die Sporaden, neben den Kykladen die beliebtesten Ferieninseln in der Ägäis. Und Zerstreuung gibt

gärten. Auf der Nachbarinsel Skopelos besitzt Baß-Bariton Ivan Rebroff eine Ferienvilla. Vor 30 Jahren ist er dem Charme dieser Insel erlegen. Hier gibt es noch das ursprüngliche griechische Leben – und selbst in der entlegensten Taverne die Spezialität der Pflaumen-Insel: samtweichen „griechischen" Sliwowitz. Mit ein bißchen Glück treffen Sie im Fischerdorf Agontas in der Taverna „Takoni" den gewichtigen Ehrenbürger von Skopelos. Und wenn er die Spezialität „Fischpfanne" bestellt hat, sollten Sie's auch tun. Kali oreksi, guten Appetit!

Rezept

Griechischer Salat

...nagine (5), Dr. G. Wagner

Griechenland

Leuchtturm **Mytilene** *auf Lesbos,*
18. Jahrhundert (nach einer Lithographie im Benaki-Museum, Athen)

Mit 15000 km besitzt Griechenland eine Küstenlinie, die doppelt so lang ist wie die italienische. Es besteht neben einem Festlandsokkel aus Inseln und mehreren Inselgruppen, wie den Kykladen oder Sporaden, denen bekanntlich das sporadische Auftreten zu eigen ist. Insgesamt sollen es über 300 Inseln sein, wobei es auf ein paar mehr oder weniger nicht ankommt. Aufgrund tektonischer Bewegungen tauchen die westlichen immer mehr auf, die nordöstlichen versinken dagegen im Zeitlupentempo. So müßte man z.B. in Thasos schon gut tauchen können, um die vor dreitausend Jahren gebaute Nordmole mit ihrem Turm zu besichtigen.

Die Leuchtfeuergeschichte der Antike hatte einst in Griechenland begonnen. Nach über 2000jähriger Pause geht es im heutigen Griechenland weiter. Aber so genau die Jahreszahlen aus der Antike, z.B. über den **Koloß von Rhodos** vorliegen, so ungenau sind sie über die ersten Leuchttürme der Neuzeit. Die Erklärung ist verständlich:
Während des 400jährigen Türkenjochs entstand ein abgrundtiefer Haß zwischen den beiden Völkern. Und niemand dachte daran, etwas zu tun, was dem Gegner nützlich sein könnte, z.B. Leuchtfeuer einzurichten. Und wenn doch, gab man es nicht zu Protokoll.
Griechenland in den heutigen Grenzen besteht genau genommen erst seit 1947. Rund hundert Jahre dauerten die Freiheitskämpfe. 1821 wurden die ersten Landstriche im Westen mit den Ionischen Inseln griechisch, 1913 die letzten östlichen Inseln in der Ägäis mit Kreta, Rhodos endgültig erst 1947.
Für die Neugriechen beginnt die Geschichte daher erst wieder 1821 und somit auch der Leuchtturmbau.
Sicherlich haben die Türken schon vorher den einen oder anderen Leuchtturm errichtet, zumindest in der Nähe ihrer kleinasiatischen Küste. So existiert eine Lithographie vom Hafen **Mytilene** auf Lesbos mit einem Leuchtturm, der aus dem 18. Jahrhundert stammen dürfte. Genaueres darüber ist nicht bekannt. Auch auf Chios, südlich Lesbos, soll damals ein Leuchtturm gestanden haben.

Die ersten Leuchttürme der Griechen entstanden wahrscheinlich auf den Ionischen Inseln Korfu, Paxoi und Kefallinia etwa zwischen 1822 und 1825. Es gibt aber auch Quellen, nach denen ihr erster Leuchtturm 1822 auf der Insel Aigina (südlich Athen) erbaut worden sein soll, der zweite 1831 auf der Insel Spetsai (Peloponnes Ost) und der dritte, namens **Akri Agios Nikolaos**, ebenfalls 1831 auf der nördlichsten Kykladeninsel Kea.
In diesen ersten Fällen handelt es sich eigentlich nur um etwa 10 bis 15 m hohe, meist quadratische Türme innerhalb eines Mauerkomplexes auf Kaps, alten Klöstern oder Zitadellen, ausgerüstet mit einer Laterne aus Frankreich. Höhere Türme waren wohl erwünscht, aber wegen der Erdbebengefahr unzweckmäßig. Nur einer wurde 30 m hoch: **Guardiana** auf einer Klippe vor Kefallinia. Er fiel denn auch – wie viele andere Steinbauten auf den südlichen Ionischen Inseln – 1953 einem Erdbeben zum Opfer.

Der Aufbau des in diesen inselreichen Gewässern so notwendigen Leuchtfeuernetzes vollzog sich nur langsam. Der Schwerpunkt lag in der zweiten Hälfte des 19. Jahrhunderts, aber auch danach ging es noch weiter. Hier die drei bescheidenen Superlative:

- der mit 25 m höchste ist **Akri Spathi** auf der Insel Kythira (im Süden), 1857 erbaut, Feuerhöhe 110 m,
- die mit 212 m größte Feuerhöhe besitzt **Akra Phassa** auf der Insel Andros (Ägäis), 1859 erbaut, Höhe 21 m,
- der mit einer Tragweite von 25 sm heute lichtstärkste ist **Psyttaleia** auf dem Eiland Lipso (vor Piräus), 1854 erbaut, Höhe 14 m, Feuerhöhe 47 m.

Ältester in Betrieb befindlicher Leuchtturm Griechenlands: **Korfu** *(Alte Burg), 1822 erbaut, Höhe 10 m, Feuerhöhe 75 m*

Als Baumaterial diente fast durchweg Stein. 1861 entstanden auf den nordöstlichen Inseln – allerdings noch unter türkischer Verwaltung – auch drei runde Gußeisentürme, der höchste mit 20 m auf dem Eiland **Sigri** vor der Westküste von Lesbos.

Der Leuchtturm aus Marmor: **Gythion**, *1873 erbaut, 24 m hoch*

Eine seltene Ausnahme stellt der 1873 erbaute weiße Marmor-Leuchtturm **Gythion** auf dem Inselchen Cranea im Lakonischen Golf dar. Er ist 8eckig und 24 m hoch. Dort in den südlichen Bergen des Peloponnes wurde nämlich schon zur Römerzeit Marmor gewonnen und im Hafen Marathonisi (heute Gythion) verschifft. Möglicherweise war auf Cranea einst ein Schiff mit einer Ladung Marmor gestrandet. Sonst hätte man wohl kaum so kostbares Material für einen simplen Leuchtturm verwendet – schon gar nicht in Lakonien mit der Hauptstadt Sparta.

Bevor selbsttätige Gasfeuer eingesetzt wurden, bestand ein Problem in der Anwerbung von Leuchtturmwärtern. In einer griechischen Schrift heißt es: »Es ist noch nicht lange her, daß ein Grieche, der Leuchtturmwärter werden wollte, vergleichbar war mit jemand, der sich entschloß, in ein Kloster oder in die Fremdenlegion zu gehen.« So einsam ist es auf vielen kleinen Inseln ohne Komfort und Abwechslungsmöglichkeit. Heute lösen sich je drei Mann – meist ehemalige Marineangehörige – in 10tägigem Wechsel ab.
Nach 1900 entstanden neben kleinen weiteren bemannten Leuchttürmen zahlreiche zusätzliche Leuchtfeuer ohne Bemannung, vor allem natürlich auf den unbewohnten, aber für die Schiffahrt gefährlichen Inselchen und Riffen. Sie wurden mit allen möglichen Betriebsstoffen gespeist, nur Elektrizität kam dort natürlich nicht infrage. Erste elektrische Lampen für die Schiffahrt leuchteten übrigens zunächst nur im 1881 bis 1893 erbauten, 6,3 m langen Kanal von Korinth mit seinen 80 m hoch aufragenden steilen Seitenwänden.

Im Zweiten Weltkrieg und in den Kämpfen danach wurden viele Leuchtfeuer Laternen zerstört
Nur 28 Leuchttürme, davon 19 bemannte konnten sogleich wieder in Betrieb genommen werden. Die griechische Leuchtfeuer-Verwaltung in Piräus bemühte sich mit Erfolg um schnellen Wiederaufbau, sowie um Verdichtung und Modernisierung des Leuchtfeuernetzes.

Auch wurden neuerdings viele alte Feuer von Öl, Kerosin usw. auf Solarenergie umgestellt, wo Strom zur Verfügung stand, auch auf elektrischen Betrieb. So schritt auch hier die Automatisierung voran.

*Leuchtturm **Akra Armenistis** (Insel Mykonos), 1895 erbaut, Höhe 19 m, Feuerhöhe 184 m, eines der typischen, weittragenden Feuer in Griechenland*

Abschließend seien noch die beiden großen und geschichtsträchtigen Inseln im Süden der Ägäis, Kreta und Rhodos erwähnt. Aufgrund der besonders langen Fremdherrschaft – auf Rhodos regierten 1923 bis 1947 sogar noch die Italiener – blieben sie leuchtfeuermäßig erheblich »unterbelichtet«.
Nachdem der **Koloß von Rhodos** (s. Band 1, Seite 13) eingestürzt war, vergingen mehr als zweitausend Jahre, bis die Insel ihren ersten Leuchtturm der Neuzeit erhielt. Er wurde 1863, noch unter türkischer Herrschaft, auf dem Hafenkastell **St. Nikolaus** der Hauptstadt Rhodos errichtet, 8eckig und mit einer Feuerhöhe von 25 m. Nach Zerstörung in kriegerischer Zeit wurde er wahrscheinlich von den Italienern wieder aufgebaut, nunmehr aber rund (Abb. Seite 116). Das Fort stammt übrigens aus dem 15. Jahrhundert, die Mole sogar aus dem 4. Jahrhundert v. Chr.
Auf den Enden der beiden Steindämme, die den antiken Mandraki-Hafen begrenzen, stehen ein Hirsch und eine Hirschkuh als uralte Wahrzeichen der Stadt Rhodos. Auf der Säule der Hirschkuh hatte zu italienischer Zeit eine säugende Wölfin mit dem Wappen von Rom gestanden. Ansonsten gibt es auf Rhodos nur kleine Leuchttürme auf einigen Kaps.
Kreta erhielt die ersten Leuchttürme ebenfalls noch zur Zeit der Türkenherrschaft, angeblich 1864, und zwar zwei auf Kaps, drei auf Hafenmolen. Der mit 23 m höchste ziert den Molenkopf von **Chania** (Abb. Seite 116). Hätte er anstatt der Laterne eine schlanke Spitze, könnte man ihn für ein Minarett halten. Weil er schon recht altersschwach wirkt und sein Haupt leicht zur Seite neigt, halten Kenner ihn für mehrere Jahrzehnte älter als angegeben. Übrigens ist er schon lange außer Dienst.

Auch auf Kreta gibt es ansonsten keine besonders bemerkenswerten Leuchttürme. Nur 40 km südlich, auf dem 350 m hohen Inselgipfel **Gavdo / Gavdhos** entstand 1880 eines der höchstgelegenen Leuchtfeuer der Welt. Aber auch dieses ist nicht mehr in Betrieb.

Türkei / Bulgarien / Rumänien

Diese drei Länder werden zusammengefaßt, weil sie zur Zeit der ersten Leuchtturmbauten noch gemeinsam von Konstantinopel, der damaligen Hauptstadt des osmanisch/türkischen Reiches aus verwaltet wurden. Nebenbei bemerkt, erst seit 1923 ist Ankara Hauptstadt der Türkei; Konstantinopel – das Byzanz der Antike – wurde in Istanbul umbenannt.
Istanbul liegt am Bosporus, dem Ostende der 300 km langen schiffbaren Verbindung zwischen Ägäischem und Schwarzem Meer. Am anderen Ende liegen die Dardanellen, einst Hellespont genannt. Dazwischen befindet sich das Marmarameer – die antike Propontis – mit der Marmara-Insel, auf der einst viel Marmor gewonnen wurde – daher der Name.
Vom Altertum bis in die Neuzeit hinein wurde dieser Meeresschlauch immer wieder hart umkämpft, denn seine Beherrschung stellt natürlich einen strategischen Vorteil von höchstem Wert dar. An seinen Enden entstanden einst auch einige der ersten Leuchtfeuer der Welt (s. Band 1, Seiten 9, 10, 22, 23). Obwohl die Südufer schon in Kleinasien liegen, also nicht mehr zu Europa gehören, werden sie hier zweckmäßigerweise einbezogen.

Die Dardanellen sind an der engsten Stelle nur 1,5 km breit, der Sage nach von Leander nachts durchschwommen – ein Stoff, der die Weltliteratur bereicherte. Lord Byron wollte es genau wissen und schwamm 1810 auch hinüber, sicherheitshalber aber bei Tage. Er benötigte eine Stunde und 10 Minuten.
Natürlich genügen an schmalen Wasserstraßen relativ kleine schwache Feuer, fast wie an einem Kanal. Die Dardanellen erhielten ihre Befeuerung 1856/58 unter Ausnutzung der zahlreichen, an übersichtlichen Stellen eingerichteten Forts und Batterien. Nur **Kap Hellas** an der nördlichen Einfahrtseite bekam ein weitreichendes Licht mit einer Feuerhöhe von 30 m, später einen 25 m hohen Leuchtturm mit einer Feuerhöhe von 50 m.

Das sich östlich anschließende Marmarameer wurde an einigen Küstenpunkten und auf eingelagerten Inseln zwischen 1856 und 1861 befeuert, zumeist auch nur mit kleinen Leuchttürmen.

Am nordöstlichen Ausgang zum Bosporus liegt, wie bereits erwähnt, Istanbul. Hier, gleich unterhalb der berühmten Blauen Moschee, entstand 1857/58 der 40 m hohe Leuchtturm **Seraglio**, inzwischen umbenannt in **Ahirkapi** (Abb. Seite 121). Von ihm gibt es sogar eine Briefmarke. Ahirkapi hieß eines der 14 Tore in der Seemauer, die einst Konstantinopel zum Marmarameer hin schützte.
Schräg gegenüber auf asiatischer Seite ragt ein dünnes Meerschlößchen 20 m hoch aus dem Wasser, im westlichen Ausland **Leanderturm** genannt. Nur hatten sich die europäischen Namensgeber gründlich in der Geographie geirrt, indem sie Bosporus und Hellespont verwechselten. Hier schwamm Leander nämlich nicht. Die Türken hatten denn auch eine Ersatzlegende erfunden, die vom Sultan, dem ein Weissager den Tod seiner Lieblingstochter durch Schlangenbiß prophezeit hatte und der ihr daraufhin den Turm bauen ließ, um sie vor dem bösen Schicksal zu bewahren. Doch die von einem Mörder unter Trauben in einem Korb verborgene Giftschlange gelangte trotzdem dorthin und tötete die Prinzessin, so daß sich die Prophezeiung bewahrheitete. Bei den Türken heißt der Turm auch nur **Kiz Kulesi**, d.h. »Mädchenturm«.

Die Leuchtfeuer an den Dardanellen um 1900

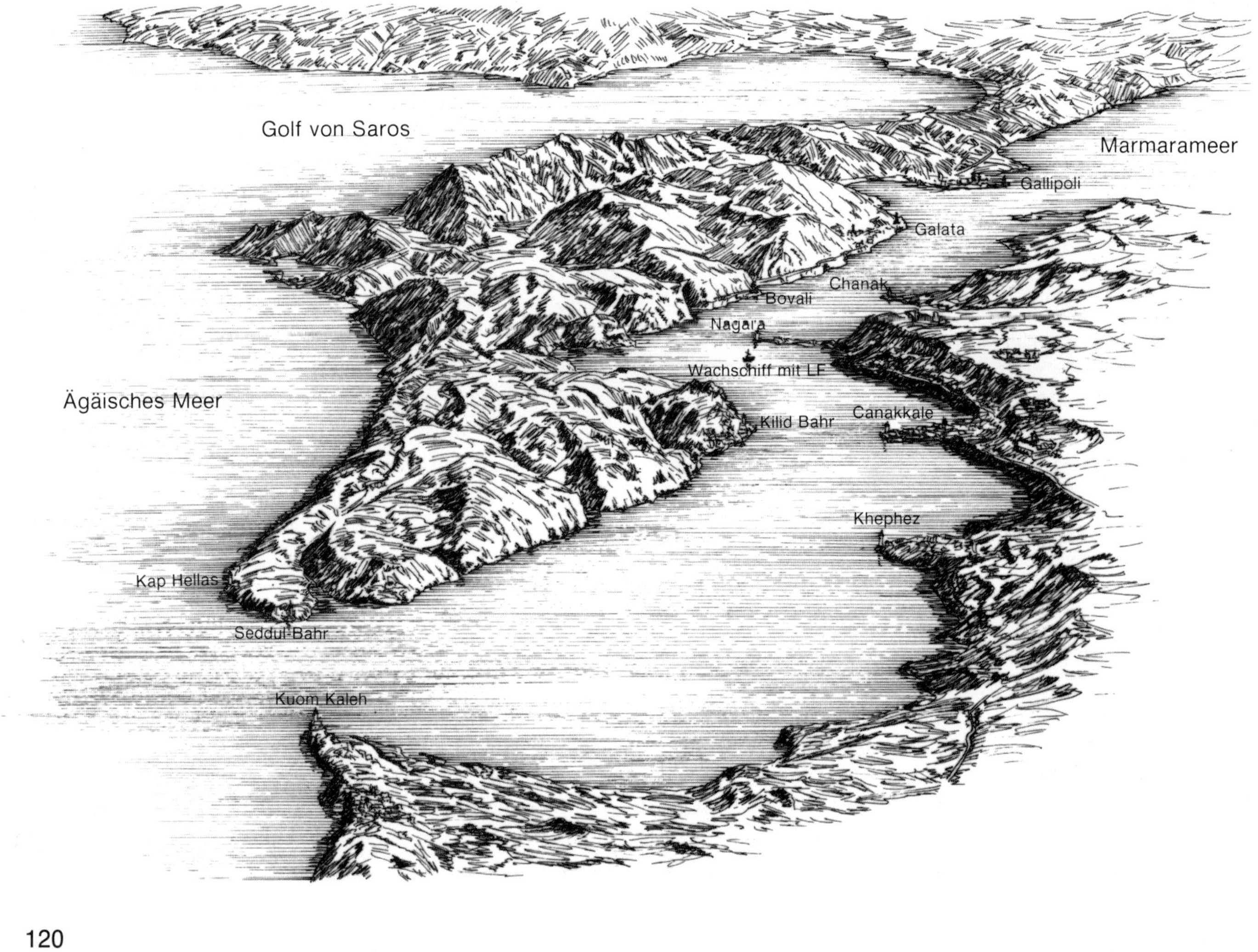

Leuchtturm **Ahirkapi**, *Istanbul*

Zurück zur Realität: Der Turm war 1143 auf einem Riff erbaut worden, um den Bosporus mit einer Kette absperren zu können. Später fungierte er als Zollstation. 1857 wurde er zu einem kombinierten Leucht- und Signalturm umgebaut.
1861 folgten weitere kleine Leuchtfeuer am 30 km langen Bosporus, der an seiner engsten Stelle nur 650 m breit ist. Seit dreitausend Jahren gab es immer wieder Pläne zur Überbrückung. Doch erst 1973 war es soweit: Eine 60 m hohe, 1075 m freitragende Hängebrücke überspannt als erste den Meeresarm und verbindet die beiden Erdteile.
An der Öffnung des Bosporus zum Schwarzen Meer haben wohl seit der Antike verschiedentlich Leuchtfeuer gebrannt, genaueres ist jedoch erst wieder bekannt von zwei 1830 erbauten Leuchttürmen, **Roumeli**, 30 m hoch, auf europäischer Seite, **Anatolia**, 20 m hoch auf asiatischer Seite. Beide existieren noch heute.

Nun zum Schwarzen Meer. Wider Erwarten hat es kein schwarzes Wasser, sondern heißt so wegen seiner besonders im Winter schlimmen Wetterverhältnisse.
Die vom Bosporus nach Westen verlaufende Küste ist in ihrem ersten, noch zur Türkei gehörenden 150 km langen Abschnitt felsig unwirtlich und ohne Häfen. Zur

Der sagenumwobene **Leanderturm** *vor Istanbul*

Sicherheit der passierenden Schiffahrt wurden in der zweiten Hälfte des 19. Jahrhunderts auf einigen 50 bis 80 m hohen Kaps kleine Leuchttürme errichtet.

Der anschließende, zu Bulgarien gehörende Küstenstrich weist dagegen zwei bedeutende Häfen auf: Burgas und Warna. An dem gesamten, fast 400 km langen Küstenabschnitt gibt es fünf weittragende Leuchttürme. Vier davon sind nur etwa 15 m hoch, denn sie stehen auch auf Felsenkaps von 50 bis 80 m Höhe: **Nos Emine, Nos Galata, Ekrene** und **Nos Kaliakra**. Nur der fünfte und nördlichste ist etwas imposanter: **Nos Schabla**, 30 m hoch, 8eckig, rot/weiß gebändert; sein Sockel stammt schon von 1856.
Nahe **Nos Kaliakra** erinnert eine Skulptur an die 40 bulgarischen Jungfrauen, die sich – gemäß einer Legende – vom steilen Kap ins Meer stürzten, um nicht den Osmanen in die Hände zu fallen.
Nördlich davon schließt sich Rumänien mit einer Küstenlänge von 250 km an. Hier hatten einst die Römer geherrscht und die Bevölkerung so romanisiert, daß die heutigen Nachkommen ihren Staat »Romania« nennen. Etliche inzwischen ausgegrabene Ruinen im Donau-Delta stammen noch aus römischer Zeit. Hinweise auf historische Bauten gehören bekanntlich zum Pflichtrepertoire jedes Reiseführers. Wenn man ihnen glauben darf, hat sich bei Tulcea, 60 km vom Meer entfernt, ein römischer Leuchtturm befunden. Nun, 60 km Land kann die Donau seitdem schon vorgeschwemmt haben, aber ob es sich wirklich um einen Leuchtturm gehandelt hat, bleibt fraglich.

Auch ein gewisser »Genueser Leuchtturm« in Konstanza soll echt sein und aus dem 14. Jahrhundert stammen. Es handelt sich um ein 8 m hohes restauriertes Türmchen, dem man eine leere Laterne des 19. Jahrhunderts aufgesetzt hat, damit es nun wie ein Leuchtturm aussieht.
Zurück zur Donaumündung. Am mittleren Arm, in **Sulina** entstand 1856 (Reiseführern zufolge allerdings schon 1802) der erste wirkliche Leuchtturm, rund, aus Stein, 19 m hoch. In seiner Nähe, sowie am südlichen Mündungsarm **Sfitnu Gheorghe** folgten bis zum Ende des 19. Jahrhunderts einige weitere kleine Leuchtfeuerbauten, um Schiffen die Orientierung in diesen veränderlichen Gewässern zu erleichtern. Heute steht an beiden Mündungsarmen u.a. je ein 50 m hoher steinerner Leuchtturm, der südliche blau/weiß gebändert, der nördliche weiß mit roter Kuppel.
Drei weitere imposante Exemplare sichern die südliche Küste Rumäniens:
Kap Tuzla, ein 44 m hoher, schon vor dem Ersten Weltkrieg (1901) erbauter, jetzt schwarz/weiß gestreifter Gitterturm,
Mangalia, ein neuerer, viereckiger, weißer Steinturm von 42 m Höhe,
Constancia, ein weißer Turm mit blauer Kuppel, südwestlich von Konstanza 1961 in modernem Stil erbaut; mit 58 m Höhe ist er Rekordhalter im Schwarzen Meer; seine Feuerhöhe beträgt 87 m, seine Tragweite 24 sm.

Leuchtturm **Nos Galata** *(vor Warna), Höhe 14 m, Feuerhöhe 63 m, 1863 erbaut*

Leuchtturm **Kap Tuzla** *an der rumänischen Küste (Aufnahme etwa 1920)*

Rußland

Die Schiffahrt entwickelte sich vom äußersten Norden des Schwarzen Meeres aus, genauer gesagt, vom nordöstlichen Zipfel des Asowschen Meeres, einem relativ flachen, allerdings von November bis April mit Eis bedeckten Gewässer. Hier mündet der von alters her als Binnenschiffahrtsweg benutzte Don mit den Handelsstädten Rostow am Unterlauf und Taganrog etwas außerhalb. Es waren Kaufleute aus diesen beiden Städten, die zur Sicherheit ihrer Schiffe 1702 ein erstes primitives Leuchtfeuer an der Don-Mündung errichten und über hundert Jahre lang unterhalten ließen.
Der erste richtige dicke Leuchtturm, 15 m hoch, mit einer Laterne, wurde 1812 in **Bielosarai** erbaut. Er existiert noch heute, allerdings mehrfach renoviert. An der Straße von Kertsch, der Ausfahrt in das offene Schwarze Meer, folgten 1820 **Yeni Kaleh** am Kap Fanar und 1827 der heute nur noch als Bake dienende **Takli**, beide nur etwa 15 m hoch.

Eine Briefmarkenserie der Sowjetunion von 1982 zeigt Leuchttürme des Schwarzen Meeres, hier einen der ersten, **Kap Cherson** *vor Sewastopol, 35 m hoch, 1816 erbaut*

Bleiben wir noch im Asowschen Meer. Zwei wichtige Seefeuer sind der 1838 erbaute **Berdjansk**, 25 m hoch, sowie der 1885 entstandene **Taganrog**, 20 m hoch, mitten in der Stadt. Beide gehören zu den ersten, schon 1885 mit elektrischer Lichtanlage ausgestatteten Türmen, der erstgenannte wurde dazu umgebaut und auf 33 m erhöht.

Ein weiterer Schwerpunkt für die Schiffahrt mit frühen Leuchttürmen ist die Westküste der seit 1783 russischen Krim mit dem Hafen Sewastopol. Aufgrund der geschützten Lage und ganzjähriger Eisfreiheit bauten ihn die Russen zum Kriegshafen aus. Auf dem vorgelagerten **Kap Cherson**, sowie an der Westspitze der Halbinsel Krim, dem **Kap Tarkan** ließen sie 1816 je einen über 30 m hohen runden Leuchtturm errichten. Nachdem beide den Krimkrieg heil überstanden hatten, erlitten sie knapp 90 Jahre später im Zweiten Weltkrieg schwere Beschädigungen.

An einer weiteren markanten Stelle der Westküste, **Kap Eupatoria,** entstand 1861 das erste kleine Leuchtturmgestell aus Eisen. Seit 1965 steht dort ein 8eckiger Leuchtturm aus Beton, mit 52 m der höchste russische am Schwarzen Meer. Die Ostküste der Krim wurde ab 1835 befeuert. Einige Leuchtturm-Standorte sind auf der Lageskizze eingezeichnet.

Schwarzes Meer

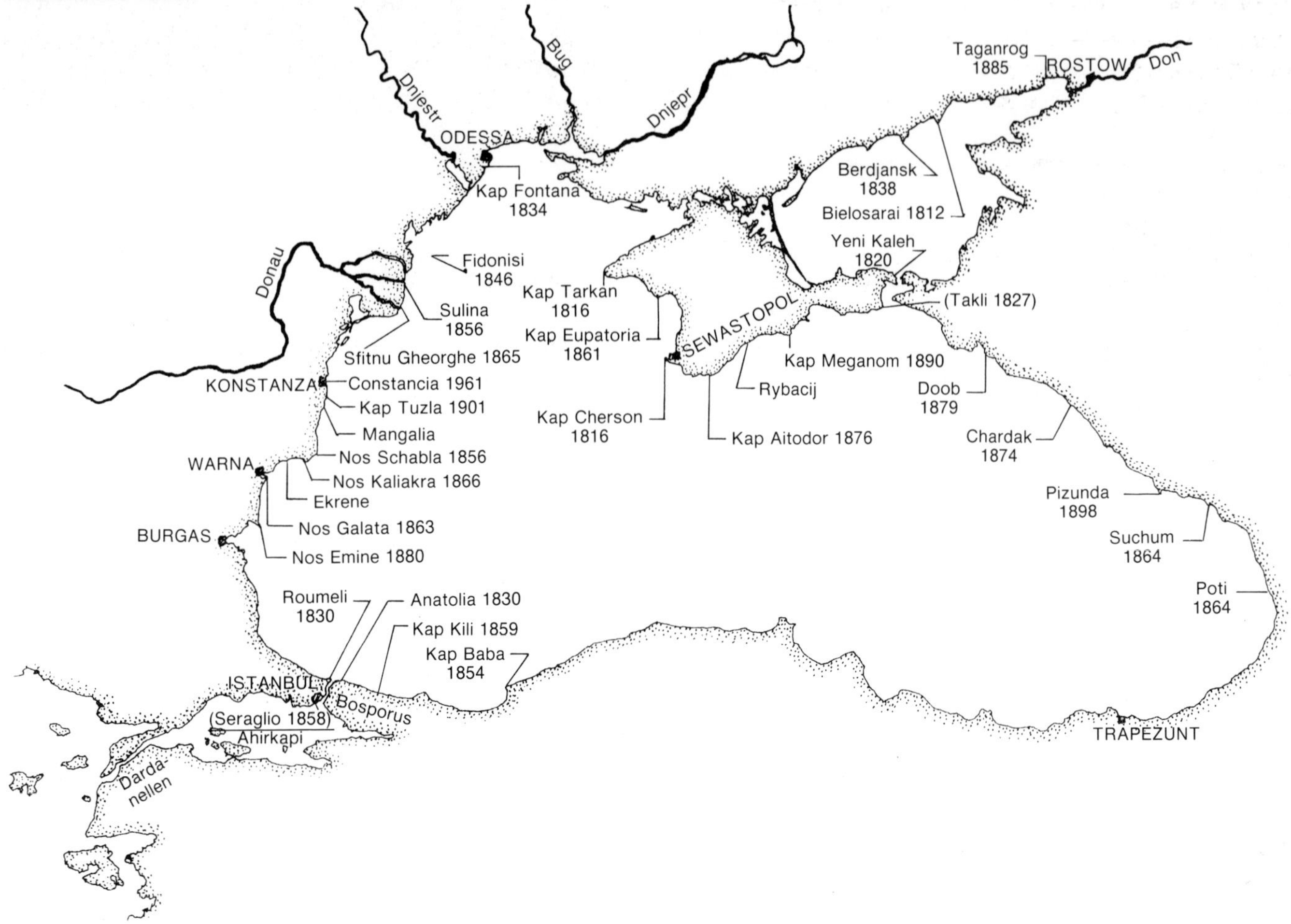

Leuchtturm **Woronzow II** *in Odessa von 1888*

Dritter Schwerpunkt ist das Küstengebiet um Odessa mit den Mündungen von Dnjestr, Bug und Dnjepr. Die Leuchtfeuergeschichte begann hier 1834 etwas südlich von Odessa am **Kap Fontana** mit einem runden weißen Steinturm von 27 m Höhe und 65 m Feuerhöhe. Ab 1869 leuchtete aus seiner Optik allnächtlich eine elektrische Lichtbogenlampe aus Frankreich, weshalb man ihn zu den ersten Leuchttürmen der Welt mit elektrischer Lichtquelle zählt. Inszwischen hat ihn ein 24 m hoher eiserner Gitterturm abgelöst.

Nun zur Leuchtturmgeschichte von Odessa. 1834 entstand auf einer der ins Meer ragenden Anlegemolen ein kleiner Leuchtturm namens **Rischelevskij**. Einige Jahre später wurden zum Schutz dieser Schiffsliegeplätze ein Wellenbrecher sowie eine hakenförmige Quermole, die sog. Quarantänemole davorgebaut. Bis zur Errichtung des dringend erforderlichen Molenkopf-Leuchtturmes gab es jedoch eine Reihe von Mißhelligkeiten und Verzögerungen:

- Mehrere Schiffe, die nachts auf den bisherigen Leuchtturm zuhielten, liefen gegen die neue Quermole oder den Wellenbrecher.
- Als der Krimkrieg begann, wurde der alte Leuchtturm aufgrund eines Mißverständnisses versehentlich abgerissen.
- Der Antrag auf Bewilligung der Gelder für den Molenturm blieb auch nach dem Krieg noch jahrelang in den Mühlen der zaristischen Verwaltung von St. Petersburg hängen.
- Der Dampfer mit den Einzelteilen für den Turm blieb vor Odessa monatelang im Eis stecken.
- Als er endlich eintraf, fehlten wichtige Teile.

So dauerte es über zehn Jahre, bis der Leuchtturm am 8. November 1863 feierlich eingeweiht werden konnte. Er erhielt den Namen **Woronzow** nach dem Feldmarschall Michael Graf Woronzow (1782–1856), der als Sieger mehrerer Schlachten gegen die Türken als Held verehrt wurde. Bei dem als Denkmal gedachten Bauwerk handelt es sich um ein Gußeisentürmchen, ganze 9 m hoch.

Aber die Pechsträhne ging weiter, denn die Mole erwies sich als zu kurz. Schon 1869 begann man mit einer Verlängerung um 1000 m. Das dauerte zehn Jahre. Derweil leuchtete ein provisorisches Feuer auf ihrem jeweiligen Ende, der Leuchtturm **Woronzow** war überflüssig geworden.

Doch eine Art Bürgerinitiative ruhte nicht eher, bis 1888 **Woronzow II** auf dem Kopf der verlängerten Mole in Betrieb genommen wurde. Er war auch aus Gußeisen, 17 m hoch, mit Petroleum befeuert, anfangs mit einer Nebelglocke, später mit pneumatischer Nebelsirene ausgerüstet. Aufgrund seines typischen Aussehens galt er als Wahrzeichen von Odessa. 1941 bei Kriegsbeginn wurde er abgerissen und 1954 durch **Woronzow III** ersetzt. Dieser ist nun modern, 26 m hoch, mit elektrischer Lichtquelle und Funkfeuer ausgestattet. In einer sowjetischen Zeitschrift stand: »...Jeder Bürger von Odessa kennt diesen weißen Turm, der ganz am Ende der Mole steht. Nachts leuchtet an seiner Spitze ein roter Stern auf...Sein Licht blinkt in einem genau bestimmten Rhythmus...«

Leuchtturm **Woronzow III** *von 1954*

Leuchtturm **Pizunda** *an der Ostküste des Schwarzen Meeres*

Als erster, heute russischer Vorposten auf dem Seeweg vom Bosporus zu diesem Küstengebiet um Odessa dient seit 1846 ein Leuchtturm auf dem Gipfel der felsigen sog. Schlangeninsel **Fidonisi**. 1854 noch rumänisch, diente er allerdings den Feinden Rußlands, denn hier vereinigten sich die französischen und englisch-türkischen Flotten zu ihrem Angriff auf die Krim.
Den Aufbau des russischen Leuchtfeuernetzes am Schwarzen Meer hatte einst der gleiche Leonti Spafarjew eingeleitet, der schon im Zusammenhang mit den russischen Leuchttürmen an der Ostsee in Band 1 auf Seite 151 erwähnt wurde. Durch seinen Tod (1847) sowie durch den Krimkrieg (1853–1856) war allerdings eine längere Baupause entstanden. Erst in den 1860er Jahren ging es weiter, nun auch an der Kaukasischen Küste, der Ostseite des Schwarzen Meeres, die erst relativ spät russisch geworden war.
Den Anfang machten dort 1864 diese beiden mit Drehfeuer ausgerüsteten kegelstumpfförmigen Gußeisen-Leuchttürme von je 37 m Höhe: **Suchum** und **Poti**. Sie waren nach ähnlichen Plänen erbaut worden wie einige Eisentürme an der Ostsee, z. B. **Dünamünde** 1863 oder **Libau** 1867 (s. Band 1, Seite 147 bzw. 153). Ein weiteres Exemplar aus Eisen, allerdings mit verstrebten Stützen, folgte 1898: **Pizunda**, 34 m hoch. Bei Pizunda handelt es sich übrigens um das antike Pithyus, es war bis 1990 Erholungsort der sowjetischen Prominenz mit Hotels und Luxusvillen.

Ansonsten entstanden an diesem Küstenabschnitt fast nur relativ kleine Türme auf erhöhten Landvorsprüngen, so 1874 **Chardak** mit einer Höhe von 11 m, einer Feuerhöhe von 62 m und 1879 **Doob** mit einer Höhe von 22 m, einer Feuerhöhe von 103 m.

Neben Gittertürmen aus genormten Einzelteilen wurden auch Betontürme als Ersatz für die im Zweiten Weltkrieg zerstörten Exemplare errichtet. Das dauerte nur jeweils etwa drei Monate. Außerdem verdichtete man damit das noch verhältnismäßig dünne Leuchtfeuernetz.
1960 begann die Umrüstung exponierter Leuchttürme auf automatischen Betrieb. Vielfach wurden dieselelektrische Anlagen von 7 bis 50 kW eingebaut. Neuerdings wird für kleinere Feuer auch die Windkraft als Energiequelle genutzt.

Auf der Landkarte sind sie meist nur blaue Flecken, in natura aber erstaunlich weite und oft – im wahrsten Sinne des Wortes – unübersehbare Wasserflächen. Wer gerne Bootsfahrten mit »garantiertem Außersichtkommen des Landes« macht, hätte auch auf den größeren dieser Seen ausreichend Gelegenheit dazu. Aber fast alle gelten als tückisch, der Grund: plötzlich einsetzende Winde, starker, harter Wellenschlag, häufig Nebel.
An Binnenseen, auf denen Schiffe auch bei Dunkelheit verkehren, sind Leuchtfeuer genauso erforderlich wie an den Meeresküsten. Hohe, weittragende Leuchttürme gibt es allerdings nur vereinzelt.
Größter Binnensee Europas ist der ***LADOGASEE***, einst teils russisch, teils finnisch, seit 1944 ganz zu Rußland gehörend. Er ist 210 km lang, 125 km breit, bis zu 230 m tief und insgesamt über 18000 qkm groß. Um Mitteleuropäern eine Vorstellung zu vermitteln: Der Bodensee paßt vierunddreißigmal hinein. Schiffahrt ist allerdings nur von Mai bis Oktober möglich, den ganzen Winter über kann man die 660 Inseln über das Eis erreichen.
Ab 1840 entstanden an seinen Ufern zunächst »Feuerbaken« in Gestalt von Holzbuden mit Leuchtfeuergehäuse auf dem Dach, später auch einige »echte« Leuchttürme, die heute noch existieren. Die mit 25 m höchsten von ihnen sind **Heinäluoto** und **Hanhipaasi**, 1878/79 nach den gleichen Plänen erbaut wie die 1868–1875 am Finnischen Meeresbusen errichteten runden Steintürme (s. Band 1, Seite 142). In den meisten Fällen bestückte man die Laternen mit den alten, inzwischen durch modernere Optiken ersetzten Leuchtapparaten der Küstentürme.

Ein weiterer größerer See mit etwa 70 Leuchtfeuern und kleinen Leuchttürmen ist der ***VÄNERN*** in Südschweden, 140 km lang, bis 100 m tief, 5600 qkm groß, durchsetzt mit zahllosen Inselchen und Riffen. Schiffe bis zu 3000 BRT befahren ihn.
Durch den zu Anfang des 19. Jahrhunderts erbauten idyllischen Göta-Kanal ist er sowohl mit den zur Nordsee führenden Gewässern bei Göteborg, als auch mit der Ostsee, südlich Stockholm verbunden. Für die Strecke über Land sind allerdings 65 z.T. treppenförmig angeordnete Schleusen zu passieren, denn der Vänern liegt schon 44 m hoch über dem Meeresspiegel, das höchste ausgenutzte Gewässer sogar 92 m. Einige der älteren, nicht vergrößerten Schleusen sind nur 32 m lang und 9 m breit, lediglich »genormte« Schiffe passen hinein. Auch an diesem See waren die ersten Leuchtfeuertürmchen aus Holz. Einige davon, darunter **Hjortens udde**, 15 m hoch, 1852 erbaut, existieren noch, allerdings mehrfach renoviert. Ein 1864 errichtetes Eisengestell mit Laterne namens **Gälle udde** mißt sogar 16 m. Es gibt auch einige Häuser mit aufgesetzter Laterne und einzelne runde Eisentürmchen. Für die Betreuung der Leuchtfeuer an und auf diesem See zeichnet eine eigene Behörde verantwortlich.

Sozusagen gleich nebenan liegt der mit 1900 qkm erheblich kleinere ***VÄTTERN***. An seinen Ufern und Häfen stehen auch einige Leuchttürmchen bis zu 10 m Höhe, meist aus Eisen.
Im Gegensatz zum Vänern besitzt er nur eine einzige, mit 14 qkm allerdings relativ große, langgestreckte Insel.

Leuchtturm **Hanhipaasi** *am Ladogasee*

Sie heißt Visingsö. Der Sage nach wurde sie von dem Riesen Vist aus dem Boden gerissen und in den See geworfen. Eine 12 m hohe Holzskulptur von Calle Örnemark am südöstlichen Ufer stellt dar, wie der Riese sie grade auf den Armen hält.

Nun zu zwei Bilderbuch-Leuchttürmen am Alpenrand. Wer vermutet schon, daß die mitten in Europa liegende Schweiz einen richtigen Leuchtturm besitzt? Aber es gibt einen. Er steht am nur 580 qkm großen, 70 km langen ***GENFER SEE*** auf der Nordmole (Jetée des Pâquis) des Hafens von **Genf**. Geschickten Fotografen gelingt es, ihn genau vor das 70 km entfernte Mont Blanc-Massiv zu projizieren. Der Mont Blanc ist bekanntlich 4807 m hoch, der Leuchtturm weniger bekanntlich 16 m

Leuchtturm **Genf**

– dabei macht ihn der See noch wesentlich höher, denn er liegt 372 m über dem Meeresspiegel. Steckbrief des Leuchtturmes:
1894 aus Eisen erbaut auf Steinsockel des kleinen Vorgängers von 1857, Zierkuppel aus Kupfer; Laterne mit Drehoptik aus Paris, Lichtquelle zunächst Gasflamme, ab 1935 elektrische Glühlampe 500 W, später 1000 W, Tragweite jetzt »25 km bei klarer Luft«. Die Genfer bezeichnen ihn als »accessoire esthétique« ihres Hafens.

Leuchtturm **Lindau**

Auf dem See verkehren übrigens schon seit 1823 Dampfschiffe.

Der andere Alpen-Leuchtturm steht in **Lindau** am 538 qkm großen, 61 km langen ***BODENSEE***. 1853/56 wurde er als Endstück der Westmole aus Stein errichtet. Mit 35 m Höhe ist er Rekordhalter aller Binnensee-Leuchttürme. Die Leuchteinrichtung besteht aus zwei elektrischen Parabolscheinwerfern, die rotieren und alle drei Sekunden einen Blink erzeugen. Vorherige Lichtquellen waren Rüböllampe, Petroleumglühlicht und Gaslampe.

Schließlich seien noch zwei originelle Artgenossen erwähnt, die überhaupt nichts mit der Seefahrt zu tun haben, ein englischer und ein deutscher.
Ersterer wies Menschen den Weg durch ein riesiges Moor zwischen Lincoln und Sleaford. Sein Name: **Dunston Pillar**, 1751 erbaut, stolze 30 m hoch. Nachdem sein »Leitfeuer« erläßlich geworden war, ersetzte man 1810 die Laterne durch ein Standbild Georg III (1760–1820), zu dessen Betrachtung beinahe Halsverrenkungen nötig waren. Die Entstehung eines Kriegsflugplatzes in der Nähe war 1940 Grund oder Vorwand zum Abriß.
Den deutschen Leuchtturm ließ sich um 1775 Kurfürst Friedrich von Sachsen (1763–1826) an einem Teich als Kulisse für seine Spielleidenschaft mit Schiffchen bauen. Er sollte eine Küstenlandschaft vortäuschen, nur leuchtete er nie. Der hübsch angemalte Turm steht noch heute in **Moritzburg** bei Dresden als Touristenattraktion.

Leuchtturm **Moritzburg**

Die Lichter auf den Türmen

Das Leuchtfeuer, also das, was der Schiffahrt zur Orientierung bei Dunkelheit dient, ist das Wichtigste am ganzen Leuchtturm. Das Bauwerk ist nur Mittel zum Zweck, es verleiht dem Feuer die nötige Höhe und einen gesicherten Standplatz. Ansonsten dient es lediglich als Tagesmarke zur Orientierung bei Helligkeit, wozu man heutigen Exemplaren einen auffälligen Anstrich, in vielen Fällen sogar besondere Form gegeben hat.
Zunächst waren als Lichtquellen nur Feuer oder Flammen, erzeugt durch brennbare Stoffe bekannt. Den Anfang hatten Holz und Öl gemacht, später kamen Kerzen und Kohlen sowie alle möglichen weiteren brennbaren Stoffe hinzu. Im 19. und 20. Jahrhundert wurden alle früheren Lichtquellen verdrängt durch vielfältige Leuchteinrichtungen, betrieben mit Gasen oder Elektrizität.

Obwohl heute auf den Leuchttürmen kein Feuer im eigentlichen Sinne mehr brennt, hat man den Ausdruck »Leuchtfeuer« beibehalten, auch für die amtlichen Verzeichnisse. Während die Franzosen ebenfalls von »feu« sprechen, bezeichnet man im englischen Sprachbereich alle Leuchtfeuer als »light«.

Die Lichtquellen

Vom Holzfeuer bis zur elektrischen Lampe

HOLZ ist wahrscheinlich das älteste Befeuerungsmaterial für Leuchttürme gewesen. Es war leicht zu beschaffen und billig. Zudem konnte es ohne großen Aufwand verwertet werden; ein Feuerkorb, wie ihn schon Odysseus zu Hause hatte, genügte. Oder es wurden Fackeln verwendet, die in Holzkohlenteer oder Pech getränkt waren (Abb. in Band 1, Seite 10). In der Antike brannten zweifellos auf den meisten Leuchttürmen Holzfeuer in irgendeiner Form.
Im Mittelalter trugen zahlreiche Leuchttürme im waldreichen Nordeuropa zunächst ebenfalls offene Holzfeuer, als erster **Falsterbo** ab 1222 und **Travemünde** ab etwa 1225. Die Kette der Holzfeuer zog sich im 16. Jahrhundert von Estland bis Frankreich hin. Das Material brannte in Herden oder Körben, anfangs aus Stein, später meist aus Eisen.
In verbesserten Herden brannte harziges Holz vereinzelt noch bis gegen Ende des 18. Jahrhunderts, vor allem in Frankreich, z.B. auf den Leuchttürmen **Cordouan, Chassiron** und **Cap de la Hève**.
Bei reichlichem Vorkommen anderer brennbarer Gewächse wurden auch diese für offene Leuchtfeuer benutzt, so brannte im 12. Jahrhundert auf der **Lanterna** in Genua zeitweise Stroh, ab 13. Jahrhundert auf holländischen Leuchttürmen Schilfrohr, um nur zwei Beispiele zu nennen. Hierbei war allerdings der ohnehin gefürchtete Funkenflug besonders groß.

Als weiteres lichtgebendes Material sei das ***ÖL*** genannt. Schon im Altertum waren Öllampen mit Saugdochten als Lichtgeber bekannt. Es gab mehrere leicht brennbare Öl- und Transorten, gewonnen aus Pflanzen bzw. Tieren.

Ohne Zweifel wurden auch etliche antike Leuchttürme mit Ölfeuern betrieben. Nur müssen sie gegen Wind und Wetter geschützt gewesen sein. Worin dieser Schutz bestand, ist bis heute rätselhaft geblieben, denn darüber gibt es keine Beschreibung. Bei Laternen muß es sich natürlich um durchsichtiges Material gehandelt haben. Zur Zeit der ersten Leuchtfeuer war Glas bei den Ägyptern und Phöniziern schon lange bekannt. Die Kunst der Glasherstellung ging aber wieder verloren, so daß nach der Zeitenwende ein neuer Anfang gemacht werden mußte. Als durchsichtige Stoffe galten damals auch Folien aus Haut oder Horn. Beweise dafür fand man unlängst in Pompeji unter Vulkanasche: Skelette, die eine Sturmlaterne mit Hornzylinder in der Hand hielten.
Aus irgendwelchen Stoffen dieser Art müssen die alten Ölfeuerlaternen gewesen sein. Zur Einfassung könnte das ebenfalls damals schon bekannte Blei gedient haben.
Denkbar wären allerdings auch offene Flammen, die nach Art unserer heutigen Sturmfeuerzeuge vor Verlöschen geschützt sein konnten. Solche bronzenen Öllampen aus der Zeit um 450 v.Ch. sind erhalten.

Wie auf Holz, so griff man im Mittelalter zunächst auch auf Öl als Leuchtfeuer-Brennmaterial zurück. Neben vielen üblichen Ölsorten benutzte man in Italien und Spanien sogar Olivenöl zur Lampenspeisung.

Ölfeuer-Laterne um 1400

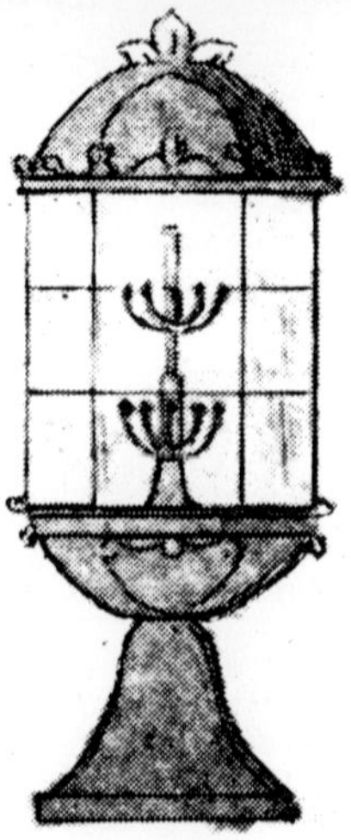

Vom 12. bis 17. Jahrhundert brannten auf zahlreichen europäischen Leuchttürmen Ölfeuer. Aber sie besaßen nur geringe Leuchtkraft, die auch kaum gesteigert wurde, als man anstelle der vollen Runddochte breite Flachdochte einführte.
Von nun an erfuhr man auch etwas über Aussehen und Beschaffenheit der damaligen Glaslaternen. Erste Abbildungen zeigen Exemplare des 14. und 15. Jahrhunderts; sie trugen meistens bereits mehrere Ölflammen.
An der Konstruktion möglichst hell brennender Ölfeuer beteiligten sich seit Jahrhunderten zahlreiche Erfinder. Durchschlagenen Erfolg hatte aber erst der in Genf geborene französische Physiker Aimé Argand (1755–1803). 1782 gelang ihm eine damals für das ganze Beleuchtungswesen entscheidende Erfindung, die er sich 1784 patentieren ließ: die bis heute als Petroleumlampe bekannte Leuchte mit Hohldocht im Glaszylinder. Aufgrund ihrer doppelten Luftzufuhr, welche die Flamme sowohl von außen als auch von innen bestreicht, gibt sie helles, gleichmäßiges, rußfreies Licht. Anfangs noch mit dem pflanzlichen Rüböl, ab etwa 1870 mit dem billigeren Mineralöl gespeist, leitete diese Argandsche Lampe auch im Leuchtfeuerwesen ein neues Zeitalter ein. Ab etwa 1800, zunächst in einfachen, später in verbesserten Ausführungen mit bis zu sechs ineinandersteckenden Röhrendochten, bildete sie für fast das ganze 19. Jahrhundert die günstigste Lichtquelle. Sie war die erste, die sich gut mit optischen Einrichtungen kombinieren ließ. Große Brenner verbrauchten allerdings über 1000 g Petroleum pro Stunde = ca. 4000 kg pro Jahr. Ihr Jahresverbrauch an Dochten lag bei 50 Metern. Um die Flammenhöhe konstant zu halten, mußten die Leuchtturmwärter die einzelnen Dochte von Zeit zu Zeit nachstellen.
So weit die zeitlich lange Geschichte der Ölfeuer. Alle nachstehend beschriebenen Lichtquellen haben eine wesentlich kürzere Geschichte, die erst im Mittelalter bzw. in der Neuzeit beginnt.

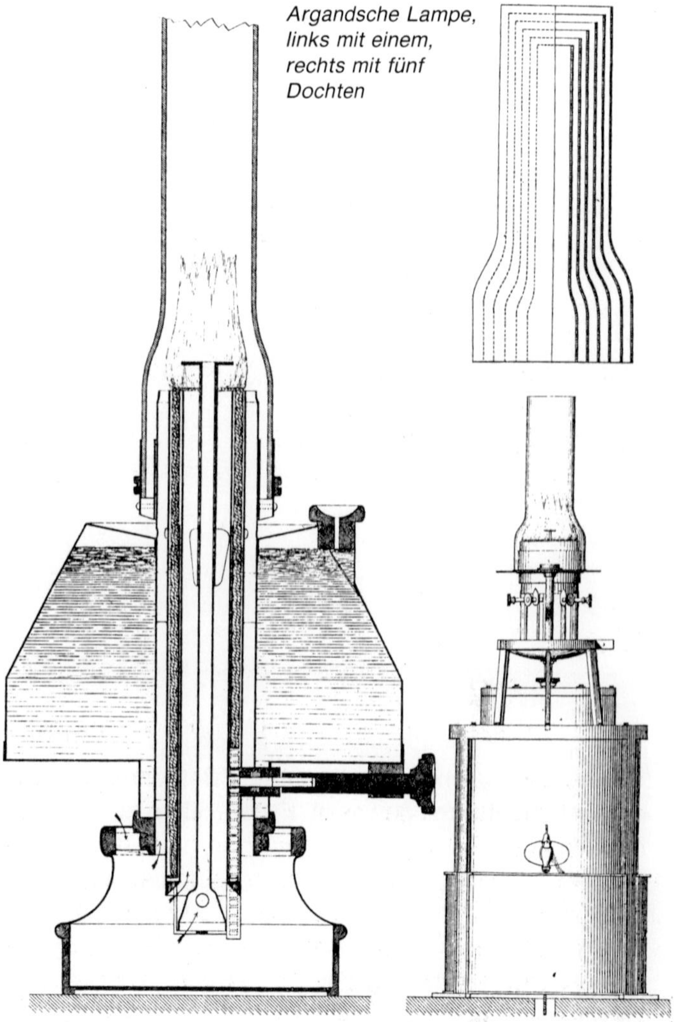

Argandsche Lampe, links mit einem, rechts mit fünf Dochten

Anordnung der Kerzen in der Laterne des Leuchtturmes **Eddystone III** *von 1759*

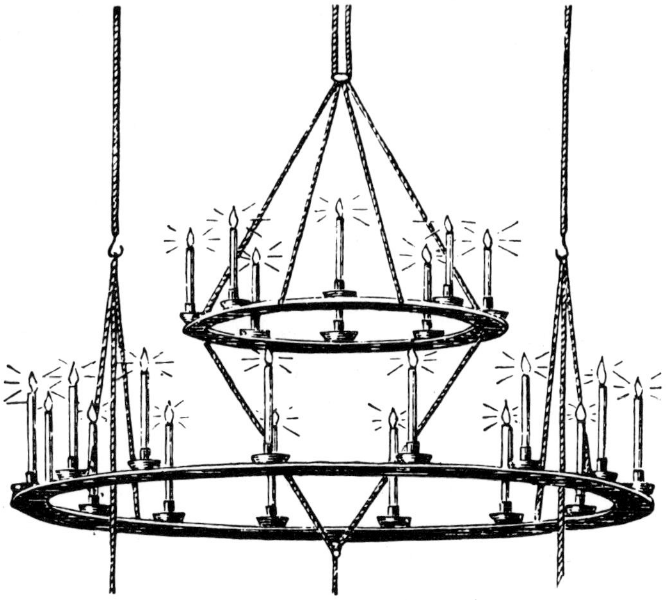

KERZEN aus Wachs oder Talg gibt es seit dem 2. Jahrhundert n. Chr. Ihr Gebrauch beschränkte sich zunächst derartig auf Kirchen und Klöster, daß man fast von einem Monopol sprechen konnte. Was lag also Mönchen und Eremiten näher, als auch für Schiffahrtsfeuer Kerzen zu benutzen. So erklärt sich die Einführung dieser Lichtquelle im Leuchtfeuerwesen.

Das mittlerweile wieder erfundene Glas ermöglichte im 13. Jahrhundert die Herstellung der ersten nachchristlichen Laternengehäuse. Frühe Exemplare wurden an Masten oder Türmen aufgeheißt (Abb. in Band 1, Seite 37), spätere auf Türmen fest montiert.
Kerzenfeuer leuchteten bis ins 18. Jahrhundert, besonders in Deutschland und England, denn dort waren sie leichter zu beschaffen bzw. billiger als andere damalige Leuchtstoffe. Da optische Hilfsmittel noch weitgehend unbekannt waren, versuchte man die Leuchtkraft durch Steigerung der Kerzenanzahl zu erhöhen: **Eddystone Ia** von 1699 z. B. erhielt 60 Stück. **Eddystone III** von 1759 brannte übrigens sogar bis 1807 mit Kerzen.

Ein weiteres Befeuerungsmaterial war die ***STEINKOHLE***. Wann und wo sie für Leuchtfeuer zuerst eingeführt wurde, ist unbekannt. Als Brennmaterial kam Kohle jedenfalls schon vom 9. Jahrhundert an in Gebrauch. Man nimmt an, daß sie etwa im 13. Jahrhundert für die Schiffahrt zu leuchten begann. Erste Nachricht gibt es von drei Kohlefeuern, die 1560 an den Gewässern zwischen Nord- und Ostsee eingerichtet wurden: **Kullen, Skagen** und **Anholt**. Wahrscheinlich handelte es sich dabei um sog. Wippfeuer (Abb. in Band 1, Seite 173).
Im 16. und 17. Jahrhundert folgten zahlreiche weitere Kohlenfeuer in Nordeuropa, vor allem auf den Britischen Inseln, nun allerdings vielfach schon auf Türmen oder Balkengerüsten (Abb. in Band 1, Seite 29 bzw. 54). Die Feuer brannten offen in eisernen Körben oder Schachtherden. Der Wind blies sie an, daher möglicherweise der Name »Bliese« oder »Blüse«, vielleicht aber auch aus dem englischen »blaze« (lodernde Flamme) abgeleitet.
Sie gaben besseres Licht als Holz, Öl und Kerzen. Bevorzugt wurde Steinkohle aus Schottland, weil sie am hellsten brannte und mit ihrer eigenartig gelblich-rötlichen Glut bei Nacht und auch bei Nebel am weitesten zu sehen war. Da der Verbrauch im Winter nicht selten auf 20 Zentner pro Nacht stieg, war die Unterhaltung derartiger Feuer eine recht teure Angelegenheit.
Als großer Nachteil galt, daß die Kohle bei starkem Wind zu rasch und an der Luvseite schlecht verbrannte. Nach mehreren vergeblichen Versuchen mit Glaswänden gelang erst ab Ende des 18. Jahrhunderts der Bau von windunabhängigen Kohlefeuern in geschlossenen Laternen.
Als Vorbild galt das von Smeaton konstruierte, 1775 in Betrieb genommene Exemplar auf dem englischen Oberfeuer-Leuchtturm **Spurn Point** (Abb. in Band 1, Seite 62). Hierbei umgab eine verglaste dicke Laterne den geschlossenen Feuerherd. Dieser war nach unten schachtartig bis zu einem Raum verlängert, der die Asche aufnahm. Durch regulierbaren Luftzulaß erhielt das Feuer stets von unten her Zug, während das hohe Rauchrohr Hitze und Qualm nach oben abführte.

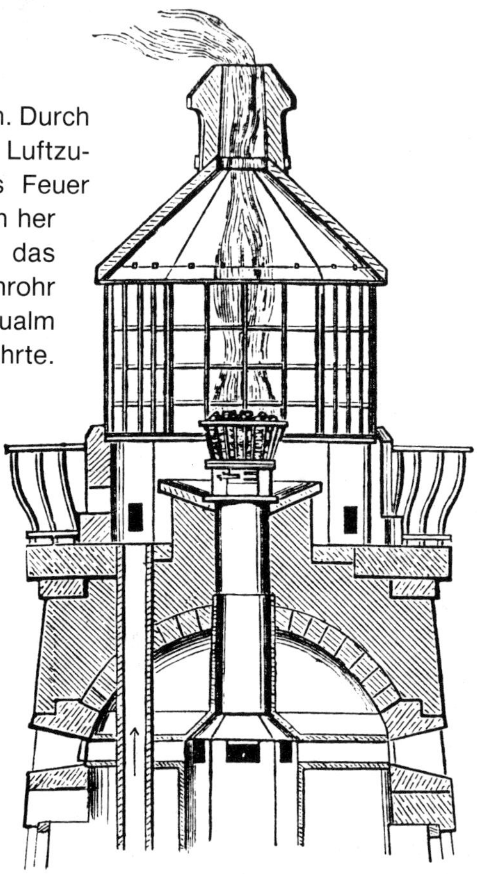

Geschlossene Kohlefeuer-Laterne des Leuchtturmes **Spurn Point** *(1775)*

Solche oder ähnliche Anlagen wurden anschließend fast nur noch in Skandinavien gebaut (Abb. Band 1, Seite 59), denn die kurz danach erfundene Argandsche Lampe verdrängte allmählich alle anderen Lichtquellen.

Durch ***BRENNBARE GASE*** können Lichtquellen der verschiedensten Art erzeugt werden. Zunächst nutzte man sie – wie alle bisher beschriebenen Stoffe – als lichtgebende Flammen aus. Das erste bekanntgewordene Feuer dieser Art brannte im Jahre 1800 mit Holzgas auf dem Leuchtturm **Porkkala** in Finnland (siehe Band 1, Seite 141).
Ende des 18. Jahrhunderts war das aus Steinkohle erzeugte Leuchtgas erfunden worden, und zwar – wie der Name sagt – eigentlich zur Beleuchtung. Es hat bekanntlich noch heute erhebliche Bedeutung, allerdings vorwiegend zur Wärmeerzeugung.
In einem Strahler mit vielen Flammen brennt es hell und sauber. Leider stand es zunächst nur in wenigen größeren Städten mit Gasanstalten zur Verfügung, nicht jedoch an einsamen Leuchtturm-Standorten. So kam es lediglich vereinzelt als Lichtquelle für Leuchtfeuer zur Verwendung.
Den Anfang machte 1818 der damals österreichische Leuchtturm **Punta Salvore** bei Triest (s. Seite 111), am 1. Januar 1819 gefolgt von zwei 1758 erbauten Richtfeuer-Leuchttürmen in **Neufahrwasser** bei Danzig

Laterne des Leuchtturmes
Punta Salvore
mit Gasleuchten (1818)

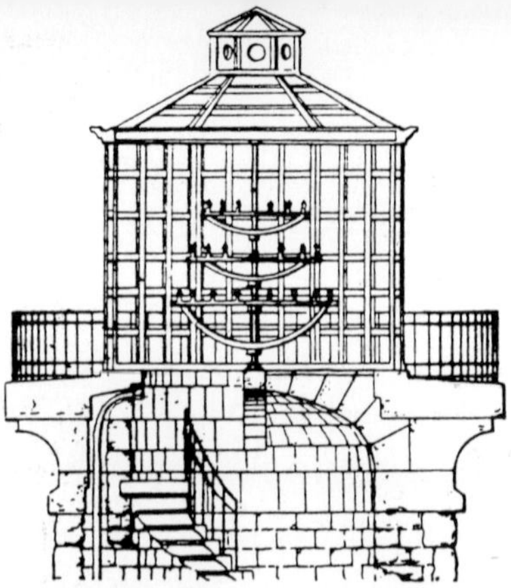

Auch im Leuchtfeuerwesen fand diese Lichtquelle sehr bald Verwendung, weil sie wesentlich heller leuchtet als Dochtlampen und nachts keine weitere Bedienung erfordert. Bevorzugt wurde anfangs meist das Petroleum-Glühlicht, später verwendete man auch andere Gaserzeuger wie Spiritus, Karbid, Benzol, Azetylen, Propan usw. In vielen Leuchttürmen dient Glühlicht auch heute noch als Reserve-Lichtquelle.

(s. Band 1, Seite 156). Im erstgenannten Fall brannten die Flammen frei, in letzterem vor Reflektoren.
Zwischen 1818 und 1865 wurden zahlreiche Versuche mit Leuchtgas u. a. in England (Leuchtturm **Flatholm**), Irland (Leuchtturm **Howth Baily**) und in Mittelamerika (Leuchtturm **Castillo del Morro**, Havanna) gemacht. Aber immer tauschte man derartige Gasfeuer nach wenigen Jahren gegen andere Lichtquellen aus, weil sich der Aufwand wirtschaftlich nicht vertreten ließ, zumal die teuren Brenner ständig ausgewechselt werden mußten.
Erst die Entdeckung, daß sich Gas komprimieren, ja sogar verflüssigen und in Behältern transportieren läßt, brachte einen entscheidenden Fortschritt im Leuchtfeuerwesen. Auf diese Weise wurde es nicht nur möglich, Eisenbahnwaggons mit Gasbeleuchtung auszustatten, sondern auch Leuchtbojen und Leuchtfeuer für die Schiffahrt zu bauen, die monatelang ohne jede menschliche Bedienung ständig brennen.
Erfinder dieser Anlagen, die bald in die ganze Welt exportiert wurden, war der Berliner Julius Pintsch (1815–1884). Seine Versuche hatte er als Klempnergeselle in einer Kellerwerkstatt begonnen.
1880 wurde auf dem oft von Wellen überspülten Nordermolenkopf des damals deutschen Hafens **Pillau** der erste unbemannte kleine Leuchtturm der Welt errichtet. Bald danach konstruierte Pintsch auch Uhrwerke mit Selbstaufzug, die über Tag das Gas bis auf eine kleine Zündflamme abstellten, so daß die Füllung des Behälters nun noch einige Monate länger reichte.
Erheblich mehr Leuchtkraft erhält eine Gasflamme dadurch, daß man in ihr einen festen Körper stark erhitzt. Ab Anfang des 19. Jahrhunderts experimentierte man mit allen möglichen Stoffen, um solch ein Gas-Glühlicht zu erzeugen. Aber richtigen Erfolg hatte erst 1885 der kaum 27jährige Österreicher Carl Auer v. Welsbach (1858–1929) mit einem chemisch präparierten Seiden-Glühstrumpf, den er durch ein Gas/Luft-Gemisch zum hellen Leuchten brachte. Diese Erfindung war derartig bahnbrechend, daß schon wenige Jahre später Straßen und Häuser in der ganzen Welt durch Auersche Glühkörper erleuchtet wurden, zumal sich alle Verbrennungsarten dafür eigneten.

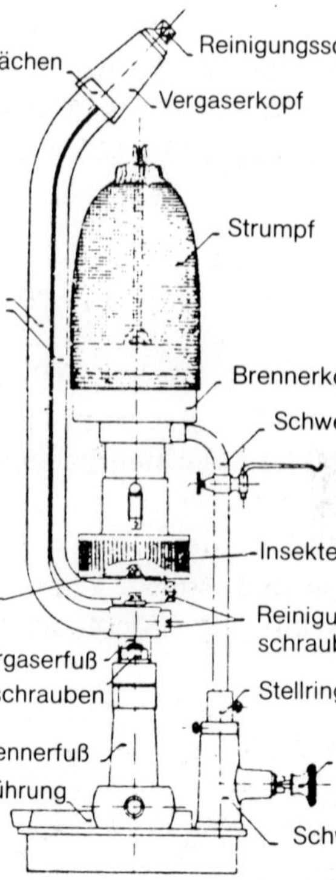

Glühlichtbrenner
für Petroleum

Einen Fortschritt anderer Art brachte 1906 die Erfindung des automatischen Gasblinkers durch den in Band 1 auf Seite 138 bereits erwähnten Schweden Gustaf Dalén (1869–1937). Er nutzte den Gasdruck zur Ventilsteuerung aus, das Tageslicht zur Abschaltung des Gerätes bei Helligkeit.

Die ***ELEKTRIZITÄT*** war schon lange bekannt, aber es gelang erst recht spät, sie in wirtschaftlicher Weise für Leuchtzwecke zu nutzen.
Erste brauchbare Lichtquelle war um 1850 die Bogenlampe, bei der zwischen den Enden von zwei unter Strom stehenden Kohlestäben eine Art Dauerblitz, der Lichtbogen, entsteht. Damit er nicht abreißt, müssen die allmählich abbrennenden Kohlestäbe langsam nachgeschoben werden. Anfangs geschah das von Hand, später bei der 1879 von Friedrich v. Hefner-Alteneck erfundenen Differentiallampe durch eine elektromechanische Automatik.

Bogenlampen erzeugen ein sehr helles, kaltes Licht, das vom menschlichen Auge als blendend empfunden wird. Wie bei vielen Erfindungen, wurde es zuerst für militärische Zwecke benutzt, und zwar von den Engländern und Franzosen im Krimkrieg 1855.

Im Auftrage von Trinity House fanden erste Versuche mit Bogenlicht für Leuchtfeuer im Frühjahr 1857 auf dem Leuchtturm **Blackwell Island** nahe New York (s. Band 3, Seite 104) und 1858/59 auf den beiden englischen Leuchttürmen von **South Foreland** statt. In den Jahren 1862 bis 1879 ließ Trinity House Versuche auf fünf weiteren Leuchttürmen durchführen, u.a. **Dungeness** und **Lizard** (s. Band 1, Seite 48 bzw. 101). 1884/85 folgte auf dem Kliff von South Foreland der aufwendige Vergleich zwischen elektrischem, Gas- und Öllampenlicht (beschrieben in Band 1, Seite 55).

Weil sich die ganzen Anlagen als zu kosten- und personalaufwendig, darüber hinaus als recht störanfällig erwiesen, gab Trinity House die Versuche wieder auf und kehrte später in einigen Fällen sogar zum Ölfeuer zurück.

Ähnlich schlechte Erfahrungen mit Bogenlicht machte man auch in anderen Ländern, so ab 1883 in Australien mit dem Leuchtturm **Macquarie II** (s. Band 3, Seite 62) und ab 1884 in Italien mit dem Leuchtturm **Isola del Tino II** (s. Seite 101). In beiden Fällen wurden die elektrischen Anlagen 1912 durch Gas-Glühlicht ersetzt.

Die schottische Leuchtfeuer-Behörde, die 1886 ihren Leuchtturm **Isle of May** (s. Band 1, Seite 56) mit einer elektrischen Bogenlampe ausgerüstet hatte, ging dort 1924 ebenfalls zu Glühlicht über.

Dagegen war man in Frankreich erfolgreicher, zumal die dort entwickelte Alliance-Maschine eine günstigere Stromquelle darstellte. Nachdem die beiden Türme der Leuchtfeuer-Anlage **Cap de la Hève** (s. Seite 57) 1863 bzw. 1865 mit Bogenlicht ausgerüstet worden waren und wertvolle Erfahrungen geliefert hatten, erhielten diese drei Leuchttürme 1869 eine ähnliche Anlage: **Cap Gris-Nez** an der engsten Stelle des Ärmelkanals, **Kap Fontana** am Schwarzen Meer vor Odessa in Rußland (s. Seite 124) sowie **Port Said** an der Einfahrt des soeben eröffneten Suezkanals. Mit verbesserten elektrischen Leuchtfeuern folgten 1881 **Planier III** im Mittelmeer sowie 1882 **Les Baleines** am Atlantik.

Danach exportierte Frankreich solche Anlagen in weitere Länder, so 1885 nach Rußland für die Leuchttürme **Berdjansk** und **Taganrog** am Asowschen Meer, 1886 nach Spanien für den Leuchtturm **Cabo Villano II**, 1888 nach Dänemark für den Leuchtturm **Hanstholm** (s. Seite 10), 1891 nach Portugal für den Leuchtturm **Cabo Espichel**.

Die 1857 auf dem Leuchtturm **Blackwell Island** *verwendete Bogenlampe von F. H. Holmes*

Aber alle diese Bogenlampen wurden noch mit Wechselstrom betrieben, erzeugt in magnetelektrischen Maschinen. Nachdem Werner v. Siemens (1816–1892) das dynamoelektrische Prinzip zur Gleichstromerzeugung entdeckt und bis zur praktischen Anwendung entwickelt hatte, begannen 1888 auch auf dem deutschen Leuchtturm **Neufahrwasser** bei Danzig Versuche mit Bogenlicht. Hier erprobte die Firma Siemens & Halske das bald danach weltweit eingeführte Verfahren, Leuchtturmlampen während des nächtlichen Betriebes aus Akkumulatoren zu speisen, die bei Tage in wenigen Stunden wieder aufgeladen wurden. Das hatte drei entscheidende Vorteile:

- Die Lampe verlöschte nicht mehr bei jeder Störung der damals noch mit Dampfmaschinen angetriebenen Stromerzeugungsanlage, sondern brannte gleichmäßig;
- die Generatoren brauchten nicht mehr die ganze Nacht über betrieben zu werden, sondern nur noch bei Tage während des Aufladens der Akkumulatoren;
- die zuvor für Störungsfälle erforderliche Reserveanlage zur Stromerzeugung wurde entbehrlich.

Große Glühlampe in einer Gürtellinse (England)

Gürtellinse des deutschen Leuchtturmes **Hohe Weg** *von 1856 (jetzt im Deutschen Schiffahrtsmuseum, Bremerhaven)*

Hyperradiale Scheinwerferlinse des portugiesischen Leuchtturmes **Cabo de São Vicente II** *(1907); durch die Gestalt des Wärters erhält man eine Vorstellung von der Größe der Optik*

Gürtellinse des Leuchtturmes **Kiel** *(1967)*

Scheinwerferlinse des spanischen Leuchtturmes **Berberia** *(1971)*

Scheinwerferlinse des englischen Leuchtturmes **Lizard** *(1874)*

In Deutschland folgten 1889 Kleiner Leuchtturm **Borkum**, 1891 Leuchtturm **Campen** an der Unterems. 1893 entstand auf der Insel Wangerooge eine elektrische Zentrale, die nicht nur den Leuchtturm **Wangerooge**, sondern ab 1895 über ein 18 km langes Kabel auch den weit in See stehenden Leuchtturm **Roter Sand** mit seiner Bogenlampe versorgte.
Um 1895 waren weltweit etwa 35 Leuchttürme mit elektrischem Bogenlicht in Betrieb, davon 12 in Frankreich, 8 in England, 5 in Deutschland und 3 in Rußland.
Wie allgemein, so setzte sich jedoch das elektrische Licht auch im Leuchtfeuerwesen erst im Laufe von mehreren Jahrzehnten gegenüber dem störungsfrei arbeitenden Gas-Glühlicht durch. In den meisten Ländern wartete man ohnehin ab, bis einsatzfähige Glühlampen entwickelt waren, vielfach aber auch bis zur Fertigstellung von städtischen Elektrizitätswerken, die Strom zu Leuchttürmen liefern konnten.
Heute besitzen nur noch einige ganz exponierte oder auf Meeresfelsen stehende Leuchttürme eigene Stromerzeugungsanlagen. Alle sonstigen elektrischen Leuchtfeuer werden aus dem öffentlichen Netz gespeist. Aber

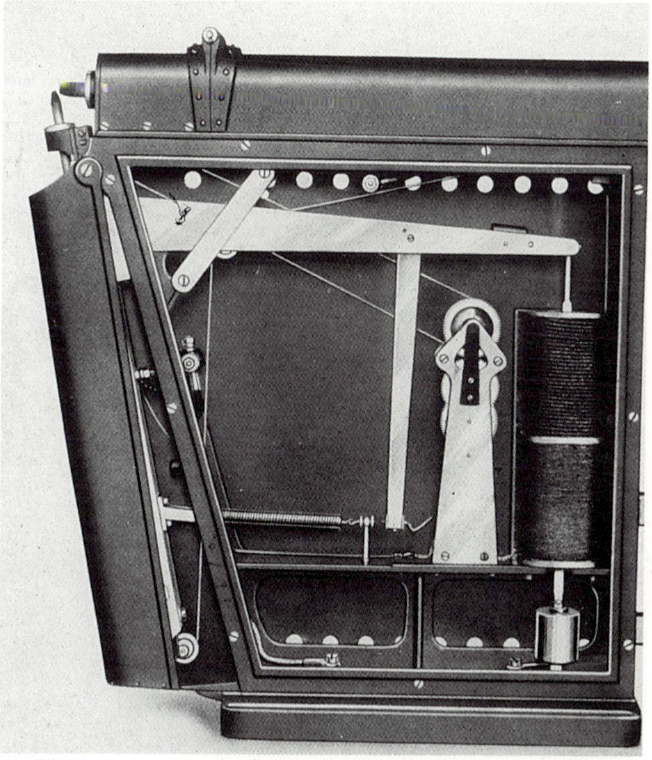

Differentiallampe, um 1890 in Deutschland verwendet; der Lichtbogen brannte zwischen den links oben sichtbaren Spitzen der Kohlenstäbe

Hochdruck-Entladungslampen des deutschen Leuchtturmes **Campen**

Schema einer Xenon-Entladungslampe

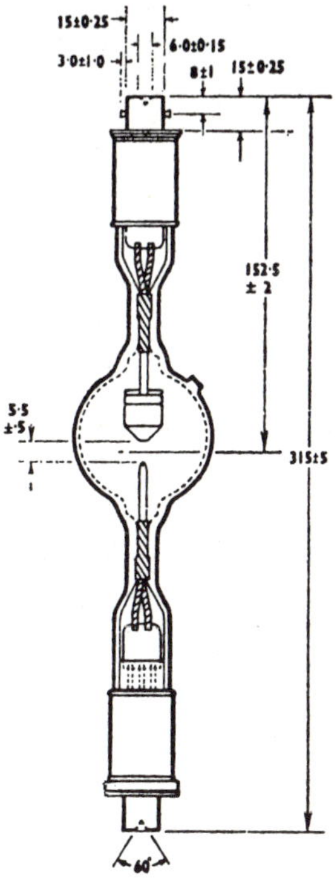

nach wie vor traut man dem Netzstrom nicht so recht, weil er grade in stürmischen Winternächten, in denen Leuchtfeuer unbedingt brennen müssen, ausfallen kann. Deshalb sind nunmehr besonders wichtige Feuer mit Notstromaggregaten ausgerüstet, die bei Ausfall des Netzstromes automatisch anspringen. Das Anlaufen der Diesel wird durch Startbatterien besorgt.

Ab etwa 1920 trat an die Stelle der Bogenlampe, die noch ständig bewacht werden mußte, die Glühlampe mit ihrem dünnen Leuchtfaden. Natürlich wurden allmählich auch die meisten älteren Lichtquellen durch sie ersetzt. Bei vielen weittragenden Feuern mußten überdimensionale Exemplare mit bis zu 30 cm Durchmesser oder Länge verwendet werden, weil ihre gewaltigen Optiken für die relativ großflächige Lichtmasse von Dochtlampen oder Glühstrümpfen berechnet waren (s. Seite 133).
Inzwischen wurden weitere Lampentypen mit immer größerer Lichtstärke und immer längerer Brenndauer entwickelt. Moderne Metallhalogen-Entladungslampen erzeugen eine Helligkeit von mehreren Millionen Kerzen. Ihre Brenndauer beträgt bis zu 10000 Betriebsstunden.

Vom Hohlspiegel bis zum Linsensystem

Unbeeinflußt strahlt jedes Licht nach allen Seiten kugelförmig aus und nimmt mit dem Quadrat der Entfernung an Sichtbarkeit ab. Feuer für die Schiffahrt brauchen jedoch lediglich in horizontaler Ebene, davon sogar oft nur in einem begrenztem Sektor sichtbar zu sein. Alles übrige und damit das weitaus meiste Licht verstrahlt also umsonst. Auch für andere Zwecke suchten Erfinder schon früh nach Möglichkeiten, das Licht zu bündeln und in eine bestimmte Richtung zu lenken.
Die erste Lichtbündelung für Leuchtfeuer gelang den Schweden, indem sie 1687 auf dem Leuchtturm **Orskär** hinter jede der fünf Öllampen einen muschelförmigen Metallspiegel setzten (s. Band 1, Seite 65).
Aber auch in anderen Ländern experimentierte man mit allen möglichen Hohlspiegeln. Überliefert ist folgende Geschichte aus England:
1763 wettete ein Mitglied der Mathematischen Vereinigung zu Liverpool mit einem Freund, daß er eine Zeitung beim Schein einer 30 Fuß (9 m) entfernten Kerze würde lesen können. Er gewann die Wette, indem er eine innen mit kleinen Spiegelscherben beklebte Holzschale als Scheinwerfer benutzte. Der zufällig anwesende Hafenkapitän William Hutchinson griff die Idee auf und entwikkelte die ersten parabolischen Reflektoren. Seine nach der gleichen Methode in mehreren Größen gefertigten Scheinwerfer kamen ab etwa 1765 bei mehreren Feuern am Mersey-Fluß vor Liverpool zum Einsatz; sie wurden von Seeleuten als echte Verbesserung gelobt.

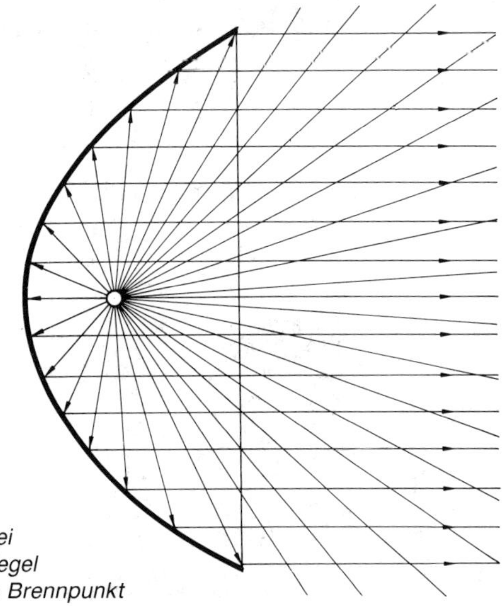

Strahlenverlauf bei einem Parabolspiegel mit Lichtquelle im Brennpunkt

Eigentlich wird die Entdeckung des Parabolspiegels dem französischen Chemiker Antoine Laurent Lavoisier (1743–1794) zugeschrieben. 1765 wies er wissenschaftlich nach, daß solch ein Hohlspiegel in Parabolform mit einer Lichtquelle im Brennpunkt die nach innen fallenden Strahlen parallel in eine Richtung reflektiert.
Nebenbei bemerkt, er entwarf außerdem eine Reflektorlampe für die Straßenbeleuchtung in Paris, wofür er 1766 von der Akademie der Wissenschaften eine Goldmedaille erhielt. Das hinderte die Revolutionäre jedoch nicht, ihn 1794 durch die Guillotine hinrichten zu lassen, weil er angeblich Royalist war. Urteilsspruch des Tribunals: »Die Republik braucht keine Wissenschaftler.«
Trotzdem ging die Entwicklung weiter, und zwar besonders in Frankreich. Dort wurde eine Lampe mit sphärischem Reflektor entwickelt, die 1781 auf wichtigen Leuchttürmen in großer Stückzahl – **Cordouan** erhielt 80 – zum Einsatz kam, sich aber nicht besonders bewährte. Danach führte Frankreich 1790 als erstes Land die ideale Kombination von Parabolspiegel und Argandlampe – genannt Reverbere – ein. Unabhängig davon entstanden in jenen Jahren zahlreiche ähnliche Kombinationen, meist benannt nach ihrem Erfinder.

Parabolischer Reflektor, zusammengesetzt aus lauter ebenen Einzelspiegeln (Sammlung Quirin Stevenson)

Die Herstellung exakter Parabolspiegel war zunächst recht schwierig. Sie wurden aus Kupfer getrieben und an der Innenfläche versilbert, vereinzelt sogar vergoldet, damit sie das Licht gut reflektierten. Bei Reverberen ließ man oben eine Öffnung für den Glaszylinder der Argandlampe.
Um den ganzen Horizont bzw. den gewünschten Sektor zu bestreichen, mußte man allerdings zahlreiche Hohlspiegelleuchten kreisbogenförmig nebeneinander anordnen, bei ungenügender Plattformgröße sogar in zwei oder drei Etagen.
Trotzdem waren diese Anlagen billiger in der Unterhaltung und zumeist auch weitreichender als Kohleblüsen. Sie stellten für mehrere Jahrzehnte die optimale Lösung dar, zumal sowohl Brenner als auch Spiegel im Laufe der Zeit immer weiter verbessert wurden. Die meisten bestehenden Seefeuer der ganzen Welt wurden auf Reverberen bzw. andere Hohlspiegelleuchten umgerüstet, Neubauten damit ausgestattet.
Sparsamer im Verbrauch waren Anlagen mit nur relativ wenigen Spiegelleuchten an einem langsam rotierenden Gestell; das ergab Blinkfeuer mit auf- und abschwellendem Licht. Sie wurden vornehmlich dort eingesetzt, wo die Gefahr der Verwechslung mit anderen Feuern bestand.

Alle mit solchen Anlagen ausgerüsteten Leuchttürme trugen nun die typische verglaste Laterne, wie wir sie noch heute kennen, allerdings zunächst oben mit einem Rauchabzug für die Lampen. Der Raum unter der Laterne diente den damaligen Wärtern zum Aufenthalt während der Nacht. Meist war er mit Schreibtisch und Arbeitsgeräten, vereinzelt auch mit Betten oder Kojen ausgestattet. In kälteren Regionen sorgte ein Ofen für die nötige Wärme. Das Ofenrohr führte durch den Laternenraum hindurch, um ihn zu erwärmen. Denn nur bei genügender Temperatur blieb das Öl für die Leuchten flüssig und die Verglasung eisfrei.

Herstellung eines Parabolspiegels

Drehfeuer-Laterne eines schottischen Leuchtturmes zu Anfang des 19. Jahrhunderts, Anordnung der Reverberen in drei Etagen

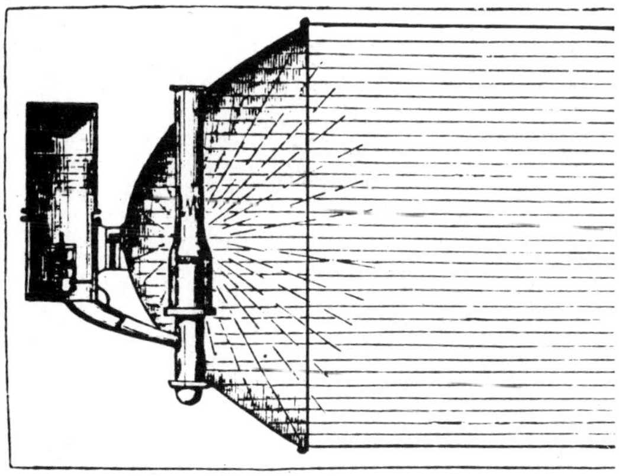

Reverbere

Das Parabolspiegel-Prinzip wurde noch auf eine andere Art angewendet, beim sog. Sideral-Apparat, erfunden 1809 von dem Franzosen Bordier-Marcet. Dieser Apparat bestand aus je einem oberen und einem unteren spiegelnden Teller, deren Querschnitte zusammen zwei sich etwas überschneidende Parabeln ergaben. Dadurch wurde das Licht einer im gemeinsamen Brennpunkt befindlichen Lampe auf die Horizontale konzentriert, und zwar rundum – mit Ausnahme des Winkels, in dem sich die Halterung des oberen Tellers befand. Sideral-Apparate fanden vorwiegend in Frankreich und Nordeuropa Verwendung. Da sie nur relativ geringe Tragweite besaßen, blieb ihr Einsatz auf Hafen- und Molenfeuer beschränkt. Einziger größerer, damit ausgerüsteter Leuchtturm war **Greifswalder Oie** (1832–1855); der Tellerdurchmesser betrug etwa 80 cm.

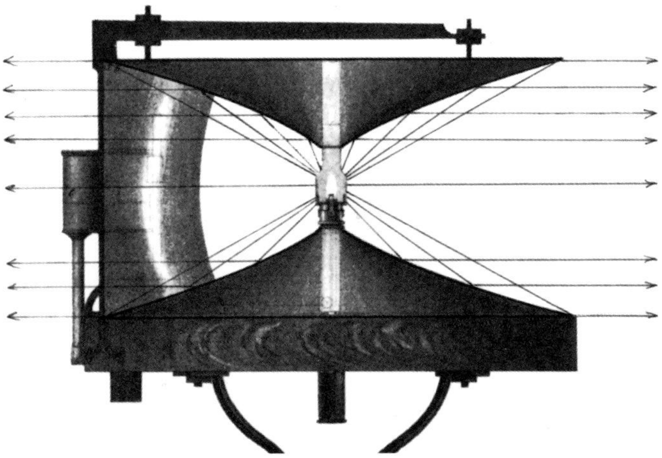

Sideral-Apparat mit angedeutetem Lichtstrahlenverlauf

Bei den bisher beschriebenen Optiken handelte es sich ausschließlich um katoptrische oder Spiegelsysteme. Dioptrische oder lichtbrechende Glassysteme waren zwar schon bekannt und z. B. bei Teleskopen auch an-

Fresnels Prinzip zur Verringerung der Linsen-Glasmasse: Das um den Brennpunkt horizontal gedrehte Profil ergibt die Gürtellinse

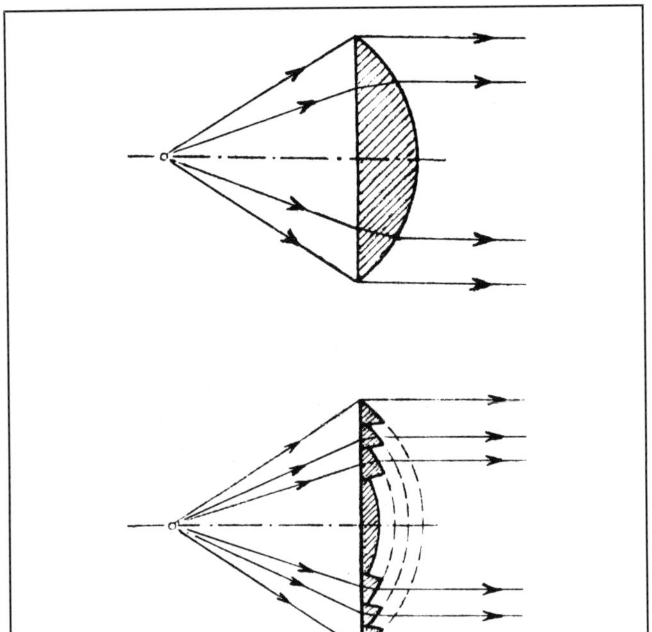

gewendet, aber ansonsten noch ziemlich unerforscht. Die für Leuchtfeuer wichtigste Erfindung gelang 1820 dem französischen Physiker Augustin Jean Fresnel (1788–1827) mit seiner Gürtellinse. Sie besteht aus mehreren um eine Lichtquelle angeordneten Linsenringen, die das auftreffende Licht in horizontale Richtung lenken. So entsteht eine waagerechte Lichtscheibe, vergleichbar dem Saturnring mit erweiterter Ebene. Das Prinzip ist bis heute unverändert geblieben, selbst jede moderne Positionslaterne ist danach gefertigt.

Gürtellinse als Positionslaterne (Profil wie auf der Skizze links)

Da man anfänglich noch keine gekrümmten Linsen herstellen konnte, wurden die Glasringe aus vielen geraden Einzelteilen zusammengesetzt. Für größere Apparate konstruierte Fresnel ein System von kranzförmig angeordneten ebenen Spiegeln, die einen Teil des oben und unten an der Gürtellinse vorbeistrahlenden Lichtes auch noch in die Horizontale umlenkten. Allerdings gab es Probleme mit der winkelmäßig genauen Ausrichtung und mit der Reinigung der vielen Spiegel.

Später ersetzte Fresnel diese Spiegel durch katadioptrische Gläser, die das Licht in Totalreflektion ablenken und an den Ein- und Austrittsflächen noch etwas brechen. Auch diese Prismenringe wurden zuerst noch aus geraden Einzelteilen zusammengesetzt.

Das erste, allerdings noch recht unvollkommene Exemplar wurde 1823 auf dem Leuchtturm **Cordouan** installiert.

An der Weiterentwicklung arbeiteten vor allem die schottischen Ingenieure Alan und Thomas Stevenson. Wie schon Fresnel, so kümmerten auch sie sich um Verbesserung der Lampen, denn im Gegensatz zu Hohlspiegelfeuern wird bei diesem System nur eine einzige, dafür aber stärkere Lichtquelle benötigt.

Die Lichtausbeute, die bei einem Parabolspiegel aufgrund der Fehlstreuung nur ca. 20% beträgt, erreicht hier etwa 80%, ist also kaum noch zu übertreffen. So erwiesen sich diese bienenkorbförmigen Fresnelschen Apparate den bisher gebräuchlichen Spiegelanlagen als derartig überlegen, daß sie allmählich das Leuchtfeuerwesen der ganzen Welt revolutionierten.

Verlauf der Lichtstrahlen

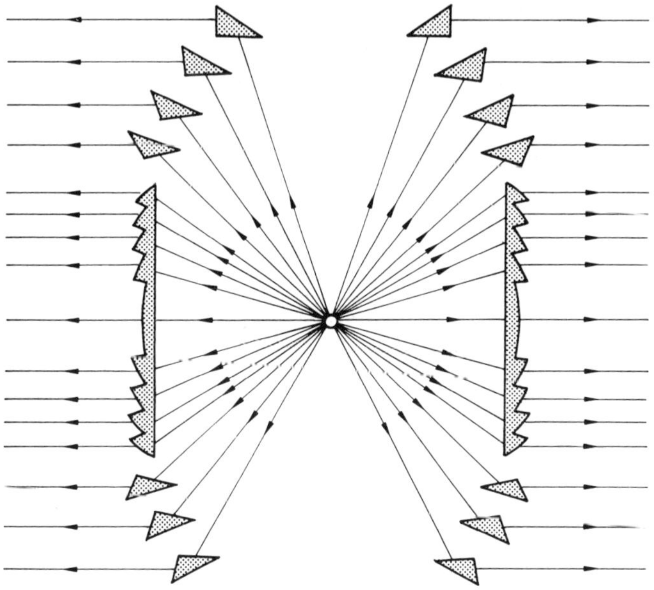

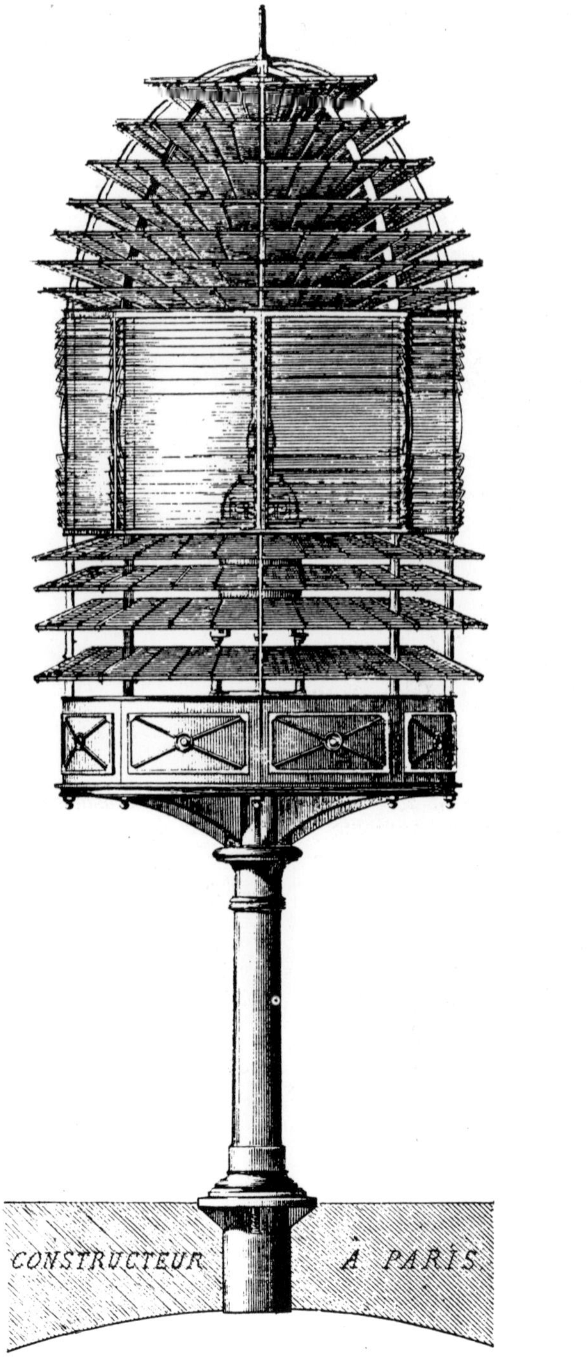

Fresnelscher Apparat mit Gürtellinse, darüber und darunter ebene Spiegel

Nun ging es mit Riesenschritten weiter, zunächst nur in Frankreich, wo sich drei Firmen auf die Herstellung solcher Apparate konzentrierten: M.L. Sautter/Lemonnier, M. Henry-Lepaute sowie Barbier & Bénard, alle in Paris. Sie besaßen praktisch das Monopol und verkauften von Jahr zu Jahr mehr Fresnelsche Apparate, z. T. sogar komplette Laternen an alle Welt; 1843 waren es 83 Stück, 1877 über 2500, davon 400 Riesenexemplare. Mit diesen drei Firmen entstand in Frankreich ein neuer Wirtschaftszweig und willkommener Devisenbringer.

Ab 1850 machte ihnen allerdings die englische Firma Chance Brothers in Birmingham etwas Konkurrenz, nachdem sie die beiden französischen Ingenieure Tabouret und Bontemp – ehemalige Mitarbeiter von A.J. Fresnel und seinem Bruder Léonor – eingestellt hatte. Sie sicherte sich allmählich den Absatz im Einflußbereich des ehemaligen Britischen Empire.
Mit der allgemeinen Einführung dieser Linsenapparate begann Holland 1833, Irland 1835, England, Schottland, Belgien 1836, Italien 1837, Norwegen und Spanien 1838, Schweden 1840, Dänemark 1842, Deutschland 1843, Österreich 1849, Brasilien 1850, die USA 1850 (nach einem Test von 1841), die Türkei und Portugal 1855, Rußland und Griechenland 1856, Kanada wahrscheinlich erst nach 1856.
Nur in wenigen Ländern wurden ab etwa 1900 nationale Produktionsstätten für Optiken eingerichtet, so in Deutschland (Wilhelm Weule, Goslar, und Pintsch-Bamag, Dinslaken), in Spanien, Italien, Skandinavien und Japan.

Übergang vom Parabolscheinwerfer zur Linsenoptik, veranschaulicht am Beispiel der Leuchttürme **Ile du Pilier I** *und* **II***: links der Turm von 1829 mit Reverberen, rechts der Turm von 1903 mit Scheinwerferlinse*

Erstes Fresnelsches Drehfeuer mit Scheinwerferlinsen, Spiegeln und Prismen

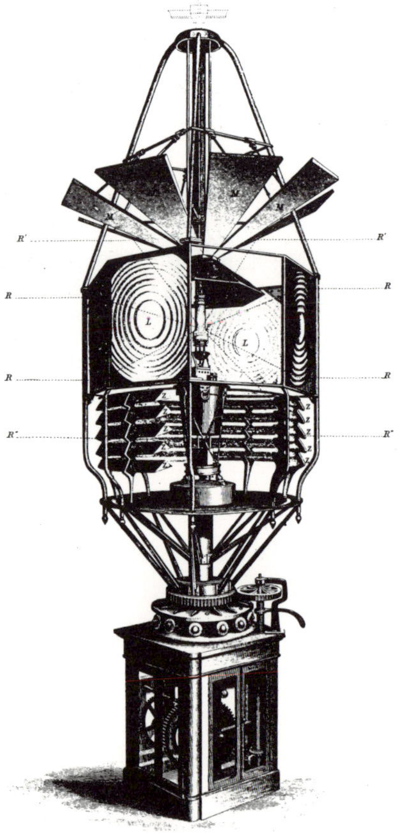

Doch zurück zu den Anfängen. Die meisten Linsenapparate wurden nach regionalen Erfordernissen konstruiert. Sollte z.B. nur die Seeseite ausgeleuchtet werden, so sparte man die ganze Glasapparatur zur Landseite hin aus. Um möglichst viel Licht nutzbar zu machen, reflektierte man es im Dunkelsektor durch Spiegeleinrichtungen auf den zu beleuchtenden Winkel.

Denkt man sich Fresnels Linsenprofil um eine waagerechte Achse gedreht, so ergibt sich ein senkrecht stehender Ring, der das Licht zu einem Scheinwerferstrahl bündelt. Wenn man mehrere solcher Ringe mit einer Lichtquelle im gemeinsamen Brennpunkt rotieren läßt, entsteht Blink- oder Blitzfeuer. Solche Drehfeuer-Optiken enthielten bis zu 20 Strahlenfelder.

Die Rotationsbewegung wurde durch ein Uhrwerk mit Regulator, ähnlich dem einer Turmuhr, bewirkt. Als Antrieb diente ein zentnerschweres Gewicht, das dabei langsam in einem besonderen Schacht, meist mitten im Turm, absackte. Es mußte am Tage vom Leuchtturmwärter wieder hochgekurbelt werden.
In zahlreichen Fällen diente solch ein Uhrwerk auch zur Betätigung von sog. Otterblenden; das sind senkrechtstehende, jalousieartige Lamellen, die das Licht einer Gürtellinse im vorgesehenen Rhythmus freigeben und abblenden.
Neben diesen beiden Haupttypen – Gürtellinse für feste Feuer und Scheinwerferlinse für Drehfeuer – konstruierten die Hersteller noch eine Unzahl von Kombinationen aus katoptrischen, dioptrischen und katadioptrischen Elementen, um die von den Auftraggebern gewünschten Kennungen zu erzeugen. Kennungen oder Charakteristiken – ähnlich den Morsezeichen – dienen der Unterscheidung; die wichtigsten sind Blink, Blitz, Gruppe, Wiederkehr.

Uhrwerk für Drehfeuer

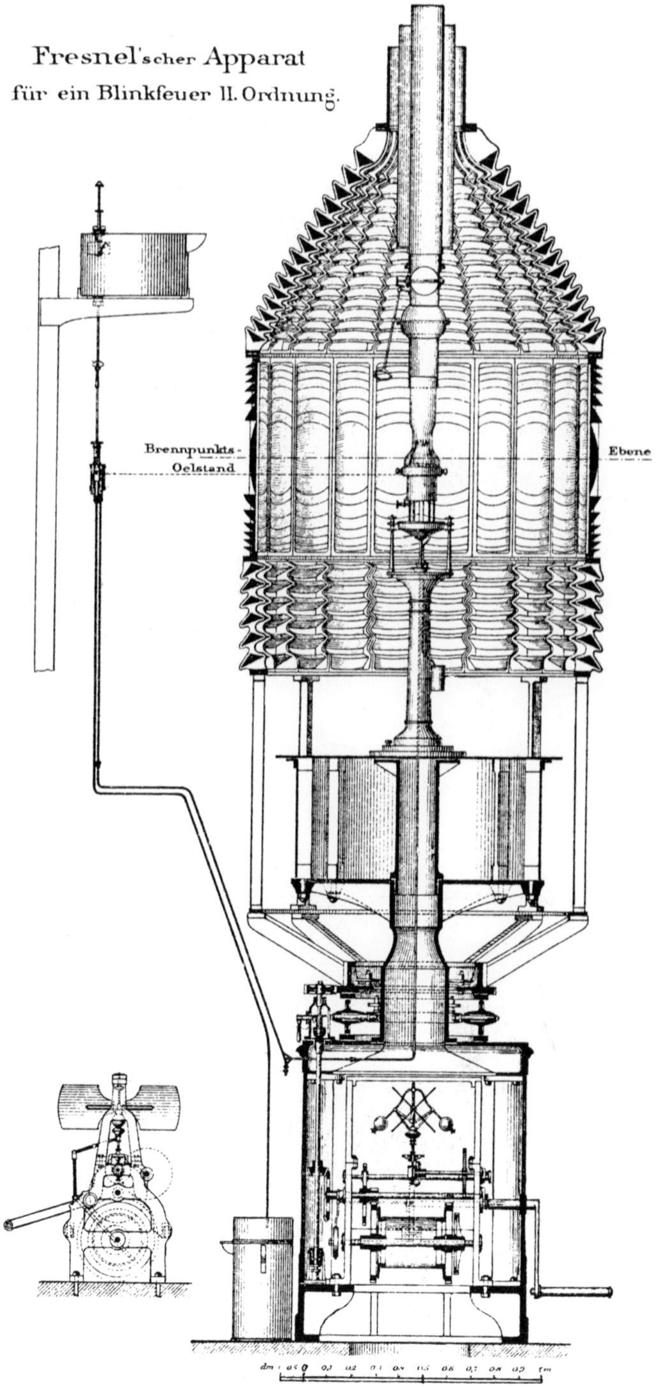

Drehfeuer mit Regulator

Auch die geforderten Tragweiten waren natürlich höchst unterschiedlich. Die drei französischen Firmen einigten sich auf folgende sechs Größenordnungen:

Apparat	Brennweite	Dochtanzahl der Argandlampe	Tragweite ca.
I. Ordnung	920 mm	6	20 sm
II. Ordnung	700 mm	5	18 sm
III. Ordnung	500 mm	4	16 sm
IV. Ordnung	250 mm	3	12 sm
V. Ordnung	187,5 mm	2	10 sm
VI. Ordnung	150 mm	1	8 sm

Chance Brothers schloß sich dieser Regelung an, fügte aber noch zwei Zwischengrößen (375 und 300 mm) hinzu.

Für Leuchttürme mit außergewöhnlich großen Tragweiten bauten sowohl die Engländer als auch die Franzosen um die Jahrhundertwende meso-radiale und hyperradiale Optiken mit Brennweiten von 1120 bzw. 1330 mm. Beispiele sind **Bishop Rock** (England), **Cabo de São Vicente** (Portugal), **Manora Point** (Pakistan, damals britisch), **Cape Race** (Kanada), **Makapuu Point** (Hawaii), **Abrolhos** (Brasilien).

Man kann sich des Eindrucks nicht erwehren, daß in einigen Fällen nicht nur reine Zweckmäßigkeit bestimmend war, sondern der Ehrgeiz, unbedingt das stärkste Feuer der Welt zu besitzen. Diese Mammut-Optiken brachten nämlich nicht wesentlich mehr Tragweite als solche der I. Ordnung, waren aber unverhältnismäßig viel teurer.

Größter Laternentyp mit hyperradialer Scheinwerferlinse (Brennweite 1330 mm)

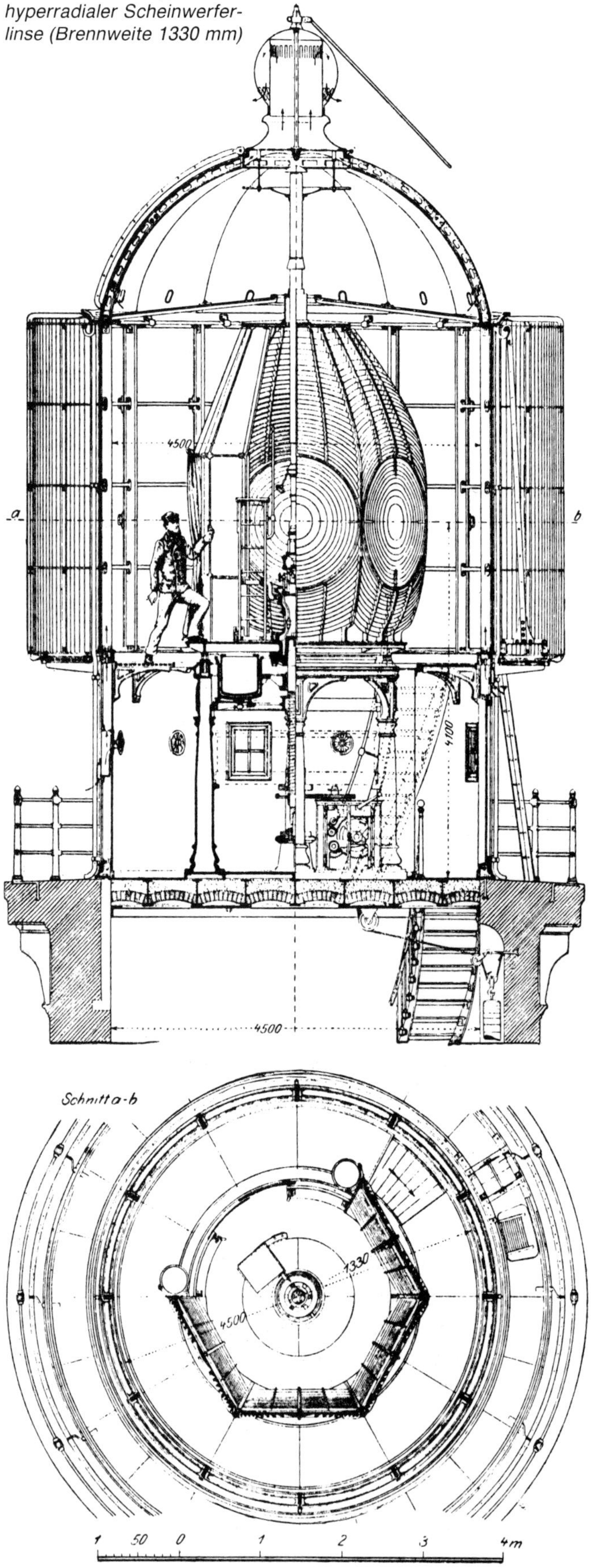

Doppelstock-Optik des irischen Leuchtturmes ***Fastnet Rock*** *von 1904*

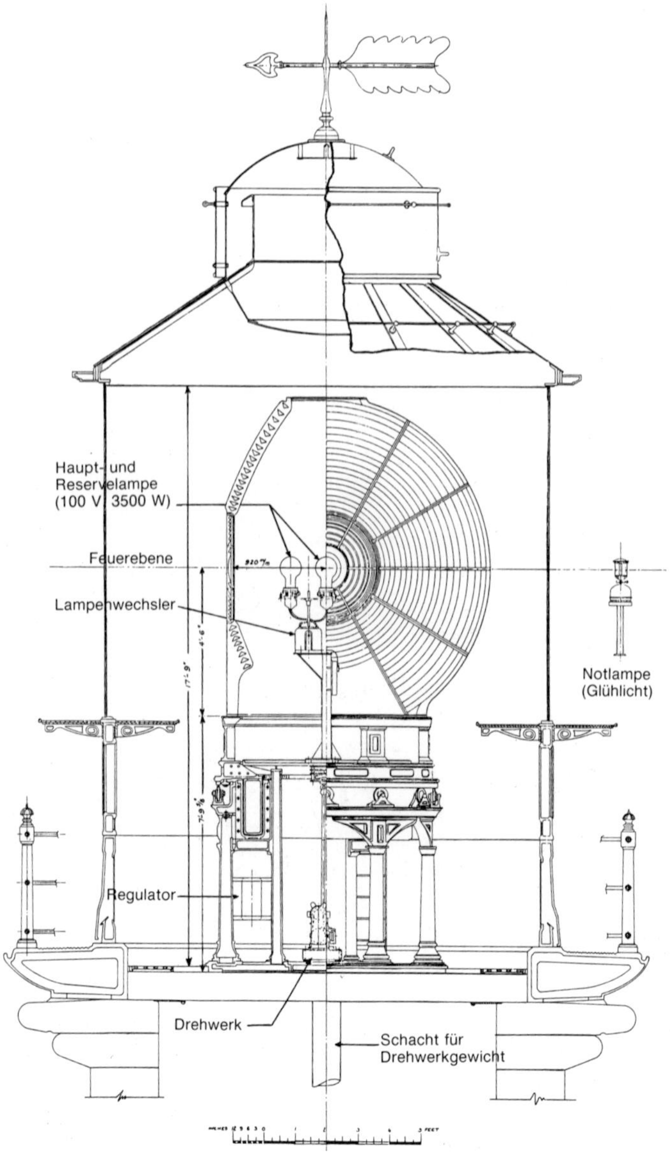

Englische Einheitslaterne mit Scheinwerferoptik I. Ordnung; Höhe des Laternenraumes 17' 9'' (17 Fuß, 9 Zoll) = ca. 5,4 m

Alle Optiken waren damals aus handgeschliffenen Linsen und Prismen – bei den größten Exemplaren aus über 1000 Stück – zusammengesetzt, und zwar teils mit durchsichtigem Kanadabalsam gekittet, teils durch Messingeinfassungen zusammengehalten. Heute wären diese Kunstwerke kaum noch zu bezahlen. Zum Glück kommt man jetzt aufgrund stärkerer Lichtquellen mit kleineren Optiken aus, die in modernen Glashütten einfacher und schneller hergestellt werden als damals.

Im Zeitalter der relativ langsam fahrenden Segelschiffe glaubte man, daß zur Erkennung und zum Einpeilen eines Feuers Lichterscheinungen von mindestens fünf Sekunden Dauer erforderlich seien. Deshalb setzte man die Charakteristiken aus langen Lichterscheinungen zusammen. Ein Ablauf mit anschließender Pause dauerte bis zu acht Minuten. Bald wurde jedoch wissenschaftlich festgestellt, daß Lichtblitze von 1/10 Sekunde genügen, wenn sie schnell genug aufeinander folgen.
Seit Aufkommen der Dampfschiffahrt mit immer höheren Geschwindigkeiten forderten Kapitäne und Navigatoren verständlicherweise rasch erkennbare Leuchtfeuer. Außerdem sollten diese sich klarer von dem ständig wachsenden Lichtermeer an Häfen und Küsten unterscheiden. Ab etwa 1900 stattete man daher die Leuchttürme mit Optiken für kürzere Lichterscheinungen aus.
Bei vorhandenen Exemplaren wurde das Problem dadurch gelöst, daß man Umlaufblenden und Drehlinsen nach entsprechenden technischen Veränderungen schneller rotieren ließ. So wurden die Ablaufzeiten der Charakteristiken z. T. erheblich verkürzt.
Die Kugellager der tonnenschweren Drehlinsenapparate mußten dazu allerdings entlastet werden. Das geschah, indem man den Sockelring des Rotors als Schwimmer ausbildete und in einem ringförmigen, mit Quecksilber gefüllten Gefäß laufen ließ (erkennbar auf nebenstehender Skizze). So konnte man selbst die schwersten Apparate bis zu 40 mal so schnell kreisen lassen.
Nun sackten die Antriebsgewichte der Drehmaschinen natürlich schneller nach unten, so daß einige schon während des Betriebes wieder hochgekurbelt werden mußten. Eine sinnvolle Seilführung sorgte dafür, daß der Rotor derweilen nicht stehen blieb.
Einige dieser unverwüstlichen Gewichtsantriebe taten über 100 Jahre ihren Dienst, die letzten bis in unsere Tage. Inzwischen haben Elektromotoren ihre Aufgabe übernommen.

Nach der Jahrhundertwende kehrte man übrigens in vielen Fällen zum Parabolspiegel zurück, weil dieser nun auch aus Glas hergestellt werden konnte und höchste Lichtausbeute ermöglichte. Johann Siegmund Schukkert (1846–1895) hatte nämlich 1885 eine Schleifmaschine für Glasparabole erfunden.

Solche Scheinwerfer mit einer elektrischen Bogenlampe im Brennpunkt erzielten ungeahnte Tragweiten. Der damals neue deutsche Leuchtturm **Helgoland** wurde 1902 als erster damit ausgerüstet.
Drei besonders konstruierte Parabolscheinwerfer, um 120 Grad versetzt, sowie ein weiterer darüber als Reserve wurden auf einer Plattform montiert. Die ganze Apparatur ließ man so rotieren, daß Lichtblitze von 1/10 Sekunde entstanden. Diese waren tatsächlich derartig intensiv, daß man das Feuer seinerzeit als eines der stärksten in der Welt rühmen konnte. Die Stromstärke dieser Einrichtung betrug über 100 A.

Bis in die jüngste Zeit wurden weiterhin Parabolfeuer entwickelt, allerdings nun ausgerüstet mit modernen Lichtquellen, z.B. Halogen-Metalldampflampen, die keine Schwärzung des Glaskolbens mehr verursachen. Besonders die Firmen AGA und Pintsch-Bamag stellen Drehsäulen mit bis zu 60 solchen Parabollampen her; ihre Lichtstärke beträgt viele Millionen Kerzen, ihre Tragweite bis zu 40 sm.

Parabolscheinwerfer mit Lichtbogenlampen, auf Drehtisch montiert (Schnellblitzfeuer ***Helgoland*** *1902)*

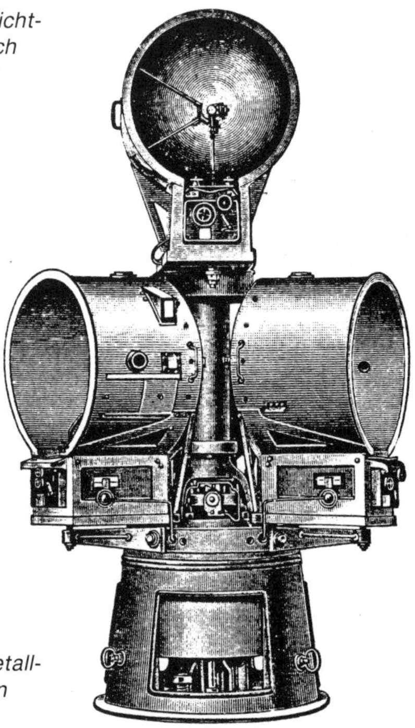

Drehfeuer mit Halogen-Metalldampflampen in Parabolen (Leuchtfeuer ***Lagos*** *1980)*

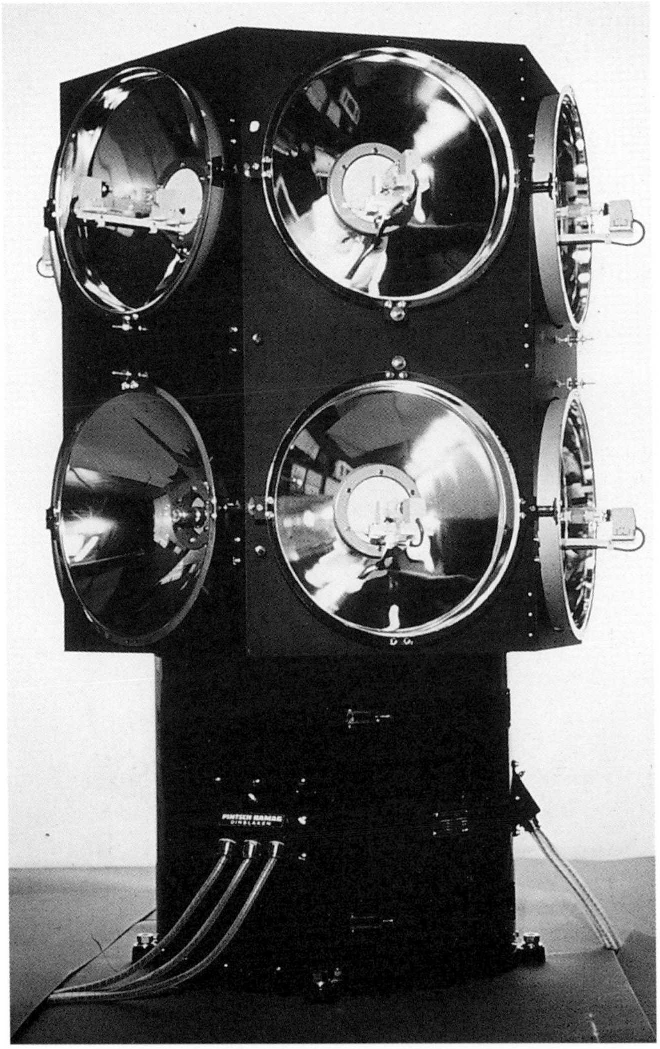

Bogenlampe hinter einer Scheinwerferlinse mit Otterblenden (Blitzfeuer des Leuchtturmes ***Hörnum*** *1907)*

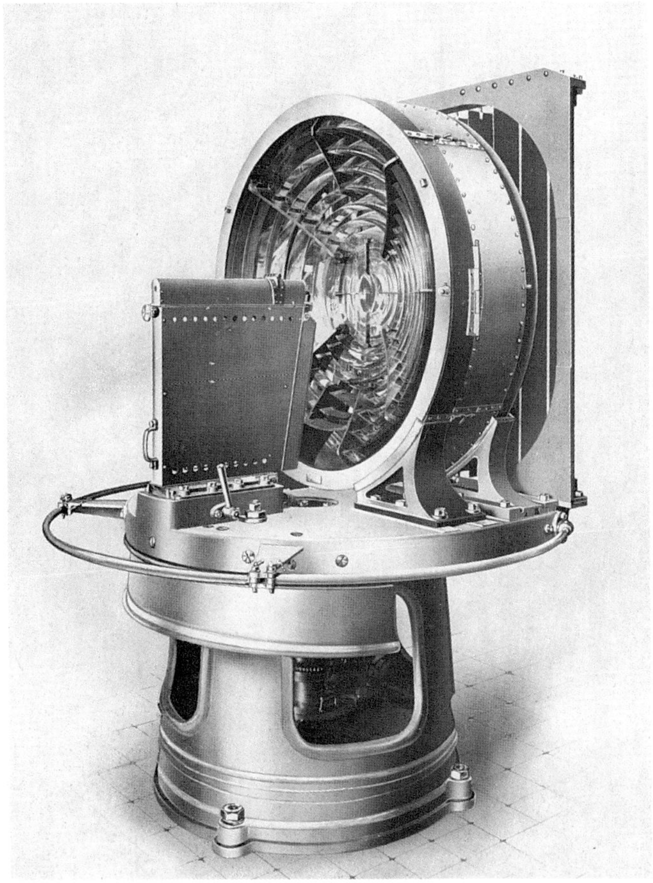

Moderne Energiequellen, Automation, Verkehrslenkung

In den letzten Jahrzehnten haben Leuchttürme durch die immer schneller fortschreitende technische Entwicklung mehr Wandel erfahren als in der gesamten vorherigen Zeit:

- Die moderne Lichttechnik veränderte ihre Feuer,
- Automation ersetzte ihre menschliche Bedienung,
- Zusatzeinrichtungen setzten ihren Wandel von der Orientierungs- zur Verkehrslenkungsfunktion in Gang.

Eine weitere Folge war, daß moderne Navigationsverfahren zahlreiche ältere Leuchttürme überflüssig machten. Ein zahlenmäßiger Ausgleich entstand allerdings vorläufig noch durch Neubauten

a) als Ersatz für Feuerschiffe,
b) zur Verdichtung des Leuchtfeuernetzes in Nachholgebieten,
c) zur Verkehrslenkung in Ballungsgebieten.

Außerdem wurden wichtige, aber nicht mehr modernisierbare alte Exemplare ersetzt.
Die modernen Türme unterscheiden sich allerdings erheblich von den klassischen Exemplaren, weil sie aus

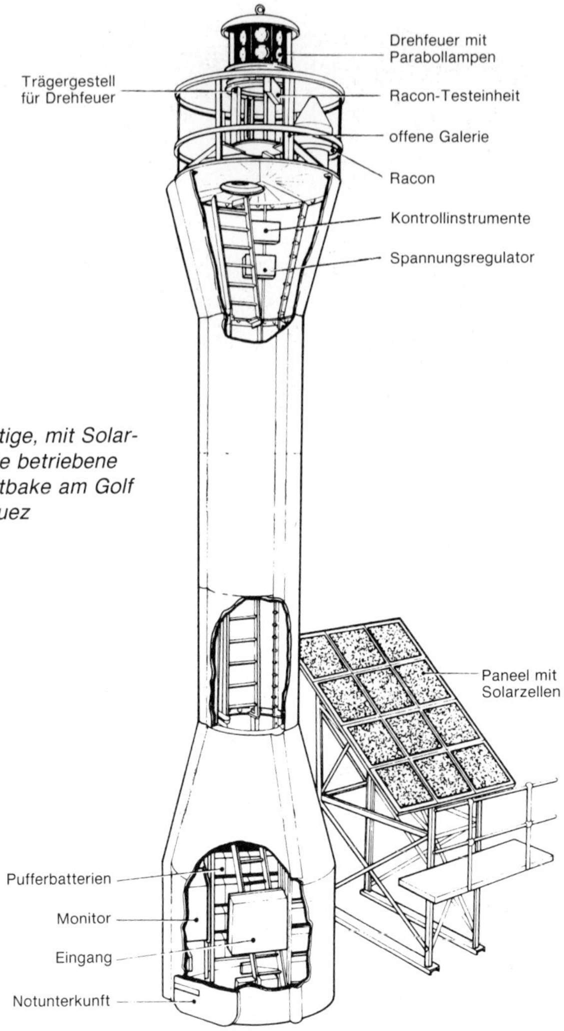

Neuartige, mit Solarenergie betriebene Leuchtbake am Golf von Suez

Moderne Turmkombination vor der deutschen Nordseeküste mit Leuchtfeuer und Radargerät auf der Plattform sowie UKW-Präzisionspeiler in 55 m Höhe

anderen Materialien und für andere Leuchtfeuertechniken gebaut sind. Einige wurden sogar vorrangig als Träger für neue navigatorische Einrichtungen konzipiert; bei ihnen hat das Leuchtfeuer nur noch eine Nebenfunktion.

Was die ***LICHTTECHNIK*** betrifft, so stand neben der bereits erwähnten neuesten Entwicklung elektrischer Leuchtkörper die Ausnutzung natürlicher Energiequellen im Vordergrund, um Betriebsstoffe einzusparen.
Ab etwa Mitte des 20. Jahrhunderts begann man mit Versuchen, aus Sonnenstrahlung, Windkraft, Gezeitenströmung und Wellenbewegung elektrische Energie zur Betreibung von Leuchtfeuern zu gewinnen. Im ersten Fall geschieht dies durch Paneele mit Photozellen, in den anderen Fällen durch kleine Generatoren.
Der erzeugte Strom wird in Pufferbatterien geleitet, die ihrerseits die Lampen speisen. Dieser Umweg ist erforderlich, weil die Anlagen nicht kontinuierlich Strom liefern. Eine auf Licht reagierende Einrichtung schaltet das Leuchtfeuer bei Tage ab. Natürlich kann der Strom auch für andere elektrische Einrichtungen genutzt werden.
Als günstigste von diesen neuen Möglichkeiten hat sich die Solarenergie erwiesen. Nach Entwicklung von hellen elektrischen Lampen, die mit relativ wenig Strom auskommen, wurden bereits tausende von Leuchtbaken und kleinen Leuchttürmen in aller Welt – neuerdings sogar Seefeuer – auf solarbetriebene Anlagen umgerüstet und etliche neue gleich damit versehen.
Bei größeren Feuern mit höherem Strombedarf werden mehrere Paneele nebeneinander aufgestellt, außerdem hat man dort für Notfälle Dieselaggregate oder Netzstromanschluß beibehalten.
Da Solarzellen nicht nur bei Sonnenlicht, sondern auch schon bei normaler Helligkeit Strom liefern, erfolgte ein lohnender Einsatz auch außerhalb von sonnenreichen Regionen, z. B. in Kanada, England, Tasmanien, ja sogar in Norwegen – hier allerdings nur in Verbindung mit Batterien größerer Kapazität.
Die meisten auf Solarenergie umgerüsteten Feuer bringen zwar nicht die gleichen Tragweiten wie vorher, aber die Seefahrt fordert sie auch nicht mehr. Deshalb wurden sogar schon einige Mammut-Optiken ausgebaut und durch kleine Leuchtapparate ersetzt.
Die Ausnutzung von Windkraft gestaltet sich schwieriger. Erst nach langwierigen Tests mehrerer Industrieländer gelang es in den 1970er Jahren, erste brauchbare Anlagen für Leuchtfeuer herzustellen. Bisher betreibt jedoch nur Frankreich einen nennenswerten Teil seiner kleineren Feuer mit Windkraft. Ansonsten blieb der Einsatz auf wenige Fälle in Nordeuropa beschränkt.
Vornehmlich in Frankreich und Finnland experimentierte man erfolgreich mit einer Kombination von Solar- und Windenergie.
Aus Gezeitenströmung und Wellenbewegung gewonnene elektrische Energie ist bisher praktisch nur für Leuchtbojen angewendet worden. Ob ein Einsatz auch für im Wasser stehende oder andere Leuchttürme infrage kommt, bleibt offen.
Natürlich versuchte man, auch noch andere elektrische Systeme für Leuchtfeuer nutzbar zu machen, z. B. den thermoelektrischen Generator. Er kam in etwa 25 Fällen zur Anwendung, bewährte sich aber nicht besonders, so daß er inzwischen fast überall durch andere Anlagen ersetzt wurde.
Schließlich sei noch die Lasertechnik erwähnt. Sie wurde zunächst als unzweckmäßig abgelehnt, jedenfalls in Australien. Neuerdings wird sie jedoch in Finnland erfolgreich eingesetzt, und zwar in Form von kreisenden Strahlen. Außerdem soll nach sowjetischen Angaben 1986 eine Serie von Laser-Leuchttürmen am nördlichen Seeweg in Betrieb gegangen sein.
An dieser Stelle ist die Bemerkung angebracht, daß nicht alle technischen Neuerungen auch allgemein bekannt werden. Es gibt zwar internationale Organisationen für das Seezeichenwesen, deren Mitglieder auf regelmäßigen Konferenzen Erfahrungen austauschen, bis heute sind aber noch nicht alle seefahrenden Länder darin vertreten. Bedeutendste dieser Organisationen ist die 1955 gegründete »Association Internationale de Signalisation Maritime« (AISM), auf englisch »International Association of Lighthouse Authorities« (IALA).

Nun zur ***AUTOMATION***. Die Lebens- und Arbeitsbedingungen der damaligen Leuchtturmwärter waren vielerorts so hart, daß man sie heute schlichtweg als unzumutbar bezeichnen würde. Insofern wäre ein Ersatz dieser Arbeit durch geeignete technische Mittel schon aus humanitären Gründen wünschenswert gewesen. Aber erst ein ökonomischer Grund wurde zur treibenden Kraft für die Automation: der Zwang zur Einsparung von Personal- und sonstigen Kosten, vor allem in den Ländern mit hohem Lohnniveau. Dafür wurden erhebliche Investitionen vorgenommen.
Den bescheidenen Anfang zum Ersatz von Arbeitskaft machte man um 1925 in den USA und in Deutschland. Durch den Einsatz elektrischer Zündkabel gelang es erstmalig, gasbetriebene Feuer von einer Zentrale aus zu steuern. Nach entsprechender Umrüstung einiger kleinerer Leuchttürme wurden hierdurch die ersten Wärter eingespart bzw. bei Neueinrichtungen gar nicht erst vorgesehen.
Seit der Umstellung auf elektrische Lichtquellen begann man, auch für diese Feuer Schaltgruppen mit Überwachung von einer besetzten Stelle aus einzurichten. Für all diese Türme war jetzt nur noch routinemäßige Wartung durch relativ wenige Menschen erforderlich.

Dies waren die Schritte zur Automation bis zum Zweiten Weltkrieg. Mit Hilfe der nach dem Kriege weiterentwikkelten Regel- und Funktechnik sowie der Elektronik wurde es möglich, auch schwierige Vorgänge zu automatisieren und über große Entfernungen zu steuern. Dazu waren allerdings erhebliche Umrüstungen in den einzelnen Leuchttürmen erforderlich. Außerdem mußte eine Kabel- oder Richtfunkverbindung zur Schaltstelle bzw. Zentrale hergestellt werden.
In diesen Zentralen überwachen jetzt Fachleute den automatischen Betrieb aller angeschlossenen Leuchttürme und greifen notfalls durch ferngesteuerte Impulse ein. Überwacht werden nicht nur Lampen und Kennungsgeber, sondern z. B. auch Funkfeuer, Notstromaggregate, Heizung und Temperatur, ja selbst der Türverschluß gegen unbefugtes Eindringen.
Sicherheitshalber erhalten die örtlichen Steuer- und Fernwirkanlagen ihren Strom aus Batterien, die wie bei einem fahrenden Auto ständig aufgeladen werden.
Läßt sich eine schwerwiegende Störung nicht durch Fernsteuerimpulse beseitigen, ist ein Eingreifen an Ort und Stelle durch Techniker des mobilen Wartungsteams erforderlich. Diese Männer sind ohnehin fast ständig unterwegs, um Routinearbeiten durchzuführen.
Unbemannter Betrieb erfordert ein Höchstmaß an Zuverlässigkeit. Deshalb sind alle wichtigen technischen Einrichtungen, von denen nur eine begrenzte Lebensdauer zu erwarten ist, doppelt vorhanden. Bei Störungen oder Ausfällen erfolgt automatische Umschaltung auf die jeweilige Reserveanlage.

Hier drei Beispiele, wie man die früher von Leuchtturmwärtern ausgeführten Tätigkeiten durch automatisch arbeitende Geräte ersetzen läßt:

- Das Ein- und Ausschalten der Leuchtapparate für die Nacht wird durch astronomische Schaltuhren bewirkt. Eine in der Revierzentrale befindliche Elektronik ruft zur Sonnenuntergangszeit (SUZ) alle ihre Feuer ab, ob sie gezündet haben. Während des Tages setzt ein in jedem Turm vorhandener Dämmerungsschalter den Leuchtapparat in Tätigkeit, solange durch Wettereinflüsse ein bestimmter Helligkeitswert unterschritten wird.
- Die bei Ausfällen erforderliche Umschaltung auf Ersatzgeräte erfolgt in Sekundenschnelle durch elektromagnetische Apparate. Für die Lichtquelle besorgt das eine – übrigens schon Anfang des Jahrhunderts erfundene – Lampenwechselvorrichtung, die automatisch eine Reservelampe in den Brennpunkt schwenkt und zündet. Neuere Vorrichtungen enthalten bis zu 12 Lampen. Bei den modernsten Lampentypen mit extrem hoher Lebensdauer verzichtet man allerdings darauf.

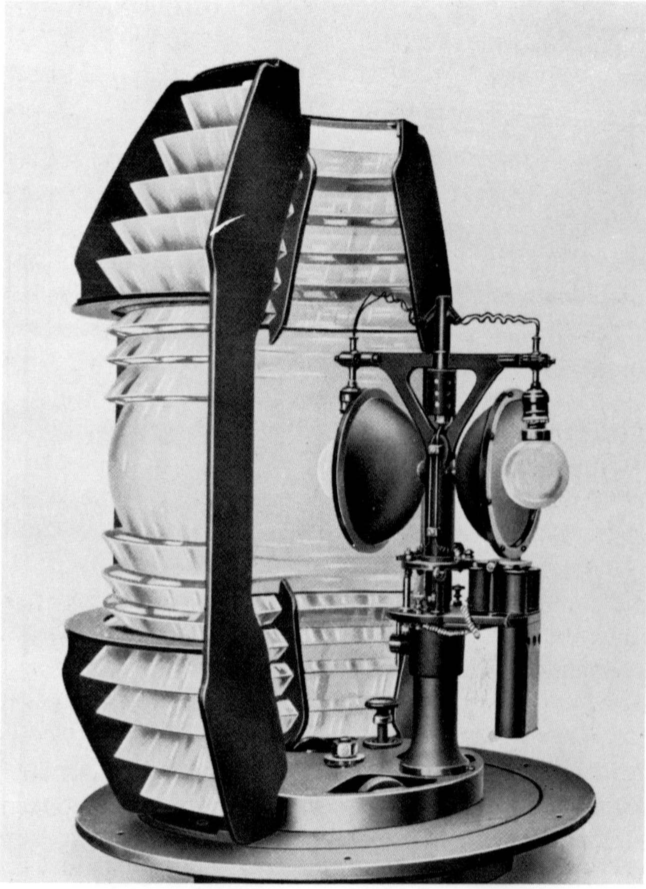

Eine der ersten Lampenwechselvorrichtungen für elektrische Feuer

- Das Ablesen der meteorologischen Meßwerte und des Pegelstandes wird durch Sensoren besorgt. Die Werte werden in der Revierzentrale angezeigt, gespeichert und der Schiffahrt zu bestimmten Zeiten zusammen mit anderen wichtigen Informationen über Funk mitgeteilt.

All die kleinen Feuerchen auf Untiefen, Felsen, Schären usw., die ohnehin von Anfang an selbsttätig blinkten, kommen natürlich auch weiterhin ohne Fernsteuerung aus.
Um 1950 nahmen die ersten vollautomatischen ferngesteuerten Leuchttürme ihren Betrieb auf. Ihre Zahl wuchs schnell, in den USA waren es 1955 bereits über 150.
Eine restlose Automatisierung aller zuvor bemannten Leuchttürme wurde zuerst in Finnland und Deutschland erreicht. Aber auch in den meisten anderen hochindustrialisierten Staaten ist die Automatisierung weit vorangeschritten. Bemannt blieben hier nur noch vereinzelte Türme aus militärischen oder zolltechnischen Gründen sowie dort, wo menschliche Tätigkeit zur Wetterbeobachtung oder zur Sicherheit der Schiffahrt für unerläßlich gehalten wird.

Wirkungsweise eines Präzisionssektorfeuers (von oben gesehen)

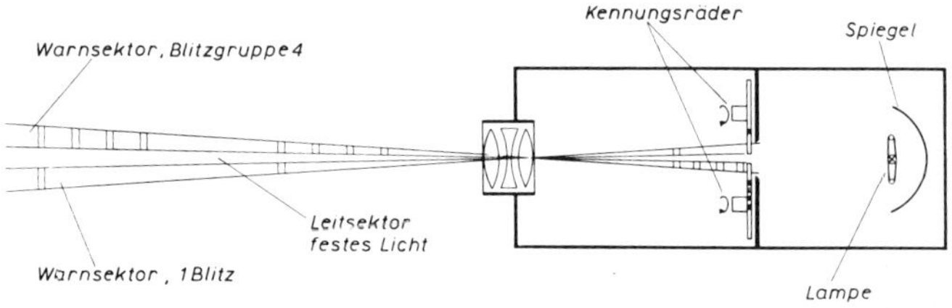

Die Automation hat die Leuchtfeuer-Verwaltungen aber auch mit einem neuen Problem konfrontiert, dem Vandalismus. Die unbewachten, sich selbst überlassenen Bauwerke werden immer häufiger von Unbefugten oder Souvenirjägern heimgesucht und oft sogar schwer beschädigt. In Amerika sind schon Leuchtturmtüren eingerammt und ganze Leuchtfeuer-Anlagen außer Betrieb gesetzt worden. Deshalb ist man vielerorts gezwungen, Leuchttürme zu umzäunen oder anderweitig zu sichern.

Im Laufe der Zeit stattete man viele Leuchttürme mit allen möglichen Geräten aus, die wohl auch der Schiffahrt dienten, aber mit dem Feuer in der Laterne gar nichts zu tun hatten. Dies waren zunächst Nebelwarnanlagen aller Art, die übrigens in den letzten Jahren vielerorts wieder außer Betrieb gesetzt wurden, weil sie keine echte Orientierungshilfe darstellen. Als weiteres Beispiel seien die Telegraphenanlagen auf einigen vorgeschobenen Leuchttürmen erwähnt, mit denen Nachrichten, Wetter- und Schiffsmeldungen übermittelt wurden.

Alle neueren ***ZUSATZEINRICHTUNGEN*** dienen dagegen vorwiegend der maritimen Verkehrslenkung.
Die erste wichtige Ergänzung stellt das weitreichende, auch bei Nebel nutzbare Funkfeuer dar. Es sendet analog zum sichtbaren Leuchtfeuer unsichtbare Strahlen aus mit ebenfalls festgelegten Kennungen, meist dem Anfangsbuchstaben des Leuchtturmes als Morsezeichen. Schiffe mit entsprechenden Bordgeräten können danach ihren Kurs, beim Einpeilen von zwei oder mehr Stationen auch ihren Standort bestimmen.
Die ersten Versuche mit Funkfeuern hatte schon Heinrich Hertz um die Jahrhundertwende begonnen, zur praktischen Anwendung kamen sie jedoch erst 1921 vor New York. Heute existiert ein weltumspannendes Netz von 800 Funkfeuerstationen.
Eine besondere Gattung sind die meist zu Hafeneinfahrten führenden Richtfunkfeuer. Hier arbeiten zwei Richtstrahlsender auf gleicher Frequenz, jedoch mit abwechselnden, »komplimentären« Tönen. Nur in der Kurslinie überschneiden sich beide Funkstrahlen, so daß sie als Dauerton zu höhen sind.
Sie dienen also praktisch dem gleichen Zweck wie die schon länger bekannten optischen Richt- und Leitfeuer, bei denen das Schiff mit einem dünnen weißen Lichtstrahl geleitet wird, der sich bei seitlichen Abweichungen in Rot oder Grün verwandelt. In gerade oder ungerade Blitzzahlen verwandelt er sich bei einem nach dem Zweiten Weltkrieg in Deutschland entwickelten sog. Präzisionssektorfeuer, das nach dem Kino-Projektionsverfahren arbeitet und seine Blitze durch in den Lichtstrahl hineinragende Kennungsräder erzeugt. Die farbigen bzw. Blitzsektoren zeigen an, nach welcher Seite das Schiff steuern muß, um wieder in die Linie zurückzukehren.

Das im Zweiten Weltkrieg entwickelte, auch bei Nebel funktionierende Funkmeßverfahren Radar (**ra**dio **d**etecting **a**nd **r**anging) bot sich nunmehr für eine friedliche Nutzung an. In mehreren Ländern wurde es weiterentwickelt und zur Einrichtung von Leitstrecken auf den Zufahrtsstraßen der großen Häfen und im Küstenvorfeld eingesetzt.
Für diese Radarketten errichtete man nicht nur besondere Türme oder Gerüste, sondern nutzte auch vorhandene Leuchttürme als Träger für die Drehantennen aus. Andererseits wurden in einige der neuen Antennenträger auch Leuchtfeuer eingebaut.
Die Radarbilder der einzelnen Stationen gelangen über Richtfunk oder Kabel als Video-Übertragung an eine Zentrale, wo sie von sog. Radarlotsen ausgewertet werden. Diese stehen über UKW-Sprechfunk mit den Schiffen in Verbindung, um notfalls beratend einzugreifen und vor Gefahren zu warnen. Verantwortlich bleibt jedoch stets der Kapitän an Bord. Der Sprechverkehr wird, wie beim Fluglotsensystem, auf Tonband festgehalten.
Die ersten Radar-Leitstrecken entstanden um 1960 in England auf dem Mersey-Fluß vor Liverpool sowie in Deutschland zwischen Elbmündung und Hamburg und an der Außenweser vor Bremerhaven.
Zur Vermeidung von Gefahrensituationen richtete man nicht nur immer mehr solcher Leitstrecken ein, sondern außerdem an den Hauptschiffahrtswegen und Engpässen sog. Verkehrstrennungsgebiete. Das sind markierte Einbahnstraßen auf See mit möglichst breitem Mittelstreifen.

Fast alle Schiffe verfügen heute über ein Bord-Radargerät. Damit können sie sich notfalls auch alleine im Fahrwasser entlangtasten. Zu diesem Zweck hat man auf vielen Fahrwassertonnen Radar-Reflektoren installiert die sich auf den Bord-Bildschirmen besonders deutlich abzeichnen.
Wesentlich effektiver sind Radar-Antwortbaken, auch Racon (**ra**dar responder bea**con**) genannt, die mit eigener Energie (z. B. Solar) zur Verstärkung arbeiten. Da sie schon aus etwa 30 sm Entfernung erkennbar sind, hat man sie vorzugsweise auf exponierten Leuchttürmen und Baken eingebaut. Besonders von See her kommende Schiffe benutzen sie gerne zur Ansteuerung.

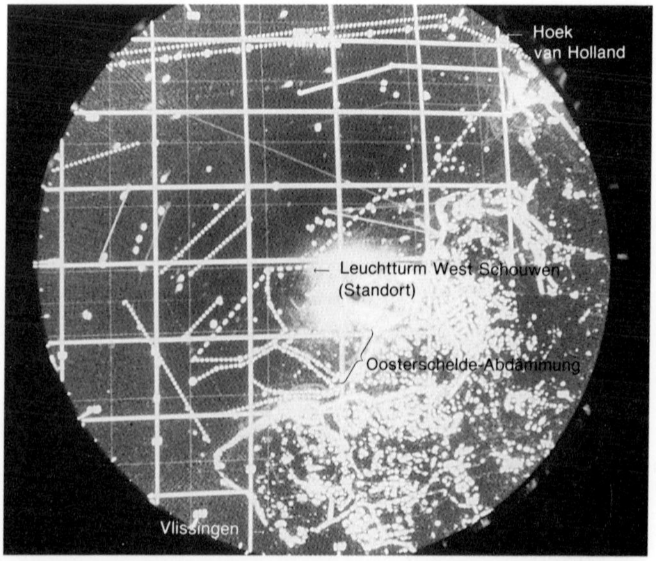

Weitbereichs-Radarbild des niederländischen Leuchtturmes **West Schouwen***; es zeichnet die Küste von Vlissingen bis Hoek van Holland sowie das Küstenvorfeld mit allen Bojen und Schiffen auf*

Leuchtturm **Helgoland,** *heute Träger von technischen Anlagen zur Erfassung und Lenkung des Schiffsverkehrs*

Unter Ausnutzung der bei Leitstrecken und Verkehrstrennungsgebieten gemachten Erfahrungen ging man neuerdings noch einen Schritt weiter und baute ganze Verkehrssicherungssysteme auf; international heißen sie »vessel traffic service« (VTS). Mit dem Einsatz von Funkortung, Radar, UKW-Sprechfunk und elektronischen Rechnern wird der Verkehrsablauf in einer Zentrale transparent gemacht. Damit ist es jetzt möglich, die einzelnen Schiffsobjekte nach individuellen Kriterien zu lenken und zu überwachen.

Die ersten Systeme dieser Art entstanden in den 1980er Jahren im Ärmelkanal, in der inneren Deutschen Bucht, im Europoort Rotterdam, im Hafen von New York und in der Bucht von Tokio. Weitere sind im Aufbau. Bei internationalen Zusammenkünften der Schiffahrtsverwaltungen ist man um globalen Ausbau und Vereinheitlichung der einzelnen Navigationssysteme bemüht.

Wo irgend möglich, hat man auch Leuchttürme in diese Systeme einbezogen. Außer ihrem ursprünglichen Zweck dienen sie jetzt als Träger für technische Einrichtungen zur Erfassung und Lenkung des Schiffsverkehrs. Als Beispiel sei der Leuchtturm **Helgoland** angeführt. Er dokumentiert wie kaum ein anderer die schnelle Wandlung von der Orientierungs- zur Verkehrslenkungsfunktion (vgl. Abb. in Band 1, Seite 52).

Überleitung zu Band 3

Trotz gebietsweise nur spärlicher Unterlagen wird im dritten und letzten Band erstmalig der Versuch unternommen, die Leuchtfeuergeschichte aller außereuropäischen Länder in Wort und Bild zu schildern. Der Leser macht gewissermaßen eine Weltreise fast um den ganzen Erdball. Sie beginnt an der Nahtstelle zu Europa, in Kleinasien, geht rund um Afrika nach Vorder- und Hinterindien sowie Indonesien, weiter zu den Philippinen, nach China, Japan und zum Fernen Osten, dann nach Australien, Ozeanien und schließlich rund um Amerika.

Mit dem Aufbau der Küstenbefeuerung in Übersee hatten einst die europäischen Kolonialmächte begonnen, weil sie an sicheren Zufahrten für ihre eigenen Schiffe interessiert waren. Aber ihnen stellten sich vielerorts ungeahnte Hinternisse in den Weg: andersartige klimatische Verhältnisse, unzureichende geographische oder regionale Kenntnisse, Mangel an geeigneten Arbeitskräften, der Technik ablehnend gegenüberstehende oder gar feindlich gesinnte Einwohner – um nur einige zu nennen.

Einen Vorgeschmack auf die Lektüre mögen nachstehend genannte Leuchttürme und Fälle vermitteln, die natürlich eingehender geschildert werden:

- Markantestes Bauwerk an der Einfahrt zum Suezkanal ist der Leuchtturm **Port Said**, 1869 bei Einweihung des Kanals fertiggestellt und mit dem ersten elektrischen Feuer in Afrika ausgestattet.
- Auch im Indischen Ozean gibt es berühmte Riff-Leuchttürme, z. B. **Alguada Reef** (1865 erbaut, 49 m hoch) oder **Prongs Reef** (1874 erbaut, 52 m hoch).
- In Hinterindien mußten die Besatzungen von Leuchttürmen im Meer mit Waffen ausgestattet werden, um sich gegen Seeräuber verteidigen zu können, so bei **Horsburgh** (vor Singapur) und **One Fathom Bank** (Malakkastraße).
- Hier drei Beispiele für die völlige Vernichtung von Leuchttürmen durch verschiedene Naturgewalten, wobei auch die Wärter umkamen:
  1852 **Minots Ledge** (Ostküste USA) durch Orkan,
  1883 **Tanjong Cikoneng** (Indonesien) durch Ausbruch des Krakatau-Vulkans,
  1946 **Scotch Cap II** (Aleuten) durch seismische Riesenwelle.
- Aber es gab noch viel mehr schreckliche Fälle mit Toten und Verletzten, so 1836 der Überfall von Indianern auf den Leuchtturm **Cape Florida**, 1912 Rammen des im Wasser stehenden Leuchtturmes **Wonga Shoal** (South Australia) durch einen Windjammer.
- Makaber mutet der Bau des Leuchtturmes **Execution Rocks** (nahe New York) auf den Gebeinen von ertränkten Oppositionellen an.
- Der erste Ozeanflug von Ost nach West 1928 endete am Leuchtturm **Greenly Island** (bei Neufundland) mit einer Bruchlandung.
- Streit um den Leuchtturm **Horseshoe Reef** im Ontario See dicht vor den Niagarafällen führte zu einer Grenzverschiebung zwischen den USA und Kanada.
- Übrigens der Leuchtturm **Tiritiri** in Neuseeland steht genau antipodisch zum Leuchtturm **Europa Point** in Gibraltar.

All das und noch mehr Interessantes über außereuropäische Leuchttürme und Küsten steht in Band 3.

Auf den letzten Seiten findet der Leser für alle drei Bände Schrifttum und Register sowie Index der ca. 1500 erwähnten, z. T. auch abgebildeten Leuchttürme.

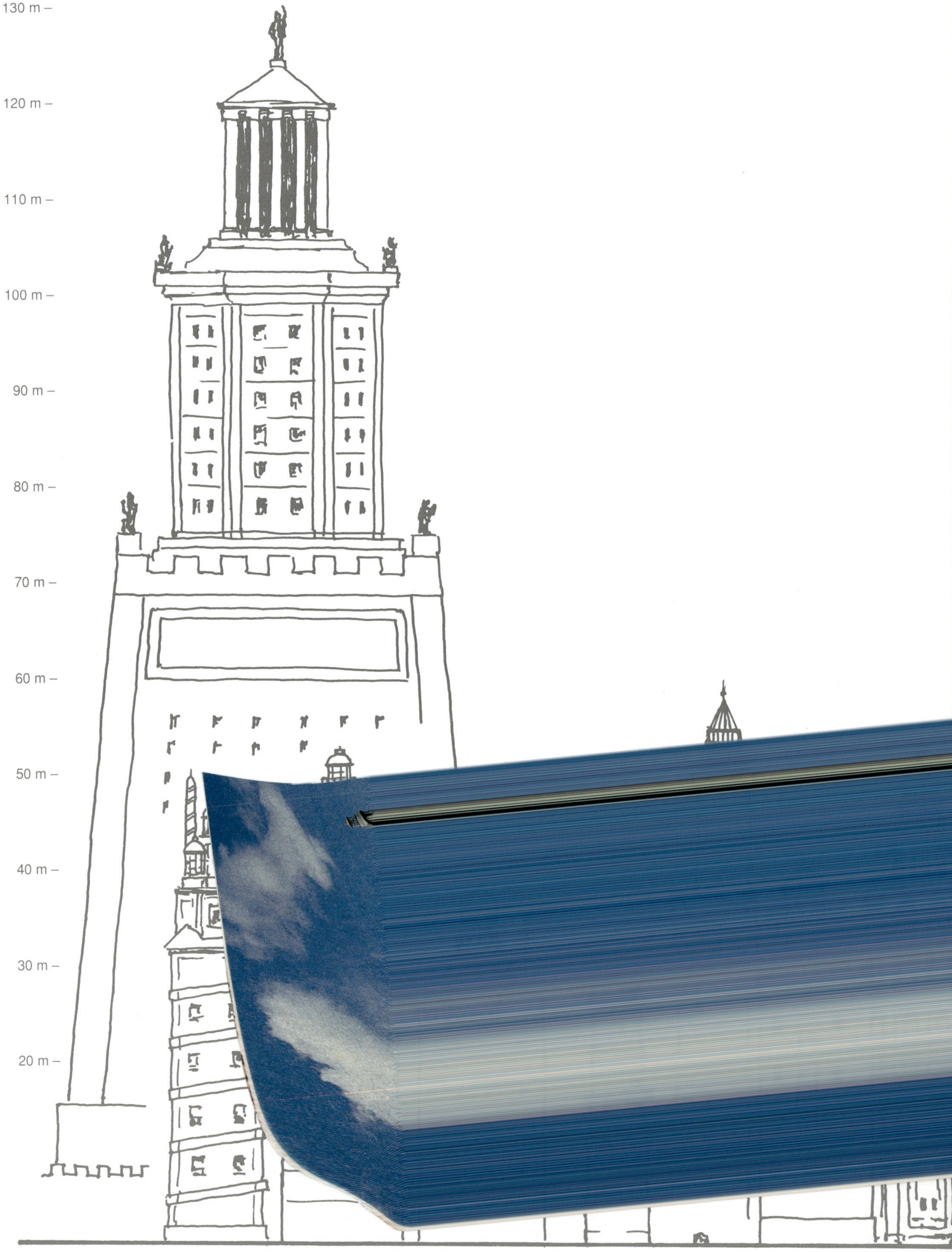
130 m –
120 m –
110 m –
100 m –
90 m –
80 m –
70 m –
60 m –
50 m –
40 m –
30 m –
20 m –

Die Abbildungen zeigen vor dem **Pharos** von links nach rechts die Leuchttürme:
Torre de Hercules, **Magnale**, **Hook Point**, **Travemünde**, **Tour de Constance**, **Neuwerk**, **Westkapelle**, **Köpu/Dager Ort**, **Lanterna**, **Cordouan II**, **Eddystone III**, **Sandy Hook**, **Amédée**, **Roter Sand**, **Île Vierge II**, **Großer Vogelsand**,
alles Vorreiter oder sonstige berühmte Exemplare

Friedrich-Karl Zemke

Leucht Türme der Welt

Afrika · Asien
Australien · Ozeanien
Amerika

Band 3

Koehlers Verlagsgesellschaft mbH
Herford

Bildnachweis Band 3:

Dorothy Adam, Nikomis, Florida, USA (1)
Helmut Beck, Hamburg (1)
Klaus Creutzenberg, Hamburg (2)
Cyprus Ports Authority, Nicosia (1)
Department of Lighthouses & Lightships, New Delhi (4)
Ray Empey, Wareham, Massachusetts, USA (1)
Richard F. Hewitt, Aberdeen (4)
Peter Hoffert, Lübeck (3)
Michael Karwin, Bremen (1)
H. Kassner, Hamburg (1)
Egbert Koch, Hamburg (1)
Gary J. Kurylo, Northville, Michigan, USA (2)
Leo Kuschel, Detroit, Michigan, USA (2)
Hans-Joachim Luttermann, Rostock (1)
Lothar Marchand, Hamburg (2)
Rolf Meinecke, Hamburg (1)
National Maritime Museum, London (1)
Inge und Reinhold Nerlich, Hamburg (22)
Nordpress-Verlag, Hamburg (1)
Port of Singapore Authority, Singapore (3)
Bruce Reber, West Palm Beach, Florida, USA (1)
Horst W. Rodig, Hamburg (1)
Hans Günter Spitzer, Solingen (3)
Karl Rainer Spitzer, Solingen (12)
Donna Stanio, Rockerige, California, USA (1)
Fred Stanio (†), Rockerige, California, USA (3)
Tideland Signal Corporation, London (1)
U.S. Coast Guard, Washington, D.C. (7)
H.A. Williams, Johannesburg (15)

Das Bild auf der Vorderseite des Schutzumschlages zeigt den Leuchtturm **Swakopmund** (Südwestafrika).
Die Abbildungen auf der Rückseite des Schutzumschlages zeigen oben links den Leuchtturm **Cape Florida** (USA Atlantikküste), oben rechts den Leuchtturm **Cape Agulhas** am südlichsten Punkt Afrikas, in der Mitte die Leuchttürme **Umpqua River II** (USA Pazifikküste) und **Pelee Passage** (Great Lakes, Kanada), unten den leuchtenden Kerzenturm **Coast Watchers Memorial Lighthouse** auf Neuguinea sowie den Leuchtturm **Pigeon Point** (USA Pazifikküste).

Die Deutsche Bibliothek – CIP-Einheitsaufnahme

Leuchttürme der Welt / Friedrich-Karl Zemke. –
Herford: Koehler
NE: Zemke, Friedrich-Karl
Bd. 3: Afrika, Asien, Australien, Ozeanien, Amerika. – 1993
ISBN 3-7822-0539-1

ISBN 3782205391; Warengruppe Nr. 41

Schutzumschlag- und Innentitelgestaltung:
Regina Meinecke, Hamburg, unter Verwendung der o.g. Abbildungen
Produktion: Christine Detring
Gesamtherstellung: HB-Drucke Brackmann GmbH, Löhne
Printed in Germany

Definition einiger Begriffe:

Höhe

(eines Leuchtturmes) = Maß vom Erdboden, bei Türmen im Wasser vom Meeresspiegel (mittl. Wasserstand bzw. mittl. Tidehochwasser) bis zur Dachspitze. Früher galten allerdings in den einzelnen Ländern nicht nur unterschiedliche Meßgrundlagen, z.B. vom Erdboden bis Oberkante Mauerwerk oder bis zur Feuerebene, sondern auch unterschiedliche Maßeinheiten, wie Fuß oder Elle. Um Vergleiche zu ermöglichen, wurden hier alle Werte auf die o.a. Norm in Meter umgerechnet oder durch Schätzung ermittelt.

Feuerhöhe

= Höhe der Lichtquelle über dem Meeresspiegel.

Tragweite

= größte Entfernung, aus der ein Leuchtfeuer bei Dunkelheit und normaler Sicht mit bloßem Auge gerade noch gesehen werden kann, gemessen in Seemeilen (sm).

Nenntragweite

= Tragweite bei bestimmten, international festgelegten Sichtigkeitswerten.

Kerze

= Einheit der Lichtstärke einer Flamme, die auf einem Docht unter genormten Bedingungen brennt (1948 durch den Begriff »Candela« ersetzt, hier jedoch weiterhin mit dem allgemeinverständlichen Wort »Kerze« bezeichnet).

Baujahr

= Jahr der Erbauung, sofern das Feuer noch vor Jahresende in Betrieb genommen wurde. Hat sich die Erbauung über mehr als ein Jahr erstreckt, gilt in der gesamten Fachliteratur das Jahr der Inbetriebnahme, selbst wenn diese z.B. Anfang Januar erfolgte. Genaugenommen versteht man also unter diesem Begriff das Jahr der Inbetriebnahme und nicht das Baujahr.

Inhaltsverzeichnis

Verzeichnis der Lageskizzen

Seite

Leuchtturm
Fowey Rocks *(Florida, USA)*
von 1878

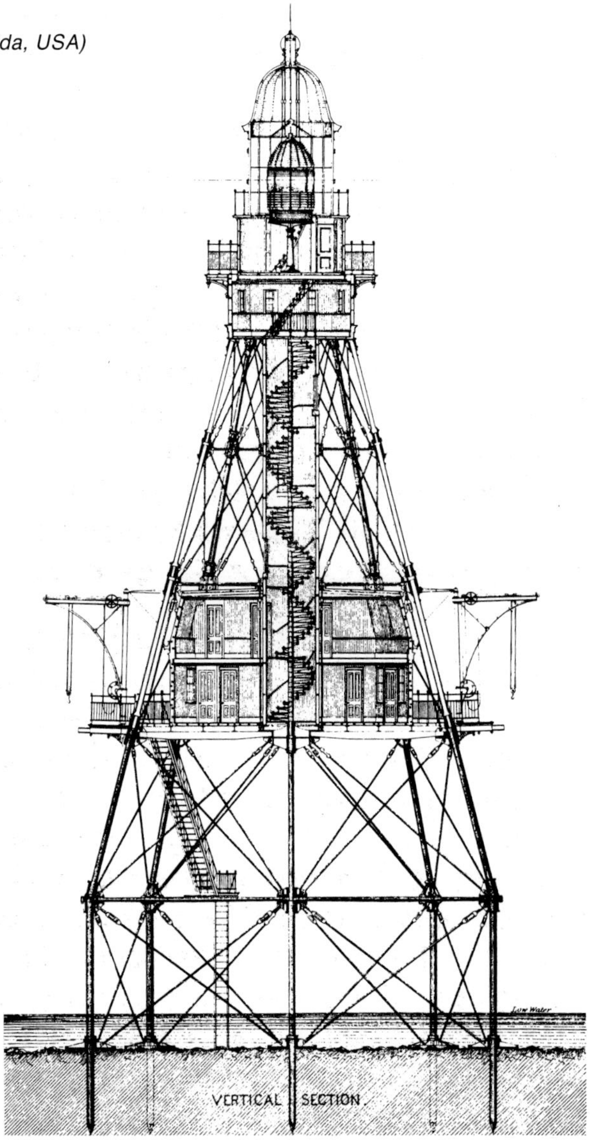

Einführung in das Gesamtwerk

Seefahrt ist nur mit Orientierungshilfen möglich. Die ersten Seefahrer und Fischer konnten sich lediglich nach markanten Objekten an Land, nach sog. Landmarken richten. Dies waren Berggipfel und Hügel, Dünen, Felsen, hohe Bäume, später auch von Menschenhand geschaffene Bauten, wie Kastelle, Tempel, Kirchtürme oder Windmühlen. Seit fast 3000 Jahren werden an weit sichtbaren Stellen der Seewege und Küsten sogar besondere Markierungszeichen errichtet, vornehmlich Spitztürme und Baken. Und immer noch richtet sich zumindest die Kleinschiffahrt nach solchen Landmarken, jetzt auch Seezeichen genannt.
Die größte Rolle spielt hierbei die Beobachtung durch das menschliche Auge. Was es bei Tage sehen kann, versinkt jedoch abends in Dunkelheit. Deshalb fand die Schiffahrt zunächst lediglich bei Tage und in Küstennähe statt. Nur verspäteten Fischern wurde notfalls mit einfachen Feuern am Anlegeplatz heimgeleuchtet.
Mit wachsender Bedeutung des Seehandels, auch zu entfernteren Häfen, entstand allmählich die Notwendigkeit, nachts weiterzusegeln. Mehr und mehr Seefahrer bekamen ein Interesse daran, sich auch bei Dunkelheit orientieren zu können. Dafür kamen damals nur offene leuchtende Feuer in Frage. Sie wurden zunächst vorwiegend an Hafeneinfahrten, Flußmündungen, Landspitzen und besonders gefährlichen Küstenpunkten der Seewege eingerichtet. Meist ließ man sie auch bei Tage nicht ganz ausgehen, damit die Rauchwolke weithin sichtbar war.
Schon im Altertum begann man, solche Leuchtfeuer auf Türme zu verlagern, die dann auch als Tagesmarke dienten. So entstanden die Leuchttürme, deren Geschichte hier geschildert werden soll.

Die Seewege der Ägypter und Griechen führten zunächst vorwiegend durch das östliche Mittelmeer bis hin zu den westlichen Küsten des Schwarzen Meeres, die Seewege der Phönizier hauptsächlich durch das westliche Mittelmeer. Besonders die Römer weiteten dann den Handelsverkehr erheblich aus und erschlossen die Seewege durch die Meerenge von Gibraltar um Spanien herum bis zum Englischen Kanal und zur Rheinmündung.
Die Geschichte der antiken Leuchttürme folgt nun recht genau der Entwicklung der Schiffahrt – nur mit zeitlichem Abstand.
Nach dem Verfall des Römischen Reiches dauerte es Jahrhunderte bis wieder kühne Seefahrer begannen, in ferne Regionen zu segeln. Diesmal machten vornehmlich Nordeuropäer mit der Erschließung von Ostsee, Nordsee und Nordatlantik den Anfang. Ih-

nen folgten die großen Entdecker aus weiteren Küstenländern Europas mit ihren Fahrten nach Amerika, Südafrika, Indien – bis schließlich dem Portugiesen Magellan 1519–1522 die erste Weltumseglung gelang. Nun entwickelte sich die Schiffahrt mit Riesenschritten weiter.
Und abermals folgte die Errichtung von Leuchttürmen der Erschließung von Seewegen an den Küsten, nun aber allmählich auch außerhalb der Alten Welt.

Eine offizielle Definition für den Begriff »Leuchtturm« gibt es übrigens nicht. Im allgemeinen versteht man darunter alle ortsfesten Träger von Lichtzeichen für die Navigation. Neben diesen reinen Zweckbauten sind als Leuchtfeuerträger auch Kastell- und Festungstürme, Kirchtürme, Schloßtürme, Wassertürme, Monumente und Hochhäuser benutzt worden.

Leider ist die Sichtbarkeit aller Seezeichen, natürlich auch der Leuchttürme, von wetterbedingten Faktoren abhängig. Falsche Standortbestimmung aufgrund schlechter Sichtverhältnisse ist die Ursache unzähliger Schiffskatastrophen. Erst im 20. Jahrhundert gelang die Erfindung von technischen Einrichtungen zur Schiffslenkung, die ohne optische Zeichen auskommen, z.B. Funkfeuer, Radar und Satellitennavigation. Diese Verfahren ermöglichen heute sowohl eine exakte Standortbestimmung auf See, als auch die Ansteuerung von Häfen ohne jede Sicht. Immer mehr vorhandene Leuchttürme werden zusätzlich mit solchen Einrichtungen ausgerüstet, neue Türme oft nur noch als Träger dafür errichtet. Die bisherigen sichtbaren Strahlen werden durch unsichtbare ergänzt oder schon ganz ersetzt. Deshalb wird ein Leuchtturm-Veteran nach dem anderen überflüssig und außer Dienst gestellt. Viele von ihnen gelten bereits als maritimes Denkmal. So neigt sich die zweieinhalbtausendjährige Geschichte der Leuchttürme langsam ihrem Ende zu und wird allmählich Nostalgie. Blenden wir also zurück und lassen diese Geschichte hier noch einmal in Wort und Bild ablaufen.

Im **Band 1** wurden zunächst die Leuchttürme der Antike und des Mittelalters bis zum 17. Jahrhundert vorgestellt. Es folgte der erste Teil des Kapitels »Weiterentwicklung in Europa«.
Im **Band 2** wurde das Kapitel »Weiterentwicklung in Europa« fortgesetzt. Ein anschließendes Kapitel war der lichttechnischen Entwicklung gewidmet.
Der vorliegende **Band 3** enthält die Leuchtturmgeschichte von Afrika, Asien, Australien, Ozeanien und Amerika bis zum heutigen Stande. Den Schluß bilden Schrifttum, Register sowie Leuchtturm-Index für alle drei Bände.

Die Leuchttürme außerhalb Europas

In diesem Band wird erstmalig der Versuch unternommen, die Leuchtturmgeschichte der außereuropäischen Küstenländer in Wort und Bild zu schildern. Wenn hier nicht über alle Regionen in der gleichen Ausführlichkeit berichtet wird wie in den ersten beiden Bändern über die Leuchttürme der Alten Welt, so könnte die übliche Ausrede vieler Autoren benutzt werden: »... um den Rahmen dieses Buches nicht zu sprengen ...« Aber um ehrlich zu sein, es liegt einfach daran, daß viele Länder keine Unterlagen über die historische Entwicklung an ihrer Küste besitzen oder sie nicht zur Verfügung gestellt haben. Andererseits gibt es über die Leuchttürme mehrerer Staaten, besonders der USA, derartig viel Material, daß darüber nur in gestraffter Form berichtet werden kann.

In Übersee begann der Bau von Leuchttürmen im allgemeinen erst auf Initiative der einstigen Kolonialmächte, die das Know-how aus dem Mutterland mitbrachten. Sie waren natürlich vor allem an der Sicherheit ihrer eigenen Schiffe interessiert, mit denen sie die Verbindung aufrecht erhielten. So entstanden auch die ersten Leuchtfeuer-Systeme, besonders an den entsprechenden Hafenzufahrten. Nach Erlangung der Selbständigkeit übernahmen viele der ehemaligen Kolonien und abhängigen Länder den weiteren Aufbau ihres Leuchtfeuernetzes in eigene Regie, meist aber noch mit Unterstützung von einschlägigen Behörden und Firmen aus Europa.

Kleinasien/Mittelmeer–Ostküste

Türkei

So reich diese geschichtsträchtige Region an Ruinen und antiken Bauwerken ist, so arm ist sie an Leuchttürmen; imposante Exemplare gibt es überhaupt nicht. An zahllosen Stellen reichen Höhenrücken bis ans Meer und bilden ideale Leuchtfeuer-Standorte in etwa 50 bis 200 m Höhe. Niedrige Träger dafür genügen also. Zeitlicher Schwerpunkt für die Errichtung war generell die zweite Hälfte des 19. Jahrhunderts.

Die asiatische Küste des Schwarzen Meeres beginnt an der russisch-türkischen Grenze westlich Batum. Östlichster türkischer Hafen von Bedeutung ist Trapezunt, gegründet schon vor 2500 Jahren als einer der Hauptumschlagplätze der Antike. Hier endeten nämlich die Karawanenwege aus Afghanistan und Persien; die Waren konnten auf Schiffe verladen und weniger beschwerlich in Richtung Westen weiter transportiert werden.

Nach mehrtägiger Fahrt auf hoher See war es damals ein navigatorisches Kunststück, die Einfahrt in den Bosporus zu finden. Viele Schiffe scheiterten an den Küsten davor. Die Rettungsstationen sind heute noch dort konzentriert. Ebenso wird die sonst recht dünne Leuchtfeuerkette zum Bosporus hin etwas dichter. Hier stehen auch der hellste und der höchste aller Leuchttürme der ganzen Südküste: **Kap Kili** mit einer Tragweite von 20 sm, **Kap Baba** mit einer Höhe von 19 m und einer Feuerhöhe von 200 m (s. Lageskizze in Band 2, Seite 123). Für Bosporus, Marmarameer und Dardanellen war die asiatische Seite bereits bei der Schilderung in Band 2 auf den Seiten 119 bis 121 einbezogen worden.

Von all den kleinen Leuchttürmchen an der zerklüfteten türkischen Westküste sei als Beispiel der südlichste, **Deveboynu Burnu** erwähnt. Er steht seit etwa 1910 vor der antiken Hafenstadt Knidos auf dem weit vorspringenden, 90 m hohen Endstück der Halbinsel Resadiye, zu deren südlichster Spitze man von der griechischen Insel Rhodos aus hinüberblicken kann. Es handelt sich um einen Import aus Frankreich, 13 m hoch, ähnlich den dortigen Molentürmen.

Die Südküste Kleinasiens ist besonders dünn befeuert. Ihr mit 227 m höchstgelegener, ganze 9 m hoher Leuchtturm **Taslik Burnu** steht im Südwesten der Antalya-Bucht. An dieser türkischen Riviera blüht inzwischen auch der Fremdenverkehr, u.a. in Alanya, einem ehemaligen Schlupfwinkel von Piraten, die ihren Unterhalt durch Überfälle bestritten. Heute werden die Fremden bekanntlich auf humanere Weise ausgenommen. Zu den Sehenswürdigkeiten zählt dort neben dem berühmten »Roten Turm« eine malerische Burgruine auf einem 200 m hohen Felsvorsprung. In ihrem Burghof wurde 1880 der Leuchtturm **Didarde Burnu** gebaut, klein, nur 6 m hoch, aber oho, denn er leuchtet 20 sm weit.

Zypern

Primitive Feuertürmchen auf drei Kaps waren schon 1864 erbaut worden, bevor die Engländer 1878 diesen Zankapfel im östlichen Mittelmeer besetzten. Im Interesse der eigenen und örtlichen Schiffahrt ließen sie u.a. diese drei echten Leuchttürme errichten:

- 1888 an der Westküste **Paphos Point**, einen 20 m hohen Steinturm,
- 1889 auf dem Nordwest-Kap **Akra Kormakiti**, einen Gitterturm von 22 m Höhe,
- 1892 im Südosten **Capo Greco**, einen weißen Steinturm, 15 m hoch.

Abgesehen von den Häfen, leuchten jetzt rund um die Insel 7 Feuer, davon 3 im türkisch besetzten Ostteil.

1982 wurden die meisten Lichtquellen von Gas auf Solarenergie – hier reichlich frei Haus bzw. Turm geliefert – umgerüstet.

Der Leuchtturm **Paphos Point** steht oberhalb eines antiken Amphitheaters und gibt sich dort recht fotogen. Wenn man den Alten Griechen glauben darf, ist Aphrodite hier nicht nur dem Meer entstiegen, sondern auch öfter auf Urlaub gewesen.

Syrien/Libanon/Israel

Bis zum Ersten Weltkrieg stand dieser Küstenstreifen noch unter der Herrschaft der Türken, die offenbar kein Interesse hatten, hier für die Araber etwas Gutes zu tun. In den 1860er Jahren richteten sie die ersten kümmerlichen Feuerchen auf alten Forts oder Steinsockeln ein, an einigen anderen Stellen handelte es sich sogar nur um Masten mit Aufzugslaternen. Lediglich das Feuer am Kloster auf dem **Mount Carmel** in Haifa – hier wurde 1156 der Karmeliterorden gegründet – leuchtete relativ hell und weit. Damit war aber die insgesamt 600 km lange Ostküste des Mittelmeeres völlig unzureichend beleuchtet.

Erst die Israelis sorgten ab 1927 in der südlichen Hälfte für bessere Verhältnisse. Auf dem **Mount Carmel** ersetzten sie das alte Feuer durch einen 20 m hohen Leuchtturm. In seiner Riesenlaterne aus England leuchtete zunächst noch Kerosin-Glühlicht, und die Wärter mußten das Antriebsgewicht für das Drehfeuer alle zwei Stunden wieder aufwinden, ehe der Turm 1954 elektrifiziert wurde. Seit 1972 arbeitet er automatisch. Die Feuerhöhe beträgt 179 m, die Tragweite jetzt 30 sm. 1966 wurde in **Ashdod** (westlich Jerusalem) ein weiteres hohes Leuchtfeuer geschaffen, indem man dem 40 m hohen Wasserturm eine Laterne aufsetzte. Als Tageskennung erhielt das Bauwerk oben eine würfelartige rot/weiße Bemalung.

Auch im heutigen Libanon leuchtet neuerdings ein sehr helles Feuer, und zwar in Beirut auf dem Kap namens **Ras Beirut**. Es handelt sich um einen 27 m hohen schwarz/weiß gebänderten Leuchtturm, Nachfolger des ersten kleinen Turmes von 1863.

Leuchtturm **Paphos Point** *auf Zypern*

Afrika

Wer sich mit diesem Erdteil befassen will, muß sich zunächst mit den dortigen Größen- und Entfernungsverhältnissen vertraut machen. Die Küstenlänge Afrikas beträgt nämlich 27700 km – das hundertfache der deutschen Nordseeküste von der dänischen bis zur holländischen Grenze. Sie setzt sich aus den vier Hauptteilen zusammen:

Mittelmeer	5200 km
Atlantik	10800 km
Indischer Ozean	8600 km
Rotes Meer	3100 km

Primus in Afrika: Wehr-/Leuchtturm ***Algier***

Dabei handelt es sich großteils um flache unzerklüftete Gestade. Weite Strecken sind öde und aufgrund des strukturschwachen Hinterlandes ohne Häfen. Die Schiffahrt konzentriert sich auf relativ wenige florierende Wirtschaftsräume sowie auf den Durchgangsverkehr nach Asien und Australien.

Analog verhält es sich mit der Küstenbefeuerung: Konzentration auf die Häfen und deren Umgebung sowie auf die »Durchgangsstraße« Suezkanal/Rotes Meer und die »Wendemarken« an den Kaps. Als erster Leuchtturm gilt – wenn man von der Antike absieht – ein alter, mit Kanonen bestückter Wehrturm im schon 1525 erbauten Hafen von **Algier**, dem man etwa 1760 eine Laterne aufgesetzt hatte. Im »National Maritime Museum« von London steht ein vergoldeter Tafelaufsatz mit der phantasievollen Darstellung dieses Turmes, an dem englische Matrosen christliche Sklaven aus den Händen von algerischen Schergen befreien. Das war 1816. Allgemein setzte der Leuchtturmbau aber erst um die Mitte des 19. Jahrhunderts ein.

Leuchtturm ***Algier*** *als Tafelaufsatz*

Nordküste

Östlichster Schwerpunkt für die Schiffahrt ist seit alters her das 250 km breite Nildelta. Nachdem der **Pharos** im 14. Jahrhundert endgültig zu leuchten aufgehört hatte, trat eine lange Pause ein. Wann sie zu Ende ging, ist nicht genau bekannt. Sicherlich haben wohl auch unter wechselnder Fremdherrschaft gelegentlich Leuchtfeuer dort gebrannt.

Leuchtturm **Ras-el-Tin** *auf der Pharos-Insel von Alexandria (Aufnahme aus den 1920er Jahren)*

Leuchtturm **Port Said** *um 1900 (mit Zeitball-Einrichtung)*

Einen richtigen dicken Leuchtturm erhielt **Alexandria** aber erst wieder 1848, und zwar auf dem westlichen Ende der ehemaligen Pharos-Insel, sein Name: **Ras-el-Tin.** Er ist aus Stein, zylindrisch, 50 m hoch und seit etwa 1930 schwarz/weiß gebändert. Mit sehr starkem Licht ausgestattet, dient er der Ansteuerung.
In den eigentlichen Hafen westlich von ihm leiten ein besonderes Ober- und ein Unterfeuer von 40 bzw. 16 m Höhe, 1895 erbaut und von Anfang an elektrisch betrieben. Außerdem gibt es noch mehrere kleine Leuchttürme auf Molen und Wellenbrechern.

Am Ostende des Nildeltas wurde zu Beginn der Bauarbeiten für den Suezkanal 1859 **Port Said** gegründet und sofort mit einem kleinen provisorischen Leuchtturm ausgestattet.
Zugleich begann man an der Wurzel der im Entstehen begriffenen Westmole mit dem Bau des planmäßigen, 53 m hohen Ziegelturmes nach französischen Plänen. Er ähnelt einigen in Frankreich während der 1840er Jahre errichteten achteckigen Leuchttürmen, z. B. **Calais** (s. Band 2, Seite 44). Nach den positiven Erfahrungen mit elektrischen Bogenlampen auf den Leuchttürmen vom **Cap de la Hève** baute man ihm 1869 auch solch eine Anlage ein. Später erhielt der Turmkopf durch Installation einer zweiten, kleineren Laterne und einer Zeitball-Einrichtung ein originelles Aussehen. Mit neuer Laterne ist der Turm heute 57 m hoch, weiß und schwarz versetzt gestrichen.
Auf mehreren, z.T. kilometerlangen Molen, die den Nilschlamm abhalten sollen, entstanden im Laufe der Zeit weitere kleine Leuchttürme.

Natürlich ist der Suezkanal durchgehend bis zu seinem anderen Ende am Roten Meer befeuert. Sein Bau hatte zehn Jahre gedauert. Am 17. November 1869 fand die Einweihung im Beisein von Kriegsschiffen, gekrönten und ungekrönten Häuptern aus aller Welt statt. Herr Verdi hatte dazu eigens seine Oper »Aida« komponiert.

Der Kanal, von dem Österreicher Negrelli entworfen, von dem Franzosen Lesseps gebaut, ist 160 km lang, allerdings unter Ausnutzung von drei Seen. Er hatte übrigens schon in der Antike mindestens zwei Vorgänger, die aber bald vernachlässigt wurden und versandeten.

Zwischen Alexandria und Port Said besitzt der Nil zwei weit auseinanderliegende Hauptmündungen, dazwischen einen relativ kleinen Ausfluß. Für alle drei Stellen lieferte Frankreich 1870 je einen 55 m hohen Dreibein-Leuchtturm mit Treppenrohr. Sie wurden an Ort und Stelle zusammengesetzt und nach den Mündungen benannt – von West nach Ost: **Rosette, Brulos, Damietta**. Sie unterschieden sich nur in der Bemalung. Die beiden östlichen existieren noch.

Leuchtturm **Brulos**

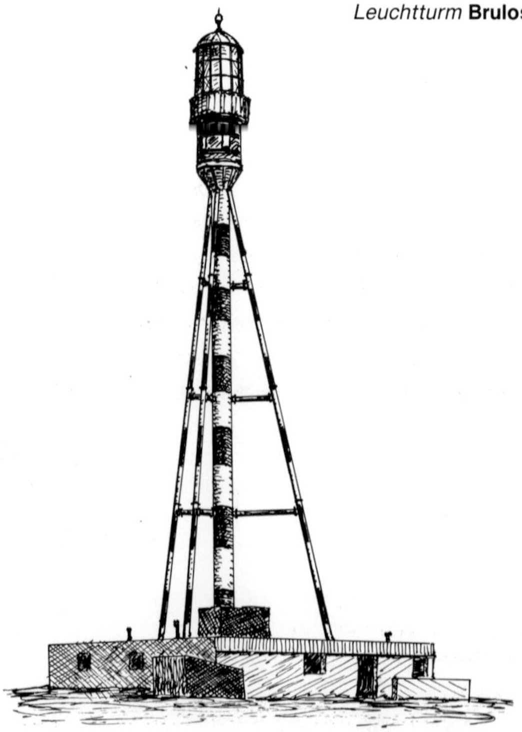

Ein weiterer Schwerpunkt für Schiffahrt und Leuchtfeuer ist die gegenüber von Sizilien liegende Landnase mit den angrenzenden Küstenstrecken von Algerien und Tunesien. Den Anfang hatte hier der bereits erwähnte Wehr- und Leuchtturm **Algier** gemacht. Weiter ging es erst, nachdem die Franzosen um 1830 begonnen hatten, diese Gebiete zu erobern und die Sklaverei abzuschaffen.
Als erste entstanden drei kleine Leuchttürme auf 130 bis 200 m hohen Kaps:

1840 **Sidi Bou Said** vor Tunis, nahe den Ruinen von Karthago,
1841 **Ras el Hamra** vor Annaba (Bone),
1851 **Ras Carbon** vor Bejaia (Bougie).

Aber auch befestigte Häfen erhielten nun ihre Feuer, so um 1850 Oran im **Fort el Kebir** und 1855 Cherchell, westlich Algier, im **Fort Joinville** den mit 28 m Höhe ersten größeren Leuchtturm.
Unter französischer Regie folgten zahreiche weitere, darunter Seefeuer auf hohen Felsvorsprüngen in Algerien und Nord-Tunesien.
Im Gegensatz dazu verläuft die osttunesische Küste flach, und Flachküsten benötigen hohe Leuchtfeuerträger. Nur gibt es dort vielerorts keine Steine, sondern nur Sand, Sand, Sand. Aber die französischen Architekten verzweifelten nicht, sondern bauten aus Sand, allerdings in Form von Beton, mit dem man im Mutterland schon gute Erfahrungen gemacht hatte. So entstanden 1894/95 in der Tat dort die mit 49 bzw. 44 m höchsten Leuchttürme: **Ras Turgoeness** auf der Insel Djerba und 80 km nördlich davon an der Küste bei Sfax **Ras Thinak.** Das Aufschichten der 1 m dicken Betonringe dauerte bei letzterem nur vier Monate. Beide sehen mit ihren rot/weißen Bändern recht zünftig aus.
Bis zu den 1960er Jahren, als Algerien und Tunesien die Selbständigkeit erlangten, fühlten sich die Franzosen noch für die Sicherheit der Schiffahrt dort verantwortlich. Sie investierten viel für Instandhaltung, Modernisierung und Vervollkommnung des Leuchtfeuernetzes.

Schließlich sei noch das westliche Ende der Nordküste erwähnt. Gegenüber von Gibraltar besitzt Spanien mit der Landnase von Ceuta eine Enklave im sonst marokkanischen Gebiet. Sie zählt zu den sog. »Presidios« – ein für unsere Ohren harmlos klingender Name, hinter dem sich aber etwas Abschreckendes verbirgt: Verbannungsorte mit Zuchthäusern für Verbrecher und sonstige mißliebige Zeitgenossen. Mittlerweile leben dort aber auch 120000 überwiegend unbescholtene Bürger.

1855, also siebzehn Jahre später als die Briten auf der anderen Seite der Straße von Gibraltar, bauten die Spanier ihren Leuchtturm **Punta Almina** auf dem Nordostkap ihrer Enklave. Der weiße dicke Turm inmitten eines Gebäudekomplexes mißt zwar nur 16 m, leuchtet aber aus einer Feuerhöhe von 148 m, heute sogar mit einer Nenntragweite von 27 sm. In der griechischen Mythologie zählte der Berg, auf dem er steht, zu den Säulen des Herkules, die sich beiderseits der heutigen Straße von Gibraltar erhoben.

Westküste

Im Gegensatz zu Inselvölkern bestand hier für die Eingeborenen keine Notwendigkeit, Schiffahrt zu betreiben. Weder Marokkaner im Norden, noch Schwarze weiter südlich zeigten oder entwickelten seemännische Neigungen. Die Vorstellung von einem Bantuneger als Seebär ist genauso absurd wie die von einem Wikinger als Elefantenjäger.
Schiffe waren den Eingeborenen unbekannt. Sie erschienen ihnen – ebenso wie die weißen Menschen – wahrscheinlich als etwas Mystisches aus einer anderen Welt, was dazu beigetragen haben dürfte, daß die Kolonisatoren relativ leichtes Spiel hatten.
Portugiesen, Spanier, Franzosen, Engländer, Deutsche kamen und stellten Gebiet für Gebiet »unter ihren Schutz«. Das war die übliche Sprachregelung, mit der sie sich das Recht nahmen, die dortigen Rohstoffquellen zu erschließen und das wertvolle Material massenweise abzutransportieren. Einige Küstenabschnitte erhielten sogar ihre Namen nach diesen Gütern, so Pfefferküste, Elfenbeinküste, Goldküste. Selbst Menschen wurden gehandelt und exportiert, daher der Name »Sklavenküste«.
Häfen mußten sich die Kolonialmächte allerdings selber bauen, denn Anlegestellen für Schiffe gab es nicht. Zuvor war alles mit kleinen Kähnen von der Küste zu den draußen ankernden Schiffen gebracht worden.
Zu Anfang des 19. Jahrhunderts, bald nach den ersten Hafenbauten begann man an den genannten Küsten nördlich des Äquators mit der Einrichtung kleiner Leuchtfeuer. In den 1830er und 1840er Jahren entstanden dort auch die ersten richtigen Leuchttürme der afrikanischen Westküste. Der mit 21 m höchste von ihnen, **Capo Sierra Leone** steht seit 1848 vor Freetown in fast unveränderter Form als runder weißer Steinturm mit roter Laterne. Ansonsten blieb es an vielen Strecken noch lange dunkel.

Nun zum Norden. Die afrikanische Küste wendet sich nahe Tanger, am Kap Spartel, dem Westende der Straße von Gibraltar, scharf nach Süden. Die Markierung dieser Stelle mit einem Leuchtturm war ein dringendes Erfordernis für alle Schiffe, die nachts vom Atlantik her in das Mittelmeer einlaufen wollten. Und das waren Schiffe zahlreicher Nationen.
Nach langen Verhandlungen mehrerer interessierter Seemächte mit dem Sultan von Marokko entstand endlich 1864 der Leuchtturm **Kap Spartel/Cabo Espartel** (Abb. Seite 17). Da man die Wartung nicht den für unzuverlässig geltenden Marokkanern überlassen wollte, verständigten sich neun der damals besonders interessierten Staaten – USA, Großbritannien, Frankreich, Spanien, Italien, Österreich, Belgien, die Niederlande und Schweden – in der sog. Kap Spartel-Konvention vom 12. März 1867, für den Betrieb zu sorgen und die Unterhaltungskosten gemeinsam zu tragen.
Der wahrscheinlich nach französischen Plänen erbaute 24 m hohe Turm leuchtet aus einer Feuerhöhe von 95 m und besitzt heute eine Tragweite von 30 sm. Bis ins 20. Jahrhundert hinein war das der einzige Leuchtturm an der marokkanischen Westküste.

Der Leuchtturm ***Cap Cantin*** *. . .* *und sein marokkanischer Wärter*

Von 1904 bis 1956 stand Marokko unter französischer und spanischer Herrschaft. Immerhin erhielt das Land während dieser Zeit einige Leuchttürme an Häfen und Kaps, besonders bei Casablanca. Zumeist handelte es sich um bescheidene Exemplare von 10 bis 20 m Höhe, z.T. auf vorhandenen Bauwerken errichtet. Originelle Beispiele sind **Cap Cantin** von 1916 auf einem schloßähnlichen Fort und **Sidi Ifni** von 1936 auf einem Fabrikgebäude. Die beiden mit 51 m höchsten Leuchttürme sind **Pointe d'el Hank** (bei Casablanca) und **Sidi Bou Afi** (bei El-Jadida, 100 km südwestlich Casablanca). Sie stammen aus den Jahren 1919 bzw. 1920.
Ein weiteres mit 41 m Höhe ebenfalls recht imposantes Exemplar ist der 1932 erbaute Leuchtturm **Cap Rhir** (40 km nordwestlich Agadir). Bei einem schweren Erdbeben, das 1960 Agadir fast völlig zerstörte, wackelte er erheblich, blieb aber aufgrund seiner soliden Bauweise heil, nur einige Scheiben gingen zu Bruch.

Leuchtturm **Sidi Ifni** *mit spanischer Laterne, 1936 auf einem Fabrikgebäude errichtet*

Leuchtturm **Cap Rhir** *(bei Agadir)*

Von Franzosen erbauter Leuchtturm **Sidi Bou Afi,** *51 m hoch (ähnlich* **Pointe d'el Hank** *bei Casablanca)*

Abgesichert durch einen Vertrag, waren die Spanier noch mit von der Partie. 1914 bauten sie bei Larache, 80 km südwestlich von Tanger den Leuchtturm **Punta Nador.** Er ist aus Beton, 44 m hoch und besteht aus zwei achteckigen Säulen übereinander. Der Architekt Eugenio Ribera hatte sich bemüht, das Bauwerk dem marokkanischen Stil anzupassen. Ihr 50 m hoher imposanter Leuchtturm **Bojador** in Spanisch-Sahara machte Schlagzeilen, als marokkanische Soldaten 1957 die Wächter mit ihren Familien gefangennahmen und erst nach 18 Monaten wieder frei ließen.
An der fast menschenleeren und hafenarmen Küste südlich von Marokko gibt es nur sehr wenige Leuchttürme und heute noch dunkle Abschnitte bis zu 500 km Länge. Erst ab Dakar werden die Abstände etwas geringer.
Im folgenden eine Aufzählung der wichtigsten Leuchtturm-Standorte im Mittelabschnitt ab Dakar nach Süden:
Cap Vert (vor Dakar) seit 1866,
Île Tamara (vor Conakry) seit 1906,
Cape Mesurado (vor Monrovia) seit 1855,
Cape Palmas (Elfenbeinküste) seit 1847,
Cape Three Points (Goldküste) seit 1875,
Accra (Goldküste) seit 1871.
Lagos (Sklavenküste) verfügt seit 1876 über ein kleines Feuer, seit 1891 über einen 27 m hohen Leuchtturm und seit 1980 über das höchste Leuchtfeuer-Bauwerk in Afrika: ein Hochhaus von 110 m Höhe, dem man noch einen 46 m hohen Stahlmast aufgesetzt hat; damit beträgt die Gesamthöhe 156 m, die Feuerhöhe 160 m. Ausgerüstet mit einer modernen Scheinwerferoptik der Firma Pintsch-Bamag (Lichtstärke 6,5 Mio. Kerzen) besitzt das Feuer eine Tragweite von 40 sm.
Östlich schließt sich das 400 km breite Niger-Delta an. Da der angeschwemmte Grund nur wenig tragfähig ist und darüber hinaus häufig überflutet wird, hat man auf die Schraubpfahlmethode des Herrn Mitchell (s. Band 1, Seiten 93 und 94) zurückgegriffen. In den Mangrovenmorast wurden von floßartigen Plattformen aus möglichst viele Eisenpfähle eingeschraubt und darauf die in England vorgefertigten Eisenteile des Turmes zusammengesetzt – unter tropischen Verhältnissen eine unvorstellbar beschwerliche und gefährliche Arbeit. Auf diese Weise entstanden dort ab Anfang des 20. Jahrhunderts einige Leuchttürme, z.B. **Akassa** und **Bonny**, vornehmlich zur Sicherung der Öl-Exporthäfen. Sie sehen aus wie Bohrtürme mit Laterne.

An der sich südlich anschließenden Küste von Kamerun bis Südwest-Afrika weist die Leuchtfeuerkette auch riesige Lücken auf. Lediglich in Angola gibt es eine gewisse Konzentration. Außer kleinen dicken Exemplaren und einigen Gittertürmen befinden sich dort als Ersatz für die Vorgänger von 1888 zwei weiße 38 m hohe Leuchttürme, beide viereckig und aus Stein: **Ponta das Palmeirinhas** vor der Hauptstadt Luanda und 500 km weiter südlich **Ponta das Salinas**.
Südwest-Afrika verfügt zwar nicht über Leuchtfeuer-Konzentrationen, aber immerhin über drei höhere und imposante Leuchttürme. Der nördlichste von ihnen ist **Swakopmund.** Er wurde während der deutschen Kolonialzeit 1903 aus Granit erbaut, zunächst 16 m hoch, und 1911 auf 32 m erhöht. Er gilt heute als einer der schönsten und meist fotografierten Türme in Afrika, von dem es auch zahlreiche Ansichtskarten gibt.
Bei dem zweiten handelt es sich um den nur wenig südwestlich davon, 1932 an der Walfischbucht errichteten **Pelican Point**. Das ist der Endpunkt einer nach Westen ins Meer ragenden Halbinsel, die schon seit 1898 durch ein kleines Leuchtfeuer markiert worden war. Der in England gefertigte gußeiserne Turmschaft erhielt 1961 seine jetzige Laterne mit einer Leuchtanlage von 1,3 Mio. Kerzen.
Der dritte und südlichste an dieser Küste, **Diaz Point,** ersetzte 1910 ein 4 m hohes Türmchen von 1903 an der Lüderitzbucht. Er ist 35 m hoch, rund gemauert, weiß mit rotem Band.

Zwei spanische Leuchttürme in Nordwest-Afrika:
links **Punta Nador** *(Marokko), rechts* **Bojador** *(Sahara)*

Farbseite rechts:
Oben links: Der »internationale« Leuchtturm **Kap Spartel/ Cabo Espartel** *an der Nordwestecke von Afrika*

Oben rechts: Leuchtturm **Swakopmund,** *erbaut während der deutschen Kolonialherrschaft*

Unten: Leuchtturm **Pelican Point** *(Südwest-Afrika), 35 m hoch, 1932 erbaut*

Green Point *(Kapstadt),*
ältester Leuchtturm in Südafrika, 1824 bis heute in Betrieb

Leuchtturm **Bird Island II** *(östlich Port Elizabeth), 1873 erbaut, 1893 von 20 auf 32 m erhöht (zwei Holztürme von 1852 waren die Vorgänger)* ▼

Leuchtturm **Cape Point II** *am Kap der Guten Hoffnung, 1914 als Ersatz für Vorgänger von 1860 erbaut, eines der hellsten Feuer in Afrika*

Leuchtturm **Cape Agulhas** *am südlichsten Punkt Afrikas, 1849 bis 1968 in Betrieb, heute National-Denkmal*

»Schlüsselloch«-Leuchtturm **Hood Point** *(Südafrika Ostküste), so genannt wegen des Frontfensters, 1895 erbaut*

Leuchtturm **Cape Recife** (vor Port Elizabeth), 1851 erbaut, 31 m hoch

Leuchtturm **Port Elizabeth Hill** *(Südafrika Ostküste), 1861 erbaut, 1930 von 13 auf 22 m erhöht, bis 1973 in Betrieb, jetzt National-Denkmal; die Pyramide erinnert an General Donkin, der 1820 mit 3000 britischen Siedlern die Hafenstadt gründete und ihr den Namen seiner kurz zuvor verstorbenen Ehefrau gab: Port ›Elizabeth‹*

Leuchtturm **Port Shepstone** *(Südafrika Ostküste), 1906 als Ersatz für Laternenmast von 1895 aus Gußeisen errichtet, 15 m hoch (Hafen Port Shepstone benannt nach Sir Theophilus S., einem südafrikanischen Staatsmann)* ▶

Leuchtturm **Green Point (Natal),** *1905 aus Gußeisen erbaut, 26 m hoch*

Südafrika

Im Interesse besseren Warenaustausches war man seit dem frühen Mittelalter bestrebt, Indien auf dem Seewege zu erreichen. Da das um Nordeuropa herum nicht gelang, versuchten es entdeckungsfreudige Seefahrer nach Süden um den lästigerweise im Wege liegenden Erdteil Afrika herum. Auf ihrer langen Suche nach der Südspitze wurden sie immer wieder durch Landzungen zum Narren gehalten.

Nach 6000 sm Schiffsreise entlang der Küste kamen sie schließlich an das vermeintliche Südkap – zunächst »Cabo tormento«, später vom portugiesischen König »Kap der Guten Hoffnung« genannt. Aber auch das führte zunächst nur in eine Bucht, die »Falsche Bucht« – vielleicht einst von einem enttäuschten Entdecker wutentbrannt so genannt. Erst nach weiteren 100 sm erreicht man die echte Südspitze Afrikas – Kap Agulhas – und kann seinen Kurs endgültig nach Osten und Nordosten richten.

Als erster schaffte es 1487 der Portugiese Bartholomeus Diaz, eigentlich unbeabsichtigt, denn seine Schiffe wurden durch einen Sturm um das Kap herumgetrieben. Vorher war er schon an einem Punkt in der Nähe der jetzigen Lüderitzbucht gelandet, dem man später den Namen Diaz Point gab.

An allen genannten Stellen stehen heute Leuchttürme – **Diaz Point** wurde auf Seite 16 bereits erwähnt – aber bis zu ihrer Errichtung sollten noch fast vier Jahrhunderte vergehen.

Mit der Besiedlung durch Weiße im 17. Jahrhundert kam die Schiffahrt allmählich in Gang. Kapstadt wurde 1652 gegründet. Einige Historiker glauben, daß schon fünf Jahre später auf **Robben Island** in der vor Kapstadt liegenden Bucht Table Bay ein Feuer zur Orientierung gebrannt hat.

Die authentische Leuchtfeuergeschichte Südafrikas begann jedoch erst am 12. April 1824, als der knapp 10 m hohe militärische Beobachtungsturm **Green Point** an der seeseitigen Ecke der Table Bay mit zwei kleinen Laternen versehen wurde.

Südafrika

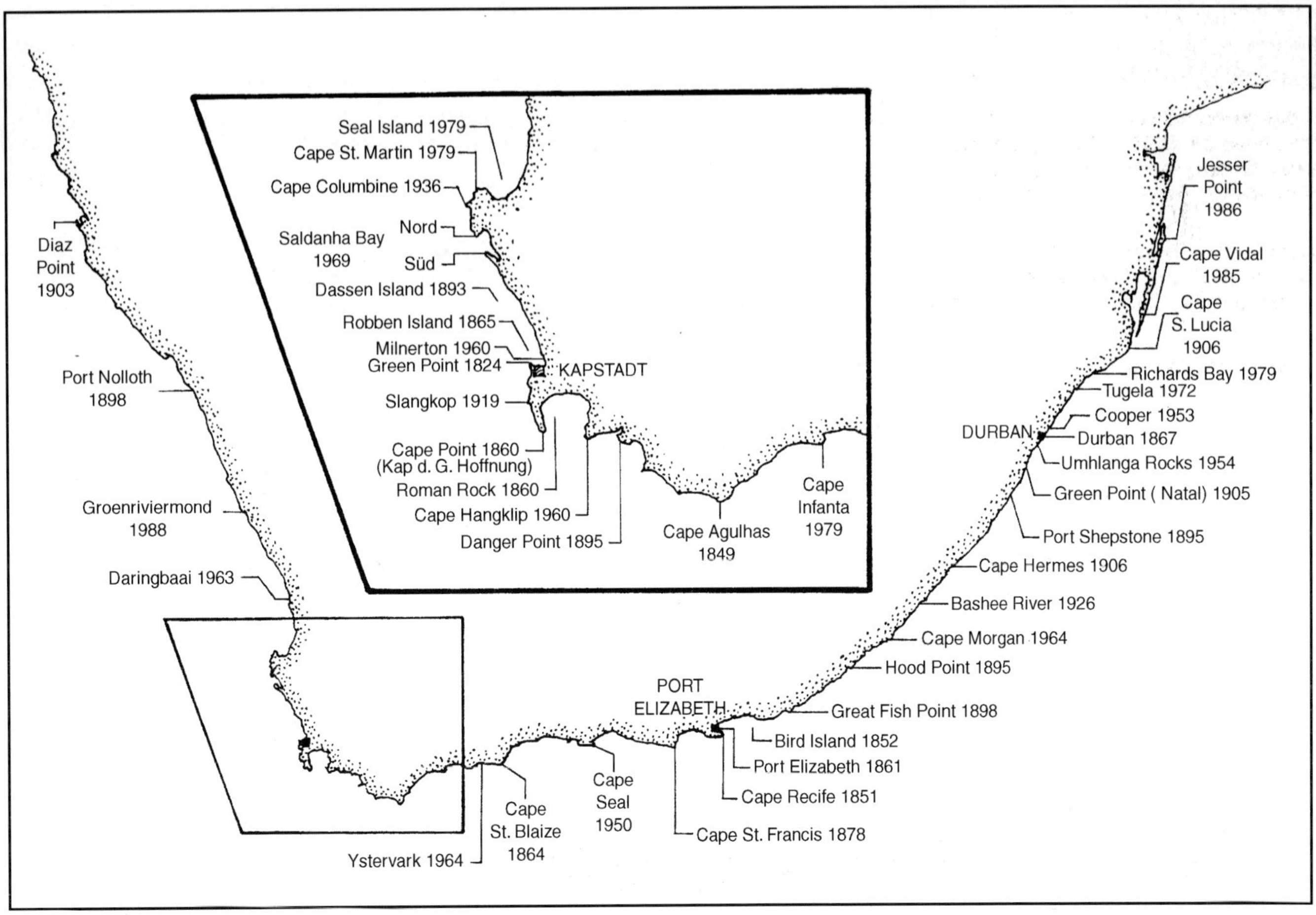

Der Leuchtturm ist nach wie vor in Betrieb, hat sich aber inzwischen äußerlich und innerlich erheblich verändert:

- 1865 wurde der gemauerte Teil auf 16 m erhöht, wozu noch die heutige 6 m hohe Laterne kommt – sie stammt von 1922.
- Als Lichtquelle dienten nacheinander Argandlampe, Glühlicht und seit 1929 eine elektrische 1500 Watt Lampe.
- Auch bei seiner mittelgroßen Optik aus England handelt es sich schon um die dritte Generation. Sie wird durch ein Drehwerk angetrieben, das seit 1950 elektrisch arbeitet. Bis dahin mußten die Wärter das Antriebsgewicht alle zwei Stunden hochkurbeln.
- Zunächst war der Turm weiß, ab 1865 rot/weiß gebändert; etwa 1955 erhielt er seine originelle Schrägbemalung.

Der Leuchtturm **Green Point** – auf afrikaans heißt er **Greenpunt** – gilt heute als Nationaldenkmal (Abb. Seite 18, das gleiche Motiv gibt es auch als Briefmarke).

Nachdem bereits zahlreiche Schiffe an der berüchtigten Südküste Afrikas gescheitert waren, entstand dort an der Grenze zwischen Atlantischem und Indischem Ozean 1849 der zweite Leuchtturm des inzwischen von den Engländern eroberten Landes: **Cape Agulhas**. Das Kap wurde übrigens auch »Nadelkap« genannt, weil sich dort die Kompaßnadel wendete. Die Laterne des insgesamt 30 m hohen Turmes erhielt eine der ersten Fresnelschen Riesenoptiken aus Frankreich, 1908 als Ersatz dafür eine noch größere aus England mit einem Gewicht von 6 t. Durch die Elektrifizierung 1936 erhöhte sich die Lichtstärke auf 12 Mio. Kerzen und die Nenntragweite auf 30 sm.

Leuchtturm **Green Point** *1824*

Wahrscheinlich aufgrund des zu schweren Kopfes mußte der aus Sandstein gebaute Turm 1962 für unsicher erklärt werden. Als Ersatz fungiert seit 1968 eine profane 21 m hohe Aluminiumgitter-Konstruktion mit kleiner, aber fast ebenso heller Laterne. Der Veteran wurde pensioniert und unter Denkmalschutz gestellt (Abb. Seite 19).

Dritter Leuchtturm wurde 1851 **Cape Recife,** 500 km weiter östlich am flachen Strand vor Port Elizabeth aus Ziegeln erbaut, 31 m hoch, heute ebenfalls mit sehr heller, weittragender Optik (Abb. Seite 20).

Einen Riff-Leuchtturm hat Südafrika auch: **Roman Rock.** Er wurde als Ersatz für ein 1845 ausgelegtes Feuerschiff 1860 in der False Bay, 20 km von der Küste entfernt, unter ähnlichen Schwierigkeiten wie seine Kollegen in England errichtet. Es handelt sich um einen Gußeisenturm auf Granitsockel, insgesamt etwa 18 m über den Meeresspiegel hinausrragend. 1904 konnten seine auf engstem Raum lebenden Wärter erlöst werden, nachdem die Dochtlampe durch einen Azetylengasbrenner ersetzt worden war, dessen Vorrat für jeweils ein halbes Jahr reichte.

Nun zum Leuchtturm **Kap der Guten Hoffnung, Kaap die Goeie Hoop** auf afrikaans, kurz **Cape Point** sagen die Engländer. Fast ganz oben auf dem bis zu 269 m hoch aufragenden zackigen Felsen installierte man 1860 ein für die Bedeutung dieses Kaps recht unzureichendes Feuer, nämlich eine alte Laterne auf einem 9 m hohen Eisentürmchen. Das war schlichtweg eine Fehlplanung, denn bei einer Feuerhöhe von 247 m wurde das Licht häufig von Hochnebel verdeckt, der hier mit 900 Stunden pro Jahr ebenso häufig vorkommt wie vielerorts in Nordeuropa. Abhilfe brachte erst nach langer Zeit ein neuer, mit 87 m Feuerhöhe wesentlich tiefer gelegener Leuchtturm. Er wurde 1914 erbaut, aber erst Anfang 1919 nach Ende des Ersten Weltkrieges in Betrieb genommen (Abb. Seite 19). Nach einigen Verbesserungen ist heute sein Blitzfeuer mit einer Lichtstärke von 19 Mio. Kerzen und einer Tragweite von 34 sm eines der stärksten von ganz Afrika.

Nach 1860 ging es dann etwas schneller weiter. Die Engländer, die ihr Leuchtfeuernetz zu Hause schon beinahe fertig hatten, begannen nun auch mit dem Aufbau einer Leuchtfeuerkette an der fast 3000 km langen Küstenlinien der späteren Südafrikanischen Union. Nach dem Ersten Weltkrieg kamen noch 1300 km der ehemaligen deutschen Kolonie Südwest-Afrika hinzu. Wie die Lageskizze auf Seite 21 zeigt, blieb der Raum um Kapstadt Schwerpunkt.

Nun zum Baumaterial. Bis zum Ende des 19. Jahrhunderts entstanden die meisten Leuchttürme aus Stein oder Ziegeln; mit 33 m höchster von ihnen ist der 1878 erbaute **Cape St. Francis** (südwestlich Port Elizabeth). Als erster Eisenturm gilt der bereits erwähnte **Cape Point** von 1860. Bald folgten auch klassische Gußeisentürme holländischer Bauart, so 1867 **Durban**, 29 m, 1893 **Dassen Island** (nördlich Kapstadt, 11 km vor der Küste), 38 m, 1905 **Green Point** (Natal), 26 m hoch und schließlich 1919 **Slangkop** (südwestlich Kapstadt), mit 43 m höchster Leuchtturm in ganz Südafrika.

Um die Jahrhundertwende kam auch Beton als Baumaterial auf. Die ersten daraus entstandenen Leuchttürme waren 1895 **Danger Point** (nordwestlich Südkap), 24 m, und 1898 **Great Fish Point** (östlich Port Elizabeth), 20 m hoch. Wohl markantester Vertreter dieser Gattung ist der 1936 fertiggestellte, 21 m hohe Leuchtturm **Cape Columbine** (Nordwestkap). Mit seiner Feuerhöhe von 80 m und einer Tragweite von 32 sm dient er vor allem den aus Europa kommenden Schiffen zur Ansteuerung von Kapstadt.

Da sich der Schiffsverkehr vorwiegend in größerer Entfernung von der Küste bewegt, wurden in gewissen Abständen besonders weittragende Optiken eingebaut. In vier Fällen handelte es sich sogar um hyperradiale Exemplare mit 1,3 m Brennweite und von enormem Gewicht. Deshalb mußten die Trägerbauwerke entsprechend stabil sein.

Slangkop, *mit 43 m höchster Leuchtturm in Südafrika, 1919 aus Gußeisen erbaut*

Leuchtturm **Great Fish Point** *mit riesiger Scheinwerferoptik*

Leuchtturm **Dassen Island**

Leuchtturm **Cape Columbine,** *im Oktober 1936 von der Witwe des Konstrukteurs Cooper eingeweiht*

Hervorragende Verdienste um das Leuchtfeuerwesen erwarb sich Harry Claude Cooper, der zuvor als Assistent von William Douglass, dem Erbauer von **Eddystone IV** fungiert hatte. Er traf 1902 in Kapstadt ein und betätigte sich 40 Jahre lang als Leuchtturm-Konstrukteur und Organisator. Nach seinem Tode gab man 1953 einem neuen, modernen Leuchtturm nahe Durban den Namen **Cooper**.

Wohl einmalig dürfte es sein, daß in Südafrika seit 1916 die Eisenbahn-Verwaltung für die Küstenbefeuerung zuständig ist. Sie residiert 500 km landeinwärts in Johannesburg. Die Regierung der ab 1961 unabhängigen Südafrikanischen Republik änderte nichts daran. Sie baute die Leuchtfeuerkette mit moderneren Mitteln nun noch wesentlich schneller weiter auf. Das wurde möglich nach Entwicklung von wenigen Einheitstypen sowohl für die Trägerbauwerke – Gittertürme und Röhren von 15 bis 25 m Höhe – als auch für die Laternen nebst Optik. Auch zwei Hochhäuser in **Durban** wurden als Leuchtfeuerträger ausgenutzt: das Anglo American Building und das Hotel Holiday Inn; die damit erreichten Feuerhöhen betragen 145 bzw. 110 m.

Insgesamt entstanden bis zum Ende der 1980er Jahre neben kleineren Türmen als Navigationshilfen etwa 30 weitere Seefeuer, allerdings nicht in der klassischen Form, wie man sich bis dahin einen Leuchtturm immer vorgestellt hatte. Sie alle arbeiten automatisch; auch zahlreiche ältere Türme wurden modernisiert und auf automatischen Betrieb umgerüstet oder ganz ersetzt. Damit besitzt Südafrika neben dichter Befeuerung seiner Häfen eine vorbildliche Kette weittragender Leuchttürme entlang der Küste. Diese weist etwa 3000 Ozeanriesen, die jährlich das Südkap Afrikas umrunden, den Weg.

Unten rechts: **Richards Bay** *(Nordostküste), einer der modernsten Leuchttürme in Südafrika, 1979 erbaut*

Unten links: Leuchtturm **Umhlanga Rocks** *(vor Durban), 1954 erbaut; baugleich Leuchtturm* **Cooper** *(nördlich Durban) von 1953*

Madagaskar

Auf dieser viertgrößten Insel der Erde mit 1600 km Länge und 5000 km Küstenlinie blieb es noch lange dunkel. Erst in den 1880er Jahren errichteten die dort herrschenden Franzosen einige Feuerchen an Häfen und auf Kaps. Als Träger dienten die in der Heimat auf Molen üblichen Stein- oder Eisentürmchen.
Auch der weitere Aufbau vollzog sich nur sehr schleppend. Bis heute besitzt die 1960 selbständig gewordene Rieseninsel keine zusammenhängende Leuchtfeuerkette. Die wenigen größeren Leuchttürme wurden noch unter französischer Regie erbaut, hier die drei höchsten, alle aus Beton:
Katsépé (Nordwestküste, vor Mahajanga), 40 m, Feuerhöhe 122 m, Tragweite 28 sm, 1901 erbaut,
Cap d'Ambre (Nordspitze), 32 m, Feuerhöhe 71 m, Tragweite 23 sm, 1903 erbaut,
Île aux Prunes (Ostküste, vor Taomasina), 57 m, Feuerhöhe 60 m, Tragweite 26 sm, 1932 erbaut.
Zwecks Modernisierung der Feuer ist neuerdings eine Zusammenarbeit mit den Engländern geplant.

Rechts: **Ile aux Prunes,** *mit 57 m Madagaskars höchster Leuchtturm*

Links: Leuchtturm **Cap d'Ambre** *an der Nordspitze von Madagaskar*

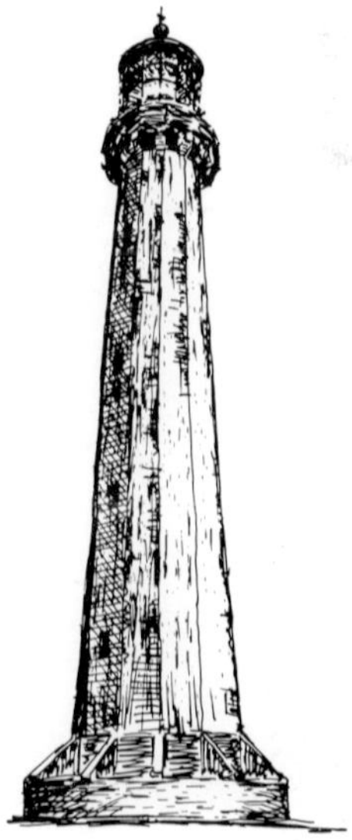

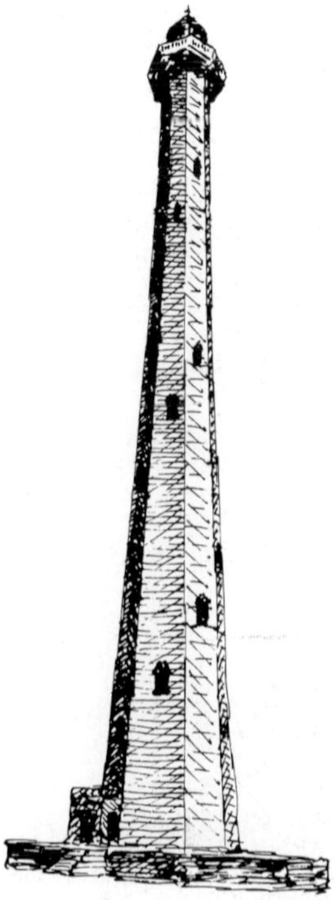

Ostküste

Hier handelt es sich auch um einen lange völlig dunkel gebliebenen, bis heute noch sehr dünn befeuerten Abschnitt. Solange die Indienfahrer um Afrika herumsegeln mußten, hätten sie sicher nächtliche Orientierungshilfen sehr begrüßt, zumindest an der Straße von Moçambique und auf den nördlich davon im Wege liegenden Inselgruppen. Aber von den damaligen Anrainern hatte wohl niemand Interesse daran, diesen Durchgangsverkehr sicherer zu machen.
Seit Fertigstellung des Suezkanals 1869 fuhren nur noch einige wenige Großsegler um das Kap der Guten Hoffnung herum, weil die Korallenriffe im Roten Meer für sie zu gefährlich waren, während Dampfer die neue Abkürzung nahmen. Insofern entfiel die Notwendigkeit, die Straße von Moçambique mit weittragenden Seefeuern zu beleuchten. So entstanden denn auch an der afrikanischen Seite fast nur relativ schwache Feuer für den Küstenverkehr.
Den Anfang machten ab 1873 einzelne kleine Stein-, Holz- oder Eisentürme im porugiesisch regierten Moçambique, gefolgt in den 1880er und 1890er Jahren von verschiedenartigsten Leuchtfeuerbauten weiter nördlich im heutigen Tansania. Die mit ca. 30 m höchsten stehen seitdem auf vorgelagerten Inseln: **Ras Mkumbi**, ein rot/weiß gebänderter viereckiger Leuchtturm auf Mafia, **Mangapwani,** ein weißer Steinturm auf Sansibar und **Ras Kigomacha,** ein aus vorgefertigten Eisenteilen zusammengesetzter »Baukasten«-Leuchtturm mit sechs dünnen Beinen und einem Treppenrohr auf Pemba. Die Laternen, bei Eisentürmen auch die Trägerbauwerke, stammen aus England oder Frankreich.

In der ersten Hälfte des 20. Jahrhunderts entstanden endlich weitere Leuchtfeuer, vor allem in Moçambique, darunter etwa zehn mit Höhen über 30 m und drei mit Höhen über 40 m. Neben Steintürmen handelt es sich vornehmlich um Gittertürme. An Farben herrschen Schwarz und Weiß vor.
Eine Briefmarkenserie zeigt Leuchttürme von Moçambique, hier zwei Beispiele:

Ilha de Goa, *1876 erbaut, 31 m hoch*

Vilhena, *1909 erbaut, 27 m hoch*

Lotsenschiff »Macuti«, 1975 gestrandet vor dem Leuchtturm **Macuti** *(28 m hoch, 1904 erbaut)*

Moroni, *ein originelles Oberfeuer auf der französischen Inselgruppe der Komoren, 21 m hoch, 1921 erbaut*

Während der Unruhen in Moçambique um 1970 wurde das Seezeichenwesen vernachlässigt, viele Leuchtfeuer blieben dunkel. Ein Lotsenschiff aus Beira namens »Macuti« fühlte sich anscheinend derart zu seinem Namensvetter »hingezogen«, daß es 1975 unmittelbar vor ihm strandete. Es soll dort noch heute liegen.

Am »Horn von Afrika« thront in 250 m Höhe auf der äußersten Spitze – Capo Guardafui – der 1926 erbaute Leuchtturm **Ras Asir**. Er ist aus Granit und von origineller Form. Hellstes Feuer der ganzen afrikanischen Ostküste besitzt ein 1913 erbauter Turm mit riesiger Laterne in **Mogadischu** (Tragweite 32 sm).

Einige Inselgruppen östlich des Kontinents erhielten ihre Feuer z.T. schon früher als die afrikanische Ostküste und als Madagaskar. Die ersten Leuchttürme entstanden auf den Maskarenen, und zwar 1846 **Bel Air** auf der damals französischen Insel Réunion und 1855 **Flat Island** nördlich der damals britischen Insel Mauritius – weniger durch Leuchttürme, als durch die berühmte Briefmarke bekannt. Die Seychellen folgten 1877 mit **Port Victoria,** einem 13 m hohen Leuchtturm aus weißen Korallen.

Nordostküste/Rotes Meer

Zweckmäßigerweise werden hier die Afrika gegenüberliegenden Küsten des Roten Meeres und des Golfes von Aden mit einbezogen, obwohl sie schon zu Asien gehoren.

Den Anfang hatten ausnahmsweise keine Leuchttürme, sondern Feuerschiffe gemacht, eines ab 1850 vor Aden, eines ab 1856 vor Suez.

Rotes Meer und Golf von Aden sind durch eine nur 25 km breite Wasserstraße verbunden. Dieser »Flaschenhals« heißt Bab el-Mandeb, zu deutsch »Tor der Totenklage« – eine poetische Umschreibung dafür, daß es hier einst schlimm zugegangen sein muß. Mittendrin, 20 km von der afrikanischen, 3 km von der arabischen Seite entfernt liegt die kleine Insel Perim. Sie war nacheinander u.a. von Arabern, Portugiesen, Franzosen und Seeräubern besetzt. 1857, als durch den Bau des Suezkanals die Beherrschung des »Flaschenhalses« strategische Bedeutung erlangte, nahmen die Engländer kurzerhand die Insel und errichteten außer einem Fort 1861 den runden weißen Leuchtturm **Perim** – nach Aufstokkung heute 25 m hoch. Das andere Ende der Strecke, dicht vor Suez, bezeichneten sie 1862 auf ägyptischem Gebiet mit dem ähnlichen Leuchtturm **Zafarana**.

Die meerbeherrschenden Briten investierten viel, um diesen neuen Weltschiffahrtsweg durch Errichtung von Leuchttürmen, die z.T. schon vor Eröffnung des Suezkanals ihren Betrieb aufnahmen, möglichst sicher zu machen. Sie waren es allerdings auch, die später – neben den Franzosen – von den gewinnbringenden Kanalaktien 80 Jahre lang viel profitierten.

Leuchtturm **Ashrafi** *heute*

Leuchtturm **Ras Asir** *am »Horn von Afrika«*

Als Meisterstücke galten die beiden weit draußen auf Korallenriffen 1862 bzw. 1863 fertiggestellten Leuchttürme **Ashrafi** (am Südende des Golfes von Suez) und **Abu el Kizan,** meist **Dædalus** genannt (600 km südlich Suez im Roten Meer). Architekt war der Engländer William Parkes. Zur Schaffung einer tragfähigen Fläche ließ er zunächst zahlreiche Schraubpfähle in den Korallenring bohren und darauf eine dicke Stein/Beton-Plattform errichten. Diese diente nun als Baugrund für das Wohn- und Lagergebäude und den mitten darauf stehenden Turm aus weit gespreizten, verstrebten Gußeisenbeinen. Bei **Ashrafi** betrug die Gesamthöhe 42 m, bei **Dædalus** 21 m. Inzwischen sind beide Türme erneuert und erheblich verändert, letzterer wurde auf über 30 m aufgestockt.

Sie besitzen einen eisernen Laufsteg bis zu tieferem Wasser, an dessen Ende die Versorgungsschiffe anlegen. Bei schwerer See bleiben diese allerdings weiter draußen und setzen ein Ruderboot aus, dessen Steuermann immer das Kunststück vollbringen muß, eine besonders große Welle abzupassen, die das Boot in das ruhige Zentrum des Riffes trägt. Zurück muß gerudert werden, was noch mehr Geschick erfordert. Auch die Wärterablösung fand früher auf diese abenteuerliche Weise statt; heute erfolgt sie per Hubschrauber.

Der vor Aden auf einem 50 m hohen Kap 1867 aus Stein erbaute weittragenden Leuchtturm **Ras Marshag** ist ebenfalls ein Werk der Engländer.

Ab 1872 beteiligten sich auch die Franzosen am Aufbau einer Leuchtfeuerkette – zumeist mit Standard-Eisentürmen aus vorgefertigten genormten Teilen. Ihr erster war der 55 m hohe Dreibeinturm **Ras Gharib** am Golf von Suez. Es handelte sich um ein Modell, das damals als Exportschlager galt. Drei solcher Türme waren z. B. zwei Jahre zuvor auch am Nildelta errichtet worden (Abb. Seite 13). Ein später zum Einsatz gelangter kleinerer Dreibein-Typ – immerhin noch 38 m hoch – trägt das Wärterhäuschen auf der untersten Strebenetage, als ob es sich vor Hochwasser fürchtet.
Mittlerweile hatten sich auch einheimische, insbesondere ägyptische Ingenieure und Architekten auf den Leuchtturmbau spezialisiert. Ihr erstes Glanzstück war 1906 der Leuchtturm **Sanganeb Reef,** eine 55 m hohe Pyramide aus Eigengittern mit weißer Laterne, nach den englischen Vorbildern auf einer Korallenbank 20 km vor Port Sudan im Roten Meer erbaut. Es handelt sich um den ersten mit elektrischer Lichtquelle ausgerüsteten Leuchtturm im dortigen Seegebiet. Drei umschichtig arbeitende Diesel mit Generatoren sorgen seitdem für Strom. Auch dieser Turm trägt das Wärterhaus in einiger Höhe.
Ein weiterer imposanter Leuchtturm ist der 50 m hohe superschlanke **Ras-Bir**, nördlich Djibouti, noch unter französischer Regie 1952 erbaut. Von ihm gibt es sogar eine Briefmarke.

Nach der zweimaligen Sperrung des Suezkanals 1956 und 1967 kassiert der ägyptische Staat die Kanalgebühren. Die Leuchtfeuerverwaltung in Kairo bemüht sich erfolgreich um Unterhaltung und Befeuerung der internationalen Wasserstraße.
Darüber hinaus schuf sie während der 1970er und 1980er Jahre im 300 km langen Golf von Suez ein modernes Verkehrstrennungsgebiet – eine Art Autobahn für Schiffe – wie es sie auch in anderen stark befahrenen Gewässern gibt (s. Band 2, Seite 150). Der »Mittelstreifen« wird von sieben unbemannten Feuerschiffchen markiert, der westliche Küstenstreifen von zahlreichen, meist neuen Leuchtfeuern, darunter vier Gittertürmen von 39 m Höhe. Außerdem gibt es eine »Ein- und Ausfahrt«. Sie führt nach **Ain Sukhna** (mit einem der neuen hohen Leuchttürme), wo eine Öl-Pipeline endet und die großen Tanker sich voll laufen lassen.
Im Rahmen dieser Aktion wurden auch alle alten Seefeuer modernisiert und auf elektrischen Betrieb umgerüstet; wo kein Netzstrom verfügbar war, erhielten sie je drei Dieselaggregate. Die neuen kleineren Leuchtbaken arbeiten ausschließlich mit Solarenergie (Abb. Band 2, Seite 147).
Damit hat Ägypten weitgehend Anschluß an die moderne Entwicklung gefunden. Die übrigen Anrainer der Suez-Route blieben dahinter zurück.

Leuchtturm **Ras-Bir**

Leuchtturm **Sanganeb Reef**

Asien

Die 50 m hohe »Sechs-Harmonien-Pagode« von ***Hangtschau****, deren erste Fassung im Jahre 970 als Leuchtturm erbaut worden sein soll*

Im Gegensatz zu Afrika sind die meisten Küsten hier stark gegliedert und geradezu mit Inseln übersät, ja mehrere heutige Staatsgebilde bestehen überhaupt nur aus Inselgruppen.
Wo und wann die ersten Leuchtfeuer für die Schiffahrt entstanden, ist sehr umstritten. Die Inder behaupten, ihr König Ashoka (3. Jh. v. Chr.) hätte an den indischen Küsten mehrere Riesenleuchttürme errichten lassen, ähnlich dem um die gleiche Zeit erbauten **Pharos von Alexandria**. Außerdem behaupten sie, auf einem Felsentempel in **Mahabalipuram** (südlich Madras) habe vom 7. Jahrhundert an ein Feuer für die Schiffahrt geleuchtet, ferner sei im 8. Jahrhundert bei **Kaveripattinam** (Lakkadiven, südwestlich von Indien) ein »wundervoller Leuchtturm« erbaut worden, so daß Schiffe den damaligen Hafen Pumpuhar auch nachts anlaufen konnten. Beweise hierfür gibt es aber nicht.
Die Chinesen behaupten, die erste Fassung ihrer »Sechs-Harmonien-Pagode« in **Hangtschau** (südwestlich Schanghai) sei im Jahre 970 als Leuchtturm erbaut worden. Hangtschau ist nämlich Endpunkt des uralten, bis Peking führenden, 1700 km langen Kaiserkanals.
Vom 16. Jahrhundert an eroberten europäische Seemächte die asiatischen Inseln und ans Meer grenzenden Länder bis hin zu den Philippinen und machten sie zu Kolonien. Wie in Afrika, so bauten sie auch hier im vorwiegend eigenen Interesse ein mehr oder weniger dichtes Leuchtfeuernetz auf – bis sich die einzelnen Länder im 20. Jahrhundert ihre Unabhängigkeit erzwangen und nun versuchten, alleine weiterzumachen.
Neben dem Fernen Osten, der für den Seehandel uninteressant schien, gingen nur Japan und China eigene Wege. Sie lösten sich erst in der zweiten Hälfte des 19. Jahrhunderts aus selbstgewählter Isolierung.

Vorderindien

Vor Schilderung der eigentlichen indischen Halbinsel sei die Arabische Halbinsel mit Golf von Oman und Persischem Golf noch kurz gestreift. Bis zum Anfang des 20. Jahrhunderts gab es dort überhaupt keine Befeuerung. Erst 1912, als die britische Admiralität begann, ihre Schiffe von Kohle- auf Ölfeuerung umzurüsten, gewann der Seeweg zu den iranischen Ölfeldern plötzlich an Bedeutung.
1914, noch kurz vor dem Ersten Weltkrieg, ließen die Engländer dort einige Leuchtfeuer einrichten und zwei Feuerschiffe auslegen. Sie wurden von Bombay aus bemannt und betreut.
Heute läuft ein starker Schiffsverkehr auf dieser inzwischen mit modernen Leuchtfeuern bestückten Strecke. Die engste Stelle – Straße von Hormuz – hat man aus Sicherheitsgründen als Verkehrstrennungsgebiet mit 4 km breitem Mittelstreifen eingerichtet.
Vorderindien galt bei Europäern ehemals als das mit Reichtümern gesegnete Wunderland. Nach Entdeckung des Seeweges zu dieser in den Indischen Ozean ragenden Halbinsel 1498 durch Vasco da Gama gründeten vor allem Portugiesen und Engländer dort Handelsniederlassungen. Zumindest ab 17. Jahrhundert dürften an einigen Hafenzufahrten Leuchtfeuer gebrannt haben, so existierte schon 1639 im einst portugiesischen **Goa** eine Art Leuchtturm auf dem Felsenfort. An anderen Häfen waren es kleine Holz- oder Steintürme, meist in Säulenform, auf denen wahrscheinlich Öl-Laternen leuchteten.

Während des 19. Jahrhunderts bauten die nun fast allein herrschenden Briten an der 5000 km langen Festlandsküste und rund um Ceylon eine Kette von Leuchttürmen nach heimischem Muster auf. Die beiden ersten entstanden 1810 bzw. 1821 am Ganges-Delta, um den 100 km langen, nach Calcutta führenden Mündungsarm zu flankieren: **Cowcolly** und **Saugor Island**. Letzterer wurde 1852 durch einen noch existierenden, 25 m hohen Eisenturm abgelöst; von ihm aus konnte man seit 1860 über eine Telegraphenleitung passierende Schiffe nach Calcutta melden. Ab 1816 sicherte übrigens auch ein Feuerschiff, dem später fünf weitere folgten, das Seegebiet vor dem Ganges-Delta.

Leuchtturm **Madras II***: Turm des Gerichtsgebäudes mit Leuchtfeuer-Laterne (1894–1977 in Betrieb)*

Der älteste, noch existierende Leuchtturm Indiens steht 200 km südwestlich an der Mahanadi-Mündung: **False Point**, 40 m hoch, rund, 1838 aus Granit erbaut. Zur Seeseite hin trug er zunächst einen weißen, 10-zackigen Stern als originelles Unterscheidungszeichen; neuerdings ist er jedoch schwarz/weiß gebändert. Anstelle des ersten Gaslichtes erhielt er 1903 Glühlicht, 1958 elektrisches Licht, gespeist aus eigenen Generatoren. Für den in einsamer Gegend stehenden Turm wurden bis in die 1950er Jahre 17 Menschen beschäftigt, darunter ein Arzt und ein Lehrer. Auch ein eigener Friedhof gehörte zu dem »Leuchtturm-Dorf«.

Ab etwa 1840 ging es schneller voran. Es entstanden nun, verteilt auf alle Küsten, weitere Leuchttürme, in der zweiten Hälfte des 19. Jahrhunderts sogar mehrere berühmte. Diese, sowie einige besondere Exemplare seien aus der Vielzahl herausgegriffen und in etwa chronologischer Reihenfolge aufgeführt.

In **Madras**, dem wichtigsten Hafen an der sog. Koromandelküste im Südosten Indiens hatte schon seit 1795 ein Provisorium auf dem Dach der Offiziersmesse als Leuchtfeuer gedient, ehe 1844 ein richtiger, 38 m hoher Leuchtturm seinen Betrieb aufnahm. Als die alte Parabolspiegelanlage durch eine weiterreichende Linsenoptik ersetzt werden sollte, hätte eigentlich ein neuer, höherer Leuchtturm errichtet werden müssen. Da gleichzeitig aber auch der Bau eines pompösen Justizpalastes mit einem über 50 m hohen Kuppelturm geplant war, entschloß man sich zu einer originellen Turmkombination. So kam es 1894 zu dem wohl einmaligen Fall, daß auf dem Turm eines Gerichtsgebäudes nicht die übliche güldene Justitia für die Gerechtigkeit zu strahlen begann, sondern eine Laterne für die Schiffahrt. Sie strahlte 83 Jahre lang.

Im Rahmen einer Modernisierung des Hafens wurde an der Marina Beach schließlich der jetzige Beobachtungs- und Leuchtturm aus Beton errichtet. Er ist von dreieckigem Querschnitt, 55 m hoch und mit zahlreichen Einrichtungen versehen, die man dem alten Gerichtsturm nicht hätte aufbürden können. Dieser dritte Leuchtturm **Madras** – nun unter indischer Regie erbaut – trat am 10. Januar 1977 in Funktion; er zählt zu den modernsten der Welt (Abb. Seite 33).

Im Nordwesten, an einem schiffbaren Mündungsarm des Indus liegt Karachi mit seinem bedeutenden Hafen. Die Spitze einer vorgelagerten Halbinsel wird seit 1848 durch den Leuchtturm **Manora Point** bezeichnet. Er war den Engländern so wichtig, daß sie seine Riesenoptik 1908 gegen eine noch größere Hyperradial-Scheinwerferlinse austauschten (s. Band 2, Seite 144). Der rot/weiß gebänderte Turm steht auf einem schwarzen Sokkel, seine Gesamthöhe beträgt 38 m, seine Feuerhöhe 46 m.

Nun hinüber nach Ceylon – heute Sri Lanka. Dort wurde der erste Leuchtturm, **Pointe de Galle**, auch 1848 errichtet, und zwar etwas westlich vom Südkap. Dieses galt einst als eigentliche Südspitze Indiens, die von allen nach Norden fahrenden größeren Schiffen umrundet werden muß, weil die Passage zwischen indischem Festland und Ceylon durch die sog. Adamsbrücke – einer Kette von Inseln, Riffen und Sandbänken – versperrt ist; vielleicht gibt es demnächst eine »echte« Brücke mit ausgebaggerten Durchfahrten.

Der Leuchtturm **Pointe de Galle** erhebt sich inmitten von Ruinen der ehemaligen Südwest-Bastion, die im 17. Jahrhundert von den s.Z. dort herrschenden Holländern erbaut worden war. Vielleicht hatten diese schon zuvor Leuchtfeuer am Südende der Insel unterhalten, denn auf einer holländischen Seekarte von 1788 sind zwei rauchende Türme eingezeichnet.

Erster Leuchtturm auf Ceylon:
Pointe de Galle, *24 m hoch, 1848 erbaut*

Auf heutigen Seekarten ist am echten Südkap der 1890 erbaute Leuchtturm **Dondra Head** eingezeichnet. Der weiße, achteckige, 49 m hoch aufragende Turm besitzt eine Tragweite von 28 sm, womit er seinen älteren Nachbarn erheblich übertrifft.

Um zu erfahren, wie spät es ist, mußte man ehemals zum Kirchturm schauen. In **Colombo**, der Hauptstadt von Ceylon, schaute man in Ermangelung eines Kirchturmes seit 1838 auf den mitten im Stadtfort errichteten **Clock tower** (Abb. Seite 37). Dieser wäre, wie andere Uhrtürme in der Welt, hier gar nicht erwähnt, wenn er nicht gleichzeitig als Leuchtturm gedient hätte, und zwar ab 1860 für rund hundert Jahre. Mit seiner Uhr und dem leeren Laternengehäuse ist er heute Wahrzeichen von Colombo. Als Nachfolger dient jetzt ein schwarz/weiß gescheckter Betonturm am Marine Drive (Abb. Seite 38).
Während der ungünstig liegende Hafen von Colombo künstlich gesichert werden mußte, bot sich an der Ostküste eine Bucht mit Naturhafen als idealer Flottenstützpunkt an. Die Engländer nutzten dies auch aus und ließen dort 1863 einen 37 m hohen Leuchtturm errichten, den sie nach dem Hafen **Trincomalee** benannten.

Um dorthin oder weiter in den Golf von Bengalen zu gelangen, muß man allerdings erst die vorgelagerten Unterwasserfelsen im Südosten der Insel glücklich umschiffen. Nachdem hier bereits mehrere Großsegler und Dampfer zerschellt waren, legte man zur Warnung 1863 ein Feuerschiff aus. Da sich dieses jedoch bei Sturm oft nicht auf Position halten ließ, wurde beschlossen, in Zusammenarbeit mit Trinity House möglichst weit draußen zwei Leuchttürme auf Felsenriffen nach britischen Vorbildern zu errichten.
James Douglass, der sich mit seiner Methode der verkeilten Granitbausteine gerade einen Namen gemacht hatte, wurde mit der Konstruktion der beiden Türme beauftragt. Er wählte zwei Riffe aus, deren Namen durch seine Leuchttürme später weltbekannt wurden: **Great Bassas** und **Little Bassas**. Den Granit ließ er in Schottland brechen, aufbereiten und nach Ceylon verschiffen. Nach jeweils drei Jahren Bauzeit unter ähnlich schwierigen Bedingungen wie bei sturmumtosten Rifftürmen in Europa nahm **Great Bassas** 1873, **Little Bassas** 1878 den Betrieb auf. Beide Türme sind weiß, 38 m hoch und ähneln sich in der Form; nur Dächer und Galerien unterscheiden sich, außerdem trägt **Little Bassas** ein schwarzes Band.

Leuchtturm **Little Bassas**
auf einem Felsenriff
vor Sri Lanka

Bombay liegt an einer zwar geschützten, aber besonders in der Einfahrt mit Riffen gespickten Hafenbucht. Zur Warnung und Orientierung bei Nacht ließ die britisch-indische Schiffahrtsbehörde 1842 draußen ein Feuerschiff auslegen und 1850 im Hafen den kleine Riff-Leuchtturm **Dolphin Rock** errichten. Der runde, 18 m hohe Granitturm mit seinem dicken Kopf sieht aus wie ein laternengekrönter Wasserturm.

Als der Schiffsverkehr zwischen Europa und Bombay aufgrund der enormen Verkürzung des Seeweges durch den 1869 eröffneten Suezkanal erheblich zunahm, wurden weitere Orientierungshilfen gefordert. Vor allem sollte das seeseitige Ende einer kilometerlangen Riffkette wirkungsvoll bezeichnet werden.

So entstand dort 1872/74 der berühmte Leuchtturm **Prongs Reef.** Auf einer runden Granitplattform erhebt sich das gewaltige Bauwerk in der mittlerweile nun schon klassischen Form konkav ansteigender Konturen. Mit 52 m ist er einer der höchsten Riff-Leuchttürme der Welt. Versorgungsschiffe können an der Plattform anlegen, von dort aus führt eine Außentreppe bis zum 12 m hoch gelegenen Einstieg. Außer der üblichen Laternengalerie läuft in 17 m Höhe eine weitere Galerie um den Turm; beide sind an der Sonnenseite überdacht. Bis zur unteren Galerie ist der Turm schwarz gestrichen, darüber trägt er ein breites weißes und ein rotes Band, während der Kopf wieder weiß gehalten ist.

Erbauer war der Engländer Thomas Ormiston, der in den 1850er Jahren als Assistent bei den berühmten britischen Leuchtturm-Konstrukteuren gearbeitet hatte. Als Chef des »Bombay Port Trust« baute er u.a. zehn Jahre

Leuchtturm **Minicoy**, *1882/85 erbaut*

Prongs Reef *(vor Bombay), 1872/74 erbaut, mit 52 m einer der höchsten Riff-Leuchttürme der Welt (nach einer Aufnahme um die Jahrhundertwende)*

später auch den ähnlichen, aber nur 28 m hohen Riff-Leuchtturm **Sunk Rock** in der Hafeneinfahrt.

Auf der Schiffsroute vom Roten Meer durch den Indischen Ozean nach Ostasien liegen südwestlich von Indien zwei Inselgruppen im Wege, die Lakkadiven und die Malediven. Erstere heißen übersetzt »die hunderttausend Inseln«. Das ist zwar stark übertrieben, aber es handelt sich immerhin um insgesamt über tausend Inselchen, Korallenriffe und Atolle auf einer Bank im hier sonst bis zu 5000 m tiefen Ozean. Viele ragen nur als Palmenpinsel ein wenig über den Meeresspiegel hinaus, andere bleiben als Schiffsfallen dicht darunter.

Die Lücke zwischen beiden Inselgruppen zu treffen, blieb lange Zeit ein navigatorisches Kunststück. Es gab viele Schiffbrüche – bis die besonders interessierten Briten 1882/85 den Leuchtturm **Minicoy** errichten ließen. Er heißt nach der kleinen sichelförmigen Insel, auf der er mitten unter Palmen steht, und stellt gewissermaßen den südlichen »Torpfosten« der Lücke dar. Der 40 m hohe, runde Steinturm ist Motiv einer indischen Briefmarke.

Unter den neueren, auf den Lakkadiven erbauten Leuchttürmen gibt es übrigens auch einen mit rot/weißer Spiralbemalung: **Kalpeni**, 40 m hoch.

Als Schiffe noch völlig vom Wind abhängig waren, bestimmten die Monsune den Jahresfahrplan der Großsegler. Besonders an der Westküste Indiens, wo im Sommer der Südwestmonsun mit erheblichen Windstärken, Nebel und Regen herrscht, ruhte derweilen die ganze Küstenschiffahrt, so daß auf viele kleine Feuer verzichtet werden konnte. Im Leuchtfeuer-Verzeichnis stand dann z.B.: »Während des SW-Monsuns vom 11. Juni bis 9. September brennt das Feuer nicht«.

Moderne Seefeuer in Indien:

Leuchtturm ***Kalingapatnam II*** *(Ostküste), 30 m hoch; Ersatz für einen leuchtenden Obelisk von 1846*

Leuchtturm ***Kasaragod*** *(Südwestküste), 30 m hoch*

Leuchtturm ***Nagapattinam II*** *(Südostküste), 50 m hoch; Ersatz für den 1846 in der Hafenbastion erbauten Vorgänger*

Der dreieckige Leuchtturm ***Madras III,*** *1977 erbaut, 55 m hoch*

Vorder- und Hinterindien

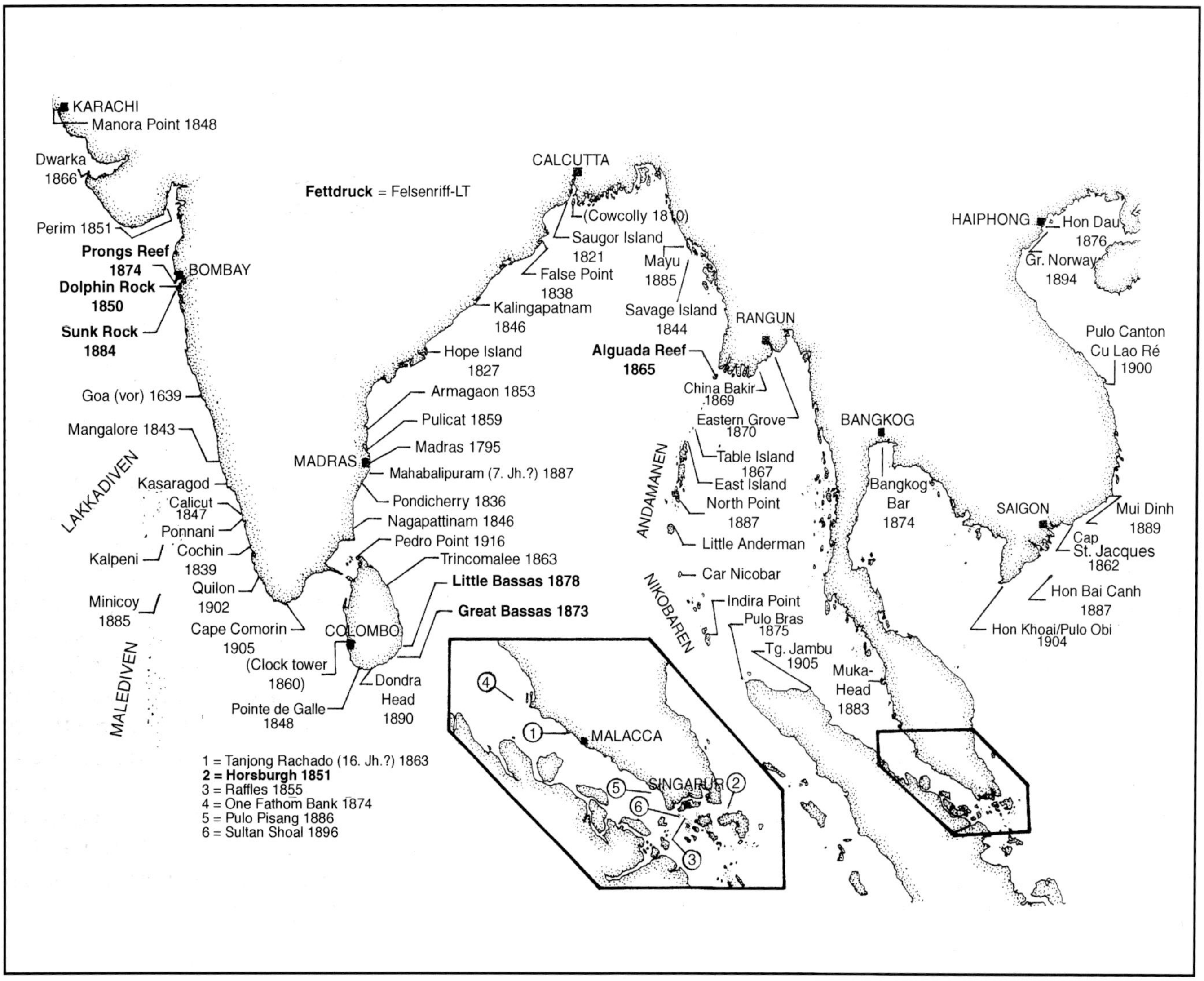

Um 1900 war das von den Engländern geplante Leuchtfeuernetz im wesentlichen fertig. 1927 wurden die bis dahin noch einzeln operierenden Hafenverwaltungen unter zentraler Leitung zusammengefaßt. Bis zum Zweiten Weltkrieg entstanden nur noch relativ wenige Leuchttürme als Ergänzung, nun meist aus Metall oder Beton, einige mit unbewachten Gasfeuern.
Als Indien 1947 die Selbständigkeit erlangte, waren viele technische Anlagen veraltet. Aber die in Neu Delhi residierende Leuchtfeuer-Verwaltung des jungen Staates machte sich sogleich mit großer Energie an die Modernisierung. Unter hohem Mencheneinsatz und mit vor Ort vorhandenen Baustoffen wurden zahlreiche alte Leuchttürme durch neue, meist höhere ersetzt und zusätzliche errichtet. Neuerdings werden auch vorgefertigte Strukturen eingesetzt.

Mit der Elekrifizierung hat man es nicht so eilig, erst recht nicht mit der Automatisierung, denn es besteht kein Personalmangel, so daß die meisten Türme wahrscheinlich noch lange mit zwei bis fünf Wärtern besetzt bleiben können. Was moderne Navigationsverfahren anbetrifft, die natürlich elektrischen Strom benötigen, da ist Indien allerdings mit von der Partie.
Inzwischen gehört Indien zu den Ländern mit den meisten hohen Leuchttürmen. An seinen langen flachen Küsten stehen jetzt schon fast 50 Seefeuer mit Höhen über 30 m, darüber hinaus gibt es auch auf den Lakkadiven, auf Sri Lanka und in Pakistan einige besonders hohe Exemplare.
Auf der Lageskizze sind aus Platzgründen nur die ältesten und einige bedeutende Leuchttürme eingezeichnet, soweit bekannt, mit Jahreszahl der ersten Inbetriebnahme.

Hinterindien

Schon der Name verrät: Es handelt sich um ein weit entferntes Land, noch »hinter Indien« liegend, jedenfalls von Europa aus gesehen. Besagtes Land ist eigentlich eine riesige Halbinsel. Sie besitzt eine relativ langgestreckte Westküste und eine stark gewölbte Ostküste. Erstere gehörte übrigens zur Leuchtturm-»Gründerzeit« den Engländern, letztere den Franzosen.
Ein Blick auf Weltkarte oder Globus genügt, um festzustellen, daß sich der ganze Schiffsverkehr mit Ostasien durch die Malakkastraße zwischen der Malaiischen Halbinsel und Sumatra zwängen und Singapur passieren muß. Als China und Japan begannen, wieder Außenhandel zu betreiben, entwickelte sich dieser Seeweg zu einem der meist befahrenen der Welt. Deshalb sei auch die Geschichte der Malakkastraße und der Straße von Singapur vorangestellt.
Schon vor 5000 Jahren wurde diese Passage von umliegenden Inselvölkern benutzt. Wegen ihrer zahllosen Riffe und Felseninseln bezeichneten die Chinesen sie als »Tor der Drachenzähne«. Unzählige Schiffe scheiterten an diesen »Zähnen«; ganze Reihen von Wracks säumen noch heute die Strecke.

Als erste Europäer erschienen auch hier die Portugiesen und eroberten 1511 die an einer Engstelle der Wasserstraße liegende Stadt Malacca. Auf dem nahe gelegenen, 100 m hohen **Tanjong Rachado** (Tanjong = Kap) sollen sie schon im 16. Jahrhundert ein Leuchtfeuer eingerichtet haben; wahrscheinlich wurde es aber von Piraten bald wieder zerstört, damit möglichst viele Schiffe strandeten. 1641 kamen die Holländer dorthin und erst 1794 die Engländer. Letztere nutzten 1863 möglicherweise den alten Steinsockel aus und errichteten einen 24 m hohen dicken runden Leuchtturm nach heimischem Muster, der noch heute sein Licht ausstrahlt. Das ist kurz die Geschichte des wahrscheinlich ersten Leuchtturm-Standortes in Hinterindien.

Nun die ausführlichere Geschichte von **Horsburgh**, dem wohl wichtigsten Leuchtturm:
Er steht am östlichen Ende der Straße von Singapur auf einem Riff namens »Pedra Branca« (Weißer Felsen), von den Portugiesen einst so genannt aufgrund der in Scharen darauf sitzenden Seeschwalben (Sterna sumatrana) und ihrer weißen »Hinterlassenschaft«.
Die Gegend war nicht nur wegen der Riffe berüchtigt, sondern auch wegen der Piraten, die aufgelaufene Schiffe ausraubten und die Besatzungen ermordeten. Ihre Urenkel treiben bekanntlich noch heute ihr Unwesen in der Südchinesischen See. Um 1830 war es zu einer Serie von solchen Unfällen gekommen, wobei viele Seeleute auch noch durch Haie den Tod gefunden hatten. Deshalb wurde 1836 ein Fond gegründet für den Bau eines Leuchtturmes auf besagtem Felsenriff. Der Turm sollte den Namen des verdienstvollen Hydrographen der Britischen Ost-Indien-Kompanie – James Horsburgh – tragen, der im gleichen Jahr gestorben war. Besonders See- und Kaufleute, nicht nur aus Singapur, zeichneten spontan erhebliche Beträge in spanischen Dollars, einer damaligen Weltwährung.

Horsburgh Lighthouse
October 1851

Da einheimische Architekten die Durchführung für unmöglich hielten, wurde Alan Stevenson, der berühmte schottische Erbauer von Riff-Leuchttürmen zu Rate gezogen. Aber es dauerte noch Jahre, bis das Projekt in Angriff genommen werden konnte, zumal sich zunächst auch keine Baufirma bereit fand, das Risiko zu übernehmen. Die Zusage der Marine, zum Schutz gegen Piraten zwei Kanonenboote abzuteilen, gab endlich den Ausschlag. So kam es, daß erst 1847 mit den Untersuchungen an Ort und Stelle und 1849 mit den eigentlichen Arbeiten begonnen werden konnte.
Da das Riff selber nicht genügend Platz bot, mußte zunächst eine Materialbasis auf einem anderen, größeren Felsen geschaffen werden. Granit wurde auf dem Festland geschlagen, das übrige Material kam aus dem 60 km entfernten Hafen von Singapur. Als Bauleiter fungierte der erst 25 Jahre alte englische Ingenieur J.T. Thompson.
Zeitweise waren bis zu 100 chinesische Arbeiter tätig. Während der dreijährigen Bauzeit gab es nicht nur Orkanschäden, sondern auch schreckliche Unfälle. Mehrmals wurden die kleinen Granit-Transportboote von Piraten überfallen. Dabei fanden insgesamt neun chinesische Steinmetze den Tod.
Im September 1851 war der gemauerte Teil fertig, und die Laterne konnte aufgesetzt werden. Am 15. Oktober 1851 nahm der 29 m hohe Leuchtturm **Horsburgh** seinen Betrieb auf. Die Briten nennen ihn »First Pharos of the Eastern Seas« (Erster Leuchtturm der östlichen Meere).
Die in England gefertigte Leuchtanlage bestand anfangs aus neun Parabolspiegeln mit Argandlampen an einem dreiseitigen Drehgestell. Die Drehung wurde, wie damals üblich, von einem mechanischen Uhrwerk mit Antriebsgewicht bewirkt. Eine Drehung dauerte drei Minuten, so daß in dieser Zeit drei Blinke von jeweils 5 Sekunden Dauer entstanden.
1887 wurde die Parabolspiegelanlage durch eine große Linsenoptik ersetzt. Als Lichtquelle diente ein Petroleum-Dochtbrenner, ab 1930 Kerosin-Glühlicht. Seit 1959 erzeugen zwei Dieselaggregate abwechselnd elektrische Energie, anfangs aber nur für Funkfeuer, Innenbeleuchtung und andere Nebeneinrichtungen. Erst 1966 wurden Lichtquelle und Drehmaschine auf elektrischen Betrieb umgestellt, und zwar im Zusammenhang mit dem Austausch der großen Optik gegen eine moderne kleinere.

Die Besatzung war sicherheitshalber mit Waffen sowie mit Materialien und Verpflegung für ein halbes Jahr ausgerüstet. Sie bestand zunächst aus einem Hauptwärter und sechs Mann, die alle in dem engen Turm wohnten. Erst 1947 konnten sie ein Haus mit bescheidenem Komfort beziehen, das auf dem höchsten Felsenteil erbaut worden war. Nach der Elektrifizierung 1966 wurde die Besatzung auf vier Mann reduziert. Sie wird wohl vorläufig noch bleiben als Vorbeugung gegen Vandalismus und um im Notfall schnell Rettungsdienste alarmieren zu können. Die Abbildung auf Seite 38 zeigt das heutige Aussehen des Turmes mit Zusatzeinrichtungen.
Der Hafenverwaltung von Singapur (Port of Singapore Authority, PSA) unterstehen noch folgende Leuchttürme:
Raffles, 1854/55 auf dem Inselchen Coney im südwestlichen Teil der Straße von Singapur erbaut, 28 m hoch (Abb. Seite 38); benannt nach Sir Thomas Stamford Raffles (1781–1826), der sich um Britisch-Ostindien verdient gemacht und 1819 Singapur gegründet hatte.
Pulo Pisang (Pulo = Insel), 18 m hoher runder Steinturm, 1886 in der südlichen Malakkastraße auf dem 140 m hohen Gipfel der Insel erbaut; 1986 automatisiert, seitdem mit Solarenergie betrieben.
Sultan Shoal, 18 m hohes Turmhaus, 1895/96 im Westteil der Straße von Singapur auf flachem Inselchen erbaut; 1984 automatisiert, seitdem mit Solarenergie betrieben, Dieselgenerator als Reserve (Abb. Seite 39).
Die Leuchttürme **Horsburgh, Raffles** und **Sultan Shoal** gibt es übrigens auch als Briefmarkenmotiv.

Auf der Malaiischen Halbinsel lebten im 18. und 19. Jahrhundert ganze Völkerstämme von der Seeräuberei in der verkehrsreichen Malakkastraße. Besonders »ertragreich« war eine bestimmte Sandbank 25 km vor ihrer Küste. Dort strandeten immer wieder Schiffe und wurden zu einer leichten Beute für die in der Nähe lauernden Piraten.
Zur Warnung vor dieser gefährlichen Stelle legten die Engländer 1852 ein Feuerschiff aus mit einer Besatzung aus mutigen Freiwilligen und bewaffneten Soldaten. Da das Schiffchen bei Monsunstürmen zu oft seine Position räumen mußte, wurde es 1874 durch einen Mitchellschen Schraubpfahl-Leuchtturm mit 17 m Feuerhöhe ersetzt. Feuerschiff und Leuchtturm hatten den Namen nach ihrem Standort erhalten: **One Fathom Bank**. So heißt die Sandbank, weil die Wassertiefe dort bei Ebbe nur etwa 1,8 m beträgt; das entspricht 6 englischen Fuß = 1 Fathom (Faden); dieses Maß war besonders in der Segelschiffahrt für Tiefenangaben gebräuchlich.

*Der **Clock tower** von Colombo, einst auch Leuchtturm, heute Wahrzeichen der Stadt, 34 m hoch* ▶

Leuchtturm **Colombo II** *(Ersatz für den Clock tower)*

Hafeneinfahrt von Colombo; Leuchtturm auf dem Nordwest-Wellenbrecher, 1905 erbaut

Leuchtturm **Horsburgh** *(vor Singapur) heute*

Leuchtturm **Raffles** *an der Straße von Singapur*

Leuchtturm **Sultan Shoal**

Inzwischen ist die Ostseite der Malakkastraße etwas dichter befeuert, durchweg aber nur auf kleinen Trägern. Höchstes und hellstes Licht besitzt der 1883 erbaute Granit-Leuchtturm **Muka Head** (Höhe 14 m, Feuerhöhe 242 m, Tragweite 27 sm).

Der eiserne Schraubpfahl-Leuchtturm wäre vielleicht heute noch in Betrieb, wenn nicht in Anbetracht immer mehr und schnellerer Schiffe um die Jahrhundertwende die Forderung nach größerer Feuerhöhe und stärkerem Licht laut geworden wäre. Nur verfügten selbst die Briten noch nicht über Erfahrungen im Bau von hohen Leuchttürmen im stürmischen Meer auf sandigem Grund. Immerhin betrug dort die Wassertiefe bei Flut 6 m. Als Vorbild galt s.Z. nur der unter großem Aufwand erbaute deutsche Leuchtturm **Roter Sand** von 1885 (s. Band 2, Seiten 23–25).

Den Zuschlag bei der Ausschreibung erhielt eine Baufirma in Singapur mit ihrem Entwurf eines Turmes auf Betonpfählen. Das sollte billiger und weniger zeitaufwendig sein – und wurde es auch. Anfang 1907 begannen draußen die Arbeiten, nach 14 Monaten war der neue Leuchtturm **One Fathom Bank** fertig.

Aufsehen erregte in der Fachwelt die erstmalig angewandte Gründungsmethode des Einspülens. Die 26 besonders konstruierten Betonpfähle wurden mit Wasserstrahldüsen 8 m tief bis auf festen Felsengrund in den Sand eingelassen. Auf diesen Pfählen entstand das originelle 8eckige Bauwerk: zunächst ein zweistöckiges Haus von 8 m Durchmesser für Wärter und Material, umgeben von einer Galerie, überdacht mit einer etwas größeren Fläche, die zur Gewinnung von Regenwasser genutzt wird, darüber acht schräge ansteigende Betonsäulen als Träger für eine Plattform von 6 m Durchmesser mit einem Wachhäuschen und der Laterne. Insgesamt wurden 1000 t Material verbaut. Nach einer Aufstockung beträgt die Feuerhöhe jetzt 34 m, also genau doppelt so viel wie bei dem Vorgänger.

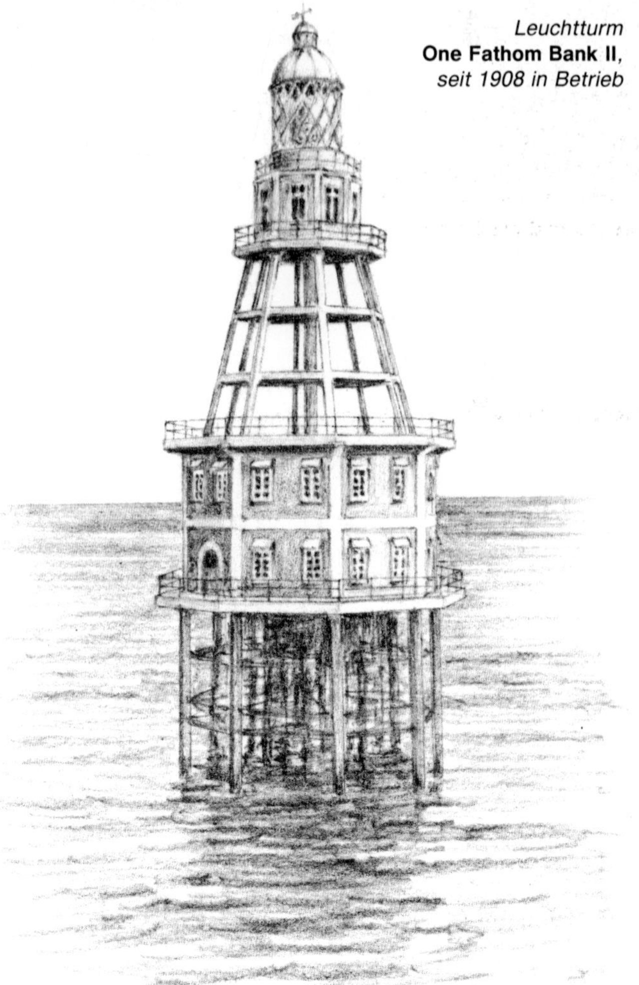

Leuchtturm
One Fathom Bank II,
seit 1908 in Betrieb

Nach dem Zweiten Weltkrieg wurden ein paar ältere Feuer automatisiert und einige zusätzliche, meist schon mit Solarenergie arbeitende, eingerichtet.
Die Leuchttürme an der Westseite der Malakkastraße, auf Sumatra, finden im Kapitel »Indonesien« Erwähnung.
An der Ostküste des Golfes von Bengalen begannen die Engländer 1844 mit der Errichtung von Leuchttürmen. Die ersten kleineren, z.T. noch hölzernen Exemplare sind inzwischen durch höhere Stein- oder Eisengittertürme ersetzt. Mit 43 m höchster ist heute noch der 1885 erbaute **Mayu** auf der Oyster Insel. Im Schwemmland-Delta des Irrawaddy und vor Rangun entstanden um 1870 einige höhere Stelzentürme auf Mitchellschen Schraubpfählen, z.B. **China Bakir** (25 m) und **Eastern Grove** (32 m). Sie hielten etwa 40 Jahre.
Glanzstück der Briten wurde jedoch der 1865 fertiggestellte Granitturm **Alguada Reef**, weit draußen auf einem Riff, 20 km vor der Mündung des Bassein-Flusses. Er wurde mit einer der ersten in England hergestellten Riesenoptiken ausgerüstet. Mit 49 m zählt auch er zu den höchsten Riff-Leuchttürmen der Welt. Als Architekten fungierten die Brüder David und Thomas Stevenson aus der berühmten schottischen Leuchtturm-Konstrukteur-Dynastie. Sie hatten sich den von ihrem älteren Bruder Alan 1838–1844 erbauten **Skerryvore** (s. Band 1, Seiten 72 und 80) zum Vorbild genommen.

Hinterindien vorgelagert sind zwei langgestreckte Inselgruppen, die Andamanen und die Nikobaren. Mit insgesamt etwa 10 größeren und 200 kleinen Inseln sowie zahllosen Korallenriffen bilden sie zwischen der Küste von Burma und der Nordspitze von Sumatra eine Art Sperriegel mit nur wenigen Durchlässen.
Zur Bezeichnung der wichtigsten nördlichen Passage bauten die Briten 1867 den 28 m hohen eisernen Leuchtturm **Table Island**. Abgesehen von der Teakholz-Innenausstattung waren alle Einzelteile aus England antransportiert worden. Der Turm leuchtet heute noch und hebt sich mit seiner rot/weißen Bänderung gut gegen den meist blauen Himmel ab.
Einst passierten ihn die Schiffstransporte mit Strafgefangenen aus Indien auf dem Wege zur 1858 bis 1945 unterhaltenen Strafkolonie Port Blair auf der Insel South Andaman. Hier arbeiteten damals bis zu 20000 lebenslänglich verurteilte Sträflinge, bewacht von 1000 Polizisten und Soldaten. Der Hafen von Port Blair war 1857 extra für ihre Ausschiffung angelegt worden. An der Einfahrt steht heute der 35 m hohe Leuchtturm **North Point II**, rot/weiß diagonal gestreift. Er wurde nach dem Zweiten Weltkrieg von den äußerst aktiven Indern erbaut, die seit 1947 wieder alleinige Herren der beiden Inselgruppen sind. Unter ihrer Regie entstanden nun auch

Leuchtturm **Alguada Reef** *1865 (nach einer zeitgenössischen Darstellung); der Turm trägt jetzt schwarz/weiße Bänder*

mehrere hohe und weittragende Leuchttürme an den Passagen. Die wichtigsten sind auf der Lageskizze (Seite 34) eingezeichnet. Der mit 46 m höchste heißt wie die Insel, auf der er steht, **Little Andaman.**

Die Ostküste Hinterindiens verfügt über nur geringe Frequenz und dementsprechend schwache Befeuerung, zumal die vor Singapur noch konzentrierten Schiffsrouten im Südchinesischen Meer weit auseinanderlaufen. Lediglich die Route nach Hongkong führt dicht an der Küste vorbei. Dort liegt auch der vietnamesische Haupthafen Saigon, dessen Zufahrt die Franzosen sofort nach Übernahme der Herrschaft mit Leuchtfeuern zu sichern begannen. Als erstes und wichtigstes Seefeuer erbauten sie 1862 auf dem 180 m aufragenden Vorgebirge den runden, 18 m hohen Leuchtturm **Cap Saint-Jacques,** der übrigens noch existiert, jetzt allerdings **Mui Vung Tau** heißt. Zwei Jahre später pflanzten sie dann einige kleine Schraubpfahl-Türme im Mekong-Delta ein.
Auch das Delta des Menam vor Bangkog wurde mit einem Schraubpfahl-Leuchtturm versehen, jedoch erst 1874; ein Feuerschiff folgte 1881. Beide sind inzwischen ersetzt durch den 38 m hohen Gitterturm **Bangkog Bar,** bei dem sich auch die Lotsenstation befindet.
Vor dem Hafen Haiphong existiert seit 1876 der 20 m hohe, 8eckige Leuchtturm **Hon Dau**. Nach einer Renovierung diente er 1985 als Motiv für eine Briefmarke, allerdings – fälschlich oder irrtümlich – als **Long Chau** bezeichnet.
Auch in späterer Zeit entstanden nennenswerte Leuchttürme fast nur an der vietnamesischen Ostküste, alle noch unter französischer Regie. Einige sind auf der Lageskizze eingetragen. Der mit 52 m höchste, 1900 erbaut, heißt **Pulo Canton** bzw. **Cu Lao Ré**. Viele Namen wurden inzwischen verändert.

Indonesien

Eigentlich müßte die Überschrift »Niederländisch-Indien« heißen, wie die Niederländer diese indischen Inseln während der dreieinhalb Jahrhunderte ihrer Herrschaft nannten. Denn die Leuchtturm-Geschichte trägt ihren Stempel. Aber diese Bezeichnung gibt es seit 1945 nicht mehr; auf den Atlanten steht jetzt »Indonesien« für einen selbständigen Staat.

Es handelt sich dabei um den mit 13000 Eilanden größten Archipel auf unserem Globus. Er besteht im wesentlichen aus den vier Großen Sunda-Inseln Borneo (Kalimantan), Sumatra, Java mit Bali und Celebes (Sulawesi), den zahlreichen Kleinen Sunda-Inseln, von denen Timor am bekanntesten ist, den Molukken und Neuguinea, der zweitgrößten Insel der Erde, jeweils mit umliegenden Inselchen.

Um genau zu sein, Borneo und Neuguinea gehören nur zu großen Teilen zum heutigen Staatsgebiet von Indonesien, sie sind hier jedoch, was die Leuchttürme betrifft, voll einbezogen.

Geologisch gesehen, war diese 6000 km lange Inselkette vor Jahrmillionen eine Landbrücke von Südost-Asien nach Australien, die allmählich absinkt und Durchlässe bildet. Aber auch die zahlreichen noch tätigen Vulkane sind mit ihren Eruptionen und Seebeben an dieser Veränderung beteiligt, oft mit schrecklichen Folgen für die Bevölkerung.

Gleich der erste Leuchtturm, **Tanjong Cikoneng,** 1855 an der Sundastraße auf dem sog. »vierten (vorspringenden) Punkt« von Java erbaut, fiel 1883 dem Inselvulkan Krakatau bei dem seit Menschengedenken größten Ausbruch zum Opfer.

Nach einer gewaltigen Explosion versank fast die ganze, 30 qkm große Insel in ein unterseeisches Einbruchbecken. Die dabei entstandene 30 Meter hohe Flutwelle prallte zuerst gegen den Leuchtturm, von dessen meterdicken Mauern nichts übrig blieb. Anschließend überrollte sie die umliegenden Küsten, wobei 25000 Menschen ums Leben kamen und große Schiffe bis zu 20 km landeinwärts geschleudert wurden. Die Welle lief unter allmählicher Abschwächung zweimal um die ganze Erde und richtete selbst an entfernteren Küsten noch schwere Schäden an. Durch den Auswurf von Asche und Lava, die das angrenzende Land überdeckten, kamen weitere 12000 Menschen um.

Der nur wenig weiter vom Krakatau entfernt, auf der Südspitze von Sumatra stehende 61 m hohe eiserne Leuchtturm **Vlakkenhoek,** jetzt **Balimbing Pamancasa** überstand wie durch ein Wunder die Katastrophe, wenn auch im unteren Teil stark beschädigt. Aber der Wachhabende mußte von oben mit Entsetzen zusehen, wie die Flutwelle in Sekundenschnelle alle Wohngebäude mit den Angehörigen zerstörte. Die anderen Leuchttürme um die Sundastraße herum kamen glimpflicher davon.

Ausbruch des Krakatau am 27. August 1883; Verluste: 37000 Menschen, ein Leuchtturm

Zurück zu den Anfängen. Ehe die ersten Leuchttürme entstanden, haben sicherlich auch hier schon einige Hafenfeuer gebrannt; überliefert ist dies jedoch nur von einem 1851 eingerichteten Leuchtpfahl in **Batavia,** heute **Jakarta**. 1862 wurde dort ein 15 m hoher, massiver Stein-Leuchtturm auf der Westpier errichtet. Heute steht übrigens ein 40 m hoher Mast auf dem Molenkopf.

Nachdem an der heimischen Nordseeküste schon seit Jahrhunderten Leuchttürme existierten, wurde 1859 auch ein Befeuerungsplan für Niederländisch-Indien aufgestellt. Danach sollten innerhalb von 25 Jahren etwa 30 meist hohe und weittragende Leuchttürme an den gefährdetsten Stellen und an Orientierungspunkten errichtet werden. Als solche galten vor allem

- die Sundastraße, Passage vom Indischen Ozean zwischen Sumatra und Java hindurch – vorbei am Krakatau – zur Javasee,
- die Nordspitze von Sumatra,
- die Bangkastraße, die Sumatra im Osten von der Insel Bangka trennt,
- die Nordküste von Java mit den Zufahrten nach Batavia und vielen weiteren Häfen, z.B. Surabaya,
- die Südspitze von Celebes.

Es dauerte zwar etwas länger als vorgesehen, aber im wesentlichen gelang die Durchführung unter Einschaltung von heimischen Fachleuten und Firmen. Die Optiken wurden allerdings aus England bezogen.
Während anfangs noch einige Steintürme entstanden, kamen ab 1869 Türme aus gußeisernen Bausätzen zum Einsatz. Die Teile waren von niederländischen Eisengießereien gefertigt und zusammen mit den Hartsteinen für die Fundamente verschifft worden. Die ersten dieser Transporte zur gegenüberliegenden Seite der Erdkugel erfolgten noch mit Windjammern.

Die Eisentürme lassen sich – obwohl alle etwas unterschiedlich gestaltet – in zwei Hauptgruppen einteilen:

1. offene oder Gittertürme mit zentralem Treppenrohr, errichtet aus 8, 12 oder 16 verstrebten Rohrstützen, mit Höhen bis zu 59 m (Beispiel **Pulau Besar);**
2. geschlossene, d.h. beplattete Türme in 8-, 12- oder 16 eckiger Form, bis zu 61 m hoch (ein Beispiel ist der holländische Leuchtturm **Kijkduin,** (Abb. in Band 2, Seite 35).

Die Entwürfe für diese äußerst widerstandsfähigen gußeisenen Konstruktionen stammten von den Architekten Q. Harder und A.C. Loo.

Indonesien

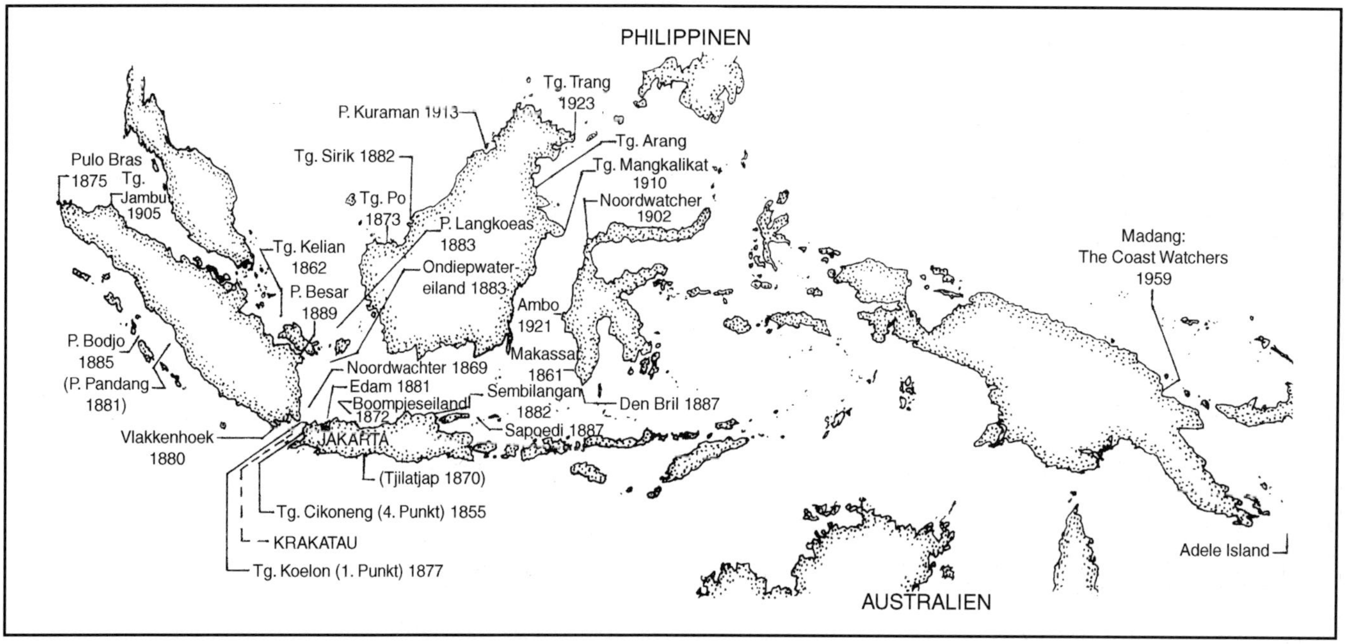

Hier zunächst die Steintürme, alle rund, mit einigen Daten:

1855 **Tg. Cikoneng** (Java Westküste), 25 m hoch; wie bereits erwähnt, 1883 beim Ausbruch des Krakatau zerstört; 1885 durch Eisenturm ersetzt.

1861 **Makassar**, heute **Uyung Pandang** (Celebes Südwestküste) im Fort »Rotterdam«, 15 m hoch, 1921 durch Eisengestell ersetzt.

1862 **Tg. Kelian** (Insel Bangka Westkap), 50 m hoch; heute ältester in Betrieb befindlicher Leuchtturm Indonesiens.

1870 **Tjilatjap/Cilacap** (Insel Kambangan, vor Südküste von Java) auf 190 m hohem Südostkap; wahrscheinlich im Zweiten Weltkrieg zerstört.

1875 **Pulo Bras/Pulau Breuëh** (Insel vor Nordwestspitze von Sumatra), 44 m hoch, Feuerhöhe 160 m, heute mit einem der hellsten Feuer am Indischen Ozean; von den Niederländern **Willemstoren** genannt.

1877 **Tg. Koelon/Tg. Layar** auf dem »ersten Punkt« der Südwestküste von Java, 40 m hoch; beim Krakatau-Ausbruch nur leicht beschädigt; 1906 durch Gitterturm ersetzt.

1882 **Sembilangan** (Java, vor Surabaya), 58 m hoch.

Nun die höchsten von insgesamt 19 Gußeisentürmen:

1869 **Noordwachter/Jaga Utara** (Javasee, nordöstlich Sundastraße), 48 m hoch, 12 eckig, offen.

Leuchtturm **Tg. Cikoneng II** *(Java Westküste),* Sunda-Straße
1885 als Ersatz für den durch Krakatau-Ausbruch zerstörten Vorgänger errichtet, 58 m hoch

1872 **Boompjeseiland/Pulau Rakit** (vor Nordküste von Java), 50 m hoch, 16 eckig, offen.

1880 **Vlakkenhoek/Balimbing Pamancasa** (Sumatra Südspitze), 61 m hoch, 16 eckig, geschlossen; überstand Krakatau-Ausbruch.

1881 **Edam/Damar Besar** (Java, Insel vor Jakarta), 52 m hoch, 12 eckig, geschlossen.

1881 **Pulau Pandang** (vor Westküste von Sumatra), 50 m hoch, 12 eckig, geschlossen; wahrscheinlich im Zweiten Weltkrieg zerstört.

1883 **Ondiepwatereiland/Pulau Simedang** (zwischen Sumatra und Borneo), 57 m hoch, 16 eckig, geschlossen.

1883 **Pulau Langkoeas** (zwischen Sumatra und Borneo, 57 m hoch, 16 eckig, geschlossen.

1885 **Tg. Cikoneng II** (Java Westküste), 58 m hoch, 12 eckig, geschlossen; Ersatz für den durch Krakatau-Ausbruch zerstörten Vorgänger aus Stein (von ihm gibt es eine Briefmarke).

1885 **Pulau Bodjo** (vor Westküste von Sumatra), 60 m hoch, 16 eckig, geschlossen.

1887 **Sapoedi** (Insel nordöstlich von Java), 59 m hoch, 8 eckig, offen.

1889 **Pulau Besar** (Bangkastraße), 59 m hoch, 8 eckig, offen; beim Bau waren drei holländische Schmiede tödlich verunglückt.

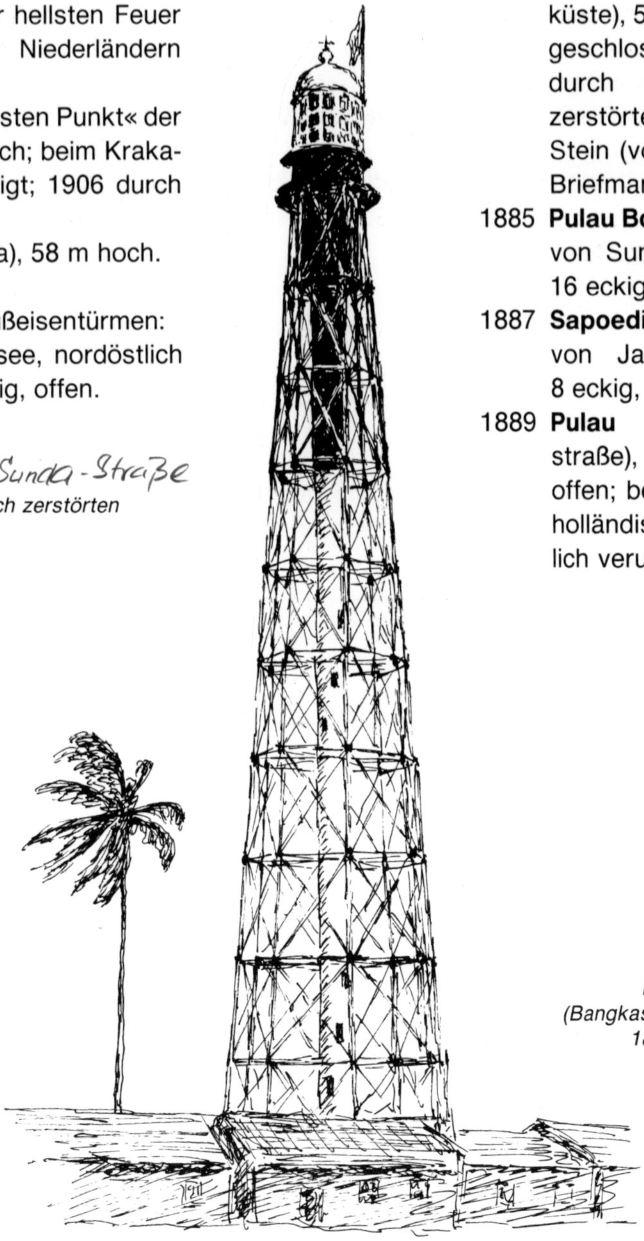

Leuchtturm **Pulau Besar**
(Bangkastraße, östlich Sumatra), 1889 errichtet, 59 m hoch

In den relativ ruhigen Gewässern der Javasee wurden auch drei Eisentürme auf Mitchellschen Schraubpfählen errichtet. Von ihnen existiert nur noch der seit 1887 auf einem Korallenriff stehende Leuchtturm **Den Bril/Taka Rewataya** (vor Südspitze von Celebes), 25 m hoch, 8 eckig, geschlossen. Außerdem wurden im gleichen Zeitraum zahlreiche weitere bis zu 35 m hohe Leuchttürme aller Art und sonstige Feuer errichtet.

Damit war in nur drei Jahrzehnten der Grundstock für ein flächendeckendes Leuchtfeuernetz im Südteil dieser riesigen Inselwelt geschaffen. Bis zum Zweiten Weltkrieg bauten die Niederländer es noch etwas aus.
Aber sie bauten nicht nur die Leuchttürme, sondern auch für die Wärter und ihre Familien jeweils bis zu fünf Häuser – offenbar in weiser Voraussicht, denn die Schar der Kinder vergrößerte sich von Jahr zu Jahr, besonders auf den paradiesisch gelegenen, einsamen Leuchtturm-Inseln mit ansonsten wenig Abwechslung. Meist übernahm später auch immer wieder einer der Söhne den Posten, in vielen Fällen bis in die jüngste Zeit.

Auf den nördlichen und östlichen Inselgruppen sieht es dagegen, was »echte« Leuchttürme betrifft, sehr traurig aus. Auf Borneo gibt es überhaupt nur drei, nämlich an der Westküste **Tg. Po,** ganze 18 m hoch, aber bereits 1873 als erstes Leuchtfeuer auf der Insel erbaut, und **Pulau Kuraman** von 1913, sogar nur 15 m hoch, sowie an der Ostküste den neueren **Tg. Arang,** 40 m hoch. Bei fast allen anderen Feuern handelt es sich um »profane« Masten und sonstige Eisengestelle, zumeist erst im 20. Jahrhundert errichtet. Originell war lediglich eine 1882 erbaute dreistöckige Pagode mit Laterne: **Tg. Sirik** an der Westküste; heute steht an der gleichen Stelle ein 36 m hoher Mast.

Auch Celebes hat außer den beiden bereits erwähnten Fällen **Makassar** und **Den Bril** nichts an »echten« Leuchttürmen aufzuweisen. Auf dem 70 m hohen Nordwestkap steht seit 1902 der sog. **Noordwatcher,** aber auch nur als Gitterturm von 20 m Höhe. Mit 43 m höchstes Leuchtfeuer-Bauwerk ist ein Gittermast namens **Ambo** auf den im Westen vorgelagerten Paternoster-Inseln, 1921 errichtet. Die neue indonesische Leuchtfeuer-Verwaltung in Jakarta war ihrem ersten Staatspräsidenten Sukarno derartig zugetan, daß sie einen 30 m hohen

Leuchtturm **Den Bril/Taka Rewataya** *(südlich Celebes), 1887 auf Korallenriff erbaut, 25 m hoch; die Dachringe dienen als Sonnenschutz*

Leuchtfeuermast nahe am Südkap von Celebes nach ihm benannte. Ein imposanteres Bauwerk war offenbar nicht verfügbar.

Im Zweiten Weltkrieg hatten die Japaner 1942 fast das ganze ostindische Inselreich erobert. Ihr Vormarsch wurde erst 1943 im Ostteil von Neuguinea gestoppt, wozu dortige Agenten mit ihren Meldungen wesentlich beigetragen hatten. In **Madang,** einem Schlachtenort an der Ostküste steht seit 1959 der originelle Leuchtturm **The Coast Watchers** (auch **Coast Watchers Memorial Lighthouse** genannt) zum Andenken an diese mutige Gruppe.

Die monumentale Kerze wird nachts alle drei Stunden für 30 Minuten erleuchtet. Sie ist 27 m hoch, ihre Feuerhöhe beträgt 28 m, ihre Tragweite 26 sm. Eine Metalltafel trägt folgende englische, hier frei übersetzte Inschrift:

Das Leuchtfeuer der Küstenbeobachter

Zu Ehren der Küstenbeobachter und der treuen Eingeborenen, die sie bei dem heroischen Einsatz hinter den feindlichen Linien während des Zweiten Weltkrieges unterstützten, um den Alliierten wichtige Nachrichten für ihre Operationen zu übermitteln. Ihre Funksprüche aus dem Dschungel führten nicht nur zur Versenkung von zahlreichen feindlichen Kriegsschiffen, sie gaben auch aktuelle Hinweise auf drohende Luftangriffe. Der Beitrag dieser kleinen Beobachtergruppe zum Sieg der Alliierten im Pazifik stand in keinem Verhältnis zu ihrer Zahl.

1959 aus öffentlichen Spenden durch die Regierung des Commonwealth errichtet.

Leuchtturm **The Coast Watchers** *auf Neuguinea*

Darüber hinaus besitzt die Rieseninsel Neuguinea nur einen einzigen »richtigen« Leuchtturm, und zwar vor der Südostspitze: **Adele Island,** 31 m hoch, ebenfalls nach dem Zweiten Weltkrieg errichtet. Im übrigen besteht die Küstenbeleuchtung lediglich aus relativ wenigen, meist schwachen Feuern auf niedrigen Trägern; sie stammen alle aus dem 20. Jahrhundert. Bis 1900 war die Insel überhaupt nicht befeuert.

Philippinen

Dieser Archipel besteht aus über 7000 Inseln, von denen Luzon mit der Hauptstadt Manila im Norden und Mindanao im Süden am größten und bekanntesten sind. Dazwischen liegen zahllose sog. »Meere«, in denen sich die Schiffahrt aufgrund der Unmenge von Inseln und Riffen mit ihren Gezeitenströmen äußerst schwierig gestaltet.

Die spanischen Eroberer hatten der Inselgruppe den Namen »Islas Felipinas« nach ihrem König Philipp II gegeben und 1571 Manila gegründet. Ihre 1565 begonnene Herrschaft endete 1898 abrupt, als die USA ihre Flotte besiegten und sie gegen ein Abfindung von 20 Millionen Dollar von den Philippinen vertrieben. Nach einem schlimmen Intermezzo durch die Japaner im Zweiten Weltkrieg erlangte der Archipelstaat 1946 seine Unabhängigkeit. Die Leuchtturm-Geschichte besteht aber im wesentlichen nur aus der spanischen und der amerikanischen Phase.

Die Spanier begannen – noch etwas später als in der Heimat – Ende der 1840er Jahre mit der Errichtung von kleinen Hafenfeuern. Ihren ersten Leuchtturm, 19 m hoch, rund und weiß über dem Wärterhaus bauten sie 1853 auf dem 180 m hohen Gipfel einer Insel vor der Bucht von Manila; er wurde nach der Insel **Corregidor** benannt. Von ihm wird gleich noch die Rede sein.
Weiter ging es zunächst nur in größeren Zeitabständen, erst ab 1890 etwas schneller. Auf kleine Holz- und Eisentürme folgten zehn Steintürme mit 15 bis 20 m Höhe auf hochgelegenen Kaps; fünf von ihnen erhielten große, weittragende Optiken.
Mit 27 m höchster Leuchtturm der spanischen Phase wurde 1892 **Cabo Melville** auf der nördlich von Borneo gelegenen Insel Balabac. Außerdem entstanden bis 1896 etwa 40 sonstige Leuchtfeuer, weit verteilt auf viele Inseln – für den riesigen Archipel völlig ungenügend.
Vier von den Spaniern begonnene oder projektierte Leuchttürme wurden nach 1900 von den Amerikanern fertiggestellt. Diese errichteten bis 1941 ein flächendeckendes Leuchtfeuernetz, wie es im wesentlichen noch heute besteht. Neben zahllosen Einheitstürmen mittlerer Höhe entstanden – sogar noch vor dem Ersten Weltkrieg – fünf Leuchttürme mit Höhen zwischen 30 und 40 m. Den mit 215 m Feuerhöhe höchstgelegenen und mit einer Tragweite von 32 sm lichtstärksten Leuchtturm **Sibago Island** bauten die Amerikaner auf einer der südlichsten Inselgruppen. Fast alle Träger erhielten weißen Anstrich.
Der erwähnte Leuchtturm **Corregidor** auf der inzwischen als Festung ausgebauten Insel wurde während der verlustreichen Kämpfe zwischen Japanern und Amerikanern im Zweiten Weltkrieg völlig zerstört. Als Ersatz dient seit 1948 ein Nachfolger in ähnlicher Form, dessen vier seitliche Kreuze unter der Laterne nachts leuchten und an die vielen Gefallenen erinnern sollen.

Leuchtturm **Isla de Cabra** *(100 km vor der Manila-Bucht), 1889 von Spanien erbaut, Höhe 20 m, Feuerhöhe 66 m, Tragweite 22 sm*

Leuchtturm **Corregidor II,** *1948 von den USA erbaut, 15 m hoch, mit vier leuchtenden Kreuzen zur Erinnerung an die vielen im Zweiten Weltkrieg vor Manila gefallenen Soldaten*

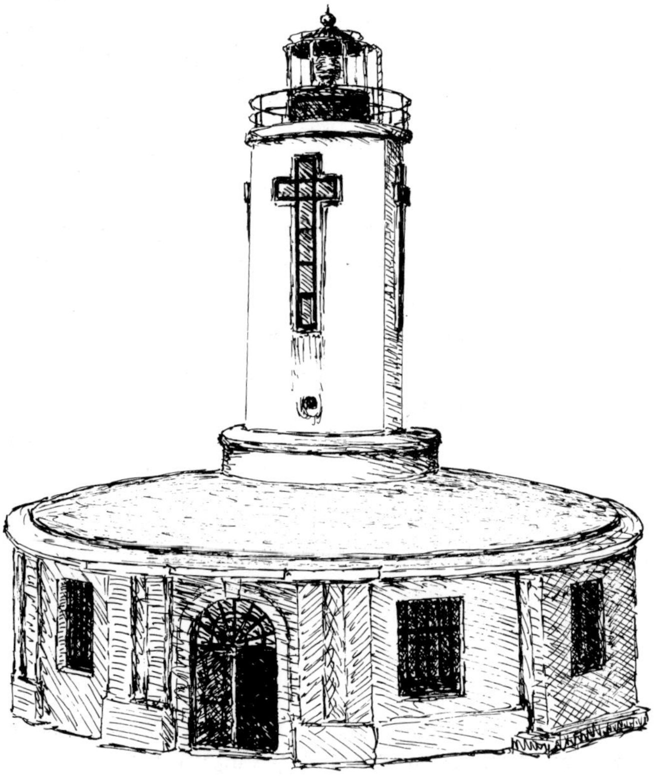

China (einschl. Macao, Hongkong, Formosa, Tsingtau und Korea)

Das alte Kaiserreich hatte sich völlig von der Außenwelt abgekapselt und alle ausländischen Händler vertrieben. Infolgedessen blieb es in vieler Hinsicht zurück, es gab kaum Seehandel und deshalb auch keine Leuchttürme. Erst auf massiven Druck damaliger Großmächte hin öffnete das Land nach dem Opiumkrieg 1842 schrittweise seine Häfen dem ausländischen Handel. Dieser wurde, da China nur Dschunken besaß, fast ausschließlich mit europäischen und amerikanischen Schiffen abgewickelt.

Als sich Strandungen mit Menschen- und Ladungsverlusten häuften, verlangten immer mehr Seemächte den Aufbau eines Navigationssystemes mit Leuchtfeuern nach westlichem Muster. Zunächst waren nämlich nur wenige, völlig unzulängliche Feuerchen eingerichtet worden, ein primitives Leuchtschiffchen vor Shanghai 1855 als erstes.

So sah sich die Regierung in Peking 1868 gezwungen, eine Seefahrtbehörde zu gründen. Der für das maritime Zollwesen zuständige Engländer, Sir Robert Hart, wurde zum Leiter ernannt. Er schaffte es in nur sieben Jahren, die Einfahrt zu den wichtigsten Häfen, insbesondere Schanghai, sowie die Formosastraße mit modernen Feuern auszustatten. Die Laternen ließ er aus England kommen, in vielen Fällen auch die Träger dafür in Gestalt von zerlegten Gußeisentürmen. 1876 leuchten bereits 64 Feuer an der chinesischen Küste, neun davon aus Optiken der damals größten Art.

Die Türme sind durchweg rund und nur bis zu 20 m hoch, denn sie stehen fast alle auf Kaps oder vorgelagerten Inseln in etwa 60 m Höhe. Das gilt auch für die weiteren im 19. Jahrhundert errichteten Exemplare. Einzige Ausnahme mit 34 m Höhe ist ein Gitterturm, der seit 1880 etwa 200 km östlich von Hongkong eine der gefährlichsten Stellen sichert:

Shibeishan, Lien-hua-feng Chiao. Übrigens gleich ein Beispiel dafür, daß dem Leser die chinesischen Namen möglichst erspart bleiben sollten. Die unter britischer Regie erbauten Leuchttürme erhielten allerdings daneben noch einen englischen Namen, in diesem Falle **Breaker Point**.

Fünf Jahre dauerte es, bis der Turm auf einem Felsen dicht am Meer fertig war und als nächtlicher Wegweiser zu leuchten begann. Leider zerschellten noch kurz vorher auf den dortigen Riffen zwei Schiffe, wobei jeweils alle Besatzungsmitglieder ums Leben kamen.

1928 erhielt der Turm eine elektrische Anlage, wodurch sich die Lichtstärke von anfänglich 25000 auf 600000 Kerzen erhöhte. Die Besatzung bestand aus zwei europäsichen Wärtern und vier chinesischen Helfern.

Bewaffnete kommunistische Horden drangen 1932 in den Leuchtturm ein und verwüsteten die Einrichtung. Anschließend verschleppten sie die beiden Wärter und ihre Familien als Geiseln mit der Begründung, sie seien Imperialisten. Nachdem das geforderte Lösegeld gezahlt war, ließen sie die Frauen und Kinder frei, die beiden Wärter wurden jedoch nie wieder gesehen.

Aber auch Piraten trieben noch bis weit ins 20. Jahrhundert hinein ihr Unwesen an dieser Küste. Nach Errichtung mancher Leuchtfeuer erhielten sie sogar noch Zulauf. Denn Strandräuber, die bis dahin vom Verkauf des Strandgutes gescheiterter Schiffe gelebt hatten, mußten sich nun nach einer neuen »Erwerbsquelle« umsehen. So schlossen sich viele den »Berufspiraten« an, die Schiffe auf See kaperten.

So geschah es auch in der Bias-Bay östlich von Hongkong, wo 1911 der Leuchtturm **Chilang Point** errichtet worden war. Die Wärter lebten in ständiger Angst, denn die Piraten waren stets in ihrer Nähe und übten ihr grausiges Handwerk in Sichtweite aus. 1930 gelang es dem Kapitän des japanischen Dampfers »Kitu Maru«, den Seeräubern durch Sprung ins Wasser zu entwischen und zum Leuchtturm zu schwimmen. Von dort aus konnte er gerade noch zusehen, wie sein ausgeplündertes Schiff versenkt wurde – 1930, wohlgemerkt.

Diese Beispiele zeigen, wie unsicher die Verhältnisse noch in jüngerer Zeit waren. Aber auch vor- und nachher gab es schreckliche Zeiten, angefangen 1894 mit dem Ersten Chinesisch-Japanischen Krieg, nach dem Formosa an Japan abgetreten werden mußte, über den Einfall der Japaner 1937, bis zum Zweiten Weltkrieg und dem anschließenden Bürgerkrieg, der 1949 zur Abspaltung von Formosa (jetzt Taiwan) führte. Dazwischen lagen nur wenige friedliche Perioden, in denen aber kaum etwas zum Aufbau eines Leuchtfeuernetzes getan wurde.

So blieb ein gewaltiger Nachholbedarf, den China nun in Anbetracht des wachsenden Schiffsverkehrs möglichst schnell mit eigenen Mitteln zu beheben versucht. In den 1970er und 1980er Jahren wurden alte Leuchttürme instandgesetzt oder erneuert. Es entstanden auch einige bis zu 50 m hohe Exemplare, insbesondere am Gelben Meer und an der Einfahrt nach Tientsin/Tianjin, das als Hafen der Hauptstand Peking immer mehr an Bedeutung gewinnt. Es liegt etwa 40 km hinter der Küste und ist mit ihr durch den schiffbaren Unterlauf des Peiho verbunden.

Zur Markierung des sich ständig verändernden Fahrwassers hatte man dort in der zweiten Hälfte des 19. Jahrhunderts zahlreiche Feuerschiffe ausgelegt. Nur wenige von ihnen konnten bisher durch Leuchttürme ersetzt werden. Auf der folgenden Seite sind vier der neuesten Leuchttürme abgebildet, darunter auch einer an der Einfahrt zum Peiho. Hier wird übrigens ein ähnliches Radarleitsystem aufgebaut wie in Deutschland auf der Unterweser zwischen Bremen und Bremerhaven.

Nun zu den Gebieten, in denen ein gesondertes politisches Schicksal auch eine separate Entwicklung des Leuchtfeuerwesens zur Folge hatte; aufgeführt von Süd nach Nord.

Da ist zunächst ***MACAO***, 11 qkm große Halbinsel im Westen der breiten Mündung des Kanton- oder Perlflusses – seit dem 16. Jahrhundert in portugiesischem Besitz. 1864/65 wurde auf dem Festungshügel ein dicker runder

Dagu/Taku *(Einfahrt zum Peiho), Feuerhöhe 36 m, Tragweite 17 sm; er ersetzte zwei Feuerschiffe*

Dalian/Dairen *(nahe Port Arthur/Lüschun), Betonturm, ca. 40 m hoch*

Neue chinesische Leuchttürme

Yantai/Chefoo *(im Norden der Schantung-Halbinsel), Betonturm, Höhe 49 m, Feuerhöhe 80 m, Tragweite 20 sm*

Qinhuangdao/Chingwangtao *(Golf von Liaotung), Betonturm, 41 m hoch*

Leuchtturm erbaut und nach seinem Standort (Forteleza de) **Nossa Senhora da Guia** benannt. Er ist mit 16 m nur gut halb so hoch wie sein gleichnamiger Kollege westlich von Lissabon (s. Band 2, Seite 78).
Nach einigen Umbauten und der 1909 durchgeführten Elektrifizierung leuchtet er noch heute aus seiner roten Laterne in über 100 m Meereshöhe. Es handelt sich um den ältesten, noch in Betrieb befindlichen Leuchtturm an der chinesischen Küste. Das alte Fort, in dessen Mauern neben ihm auch eine kleine Kapelle steht, gilt als Sehenswürdigkeit.

Rund 100 km östlich von Macao auf der anderen Seite der Kanton-Mündung liegt ***HONGKONG*** mit wesentlich besseren Hafenbedingungen. 1840 von Briten gegründet, 1898 mit den New Territories von China für 99 Jahre gepachtet, entwickelt sich die Kronkolonie schnell zu einem der größten Handelsplätze Südostasiens mit enormem Schiffsverkehr.
Vor 1900 wurden die dortigen Leuchttürme noch in Zusammenarbeit mit der erwähnten chinesischen Seefahrts- und Zollbehörde gebaut, als erste diese drei: **Cape d'Aguilar** (1875), **Green Island** (1875) und **Cape Collinson** (1876), alle auf bzw. vor der Hauptinsel Hongkong, je etwa 17 m hoch.
Der für Hongkong wichtigste Leuchtturm **Waglan** entstand 1893 auf der etwas südöstlich gelegenen gleichnamigen Felseninsel, die von sämtlichen Schiffen beim Ein- und Auslaufen passiert werden muß. Es handelt sich um eine Gußeisenkonstruktion, 16 m hoch, einschließlich der damals typisch englischen Riesenlaterne für Optiken größter Art, zunächst noch mit einer Petroleumlampe als Lichtquelle. Heute arbeiten alle Einrichtungen elektrisch. Je zwei Haupt- und Reserveaggregate erzeugen Strom für die Leuchteinrichtung mit 1 Mio Kerzen und 26 sm Tragweite, Nebelhornkompressoren, Funkfeuer, Radar usw.

Nachdem man auf der Insel die 223 numerierten Stufen von der Bootsanlegestelle zum Leuchtturm-Dorf erklommen hat, kann man sich wirklich nicht mehr verlaufen. Denn in englisch-militärischer Exaktheit sind alle Gebäude über dem Eingang mit Nummern und Funktion bezeichnet: Nr. 2 Generatorhaus, Nr. 3 Tagesaufenthalt, Nr. 4 Dieselmotorenhaus, Nr. 5 Wohnhaus, Nr. 6 Küchenhaus und natürlich Nr. 1 Leuchtturm.
1989 wurde der Turm als letztes aller inzwischen auf 150 angewachsenen Leuchtfeuer von Hongkong automatisiert. Die Einrichtung eines Verkehrssicherungssystems machte den Abzug der Wärter möglich.

Genau in einer Schiffsroute, 50 km südlich Hongkong liegt eine gefährliche Felsengruppe. Mit Einverständnis der chinesischen Behörden errichteten die Engländer 1890/91 unter großen Schwierigkeiten auf dem größten Felsen den steinernen Leuchtturm **Gap Rock**, 17 m hoch. Aber noch kurz vor Fertigstellung mußten die Arbeiten wegen des beginnenden Monsuns unterbrochen werden. Die Inneneinrichtung der Laterne blieb auf dem Felsen liegen, sorgfältig in Kisten verpackt, wie aus England geliefert. Die Kisten waren extra aus Zinn gefertigt, weil die sog. »Weiße Ameise«, eine dortige Termitenart alles Holz zerfrißt.
Als nach Wetterberuhigung einige Wochen später die Arbeiten wieder aufgenommen und die Kisten geöffnet wurden, gab es lange Gesichter. Die Kiste mit den Spindeln für das Drehwerk war voller Ameisen; sie hatten nicht nur die Verpackung aus Holzwolle verspeist, sondern mit ihren säurehaltigen Ausscheidungen die glatte Oberfläche der Spindeln in ein Kraterfeld verwandelt. Eingedrungen waren sie durch eine winzige undichte Stelle.

Leuchtturm **Gap Rock** *mit Signalstation, 50 km südlich von Hongkong 1890/91 von den Engländern als Vorposten erbaut, im Zweiten Weltkrieg zerstört*

Nun war guter Rat teuer, denn neue Spindeln mußten auf einer Drehbank gefertigt werden, und die gab es weit und breit nicht. So verzögerte sich die endgültige Fertigstellung um mehrere Monate, nur die Signalstelle mit Telegraphenverbindung nach Hongkong konnte gleich in Betrieb genommen werden.
Als die Engländer nach dem Zweiten Weltkrieg 1945 wieder erschienen, mußten sie feststellen, daß die Japaner alle Bauwerke auf dem Felsen zerstört hatten – ziemlich gründlich. Den Wiederaufbau eines Leuchtturmes behielten sich jetzt die Chinesen vor. Sie erstellten ihn aber erst 1986, allerdings mit modernsten Mitteln, denn auch ihre Leuchtfeuertechnik hatte inzwischen Fortschritte gemacht. Der Bau dauerte nur 47 Tage, davon noch 15 Tage durch Taifune unterbrochen. Auch der neue Turm ist 17 m hoch, diesmal aus glasfaserverstärktem Kunststoff; die elektrische Lichtquelle wird mit Solar- und Windenergie betrieben. Im Leuchtfeuer-Verzeichnis steht nun **Wenweizhou**, der chinesische Name. Der kleine Felsen besitzt zwei »Gipfel«, auf dem einen, 27 m hoch, steht der Leuchtturm, auf dem anderen, etwas niedrigeren befindet sich eine Hubschrauber-Landeplattform.

FORMOSA/TAIWAN nimmt insofern eine Sonderstellung ein, als die Insel von 1895 bis 1945 japanische Kolonie war und seit 1949 als Nationalchina – vom Mutterland abgetrennt – eigene Wege geht.
Auf den westlich vorgelagerten Pescadores hat die Leuchtfeuergeschichte wahrscheinlich schon eher begonnen als an der Festlandsküste. Jedenfalls ist auf einer holländischen Seekarte von 1788 ein Leuchtfeuer eingezeichnet. Es soll 1760 oder 1778 von Bewohnern der **Fischer-Insel** erbaut worden sein als siebenstöckiger Turm mit einem Ölfeuer. Weiter ist nichts bekannt, historische Unterlagen sind dort ohnehin spärlich. Sir Robert Hart ließ 1875 einen kleinen Nachfolger aus Eisen errichten.
Um bei den Pescadores zu bleiben, unter japanischer Regie entstand 1902 auf der Nordinsel der Leuchtturm **Mokuto Sho,** heute **Mu-Tou-Yü**, englisch **North Rock**. Er ist aus Eisen, 40 m hoch und schwarz/weiß gebändert. Eine Briefmarke zeigt sein heutiges Aussehen.
Nun zur Hauptinsel. Nahe dem Südkap strandete 1867 eine amerikanisches Schiff, weil es die Orientierung verloren hatte. Die Besatzung konnte sich zwar schwimmend an Land retten, wurde dort aber von Eingeborenen aus den Bergen erschlagen. Daraufhin verlangte die US-Regierung die Errichtung eines Leuchtturmes, der auch tatsächlich 1875 endlich zu bauen begonnen wurde. Aber auch die Bauarbeiter wurden sofort von den Eingeborenen angegriffen, so daß sie fliehen mußten. Erst nachdem die Regierung eine Kompanie Soldaten zum Schutz entsandt hatte, konnte der Bau, nun festungsartig mit Schießscharten ausgelegt, fortgesetzt werden.

Leuchtturm **Oluan Pi** *auf der Südspitze von Formosa/Taiwan*

So kam es, daß der Leuchtturm **Oluan Pi**, englisch **South Cape** erst 1883 fertig wurde. Er ist aus Eisen, rund, 21 m hoch, weiß und besitzt ein sehr helles Feuer. Vor ihm steht heute übrigens eine Statue von Tschiang Kaischek.
Während der 50jährigen japanischen Herrschaft entstanden dann noch einige weitere Leuchttürme, insbesondere an Kaps. Sie sind alle nicht besonders imposant, mit wenigen Ausnahmen nur 10 bis 15 m hoch. Der hellste und mit 26 m höchste steht seit 1909 im Norden, **P'eng-Chia Yü,** englisch **Agincourt Islands** – heute noch mit seiner Laterne aus Japan. Auch von ihm gibt es, wie übrigens noch von etlichen weiteren Exemplaren, eine Briefmarke.
Die nationalchinesische Regierung ließ ab etwa 1960 das Leuchtfeuernetz modernisieren und erheblich verdichten. Nun wurden auch einige über 30 m hohe Leuchttürme gebaut.

Leuchtturm **Mu-Tou-Yü** *auf den Pescadores, 1902 von den Japanern errichtet.*

Leuchtturm **P'eng-Chia Yü** *im Norden von Taiwan*

Genaugenommen, gehört auch ***TSINGTAU*** an der Kiautschaubucht zu den Gebieten mit gesonderter Entwicklung, denn es wurde 1898 auf 99 Jahre an das damalige deutsche Kaiserreich verpachtet, ging aber 1914 zu Anfang des Ersten Weltkrieges nach kurzem Kampf an die Japaner verloren. Außer einigen Hafenfeuern bauten die Deutschen diese beiden Leuchttürme:

- 1903 **Yu-Nui-San** auf einer Landzunge an der Nordseite der Einfahrt zur Bucht, Granitturm, 15 m hoch, als erster an der chinesischen Küste elektrisch betrieben (Versorgung vom gleichzeitig fertiggestellten E-Werk in Tsingtau)
- 1908 **Tscha-Lien-Tau** auf einem Inselchen 50 km vor Tsingtau, achteckiger Granit/Steinturm, Höhe 13 m, Feuerhöhe 80 m.

Zum Abschluß des Kapitels über China sei noch ***KOREA*** erwähnt. Das Land hatte einst auch enge Verbindungen zu China, geriet aber nach dem Chinesisch-Japanischen Krieg ab 1895 völlig unter japanische Zwangsherrschaft, aus der es erst nach dem Zweiten Weltkrieg 1945 wieder befreit wurde, um anschließend ein geteiltes Dasein zu fristen, das 1950 bis 1953 erneut durch Krieg im eigenen Land unterbrochen wurde. Verständlich also, daß kaum Zeit zum Leuchtturmbauen blieb.
Nachdem zunächst nur **Pusan** 1887 ein Hafenfeuerchen erhalten hatte, passierte einige Zeit gar nichts, bis die Japaner – natürlich vorwiegend im eigenen Interesse – 1903 begannen, die vielen Inseln vor der koreanischen Südküste zu befeuern. Ab 1910 folgten auch Inseln vor der Westküste und einige Kaps an der Ostküste. Errichtet wurden durchweg lediglich Betontürmchen, wenige Meter hoch und meist mit nur schwachem Feuer.

Leuchtturm **Yu-Nui-San,** *1903 in der damals deutschen Kolonie Tsingtau erbaut (Aufnahme aus jener Zeit, der Turm erhielt anschließend schwarz/weiße Bänder)*

Leuchtturm **Tscha-Lien-Tau** *auf einer Insel 50 km südlich Tsingtau, auch aus deutscher Zeit*

Nach dem Krieg im eigenen Lande schaffte es Südkorea in kürzester Zeit, sein Leuchtfeuernetz erheblich zu verdichten und auf den neuesten Stand zu bringen, zumal sich der Schiffsverkehr, insbesondere mit westlichen Ländern enorm steigerte. Dabei handelte es sich allerdings auch nur um niedrige Bauwerke; einzige Ausnahme ist ein 69 m hoher Gitterturm auf einer Pier in **Pohang** an der Südostküste.
Dagegen wurde es an den nordkoreanischen Küsten nicht heller. Statt dessen erschien eine Serie von vier Leuchttürmen – auf Briefmarken. Die abgebildeten Türme sehen zwar sehr imposant aus, sie sind aber alle nur 5 bis 13 m hoch und stammen ausschließlich aus japanischer Zeit (1908 bzw. 1936 erbaut).

Japan

Das Land der aufgehenden Sonne besteht im wesentlichen aus den vier Hauptinseln Hokkaido im Norden, Honshu, der größten und wichtigsten in der Mitte, sowie Shikoku und Kyushu im Süden. Alle vier sind heute verkehrsmäßig verbunden, bauliches Meisterwerk ist der 1988 eröffnete Seikan-Eisenbahntunnel zwischen Honshu und Hokkaido, mit 54 km – davon 23 km unter Wasser – der weitaus längste der Welt.
Um die Hauptinsel herum und zwischen ihnen in der sog. Inlandsee liegen 500 kleinere Eilande und 3000 Felsen. Außerdem gehören seit 1872 die sich südwestlich anschließenden Ryukyu-Inseln mit Okinawa und seit 1873 die rund tausend Kilometer südlich gelegenen Bonni-Inseln dazu.
Natürlich kann solch ein Reich nur durch Schiffahrt zusammengehalten werden. Das war schon im Mittelalter so. Trotzdem ist aus jener Zeit wenig überliefert von japanischen Schiffen. Noch weniger ist überliefert von japanischen Leuchtfeuern. Es gibt lediglich einen Bericht aus dem Jahre 1669; danach sollen einige Holz- oder Steinbaken Laternen getragen haben. Ansonsten blieb alles im dunkeln, denn Japan hatte sich Anfang des 17. Jahrhunderts völlig von der übrigen Welt abgeschlossen.

Japanischer Leuchtturm des 18. Jahrhunderts (nach einem Gemälde)

Japanischer Leuchtturm des 17. Jahrhunderts

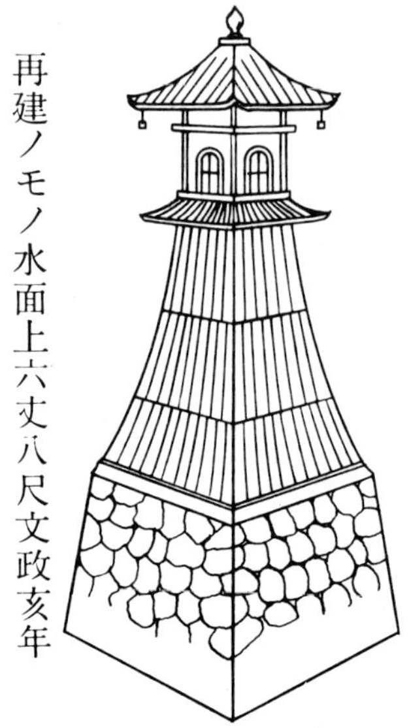

Dem ausländischen Handel öffnete es seine Häfen erst wieder, nachdem sich der amerikanische Kommodore Perry 1854 mit Waffengewalt die Einfahrt zur Inlandsee erzwungen hatte.

Nach hundert Jahren feierten die Japaner übrigens dieses Ereignis, denn damit hatte ihr atemberaubender Aufstieg zum Industriestaat begonnen. Beschleunigt wurde diese Entwicklung noch dadurch, daß bald danach ein Kaiser den Thron bestieg, der die völlige Öffnung zum Westen durchsetzte. Nach japanischer Zeitrechnung war es das Jahr 1 der Meji-Dynastie, für uns das Jahr 1867.
Der Seehandel kam damals schnell in Gang, allerdings vorerst – wie im Falle China – mit ausländischen Schiffen. Deren Reedereien und Besatzungen forderten sichere Seewege mit Leuchtfeuern, wie sie in den Heimatländern schon weitgehend vorhanden waren. Aber die Japaner lagen technisch noch weit zurück; auch besaßen sie keine Erfahrung im Bau von Türmen. So erwiesen sich ihre seit 1861 an einigen Häfen und Kaps eingerichteten Leuchtfeuer als völlig unzureichend. Nachdem sie sich 1866 in einer Konvention zum Aufbau eines Leuchtfeuernetzes verpflichtet hatten, suchten sie die Hilfe der Briten. Sie bestellten bei ihnen nicht nur modernste komplette Laternen, sondern beauftragten die damals im Leuchtfeuerwesen versierte schottische Familie Stevenson mit der Ausarbeitung eines Planes für ihre Küstenbeleuchtung. Die Aufgabe war schwierig, denn die ganzen Inseln waren noch nicht einmal genau vermessen.
1868 trafen die ersten Leuchtturmköpfe westlicher Bauart zusammen mit dem nötigen Fachpersonal aus Schottland ein. Für die Unterbauten bzw. Träger sorgte die im gleichen Jahr gegründete zentrale Seezeichenbehörde, wobei verschiedene Materialien zwecks Erprobung verwendet wurden. Unterstützt wurde sie von dem schottischen Zivilingenieur Richard Henry Brunton (1841–1901), der als »Vater der japanischen Leuchttürme« gilt.

Am 11. Februar 1869 nahm der erste mit einer Linsenoptik ausgerüstete Leuchtturm seinen Betrieb auf: **Kannon-zaki** (zaki = Kap), errichtet an der engsten Stelle der Tokio-Bucht, 12 m hoch, mit einer Feuerhöhe von 54 m. Um es vorweg zu sagen, er wurde bei dem großen Erdbeben von 1923 zerstört und 1925 durch einen etwas höheren, achteckigen Betonturm mit größerer Lichtstärke ersetzt. Beide Türme sind auf einer Briefmarke stilisiert dargestellt, die zum 100jährigen Geburtstag des modernen japanischen Leuchtfeuerwesens herausgegeben wurde.

1870/71 traten weitere 12 Leuchttürme in Aktion, davon 6 aus Stein, 3 aus Eisen, 2 aus Granit und einer aus Holz, alle mit kompletten schottischen Laternen größerer Tragweite. Sie bezeichneten die wichtigsten Kaps, sowie Zufahrten nach Tokio, Kobe und Nagasaki. Damit waren die ersten Eckpunkte des zukünftigen Leuchtfeuernetzes in der Südhälfte Japans gesetzt.

Generell waren die Türme rund oder achteckig, zwischen 10 und 20 m hoch mit Feuerhöhen um 50 m; einzige Ausnahme mit 29 m Höhe war der achteckige Steinturm **Noshima-zaki** am Südkap der Tokio vorgelagerten Halbinsel Boso.

Die Japaner erwiesen sich, wie allgemein, so auch auf diesem Gebiet als gelehrige Schüler und Meister im Kopieren, so daß sie schon nach wenigen Jahren in der Lage waren, auch die Optiken selber herzustellen. In Yokohama, dem Tiefwasserhafen von Tokio, bauten sie 1874 neben der Seezeichenzentrale ihren ersten Leuchtturm aus Beton. Er diente als Erprobungs- und Experimentierobjekt für Leuchtfeuer sowie als Ausbildungsstätte für Leuchtturmwärter.

Kannon-zaki, *erster moderner Leuchtturm Japans (1868/69 erbaut) und Nachfolger von 1925 auf einer Briefmarke*

Leuchtturm für Experimentier- und Ausbildungszwecke, ca. 12 m hoch, 1874 erbaut (zeitgenössische Darstellung)

錦絵に見る燈台

Nun ging es im Eiltempo weiter. Systematisch wurde die riesige Inselwelt innerhalb von nur hundert Jahren an ihren Gefahrenstellen und Hafenzufahrten mit einem perfekten Netz von Leuchtfeuern überzogen. Wie schnell die Zahl der großen und kleinen Leuchttürme wuchs, geht aus dieser Aufstellung hervor:

Jahr	Anzahl der Leuchtfeuer auf festen Strukturen ca.
1875	35
1900	200
1940	800
1980	3000
1990	5000

Damit zählt Japan jetzt zu den Ländern mit den meisten Leuchtfeuern. Trotzdem wird das Netz immer noch etwas erweitert. Veteranen werden durch Neubauten aus Beton oder Stahl ersetzt.

Ein Großteil der Feuer ist allerdings unbewacht. Mit Wärtern besetzt sind nur noch etwa 50 größere Türme, meist gleichzeitig Wetter- und/oder Signalstationen. Etwa 600 Feuer werden bereits ferngesteuert oder fernüberwacht.

Zu den schon genannten Baumaterialien – Holztürme wurden übrigens noch bis in die 1920er Jahre gebaut – traten ab etwa 1910 Beton, ab 1970 Kunststoff. Bis auf einzelne naturbelassenen Granitbauwerke sind alle japanischen Leuchttürme weiß, nur einige höhere tragen schwarze oder rote Bänder.

Hino Misaki *(Honshu), mit 44 m höchster japanischer Leuchtturm, 1900–1903 aus Granit gebaut*

Mikomoto Shima *(vor Honshu), 1871 erbaut, ältester in Betrieb befindlicher Leuchtturm Japans*

Leuchtturm **Shioya Saki** *(Honshu), Höhe 27 m, Feuerhöhe 73 m, Tragweite 25 sm, 1899 erbaut*

Als erster Leuchtturm im Wasser war 1875 ein Schraubpfahlgestell vor Yokohama in der Tokio-Bucht entstanden. Mitte der 1950er Jahre entwickelten japanische Konstrukteure einen Turmtyp mit dreibeinigem Sockel, der auch vor sturmumtosten Kaps zum Einsatz kommt. Er wird im Hafen vorgefertigt und mit einem Schwimmkran auf vorbereiteten Felsengrund gesetzt.

Felsen-Leuchtturm **Mizunoko Shima** *(vor Kyushu), 39 m hoch, 1900–1904 aus Granit erbaut; im Anbau arbeiten 4 Dieselgeneratoren im Wechsel zur Stromerzeugung*

Moderner Dreibein-Leuchtturm im Meer

Auch in Bezug auf die Lichttechnik fand Japan schnell Anschluß an die im Leuchtfeuerwesen führenden Länder. 1901 erhielt der 1876 auf dem Nordostkap von Honshu erbaute 33 m hohe Leuchtturm **Shiriya-zaki** als erster eine elektrische Lichtquelle. Weitere Türme folgten bald darauf. 1955 begann Japan mit der Automation, 1959 mit der Ausnutzung von Solar-, Wind- und Wellenenergie.
Nun zu den Superlativen. Höchster »echter« Leuchtturm ist mit 44 m **Hino Misaki** an der Westküste von Honshu, 1903 nach dreijähriger Bauzeit in Betrieb genommen. Der Granitturm besitzt eine Feuerhöhe von 63 m und eine Tragweite von 23 sm (Abb. Seite 54).
Der mit 43 m zweithöchste ist neueren Datums, aus Eisen, weiß/rot gebändert. Er heißt **Wakkanai** und steht im Norden von Hokkaido. Das ist die Insel, auf der noch heute die meist nur aus Kreuzworträtseln bekannten Ureinwohner Japans, die Ainus leben. Auch durch die Winterolympiade 1972 wurde die Insel bekannt. Im übrigen sind weitere 20 »echte« Leuchttürme über 30 m hoch, außerdem zwei »unechte« in Gestalt von profanen Gittermasten sogar 50 m.

Künstliche Insel in der Tokio-Bucht mit Küstenwachstation und Leuchtturm, 32 m hoch, 1968 erbaut

Observation Tower (Marine Tower) *in Yokohama, 101 m hoch*

»Vorzeigeturm« der Japaner ist der **Marine Tower** in Yokohama, eine 10stöckige Gitterkonstruktion von 101 m Höhe. Er wurde anläßlich des 100jährigen Hafengeburtstages errichtet und am 15. Januar 1961 eingeweiht. Es stimmt zwar, daß er ein Leuchtfeuer trägt (Feuerhöhe 103 m), weshalb ihn die Japaner gern als höchsten Leuchtturm der Welt bezeichnen, genaugenommen handelt es sich aber um ein Mehrzweckbauwerk mit zwei Beobachtungsplattformen, einem Restaurant, einem Schiffahrtsmuseum und anderen Einrichtungen. Offiziell heißt der Turm daher auch **Observation Tower**. Die Japaner vergleichen dieses Wahrzeichen gern mit der Freiheitsstatue an der Hafeneinfahrt von New York, einst auch zu einem 100jährigen Geburtstag errichtet. Von ihr wird noch die Rede sein.
Die mit 284 m größte Feuerhöhe besitzt der 1951 gebaute, nur 14 m hohe achteckige Stahlturm **Amarube Saki** an der Südwestküste von Honshu. Er übertrifft damit um 2 m den vorherigen Rekordhalter **Matsuta Misaki** im Westen von Hokkaido. Außerdem stehen zahlreiche weitere kleine Leuchttürme sehr hoch; etwa 90 besitzen Feuerhöhen über 100 m, davon 25 sogar über 200 m. Die Erklärung dafür ist einfach: Nebel und Hochnebel kennt man in Japan, abgesehen von den nördlichsten Breiten, kaum. Deshalb sind auch viele Luftfahrtfeuer in Höhen bis zu 1500 m zusätzlich mit Leuchtfeuern für die Schifffahrt ausgerüstet, insbesondere auf den Anflugstrecken nach Tokio und Osaka.

Ferner Osten

Die Schiffahrt an diesen unwirtlichen und dünn besiedelten Küsten begann naturgemäß relativ spät. Der Däne Vitus Bering, Entdecker der nach ihm benannten Meeresstraße zwischen Asien und Amerika, erhielt von Peter d.Gr. den Auftrag zur Erforschung der Halbinsel Kamtschatka. Mit den beiden Schiffen »St.Peter« und »St.Paul« segelte er zweimal dorthin und gründete 1740 den ersten Hafen. Er nannte ihn nach seinen beiden Schiffen »Petropawlowsk«, allerdings mit dem Zusatz »Kamtschatskij«, um Verwechslungen mit dem älteren Petropawlowsk östlich des Ural auszuschließen. An der Hafenbucht leuchteten danach auch die ersten drei Feuer: **Dalni,** wahrscheinlich ab 1771, etwas später **Babuschkin** und **Rakof**, alle auf kleinen Holztürmen mit Feuerhöhen um 100 m.
Nachdem englische und französische Kriegsschiffe den inzwischen befestigten Hafen im Krimkrieg 1855 zerstört hatten, verlegten die Russen ihre Pazifikflotte zunächst nach Nikolayersk in der Amurmündung (gegenüber dem Nordende der Insel Sachalin), später nach Wladiwostok.
Kamtschatka blieb nun jahrzehntelang recht vernachlässigt. Die hölzernen Leuchttürmchen verfielen allmählich, ihre Lichter brannten immer kümmerlicher. Damit die Zufahrt nach Petropawlowsk während der Dunkelheit überhaupt zu finden war, ersetzte man etwa 1897 wenigstens das wichtigste Leuchtfeuer, **Dalni**, durch einen kleinen Eisenturm mit französischer Laterne. Sein Bild ziert die Briefmarke einer 1984 erschienenen Serie. Die meisten darauf abgebildeten Leuchttürme sind keine Prachtexemplare, sondern eigentlich recht bescheiden. Da aber kaum sonstiges Bildmaterial zur Verfügung steht, werden hier wenigstens einige dieser Briefmarken gezeigt.
Auf der Halbinsel Kamtschatka ging es erst 1933 mit diesen Feuern weiter: **Mys Lopatka** am Südkap und **Mys Afrika** am Ostkap, beides Holzgestelle, 17 bzw. 12 m hoch. Ersteres wurde 1957 durch einen 30 m hohen Eisenturm ersetzt, letzteres 1960 durch einen Gitterturm von 29 m Höhe.

Hölzerner Leuchtturm **Mys Afrika** *(Kamtschatka Ostkap), 1933 errichtet, 12 m hoch*

Leuchtturm **Petropawlowsk,** *etwa 1897 erbaut, Nachfolger des Holzturmes* **Dalni** *von ca. 1771*

Größere Bedeutung erlangte Kamtschatka erst im Zweiten Weltkrieg, als amerikanische Schiffstransporte möglichst sicher an den Küsten dieser Halbinsel entlang ins Ochotskische Meer zu den dortigen sowjetischen Häfen gelangen sollten. Wie an der Barents-See für die US-Transporte über den Atlantik, so richtete die Sowjetunion für die Transporte über den Pazifik an der Ost- und Südküste von Kamtschatka 1943/44 eiligst provisorische Leuchtfeuer auf Holzgestellen ein. Einige davon wurden in den 1950er und 1960er Jahren durch stabile Bauten aus Stein, Beton oder Metall ersetzt. Ein Beispiel ist der Leuchtturm **Mys Kronotskij** (Abb. Seite 58). Besonders hoch sind diese Türme nicht, einzige Ausnahme mit 34 m ist **Krutogorova**, ein runder gemauerter Turm an der Westküste.

Der 600 km lange nördliche Teil der Ostküste und ihre um ein Mehrfaches längere Fortsetzung bis zur Beringstraße ist auch heute noch in Anbetracht des geringen Schiffsverkehrs nur äußerst schwach befeuert. Seit den 1930er Jahren gibt es einige primitive 5 bis 12 m hohe Holz- oder Eisengestelle mit einfachen Bojenlaternen.

Das östlichste Kap Asiens an der Beringstraße heißt Mys Dezhnera, geographische Lage: 66° 05' Nord, 169° 37' West – wohlgemerkt »West«, also bereits jenseits des 180. Längengrades. Es ist über 800 m hoch, unzugänglich und fast ständig von Wolken verhüllt. Deshalb konnte man nur die beiden seitlichen, jeweils 8 km entfernten Nachbarkaps mit Feuern markieren. Das südliche heißt **Mys Peyek**, das nördliche **Mys Uelen**, beides Hölztürmchen, 9 m hoch; die Feuerhöhen betragen 42 bzw. 55 m.

Zunächst besaß das Zarenreich am Pazifik nur Häfen, die im Winter jeweils monatelang zugefroren waren, Eisbrecher gab es noch nicht. Besonders nach dem Krimkrieg trachtete es – nicht zuletzt aus militärischen Gründen – nach einem ganzjährig eisfreien Hafen. Mit diesem Hintergedanken erwarb es 1860 von China das Amurgebiet als südlichsten Küstenzipfel und gründete dort noch im gleichen Jahr Wladiwostok.

Die Lage dieses schnell an Bedeutung gewinnenden Platzes läßt sich vergleichen mit Konstantinopel/Istanbul: Ein gekrümmter Meeresschlauch bildet den Hafen, davor führt eine kleine Meeresstraße entlang – deshalb gibt es auch hier ein »Goldenes Horn« und eine »Bosporus-Straße«. Der Hafen bleibt zwar im Winter völlig eisfrei, doch die Navigation wird durch zahlreiche vorgelagerte Inseln und Riffe stark erschwert.

Leuchtturm **Tokarewskij** *(vor Wladiwostok), 13 m hoch, 1876 erbaut*

Leuchtturm **Mys Kronotskij** *(Kamtschatka Ostküste), 1962 aus Beton erbaut, 13 m hoch*

Nachdem ab 1876 schon einige Feuer entstanden waren, überzog man nach dem Ersten Weltkrieg die ganze Region mit einem dichten Netz von Leuchtfeuern. Da es sich meist um Steilküste handelt, genügten niedrige Türme von 6 bis 16 m Höhe, anfangs alle achteckig und aus Stein, ab 1945 überwiegend rund und aus Beton erbaut. Auch auf der sich nach Norden anschließenden tatarischen Küstenstrecke gibt es keine nennenswerten Leuchtturmbauwerke. Sie stehen hier weiter auseinander, besitzen dafür aber größere Tragweiten.

Noch weiter nördlich, am Ochotskischen Meer mit seinen vielerorts steilen, nur spärlich bewohnten Küsten existiert keine Leuchtfeuerkette. Hier wurden erst in den 1950er Jahren sporadisch einige Leuchttürme placiert; namentlich erwähnt seien diese beiden: **Ostrow Spafar'eva**, ein runder gemauerter Turm, 20 m hoch, rot mit weißen Bändern, benannt nach Leonti Spafarjew, dem Begründer des russischen Leuchtfeuerwesens (s. Band 1, Seite 151) und **Mys Marekan,** ein Betonturm, weiß mit schwarzen Bändern, 1956 erbaut; seine Höhe von 34 m ist nicht nur dort, sondern an der gesamten Festlandküste schon absolute Spitze.

Leuchtturm **Mys Basargin** *(Ostende der Bosporus-Straße vor Wladiwostok), 1934 erbaut, Höhe 8 m, Feuerhöhe 28 m*

Auch Sachalin ist kein sonniges Ferienparadies, sondern eine höchst unwirtliche Insel von fast 1000 km Länge. Sie wurde erst um die Mitte des 19. Jahrhunderts erforscht und ab 1880 kolonisiert, und zwar »zunächst mit gemeinen, später auch politischen Verbrechern«, wie es amtlich hieß. »Importiert« wurden diese über den an der Westküste liegenden Hafen Alexandrowsk Sachalinskij, vor dem 1863 am **Kap Jonkier** in 90 m Höhe das erste hölzerne Leuchttürmchen errichtet worden war. Heute steht an seiner Stelle ein 18 m hoher achteckiger Steinturm, halb in das Wärterhaus integriert.

Die Südhälfte Sachalins (ab 50. Breitengrad) wechselte übrigens als Zankapfel zwischen Rußland und Japan mehrmals den Besitzer: Zunächst war sie japanisch, 1875 wurde sie gegen die damals russischen Kurilen ausgetauscht, nach dem russisch-japanischen Krieg 1905 wieder japanisch und nach dem Zweiten Weltkrieg erneut russisch (sowjetisch). Erste kleine Leuchttürme aus Holz errichteten die Russen 1883 auf dem **Kap Notoro** im äußersten Süden und 1886 am Hafen **Korsakow**. Während der japanischen Herrschaft entstanden in den 1920er und 1930er Jahren etwa 20 Leuchttürme bis zu 27 m Höhe mit modernen Linsenoptiken, die meisten schon unbewacht. Sie trugen japanische Namen, die nach 1945 in russische umgeändert wurden, z.B. **Todo Shima** in **Ostrow Moneron** oder **Kinushi Misaki** in **Mys Lopatina.**

Unter sowjet-russischer Herrschaft kamen vor allem in den 1950er Jahren noch einige Beton-Leuchttürme hinzu, so am Südostkap der schwarz/weiß gebänderte **Mys Terpeniya**, mit 41 m Höhe unbestrittener Rekordhalter.

Der stets russisch gebliebene Nordteil von Sachalin ist wesentlich schwächer befeuert. Dort gilt der 1933 erbaute **Mys Yelizaveti** (englisch **Cape Elizabeth)** auf dem Nordkap als wichtigste Markierung; es handelt sich um einen quadratischen Steinturm neben dem Wärterhaus, Höhe 11 m, Feuerhöhe 73 m, Tragweite 24 sm.

Auf den Kurilen, wo die Japaner schon während ihrer Herrschaft 1892 mit der Befeuerung begonnen hatten, errichteten die Sowjets ab 1945 einige weitere Leuchtfeuer. Meist handelte es sich um primitive Baken von 3 bis 6 m Höhe mit Bojenlaternen. Nur vier Leuchttürme um 20 m Höhe, alle aus Beton, stehen auf dieser Inselkette von 1200 km Länge.

Leuchtturm **Mys Marekan** *(vor dem Hafen Ochotsk am Ochotskischen Meer), 34 m hoch, 1956 nach gleichen Plänen erbaut wie Leuchtturm* **Osmussaare II** *vor Estland (Abb. in Band 1, Seite 150)*

Australien

Dieser fünfte Kontinent mißt rundum fast 20000 km. Die Küsten sind oft steil und unzugänglich; Felseninseln, Riffe, im Nordosten riesige Korallenbänke liegen davor. Holländer landeten als erste: 1616 Dirk Hartok, 1642 Abel Tasman. Sie nannten den Erdteil »Neu-Holland«, ließen aber wieder von ihm ab und konzentrierten sich auf Indonesien.

Nun kamen die Engländer, zunächst nur Abenteurer; 1770 aber erschien der mit der Erforschung beauftragte James Cook (1728–1779). Mit einem umgebauten Kohlenfrachter namens »Endeavour« war er von England aus westwärts gesegelt, um Südamerika herum, über den Pazifik und an der australischen Ostküste gelandet. Diese nahm er für die britische Krone als »New South Wales« in Besitz.

Während einer Fahrt entlang der nordöstlichen Küste war die »Endeavour« auf ein Korallenriff des Great Barrier Reef gelaufen und erst wieder flott geworden, nachdem Cook alle 22 Kanonen und den Eisenballast hatte über Bord werfen lassen. Nach der Rückkehr berichtete er seinem König, daß das Land zur Besiedlung geeignet sei. Mitgebracht hatte er ein Känguruh, allerdings nur als Fell zum Ausstopfen.

Erste »Siedler« waren Strafgefangene. 1788 kam Kapitän Arthur Phillip mit 11 Schiffen und landete außer Soldaten 700 Sträflinge, einige Pferde und 5 Kaninchen, die dem Sprichwort, ihre Vermehrung betreffend, nun alle Ehre machten. Er landete im heutigen Sydney – benannt nach dem in London zuständigen Minister, Lord Sydney. Es liegt geschützt in der Port Jackson-Bucht, benannt nach einem von Cook's Navigatoren.

In den folgenden Jahren trafen weitere Sträflinge, bald aber auch echte Siedler oder Abenteurer ein. Ihre Zahl schwoll besonders während des Goldrausches 1850–1860 stark an. In einem einzigen Jahr (1853) erreichten 2600 Schiffe die Häfen an der Südostküste. Aber viele kamen nicht an, weil sie noch kurz vor dem Ziel an den klippenreichen Küsten zerschellt waren, zumal ihnen anfangs keine Leuchtfeuer die nächtliche Orientierung ermöglichten.

Ein erstes kümmerliches Feuerchen war 1791, der erste richtige Leuchtturm 1818 vor Sydney entstanden. Weitere Leuchtfeuer folgten nur zögerlich.

Im übrigen entwickelte sich die Küstenbefeuerung – wie die Besiedlung – von New South Wales aus nach Süden und Westen. Auch die Gründung weiterer britischer Kolonien vollzog sich von dieser Mutterkolonie aus. Hier die zeitliche Reihenfolge:

1825 Tasmania
1829 West Australia
1834 South Australia
1850 Victoria
1859 Queensland (durch Abspaltung von New South Wales)
1863 Northern Territory.

Für Einrichtung und Unterhaltung von Seezeichen war zunächst jede Kolonie selber verantwortlich, Hauptgrund für die uneinheitliche Entwicklung.

Bezüglich der Leuchtfeuertechnik war man anfangs völlig auf ausländische, vor allem britische Hilfe angewiesen. Nicht nur Optiken, sondern in vielen Fällen ganze Leuchttürme wurden aus England bezogen, ehe man in der Lage war, alles im eigenen Lande herzustellen.

Der 1901 vollzogene Zusammenschluß der Kolonien zum Staatenbund »Commonwealth of Australia« hatte die Bildung einer zentralen Regierung zur Folge. Sie übernahm allmählich immer mehr Angelegenheiten in eigene Regie, so 1915 auch die Betreuung aller Seefeuer und Schiffahrtsstraßen. Hafenfeuer blieben dagegen in der Zuständigkeit der regionalen Behörden. Nun endlich konnte koordiniert und entwickelt werden.

Inzwischen ist das Leuchtfeuernetz Australiens nach neuesten Gesichtspunkten aufgebaut und an den gefährlichsten Stellen besonders engmaschig. Zahlreiche neue Leuchttürme entstanden aus Beton, Stahl oder glasfaserverstärktem Kunststoff. Automation und moderne Lichttechnik unter Ausnutzung von Solar- und Windenergie sind weit fortgeschritten. Mehrere Veteranen wurden außer Dienst gestellt und als Leuchtturm-Museum eingerichtet.

1949 übernahm die Commonwealth-Regierung die Verantwortung für einen Teil der Seezeichen in Papua-Neuguinea, 1973 auch für alle restlichen. Sie ließ dort in kurzer Zeit zahlreiche automatische Leuchtfeuer errichten, darunter als markantestes **Coast Watchers Memorial Lighthouse** in Madang (s. Seiten 44 und 45).

Der Übersicht halber wird die Leuchtturm-Geschichte Australiens unterteilt nach Kolonien bzw. Staaten geschildert.

New South Wales

Über das erwähnte, 1791 eingerichtete Feuerchen ist nichts Näheres bekannt. Hingegen ist bekannt, daß vor Newcastle von 1804 bis 1858 eine Eisenbake gestanden hat, auf der anfangs ein offenes Holz-, später Kohlenfeuer gebrannt haben soll. Sie wurde 1858 ersetzt durch den Leuchtturm **Nobby's Head**, für den die Landspitze extra abgetragen worden war, damit er nicht zu hoch steht und über die Schiffe hinwegleuchtet. So genügte ein gedrungenes Bauwerk, bei dem die Laterne optisch dominiert. Aus ihr leuchteten die ersten 50 Jahre noch Parabollampen. Gewartet wurden sie von dem Iren James Johnson, der 1857 als einziger von 122 Menschen die Strandung des Auswandererschiffes »Dunbar« überlebt hatte und danach neben zwei Kollegen hier Leuchtturmwärter geworden war.

Geschichtsträchtiger ist jedoch die Leuchtfeuer-Station **Outer South Head** draußen vor der Port Jackson-Bucht von Sydney. An diesem Küstenvorsprung mit seinen 80 m steil aufragenden Klippen waren schon einige der ersten Schiffe gestrandet. Zur Warnung vor dieser Gefahr entstand dort oben der erste richtige Leuchtturm Australiens, 23 m hoch mit einer Feuerhöhe von 102 m. Die Grundsteinlegung fand am 4. Juni 1816 statt, die Einweihung am 16. März 1818. Neben seiner o.a. Standortbezeichnung erhielt der Turm den Namen **Macquarie** nach dem 1810 bis 1821 residierenden Gouverneur von New South Wales, Lacklan Macquarie.

Das in England hergestellte Drehfeuer bestand aus drei mal drei versilberten Parabolspiegeln mit Öllampen. Die vier Wärter wohnten in den Anbauten. Sie mußten unverheiratet sein und durften den Komplex nur umschichtig sonntags zum Kirchgang verlassen.

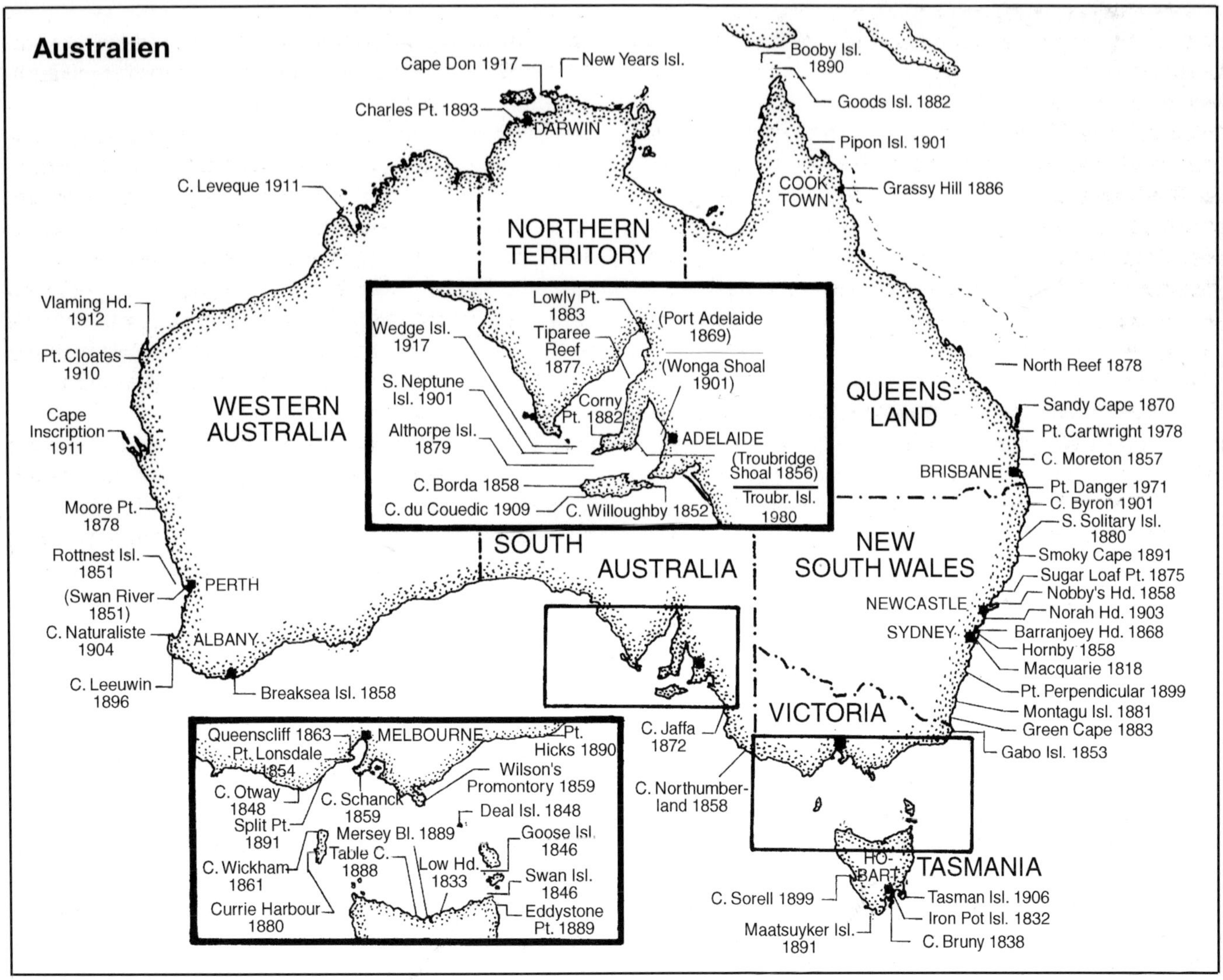

Die Leuchttürme **Macquarie I** *und* **II** *nebeneinander: links das Original von 1818, rechts das Duplikat von 1883 (nach dem historischen Foto von 1883)*

Das architektonisch interessante Bauwerk war leider aus örtlichem Sandstein errichtet, der schnell verwitterte. Schon nach sieben Jahren lösten sich die ersten Brocken und fielen herab, so daß Restaurierungen erforderlich wurden. Ab 1878 konnte das Mauerwerk des Turmes nur noch durch Eisenringe zusammengehalten werden.

Da der Turm die vorgesehene neue schwerere Optik ohnehin nicht würde tragen können, beschloß die Regierung den Bau eines stabileren Nachfolgers, der aus Traditionsgründen dem Original weitgehend gleichen sollte. Mit der Durchführung wurde der aus Schottland stammende Kolonial-Architekt James Barnet (1833–1904) betraut, der sich anschließend als Konstrukteur von 20 Leuchttürmen in New South Wales einen Namen machte.

Der mit feierlicher Grundsteinlegung am 1. März 1880 begonnene Bau aus festeren Steinen war Angang 1883 fertig. Am 1. Juni dieses Jahres nahm der neue, 26 m hohe Leuchtturm **Macquarie II** seinen Betrieb auf. Ehe der inzwischen baufällige alte Turm abgerissen wurde, standen Original und Duplikat einige Zeit nebeneinander – festgehalten auf einem historischen Foto.

Der Ratschlag von Trinity House in London, vielleicht auch der damals weit verbreitete Ehrgeiz, das stärkste und hellste Feuer der Welt zu besitzen, hatte die Auftraggeber bewogen, eine elektrische Anlage mit Bogenlampe als Lichtquelle einzubauen. Sie war, wie die Optik, aus England geliefert worden. Zwei Riesendynamos, angetrieben von einem Leuchtgasmotor, lieferten den Strom. Sicherheitshalber waren als Reserve und zu Testzwecken sowohl Gas-, als auch Öllicht vorgesehen. Doch die elektrische Anlage war störanfällig und derart aufwendig, daß man 1912 zu dem bewährten Kerosin-Glühlicht überging. Erst als 1933 Strom aus dem öffentlichen Netz zur Verfügung stand, kehrte man wieder zu einer elektrischen Lichtquelle zurück; jetzt war es eine Glühlampe. Heute arbeitet der Turm automatisch.

Während in den anderen südlichen Kolonien der Bau von Leuchttürmen schon eingesetzt hatte, blieb in New South Wales **Macquarie** 40 Jahre lang einziger nächtlicher Wegweiser von Bedeutung. Danach aber ging es schnell voran. 1858 traten gleich drei Feuer in Aktion:

1. **Nobby's Head**, bereits erwähnt.
2. **Fort Denison** (benannt nach dem damaligen Gouverneur von New South Wales, Sir William Denison), mit Laterne auf dem schon 1854 im Krimkrieg aus Furcht vor einer russischen Invasion mitten im Hafen von Sydney erbauten dicken runden Festungsturm; das Feuer leuchtet heute noch aus 20 m Höhe.
3. **Inner South Head** an der Südecke der Einfahrt in die Port Jackson-Bucht, meist **Hornby** genannt nach Sir Windham Hornby, einem Admiral der Royal Navy. Dieser Leuchtturm wurde errichtet, nachdem die erwähnte »Dunbar« dort zerschellt war, weil sie die Buchteinfahrt verfehlt hatte. Er ist zwar nur 9 m hoch, wirkt aber mit seinen senktrechten braun/weißen Streifen recht fotogen (Abb. Seite 64). Auch trägt er noch seine alte Laterne, aus der einst Parabollampen leuchteten, die inzwischen durch eine kleine Linsenoptik ersetzt wurden.

Zeitlich gesehen, folgte 1860 der Leuchtturm **Cape St. George** im Südosten an der Jervis Bay, einer berüchtigten Bucht, wegen der dort liegenden Wracks auch »Wreck Bay« genannt. Erst nach Baubeginn wurde erkannt, daß der Standort falsch gewählt war, denn sein Feuer hätte nur von den aus Süden kommenden Schiffen gesehen werden können. So wurde er zwar noch fertiggestellt, aber gar nicht erst in Betrieb genommen, sondern an der richtigen Stelle zunächst durch ein Behelfsfeuer, 1899 durch den 21 m hohen Leuchtturm **Point Perpendicular** ersetzt.

Leuchtturm ***Macquarie II*** *(Australien, vor Sydney, New South Wales), 26 m hoch, 1883 erbaut; der Vorgänger gleichen Aussehens war 1818 erster Leuchtturm des Kontinentes*

Ganz links: Leuchtturm **Hornby** *(Australien, vor Port Jackson, der Sydney-Bucht), 1858 erbaut, seitdem mit dieser Bemalung*

Links: Leuchtturm **Barranjoey Head** *(Australien, Borken Bay, nördlich Sydney) mit geschmiedetem Galeriegeländer, 1880/81 erbaut, 17 m hoch*

Links unten: Leuchtturm **Castle Point** *(Neuseeland), Baujahr 1913, Höhe 23 m, Feuerhöhe 52 m. Der steile Felsen am rechten Bildrand erlangte im Zweiten Weltkrieg traurige Berühmtheit: Von dort oben stürzten sich mehrere Frauen in den Süd-Pazifik, als sie erfuhren, daß ihr Mann gefallen war*

Leuchtturm **Smoky Cape**

In den weiteren 1860er Jahren folgten nur einige Stein- oder Hölztürme an bzw. vor Häfen. Als Beispiel sei der 100 m hoch gelegene Standort **Barranjoey Head** vor der Borken Bay, nördlich Sydney, genannt. 1868 wurden dort die bereits seit 1855 existierenden »Temporary Lights« durch zwei hölzerne Leuchttürmchen ersetzt.
Da es in dem streckenweise sogar noch steilen Geröllgelände keinen fahrbaren Zufahrtsweg gab, mußte das ganze Material mit Packeseln transportiert werden. Das war auch 1880 noch nicht anders, als der bereits erwähnte Architekt Barnet beauftragt wurde, dort einen soliden Leuchtturm zu bauen. Er wandte eine Methode an, bei der die Hartsteine an Ort und Stelle aus einer betonartigen Masse hergestellt werden, und zwar in jeder gewünschten Form. Während des Trocknungsprozesses in einem bestimmten Härtezustand vermauert, lassen sich diese Steine noch durch Schleifen nachbehandeln. So war es möglich, auch örtlich gewonnenen Granitmörtel zu verwenden.
Barnet baute auf diese Weise in New South Wales eine ganze Reihe von gedrungen wirkenden, massiven Leuchttürmen, denen er durch besonders hübsch gestaltete Kragsteine ein typisches Aussehen verlieh. Ein weiteres Markenzeichen waren seine kunstvoll aus Kanonengut geschmiedeten Galeriegeländer.

Leuchtturm **Sugar Loaf Point** *mit der originellen Außentreppe*

Nachstehend seine weiteren markanten Leuchtturm-Bauwerke, gleichzeitig die wichtigsten Seefeuer der Kolonie, alle mit größten Fresnelschen Optiken in Riesenlaternen aus England:

1875 **Sugar Loaf Point** (nördlich Newcastle) auf 70 m hohem Felsenvorsprung hinter den Seal Rocks, einer gefährlichen Riffgruppe; runder Turm, zwar nur 15 m hoch, wovon die Laterne fast die Hälfte einnimmt, aber originell gestaltet mit einer Außentreppe im unteren Teil, Feuerhöhe 80 m;

1880 **South Solitary Island**, runder, 13 m hoher Turm auf unzugänglichem Felsenbuckel im Meer vor der nördlichen Küste (1878 während der Bauzeit war der Ladekran zweimal von der See fortgerissen worden), Feuerhöhe 60 m;

1881 **Montagu Island** (etwas größere Felseninsel im südlichen Bereich), runder, 21 m hoher Turm auf einem 120 m langen Findlingsblock, Feuerhöhe 80 m;

1883 **Green Cape** (vor der sog. Disaster Bay auf dem südlichsten Kap), 29 m hoher, unten rechteckiger, darüber in achteckige Form übergehender Turm, Feuerhöhe 44 m;

1883 **Macquarie II** (s.o.);

1891 **Smoky Cape** (im nördlichen Bereich 120 m hohes Kap vor der Trial Bay), 17 m hoher achteckiger Turm mit betonten Kanten, Feuerhöhe 128 m.

An weittragenden Seefeuern entstanden nach der Ära Barnet nur noch diese beiden:

1901 **Cape Byron** (Ostkap Australiens), runder, 22 m hoher Turm auf dem 100 m hoch gelegenen Landvorsprung mit einer ausnahmsweise aus Frankreich stammenden Optik, Feuerhöhe 118 m;

1903 **Norah Head** (südlich Newcastle), runder, 27 m hoher Turm auf der Spitze einer Halbinsel, Feuerhöhe 46 m.

Als Lichtquelle dienten anfangs zumeist Glühlichbrenner, die in den 1960er Jahren nach Umstellung auf elektrischen Betrieb durch große Glühlampen ersetzt wurden.

Mit dem Leuchtturm **Norah Head** wurde die Seefeuerkette an der 1200 km langen Küste der Kolonie geschlossen. Sie war in nur gut zwanzig Jahren entstanden. Daneben errichteten die Hafenbehörden zahlreiche kleine Feuer, z. T. in Einheitsbauweise.

Leuchtturm **Cape Byron** *am Ostkap Australiens, 1901 erbaut, Höhe 22 m, Feuerhöhe 118 m; (ähnlich* **Point Perpendicular** *von 1899)*

Zugleich Leuchtturm und Denkmal: **Point Danger / Captain Cook Memorial,** *1971 errichtet, anfangs mit Laserlichtstrahl*

Nach dieser Zeit entstand nur noch ein einziges nennenswertes Bauwerk, und zwar 1971 als Kombination von Leuchtturm und Denkmal, **Point Danger / Captain Cook Memorial** (Tweed Head, dicht an der Grenze zu Queensland). Anlaß war das zweihunderjährige Jubiläum der Gründung von New South Wales durch James Cook. Es wurde ein originelles Bauwerk: Vier flache Betonsäulen, je 20 m hoch und nachts angestrahlt, weisen in die vier Himmelsrichtungen. Die Gußeisenbettung besteht aus dem 1770 über Bord geworfenen Ballast der »Endeavour«, den man 1969 vom Great Barrier Reef hatte haben lassen. In einem Traditionsraum befindet sich eine Nachbildung des Ankerspills der »Endeavour«.

Auch für die Leuchtfeuer-Anlage hatte man etwas Besonderes vorgesehen: einen kreisenden Laserstrahl. Trotz vorherigen Testes im Leuchtturm **Cape Byron** bewährte sich die Anlage nicht, so daß man sie 1973 durch ein konventionelles optisches System ersetzte. Der Laserstrahl war zu dünn und wurde draußen als zu blau empfunden, eine unübliche Farbe für die Seefahrt. Außerdem reichte er nicht weiter als bei bisherigen Anlagen.

Victoria

Die Geschichte dieser Kolonie beginnt 1835 mit der Gründung von Melbourne. Stadt und Hafen liegen im Inneren einer 50 km langen, fast ganz von Land eingeschlossenen, geschützten Bucht, der Port Phillip Bay.
Hier beginnt auch die Leuchtfeuergeschichte. 1840 entsteht am **Point Gellibrand** in Williamstown, dem Westhafen von Melbourne, ein Holzgerüst mit Leuchtfeuer, das 1859 durch ein originelles kreisrundes Feuerschiff vor diesem Punkt im Hafen ergänzt wird. Seit 1916 steht dort in 9 m Wassertiefe ein Leuchtturm auf Pfählen mit einer Feuerhöhe von 15 m.
Inzwischen sind Hafen und Bucht mit zahlreichen ortsfesten Feuern versehen, zwei weitere Feuerschiffe wurden durch Pfahlbauten ersetzt. So existiert noch heute das 1881 errichtete **West Channel Pile Lighthouse** mit der Laterne des ersetzten Feuerschiffes. Mit 34 m höchster Leuchtturm im Bereich der Bucht ist das 1874 erbaute **South Channel Eastern Light**, einer der eisernen »Baukasten-Leuchttürme« mit sechs dünnen Beinen, Treppenrohr und dicker Laterne, wie sie s. Z. von England an mehrere Kolonien geliefert wurden.

Das nur etwa 3000 m breite Tor zwischen offenem Meer und Bucht ist an seiner Westseite mit vier Leuchttürmen, die als Richtfeuer dienen, besetzt; höchster von ihnen ist das 1863 erbaute Unterfeuer **Queenscliff's Shortland Bluff**, ein runder weißer Turm mit roter Kuppe, 28 m hoch. Bei dem aus dem gleichen Jahr stammenden Oberfeuer handelt es sich um einen 25 m hohen Turm, bei Einheimischen »Black Lighthouse« genannt. Seine blaugrauen Basaltsteine sollen in Schottland geschlagen und als Ballast in den berühmten schnellsegelnden Klippern antransportiert worden sein. Auch sonst scheint hier viel Know-how aus Schottland zu stammen.
Die engste Stelle, **Point Lonsdale**, mit vorgelagerten Riffs wird seit 1854 von einem Leuchtturm bezeichnet. Anfangs war es ein privat betriebener kleiner Metallturm mit Ölbrenner, ab 1863 ein rot/weiß gebänderter Holzturm, 17 m hoch, mit Parabollampen in der Laterne. Seit 1902 ist es ein 22 m hoher runder Betonturm, weiß mit rotem Kopf. Das Personal der angrenzenden Signalstation wartet auch das Leuchtfeuer.
Die Bucht besitzt keine hohen Ufer, deshalb sind die Feuerhöhen aller Türme nicht besonders groß. Wie an den übrigen Häfen von Victoria, so handelt es sich auch hier ausschließlich um Feuer von relativ geringer Tragweite.

Leuchtturm **Point Lonsdale III**, *1902 erbaut*

Der Bau von weittragenden Seefeuern an der Außenküste wurde dagegen zunächst recht stiefmütterlich behandelt; er begann erst erheblich später als in den beiden Nachbarkolonien New South Wales und Tasmania. Denn dafür war nicht etwa eine Seefahrtsbehörde zuständig, sondern das allgemeine koloniale Architektenbüro. Und dieses setzte sich mehr für den Städtebau ein als für maritime Belange.

Das erste Seefeuer, **Cape Otway,** entstand südwestlich von Melbourne an einem Wendepunkt für die Schiffahrt. Das Kap war 1800 entdeckt und nach einem Kapitän der Royal Navy benannt worden. Da mehrere Versuche, es über Land zu erreichen, gescheitert waren, mußte das Material über See bei ruhigem Wetter herangeschafft, an steilem Hang hochgehievt und dann noch 8 km durch unwegsames Gelände und dichten Wald zum Standort weitertransportiert werden.

Die Schwierigkeiten, in solchen unbekannten und schwer zugänglichen Gegenden Leuchttürme zu errichten, kann man sich heute kaum noch vorstellen. Bevor Notunterkünfte fertig waren, mußten die Bauarbeiter im Freien übernachten, Wasserversorgung und Verpflegung waren zu organisieren – um nur einige Probleme zu nennen. Nachdem der erste Unternehmer an diesen Schwierigkeiten gescheitert war, gelang es erst dem zweiten, mit 40 Arbeitern Turm und Wärterunterkünfte fertigzustellen.

Am 29. August 1848 konnte endlich der Leuchtbetrieb aufgenommen werden. Der auf dem steilen Kap stehende, 19 m hohe dicke Leuchtturm sieht genauso aus wie einige seiner englischen Kollegen. In der Laterne rotierte anfangs ein Gestell mit 21 Reverberen in drei Etagen, angetrieben von einem der damals üblichen Drehwerke, dessen Gewicht mehrmals pro Nacht aufgewunden werden mußte. 1891 wurde die alte Laterne durch eine modernere mit einer großen Linsenoptik ersetzt. Lichtquelle dafür war eine Dochtlampe, ab 1905 Kerosin-Glühlicht; seit 1939 ist es eine elektrische Glühlampe.

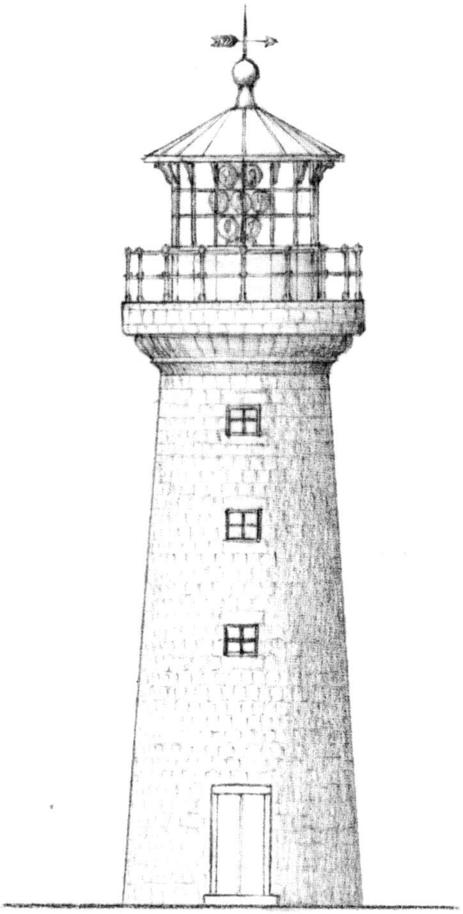

Leuchtturm **Cape Otway** *von 1848 mit der ersten Laterne*

Das zweite Seefeuer, **Gabo Island**, hat eine traurige, aber typische Geschichte. Der Standort liegt auf einer kleinen Insel vor Cape Howe, dem nördlichen der beiden Südostkaps von Australien. Ein Blick auf die Landkarte zeigt, daß Schiffe diese Ecke umrunden müssen. So wurde bereits 1845 der Bau eines hohen steinernen Leuchtturmes beschlossen, ein privater Unternehmer mit der Ausführung beauftragt und vorab dafür bezahlt. Aber es dauerte und dauerte. Als nach drei Jahren noch nichts weiter als eine Baugrube bis zu tragfähigem Fels entstanden war, setzte die Behörde eine Untersuchungskommission ein. Diese warf dem Unternehmer allerhand Unregelmäßigkeiten und zweckentfremdete Verwendung des inzwischen verbrauchten Geldes vor. Konsequenz: Baustopp.

Nun passierte jahrelang gar nichts, wenn man davon absieht, daß in allen möglichen Gremien über die Finanzierung und über den günstigsten Standort gestritten wurde – bis etwas Schreckliches geschah: Am 15. Mai 1853 strandete nahe der Insel die »Monumental City«, ein nagelneues amerikanisches Schiff, wobei 33 Menschen ums Leben kamen, darunter auch der Eigner. Es hatte kurz zuvor als erstes Dampfschiff von San Francisco aus den Pazifik in 65 Tagen überquert, ein damals spektakuläres Ereignis.

Dieses Alarmsignal löste plötzlich ungeahnte Aktivitäten aus. Innerhalb von fünf Tagen wurde ein hölzernes Notfeuer geplant, entworfen und genehmigt. Das zuständige koloniale Architektenbüro ließ das 6 m hohe Gestell anfertigen und zur Insel transportieren. In der Eile war beim Entladen ein Balkenbein zerbrochen, das aber durch den Kiel eines in der Nähe liegenden Wracks ersetzt werden konnte.

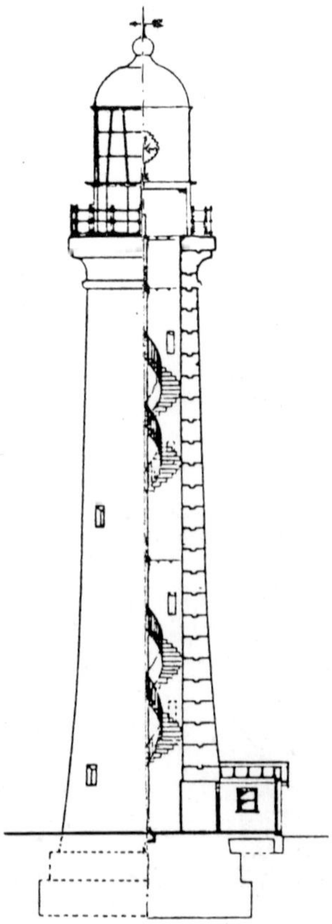

Ein in Victoria mehrfach gebauter Leuchtturm-Typ (Halbschnitt), hier **Split Point,** *1891 erbaut, 34 m hoch*

Nach dem Zusammenbau auf dem höchsten Punkt der Insel wurde die seit Jahren eingelagerte, eigentlich für den Steinturm vorgesehene große Laterne mit 24 Parabollampen aufgesetzt. Sie nahm den Leuchtbetrieb im November 1853 auf. In aller Eile entstand auch eine Unterkunft für die Wärter. So schnell konnte das alles gehen.

Mit dem hohen Steinturm ließ man sich nun Zeit. Aber Anfang 1862 trat wieder ein Ereignis ein, das zu höchster Eile trieb: Der Holzleuchtturm brannte ab. Glücklicherweise lagen die Baupläne schon vor. Und als Material konnte hübscher roter Granit verwendet werden, der inzwischen auf der Insel entdeckt worden war und für repräsentative Gebäude in Sydney und Melbourne geschlagen wurde, ja der sogar nach London geschickt worden war für das Australia-Haus. Daraus entstand nun auch der richtige Leuchtturm **Gabo Island**, und zwar an der ursprünglich vorgesehenen Stelle mit der schon ausgeschachteten Baugrube. Er wurde den britischen Riff-Leuchttürmen mit ihrer konkav ansteigenden Kontur nachgebildet, auch die Bausteinverkeilung erfolgte auf die gleiche Weise.

Der Turm erhielt eine neue Laterne mit großer Dreh-Optik, die heute noch in Betrieb ist, allerdings nicht mehr mit dem anfänglichen Glühlicht, sondern seit 1935 mit elektrischer Lichtquelle. Er wurde noch im gleichen Jahr 1862 fertig; seine Daten: Höhe 48 m, Feuerhöhe 55 m, Tragweite 26 sm. Es handelt sich um den einzigen Küsten-Leuchtturm in Victoria, der nicht weiß gestrichen ist, sondern in seinem roten Granit naturbelassen blieb; außerdem ist er dort der höchste. Mit 38 m zweithöchster der Kolonie wurde übrigens 1890 **Point Hicks** am südlichen der beiden Südostkaps.

Schon 1859 waren zwei weitere Seefeuer fertig geworden: **Wilson's Promontory** (am Südkap des Kontinentes) und **Cape Schanck** (südlich Melbourne). Sie sind aus Stein, fast baugleich, rund, 20 m hoch mit Feuerhöhen etwas über 100 m. Ihre ersten Laternen mit 32 bzw. 24 Parabollampen dienten bis 1915.

Schließlich sei noch ein 1891 erbauter, 34 m hoher Leuchtturm erwähnt, der als Hafenfeuer gilt, aber zu den Seefeuern zählen müßte, denn er steht an der Westseite der offenen Meeresbucht vor der Port Phillip Bay. Anfangs besaß er auch ein weittragendes Linsenfeuer, das 1919 allerdings gegen eine kleinere Azetylenleuchte ausgetauscht wurde. Seitdem ist er als einer der ersten Leuchttürme dort unbewacht. Sein anfänglicher Name war **Eagle Nest Point**, sein jetziger ist **Split Point**, die Einheimischen nennen ihn jedoch liebevoll »The White Queen«. Er wird auch häufig hübsch weiß gestrichen. Nur einmal wurde er »angeschwärzt«, als am 16. Februar 1982 ein verheerendes Buschfeuer die ganze Gegend verbrannte. Der Eingang hatte schon Feuer gefangen, konnte aber von einem beherzten Anwohner gelöscht werden.

Mit dem letztgenannten Leuchtturm waren noch vor der Jahrhundertwende die Eckpunkte des Leuchtfeuernetzes in Victoria gesetzt. Danach wurden nur noch vereinzelte Verbesserungen mit unbemannten Leuchtfeuern vorgenommen.

Tasmania (einschl. Bass Strait)

Die Bass Strait trennt Tasmanien vom eigentlichen Kontinent. Sie ist gut 300 km lang und 200 km breit, durchsetzt mit Inseln und Riffen. Entdeckt wurde sie 1778 von George Bass, vermessen 1838 von Wickham. Nach letzterem ist ein Kap auf King Island benannt. Diese Insel liegt mitten in der Westzufahrt der Bass Strait und weist zwei Rekorde auf, einen schlimmen und einen guten; der schlimme: dort gab es die meisten Schiffsstrandungen von allen australischen Inseln, nämlich über 50; der gute: sie besitzt seit 1861 den mit 49 m höchsten Leuchtturm Australiens, **Cape Wickham** (Abb. Seite 70). Er leuchtet aus einer Feuerhöhe von 85 m und hat wahrscheinlich viele weitere Strandungen verhindert.

Cape Wickham *(King Island, Bass Strait), mit 49 m höchster Leuchtturm Australiens, 1861 erbaut, seit 1918 unbemannt*

Doch die ersten Leuchtfeuer waren schon vorher entstanden, und zwar auf bzw. im näheren Bereich der Insel Tasmanien, die ab 1803 mit Sträflingen besiedelt wurde. Den Anfang hatte 1832 ein 15 m hohes Holzgestell in Form einer Guillotine mit einer örtlich gefertigten, aufziehbaren Laterne gemacht: **Iron Pot Island**. Dieser originelle Name wurde bis heute beibehalten. Er war entstanden, weil man auf dem dicht vor Hobart liegenden Inselchen einen eisernen Topf gefunden hatte, wie ihn die ersten Walfänger benutzt haben sollen.
Ein Jahr später wurde die »Guillotine« durch einen 12 m hohen Steinturm mit 9 Reflektorlampen in der Laterne ersetzt. Beide Bauwerke waren von Sträflingen errichtet worden. Drei Sträflinge waren auch die ersten Wärter. Ihnen war die Freiheit versprochen worden für den Fall, daß sie zwei Jahre treu ihren Dienst verrichten. Einer von ihnen wurde später sogar Angestellter in der Hafenverwaltung.

Der alte Leuchtturm – es war nach **Macquarie** in New South Wales der zweite in Australien – existiert noch. 1880 erhielt die Laterne eine kleine Linsenoptik; die Lichtquelle ist seit 1976 elektrisch, von Solarenergie gespeist.
Zwei weitere Leuchttürme folgten noch in den 1830er Jahren:

1833 **Low Head** (Nordküste), 11 m hoher Steinturm, 1888 ersetzt durch 20 m hohen solideren Nachfolger, weiß, seit 1926 mit rotem Band;

1838 **Cape Bruny** (Südostküste), 15 m hoher Turm mit besonders starkem Licht in 105 m Feuerhöhe.

Im nächsten Jahrzehnt nahmen drei weittragende Seefeuer am Ostende der Bass Strait ihren Betrieb auf.
Die beiden ersten, **Swan Island** und **Goose Island,** jeweils 28 m hoch, wurden 1846 von Sträflingen erbaut. Sie stehen auf flachen einsamen Inselchen vor der Nordostecke von Tasmanien, in der sog. Bank Strait. 1984 wurden sie elektrifiziert, automatisiert und auf Stromversorgung durch Windkraft umgerüstet.
Der dritte, **Deal Island,** entstand 1846/48 auf der größten Insel der Kent-Gruppe, die genau auf der durch das Meer verlaufenden Grenzlinie zwischen Tasmania und Victoria liegt. Deshalb leisteten beide Kolonien ihren Beitrag: Tasmania ließ das Trägerbauwerk errichten, Victoria bezahlte die Optik und übernahm die Unterhaltungskosten.

Was die Feuerhöhe anbetrifft, so ist **Deal Island** mit 305 m Rekordhalter in Australien. Der gemauerte Turmschaft ist nur 15 m hoch, darüber thront noch die 7 m hohe Laterne.
Ein besonderes Problem stellte der Antransport des Baumaterials für Turm und Wärterhäuser von der Bootsanlegestelle bis zu dem 285 m hoch auf dem Inselgipfel gelegenen Standort dar. Dazu kam noch eine 4 km lange Strecke durch dichtes Buschwerk. Das schafften nur Ochsen, die »Bulldozer« der damaligen Zeit. Zehn von ihnen zogen ständig Lastenschlitten hin und her.
Außer den Ochsen waren 30 Menschen am Bau beteiligt (eigentlich hätten sie vor den Ochsen erwähnt werden müssen). Interessant ist neben der personellen Zusammensetzung die Entlohnung, zumindest in der Relation. Es erhielten

der Architekt Charles Watson		100	Pfund p.a.
1 Aufseher		60	Pfund
2 Zimmerleute	je	50	Pfund
4 Maurer	je	50	Pfund
2 Steinbrucharbeiter	je	26	Pfund
1 Schmied		14 1/2	Pfund
20 Arbeiter	je	9	Pfund

Nach der Fertigstellung wurde es Sache der Wärter, die Versorgungsgüter von der Landestelle zum Turm zu befördern. Dazu waren zwei Schrägaufzüge für Schlitten angelegt worden. Das Hochziehen der Schlitten besorgte allerdings ein Pferd im Kreislauf mittels einer Seilwinde. Ein Ochsenkarren schaffte die Zwischenstrekken. 1970 übernahm ein 14tägig eintreffender Hubschrauber die Versorgung.

Abgesehen von dem anfangs erwähnten, 1861 fertiggestellten Rekordhalter **Cape Wickham**, ging es erst nach langer Pause weiter mit diesen Seefeuern:

1880 **Currie Harbour** (auf King Island, Bass Strait), 32 m hoher »Baukasten-Leuchtturm« – wie **South Channel Eastern Light** in Victoria, aus Birmingham geliefert;

1888 **Table Cape** (Nordküste), 25 m hoher Ziegelturm, Feuerhöhe 180 m;

1889 **Eddystone Point** (Nordküste), 35 m hoher Turm aus roten naturbelassenen Granitsteinen (wie **Gabo Island** in Victoria);

1889 **Mersey Bluff** (Nordküste), zwar nur 16 m hoch, aber mit seinen senkrechten rot/weißen Streifen recht markant; neben dem letztgenannten der einzige nicht völlig weiße Leuchtturm in Tasmania;

1891 **Maatsuyker Island** (10 km vor der Südküste) verdient besondere Erwähnung. Die Insel soll einst von Holländern so benannt worden sein, weil sie mit Blüten des Weißen Teebaumes bedeckt war, die wie ein Zuckerüberzug wirkten: ein »Maß (von) Zucker«.

*Leuchtturm **Maatsuyker Island** mit dem letzten Wärter, im Hintergrund die Felsengruppe »Needles« von Tasmanien*

Die Errichtung eines Leuchtturmes wurde erforderlich aufgrund des wachsenden Schiffsverkehrs nach Neuseeland, der südlich um Tasmanien herum verläuft und dort durch zahlreiche Meeresfelsen gefährdet ist. Den Turm baute man vorsorglich nicht auf dem Inselgifel, sondern am Südende in nur knapp 100 m Meereshöhe. Er ist aus Stein, lediglich 18 m hoch, aber ausgerüstet mit einer besonders weittragenden Linsenoptik. Bis zur Elektrifizierung 1977 mußten die Gewichte für das Drehwerk wegen der nur geringen Schachttiefe jede Stunde aufgewunden werden. Auch sonst hatten es die Wärter besonders schwer. An dieser Inselgruppe, wo Indischer und Pazifischer Ozean zusammentreffen, ist der Sturm häufig so stark, daß man nicht aufrecht gehen kann, sondern kriechen muß.

Der Antransport der Versorgungsgüter von der weit entfernten Anlegestelle war hier ebenfalls recht beschwerlich. Für das steilste Stück hatte man eine 370 m lange doppelbahnige Schienenlage mit zwei Loren nach Art der Funikularbahnen geschaffen, die – wie im Falle **Deal Island** – von einem Pferd betrieben wurde.

Zur Übermittlung von Nachrichten und Wettermeldungen wurde 1907 eine Brieftaubenpost eingerichtet. Die Tauben benötigten bis zur Hauptstadt Hobart durchschnittlich drei Stunden. Zur Verständigung zwischen den Wohnungen und dem Wachraum im Turm bestand eine Sprachrohrverbindung mit Pfeifen, wie sie früher auf Schiffen üblich war.

Neuerdings ist auch dieser Turm »entmannt« und automatisiert. Meteorologische Daten werden jetzt durch Sensoren gemessen und alle drei Stunden per Funk an das Wetteramt übermittelt.

Danach wurden nur noch diese beiden größeren Leuchttürme erbaut:

1899 **Cape Sorell** (Westküste), Steinturm, Höhe 30 m, Feuerhöhe 51 m;

1906 **Tasman Island** (Südostküste), 29 m hoher Stahlturm mit einer Feuerhöhe von 276 m. Auf der hohen Klippe begannen in den 1960er Jahren die Versuche mit Windkraft.

South Australia

Im Gegensatz zu den bisher genannten Staaten sind alle Landgrenzen dieses riesigen, dünn besiedelten Gebietes wie mit dem Lineal nach Längen- und Breitengraden gezogen.
Die bedeutendsten Häfen entwickelten sich an zwei tiefen Meereseinschnitten, dem 300 km langen Spencer Gulf und dem 150 km langen Gulf Saint Vincent. Am letztgenannten liegt Port Adelaide, Hafen der 1836 etwas landeinwärts gegründeten Hauptstadt Adelaide. Mit dem Auslegen eines kleinen Feuerschiffes vor diesem wichtigsten Hafen begann 1849 die Leuchtfeuergeschichte.
1851 wurde nach englischem Vorbild die Seefahrtsbehörde »Trinity House of Port Adelaide« gegründet. Ihr erstes Anliegen war die Sicherung der Zufahrten durch Leuchttürme.

Leuchtturm **Cape Willoughby** *in »Windmühlenform« mit seiner ersten Laterne von 1852*

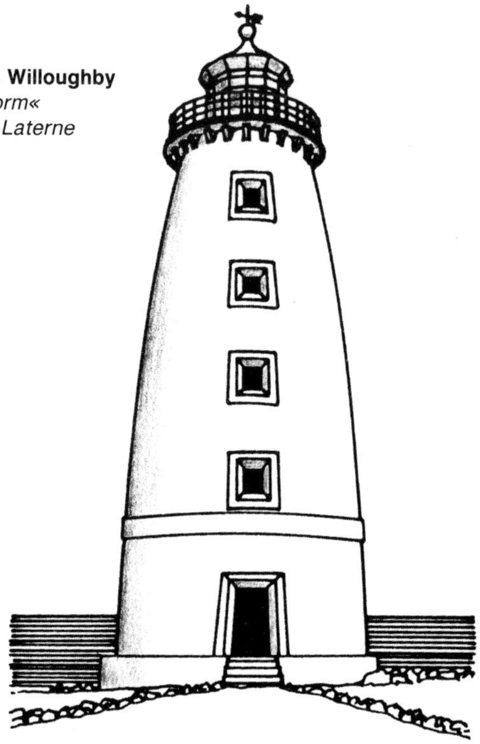

Gewissermaßen als Sperriegel vor dem Gulf St. Vincent liegt die 150 km lange Insel Kangaroo Island. Sie teilt die Zufahrt in zwei Passagen, eine breite westliche, die Investigator Strait, und eine enge östliche, die Backstairs-(Hintertreppen-)Passage.
An der gefährlichen »Hintertreppe« entstand 1851/52 der erste Leuchtturm **Cape Willoughby** (Ostkap von Kangaroo Island), ein origineller, ungewöhnlich dicker Steinbau, der mit seinen konvexen Konturen eher dem Turm einer Windmühle gleicht als einem Leuchtturm. Er erhielt nacheinander drei Laternen, zuerst eine mit parabolischen Reflektoren, die bis 1923 in Betrieb blieb, danach eine mit großer Linsenoptik von einem ausgedienten Kollegen und 1974 eine mit moderner Scheinwerferoptik. Mit der ersten war er 24 m hoch, nach einer kleinen Aufstockung »wuchs« er mit der zweiten auf 28 m; seine Feuerhöhe beträgt seitdem 77 m.
Der zweite Leuchtturm, **Troubridge Shoal** (gegenüber Adelaide) wurde in Einzelteilen aus England angeliefert; es handelte sich um einen der ersten tyischen runden Gußeisentürme, entwickelt von dem britischen Ingenieur Alexander Gordon. Die 24 m hohe rote Eisenröhre mit ihrem weißen Band markiert seit 1856 die Landecke zwischen Investigator Strait und Golf.
Der dritte Leuchtturm, **Cape Borda** (Westkap von Kangaroo Island) trat 1858 in Aktion. Trinity House hatte ihn als Steinwürfel mit 10 m Kantenlänge gebaut. Noch heute krönt ihn die alte Laterne. Alle Versorgungsgüter mußten bis zu seinem 150 m hoch gelegenen Standort transportiert werden, was mittels einer Seilwinde geschah, betrieben mit »1 PS« – ähnlich wie in den beiden bereits geschilderten Fällen. Mit einer 9-Pfünder-Kanone warnten die Wärter Schiffe vor zu großer Annäherung.

Ein kleiner Friedhof mit 16 Gräbern zeugt von menschlichen Tragödien in der Einsamkeit: Der erste Wärter stürzte so unglücklich in ein Gestrüpp, daß er sich dabei ein Auge ausstach und mangels ärztlicher Versorgung bald danach starb; ein anderer, noch junger Wärter, sowie ein Kind starben ebenfalls, weil ihre Krankheiten nicht behandelt werden konnten. 1868 verschwand das Kind einer Wärterfamilie spurlos; 1879 verließen vier Kinder die Station zum Spielen, aber nur drei kehrten zurück, das vierte fand man tot auf den Klippen. In den übrigen Gräbern liegen Seeleute, die dort ihr Leben bei Schiffsstrandungen verloren hatten.
Das waren die ersten drei Leuchttürme dieser Kolonie. Während »Windmühle« und »Würfel« nach wie vor in Betrieb sind, wurde die »Eisenröhre« 1980 durch den 30 m hohen Leuchtturm **Troubridge Island** ersetzt und anschließend an einen Privatmann verkauft.
Zur Markierung eines Wendepunktes dicht an der Grenze zu Victoria wurde 1858 der Leuchtturm **Cape Northumberland** errichtet. Er existiert schon lange nicht mehr, doch aus einer erhaltenen Skizze geht hervor, daß er ähnlich aussah wie sein Kollege **Cape Willoughby**, nur besaß er grade Konturen und einen Anbau mit den Wärterwohnungen.
Man hatte ihn zu nah an die Kante des aus Sandstein bestehenden Kliffs gebaut. Als diese nach 20 Jahren bis zu seinem Fundament abgebröckelt war, mußte schleunigst ein Nachfolger weiter landeinwärts errichtet werden. **Cape Northumberland II**, ein dicker runder Geselle, weiß mit rotem Band, nahm 1881 seinen Betrieb auf. Er ist nur 17 m hoch, leuchtet aber aus einer Feuerhöhe von 46 m.

Der 1869 auf Holzpfählen errichtete Leuchtturm **Port Adelaide** *mit der Riesenlaterne von 1873*

Gestell des Leuchtturmes **Port Adelaide** *von 1869 – zwischenzeitlich (1901–1985) als Leuchtturm* **South Neptune Island** *eingesetzt – jetzt maritimes Denkmal in Port Adelaide; hier während des Aufbaues*

Nun zu den Exemplaren mit Füßen im Wasser. Die Beschaffenheit des Meeresbodens in den relativ flachen Buchten und im Küstenvorfeld ließ die Errichtung von Leuchttürmen auf Beton- oder Eisenpfählen zu.

Der erste war **Port Adelaide**. Er ersetzte 1869 ein Feuerschiff. Der eigentliche Träger für die Laterne bestand aus einem in 8 m Wassertiefe eingerammten Eisenzylinder, der im unteren Teil mit Beton ausgefüllt, im oberen mit einer Wendeltreppe versehen war. Rundherum hatte man in 6 m Höhe über dem Wasserspiegel eine Plattform für Wärterwohnungen und Materialschuppen auf Pfählen errichtet.

Da sich das Feuer als zu schwach erwies, wurde dem Zylinder 1873 eine wesentlich größere Laterne aufgesetzt. Doch diese war offenbar zu schwer, was zu allmählichem Stabilitätsverlust der ganzen Anlage führte. Deshalb wurde für sie in der Nähe ein neuer Unterbau aus Schraubpfeilern geschaffen. Auf diesen neuen Wasserbeinen trat sie 1901 als Leuchtturm **Wonga Shoal** wieder in Aktion.

Das nun »kopflose« Eisengestell oberhalb der alten Plattform wechselte noch im gleichen Jahr hinüber auf ein einsames Inselchen vor dem Spencer Gulf und trat dort – versehen mit einer etwas kleineren Laterne – seinen Dienst als Leuchtturm **South Neptune Island** an. Ein tragisches Schicksal ereilte auch hier zwei Leuchtturmwärter: Der eine wurde 1910 beim Angeln, der andere 1979 bei einem Inspektionsgang ins Meer gerissen. Ihre Leichen fand man jeweils erst viel später und setzte sie auf der Insel bei.

Damit die Wärter endlich abgezogen werden konnten, wurde der Turm 1985 durch einen kleinen Steinbau mit automatischem Leuchtfeuer ersetzt. Das alte, nun endgültig ausgediente Eisengestell nebst Laterne kehrte nach Port Adelaide zurück, wo es jetzt als Leuchtturm-Denkmal im South Australian Maritime Museum zu bewundern ist.

Zurück zum Leuchtturm **Wonga Shoal**. Im Morgengrauen des 17. November 1912 beobachtet der Wachhabende in der Signalstation von Port Adelaide durch sein Glas die Anfahrt des 1887 BRT großen Windjammers »Dimsdale«. Zu seinem Entsetzen sieht er, wie das Schiff direkt auf den 3 km vor der Einfahrt stehenden Leuchtturm zuhält und ihn mit voller Wucht rammt. Der ganze Aufbau mit der noch leuchtenden Laterne stürzt ins Wasser, nur ein paar verbogene Stangen ragen danach noch heraus. Beide Wärter kamen bei dem Unglück ums Leben, der erwähnte Wachhabende erlitt einen Schock.

Die Stelle wurde sofort durch ein Feuerschiff, ab 1913 durch einen Holzturm mit Laterne auf den restlichen Pfeilern gesichert, ehe 1926 dort ein Schraubpfahl-Leuchtturm entstand. Als 1962 ein Sektorenfeuer an Land auch diesen Leuchtturm ersetzt hatte, war die Geschichte von **Wonga Shoal** zu Ende. Das restliche Gestell wurde mittels Wasserstrahl an Ort und Stelle »begraben«.

Die größten Schwierigkeiten hatte jedoch die Errichtung eines anderen Leuchtturmes mit Beinen im Wasser bereitet, nämlich **Cape Jaffa**. So heißt ein Kap im Südosten, benannt nach dem Hafen von Tel Aviv im heutigen Israel. Es streckt seine Ausläufer 8 km weit ins Meer als Riffkette. Auf ihrem Ende entstand der eiserne Schraubpfahl-Leuchtturm.

Man hatte die Zerstörungskraft des Meeres dort weit unterschätzt. Anstatt der veranschlagten 12 Monate dauerte es vier Jahre bis zur Fertigstellung. Allein das Ausbohren der Löcher für die einzuschraubenden Eisenpfähle nahm über ein Jahr in Anspruch, da immer nur bei Ebbe und ruhiger See gearbeitet werden konnte. Außerdem zerschlug die See mehrmals die eisernen Gerüste und Transportanlagen. Aber der Architekt W.F. King und seine Bautruppe ließen sich nicht entmutigen. Als der Turm am 15. Januar 1872 offiziell seinen Betrieb aufnahm, wurden sie hoch geehrt.

Riff-Leuchtturm ***Cape Jaffa,*** *34 m hoch, 1868/72 erbaut, bis 1972 in Betrieb, ab 1975 als Leuchtturm-Museum in Kingston*

Der Turm leuchtete genau hundert Jahre. Nachdem ihn 1972 ein anderes Feuer auf dem Festland ersetzt hatte, montierte man das Oberteil mit der Laterne ab und stellte es in dem nahegelegenen Städtchen Kingston als Leuchtturm-Denkmal wieder auf.

Jetzt steht auf dem Riff nur noch der Unterbau und die Löschbrücke, versehen mit einem automatischen Warnfeuer.

Ein ähnlicher Leuchtturm, **Tipara Reef,** entstand 1876/77 auf einem Riff im Spencer Gulf. Dort verhält sich die See friedlicher, so daß der Turm bereits ein Jahr nach Eintreffen der Einzelteile aus England in Betrieb genommen werden konnte.

Hier noch eine Aufzählung der höheren, auf festem Grund errichteten Leuchttürme aus Stein:

1879 **Althorpe Island** (Investigator Strait), 20 m hoch; bei einem Erdbeben 1901 fing die Laterne Feuer und brannte aus;

1882 **Corny Point** (Osteinfahrt zum Spencer Gulf), 30 m hoch;

1883 **Lowly Point** (tief im Spencer Gulf), 1909 von 13 auf 25 m erhöht;

1909 **Cape du Couedic** (Südostkap Kanguroo Island), Höhe 24 m, Feuerhöhe 103 m.

Später wurden die Träger auch aus anderen Materialien errichtet, so 1917 für den höchstgelegenen Leuchtturm **Wedge Island** (vor Spencer Gulf) aus Beton; seine Feuerhöhe beträgt 207 m.

Western Australia

Viel Küste und wenig Leute – dieses Mißverhältnis führte dazu, daß Westaustralien heute nur über eine dünne Leuchtfeuerkette verfügt. Strenggenommen ist auch nur die Südwestecke wichtig, um die mehrere Schifffahrtsrouten herumführen. Außerdem liegt die Hauptstadt Perth mit ihrem Hafen Fremantle in der Nähe.

Dort begann denn auch die Leuchtfeuergeschichte mit dem Leuchtturm **Rottnest Island**, 20 km vor Fremantle. Sie begann sehr langsam, denn die Arbeiter bewegten sich nur im Zeitlupentempo, weil sie möglichst lange auf der angenehm kühlen und hübschen Insel bleiben wollten. So dauerte der Bau des nur 15 m hohen Steinträgers ganze neun Jahre, von 1842 bis 1851. Laterne mit Parabollampen und Drehwerk waren aus Kostengründen notgedrungen im Lande hergestellt.

Da es sich um kein Meisterwerk handelte, wurde schon 1893/96 ein solider, 38 m hoher Nachfolger aus Granit erbaut und mit einer englischen Riesenlaterne ausgerüstet. Diese strahlt heute mit einer Lichtstärke von 3 Mio. Kerzen aus 80 m Feuerhöhe und erzielt damit eine Nenntragweite von 26 sm.

Die Insel, einst auch Sträflingskolonie, ist neuerdings Naturschutzgebiet. Holländer hatte sie im 17. Jahrhundert entdeckt und »Rottnest« genannt, weil sie die dortigen Quokkas, kleine zutrauliche Beuteltiere für Ratten hielten.

Zweiter Leuchtturm der Kolonie wurde 1851 **Swan River** (vor Perth), 22 m hoch. Er war nur bis etwa 1900 in Betrieb. Der Fluß hat seinen Namen übrigens nach den dortigen schwarzen Schwänen.

Wie mit dem ersten Turm begonnen, so ging es auch weiter, nämlich langsam. Denn Westaustralia war damals die ärmste Kolonie. Nur in großen Zeitabständen folgten weitere Seefeuer:

1858 **Breaksea Island** (vor Albany, Südküste), 13 m hoher Gußeisenturm in 100 m Höhe; die britische Regierung hatte so viel Mitleid, daß sie den Bau finanzierte. 1895 entstand ein gleich hoher Ersatzturm aus Granit als Träger für die neue gewichtigere Laterne mit großer Linsenoptik.

1878 **Moore Point** (Westküste), klassischer Gußeisenturm aus England, 35 m hoch, mit rot/weißen Bändern, seit 1985 automatisiert.

Leuchtturm **Cape Naturaliste,** *1904 erbaut, mit englischer Riesenlaterne 20 m hoch*

Leuchtturm **Cape Leeuwin,** *39 m hoch, markiert seit 1896 das Südwestkap Australiens*

1896 **Cape Leeuwin** (Südwestkap), 39 m hoher runder Turm aus örtlichem Granit; der Bau dieses höchsten Leuchtturmes in Westaustralien hatte sich um 15 Jahre verzögert, weil die reichen östlichen Kolonien keinen Kostenbeitrag leisten wollten, obwohl deren Schiffahrt schließlich auch von dem Feuer profitieren würde; außerdem stieß man bei der Gründung erst in 7 m Tiefe anstatt der vermuteten 2,5 m auf gewachsenen Fels; so half auch hier London bei der Finanzierung. Für Weltumsegler der südlichen Route stellt dieser Turm einen markanten Ansteuerungspunkt nach langer Seefahrt ohne Landsicht dar. Das Kap ist nach den holländischen Entdeckern benannt, die es 1622 als erste Europäer mit ihrem Schiff »Leeuwin« umsegelten.

1904 **Cape Naturaliste** (Südwestküste), dicker runder Turm aus Naturstein, 20 m hoch einschl. der 7 m hohen Laterne, Feuerhöhe 123 m; innerhalb von 10 Monaten erbaut zusammen mit drei gleichen Wärterhäusern mit je drei Räumen, Küche und Bad; 1978 Lampe von Petroleum-Glühlicht auf Elektrizität umgestellt und für Dieselaggregat kubisches Häuschen neben dem Turm erbaut.

Als bekannt wurde, daß die Commonwealth-Regierung 1915 die Unterhaltung aller Seefeuer übernehmen würde, baute die Kolonie schnell noch diese Steintürme:

1910 **Point Cloates** (nahe Nordwestkap), Höhe 23 m, Feuerhöhe 61 m,

1911 **Cape Leveque** (Nordwestküste), Höhe 14 m,, Feuerhöhe 43 m,

1911 **Cape Inscription** (Westkap), Höhe 15 m, Feuerhöhe 39 m,

1912 **Vlaming Head** (Nordwestkap), Höhe 13 m, Feuerhöhe 74 m, 1967 abgelöst durch einen Gitterturm (daneben stehen jetzt 13 Türme bzw. Masten zur Telekommunikation in andere Erdteile, der höchste mit 387 m).

Außerdem entstanden bis 1914 einige etwa 18 m hohe einfache Gittermasten mit Laterne. Nach 1920 ließ die Zentralregierung in den größten Lücken einige moderne unbemannte Leuchtfeuer auf Beton- oder Stahlträgern errichten.

Leuchtturm **Cape Don**, *36 m hoch, 1917 im tropischen Norden Australiens aus Beton errichtet*

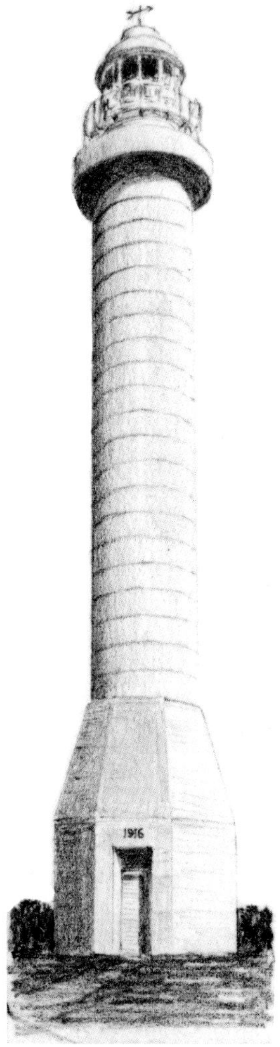

Northern Territory

In diesem isolierten Gebiet gibt es nur einen einzigen guten Hafen: Darwin, gelegen im Norden an der Fannie Bay. Diese kleinste aller Hauptstädte in Australien wurde 1869 als Palmerston gegründet, aber 1911 zu Ehren des Naturforschers Charles Darwin umbenannt.

An der Spitze der gegenüberliegenden Halbinsel Cox begann 1893 die kurze Leuchtfeuergeschichte mit **Charles Point**, einem eisernen Gitterturm von 26 m Höhe. Treppenrohr und Gitterstäbe sind rot/weiß gebändert, die große Laterne ist weiß gestrichen. Seit 1983 arbeitet er automatisch.

Erst 1917 folgte als zweiter Leuchtturm **Cape Don** auf dem Nordkap des Festlandes der Kolonie. Dort beginnt die Einfahrt in den Van Diemen Gulf, durch den Darwin von Osten aus erreichbar ist.

Der Bau des 36 m hohen Betonturmes hatte sich über drei Jahre erstreckt. Denn an dieser Küste – nur 11 Breitengrade vom Äquator entfernt – herrschen tropische Verhältnisse, die eine Arbeit immer nur in den beiden regenfreien Jahreszeiten zulassen.

Schon die Vorarbeiten nahmen zwei Jahre in Anspruch. In Ermangelung örtlichen Vorkommens mußte nämlich das gesamte Baumaterial – auch der Kies für den Beton – aus Melbourne um den halben Kontinent herum über See herbeigeschafft werden. Die von Mangroven und Korallenriffen durchsetzte Küste machte den Bau einer Pier zum Entladen der Transportschiffe erforderlich. Von dort mußte eine Schneise durch den dichten Wald bis zum 5 km entfernten Standort geschlagen werden. Anschließend wurde eine Pferdebahn für den Materialtransport von der Pier bis zur Baustelle angelegt. Erst danach konnte mit dem eigentlichen Bau begonnen werden.

Am 30. August 1917, kurz vor Inbetriebnahme erschütterte ein Erdbeben die Gegend, wobei der Turm seine Standfestigkeit unter Beweis stellte. Einziger Schaden war, daß 12 kg Quecksilber aus der Rinne geschleudert wurden, auf der die Drehlaterne schwimmen sollte.

Erbauer des Turmes und Organisator war Herbert Jackson, zuständig in der Zentralregierung für die Seefeuer im Nordteil des Kontinentes. Er hatte bewußt Beton gewählt, ein Material, dem die dortigen Termiten nichts anhaben können.

1983 wurde der Leuchtturm automatisiert und von Kerosin-Glühlicht auf elektrischen Betrieb, gespeist aus Solarenergie, umgerüstet.

Danach entstanden keine weiteren Leuchttürme im klassischen Sinne, sondern nur einige Gittermasten mit kleiner Laterne, insbesondere vor Darwin, sowie der 31 m hohe Stahl-»Bleistift« **New Years Island** an der nördlichen Route.

Queensland

Dieses Gebiet gehörte zunächst zu New South Wales und begann seine Eigenständigkeit erst 1859 mit der Abspaltung von der Mutterkolonie. Es besitzt 3000 km Küste am Pazifik und 1700 km im Norden; dort ist es von Neuguinea durch die 150 km breite Torres Strait getrennt.

Als erster Leuchtturm war 1857 **Cape Moreton** noch unter Regie von New South Wales auf einer langen Düneninsel in 100 m Meereshöhe erbaut worden. Der 1928 um 2 m auf 24 m erhöhte Leuchtturm weist drei Besonderheiten auf:
Er ist der einzige in Queensland, der
- aus Stein erbaut wurde,
- keinen völlig weißen Schaft besitzt, sondern zwei rote Bänder trägt (sonst sind nur die Laternenköpfe rot),
- seine ursprüngliche Parabolspiegel-Anlage über 70 Jahre in Betrieb hatte, nämlich bis 1930.

Damit ist auch schon einiges über die anderen Leuchttürme gesagt. Einige der ersten waren aus Holz, neuerdings ersetzt durch Betonbauten. Alle übrigen im 19. Jahrhundert entstandenen Exemplare sind aus Gußeisen, rund und kegelstumpfförmig, meist 10 bis 20 m hoch, versehen mit Laternen mittlerer Tragweite – alles in Teilen aus England importiert. Für den aus Sand oder Korallen bestehenden Baugrund wären Steintürme zu schwer. Die Eisentürme sind nicht besonders aufregend und recht uniform. Als Ausnahmen gelten nur

Leuchtturm **North Reef** *von 1878, 24 m hoch; das Dach der runden Wärterunterkunft diente zum Auffangen von Regenwasser*

Tyischer Gußeisen-Leuchtturm in Queensland, hier **Booby Island** *(Torres Strait), 18 m hoch, 1890 errichtet*

1870 **Sandy Cape** (Fraser Island, nördlich Brisbane), 26 m hoch, ausgerüstet mit einer großen, weittragenden Optik;

1878 **North Reef** (100 km vor der Ostküste), 24 m hoch, auf einem Korallenriff; einziger Fall, wo die Wärter nicht in gesonderten Unterkünften wohnten, sondern in einem Rundbau um den Turmfuß; dadurch konnte die Auflagefläche wesentlich größer gestaltet und das Dach zum Auffangen von Regenwasser ausgenutzt werden.

Für Sporttaucher eine Märchenwelt, für die Schiffahrt aber das schlimmste Hindernis stellt eine riesige Barriere vor der australischen Nordostküste dar: das Great Barrier Reef. Dieses größte von lebenden Organismen geschaffene Gebilde aus stecknadelkofgroßen Korallenpolypen ist 2000 km lang und bis zu 250 km breit. Es liegt bei Flut bis zu 3 m unter Wasser.
Eine Fahrrinne, nach Norden zu immer enger werdend, führt zwischen der Barriere und dem Festland hindurch, eine andere Schiffsroute führt außen herum. Vor oder nach dieser navigatorischen Tortur müssen Schiffe allerdings noch durch die nicht minder gefährliche Torres Strait mit ihren eingelagerten Inseln und den bis zu 8 Knoten (15 km/h) starken Strömungen.

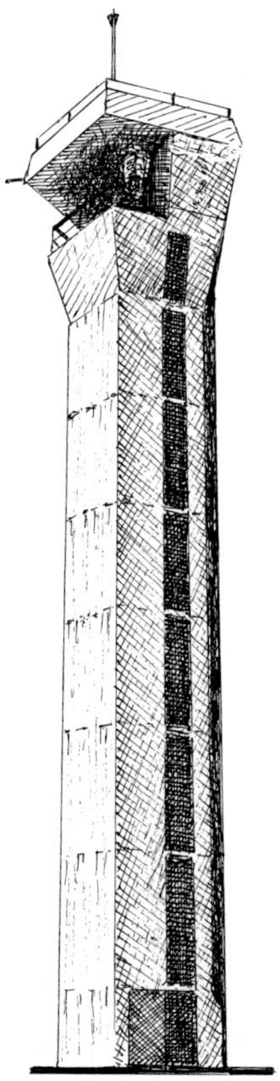

Moderner Beton-Leuchtturm
Point Cartwright *(nördlich Brisbane), 32 m hoch, 1978 erbaut*

Trotz aller Gefahren entwikkelte sich der Schiffsverkehr auf diesen Routen rapide, denn für die Häfen im östlichen Australien und in Neuseeland ist die Strecke wesentlich kürzer als die Südroute. Schon damals galt: »Time is money«.
Cook's »Endeavour« war 1770 noch einmal davongekommen, aber wieviele Schiffe nach ihm dort scheiterten und zugrunde gingen, ist nicht genau bekannt. Zwischen 1890 und 1920 waren es jedenfalls noch 400. Bevor Feuer zu leuchten begannen, ließen übrigens viele Kapitäne für die Nacht Anker werfen – sicherheitshalber.
Ein erstes Seezeichen, allerdings nur als Tagesmarke, entstand 1844 durch 20 strafgefangene Handwerker auf Raine Island, einer flachen Insel der Barriere. Ohne größere Hilfsmittel errichteten sie einen 12 m hohen dicken Turm aus Steinen, Geröll und Balken eines Wracks; den Kalk bereiteten sie aus Muscheln. Ein britisches Wachschiff hatte sie dort abgesetzt und anschließend wieder abgeholt. Als Belohnung erhielten sie 6 Monate Straferlaß. Der niemals befeuerte Turm steht heute noch.
An den Bau von Leuchttürmen in dieser einsamen Region ging Queensland nur sehr zögerlich. Erst nachdem in den 1870er Jahren einige kleine Leuchtfeuer im südlichen Gefahrengebiet entstanden waren, begann man, auch den Norden und die Torres Strait zu befeuern.
Erster »Leuchtturm« dort, ganze 6 m hoch, war 1886 **Grassy Hill** (nahe Cooktown), ein Holzbau, mit Wellblech umkleidet. Als er 1988 für überflüssig erklärt wurde und abgerissen werden sollte, gingen die Einwohner des nach Cook benannten Städtchens auf die Barrikaden. Sie wollten den Turm als eine Art Denkmal behalten, denn er stünde genau an der Stelle, von der aus Cook 1770 oft über das Great Barrier Reef geschaut habe, während sein Schiff »Endeavour« 48 Tage lang in der dortigen Bucht zur Reparatur lag.

Auf **Goods Island**, mitten in der Torres Strait, war schon ab 1882 nachts von der Veranda der Signalstation aus geleuchtet worden, ehe 1887 auf dem Gipfel der Insel ein 5 m hohes Leuchttürmchen aus Holz entstand. Inzwischen leuchtet dort ein Nachfolger aus 105 m Feuerhöhe.
Als wichtigstes Feuer fungiert jedoch seit 1890 **Booby Island** an der Westeinfahrt zu dieser gefährlichen Passage. Es handelt sich um einen der erwähnten Gußeisentürme, 18 m hoch, mit weittragender Optik (Abb. Seite 77). Die Wärterfamilie war in der ersten Zeit öfter von Eingeborenen aus Neuguinea oder Australien angegriffen worden, konnte sich aber immer erfolgreich mit kochendem Wasser verteidigen.
Die Insel, benannt nach den dort lebenden Boobies, einer Tölpelart, war zuvor bekannt als »Post Office Island«, eine Bezeichnung für das merkwürdigste Postamt der Welt. Und das war so entstanden:
Da die Insel eine ruhige Bucht besitzt, machten fast alle Schiffe dort vor oder nach der Fahrt durch die Riffhölle Station. 1820 entdeckte ein Seemann auf der Insel unter einem Brett Angaben über geglückte Passagen einiger anderer Schiffe. Danach wurde es üblich, daß die Besatzungen dort schriftliche Nachrichten für Angehörige in aller Welt hinterlegten. Nachfolgende Schiffe nahmen die für ihre Bestimmungshäfen adressierten Nachrichten mit und lieferten sie aus. Für genügend Papier, Tinte und Federkiele war nun immer gesorgt. 1877 ging diese Einrichtung zu einer etwas besser ausgestatteten Stelle auf der Nachbarinsel Thursday Island über.

Zur Markierung der engsten Durchfahrten waren um 1880 fünf Feuerschiffe stationiert worden. Eines von ihnen ging 1899 bei einem Taifun mit der gesamten Besatzung verloren. Es wurde 1901 durch den Leuchtturm **Pipon Island** nördlich Cooktown ersetzt.
Weitere Leuchttürme entstanden erst viel später auf Veranlassung der Zentralregierung. Heute ist die Schiffsroute innerhalb der Barriere derartig mit automatischen Leuchtfeuern besetzt, daß man immer mindestens eines in Sicht hat. Für die Bezeichnung der Hydrographer's Passage wurde ein Einheitstyp entwickelt, der in den 1980er Jahren zur Aufstellung gelangte: eine auf vier Betonbeinen ruhende Plattform trägt den eigentlichen Gitterturm mit solar betriebener Laterne; die Gesamthöhe beträgt etwa 30 m. Auch die äußere Route wurde inzwischen befeuert: Auf einigen bis zu 400 km von der Küste entfernten Inseln oder Korallenriffen stehen ähnliche »eingepflanzte« Leuchtturmgestelle.

Neuseeland

Dieser 2000 km vom Kontinent Australien entfernte Archipel besteht im wesentlichen aus zwei Inseln, ihrer Lage nach Nord- bzw. Südinsel genannt. Dazwischen liegt die wegen ihrer Strömungen und häufigen Stürme berüchtigte, an der engsten Stelle nur 23 km breite Cook Strait. Dort, sowie an den Nord- und Südenden ragen kleinere Eilande aus dem Meer.

Neuseeland war 1642 von Tasman entdeckt und 1769 erstmalig von Cook umsegelt worden. Ab Ende des 18. Jahrhunderts von Weißen, vorwiegend Engländern besiedelt, wurde es 1840 britische Kolonie.

Die Leuchtfeuergeschichte begann um 1850 mit primitiven Feuerbaken an den Häfen Wellington auf der Nordinsel und Nelson auf der Südinsel. Als erster richtiger Leuchtturm wurde am 1. Januar 1859 **Pencarrow Head** vor der Hafenbucht Port Nicholson, an der Wellington liegt, in Betrieb genommen. Es handelte sich um einen kleinen Gußeisenturm, errichtet auf dem 120 m hohen Kliff. Er war aus England in Einzelteilen geliefert worden. Der inzwischen pensionierte Veteran gilt seit 1935 als historisches Bauwerk. Er hat mehrere Nachfolger, u.a. einen 18 m hohen Metallturm unten an der Bucht.

1862 hatte die Regierung eine Marinebehörde in Wellington beauftragt, so schnell wie möglich die Küsten zu befeuern. So konnte alles zentral geplant und gesteuert werden – bis zur Ausbildung der Wärter nach bewährten schottischen Richtlinien und Bedienungsvorschriften.

Ansonsten weist die Leuchtfeuergeschichte viele Parallelen zu Australien auf. Leider wurden auch hier viele Leuchttürme erst nach Schiffskatastrophen gebaut.

Die größten Probleme bereitete die Unzugänglichkeit vieler Standorte. Zum Transort des Baumaterials dorthin bediente man sich ähnlicher Methoden wie in Australien. Heute stehen 30 Feuer in Höhen über 100 m, drei sogar über 200 m.

Nachdem als Lichtquelle zunächst Colza- und Paraffinöl-Lampen verwendet worden waren, führte man an den entlegensten Standorten ab 1910 selbsttätiges Gasglühlicht ein, um die Wärter abziehen zu können. In den Jahren 1938 bis 1957 wurden alle Hauptfeuer elektrifiziert. Sofern kein Netzanschluß möglich war, mußten Dieselaggregate eingebaut werden. Vielfach dient Gasglühlicht aber noch als Reserve. Gegen die Automatisierung gab es übrigens zunächst viele Proteste der Gewerkschaften. So dauerte es bis 1990, ehe die letzten Wärter abgezogen werden konnten.

Wie in Australien, so wurde auch hier das Leuchtfeuernetz mit britischer Hilfe aufgebaut. Die Optiken, meist sogar die fertigen Laternen, kamen bis in die jüngste Zeit aus England oder Schottland.

Anders bei den Trägerbauwerken. Nachdem die ersten Seefeuer als komplette Gußeisenkonstruktionen aus England importiert worden waren, entstanden ab 1865 zunächst vier Steintürme aus örtlich geschlagenem Material. Danach folgten etwa 20 Jahre lang, und zwar während der Hauptaufbauphase, ausschließlich Holztürme, insgesamt 15 an der Zahl. Denn einige der dortigen Holzarten zeichnen sich durch besondere Festigkeit aus. Außerdem glaubte man, daß Erdbebenstöße durch Holz besser abgefangen werden können.

Damit war schon der Grundstock des Leuchtfeuernetzes geschaffen. Ab 1889 erfolgte nur noch eine leichte Verdichtung, nun aber wieder mit englischen Eisentürmen, z.T. als Ersatz für altersschwache Bauten.

Wer lediglich die über 30 m hohen Exemplare zählt, wird enttäuscht, denn er findet in Neuseeland z.Z. nur einen einzigen. Die zahlreichen Gebirgszüge und Bergketten reichen nämlich fast überall bis an die Küste, so daß niedrige Leuchttürme genügen. In einigen Fällen hat man die dicke Laterne sogar direkt auf den Felsen gesetzt.

Dog Island, *mit 36 m höchster Leuchtturm in Neuseeland*

Einzeln beschrieben werden nachstehend nur die besonders interessanten Leuchttürme; sie sind, wie auch alle übrigen Seefeuer auf der Lageskizze mit den Jahreszahlen ihrer ersten Inbetriebnahme eingezeichnet.

Gleich zu dem einzigen, wirklich hohen Exemplar. Es ist **Dog Island**, ein mit Beton ummantelter Steinturm, 1865 im äußersten Süden an der Faveaux Strait erbaut, 36 m hoch, weil die Insel so flach ist. Während die meisten Leuchttürme Neuseelands völlig weiß sind, um sich gegen die dunklen Berge abzuheben, zählt dieser schwarze mit seinem weißen Band zu den wenigen Ausnahmen, die sich gegen den Himmel abzeichnen müssen.
Der Schacht für das Antriebsgewicht des Drehfeuers wurde 1883 einem Wärter zum Verhängnis: Er stürzte darin zu Tode.

Doppelt vorhanden in genau der gleichen Ausführung ist ein gußeiserner Musterturm aus England, 20 m hoch, leicht konisch. Beide wurden Anfang 1865 in Betrieb genommen.

Neuseeland

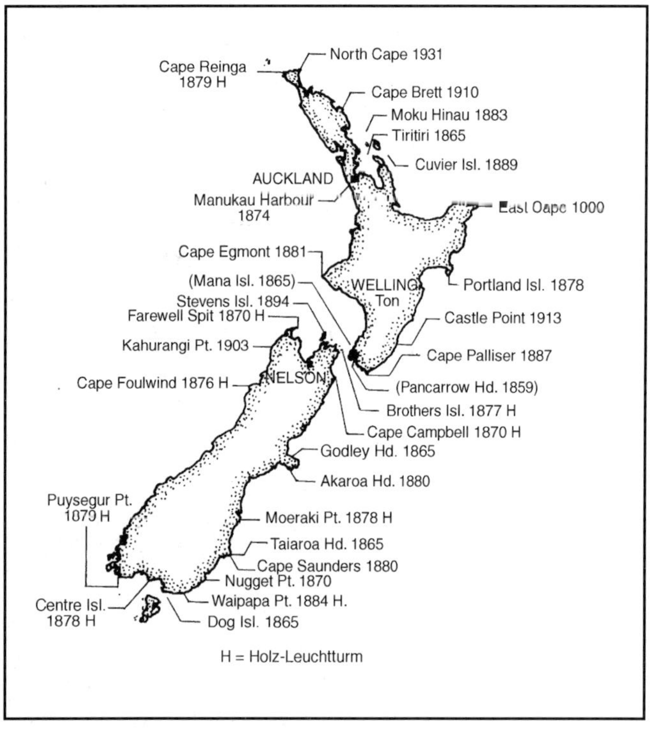

Leuchtturm **Cape Egmont**, *20 m hoch, 1863 in England aus Gußeisen gefertigt, nach Neuseeland verschifft, 1865–1877 als Leuchtturm* **Mana Island** *eingesetzt, danach wieder zerlegt und verschifft, ab 1881 an der Küste vor dem Vulkan Mount Egmont bis heute in Betrieb*

Der eine stand zunächst als Leuchtturm **Mana Island** im Südwesten der Nordinsel an der Cook Strait. Als 1877 genau gegenüber in günstigerer Position auf einem Felsen der hölzerne Artgenosse **Brothers Island** zu leuchten begann, wurde er abmontiert und 200 km weiter nördlich wieder aufgebaut. Dort setzte er 1881 seine Tätigkeit als Leuchtturm **Cape Egmont** fort. Er wirkt recht fotogen mit dem 2518 m hohen, erloschenen Vulkan Mount Egmont im Hintergrund, wie ihn eine Briefmarke zeigt. Die lange Zeit bis zur erneuten Inbetriebnahme war bedingt durch große Transportschwierigkeiten des 90 t schweren Turmes; außerdem machte die feindliche Haltung von Eingeborenen einen Polizeischutz während des Aufbaues erforderlich.
Der andere, **Tiritiri** steht in 70 m Höhe auf einer kleinen Insel in der Zufahrt nach Auckland. Aus seiner alten Laterne stahlt heute das mit 10 Mio. Kerzen stärkste Licht aller neuseeländischen Leuchtürme. Ein reicher Geschäftsmann aus Auckland hatte 1965 die ganze Anlage gestiftet. Wenn man den Turmschacht nach unten verlängern und senkrecht durch den ganzen Globus bohren würde, käme man bei dem englischen Leuchtturm **Europa Point** von Gibraltar wieder heraus; denn die beiden Türme stehen genau antipodisch.
Ein neuerer Eisenturm mit Laterne aus Schottland, **Castle Point**, ist auf Seite 64 abgebildet.

Nun zu den hölzernen Leuchttürmen. So ganz aus Holz sind oder waren sie übrigens nicht, denn man hatte sie aus Stabilitätsgründen in den doppelten Wänden mit Zement oder anderem Material ausgekleidet, einige darüber hinaus außen mit Balken abgestützt. Ein gutes Beispiel ist der oben erwähnte 12 m hohe, 1877 erbaute **Brothers Island** in der Cook Strait. Außer ihm stehen einige weitere Holztürme heute noch – nach über 100 Jahren.

Ein unnatürliches Ende fand der 1879 auf dem Südwestkap der Südinsel erbaute Leuchtturm **Puysegur Point**: Er brannte am 8. Februar 1942 ab. Ein geisteskranker, dort in dem urwaldähnlichen Busch lebender Eremit hatte ihn angezündet. Die Feuerversicherung zahlte, und ein Jahr später begann ein kleines Ersatzfeuer zu leuchten.

Die Standorte aller hölzernen Seefeuer, auch die der inzwischen durch andere Konstruktionen ersetzten, sind auf der Lageskizze mit einem »H« hinter der Jahreszahl gekennzeichnet.

Eine Ausnahme in Bezug auf Bauweise und Höhe stellte der 1869/70 entstandene Holzturm **Farewell Spit** dar. Die offene Balkenkonstruktion mit einer außen umlaufenden Treppe war 35 m hoch, konnte aber in ihrer Laterne nur eine relativ leichte Optik tragen. Mit einer Feuerhöhe von 37 m bezeichnete der Turm das Ende einer ganz flachen Landzunge im Norden der Südinsel. Aber der Turm hielt nicht lange. 1897 wurde er durch eine neue Holzkonstruktion ersetzt. Heute steht dort ein vierbeiniges 23 m hohes Eisengestell mit wesentlich größerer Optik in der Laterne.

Besagte Landzunge war damals von See aus kaum auszumachen, so daß Schiffe – sogar bei Tage – auf den bei Flut fast unsichtbaren Strand gelaufen waren. Das passiert nun schon lange nicht mehr, denn inzwischen sind dort Bäume hochgewachsen, die der erste Leuchtturmwärter von 1870 gepflanzt hatte. Da auf dem Sand nichts wachsen wollte, hatte er von jedem Ausritt die Satteltaschen voll Muttererde mitgebracht und darauf die Pflanzungen vorgenommen.

Tyischer Holz-Leuchtturm der 1870er Jahre: **Brothers Island,** *12 m hoch, 1954 elektrifiziert, 1990 als letzter automatisiert*

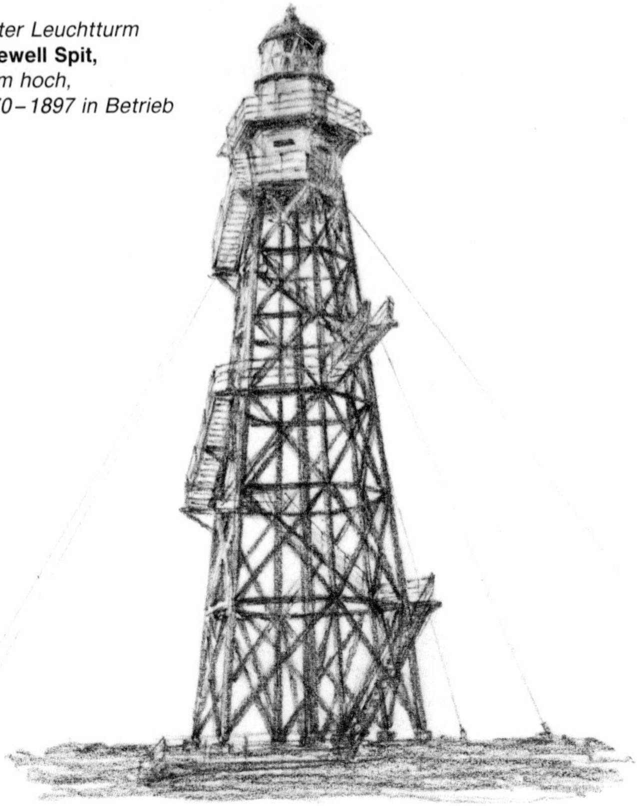

Erster Leuchtturm
Farewell Spit,
35 m hoch,
1870–1897 in Betrieb

Dritter Leuchtturm
Farewell Spit

Leuchtturm ***Cape Reinga II****,*
Anziehungspunkt für Touristen und Maoris

Zu den weiteren, relativ früh ersetzten Holztürmen gehört **Cape Campbell** am Nordostkap der Südinsel. Er leuchtete nur von 1870 bis 1905. Nachfolger ist ein kegelstumpfförmiger, 22 m hoher Eisenturm. Mit seinen breiten schwarz/weißen Bändern gehört er zu den drei nicht völlig weiß gestrichenen Türmen. Der dritte ist übrigens ein ähnlicher Eisenturm namens **Cape Palliser** im Süden der Nordinsel, aber rot/weiß gestrichen, 1897 erbaut, 18 m hoch.

Zur Bezeichnung des nördlichsten Punktes von Neuseeland war 1879 der hölzerne Leuchtturm **Cape Reinga** auf einem winzigen, vorgelagerten Inselchen errichtet worden. Man hatte den Turm dort plaziert in dem Glauben, das 160 m hohe Kap selber würde zu oft von Wolken verdeckt. Die Leuchtturm-Insel konnte nur auf abenteuerliche Weise mittels einer Seilverbindung erreicht werden; bei den Wärtern galt der Dienst auf diesem Posten als eine Art Strafvollzug. Deshalb entschied die Behörde 1938, die 5 m hohe Riesenlaterne mit der wertvollen Optik auf das hohe Kap zu versetzen. Für sie entstand dort ein nur 5 m hoher Träger aus Beton. Seit 1941 leuchtet die Laterne nun doch direkt vom Kap als Leuchtturm **Cape Reinga II** aus einer Feuerhöhe von 165 m.

Den Touristen aus aller Welt zeigt ein Wegweiser nahe am Turm einige Entfernungen in nautischen Meilen und Kilometern an, z. B. nach Sydney 1975 km, zum Äquator 3827 km, nach Panama 12195 km. Besonders Maoris besuchen diese Stelle, weil sie glauben, daß ihre Seelen von dort aus auf die Reise in ein neues Leben gehen.

Ein ähnlicher, etwas höherer Beton-Leuchtturm ist der 1935 erbaute **Baring Head**. Er steht nicht weit von dem anfangs erwähnten Traditions-Leuchtturm **Pencarrow Head**. So schließt sich der Ring der Leuchtturmgeschichte.

Pazifikinseln

Noch nie hat sie jemand gezählt. In diesem Riesenmeer, das ein Drittel der Erdoberfläche bedeckt, gibt es so viele davon, daß sie nicht einmal durch Satellitenfotos alle ausgemacht werden konnten. Aber sie sind relativ winzig. Ihre Gesamtfläche beträgt kaum ein Tausendstel der Wasserfläche. Deshalb konnte auch Magellan vier Monate lang dort herumsegeln, ohne auch nur eine einzige zu Gesicht zu bekommen. Die vier Monate waren übrigens ausnahmsweise sturmfrei, was dem keineswegs immer friedlichen Meer den eigentlich unzutreffenden Namen »Mare pacificum« (Stiller Ozean) eingetragen hat.

Ziemlich genau mittendrin liegt Tahiti. Dieses Paradies der Südsee gehört zu einer Inselgruppe, die 1769 von Cook und seinen mitgebrachten Wissenschaftlern erforscht worden war. Sie erhielt den Namen »Gesellschaftsinseln«, weil die Erforschung im Auftrage der Royal Society, der Königlich Britischen Gesellschaft der Wissenschaften in London erfolgt war.

Aber es waren auch Astronomen an Bord. Sie hatten den speziellen Auftrag, den Durchgang des Planeten Venus zwischen Erde und Sonne am 3. Juni 1769 zu beobachten. Dafür sollte Tahiti der günstigste Beobachtungspunkt auf der Erde sein.

Genau auf diesem Punkt – etwa 10 km von Papeete, der Hauptstadt des heutigen Französisch Polynesien entfernt – entstand 1856 ein kleiner Leuchtturm. Zur Erinnerung an das Ereignis von 1769 nannte man in **Pointe Venus**. Da er den Ansprüchen nicht recht genügte, wurde er jedoch schon 1868 durch den heutigen Traditionsturm abgelöst.

Anfangs soll in seiner Laterne ein Leuchtgasfeuer gebrannt haben. Nach dem Zweiten Weltkrieg wurde der Turm von 22 auf 33 m erhöht und auf elektrischen Betrieb umgerüstet. Seitdem beträgt seine Tragweite 27 sm.

Vom Leuchtturm mit einem Anker im Vordergrund kam anläßlich des 120jährigen Jubiläums eine Briefmarke heraus, die das Datum 23. IV 1868 trägt. An Cook erinnert in 300 m Entfernung eine Steinsäule mit einer Weltkugel.

Um von Tahiti nach Neukaledonien zu gelangen, wo der höchste Leuchtturm des Pazifik steht, muß man die Datumsgrenze von Ost nach West überqueren, also einen Tag auf dem Kalender ausfallen lassen. Beim Überschreiten in umgekehrter Richtung müßte man das letzte Kalenderblatt wieder anheften.

Die Datumsgrenze hat übrigens eine eigene, wenig bekannte Geschichte: Bei der Entdeckung und Besiedlung der Inseln dieses Raumes kamen die Holländer von Westen, die Spanier von Osten, und jeder zählte das Ausgangsdatum weiter. Infolgedessen galt auf jeder besiedelten Insel das mitgebrachte Datum, so z. B. auf den von Spaniern eroberten Philippinen das östliche. So ergab sich das Kuriosum, daß zwischen Philippinen und asiatischem Festland eine Datumsdifferenz bestand. Erst als sich die Handelsbeziehungen lebhafter gestalteten und die spanische Herrschaft zu verfallen begann, änderte man diesen Zustand, indem auf den Philippinen der 31. Dezember 1844 einfach überschlagen wurde. Die umgekehrte Situation bestand z. B. auf den Samoa-Inseln; dort wurde der 4. Juli 1892 zweimal gezählt. Dieses Spielchen nutzte bekanntlich schon Jules Verne aus in seinem 1872 erschienenen Roman »In 80 Tagen um die Welt«. Darin läßt er Fogg und seinen Diener Passepartout ostwärts reisen; diese sind anschließend ganz erstaunt, daß sie einen Tag gewonnen haben.
Erstaunlich ist selbst für Weltenbummler auch die Tatsache, daß auf den Inseln des riesigen Pazifik der Gezeitenunterschied fast gleich null ist. Das liegt am »Waschschüsseleffekt«: Wenn man das Wasser hin und her schwappen läßt, läuft es nur an den Rändern besonders hoch auf.
Doch nun wieder zurück zu unserem Leuchtturm in Neukaledonien. Es handelt sich um den Doppelgänger des eisernen Riesen **Roches-Douvres** in Frankreich, der in Band 2 auf Seite 48 beschrieben und abgebildet ist. Dieser heißt **Amédée**, 1865 auf der gleichnamigen Insel vor Nouméa, der Hauptstadt der französischen Kolonie erbaut.
Der insgesamt 53 m hohe Turm war zuvor im Gelände der Herstellerfirma probeweise zusammengebaut, wieder zerlegt, in 1200 Kisten verpackt und auf ein Schiff verladen worden. Nach viermonatiger Reise kam er am 4. November 1864 in Nouméa an. Dort waren die Vorbereitungen zur Aufstellung bereits getroffen, so daß die Grundsteinlegung am 18. Januar 1865 stattfinden konnte. Auf einem runden Betonsockel von 14 m Durchmesser und 1 m Höhe wuchs der völlig weiße Turm nun zum zweiten Mal in die Höhe. Nach einer feierlichen Einweihungszeremonie mit kirchlicher Einsegnung wurde er am 15. November 1865 offiziell in Betrieb genommen. Erste Leuchtturmwärter waren drei französische Soldaten und ein eingeborener Melanese als Assistent. Erstere erhielten als Jahresgehalt je etwa 1200 Franc, der Eingeborene 120.

Heutiger (zweiter) Traditions-Leuchtturm **Pointe Venus**, *1868 auf Tahiti erbaut*

Die Laterne, zu der 247 Stufen hinaufführen, enthielt eine Fresnelsche Linsenoptik der größten Ausführung. Erste Lichtquelle war eine 4-Docht-Lampe, anfangs mit Colza-Öl, ab 1876 mit Petroleum gespeist. Sie leuchtete über 100 Jahre – wohl ein einmaliger Fall. Ein Glühlichtbrenner ersetzte sie 1968. Erst neuerdings wurde der Turm auf elektrischen Betrieb umgerüstet und mit einer kleineren, modernen Optik versehen.
Das waren die beiden ersten Leuchttürme im Pazifik. Auf den übrigen Inselgruppen begann die Befeuerung etwas später, z. B. auf den Fidschi-Inseln 1871, auf den Samoa-Inseln 1888.
Abgesehen von Hawaii, das auf den Seiten 172/173 behandelt wird, gibt es heute im Pazifik nur zwei weitere etwas höhere Leuchttürme, einen auf Fidschi, **Wailangilala,** 29 m, und einen auf Tonga, **Niu Aunofo** (Van Diemen Point), 31 m hoch.

Nach der Entdeckung durch Kolumbus 1492 stürzten sich die damals größten Mächte auf diesen Erdteil wie Raubtiere auf eine neue Beute. Alle »bissen« sich ein Stück heraus, Spanien fast ganz Mittelamerika, Portugal das östliche Südamerika, England den Osten Nordamerikas, Frankreich den Nordosten, Rußland den Nordwesten; auch die Niederländer, Schweden und Dänen beteiligten sich an dem Beutezug. Mit den Eingeborenen verfuhr man ziemlich rücksichtslos.
Besiedlung und Handel begannen sehr schnell, was nur auf dem Seewege möglich war. Für die Schiffahrt bedeutete es ein ungeheures Risiko, die zunächst völlig unbekannten Küsten zu befahren, erst recht, die Bestimmungshäfen von Europa aus zu erreichen. Tausende von Schiffen gingen verloren, zehntausende von Menschen kamen dabei um.
So genau die Entdeckungsgeschichte Amerikas von Anfang an bekannt ist, so ungenau sind Angaben über die Anfänge der Leuchtfeuergeschichte.
In Mexiko war 1520 **Vera Cruz** gegründet und 1580 an die heutige Stelle verlegt worden. Bald nach 1580 hat dort am Hafen wahrscheinlich das erste Leuchtfeuer Amerikas gebrannt – eingerichtet von den Spaniern, die damals zu Hause schon die beiden Leuchttürme **Torre de Hercules** in La Coruña und **Cadiz** besaßen.
Die Portugiesen verfügten im 17. Jahrhundert über einen Leuchtturm: **Torre de Belém** in Lissabon. Sie sollen 1661 in der Tocantins-Mündung im nördlichen Brasilien **Ilha de Coutejuba** als erstes Leuchtfeuer eingerichtet haben. Das Inselchen liegt vor einem Hafen, den sie Belém nannten – vielleicht ein Zusammenhang?
Die älteste Abbildung zeigt den angeblich 1671 erbauten Leuchtturm **Havanna** auf Kuba. Von ihm aus konnte die nur 400 m breite Hafeneinfahrt mit einer Kette gesperrt werden, um Feinde und Piraten abzuwehren. Solche Sperren richteten die Spanier auch an einigen Häfen ihres Mutterlandes und auf den Balearen ein.
Vor Beginn der genau überlieferten »offiziellen« Leuchtfeuergeschichte Amerikas (1716 vor Boston) haben möglicherweise um 1700 noch zwei weitere Leuchttürme existiert, einer in Florida, **Fort St. Augustine**, eingerichtet von Spaniern, und einer in der Mississippi-Mündung, eingerichtet von Franzosen.

Der angeblich 1671 von den Spaniern erbaute Leuchtturm **Havanna** *auf Kuba, von dem aus der Hafen mit einer Kette gesperrt werden konnte (nach einem alten Stich)*

Kanada (Ostküste)

Die Großkreis-Schiffsroute vom Englischen Kanal nach Nordamerika führt dicht an Neufundland vorbei. Dort konzentriert sich so ziemlich alles, was Schiffen zum Verhängnis werden kann: Felsenriffe, Nebel, Schneesturm, Kälte, Eisberge. »Graveyard of the Atlantic« (Friedhof des Atlantik), so heißt deshalb die Gegend. Obwohl man noch andere gefährliche Seegebiete so nennt, dies ist wohl das schlimmste. Jedes achte Einwandererschiff ging vor Neufundland verloren, als eines der letzten noch 1901 die französische »Lusitania« mit 500 Personen an Bord. Größtes Unglück war im April 1912 der Untergang der »Titanic« nach Zusammenstoß mit einem Eisberg; 1513 Menschen kamen dabei um.
Danach wurde zwar die New York-Route weiter nach Süden verlegt, aber Schiffe zum Inneren Ostkanadas, z.B. nach Montreal müssen weiterhin dicht an Neufundland vorbei in den St.Lorenz-Golf und von dort aus den St.Lorenz-Strom hinauf. Dieser Seeweg zählt heute zu den meist befahrenen der Welt, er ist durchsetzt mit unzähligen Riffen, großen und kleinen Inseln. An vielen Gefahrenpunkten dieser Strecke geht die Anzahl der gescheiterten Schiffe in die hunderte.

Um es vorwegzunehmen, Kanada unterhält zur Sicherung der Schiffahrt an seinen östlichen Küsten jetzt rund 3000 Leuchtfeuer auf festen Strukturen. Als weittragende Seefeuer gelten davon allerdings nur relativ wenige am Atlantik und im St.Lorenz-Golf.
Südlich Neufundland liegt eine Inselgruppe, die zu den kanadischen Gewässern zählt, aber seit 1763 zu Frankreich gehört: ***SAINT-PIERRE UND MIQUELON***. Dort steht sogar der mit 40 m höchste Leuchtturm des ganzen Nordwest-Atlantik, **Pointe Plate**, eine von vier Streben gestützte Säule mit schwarzer Laterne, 1883 erbaut, 1968 auf automatischen Gasbetrieb, 1986 auf elektrischen Windkraftbetrieb umgerüstet. Als weitere Seefeuer gelten die Leuchttürme **Tête de Galantry** und **Cap Blanc**. Letzterer ist Motiv einer originellen Briefmarke.
Die ersten Leuchttürme Kanadas entstanden nicht in Neufundland, sondern südwestlich davon auf der Insel Cape Breton sowie auf der Halbinsel Nova Scotia (Neuschottland). Cape Breton war damals noch französisch und hieß Île Royale. An der dortigen Atlantikküste errichteten die Franzosen 1731/33 den ersten Leuchtturm Kanadas: **Louisbourg**. Er war aus Stein, etwa 22 m hoch und innen mit einer seitlichen Wendeltreppe versehen. Als Vorbild hatte wahrscheinlich der heimische Leuchtturm **Les Baleines** von 1682 (s. Band 1, Seite 63) gedient.
Die in Frankreich bestellten 400 Glasscheiben für die Fenster der Laterne trafen verspätet ein, so daß der Leuchtbetrieb erst am 1. April 1734 aufgenommen werden konnte. Es brannte Ölfeuer in einer runden Schale mit vielen Dochten. Als Leuchtturmwärter war ein pensionierter Sergeant verpflichtet worden.

Leuchtturm **Cap Blanc** *auf der französischen Inselgruppe Saint-Pierre und Miquelon*

Da in Anbetracht des regen Schiffsverkehrs ziemlich viel Feuergeld aufkam, entwickelte sich der Betrieb zu einer lukrativen Angelegenheit. Als die z.T. aus Holz bestehende Laterne 1736 abbrannte, wurde deshalb auch sofort eine neue, jetzt feuerfeste aus Stein und Bronze gebaut. 1751 verbesserte man die Leuchtkraft noch erheblich durch Einbau von 32 in Frankreich hergestellten Reflektoren.
Der Leuchtturm wies der englischen Flotte 1758 den Weg zur Belagerung der Festung Louisbourg. Am 9. Juni dieses Jahres brach er im Bombardement der Schiffsgeschütze zusammen. Als Ersatz entstand erst 1842 ein kleiner Holzturm. Heute leuchtet dort ein modernes Feuer auf einer 32 m hohen, achteckigen Betonsäule.
Den zweiten Leuchtturm Kanadas, **Sambro Island** errichteten die Engländer 1759/60 vor Halifax, dem größten Hafen von Neuschottland, das schon 1713 ihrem Königreich einverleibt worden war. Zu seiner Finanzierung hatte man sich etwas Besonderes einfallen lassen, nämlich eine Lotterie und eine Sondersteuer auf Spirituosen. Zufall wie bei einer Lotterie war anfangs sein Leuchten, denn die Ölfunzel verrußte dauernd die Glasscheiben, und der Wärter ließ sich öfter nur durch Kanonenschüsse passierender Kriegsschiffe an seine Pflichten erinnern.

Louisbourg, *erster Leuchtturm in Kanada, 1731/34 von den Franzosen auf der Insel Cape Breton (damals Île Royale) erbaut, ca. 22 m hoch, 1758 von englischen Kriegsschiffen zusammengeschossen*

Nach mehrmaliger Verbesserung der Leuchtanlage wurde der achteckige Steinturm 1907 von 19 auf 25 m erhöht und mit einer großen Scheinwerferlinse ausgerüstet. Diese tat bis zur Ablösung durch eine moderne, kleine Optik 1967 ihren Dienst und steht seitdem im Museum Halifax.

Sambro Island ist inzwischen der älteste in Betrieb befindliche Leuchtturm des ganzen Kontinentes; er läßt weiterhin seine Lichtstrahlen kreisen, nun auch für die Luftfahrt.

Einer alten Chronik zufolge sollen im 18. Jahrhundert noch zwei weitere Leuchttürme gebaut worden sein: 1788 **Mc Nutt's Island** im Süden von Neuschottland und 1791 **Partridge Island / Saint John**. Andere Quellen geben jedoch spätere Daten an.

Der letztgenannte Standort liegt in der Fundy-Bucht, die Neuschottland von New Brunswick (Neubraunschweig) trennt.

Diese Bucht hat ein Naturphänomen aufzuweisen: den größten Tidenhub der Welt. Er beträgt 16 1/2 Meter, bei Springflut sogar bis zu 21 Meter. In diesem Meerestrichter staut sich der Gezeitenstrom und läuft – wie von magischen Kräften angezogen – an den Ufern extrem hoch auf. An den eingelagerten Inseln ist der Tidenhub nicht so groß, dafür läuft aber mehrmals täglich ein gefährlich reißender Gezeitenstrom vorbei. Aus gutem Grund ist die Bay of Fundy heute das am dichtesten befeuerte Gebiet von ganz Kanada.

In den ersten beiden Jahrzehnten des 19. Jahrhunderts ging es noch sehr langsam weiter. 1809 zeigte erstmals ein Leuchtturm am Unterlauf des St.Lorenz-Stromes sein Licht: **Île Verte** – in vielen Fällen wurde nämlich noch der französische Name beibehalten. Anfangs 13 m hoch, jetzt mit neuer Laterne 17 m, leuchtet er noch immer den zahlreichen stromauf und -ab fahrenden Schiffen. Von diesem »offiziell« dritten Leuchtturm Kanadas gibt es sogar eine Briefmarke.

Nach einigen Hafenfeuern auf Neuschottland, z. T. in doppelter Ausführung als Richtfeuerlinie, entstand 1813 endlich auch das erste Leuchttürmchen auf Neufundland: **Fort Amherst**.

Mit dem Anschwellen der Einwanderungswelle wurden die Rufe nach Befeuerung dieses gefährlichen Seegebietes immer lauter. Nach wochenlangem Segeltörn über den Atlantik war schließlich eine sofortige Orientierung an den Küsten der Neuen Welt dringend erforderlich, besonders bei Nacht. Denn es war bei den von Wind und Strömungen abhängigen Seglern der damaligen Zeit nur reiner Zufall, wenn sie genau dort ankamen, wo sie hin wollten.

Aber es dauerte noch geraume Zeit, bis weitere Leuchttürme am Atlantik gebaut wurden. Die Lageskizze mit

Île Verte, *1809 am St.Lorenz-Strom als dritter Leuchtturm Kanadas erbaut, 17 m hoch*

den Jahreszahlen der jeweiligen ersten Inbetriebnahmen zeigt, wie spät den Einwandererschiffen weitere Feuer aufleuchteten.

1830 setzte trotz finanzieller, technischer und organisatorischer Schwierigkeiten eine etwas regere Bautätigkeit ein. Als erstes echtes Seefeuer trat der Leuchtturm **Seal Island**, 30 km südwestlich von Neuschottland an der Einfahrt zur Fundy-Bucht in Aktion. Das 24 m hohe, achteckige, sich nach oben zu verjüngende Bauwerk aus Holz wurde Vorbild für viele weitere Exemplare (Abb. Seite 88). Der Turm leuchtet noch heute.

Gegenüber auf dem Festland steht seit 1989 eine etwas verkleinerte Nachbildung dieses historischen Turmes als Attraktion für Besucher.

Hier einige weitere Leuchttürme, die in den 1830er Jahren ihren Betrieb aufnahmen:

1830 **Pointe-des-Monts** (St.Lorenz-Mündung Nordküste), 28 m hoher runder Steinturm; neuerdings durch Gitterturm ersetzt, aber noch als Leuchtturm-Denkmal vorhanden; einst wurden hier Lebensmittel, Kleidung usw. für Schiffbrüchige gelagert.

1831 **Gannet Rock** (Felsen in der Fundy-Bucht), achteckiger Holzturm, innerhalb eines Sockelringes aus über 100 je 4 t schweren Steinblöcken erbaut, 20 m hoch, 1905 auf 28 m erhöht und mit neuer Laterne versehen, noch in Betrieb, allerdings jetzt mit moderner Optik (Abb. Seite 88).

1836 **Cape Spear** (Neufundland Ostkap), rechteckiges Haus mit stufenförmigem Dach, gekrönt von runder Laterne mit Kuppeldach, Höhe 12 m, Feuerhöhe 81 m, ausgerüstet mit Parabolspiegel-Anlage des schottischen Leuchtturmes **Inchkeith**, die dort schon durch eine Linsenoptik ersetzt worden war; 1963 Betonturm als Nachfolger; östlichster Punkt Kanadas; der Leuchtturm war das letzte Bauwerk auf amerikanischer Seite, das Charles Lindbergh bei seinem spektakulären Nonstop-Flug von New York nach Paris 1927 sah, bevor er die Weite des Nordatlantik überquerte.

Eisberge kündigen Frühling an
Vor der Küste Neufundlands (Kanada) kündigt sich der Frühling jedes Jahr mit einem beeindruckenden Spektakel an. Durch die Erwärmung lösen sich zahlreiche Eisberge und ziehen von Norden herab an Fort Amherst vorbei.

Glücks-Rätsel

FRAU im Spiegel

Schicken Sie die Lösung aus den numerierten Feldern auf einer Postkarte an **FRAU IM SPIEGEL, Kennwort: Glücks-Rätsel, 20688 Hamburg.** Das Los entscheidet. Der Rechtsweg ist ausgeschlossen. Einsendeschluß: 8. Mai 1996. Auflösung in Nr. 22/96.

Gewinnen Sie
5 Hunderter und einen Extra-Tausender

außer sich, schwärmerisch	kriechen (Kind, Insekt)	biblischer König	sittliche Tüchtigkeit	L	Totenseelen bei den Römern	P	Malgerät	spanische Stadt	A	vermuten, für richtig halten	Nähgerät	Flachland	I	Stacheltier	A	Innenhof	Konzerthaus	Facharzt f. Nervenkrankheiten
E	R	G	A	M	T 1	I	S	C	H	Verneinung	N	E	G	A	T	I	O	N
flüstern, murmeln	R	A	U	N	E	N	Prahlerei	A	N	G	A	B	E	Getreideunkraut	R 7	O	D	E
Sinnesorgan	A	U	G	E	abgestochenes Rasenstück	S	O	D	E 12	Hauptstadt der Ind. Union	D	E	L	H	I	Staat in Westafrika	E	U
Bildloch der Kamera	B	L	E 6	N	D	E	nicht außen	I	N	N	E	N 13	Verfasser	A	U	T	O	R
tapferer Mann, Heros	B	Glücksspiel	N	Burg in der Eifel	E	L	T	Z	Futterpflanze	K	L	E	E	Fremdwortteil: allein	M	O	N	O
H	E	L	D												Lichtbild	G	italien. Stadt an der Nera	L
Vorsilbe: gegen	L	O	Fluß zur Rhone												F	O	T	O
A	N	T	I												franz. Herrscheranrede	Erzählweise	E	G
Liliengewächs, Heilpflanze	Stille	T	S												S	I	R 10	E
A	L	O	E												Spiel-			Oder-

In den 1840er Jahren folgten etwa 20 neue Feuer. Davon waren jedoch nur diese zwei von überregionaler Bedeutung:

1840 **Cape Fourchu** (Neuschottland West), achteckiger Holzturm, 18 m hoch, Parabollicht aus Paris; 1962 durch achteckige Betonsäule ersetzt.

1843 **Cape Bonavista** (Neufundland Ost), runder Steinturm, 11 m hoch, inmitten eines quadratischen, zweistöckigen Holzhauses, Feuerhöhe 46 m; die Leuchtanlage mit 16 Reflektorlampen stammte vom berühmten schottischen Felsenriffturm **Bell Rock**, der kurz zuvor mit einer Linsenoptik ausgerüstet worden war; nach Ersatz durch einen Gittermast 1966 wurde das alte Bauwerk als Museum eingerichtet, in dem man noch die alten silberplattierten Parabolspiegel aus Kupfer und das Original-Drehwerk bewundern kann.

In den 1850er Jahren leuchteten etwa 40 neue Feuer auf. Hier die wichtigsten und höchsten:

1851 **Cape Pine** (Neufundland, auf 80 m hohem Südkap), erster vorgefertigter Gußeisenturm Kanadas, rund, 17 m hoch, konstruiert von dem Engländer Alexander Gordon; zwischen nächster Ortschaft und Bauplatz mußte ein 20 km langer Weg angelegt werden.

1856 **Cape Race** (Neufundland Südostkap), 14 m hoher Eisenturm, zunächst festes, ab 1866 Drehfeuer (Parabole), wichtigstes Seefeuer Kanadas, Pendant zu **Bishop Rock** und **Fastnet Rock** auf anderer Seite des Atlantik; bis 1886 feuergeldflichtig für alle Schiffe der Transatlantik-Routen zum und vom St.Lorenz-Golf; 1907 ersetzt durch zylindrischen, 29 m hohen Betonturm mit hyperradialer Scheinwerferlinse von 7 t Gewicht, Laufbad des Rotors mit 950 kg Quecksilber gefüllt, Lichtquelle ab 1927 elektrisch.

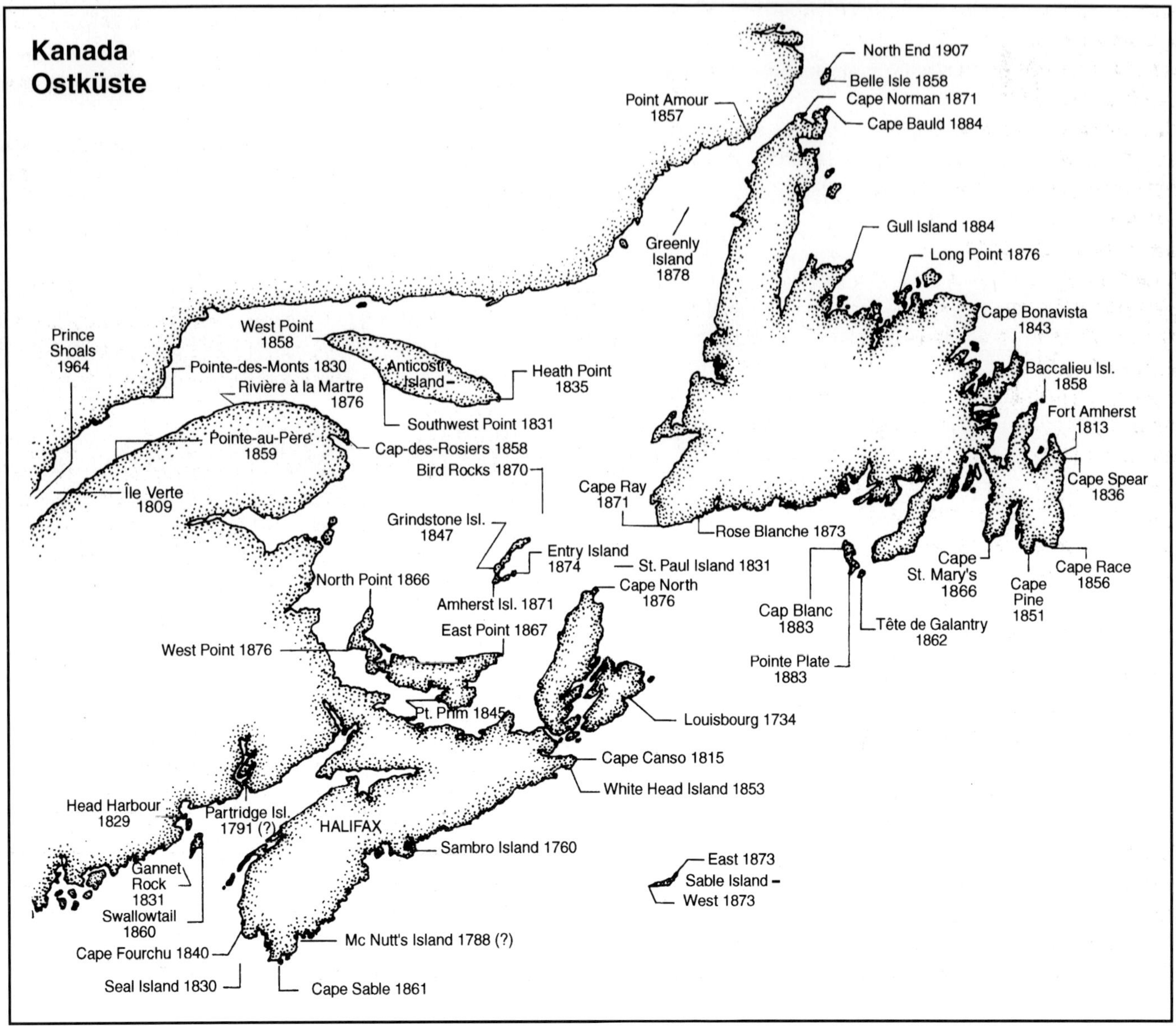

1857 **Point Amour** (Labrador Südost, engste Stelle der Strait of Belle Isle), runder, 32 m hoher Steinturm mit bis zu 2 m dicken Wänden, außen – wie viele andere Steintürme – in Ringen geschindelt; auch nach Inbetriebnahme noch viele Schiffsunfälle bei Nebel, Abhilfe erst neuerdings durch Radar; Standort am Rande der Polarzone, gelegentlich »Besuch« von Eisbären.

1858 **West Point** (Anticosti Island, St.Lorenz-Golf), 34 m hoch, ähnlich wie **Point Amour**, 1967 ersetzt.

1858 **Belle Isle** (nördlich Neufundland), 21 m hoher Steinturm, Feuerhöhe 140 m; da häufig von Wolken verdeckt, 1880 Errichtung eines zusätzlichen Leuchtfeuers weiter unten mit 38 m Feuerhöhe (Lower Light); seit 1907 auch am Nordende der Insel ein Leuchtturm **(North End)**, 28 m hoch, aus Beton mit Stützpfeilern.

1858 **Cap-des-Rosiers** (St.Lorenz-Golf West), äußerst solider Steinturm, 34 m hoch, seit 1903 große Linsenoptik aus Paris (Abb. Seite 89).

1859 **Pointe-au-Père** (St.Lorenz-Strom), 14 m hoher Holzturm mit 5 Reflektorlampen in der Laterne, 1887 abgebrannt, aber sofort ersetzt durch gleich hohes, vierkantiges Bauwerk mit Laterne auf dem Dach; 1909 abgelöst durch Leuchtturm aus Beton mit Stützen, 30 m hoch (Abb. Seite 91).

Leuchtturm **Seal Island,** *1830 südwestlich von Neuschottland aus Holz erbaut, 24 m hoch, noch in Betrieb, damals Vorbild für viele weitere hölzerne Leuchttürme*

Farbseite unten links: Leuchtturm **Rivière à la Martre II** *(St.Lorenz-Mündung Südseite), 20 m hoch, aus Beton erbaut und mit Schindeln umkleidet, seit 1906 in Betrieb, Nachfolger eines 1876 erbauten Holzturmes*

Farbseite unten rechts: Typischer kanadischer Holz-Leuchtturm der 1860er Jahre: **East Point** *(Prince Edward Island), 19 m hoch*

Leuchtturm **Gannet Rock,** *1831 in der Fundy-Bucht erbaut, damals 20 m hoch, nach mehreren Veränderungen heute noch in Betrieb*

Leuchtturm **Cap-des-Rosiers** *(St.Lorenz-Golf West), mit 34 m eines der ersten hohen Seefeuer in Kanada, 1858 erbaut*

Moderne kanadische Leuchtturm-Plattform im Eriesee:
Pelee Passage, *1973 erbaut (s. Seite 95)*

Farbseite oben links: Leuchtturm **Head Harbour** *(Campobello Island, Fundy-Bucht West), 1829 aus Holz erbaut, 12 m hoch (in den USA* **East Quoddy Head** *genannt)*

Farbseite oben rechts: Leuchtturm **Point Prim** *(Prince Edward Island), 1845 aus Ziegeln erbaut, 1849 mit Holz umkleidet, 17 m hoch*

In den 1860er Jahren waren etwa 50 Leuchtfeuer eingerichtet worden, von denen aber keines besondere Erwähnung verdient.
Zwischen 1805 und 1860 hatten sich nach englischem Vorbild auf Provinzbasis Trinity House-Organisationen gebildet, die sich für das Seewesen zuständig fühlten. 1870 wurden sie einer zentralen Behörde unterstellt. Diese übernahm nach und nach alle vorhandenen Leuchtfeuer; außerdem sorgte sie für überregionale Planung und genügend finanzielle Mittel zum intensiven Ausbau des Leuchtfeuernetzes, denn die Zahl der Schiffskatastrophen war immer noch erschreckend hoch. So kam es in den 1870er Jahren zu einem regelrechten Bauboom. Über 120 neue Feuer nahmen ihren Betrieb auf. Herausgegriffen seien die Leuchttürme auf drei völlig einsamen, aber als arge Hindernisse auf verschiedenen Schiffahrtsstraßen im Wege liegenden Inseln:

- Im ersten Fall handelt es sich um einen 40 m hohen, 500 x 100 m großen Sandsteinblock mitten im St. Lorenz-Golf. Seine fast senkrechten Wände sind zwar sehr dekorativ geschichtet und als Nistplätze für Vögel ideal geeignet, aber an keiner Stelle besteigbar. Deshalb wurde der Bau des dringend geforderten Leuchtturmes immer wieder hinausgeschoben, zumal es auch keine Landemöglichkeit gab.
1870 gelang es endlich einem Bauunternehmer, einen Betonblock zum Anlegen einzusetzen und darauf eine Treppenleiter zur Inselplattform zu errichten. Obwohl die Baustelle als höchst gefährlich galt, ging nun alles sehr schnell, und noch im gleichen Jahr konnte der 16 m hohe Holz-Leuchtturm **Bird Rocks** mit großer französischer Optik in Dienst gestellt werden. Er steht noch heute.

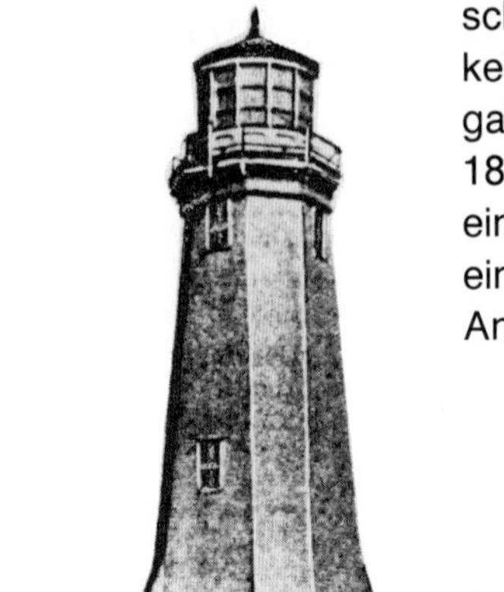

Dritter Leuchtturm **Sable Island West**, *einer der ersten Betontürme, 30 m hoch, 1888–1918 in Betrieb*

Beton-Leuchtturm **Pointe-au-Père III** *von 1909, 30 m hoch; mehrfach in ähnlicher Form gebauter kanadischer Turmtyp mit Seitenstützen*

- Im zweiten Fall handelt es sich um Sable Island, eine 180 km östlich von Neuschottland in der Nordatlantikroute liegende, lange flache Düneninsel. Mindestens 200 Schiffe waren dort schon gescheitert, ehe die beiden Inselenden 1873 mit je einem etwa 30 m hohen, achteckigen Leuchtturm aus Holz bezeichnet wurden, **Sable Island East** und **Sable Island West**.

Da schon bekannt war, daß das Meer bei jeder Sturmflut ein Stück vom Westende fortreißt, hatte man den dortigen Leuchtturm 2 km weit landeinwärts erbaut. Aber das Meer arbeitete sich von Jahr zu Jahr näher an ihn heran, so daß allmählich jeder Sturm für die Wärter zu einer Angstpartie wurde. Als der Turm nach neun Jahren plötzlich umbrandet war, konnte nur noch schnell die Optik gerettet werden, ehe die See sich ihr Opfer holte. Im Jahre 1883 entstand ein ähnlicher Leuchtturm, und zwar 1,5 km weiter östlich. Einerseits sollte der neue Turm nicht zu weit vom Westende entfernt stehen, andererseits wußte man genau, daß es nur eine Frage der Zeit war, bis das Meer auch ihn erreichen würde. Damit begann eine Art Rückzugsgefecht wie beim Schachspiel mit dem immer wieder bedrängten König.

1888, also diesmal schon nach fünf Jahren war der zweite Turm von der See bedroht. Wieder weiter östlich folgte Leuchtturm Nr. 3, ein stämmiger Betonbau von 30 m Höhe mit vier seitlichen Stützen (Abb. Seite 91). Auch er mußte aufgegeben werden, allerdings erst nach 30 Jahren. 1918 folgte Nr. 4, diesmal ein eilig errichteter Gitterturm von 34 m Höhe, 1940 Nr. 5, 1947 Nr. 6 und 1951 Nr. 7, der vorläufig letzte. In 78 Jahren hatte sich das Meer über 10 km Land geholt.
Der am Ostende erbaute Turm war nicht gefährdet, er wurde 1917 aus Altersgründen durch einen Gitterturm mit viereckiger Mittelsäule ersetzt.

- Die dritte Insel liegt im Nordosten, wo sich der St.Lorenz-Golf zur Strait of Belle Isle verengt. Der 1878 erbaute, 25 m hohe Leuchtturm wurde nach der Insel **Greenly Island** benannt.

Wahrscheinlich wäre er nie bekannt geworden, wenn ihn nicht ein Ereignis in die Schlagzeilen der Weltpresse gebracht hätte, das überhaupt nichts mit der Seefahrt zu tun hat. Dort endete nämlich am 13. April 1928 der erste Atlantikflug von Ost nach West, ausgeführt von dem Lufthansa-Flugkapitän Hermann Köhl und zwei Begleitern mit einer einmotorigen Junkers W 33 namens »Bremen«.
Die drei Männer waren 36 Stunden zuvor in Irland gestartet und wußten nicht genau, wo sie sich befanden, als sie plötzlich in dichtem Schneetreiben unter sich ein hohes Etwas entdeckten, das sie zunächst für den Schornstein eines Schiffes hielten, nach einer Runde jedoch richtig als Leuchtturm erkannten. Wo ein Leuchtturm steht, muß auch fester Boden sein, kombinierten sie und landeten die Maschine neben dem Turm auf schneebedecktem Felsengrund. Es gab zwar Bruch, aber sie hatten es geschafft. Der Leuchtturmwärter Barrett morste mit seinem Ticker nach Neufundland: »German plane Greenly Island«.
In Amerika wurde die fliegerische Leistung besonders hoch bewertet. Der Präsident der Vereinigten Staaten, Hoover, und die New Yorker Bevölkerung bereiteten den drei Fliegern einen triumphalen Empfang.
Der wieder in Vergessenheit geratene hölzerne Leuchtturm brannte 1947 ab; er wurde jedoch gewissermaßen »verewigt« auf einer in Uganda kürzlich herausgebrachten Briefmarke, die ihn unter dem Flugzeug »Bremen« zeigt.

Die Leuchttürme der 1880er Jahre wurden zwar immer noch größtenteils aus Holz gebaut, aber es waren schon etliche aus Eisen dabei und die ersten aus Beton. Danach begannen allmählich moderne Strukturen zu überwiegen, vor allem Stahlgittertürme.

Als letztes sei noch ein Bauwerk erwähnt, das 1964 im breiten St.Lorenz-Strom als Ersatz für ein Feuerschiff errichtet wurde, der Leuchtturm **Prince Shoals**.
Wegen der dort im Winter treibenden dicken Eisfelder erhielt der Unterbau die Form einer Garnrolle mit relativ dünnem Mittelteil in der Wasserlinie, von den Einheimischen deshalb »Wespentaille« genannt. Den oberen Abschluß bildet eine Plattform als Hubschrauber-Landeplatz, darunter befinden sich Quartiere für die Wärter und Maschinenräume. Auf der Plattform erhebt sich der eigentliche Leuchtturm, dessen Licht eine Feuerhöhe von 25 m und eine Tragweite von 20 sm besitzt.
Der ganze Unterbau wurde im Trockendock von Quebec vorgefertigt, zum vorbereiteten Standort geschleppt, dort in 6 m Wassertiefe abgesenkt und innen mit 5000 t Steinen und Zement beschwert.

Leuchtturm **Greenly Island**, *1878 erbaut, 1947 abgebrannt; hier endete 1928 der erste Ost-West-Atlantikflug*

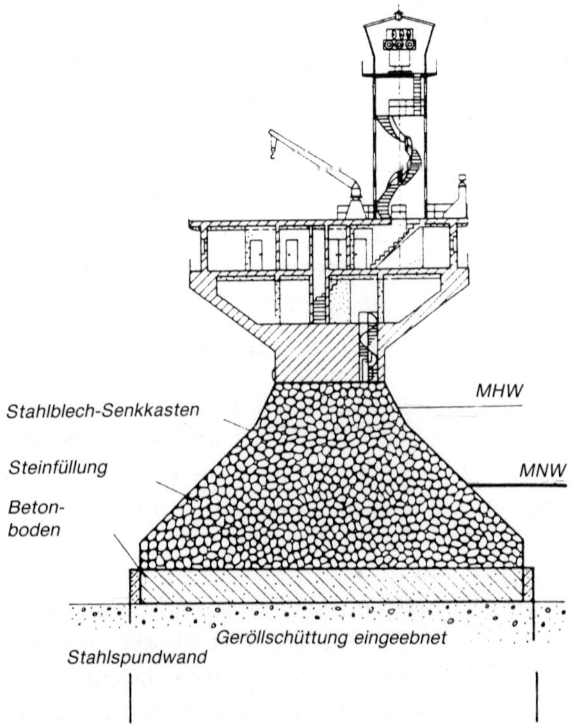

Leuchtturm **Prince Shoals** *mit der »Wespentaille«, 1964 im St.Lorenz-Strom erbaut (Turmschnitt)*

Abschließend noch kurz etwas über die lichttechnische Entwicklung: Die meisten Leuchttürme besaßen noch recht lange Spiegeloptiken, die in vielen anderen Ländern schon durch Linsenoptiken ersetzt worden waren. Obwohl das erste elektrische Feuer schon 1895 leuchtete, begann die allgemeine Elektrifizierung relativ spät, denn für viele Feuer auf einsamen, z. T. unbewohnten Inseln bedeutete die Anschaffung von Dieselaggregaten eine erhebliche Investition.
Im 20. Jahrhundert holte Kanada schnell auf. Das erste unbewachte Gasfeuer ging 1902, das erste vollautomatische Leuchtfeuer 1948 in Betrieb. 1970 waren an den Ostküsten bereits 2500 Feuer automatisiert, jetzt sind es alle.

Große Seen / Great Lakes

Eigentlich sind es schon kleine Meere, die zusammen die größte Binnenwasserfläche der Erde darstellen. In Quadratkilometern gemessen, ist sie so groß wie die Ostsee ohne Bottnischen Meerbusen. Stürme und Seegang gibt es genauso wie auf den Ozeanen. Sie heißen nur »Seen«, weil sie Süßwasser führen. Im einzelnen handelt es sich um nachstehende Gewässer:

- Oberer See (Lake Superior), 625 km lang, bis zu 390 m tief, 183 m ü. M.;
- Michigansee (Lake Michigan), 560 km lang, bis zu 280 m tief, 177 m ü. M.;
- Huronsee (Lake Huron), 430 km lang, bis zu 230 m tief, 177 m ü. M.;
- Eriesee (Lake Erie), 400 km lang, bis zu 65 m tief, 175 m ü. M.
- Ontariosee (Lake Ontario), 320 km lang, bis zu 230 m tief, 75 m ü. M..

Sie sind untereinander durch Flußsysteme, mit dem Atlantik durch den St.Lorenz-Strom verbunden.
Für die Schiffahrt wurden schon früh Kanäle und Schleusen zur Überwindung der Niveau-Unterschiede angelegt, auch an der mit 100 m größten Gefällstrecke zwischen Erie- und Ontariosee, wo von Natur aus der Niagara mit seinen berühmten Fällen fließt. Die Fälle werden übrigens nur noch als Touristenattraktion erhalten, ansonsten stürzt das meiste Wasser durch einen Stollen zu einem Kraftwerk. Schiffe überwinden den Höhenunterschied weiter westlich im Wellandkanal mit 18 Schleusen.
Zunächst konnten große Seeschiffe vom Atlantik aus nur 1500 km landeinwärts bis Montreal gelangen. 1959 wurde jedoch der sog. St.Lorenz-Seeweg mit größeren Schleusen fertig, der es nun auch Schiffen bis zu 10000 t Wasserverdrängung ermöglicht, die weitere, 3500 km lange Strecke bis zum Ende des Oberer Sees zu fahren. Damit wurden zahlreiche Häfen auch für Seeschiffe zugänglich, z. B. Toronto in Kanada, Chicago und Detroit in den USA.
Die Grenzlinie zwischen Kanada und den USA verläuft jeweils etwa durch die Mitte der Seen, nur der am weitesten südwestlich gelegene Michigansee gehört ganz zu den USA.
Welche Größenordnung der Schiffsverkehr – gemessen am Weltmaßstab – heute einnimmt, wird schon durch den Sault-Sainte-Marie-Kanal (vom Volksmund »Soo-Kanal« genannt) zwischen Oberer See und Huronsee verdeutlicht: Durch ihn werden mehr Güter transportiert, als durch Suez- und Panamakanal zusammen. Allerdings wird die Schiffahrt im Winter etwa vier Monate lang durch Eis behindert, vielerorts sogar ganz verhindert.
Wie Besiedlung, Handel und Schiffsverkehr, so entwickelte sich danach auch die Befeuerung von den beiden östlichen Seen aus. Genau wie auf großen Meeren, so kamen auch hier alle Arten von Leuchtfeuern zum Einsatz, angefangen von kleinen Molenfeuern bis zu weittragenden Seefeuern, ja sogar Feuerschiffe. Da Kanada und die USA getrennte Wege gingen, wird ihre Leuchtfeuergeschichte ebenfalls getrennt geschildert.

Zunächst ***KANADA:***
Hier bildete sich 1803 ein Gremium, das einen Fonds zur Errichtung von Leuchttürmen gründete. Ein Jahr später entstand nahe der Mündung des reißenden Niagara-Stromes in den Ontariosee der erste Leuchtturm, **Mississauga Point**. Er war aus Stein, sechseckig und knapp 20 m hoch. In seiner Laterne sollen Kerzen gebrannt haben, deren Licht durch einfache Spiegeleinrichtungen verstärkt wurde. Aber schon 1814 mußte der Turm einem Fort weichen.
Ein zweiter, ähnlicher Leuchtturm wurde 1808 nahe dem heutigen Toronto, das damals noch gar nicht existierte, erbaut. Er heißt **Gibraltar Point** und steht noch heute, wie viele andere inzwischen außer Dienst gestellte Exemplare, als Leuchtturm-Denkmal. Denn auch hier haben weite Bevölkerungskreise ein Interesse daran, diese für die Neue Welt schon antiken Bauwerke zu erhalten.

Erster Leuchtturm der Großen Seen, **Mississauga Point***, 1804 am Ontariosee errichtet*

Große Seen/Great Lakes

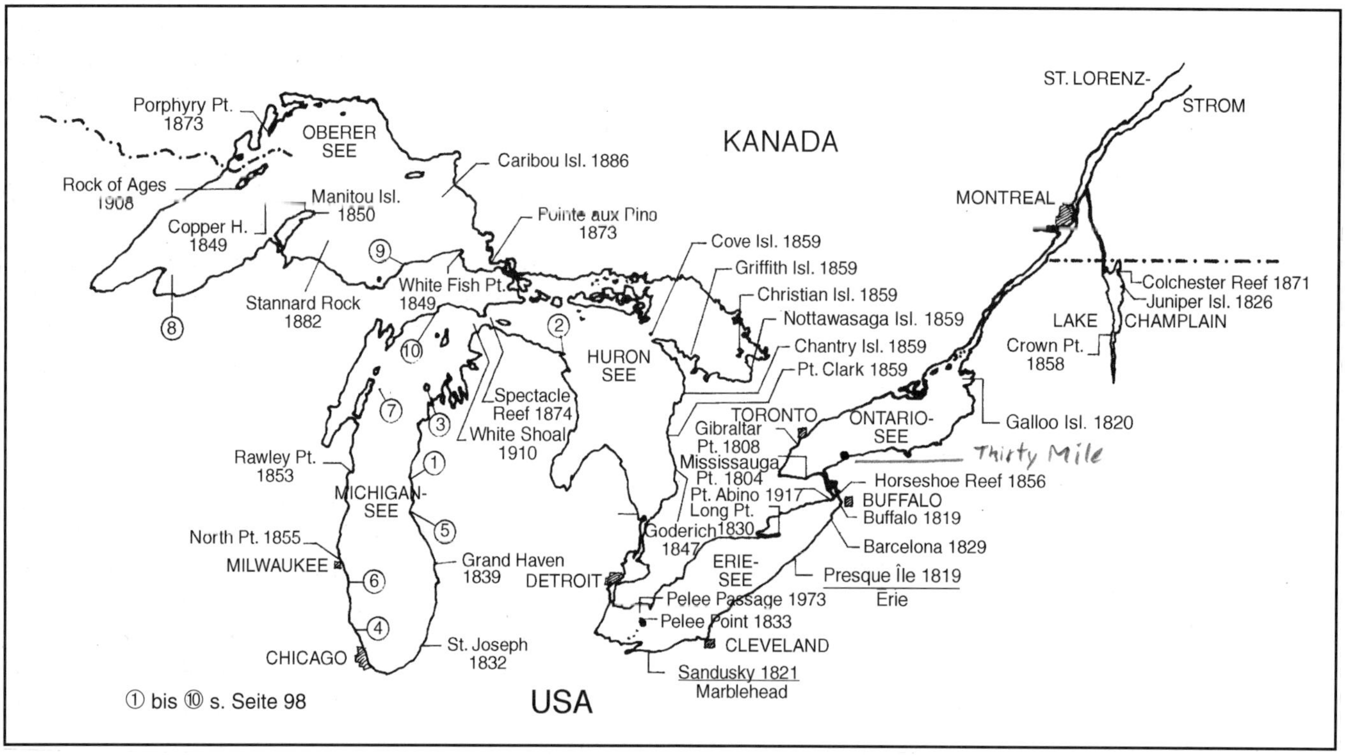

Zweiter Leuchtturm der Großen Seen: **Gibraltar Point**, *1808 am Ontariosee errichtet*

Weitere Leuchttürme folgten erst ab 1828, zunächst ebenfalls noch am Ontariosee; der erste am Eriesee, **Long Point** entstand 1830, der erste am Huronsee, **Goderich** 1847, die beiden ersten am Oberer See, **Pointe aux Pins** und **Porphyry Point** leuchteten ab 1873. Insgesamt wurden bis zum Ende des 19. Jahrhunderts an etwa 70 Standorten Leuchttürme errichtet. Bis in die 1850er Jahre hinein waren dies fast ausschließlich Türme aus mehr oder weniger festem Stein, meistens leicht konisch und nur 10 bis 20 m hoch. Die einzigen mit 26 m höheren gehörten zu einer 1859 am Huronsee und seiner Nebenbucht entstandenen Serie von sechs Granittürmen, deren Steine z. T. aus Schottland als Ballast in Großseglern transportiert worden waren. Sie leuchten noch heute; ihre Namen sind aus der Lageskizze ersichtlich.

Im Westteil des Eriesees liegt eine Inselkette, die den Schiffen nur eine schmale, gefährliche Durchfahrt, die Pelee-Passage läßt. Nachdem sich der 1833 auf der größten Insel errichtete kleine Leuchtturm **Pelee Point** als unzureichend erwiesen hatte, entstand davor in 4 m Wassertiefe 1859/61 als erste kanadische Caisson-Gründung der Leuchtturm **Pelee Point II**. Es handelte sich um einen achteckigen gemauerten, mit Steinen gefüllten Senkkasten, dem man einen an Land vorgefertigten 19 m hohen runden Holzturm aufsetzte. 1902 wurde das Bauwerk durch eine Neukonstruktion ersetzt, bei der Caisson und Turm aus Stahl hergestellt waren.

Ende der 1970er Jahre trat als weitere Orientierungshilfe mitten in der Durchfahrt der moderne Leuchtturm **Pelee Passage** (Abb. Seite 90) hinzu. Auf rundem Gründungsrohr ruht eine quadratische Plattformetage mit Unterkunfts- und Maschinenräumen, darüber in einer Ecke die relativ dünne Leuchtturm-Säule mit einer Feuerhöhe von 23 m. Neuerdings »entmannt«, arbeitet der automatisierte Turm nun mit Solarenergie, die allerdings nur für eine Tragweite von 5 sm ausreicht; das zuvor ständig als Stromquelle erforderliche Dieselaggregat tritt nur noch notfalls in Aktion.

Zurück ins 19. Jahrhundert. Weil sich die hölzernen Leuchttürme am Atlantik so gut bewährten, ging man 1864 auch an den Großen Seen zur Holzbauweise über. Viele der ersten Kalkstein-Türme waren nämlich schon verwittert und mußten ersetzt werden. Bei den Holztürmen handelte es sich meist um vierseitige Pyramiden mit der Laterne auf ausladender, rechteckiger Plattform. Nach der Jahrhundertwende entstand auch eine Reihe von Betontürmen; mit 30 m höchster von ihnen ist der 1912 auf einer Insel im Oberer See erbaute **Caribou Island II.**

Nachdem das von den USA im Eriesee vor Buffalo ausgelegte Feuerschiff 1913 bei einem Orkan mit allen 12 Mann untergegangen war, errichteten die Kanadier gegenüber auf einer Landnase ihrer Küste 1917 den Leuchtturm **Point Abino**. Das weiße, vierkantige Bauwerk wirkt wie ein Schlößchen aus dem Bilderbuch (Abb. Seite 96). Es steht schon etwas im See an einer hübschen Dünenküste, die als Erholungsgebiet genutzt wird.

Bei den letzten Ersatzbauten für alte, z. T. jetzt unter Denkmalschutz stehende Türme und Turmhäuser handelt es sich fast nur noch um profane Gittermasten.

In Bezug auf die Leuchtanlagen blieb man lange Zeit hinter der Entwicklung zurück. Die anfangs von örtlichen Hufschmieden hergestellten Laternen waren recht unvollkommen. Erst in den 1860er Jahren kamen Laternen mit Linsenoptiken, zumeist aus England bezogen, zum Einsatz.

Caisson-Leuchtturm **Pelee Point II,** *1859/61 im Eriesee erbaut*

Nun zu den ***USA***:
Hier begann die Befeuerung erst etwas später als in Kanada, schritt dann aber schneller voran. Die längeren Küsten und der stärkere Schiffsverkehr erforderten wesentlich mehr nächtliche Orientierungshilfen. An insgesamt über 200 Standorten entstanden Leuchtfeuer auf festen Strukturen. Da in fast allen Fällen ein bis zwei Generationen nachfolgten, dürfte die Anzahl der bisher errichteten einschlägigen Bauwerke etwa 500 betragen.
Aufgrund der inzwischen hinzugekommenen Navigationsmittel sind heute allerdings nur noch relativ wenige dieser Feuer in Betrieb. Die meisten der noch vorhandenen, außer Dienst gestellten Leuchttürme und ihre Nebengebäude werden, oft unter erheblichem Kostenaufwand, liebevoll geflegt und instandgehalten – nicht etwa von den Behörden, sondern von zahlreichen privaten Vereinen und Institutionen. Die bedeutendsten sind »Great Lakes Historical Society« (GLHS) in Vermillion, Ohio, und »Great Lakes Lighthouse Keeper Association« in Allan Park, Michigan.

Leuchtturm **Fort Gratiot II,** *1829 erbaut, 1861 von 20 auf 25 m erhöht (Nachfolger des 1828 durch Sturm zerstörten ersten Leuchtturmes am Huronsee von 1825)*

Leuchtturm **Point Abino,** *1917 auf kanadischer Seite am Eriesee erbaut*

Die ersten beiden Leuchttürme entstanden 1819 an der Ostküste des Eriesees: **Buffalo** und **Presque Île** (1870 in **Erie** umbenannt). Der französische Leuchtturm-Name »Presque Île« taucht übrigens in Nordamerika mehrfach auf, er bedeutet »Halbinsel«. Der im Süden des Eriesees 1821 erbaute **Sandusky** (1870 in **Marblehead** umbenannt) gilt heute als ältester in Betrieb befindlicher Leuchtturm der Great Lakes; der konische Steinbau ist 18 m hoch.
Hier die jeweils ersten an den übrigen Seen: **Galloo Island** (1820) am Ontariosee, **Fort Gratiot** (1825) am Huronsee, **St.Joseph** (1832) am Michigansee und **Whitefish Point** sowie **Copper Habor** (1849) am Oberer See. Letzterer sollte Schiffen den Weg weisen, die den Abtransport der 1844 dort entdeckten Kupfervorkommen durchführten.
Der weitere Aufbau vollzog sich an allen Seen zügig. Eine Unterbrechung brachte nur 1861 der Bürgerkrieg, in dem sich die Feindschaft gegenüber den Engländern noch verstärkte, weil diese die Südtruppen unterstützten. Deshalb bezogen die USA Laternen und Optiken lieber aus Frankreich.

Was das Baumaterial betrifft, so fand Holz nur vereinzelt in der ersten Zeit Verwendung. Die weitaus meisten Türme wurden aus Stein oder Ziegeln errichtet. Da einige Ziegelarten nicht fest genug waren, verwitterten mehrere in der zweiten Hälfte des 19. Jahrhunderts erbaute Türme so schnell, daß sie schon nach kurzer Zeit umkleidet oder umgürtet werden mußten.
Beton spielte fast nur als zusätzliches Baumaterial eine Rolle, z. B. bei den verhältnismäßig zahlreichen Leuchttürmen im Wasser.
Die ersten völlig aus Eisen hergestellten Träger entstanden bereits 1861 am Oberer See: **Manitou Island II** und **Whitefish Point II**, beides sog. Gittertürme, ein Typ, der wahrscheinlich hier seinen Ursprung hat, und der später auch an vielen anderen Küsten der Welt gebaut wurde: Ein relativ dünnes Treppenrohr mit der schweren Laterne wird von mehreren verstrebten seitlichen Stützen gehalten. Einer dieser Gittertürme, der 1894 am Michigansee erbaute **Rawley Point III** gehört mit 35 m zu den höchsten und weittragendsten Leuchttürmen der Great Lakes.
Die außergewöhnlich große architektonische Vielfalt der Türme und Turmhäuser entstand dadurch, daß zunächst ausschließlich regional geplant und gebaut wurde. Acht Staaten der USA grenzen an die Great Lakes: New York, Pennsylvania, Ohio, Michigan, Indiana, Illinois, Wisconsin und Minnesota; auch sie handelten anfangs nur im eigenen Interesse.
Was die Leuchteinrichtungen betrifft, so hinkten die USA zunächst auch erheblich hinterher, holten dann aber schnell auf, nachdem sie 1850 mit der Einführung von Linsenoptiken begonnen hatten.

Baukasten-Leuchtturm **Rawley Point III.** *1894 erbaut, 35 m hoch (Zeichnung von Leo Kuschel)*

Nachstehend sind die Schicksale einiger interessanter Leuchttürme aufgeführt.

1821 entdeckten Siedler in Chautauqua am Erisee ein Naturgasvorkommen. Praktisch wie Auswanderer waren, bauten sie eine Art Mini-Gasometer, von dem aus sie bald ihr ganzes Dorf Fredonia mit diesem Gas zu Beleuchtungszwecken versorgten. Für den 1829 an ihrem Schiffslandeplatz errichteten Leuchtturm **Barcelona** konstruierte der Dorfschmied eine Leuchtanlage mit 11 halbkreisförmig angebrachten Brennern nebst Reflektoren, die auch mit diesem Gas betrieben wurde und helleres Licht erzeugte als damals übliche Öl-Leuchtfeuer. Zum Turm gelangte das Gas durch eine 2000 m lange unterirdische Holzleitung, die jedoch im Laufe der Zeit durch Wasseransammlung, Frost und Undichtigkeit immer mehr litt, so daß man 1838 zu Öllampen überging. 1859, als sich der Schiffsverkehr völlig zu benachbarten Häfen verlagert hatte, ging das Feuer ein. Der konische Steinturm ist jedoch bis heute erhalten; er trägt noch seine schmiedeeiserne, offene Laterne. Wahrscheinlich handelt es sich um den einzigen, jemals mit Naturgas betriebenen Leuchtturm in Amerika.

Hier die Beschreibung und Geschichte des 1872/73 nördlich von Chicago am Michigansee erbauten Leuchtturmes **Grosse Point**. Er gehört zu einer Serie von sechs gleichartigen, 33 m hohen Exemplaren, die nach dem Bürgerkrieg im Staate Michigan am Michigansee bzw. Huronsee aus wenig haltbaren sogen. Milwaukee-Ziegeln errichtet wurden.

Anlaß zum Bau waren mehrere nächtliche Schiffskatastrophen auf der Zufahrt nach Chicago, das damals schon mehr Schiffsbewegungen verzeichnete als New York. In einem Falle waren allein 287 Menschen umgekommen.

Das Steinfundament ruht auf 10 m langen Holzpfählen. Darüber erhebt sich der doppelwandige Turm; die äußere Wand ist 30 cm, die innere etwa 20 cm stark; der Durchmesser des Bauwerkes beträgt unten 6,5 m, oben 4 m.

Der Turm ist ausgerüstet mit einer aus Paris stammenden Gürtellinse der zweitgrößten Ausführung; diese war schon 1861 geliefert worden und während des Bürgerkrieges vergraben gewesen. Um die feststehende Optik rotieren rote Blenden, anfangs angetrieben von einem Drehwerk, dessen Gewicht seitlich im Turm zwischen äußerer und innerer Wand absackte und jeweils nach acht Stunden Betrieb wieder aufgewunden werden mußte.

Wegen starker Verwitterung der äußeren Ziegelschicht erhielt der Turm 1914 als Umkleidung einen 9 cm starken Betonmantel. Die Farben seitdem: Turmwand gelb, Galerie, Kragsteine und Laterne rot.

Die zunächst als Lichtquelle dienende Kerosinlampe wurde 1922 gegen eine elektrische Glühlampe ausgetauscht. Seit 1935 wird die Lichtanlage mittels einer photoelektrischen Zelle automatisch geschaltet, so daß die Wärter abgezogen werden konnten. 1941 ging der Turm in den Besitz der Stadt Evanston über, die ihn nur noch für die Kleinschiffahrt betreibt; 1980 wurden Turm und Wärtergebäude renoviert, letztere für Besucher freigegeben.

Copper Harbor *am Oberer See (1849, heute Museum); Wärterhaus mit integriertem Leuchtturm, wie in den USA damals häufig gebaut*

Leuchtturm **Grosse Point**, *1872/73 erbaut (Halbschnitt)*

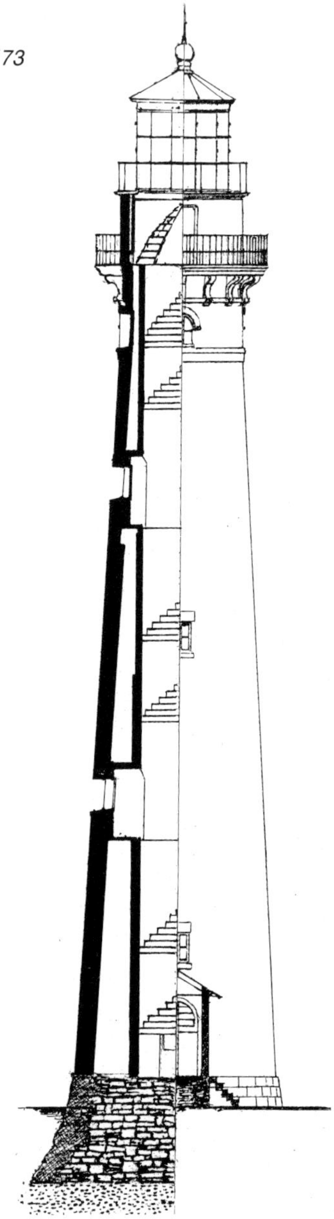

Hier alle sechs Leuchttürme dieser Serie:

1. **Big Sable** (1867)
2. **Presque Isle Harbor II** (1870)
3. **South Manitou Island III** (1871)
4. **Grosse Point** (1873)
5. **Little Sable** (1874)
6. **Wind Point** (1880)

Auf der Lageskizze Seite 94 sind sie nur mit den Nummern 1 bis 6 eingezeichnet.

Eine weitere Serie ähnlicher Türme, jedoch nur 26 m hoch, entstand etwa um die gleiche Zeit, ebenfalls im Staate Michigan; sie sind auch in der Lageskizze mit den entsprechenden Nummern eingezeichnet.

7. **Cana Island** (1870)
8. **Outer Apostel Island** (1874)
9. **Au Sable** (1874)
10. **Seul Choix Point** (1892).

Um einen originellen Fall handelt es sich bei dem 1888 erbauten Leuchtturm **North Point II** nahe Milwaukee am Michigansee; an sich keine Besonderheit, sondern ein achteckiger kegelförmiger Turm von 12 m Höhe, allerdings eines der ganz wenigen gußeisernen Exemplare. Doch schon nach wenigen Jahren wurde sein Licht verdeckt, denn man hatte ihn hinter eine Baumreihe gestellt, die immer höher wuchs. Nun mußte der Turm auch »wachsen«. Da er oben zu dünn war, erhöhte man ihn unten. Dazu wurde 1913 ein in anderem Stil gehaltener Unterbau aus Stahl daneben errichtet und der bisherige Turm einfach mit einem Kran darauf gesetzt. Diese seitdem 23 m hohe seltene Kombination wurde aber inzwischen wieder von Bäumen überholt. Zum Glück erwies sich das Leuchtfeuer inzwischen als überflüssig, so daß der seltsame Geselle nun als kleine Attraktion in dem baumbestandenen Seepark gilt.

Leuchtturm **North Point II** *mit »Stilbruch«*

Daß die Grenze zwischen zwei Staaten wegen eines Leuchtturmes verschoben wurde, dürfte wohl einmalig gewesen sein. Hier die Geschichte:
Im Nordostzipfel des Eriesees, der sich dort schon zum reißenden Niagara-Fluß verengt, wünschte sich die Schiffahrt bereits zu Anfang des 19. Jahrhunderts dringend ein Feuer zur nächtlichen Orientierung. Da das dortige Gewässer für ein Feuerschiff zu gefährlich war, kam nur eine bestimmte Untiefe als Baugrund für einen Leuchtturm in Frage. Diese lag dicht neben der Grenzlinie auf dem Hoheitsgebiet Kanadas, das damals noch zum Britischen Empire gehörte. Die US-Regierung fragte in London an, ob sie dort einen Leuchtturm errichten lassen dürfe; sie hoffte auf eine Absage, weil dann die Gegenseite den Bau hätte durchführen und finanzieren müssen. Aber gefehlt, London stimmte zu. So kam es 1856 zur Errichtung des US-Leuchtturmes **Horseshoe Reef** auf einem kanadischen Riff.
Es wurde eine schwierige und teure Angelegenheit, weil der 2 m unter Wasser liegende Felsen aufbereitet werden mußte. Das spätere Tauziehen um die Unterhaltungskosten führte schließlich 1913 zu dem Schiedsspruch einer internationalen Kommission: Der Leuchtturm gehört den USA, die Grenzlinie wird um 100 Fuß westwärts verschoben, basta. Die USA reagierten, indem sie auf ihrem Festland einen Ersatzturm bauten und das Streitobjekt 1920 außer Dienst stellten, das nun allmählich verkommt.

Der ehemalige Leuchtturm **Horseshoe Reef**, *einst Grenzstreitobjekt zwischen Kanada und USA*

Als berühmtester Felsenriff-Leuchtturm gilt **Spectacle Reef**, auch »Eddystone der Great Lakes« genannt. Er steht 15 km vom nächsten Land entfernt in 3,5 m Wassertiefe am Ostende der Mackinacstraße, die den Michigan- mit dem Huronsee verbindet. Der Bau dauerte von 1870 bis 1874, denn zu den bereits bekannten Schwierigkeiten kam hier noch das Eisproblem.

Zunächst wurde ein an Land hergestellter Holz-Caisson von 28 m im Quadrat und 7,5 m Höhe zum Riff geschleppt, dort abgesenkt und ausgepumpt, damit die Arbeiten auf dem Riff im Trocknen ausgeführt werden konnten. Fest eingebettet in den Felsen, entstand so der Turm, dessen 10 m hohes Unterteil massiv ist, bestehend aus verkeilten Blöcken. Darüber befinden sich fünf Etagen. Die Gesamthöhe des Turmes über dem Felsen beträgt 32 m, die Feuerhöhe über dem Wasserspiegel 26 m. Das Bauwerk widerstand allen Stürmen und Eisdrücken, ohne nennenswerten Schaden zu nehmen.
Seit 1982 leuchtet nur noch eine kleine, mit Solarenergie betriebene Anlage. Die ursprüngliche, in Paris hergestellte Drehlinse wanderte in das GLHS-Museum im Vermillion.
Ein ähnlicher Leuchtturm, **Stannard Rock** entstand 1877 bis 1882 im Oberer See unter Verwendung der gleichen Baumaschinen wie beim **Spectacle Reef**. Nur wurde der Turm nicht direkt auf das Riff gesetzt, sondern auf den zuvor mit Stein und Beton ausgefüllten Caisson. Seine Feuerhöhe beträgt 31 m. 1962, kurz nach der Automation passierte ein schreckliches Unglück: Der Brennstofftank explodierte, wobei einer der drei Männer des Wartungsteams ums Leben kam.

Felsenriff-Leuchtturm **Spectacle Reef,** *1870/74 erbaut, links das ehemalige Generatorhaus, rechts das Bootshaus*

Typische Pierhead Lights mit Ober- und Unterfeuer sowie »Katzensteg«, hier **Grand Haven II** *von 1905 am Michigansee (Zeichnung von Leo Kuschel)*

Bild rechts: das Unterfeuer im Winter ▶

Zwei weitere bedeutende Leuchttürme mit Füßen im Wasser sind

1908 **Rock of Ages** im Oberer See, Feuerhöhe 36 m

1910 **White Shoal** im Westteil der Mackinacstraße; der weiße Turm trägt rote Spiralbemalung, er ist mit 45 m Höhe über dem Riff und 38 m Feuerhöhe Rekordhalter der Great Lakes.

Außerdem gibt es noch mehrere kleinere umspülte Leuchttürme und, vor allem am Michigansee, sog. »Pierhead Lights«, zu denen ein eiserner Laufsteg auf dem flachen Wellenbrecher führt. Es handelt sich um Ober- und Unterfeuer mit einer Richtfeuerlinie zum Hafen.

Die Great Lakes liegen auf Breitengraden wie in Europa z. B. Südfrankreich, wo es kaum Frost gibt. Im Gegensatz dazu hat hier jeder Winter alles fest im Griff, wie das Bild unten zeigt.

Abschließend sei noch der Lake Champlain erwähnt, der zwar nicht zu den Great Lakes gehört, aber mit rund 1100 qkm eine Fläche besitzt, wie Bodensee und Genfer See zusammen. Er ist durch den Richelieu-Fluß mit dem St.Lorenz-Strom und durch einen Kanal mit dem Hudson River verbunden, somit Kernstück der wichtigsten Binnenverbindung in Nordamerika, z.B. zwischen Montreal und New York. Entsprechend stark ist der Schiffsverkehr.

Höchster Leuchtturm der Great Lakes: **White Shoal,** *1910 erbaut*

Benannt wurde er nach dem französischen Forscher Samuel de Champlain (1567–1635), der das Gebiet um den St.Lorenz-Strom erkundete und dabei 1626 auch diesen See entdeckte. Nach genau 300 Jahren errichtete man zu seinen Ehren im Süden des Sees eine Kombination von Denkmal und Leuchtturm, das Crown Point Memorial. An dieser Stelle, nahe den Ruinen der historischen englischen und französischen Forts, hatte allerdings schon seit 1858 der Leuchtturm **Crown Point** gestanden.

Der erste Leuchtturm, **Juniper Island** stammte bereits aus dem Jahre 1826; ihm waren bald weitere, vor allem beiderseits des Hafens Burlington gefolgt. Der 1871 auf einem Riff erbaute, vor den dortigen Untiefen warnende Leuchtturm **Colchester Reef** wurde am bekanntesten – aber erst nach seiner Pensionierung; denn seit 1952 steht er als Museum an Land, wohin man ihn in Einzelteilen transportiert hatte.

USA (Ost- und Golfküste)

Die Leuchtturmgeschichte an diesem 10000 km langen Küstenstrich begann zu einer Zeit, als es die USA noch gar nicht gab. Sie begann in Neu-England, der Nordostecke der heutigen Vereinigten Staaten. Damals wurden viele »Neu-Soundso's« gegründet zur Erinnerung an die Alte Heimat.

Es waren vorwiegend britische Kolonisten und ihre Nachkommen, die 1716 als ersten in Nordamerika den Leuchtturm **Boston** erbauten. Ab 1746 folgten einige weitere Exemplare, vor allem in den südlich angrenzenden Küstengebieten, so 1769 auch in **Plymouth**, wo 1620 die englischen Pilgerväter mit ihrer »Mayflower« gelandet waren.

1774, zu Beginn der Unabhängigkeitskriege existierten 12 sog. »Colonial lights«. Nach der Unabhängigkeitserklärung wurde das nach britischem Vorbild eingeführte Feuergeld wieder abgeschafft, weil es nicht in ein freies Land paßte.

1789 übernahm die neue Bundesregierung die vorhandenen 12 Leuchttürme als ersten Stamm. 1789 gilt daher als Gründungsjahr des Leuchtfeuerwesen der USA. 1989 feierte man das 200jährige Bestehen mit zahlreichen Veranstaltungen an mehreren Traditions-Leuchttürmen.

In diesen 200 Jahren war der eigentliche Aufbau erfolgt. Es gab viel Hin und Her in der Verwaltung – bis das Leuchtfeuerwesen 1939 der U.S. Coast Guard unterstellt wurde.

Im Laufe der Zeit waren mehrere Küstenstreifen hinzugekommen, die längsten 1819 durch Kauf der Halbinsel Florida von Spanien und 1845 durch Annexion von Texas.

Besondere Verdienste um die Organisation des Seezeichenwesens hatte sich Stephen Pleasonton erworben, der als »Fifth Auditor« 1820 bis 1852 Ressortleiter war. Unter seiner Regie wuchs die Zahl der Leuchttürme an Atlantik und Golf von 55 auf 325 – am Pazifik gab es noch keine. Bedeutende Leuchtturm-Baumeister und Förderer auf technischem Gebiet waren Winslow Lewis (1770–1850) und sein Neffe Isaiah William Penn (I.W.P.) Lewis (1808–1855).

Aufgrund der zentralen Lenkung des gesamten Leuchtfeuerwesens von Washington aus ist es möglich, diese Schilderung überregional für den ganzen Raum an Atlantik und Golf zu gestalten. Übersichtshalber sind nachstehend die ans Meer grenzenden Staaten – von Nordost nach Südwest – mit ihren Abkürzungen aufgeführt:

Me.	Maine	Va.	Virginia
N.H.	New Hampshire	N.C.	North Carolina
Mass.	Massachusetts	S.C.	South Carolina
R.I.	Rhode Island	Ga.	Gerorgia
Conn.	Connecticut	Fla.	Florida
N.Y.	New York	Ala.	Alabama
N.J.	New Jersey	Miss.	Mississippi
Del.	Delaware	La.	Louisiana
Md.	Maryland	Tex.	Texas

In den nördlichen Staaten mit ihren zum großen Teil felsigen, reich gegliederten Küsten befinden sich die meisten und wichtigsten Häfen der USA. Deshalb ist hier das Leuchtfeuernetz am dichtesten, wozu mäßig hohe Leuchttürme genügen. An den überwiegend flachen und sandigen Küsten der südlich gelegenen Staaten mit nur relativ wenigen Häfen findet man dagegen hohe, weiter auseinanderstehende Leuchttürme.

Aus diesem Grunde ist auch die nebenstehende Lageskizze entsprechend geteilt: Die nördlichen Küstengebiete sind größer dargestellt als die südlichen. Wie üblich, weist die Jahreszahl aus, wann das erste Leuchtfeuer an dem betreffenden Standort in Betrieb genommen wurde.

*Erster Leuchtturm **Boston** (Mass.), 1716 errichtet, 1776 zerstört*

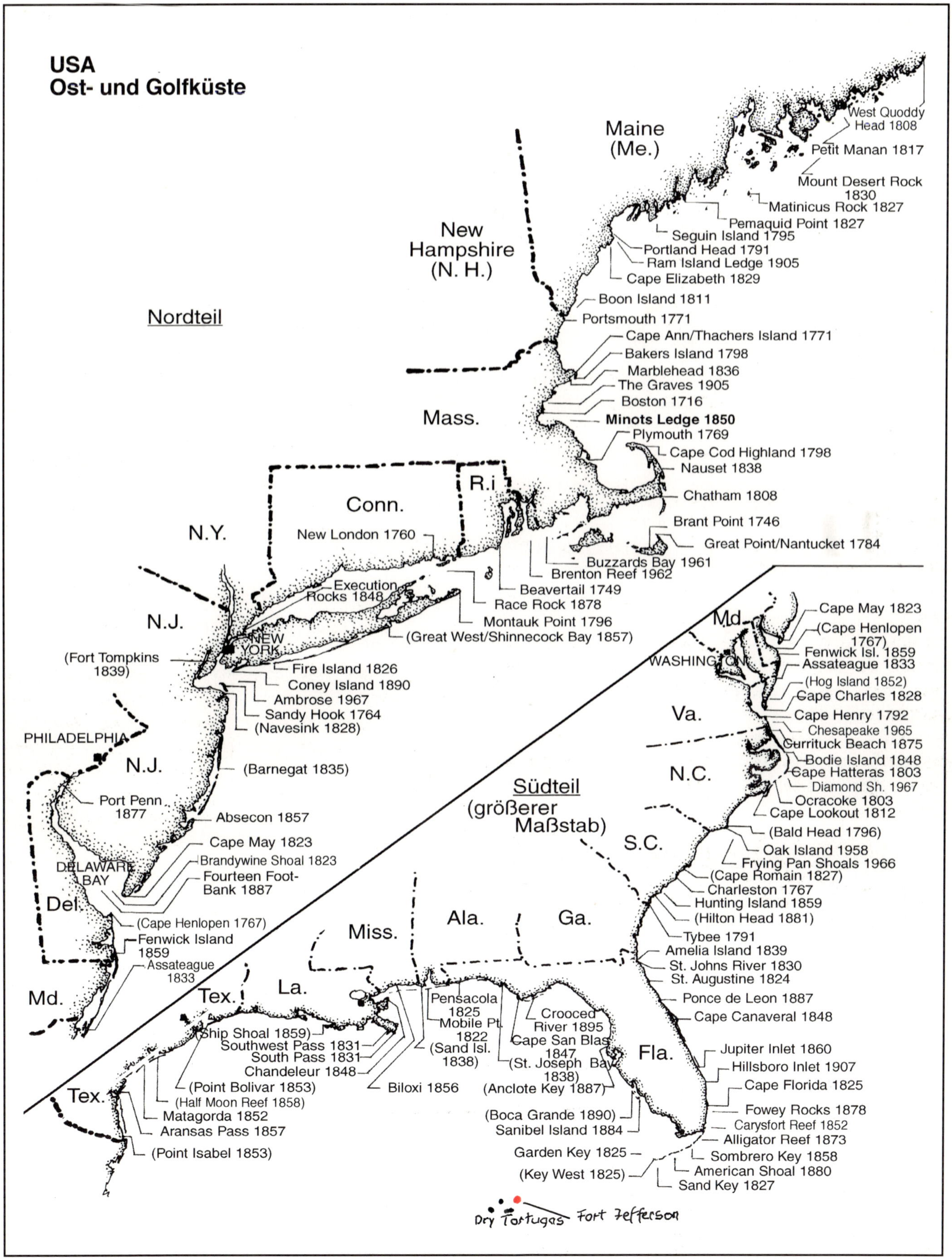
USA
Ost- und Golfküste
Nordteil
Maine
(Me.)
West Quoddy Head 1808
Petit Manan 1817
Mount Desert Rock 1830
Matinicus Rock 1827
Pemaquid Point 1827
Seguin Island 1795
Portland Head 1791
Ram Island Ledge 1905
Cape Elizabeth 1829
New Hampshire
(N. H.)
Boon Island 1811
Portsmouth 1771
Cape Ann/Thachers Island 1771
Bakers Island 1798
Marblehead 1836
The Graves 1905
Boston 1716
Mass.
Minots Ledge 1850
Plymouth 1769
Cape Cod Highland 1798
Nauset 1838
Chatham 1808
Brant Point 1746
Great Point/Nantucket 1784
Buzzards Bay 1961
Brenton Reef 1962
Beavertail 1749
Race Rock 1878
Montauk Point 1796
(Great West/Shinnecock Bay 1857)
R.i
Conn.
N.Y.
New London 1760
Execution Rocks 1848
N.J.
NEW YORK
(Fort Tompkins 1839)
Fire Island 1826
Coney Island 1890
Ambrose 1967
Sandy Hook 1764
(Navesink 1828)
PHILADELPHIA
N.J.
(Barnegat 1835)
Port Penn 1877
Absecon 1857
Cape May 1823
Brandywine Shoal 1823
Fourteen Foot-Bank 1887
DELAWARE BAY
Del.
(Cape Henlopen 1767)
Fenwick Island 1859
Assateague 1833
Md.
Südteil
(größerer Maßstab)
Md.
Cape May 1823
(Cape Henlopen 1767)
Fenwick Isl. 1859
Assateague 1833
WASHINGTON
(Hog Island 1852)
Cape Charles 1828
Va.
Cape Henry 1792
Chesapeake 1965
Currituck Beach 1875
Bodie Island 1848
N.C.
Cape Hatteras 1803
Diamond Sh. 1967
Ocracoke 1803
Cape Lookout 1812
(Bald Head 1796)
S.C.
Oak Island 1958
Frying Pan Shoals 1966
(Cape Romain 1827)
Charleston 1767
Hunting Island 1859
(Hilton Head 1881)
Ga.
Ala.
Miss.
Tybee 1791
Amelia Island 1839
St. Johns River 1830
St. Augustine 1824
Ponce de Leon 1887
Cape Canaveral 1848
Fla.
Jupiter Inlet 1860
Hillsboro Inlet 1907
Cape Florida 1825
Fowey Rocks 1878
Carysfort Reef 1852
Alligator Reef 1873
Sombrero Key 1858
American Shoal 1880
Sand Key 1827
Garden Key 1825
(Key West 1825)
Dry Tortugas
Fort Jefferson
(Boca Grande 1890)
Sanibel Island 1884
(Anclote Key 1887)
(St. Joseph Bay 1838)
Cape San Blas 1847
Crooced River 1895
Pensacola 1825
Mobile Pt. 1822
(Sand Isl. 1838)
Biloxi 1856
Chandeleur 1848
South Pass 1831
Southwest Pass 1831
Ship Shoal 1859)
La.
Tex.
(Point Bolivar 1853)
(Half Moon Reef 1858)
Matagorda 1852
Aransas Pass 1857
Tex.
(Point Isabel 1853)

Zwecks besserer Auffindbarkeit ist im Text hinter dem Namen jedes Leuchtturmes der Staat angegeben, in dem er steht. In den meisten Fällen handelt es sich um mehrere, bis zu fünf Bauwerke nacheinander. Anfänglich oft unsolide Bauweise, später Erosion, vorrückendes Meer, Zerstörungen durch Krieg und Hurrikane waren der Grund dafür, daß Leuchttürme ersetzt werden mußten.

Ältestes Doppelfeuer: **Bakers Island** *(Mass.), 1798 eingerichtet*

An den nördlichen Küsten lag der Schwerpunkt der Leuchtfeuereinrichtungen in der Mitte des 19. Jahrhunderts, in den südlichen Bereichen lag er später, bedingt durch den Krieg mit Mexiko (1846–1848) und den Sezessionskrieg (Bürgerkrieg) zwischen Nord- und Südstaaten (1861–1865).

Leuchtturm **Hell Gate** *am East River von New York, 1884–1886 mit elektrischem Bogenlicht*
(zeitgenössische Darstellung)

Die USA hinkten in ihrer leuchtfeuertechnischen Entwicklung im Vergleich zu England und Frankreich lange Zeit erheblich hinterher. So leuchteten Kerzen und Öllampen noch, als es längst modernere Lichtquellen gab, und sphärische Spiegel blieben noch in Gebrauch, obwohl sich Parabolspiegel als überlegen erwiesen hatten. Auch wurden aus Mangel an anderen Unterscheidungsmöglichkeiten noch lange Doppelfeuer (Twin lights) betrieben, und zwar

Matinicus Rock (Me.)	1827–1924
Cape Elizabeth (Me.)	1829–1924
Bakers Island (Mass.)	1798–1916
Chatham (Mass.)	1808–1923
Plymouth (Mass.)	1803–1924
Cape Ann / Thachers Island (Mass.)	1771–1932
Navesink (N.J.)	1828–1898

Außerdem gab es sogar ein Tripelfeuer mit allerdings sehr kleinen Türmen:

Nauset (Mass.)	1838–1911

Linsenoptiken wurden ebenfalls relativ spät eingeführt; aufgrund des damals schlechten Verhältnisses zu England bezog man sie aus Frankreich, eine eigene Produktion gab es nur vorübergehend zu Anfang des 20. Jahrhunderts.

Auch mit der allgemeinen Einführung elektrischer Lichtquellen zögerte man lange, obwohl es schon früh zwei entsprechende Versuche im East River von New York gab, und zwar

- 1857 auf dem kleinen Leuchtturm **Blackwell Island** (heute Roosevelt Island),
- 1884–1886 auf einem 78 m hohen Eisenmast am **Hell Gate**.

Zweiter Leuchtturm
Boston *(Mass.), 27 m hoch*

Außerdem leuchteten 1886–1902 auf der berühmten Freiheitsstatue 9 elektrische Lichtbogenlampen rund um die Fackel. Nachdem als erster Leuchtturm der Südturm des Doppelfeuers **Navesink II** (N.J.) 1898 ebenfalls mit einer elektrischen Bogenlampe ausgerüstet worden war, gab es Proteste von vielen Seefahrern, weil sie durch die Lichtblitze geblendet wurden. Tatsächlich verringerte man daraufhin nach einiger Zeit die Lichtstärke wieder. So kam es, daß erst in den 1920er Jahren begonnen wurde, weitere Leuchttürme mit elektrischer Lichtquelle auszurüsten.
Danach holten die USA aber schnell auf in ihrer technischen Entwicklung. Erste selbsttätige Leuchtfeuer entstanden ab 1923, Fernsteuerungen jedoch erst ab 1980. Aber bereits 1990 konnte der letzte noch bemannte Leuchtturm an die Fernsteuerung angeschlossen werden: der oben abgebildete **Boston II** von 1783.

Wie an den Great Lakes, so sind auch hier zahlreiche Leuchtturm-Veteranen in Museen umgewandelt worden oder in Nationalparks eingegliedert. Viele Vereinigungen haben es sich zur Aufgabe gemacht, für die Unterhaltung zu sorgen. Denn in keinem Land ist die Nostalgiewelle höher angeschwollen als in den USA. Aber auch in keinem Land gibt es mehr »echte« Leuchttürme als in den USA. Zum Glück kann man sie – zumindest hier an Atlantikküste und Golf – in mehrere Standardtypen einteilen, was die Schilderung erheblich vereinfacht. Es sind dies:

1. Bauwerke aus Stein/Ziegeln/Granit
   a) runde Türme
   b) eckige Türme
   c) Häuser mit Laternentürmchen
2. Bauwerke aus Holz
   a) Türme
   b) Häuser mit Laternen
3. Bay tower-Typ
4. Bauwerke aus Eisen/Stahl
   a) geschlossene Türme
   b) offene Gittertürme mit Treppenrohr
   c) Florida-Typ
   d) Caisson tower-Typ
   e) Texas tower-Typ

In dieser Reihenfolge wird auch hier berichtet, obwohl sie chronologisch nicht genau stimmt und die einzelnen Bauperioden sich z.T. weit überlappen.

Zu 1. Bauwerke aus Stein/Ziegeln/Granit
a) runde Türme

Dies ist der bei weitem am häufigsten gebaute Turmtyp. Insgesamt sind zwischen 1716 und 1905 viele hundert solcher meist leicht konischen Leuchttürme errichtet worden, die kleinsten kaum 10 m, der größte, **Cape Hatteras II** (N.C.) 59 m hoch (Abb. Seite 118). Aus der Vielzahl können hier natürlich nur besonders interessante Fälle herausgegriffen werden.
Leuchtturm **Boston** (Mass.) war der erste, errichtet auf der weit vorgelagerten Felseninsel Little Brewster. Am 14. September 1716 leuchtete sein aus Öllampen bestehendes Licht zum ersten Mal auf. Seine Höhe ist nicht genau bekannt, sie dürfte etwa 25 m betragen haben. Aus alten Skizzen geht nur hervor, daß er rund, konisch und schlank war und eine Glaslaterne besaß (Abb. Seite 102).
Der erste Wärter erhielt anfangs 50 englische Pfund Lohn pro Jahr, konnte sich aber tagsüber als Lotse et-

was hinzuverdienen. Der damals noch unbekannte Benjamin Franklin beschrieb in seiner Ballade »Lighthouse Tragedy« das traurige Ende dieses Mannes: Nach Abholung seines Lohnes aus Boston 1718 kenterte sein Boot auf der Rückfahrt, er ertrank zusammen mit Frau und Tochter sowie zwei Begleitern; zuvor sollen sie allerdings noch eine »gesellige Tafelrunde« gehabt haben. Eine mysteriöse Geschichte, denn auch das Geld wurde nicht mehr gefunden.

Einige Jahre später ertrank auch sein Nachfolger. Seitdem soll eine »Lady in Schwarz« im Leuchtturm gegeistert haben, wie die folgenden Wärter berichteten.

Übrigens ranken sich zahlreiche weitere mehr oder weniger glaubhafte Geschichten um amerikanische Leuchttürme.

Für die Amerikaner begann in Boston nicht nur die Leuchtfeuergeschichte, sondern 1773 auch der Ärger mit den Engländern, deren Teeballen nicht versteuert, sondern ins Wasser geworfen wurden. Die daraufhin beginnenden Unabhängigkeitskriege bekamen dem Leuchtturm **Boston** schlecht. Nach mehreren Beschädigungen wurde er 1775 auf Befehl von General Washington, dem späteren ersten Präsidenten der USA, von einem Kommandounternehmen unbrauchbar gemacht, um den im Raum Boston gelandeten Engländern nicht länger als Ansteuerungspunkt für ihre Nachschubschiffe zu dienen. Als die Engländer geschlagen waren, sprengten sie den Leuchtturm bei ihrem Rückzug 1776 in die Luft.

1783, gleich nach dem Krieg, entstand der Turm neu, wieder aus Stein und konisch; 1856 erhöhte man ihn noch durch einen Aufsatz von 23 auf 27 m und ersetzte die alte Leuchtanlage durch einen Linsenapparat aus Frankreich. So steht er noch heute, als Traditionsturm natürlich besonders gepflegt und instandgehalten (Abb. Seite 105).

Als weiterer Traditions-Leuchtturm gilt **Portland Head** (Me.). George Washington hatte 1787 noch persönlich zwei Maurer engagiert und mit dem Bau beauftragt; sie brauchten vier Jahre für den 23 m hohen Turm. Die erste Leuchteinrichtung bestand aus 13 Reflektorlampen.

Einen eigentümlichen Rekord hat der Turm aufzuweisen, denn kein anderer ist so oft in seiner Höhe verändert worden wie er. Um genügend Fläche für eine dickere Laterne mit neuen Lampen zu schaffen, verkürzte man den Turm 1821 um 7 m. Zum Einbau einer dünneren Laterne mit Fresnelscher Gürtellinse wurde er 1855 wieder um 2 m höher, 1865 bei Installation eines Aufsatzes und einer neuen Laterne um weitere 6 m. Nachdem er 1871 vom Seefeuer auf den Status eines Hafenfeuers mit schwächerem Licht zurückgestuft und 1883 um 6 m

Leuchtturm ***Portland Head,*** *mehrmals gekürzt und wieder erhöht*

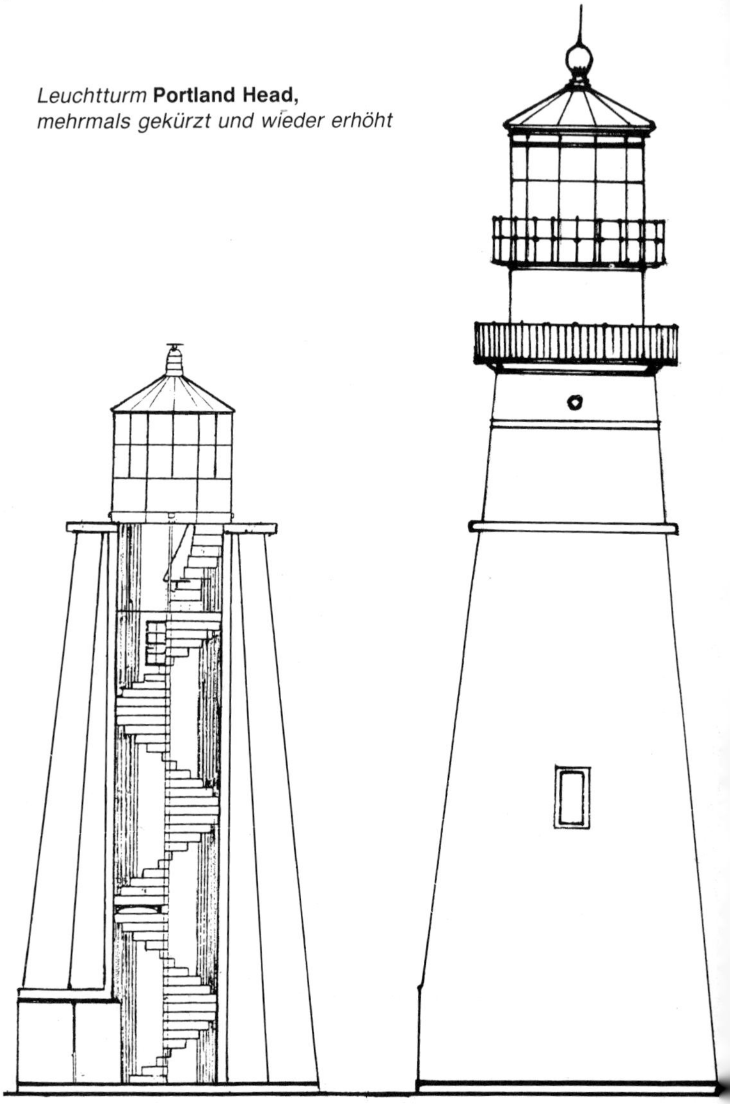

gekürzt worden war, gab es Proteste von den Seeleuten. Deshalb erhöhte man in 1885 wieder um 6 m und rüstete ihn mit einer stärkeren Optik aus. Seitdem steht er nun allerdings unverändert, jedenfalls äußerlich. Innerlich wurde er 1928 elektrifiziert, 1958 mit vier Scheinwerferlinsen ausgestattet und endlich 1989 automatisiert. Heute ist er ein beliebtes Ausflugsziel, zumal einige Anbauten als kleines Leuchtfeuer-Museum eingerichtet sind.

Im folgenden eine chronologische Aufzählung weiterer interessanter runder Steintürme. Vorangestellt ist hier das Jahr der Inbetriebnahme des betreffenden Bauwerkes, nicht des ersten Leuchtfeuers an diesem Standort (also z. T. abweichend von der Jahreszahl auf der Lageskizze).

1818 **Great Point / Nantucket II** (Mass.), Ersatz für Holzturm von 1784, der 1816 abgebrannt war; 24 m hoch, weiß, noch in Betrieb.

1822 **Mobile Point** (Ala.), 16 m hoch, einer von vielen im Bürgerkrieg hart umkämpften Leuchttürmen, 1862 durch Artilleriefeuer zerstört; 1864 und 1966 ersetzt.

Leuchtturm **Portland Head** *(US-Ostküste), 24 m hoch, 1791 erbaut, heute noch in Betrieb*

Dritter Leuchtturm **Bodie Island** *(US-Ostküste), 1872 erbaut, 50 m hoch*

Leuchtturm **Cape Florida**, *1825 erbaut, 29 m hoch, 1836 von Indianern überfallen*

1823 **Ocracoke II** (N.C.), Ersatz für Holzturm von 1803, der 1818 durch Blitzschlag und Feuer vernichtet worden war; 23 m hoch, weiß, noch in Betrieb.

1825 **Cape Florida** (Fla.), jetzt 29 m hoch. Hier einiges aus seiner Geschichte:
Als im Zweiten Indianerkrieg Angehörige des Seminole-Stammes am 23. Juli 1836 anrückten, verbarrikadierten sich der weiße Wärter und sein alter schwarzer Helfer im Leuchtturm. Nach stundenlangem Feuerwechsel gelang es den Indianern in der Nacht, den Turm in Brand zu setzen, so daß die Wärter auf die Galerie flüchten mußten. Während der schwer verwundete schwarze Helfer in der vom Öl noch angefachten Glut umkam, blieb der ebenfalls verletzte weiße Wärter am Leben. Es gelang ihm, ein Fäßchen Schießpulver in den brennenden Turmschacht zu werfen. Die Explosion zerstörte die Treppe und verwehrte so den Indianern den Zugang nach oben.
Auf dem vor der Küste patrouillierenden US-Schoner »Motto« hatte man den Knall gehört und schickte ein Boot mit Seesoldaten an Land. Diese retteten den halbtoten Wärter auf abenteuerliche Weise an der Außenwand des Turmes, weil innen kein Zugang bestand. Da die Indianer Süd-Florida noch jahrelang unsicher machten, konnte der Leuchtturm erst 1846 ausgebaut und wieder in Betrieb genommen werden. In diesem Jahr überstand er als einziger von fünf Türmen in Florida einen verheerenden Hurrikan.
Nach einer 1855 durchgeführten Erhöhung von 20 auf 29 m und Ausrüstung mit moderner Optik geriet er 1861 erneut ins Schußfeld, diesmal der Südtruppen. Sie zerstörten die Leuchteinrichtung gründlich. Der Turm blieb dunkel bis 1867 und erlosch abermals 1878, jetzt allerdings planmäßig, als vor der Küste der neue Leuchtturm **Fowey Rocks** fertig wurde. Genau 100 Jahre danach begann er jedoch wieder etwas zu leuchten, aber wohl mehr aus nostalgischer, als aus echter Notwendigkeit. Die ehemaligen Wärterunterkünfte sind heute Museum.

1847 **Key West II** (Fla.), Ersatz für Vorgänger von 1825, der bei dem erwähnten Hurrikan von 1846 zerstört worden war, wobei die ganze Leuchtturmwärterfamilie ihr Leben verloren hatte; 1896 von 18 auf 25 m erhöht, 1969 außer Betrieb gesetzt, 1972 und 1988 restauriert, ist er jetzt für Besucher geöffnet; betreut wird er durch die Key West Arts & Historical Society.

1848 **Execution Rocks** (N.Y.), Granitturm, ganze 13 m hoch, weiß mit braunem Band. Was den Felsen und damit den Leuchtturm berühmt gemacht hat, ist eine schaurige Geschichte:
Als New York im 18. Jahrhundert noch unter britischer Kolonialverwaltung stand, fanden Hinrichtungen zunächst öffentlich statt, wobei sich die zum Tode Verurteilten häufig in wüsten Beschimpfungen des englischen Königs ergingen. Da die Kolonialherren negative Auswirkungen auf die Bevölkerung befüchteten, beschlossen sie, Exekutionen an einem Ort vornehmen zu lassen, wo niemand zuhören konnte. Weit draußen auf einem Felsenriff im Long Island-Sund wurde ein Loch geschlagen. In dieser Grube kettete man die Verurteilten bei Ebbe an, so daß sie bei steigender Flut jämmerlich ertranken. Danach gab jedes Niedrigwasser die Leichen, später Skelette frei.
Es muß sich in der Bevölkerung doch herumgesprochen haben, denn sonst wäre der Felsen nicht zu seinem Namen gekommen. Und der Leuchtturm entstand später gewissermaßen auf den Gebeinen der wirklichen Väter der Revolution gegen die Engländer.

Leuchtturm **Key West II** *(Florida), 1847 erbaut, 25 m hoch, jetzt Museum*

1853 **Point Isabel** (Tex.), 22 m hoch, weiß, einer der ersten Leuchttürme im Südstaat Texas nach dem Anschluß; wechselvolles Schicksal im Bürgerkrieg, mehrfach außer Betrieb, endgültig jedoch erst 1905; 1927 versteigert, seit 1952 für Besucher geöffnet; junge Paare kommen von weit her, um sich in der Laterne trauen zu lassen.

1854 **Boon Island II** (Me.), 42 m hoch und

1855 **Petit Manan II** (Me.), 36 m hoch;
Diese beiden Türme fallen aus dem Rahmen, denn es sind die einzigen über 35 m hohen Exemplare in Neu-England; sie sind aus Granit, jeweils weit vor der Küste auf flachen Riffen errichtet, an denen schon viele Schiffe zerschellt waren. Ihre bescheidenen Vorgänger hatte sich das Meer geholt.

1857 **Cape Cod Highland III** (Mass.), 20 m hoch, weiß. An der gesamten Ostküste der USA gibt es nur wenige hochgelegenen Stellen. Dieser Standort gehört dazu, er befindet sich auf einem 40 m hohen Stück Steilküste der langen Halbinsel Cape Cod. So erzielt man mit dem 20 m hohen Leuchtturm eine Feuerhöhe von 56 m, die größte in ganz Neu-England. Die dick gehaltene Laterne erhielt gleich zu Anfang eine riesige Fresnelsche Gürtellinse, um das Feuer möglichst weit sichtbar zu machen; denn aus Übersee kommende, für Boston bestimmte Schiffe benutzten schon die Feuer der beiden Vorgänger gerne zur Ansteuerung. Heute leuchtet in der alten Laterne allerdings eine kleinere moderne Scheinwerferoptik.

Leuchtturm **Cape Cod Highland III** *(Mass.), 1857 erbaut, 20 m hoch, schon dicht vor der abbrechenden Kliffkante*

Boon Island II *(Me.), 42 m hoher Granitturm, 1854 erbaut*

1857 **Seguin Island III** (Me.), weißer Granitturm, 16 m hoch. Dieser Turm besitzt mit 55 m die zweitgrößte Feuerhöhe im Norden. Sein Licht ist jedoch oft verdeckt, denn es handelt sich um die Stelle der atlantischen USA-Küste mit dem häufigsten Nebel. Deshalb ist hier das Nebelhorn genauso wichtig wie das Leuchtfeuer; 1934 heulte es 2734 Stunden, das entspricht 32% der Stunden eines Jahres.

1858 **West Quoddy Head II** (Me.), 16 m hoch; der Standort befindet sich am östlichsten Punkt des US-Festlandes. Auch hier herrscht häufig die vom Seemann so gefürchtete »Milchsuppe«. Deshalb wurde schon 1820 neben dem damaligen Leuchtturm eine Nebelglocke aufgehängt. Sie mußte von den Wärtern bei Nebel alle zwei Minuten angeschlagen werden, oft Tage und Nächte lang. Für diese zusätzliche Arbeit erhielt der Hauptwärter ab 1827 eine jährliche Zulage von 60 Dollar. Das Jahresgehalt eines Wärters betrug zu jener Zeit etwa 250 Dollar.

Leuchtturm **West Quoddy Head II** *(Me.)*
am östlichsten Punkt des US-Festlandes

Der kleine dicke Turm mit der rot/weißen Ringelbemalung ist auch Motiv der 25 Cent-Briefmarke einer neuen Serie.

1859 **Cape San Blas III** (Fla.), 28 m hoch, weiß. Besonders hier im Nordwesten von Florida gilt der Kampf einer anderen Naturerscheinung, der Erosion. Nachdem die beiden steinernen Vorgänger von 1847 und 1856 jeweils schon nach kurzer Zeit dem Sturm zum Opfer gefallen waren, wurde dieser sehr solide gebaute Turm von unten her angegriffen. Alle Schutzmaßnahmen nutzten nichts, 1878 stand der Turm im Wasser, 1882 kippte er um. 1885 entstand als Ersatz ein Gitterturm.

1860 **Jupiter Inlet** (Fla.), 32 m hoch, rot. Der Bau hatte sich aufgrund von Feindseligkeiten mit den Indianern fast fünf Jahre lang hingezogen. Kaum in Betrieb genommen, hörte der Turm schon wieder auf zu leuchten, denn seine wertvolle Lichtanlage war von 1861 bis 1868 aus Furcht vor den Südtruppen vergraben. Das zunächst in natürlicher Ziegelfarbe belassene Bauwerk erhielt 1910 einen roten Anstrich. Als 1938 bei einem Hurrikan die Elektrik ausfiel, drehte der 10jährige Sohn des erkrankten Wärters die Optik während der ganzen Nacht von Hand.

1861 **Cape Ann / Thachers Island II** (Mass.), zwei Granittürme, je 38 m hoch; Ersatz für die beiden Holztürme des erwähnten Doppelfeuers von 1771. Die Türme stehen eigentlich nicht auf dem Kap, sondern davor auf einer Felseninsel, die Thacher's Island genannt wird, weil dort 1635 bei einem Schiffbruch 21 Mitglieder der Ministerfamilie Thacher umgekommen waren, während nur zwei überlebten. Beide Türme erhielten eine große Fresnelsche Optik.

Die Feuer dienten übrigens 1884 dem Kabelleger, der das Telegraphenkabel von Europa nach Amerika verlegte, zur Ansteuerung. Das Kabel taucht dort wieder aus der Tiefe auf.

1932 wurde der Südturm elektrifiziert und mit einer neuen kleineren Optik aus Paris ausgerüstet, während der Nordturm in Pension ging. Letzterer gilt nun als historisches Denkmal.

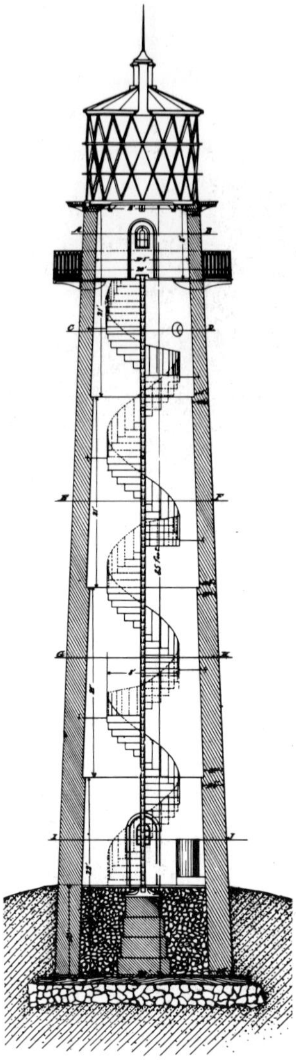

Leuchtturm **Jupiter Inlet** *(Fla.)*
im Schnitt, 1860 erbaut, 32 m hoch

Um die Mitte des 19. Jahrhunderts begann die Leuchtfeuer-Verwaltung, Leuchttürme nach gleichen Plänen in Serie zu bauen. Eine Serie von acht hohen, runden, leicht konischen Ziegeltürmen, alle auf flachen Küstenabschnitten, wurde Ende der 1850er Jahre fertig. Es handelt sich um Türme mit Höhen um 50 m, geringe Unterschiede ergaben sich nur durch die Sockelhöhe; alle erhielten weittragende Linsenoptiken. Sechs von ihnen sind noch vorhanden, davon vier aktive. Sie tragen höchst unterschiedliche Anstriche, um auch als Tagesmarken zu dienen. Hier die Aufzählung:

1857 **Absecon** (N. J.), aus 598634 Ziegeln erbaut, weiß, breites rotes Band, seit 1933 außer Betrieb, aber noch vorhanden als attraktives Leuchtturm-Museum.

1857 **Great West / Shinnecock Bay** (N. Y.), rot, nicht mehr vorhanden.

1858 **Dry Tortugas** (Fla.), oben schwarz, unten weiß, noch in Betrieb; oft von Hemingway besucht.

1859 **Sand Island II** (Ala.); Ersatz für zu niedrigen Vorgänger von 1838; steinfarbig, 1861 im Bürgerkrieg von Südtruppen zerstört, 1873 ersetzt.

1859 **Pensacola II** (Fla.); Ersatz für zu niedrigen Vorgänger von 1825; schwarz, unteres Drittel weiß, noch in Betrieb; der Turm überstand Granateinschläge im Bürgerkrieg, mehrere Blitzeinschläge sowie ein Erdbeben.

1859 **Barnegat II** (N. J.); Ersatz für baufälligen und zu niedrigen Vorgänger von 1835; oben rot, unten

Leuchtturm **Cape Lookout II** *mit rhombischer Bemalung*

Laterne des Leuchtturmes **Cape May III** *(N. J.), hier schon mit neuer Scheinwerferlinse*

weiß, ab 1944 außer Betrieb, aber noch vorhanden, im Sommer zu besichtigen (Abb. Seite 117).

1859 **Cape May III** (N. J.); Ersatz für die baufälligen bzw. zu niedrigen Vorgänger von 1823 und 1847; weiß, rote Laterne, noch in Betrieb.

1859 **Cape Lookout II** (N. C.); Ersatz für 30 m hohen Vorgänger von 1812, der aus zwei Türmen, einem inneren aus Ziegeln und einem äußeren aus Holzbalken bestanden haben soll; schwarz / weiß rhombisch, noch in Betrieb.

Ähnlich, aber nicht direkt zu dieser Serie gehörend und nur 45 m hoch, sind drei weitere Leuchttürme:

1858 **Fire Island II** (N. Y.); Ersatz für baufälligen Vorgänger von 1826; schwarz / weiß breit gebändert, der Turmschaft ist als einziger leicht konkav gehalten; 1973 außer Betrieb, aber auf vielfachen Wunsch 1986 wieder aktiviert, allerdings mit kleinerer Optik.

1864 **Cape Charles II** (Va.); Ersatz für Vorgänger von 1828, der 1862 von Südtruppen zerstört wurde, während der neue Leuchtturm bereits im Bau war. Bald nach Fertigstellung begann ein Kampf gegen Erosion und Sturmfluten, allerdings vergeblich,

1889 war das Meer herangerückt. Daraufhin hielt man die Errichtung eines neuen Gitterturmes, der 1895 fertig wurde, für billiger als weitere Schutzmaßnahmen für den gefährdeten Turm.

1867 **Assateague II** (Va.); Ersatz für den zu niedrigen Vorgänger von 1833; rot/weiß gebändert, noch in Betrieb.

Nun zu einer Serie von drei relativ dicht beieinander stehenden Leuchttürmen, bei denen der Sockel aus Granit, der konische Schaft aus Ziegeln und der Turmkopf mit den typischen Galeriestützen aus Eisen besteht. Architekt war Paul J. Pelz, Baumeister Dexter Stetson. Alle drei Exemplare wurden vom gleichen Arbeitsteam errichtet, es zog nach Fertigstellung eines Turmes zur nächsten Baustelle weiter.

1870 **Cape Hatteras II** (N.C.); Ersatz für achteckigen Steinturm von 1803 (s. Seite 115); mit 59 m höchster Leuchtturm der USA; schwarz/weiß spiralförmig gebändert, Laterne schwarz (Abb. Seite 118).

Der Turm ist von Erosion bedroht; nach 60 Jahren war das Meer um 500 m bis dicht zu ihm vorgerückt. Ein weiter vom Strand errichteter Gitterturm übernahm 1936 die Funktion, gab sie aber 1950 wieder an den Steinturm ab, weil das Meer inzwischen zurückgewichen war. Nun aber ist die Bedrohung erneut derartig gewachsen, daß man sogar eine Verschiebung des 2800 t schweren Bauwerkes erwägt. Wenn nichts geschieht, ist der Turm verloren.

Der markante Leuchtturm ist auf einer Briefmarke abgebildet; er ist weithin bekannt, zumal der Standort mitten in einem riesigen langgestreckten Naturpark mit vielen Erholungs- und Sportmöglichkeiten liegt.

1872 **Bodie Island III** (N.C.); Ersatz für die baufälligen bzw. im Bürgerkrieg zerstörten Vorgänger von 1848 und 1859; 50 m hoch, schwarz/weiß breit gebändert, noch in Betrieb (Abb. Seite 107).

1875 **Currituck Beach** (N.C.), 50 m hoch, ziegelfarbig naturbelassen, noch in Betrieb.

Im gleichen Stil, ebenfalls von dem Architekten Pelz entworfen, wurden drei weitere Leuchttürme in anderen Staaten errichtet:

1873 **Sand Island III** (Ala.); Ersatz für den 1861 von Südtruppen zerstörten Vorgänger von 1859; 43 m hoch, schwarz. Auch hier Kampf gegen Erosion, vor allem mit Molen, die das Vorrücken des Meeres wohl verlangsamen, aber nicht aufhalten konnten. Bei einem Orkan wurde 1906 das Wohnhaus vernichtet, wobei die gesamte Wärterfamilie ums Leben kam. 1914 stand der Turm im Wasser, doch das versunkene Eiland hob sich wieder etwas. So steht der 1971 außer Dienst gestellte Leuchtturm noch heute auf einem winzigen, von Steinblöcken gesicherten Inselchen.

1874 **St. Augustine II** (Fla.); Ersatz für den alten spanischen Turm im Fort (s. Seiten 84 und 116), der ab 1824 ein Leuchtfeuer trug, aber durch Erosion bedroht war und später (1880) einstürzte; 50 m hoch, schwarz/weiß spiralförmig gebändert, Laterne rot; noch in Betrieb. Das seit der Automatisierung 1955 durch Vandalismus zerstörte und abgebrannte Doppel-Wohnhaus der Wärter wurde von einer privaten Institution restauriert und zur Besichtigung freigegeben.

1876 **Charleston II** (S.C.); Ersatz für Vorgänger von 1767 (Abb. Seite 115); 49 m hoch, schwarz/weiß gebändert. Die Insel, auf der er erbaut wurde, Morris Island, versank allmählich im Meer. Obwohl der Turm seit über 20 Jahren allseitig von Wasser umgeben ist, steht er immer noch, wohl aufgrund seines soliden, auf Pfählen gegründeten Betonfundamentes. 1962 löste ihn ein moderner Neubau auf einer Nachbarinsel ab (s. Seite 130).

Einer der »Großen Drei«: Leuchtturm **Currituck Beach***, 50 m hoch*

Hier noch ein Nachzügler:

1887 **Ponce de Leon** (Fla.), 51 m hoch, ziegelfarbig naturbelassen; noch in Betrieb, aber mit schwächerem Licht. Bis 1927 hießen Turm und Bucht **Mosquito Inlet**, danach erst umbenannt nach dem Spanier Juan Ponce de Leon, der 1513 hier landete, um Florida zu erforschen.

Als letzte in der Reihe runder konischer Steintürme seien noch zwei Exemplare aus Granit erwähnt, beide auf Felsenriffen vor der Küste in zweijähriger Arbeit errichtet:

1905 **Ram Island Ledge** (Me.), 25 m hoch.

1905 **The Graves** (Mass.), 34 m hoch.

b) eckige Türme

1764 **Sandy Hook** (N.J.), 26 m hoch, weiß. Dies ist der älteste existierende Leuchtturm in den USA; er ist aus Stein, achteckig und leuchtet sogar noch heute. Anfangs hieß er **New York**, denn er steht an der südlichen Einfahrtsecke zur Lower Bay vor New York. Zu Beginn der Revolution wollten ihn die amerikanischen Truppen zerstören, damit er nicht den Engländern dient, aber aufgrund seiner soliden Bauweise widerstand er allen Sprengungsversuchen. Vielleicht hat er dabei außer der Laterne seine obersten fünf Meter eingebüßt, denn seine Höhe wurde zuvor mit 103 Fuß = 31 m angegeben.

Nach dem Krieg begann er wieder zu leuchten, wobei lediglich überliefert ist, daß er das 1852 mit 18 Argandlampen und 21 Reflektoren tat. 1856 erhielt er eine neue Laterne mit mittelgroßer Fresnelscher Gürtellinse. Eine Briefmarke zeigt ihn mit dieser heute noch vorhandenen Laterne.

Leuchtturm **Cape Henlopen** *kurz vor seinem Absturz am 13. April 1926*

Leuchtturm **Sandy Hook** *(N.J.) 1764 erbaut, ältester in Betrieb befindlicher Leuchtturm der USA*

1767 **Cape Henlopen** (Del.), 25 m hoch, war ein ähnlicher Artgenosse, der allerdings nicht bis heute überlebte. 1777 zerstörten die Briten seine Einrichtung so gründlich, daß er erst 1784 wieder in Aktion treten konnte. Aufgrund seiner exponierten Position an der markanten Landecke vor der Delaware-Bucht erhielt er 1856, wie viele wichtige Leuchttürme in jenen Jahren, eine Riesenlaterne mit großer Gürtellinse.

Bald danach rückte das ursprünglich 2 km entfernte Meer immer näher und gefährdete allmählich den auf einer sandigen Düne stehenden Turm. 1863 mußte schon ein neues Wärterhaus gebaut werden, weil das alte abzustürzen drohte. Eine 1883 unterhalb der Düne gestrandete Bark erwies sich für den Leuchtturm als Glück, denn sie wirkte als Mole, hinter der sich Sand anhäufte. Aufgrund

Erster Leuchtturm **Charleston** *(1767–1876) mit der Laterne von 1857*

weiterer Schutzmaßnahmen hielt sich der Turm auf diese Weise noch bis 1926, als ein Nordoststurm derartig viel Sand unter ihm fortwehte, daß er umstürzte. Sicherheitshalber hatte man seine Optik schon 1924 auf einen weiter landeinwärts errichteten Gitterturm verbracht.

1767 **Charleston** (S. C.), 31 m hoch, war ein weiteres achteckiges »Colonial light«, das nicht mehr existiert. Der Turm überlebte zwar die Revolution unbeschadet, aber seine 1857 eingebaute neue Laterne mit weittragender Linsenoptik wurde – wie fast überall in den Südstaaten – bei Beginn des Bürgerkrieges 1861 von den Südtruppen zerstört. Nach dem Krieg erhielt der Turm nur eine provisorische Leuchtanlage, weil schon **Charleston II** als Nachfolger geplant war (s. Seite 113).

Der junge Staat USA schaffte 1792 das englische Pfund ab und führte den Dollar ein. Der erste für diese neue Währung erbaute Leuchtturm kostete $ 24076,66. Es war

1792 **Cape Henry** (Va.), 27 m hoch, achteckig. Im Zuge der allgemeinen Modernisierung erhielt auch dieser Turm 1857 eine Gürtellinse; sie wurde im Krieg 1861 zerstört, aber schon 1863 ersetzt. In den 1870er Jahren glaubte man, daß der auf Sand gebaute Turm bald umfallen würde, und gab einen Nachfolger in Auftrag (s. Seite 123 und 128). Aber er tat den Pessimisten nicht diesen Gefallen und ragt weiterhin trutzig in den Himmel. Heute zählt er zu den meist besuchten historischen Bauwerken, zumal er an einer Stelle steht, wo 1607 die ersten Siedler gelandet waren.

Hier die Aufzählung einiger weiterer achteckiger Steintürme:

1796 **Montauk Point** (N. Y.), 33 m hoch, weiß mit breitem schwarzem Band, noch in Betrieb.

1801 **New London II** (Conn.), 27 m hoch, weiß, noch in Betrieb.

1803 **Cape Hatteras** (N. C.); Granit/Ziegelturm, 28 m hoch, unten weiß, oben rot; 1854 auf 43 m erhöht und mit einer Gürtellinse der größten Ausführung bestückt; diese wurde 1870 vom neuen, 59 m hohen Nachfolger **Cape Hatteras II** übernommen (s. Seite 113). Vor diesem Kap, wo sich Golf- und Labradorstrom treffen und gefährliche Strömungen verursachen, sollen über 2000 Schiffe gestrandet sein.

1818 **Bald Head II** (N. C.), 34 m hoch, weiß, ab 1935 außer Betrieb, aber noch als Leuchtturm-Museum vorhanden.

Die Leuchttürme **Cape Henry***: rechts der Steinturm von 1792 auf der Sanddüne, links der eiserne Ersatzturm von 1881 (Aufnahme etwa 1910)*

1858 **Cape Romain II** (S. C.), 42 m hoch. Nach 10 Jahren begann das Fundament nachzugeben, und der außergewöhnlich schlanke Turm bekam allmählich mehr und mehr »Schlagseite«. Zunächst konnte die Linse immer noch nachjustiert werden, aber als sich der Turm 1947 um 75 cm aus der senkrechten Lage geneigt hatte, war dies nicht mehr möglich, und man stellte ihn außer Dienst. Nun steht er nutzlos herum und macht seinem Kollegen in Pisa Konkurrenz. Sein Vorgänger von 1827 war solider gebaut, er steht in Sichtweite – senkrecht.

1867 **Tybee II** (Ga.), 44 m hoch, zunächst ganz weiß, jetzt nur unten weiß, obere zwei Drittel schwarz. Der Turm überstand 1886 ein Erdbeben.

Außer diesen achteckigen gab es auch zwei prominente viereckige Exemplare:

1824 **St. Augustine** (Fla.), ca 20 m hoch; mit Leuchtfeuer versehener alter spanischer Turm, 1874 durch **St. Augustine II** ersetzt, 1880 eingestürzt (s. auch Seite 113).

1857 **Beavertail II** (R. I.), Granitturm, 16 m hoch, noch in Betrieb. Für das Druckluft-Nebelhorn wurde einst ein Pferd gehalten, das den Kompressor betrieb.

St. Augustine *(Fla.), alter spanischer Turm, ab 1824 mit Leuchtfeuer, 1880 eingestürzt*

Zum Abschluß des Kapitels über eckige Steintürme sei noch eine Anlage erwähnt, die aus einem achteckigen und einem viereckigen Turm mit einem Flachbau als Zwischenstück besteht. Sie dürfte das 1776 erbaute Zwillingsfeuer **Cap de la Hève** in Frankreich zum Vorbild gehabt haben:

1862 **Navesink II** (N. J.), Granitbau auf den sog. Highlands, beide Türme 22 m hoch, Feuerhöhe 75 m. (Nachfolger der Doppeltürme von 1828). Bei dem Südturm handelt es sich um das auf Seite 105 erwähnte erste elektrische Licht von 1898. Es strahlte aus einer in Paris hergestellten Scheinwerferlinse von 7 t Gewicht, wodurch alle 5 sec der angeblich zu helle Blitz erzeugt wurde. Das Feuer des Nordturmes diente seitdem nur noch als Reserve, wenn die Elektrik des Kollegen versagte. Der Kollege leuchtete bis 1953, denn inzwischen waren bessere Orientierungsmöglichkeiten an dieser Einfahrt nach New York geschaffen worden. Das Bauwerk beherbergt jetzt ein Museum, in dem die Geschichte der Leuchttürme und der Rettung Schiffbrüchiger gezeigt wird.

Das 1862 erbaute Zwillingsfeuer **Navesink II** *(N. J.) mit einem viereckigen und einem achteckigen Turm; der viereckige erhielt 1898 als erster in den USA eine elektrische Lichtquelle*

Barnegat II,
einer der acht 1857–1859 in Serie gebauten 50 m hohen steinernen Leuchttürme der USA

Cape Hatteras II,
mit 59 m höchster Leuchtturm der USA, 1870 an der Atlantikküste erbaut, von Erosion bedroht

c) Häuser mit Laternentürmchen

Wie an den Great Lakes, so wurden auch an der Ostküste ein- oder zweistöckige Steinhäuser mit aufgesetztem oder angebautem Laternentürmchen errichtet. Die ersten entstanden in den 1820er Jahren, die letzten um 1900. Neben den vielen unterschiedlich gestalteten Exemplaren gab es auch einige Serien von Einheitsturmhäusern. Ihre Zahl läßt sich nur schätzen, dürfte aber weit über hundert betragen haben. Fast alle sind heute außer Betrieb und durch moderne Richt- und Leitfeueranlagen ersetzt.

Die meisten hatten nur regionale Bedeutung und entsprechend schwache Feuer, zumal ihr Einsatz auf schmale und ruhige Gewässer beschränkt blieb. So leuchteten einst etwa 40 Exemplare allein zu beiden Seiten des Hudson River in Höhe von New York. Unter ihnen war auch ein 1828 erbautes Leuchtfeuerhaus mit dem Namen **Stuyvesant**. Offenbar wollte man damit dem Gründer der Stadt Neu-Amsterdam, die heute New York heißt, ein Denkmal setzen. Vielen Rauchern kommt der Name sicher bekannt vor, gibt es doch eine weit verbreitete Zigarettenmarke Peter Stuyvesant. Das besagte Leuchtfeuerhaus wurde 1837 und 1868 erneuert, die Laterne leuchtete bis 1933.

Zu 2. Bauwerke aus Holz

a) Türme

Viele der ersten Feuerträger waren aus Holz; in den obigen Beschreibungen sind einige als Vorgänger von Steintürmen erwähnt. In den nördlichen Staaten handelte es sich meist um konische Rundtürmchen oder um vier- bis achteckige Exemplare, ähnlich dem kanadischen **Seal Island** (s. Seite 86 und 88), in den Südstaaten vorwiegend um Balkengerüste. Insgesamt sind etwa hundert hölzerne Leuchttürme gebaut worden. Den Anfang machte 1746 **Brant Point** (Mass.), die letzten waren 1892 die drei Türmchen des Tripelfeuers **Nauset** (Mass.), auch »Three Sisters« (drei Schwestern) genannt.

Tyisches Leuchtfeuerhaus der 1860er Jahre

Fast alle Holztürme brannten ab. Das war bei den ersten Exemplaren, die noch mit offenem Feuer betrieben wurden, kein Wunder. In späteren Fällen, bei Kerzen- oder Ölfeuern, entstand das Unglück meist durch Unvorsichtigkeit der Wärter oder durch Blitzschlag. Auch gab es Zerstörungen durch Sturm.

So grenzt es fast an ein Wunder, daß drei Holztürme bis heute überlebten. Es sind die erwähnten »Three Sisters«. Hier ihre Geschichte:

Der Standort befindet sich auf einer 35 m hohen, vom Abbruch bedrohten Steilküste. Die drei Steintürmchen von 1838 standen bereits so dicht an der Kante, daß sie bei einem Unwetter fast abgestürzt wären. Um die Nachfolger nicht der gleichen Gefahr auszusetzen, sollten sie versetzbar sein. So hatte man sie aus Holz gebaut, jeweils nur 9 m hoch. Obwohl es längst Drehfeuer mit unterscheidbaren Kennungen gab, blieb es sogar 1892 noch bei der Tradition von drei Türmen mit je einem festen Feuer. Erst 1911 tauschte man die Linse des mittleren Turmes gegen ein Drehfeuer aus.

Das Tripelfeuer **Nauset** *(Mass.); hier mit den Holztürmen von 1892*

Hölzernes Leuchtfeuerhaus **Fort Tompkins II** *(N. J.), 1889–1903 in Betrieb*

Nun waren die beiden »Flügelmänner« überflüssig geworden. Bei einer Auktion gingen sie 1918 für ein Gebot von ganzen $ 3,50 an eine Gräfin. Sie ließ die Türmchen auf einen pferdebespannten Rollwagen setzen und zu ihrem nahegelegenen Privatgrundstück transportieren. Dort entstand daraus ein originelles Ferienquartier, das im Laufe der Jahre allerdings noch mehrmals den Besitzer wechselte.
Der verbliebene »Drilling« wurde 1923 überflüssig, als man ihn durch den nördlichen der beiden Eisentürme von **Chatham** ersetzte (s. Seite 123). Auch er wurde verkauft und diente als nostalgische Unterkunft.
Doch in den 1980er Jahren fanden die drei Sisters wieder zusammen. Sie sind nun unter privater Regie als Ausstellungsstücke auf der Halbinsel Cape Cod zu besichtigen.

b) Häuser mit Laternen

Außer den Häusern aus Stein wurde auch eine ganze Reihe von Holzhäusern mit Laterne gebaut, als erstes 1826 **Brant Point III** (Mass.), als letztes 1902 **St. Joseph Bay II** (Fla.). Vom nüchternen Zweckbau bis zum reich verzierten »Pfefferkuchenhaus« sind viele Typen vertreten. Originellstes Exemplar, allerdings kombiniert mit gemauerten Elementen, ist **Fort Tompkins II** (N. J.), 1889 erbaut, bis 1903 in Betrieb. Leider existiert es nicht mehr. Die Laternen auf einigen anderen Holzhäusern waren noch bis in die 1960er Jahre in Betrieb.

Zu 3. Bay tower-Typ

Wie die an Land auf festem Grund stehenden Stein- und Holzhäuser mit Laterne, so sind auch die im Wasser stehenden Bay-Türme eigentlich keine richtigen Leuchttürme. Aber es wurden immerhin auch rund hundert Exemplare gebaut, um der Schiffahrt als Leuchtfeuer zu dienen. Während die zuvor beschriebenen Häuser fast nur in den nördlichen Staaten vertreten waren, fand man diese Leuchtfeuerart ausschließlich in den sich südlich von New Jersey anschließenden Staaten.
Wie der Name schon sagt, handelt es sich um einen Typ, der speziell für den Einsatz in Buchten entwickelt wurde, vor allem für die nach Philadelphia führende, 200 km lange Delaware Bay und die nach Baltimore führende, 320 km lange Chesapeake Bay, beide bis zu 40 km breit.
Damit sich Schiffe in diesen nicht ungefährlichen und schwierig zu befahrenen Gewässern auch nachts orientieren konnten, hatte man zunächst kleine Feuerschiffe ausgelegt. Doch diese bewährten sich nicht, einige gingen sogar durch Sturm und Eisgang verloren. Auch ein in der Delaware Bay 1828 durchgeführter Versuch mit dem Leuchthaus **Brandywine Shoal** (Del.) auf eingerammten Pfählen mißlang, denn schon im ersten Winter fiel die Anlage dem Eis zum Opfer. Erst nach Einführung der Mitchellschen Schraubpfahlmethode wagte man an gleicher Stelle einen zweiten Versuch. Nach zweijähriger Bauzeit konnte dort am 28. Oktober 1850 der erste Bay tower in Betrieb genommen werden.

Nun ging es schnell weiter. An vielen nur 2–3 m tiefen Stellen entstanden ab 1955 in rascher Folge weitere dieser eigentümlichen Leuchtfeuer-Bauwerke aus Schraubpfahlgestellen, vier- bis achteckigen Holzhäusern mit einem unteren Umgang und einer Laterne mitten auf dem Dach. Ein Standardtyp wurde in den 1860er Jahren sogar serienmäßig gebaut. Meist wohnte der Wärter mit seiner Familie in dem vom Wasser umgebenen Pfahlhaus, was natürlich auch allerhand menschliche Probleme mit sich brachte. Die meisten dieser Bay-Türme waren in den beiden genannten Buchten zu finden, einige weitere auch in flachen Gewässern der Südstaaten, so z. B. vier in Texas.

Aber auch diese sog. festen Strukturen blieben nicht immer fest. Ihr größter Feind war das Eis, besonders wenn es zu wandern begann. Dann türmte es sich hoch auf, brach die Eisenbeine ab und schob das Haus mit sich fort, in einigen Fällen kilometerweit.
Eine weitere Gefahr stellten Rammstöße von Schiffen dar; schlimm wurde es auch, wenn Feuer ausbrach. Für solche Fälle hing ein Rettungsboot in richtigen kleinen Davits – wie auf Schiffen.
Im Laufe der Jahre gab es zahlreiche Verluste, auch an Menschenleben. Deshalb begann man um 1900, Bay-Türme durch Leuchtenpfähle, unbemannte Gittertürme, vereinzelt auch durch Caisson-Bauwerke zu ersetzen. Heute sind nur noch wenige Bay-Türme aktiv, inzwischen natürlich automatisiert.

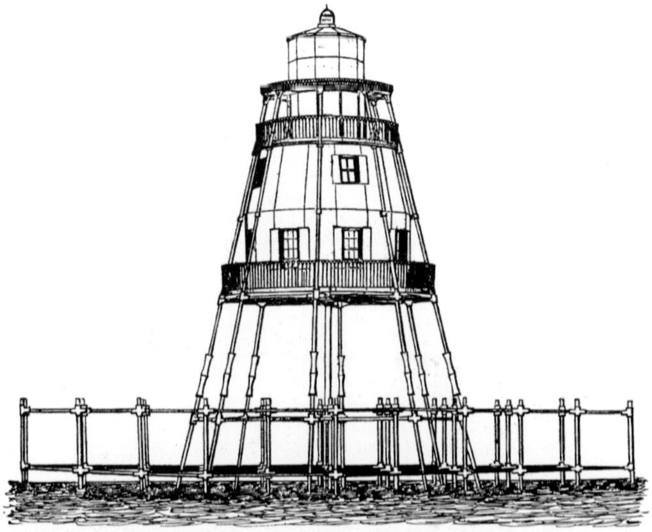

Schraubpfahl-Leuchtturm **Brandywine Shoal II** *(Del.) von 1850 – mit Eisschutz (1909 abgebrannt)*

Typisches Leuchtfeuerhaus auf Schraubpfählen (Bay tower)

Einige besonders originelle Exemplare hat man vor Verfall bewahrt, an die Küste transportiert, instandgesetzt und der Öffentlichkeit als maritime Museumsstücke zugänglich gemacht. Die meisten Beispiele findet man in der Chesapeake Bay, aber auch eines in Texas: **Half Moon Reef.** Schließlich haben auch die Bay-Türme ein Stück Schiffahrtsgeschichte gemacht.

Zu 4. Bauwerke aus Eisen/Stahl
a) geschlossene Türme

Nachdem an den wenig tragfähigen Schwemmlandküsten im Süden 25 von 40 schweren Steintürmen abgesunken oder umgefallen waren, begann dort der Einsatz von gußeisernen Leuchttürmen, die wohl stabil, aber nicht so schwer sind. Außerdem lassen sie sich leichter versetzen – ein wesentlicher Gesichtspunkt für die veränderlichen Küsten der Südstaaten. Die Eisenteile kamen allerdings aus New Jersey, wo die amerikanischen Erzvorkommen konzentriert sind.
Erster Eisenturm war 1852 **Matagorda** (Tex.), 26 m hoch, rund, rot/weiß/schwarz gebändert. 1861, zu Beginn des Bürgerkrieges versuchten die Südtruppen ihn zu sprengen. Aber er blieb stehen, allerdings ziemlich schief und stark beschädigt. Nach dem Krieg behalf man sich zunächst mit dem Leuchtfeuer auf einem 25 m hohen Holzgestell, bis 1873 der reparierte und um 3 km nach Westen versetzte Eisenturm wieder erstanden war. Er existiert noch heute – solarbetrieben, denn in dem dortigen Matagorda Island State Park gibt es keinen elektrischen Strom.

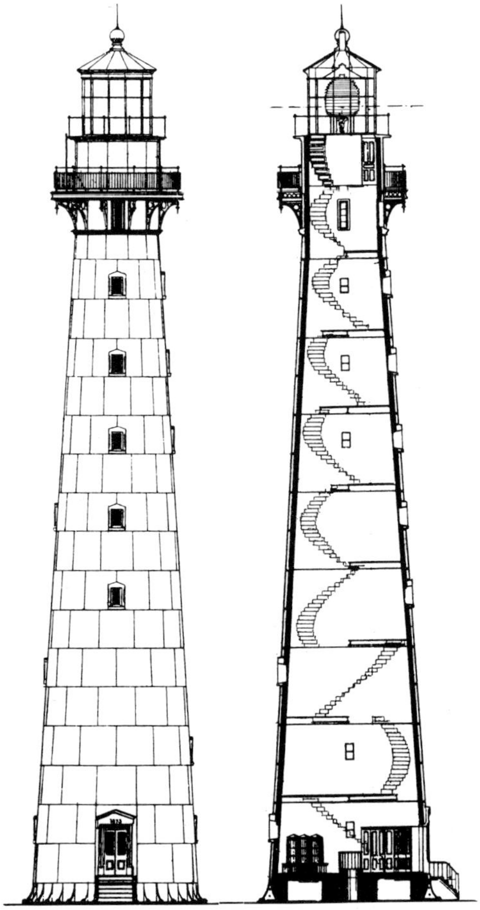

Gußeisener Leuchtturm **Hunting Island II** *(S. C.) 1875 erbaut, 37 m hoch*

Das zweite gußeiserne Exemplar entstand 1853: **Point Bolivar** (Tex.), 27 m hoch, rund und konisch. Diesen Turm sprengten die Südtruppen nicht, sondern demontierten ihn, um aus den Eisenplatten Waffen zu schmieden, denn Eisenvorkommen gab es dort nicht.
Auch er entstand nach dem Krieg in alter Form neu, wieder aus Eisensegmenten, jetzt allerdings sogar 34 m hoch. Aus Stabilitätsgründen wurde er innen ausgemauert, was sich 1900 bei einem der schlimmsten Hurrikane als Glück für 125 Menschen erwies, die in ihm Zuflucht gesucht hatten. In der Umgebung starben derweil 8000 Menschen.
Erst war der Turm weiß, dann trug er zwei schwarze Bänder, jetzt ist er ganz schwarz, seit 1933 pensioniert und in Privatbesitz.
Als ein weiterer Gußeisenturm an der Golfküste sei **Biloxi** (Miss.) erwähnt, 1856 erbaut, nur 16 m hoch, aber mit besonderem Schicksal. Nach wenigen Jahren neigte er sich, weil der Grund unter ihm an einer Seite nachgegeben hatte. Man versuchte die Korrektur auf einfachste Weise und buddelte auf der gegenüberliegenden Seite etwas Erdreich fort, und schon stand er wieder grade. Er steht noch immer, weiß gegen den dunklen Hintergrund aus Bäumen. Er hatte aber ab 1866 jahrelang einen schwarzen Anstrich; der Grund: Als 1865 der wegen Abschaffung der Sklaverei teils geliebte, teils gehaßte Präsident Abraham Lincoln ermordet worden war, ließ man sogar Leuchttürme auf diese Weise trauern.

Als Ersatz für den zu niedrigen Vorgänger aus Stein von 1848 ging 1868 der Leuchtturm **Cape Canaveral II** (Fla.) in Betrieb. Mit 44 m und leicht konkaver Kontur ist er der höchste runde Eisenturm der USA. Sein Bau war schon 1861 begonnen, aber durch Krieg stark verzögert worden. Allerdings steht er nicht mehr dort, wo er zuerst errichtet worden war, sondern seit 1894 aufgrund von Bedrohung durch Erosion 2 km weiter landeinwärts. Man hatte ihn völlig zerlegt und am neuen Standort wieder zusammengesetzt.
Mit seiner breiten schwarz/weißen Bänderung ist er ein beliebtes Foto-Motiv, zumal wenn im Hintergrund auf den Abschußrampen Raketen von über doppelter Leuchtturmhöhe zu sehen sind.
Nach Ermordung des Präsidenten J.F. Kennedy hießen Kap und Leuchtturm übrigens ab 1964 für einige Jahre **Cape Kennedy**.

Zu den ersten gußeisernen Exemplaren an den nördlichen Küsten zählten die 1874 im Abstand von 250 m errichteten Zwillingstürme **Cape Elizabeth II** (Me.), je 21 m hoch (Abb. Seite 127). Wie schon die steinernen Vorgänger von 1829, strahlte der eine festes, der andere unterbrochenes Licht aus. Das Pärchen existiert noch, nur wurde der westliche Turm 1924 außer Dienst gestellt, seiner Leuchteinrichtung beraubt und an einen Privatmann verkauft.
Die genannten, anfangs weiß gestrichenen Vorgänger hatten nach der Ermordung Lincolns übrigens auch ein schwarzes Trauerkleid erhalten.

Als Ersatz für einen 1859 erbauten, 28 m hohen Steinturm entstand 1875 der gußeiserne Leuchtturm **Hunting Island II** (S.C.), rund, 37 m hoch, unten weiß, oben schwarz. Er besitzt einen Turmkopf wie die o.a. Serie des Architekten Pelz, ansonsten ähnelt er den europäischen Leuchttürmen der holländischen Bauart.
Bei ihm handelt es sich wieder um einen Fall, wo das Meer näher und näher rückte und der ganze Leuchtturm landeinwärts versetzt werden mußte. Das geschah 1889. Seit 1933 außer Betrieb, gilt er als Prachtstück des Hunting Island State Park. Wer will, kann die 181 Stufen bis zur Galerie hinaufklettern und den Blick über die Küstenlandschaft genießen.

Für das seit 1808 zunächst aus Holztürmen, ab 1841 aus Ziegeltürmen bestehende Zwillingsfeuer **Chatham** (Mass.) auf der Halbinsel Cape Cod wurden 1877 zwei Eisentürme in Betrieb genommen, je 15 m hoch. Sie waren die ersten eines Typs, der anschließend noch an weiteren Stellen zum Einsatz kam.
Von den beiden nur 30 m auseinanderstehenden Türmen wurde der nördliche 1923 nach **Nauset** verbracht als Ablösung für das letzte Exemplar der drei Sisters (s. Seite 119/120). Der andere (Abb. Seite 127) blieb bis heute an seinem alten Platz, erhielt aber 1969 eine auch der Luftfahrt dienende Leuchtanlage. Das damals zwischen den Türmen erbaute hübsche Wärterhaus ist ebenfalls erhalten und dient jetzt als Residenz für eine Coast Guard-Station.

Dies ist der einzige achteckige und mit 50 m zugleich höchste Gußeisenturm der USA: **Cape Henry II** (Va.). Er erhebt sich seit 1881 in nur 200 m Entfernung von seinem immer noch standhaften Vorgänger (s. Seite 115). Nebenbei bemerkt, der erste Turm von 1792 kostete damals rund 24000, der neue von 1881 125000 Dollar. Für viele Amerikaner gilt die einmalige Konstruktion als Bilderbuch-Leuchtturm (Abb. Seite 128).
Im Zweiten Weltkrieg diente er deutschen U-Booten zur Orientierung an der stark befahrenen Schiffahrtslinie in die Chesapeake Bay mit ihrem Industriegebiet um Baltimore. Zahlreiche Schiffe fielen den unsichtbaren Angreifern zum Opfer.

Nun vom größten zum kleinsten eisernen Leuchtturm. Er ist nur 12 m hoch und gleich häufiger vertreten, und zwar ab 1870 vielerorts als Hafen- und Molenleuchte. Einer von ihnen ist es wert, hier aufgeführt zu werden: Wer mit der Circle Line in New York eine Bootsfahrt rund um Manhattan macht, kann ihn beim Passieren der George Washington-Brücke sehen. Er steht unmittelbar vor dem 180 m hohen Ostpfeiler der riesigen, 1931 fertiggestellten Hängebrücke, wo er sich wie ein Zwerg ausnimmt. Er wurde 1880 zunächst an anderer Stelle erbaut und 1921 – am alten Standort überflüssig geworden – hierher versetzt.
Sein offizieller Name ist **Jeffrey's Hook,** im Volksmund heißt er aber nur »The Little Red Lighthouse« (Der kleine rote Leuchtturm). Dieser Name wurde bekannt durch das Kinderbuch »The Little Red Lighthouse at the Great Grey Bridge«. Als das Türmchen 1947 außer Dienst gestellt wurde und abgerissen werden sollte, gab es laute Proteste, und sogar Kinder schrieben an die Behörden mit der Bitte, diesen liebgewonnenen kleinen Gesellen zu erhalten. Die Coast Guard-Leitung erhörte die Bitten und überließ ihn der New Yorker Parkverwaltung. Nun posiert er weiterhin als beliebtes Fotoobjekt – wie ein Gartenzwerg neben einem Wolkenkratzer.

Der originelle Zwerg: das »Little Red Lighthouse« unter der George Washington-Brücke in New York

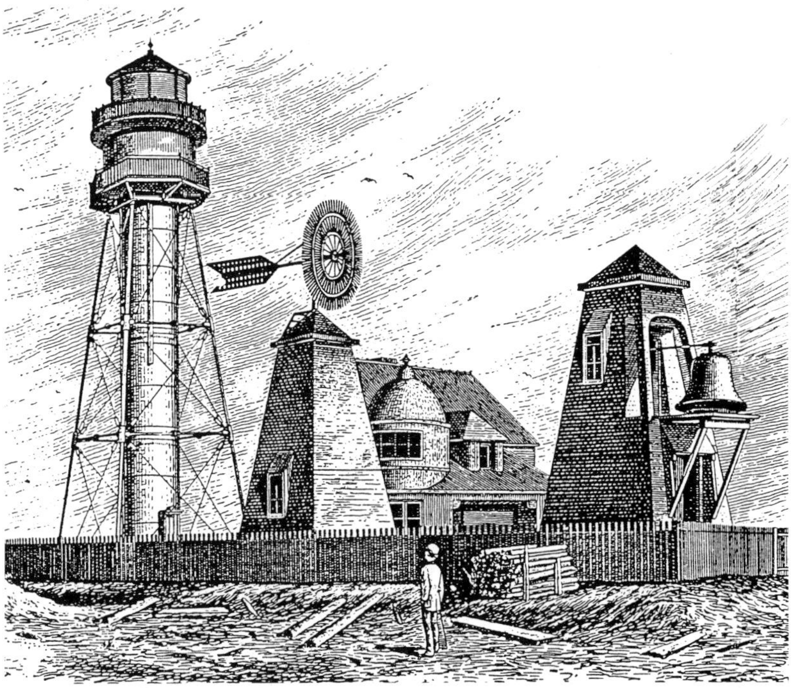

Leuchtturm-Station **Coney Island** *(N. Y.) um die Jahrhundertwende*

b) offene Gittertürme mit Treppenrohr

Hierbei handelt es sich um den gleichen Typ, wie bereits in einigen anderen Ländern eingesetzt, z. B. in Schweden ab 1863 (s. Band 1, Seite 137) oder durch die Holländer in Indonesien ab 1869 (s. Seite 41). Auch die Amerikaner hatten schon in den 1860er Jahren die ersten Exemplare dieser Art errichtet, und zwar an den Great Lakes (s. Seite 97). Hier an Atlantik und Golf begann der Einsatz erst in den 1870er Jahren; er währte bis zum Anfang des 20. Jahrhunderts, in einigen Fällen noch weit länger.

Diese offenen Türme sind noch leichter, schneller erricht- und versetzbar als geschlossene Eisentürme. Deshalb findet man sie ebenfalls vorwiegend an den veränderlichen Küsten der Südstaaten, mehrfach aber auch als Oberfeuer an Flußmündungen. Insgesamt dürften mindestens 50 solcher Gittertürme gebaut worden sein, davon sind etwa 20 noch in Betrieb. Die meisten haben vier verstrebte Stützen, die übrigen sechs, acht oder zwölf.

Hier eine Aufzählung der höheren bzw. interessanteren Exemplare mit ihrem Schicksal:

1877 **Port Penn** (Del.), 40 m hoch, 1906 nach **Liston** als Oberfeuer verbracht.

1881 **Hilton Head** (S. C.), 37 m hohes Oberfeuer, nicht mehr vorhanden.

1884 **Sanibel Island** (Fla.), 31 m hoch, noch in Betrieb.

1885 **Cape San Blas IV** (Fla.), 29 m hoch; alle drei Vorgänger waren Stürmen und dem vorrückenden Meer zum Opfer gefallen; auch dieser Turm mußte dreimal versetzt werden, noch in Betrieb.

1887 **Anclote Key** (Fla.), 31 m hoch, nicht mehr in Betrieb, jetzt Ausstellungsstück in einem Park.

1890 **Coney Island** (N. Y.), 22 m hoch, noch in Betrieb.

1890 **Boca Grande** (Fla.), 30 m hoch, nach einigen Jahren landeinwärts versetzt, nicht mehr in Betrieb.

1895 **Cape Charles III** (Va.), mit 58 m höchster Gitterturm und zweithöchster Leuchtturm der USA, noch in Betrieb.

1895 **Crooked River** (Fla.), 31 m hoch, noch in Betrieb.

1896 **Marblehead II** (Mass.), 32 m hoch, noch in Betrieb.

1896 **Hog Island II** (Va.), 45 m hoch, 1948 gelöscht und abgebrochen.

1896 **Chandeleur III** (La.), 30 m hoch, noch in Betrieb, beide Vorgänger waren Stürmen zum Opfer gefallen.

1907 **Hillsboro Inlet** (Fla.), 42 m hoch, noch in Betrieb; der Turm war in Chicago gebaut für eine Ausstellung in St. Louis 1904.

1952 **Aransas Pass II** (Tex.), 25 m hoch, noch in Betrieb.

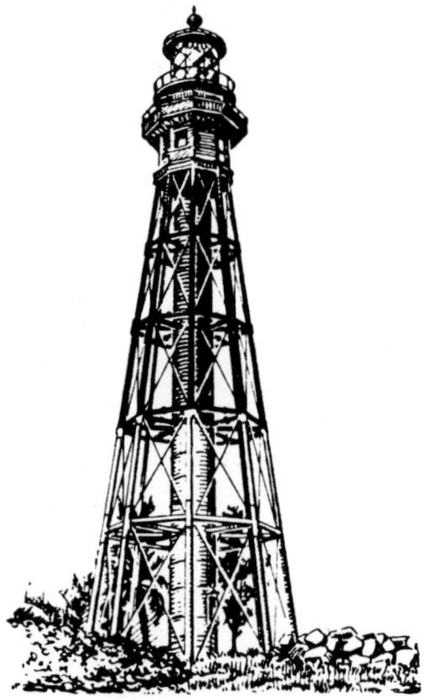

Typischer Gitterturm mit Treppenrohr: **Hillsboro Inlet** *(Fla.), 1907 erbaut, 42 m hoch*

c) Florida-Typ

Dies ist gewissermaßen die überdimensionale Version des Mitchellschen Schraubpfahl-Leuchtturmes; sie wurde speziell für einen Einsatz auf den Korallenriffen im Süden von Florida entwickelt. Es gibt sechs Exemplare, außerdem drei ähnliche im Golf von Mexiko an der Mississippi-Mündung.

Sie stehen alle auf tief eingeschraubten Eisenbeinen, 9 bis 17 an der Zahl, die in ihrer Verlängerung noch oben pyramidenförmig zusammenlaufen. Hochwasserfrei, auf etwa 1/3 Höhe befindet sich eine Plattform mit dem Wärterhaus, von dem aus ein zentrales Treppenrohr aufwärts zur Laterne führt.

Die sechs Florida-Türme sind so fest gegründet, daß sie bisher allen Hurrikanen trotzen konnten. Ihre Eisenteile waren von einer Gießerei in Philadelphia hergestellt und von dort auf dem Seewege antransportiert worden. Denn eine Landverbindung zu den sog. Keys gab es damals noch nicht. Sie wurde erst 1905 bis 1912 als Bahnlinie über die 29 Inseln bis Key West gebaut, fiel aber 1935 einem Hurrikan zum Opfer. Jetzt führt neben ihren Resten eine Autostraße über 24 Brücken bis zum westlichen Ende dieser Inselkette.

Bemannt waren die Türme mit je drei Wärtern, für die es ähnliche Trinkwasser- und Verpflegungsprobleme gab wie damals auf Schiffen in den Tropen. Nach Umrüstung der Leuchtfeuer auf Solarenergie konnten die Besatzungen in den 1960er Jahren abgezogen werden. Drei dieser Eisenbein-Türme wurden allerdings 1980 für einige Monate doch wieder bemannt, und zwar mit militärischem Personal der Coast Guard. Denn von dort aus ließ sich der damalige Exodus-Flüchtlingsstrom aus Kuba am besten überwachen.

Hier die sechs Florida-Türme in chronologischer Reihenfolge:

1852 **Carysfort Reef**, 34 m hoch. Die Errichtung hatte vier Jahre gedauert, wobei die Hälfte der Zeit auf das Einschrauben der Eisenbeine entfallen war. Benannt nach einer 1770 dort gestrandeten britischen 20 Kanonen-Fregatte.

1853 **Sand Key II**, 37 m hoch. Einziger von den sechs Leuchttürmen, der einen Vorgänger hatte. Dieser 1827 aus Stein erbaute Turm war bei dem bereits erwähnten Hurrikan von 1846 völlig zerstört worden; dabei war die zur Wärterin ernannte Witwe des ersten Wärters mit ihrer ganzen Familie umgekommen. Aber auch der Schraubpfahlturm von 1853 hatte Pech: 1989 brannte er aus, wobei Wärterhaus, Treppenrohr und Laterne völlig zerstört wurden – möglicherweise verursacht durch unbefugte Eindringlinge; denn die Türme stehen jetzt dort ohne jegliche Aufsicht, und die Behörden klagen sehr über Beschädigungen durch Vandalismus.

Leuchtturm **Fowey Rocks** *(Fla.) 1878 erbaut, 35 m hoch (Abb. auch Seite 6)*

1858 **Sombrero Key**, mit 45 m höchster dieser Türme. Bei der Automatisierung 1960 wurde eine kleinere Leuchtfeuer-Anlage eingebaut. Die alte große Fresnelsche Gürtellinse befindet sich jetzt im Key West Leuchtturm-Museum.

1873 **Alligator Reef**, 43 m hoch. Baukosten damals $ 185000. Benannt nach einem US-Schoner, der in den 1820er Jahren Piraten gejagt hatte und dabei gestrandet war.

1878 **Fowey Rocks,** 35 m hoch. Benannt nach einem 1748 dort gestrandeten englischen Kriegsschiff. In den 1970er Jahren erhielt die Laterne einen Aufbau mit Windkraftgeneratoren, die sich jedoch nicht bewährten; offenbar war entweder zu wenig oder gleich zu viel Wind. Deshalb wird das Leuchtfeuer jetzt auch solarbetrieben, denn Sonnenschein gibt es bekanntlich in Florida genug.

1880 **American Shoals**, 35 m hoch, nach gleichen Plänen erbaut wie der vorgenannte Turm. Eine Briefmarke zeigt ihn aus der Vogelperspektive.

Anschließend seien auch die drei ähnlichen Exemplare an der Mississippi-Mündung, alle in Louisiana, aufgeführt:

1859 **Ship Shoal**, 38 m hoch, in 5 m Wassertiefe erbaut, 1950 automatisiert, 1970 gelöscht, seitdem nur noch Tagesmarke.

1869 **Southwest Pass III**; Ersatz für zwei zerstörte Vorgänger; 38 m hoch, auf 185 Pfeilern erbaut, 1953 durch Betonturm ersetzt.

1881 **South Pass II**; Ersatz für Holzturm von 1831; 35 m hoch, noch in Betrieb.

d) Caisson tower-Typ

Wie bereits mehrfach zuvor geschildert, besteht die Grundlage für diese Bauwerke aus einem abgesenkten Holz- oder Metall-Caisson, der nach seiner Füllung als Sockel für den eigentlichen Leuchtfeuerträger dient. Die meisten dieser runden oder viereckigen Kästen waren offen und wurden – abgesehen von der Aufbereitung des Meeresgrundes durch Taucher – von oben bearbeitet. Erst nach dem gelungenen Experiment mit einem unten offenen Senkkasten für den deutschen Leuchtturm **Roter Sand** wurden auch in den USA ab 1887 elf derartige Gründungen, bei denen mit Überdruck im Caisson gearbeitet werden muß, durchgeführt.

Typischer Caisson-Turm (»Zündkerze«)

Auf diesen so entstandenen »künstlichen Felsen« konnten nun beliebige Leuchtfeuerträger errichtet werden. Außer einigen Steinhäusern mit Laternentürmchen handelte es sich hier in fast allen Fällen um einheitliche runde Gußeisentürme von ca 15 m Höhe. Scherzhaft werden sie »Sparkplug« (Zündkerze) genannt, weil sie tatsächlich wie riesige Zündkerzen aussehen. Ihre Feuerhöhe beträgt im Durchschnitt 17 m. Insgesamt wurden etwa 50 Exemplare gebaut, fast ausschließlich auf steinernen Untiefen und Wellenbrecherköpfen der Nordstaaten, vereinzelt auch in den Great Lakes. Letzter Caisson-Turm war 1914 **Brandywine Shoal III** (Del.) als Ersatz für den 1909 abgebrannten Bay tower-Vorgänger aus Holz.

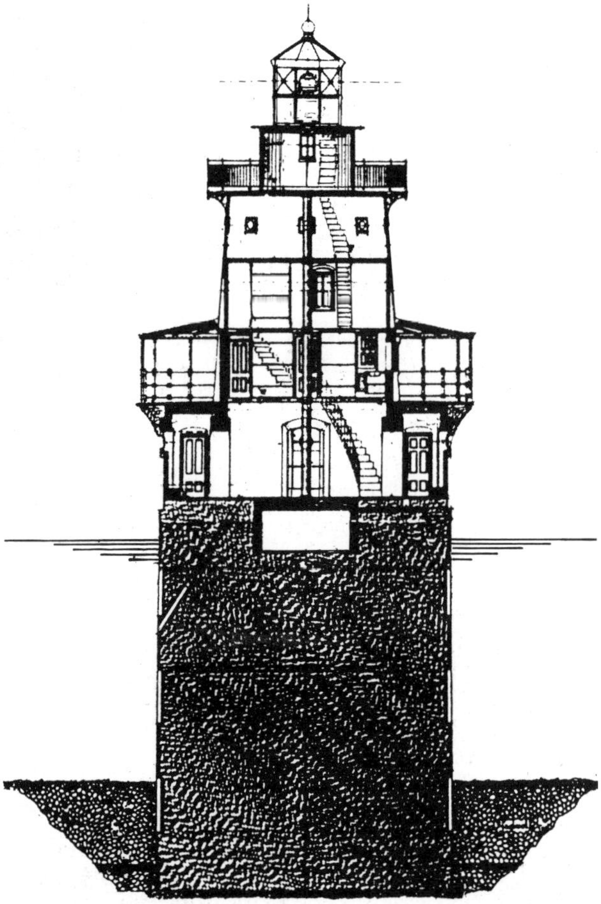

Schnitt durch einen Turm auf Caisson-Gründung

Cape Elizabeth II,
1874 erbauter Eisenturm an der US-Ostküste, 21 m hoch

Leuchtfeuer- und Coast Guard-Station **Chatham** *mit Eisenturm von 1877 auf der Halbinsel Cape Cod (US-Ostküste)*

Leuchtturm **Cape Henry II** *von 1881, mit 50 m höchster Gußeisenturm der USA*

Größte Schwierigkeiten hatte die Errichtung des Leuchtfeuers **Race Rock** (N. Y.) auf einem Riff mitten in der Einfahrt zum Long Island Sund bereitet. In eine ringförmige Schüttung von 10000 t Steinbrocken wurde ein runder Holzcaisson gesenkt und mit Beton gefüllt. Darauf entstand in teilweiser Unterwasserarbeit ein dicker runder Granitsockel und darauf erst das Leuchtfeuerhaus, ebenfalls aus Granit. Der 1871 begonnene Bau dauerte bis 1878. Mit einem Kostenaufwand von $ 278716 wurde es eines der teuersten Leuchtfeuer jener Zeit; leider waren auf der Baustelle zwei Menschen ums Leben gekommen.

Über sandigem Meeresboden der Delaware Bay entstand 1886/87 das erste amerikanische Leuchtfeuer auf einem unten offenen Caisson als Druckluftgründung: **Fourteen Foot-Bank** (Del.). 14 Fuß, das sind 4,3 Meter, so tief ist das Wasser auf dieser Bank. Der zylinderförmige Senkkasten ist 25 m lang, er ragt noch 9 m über die Wasseroberfläche hinaus. Auf seiner Plattform steht ein dreistöckiges Turmhaus. Das Leuchtfeuer ist, wie bei den meisten Caisson-Türmen, inzwischen automatisiert und nach wie vor in Betrieb.

Schwierigstes und teuerstes Leuchtfeuer-Bauwerk auf Caisson-Gründung: **Race Rock** *(N. Y.), 1871–1878 erbaut*

Texas tower

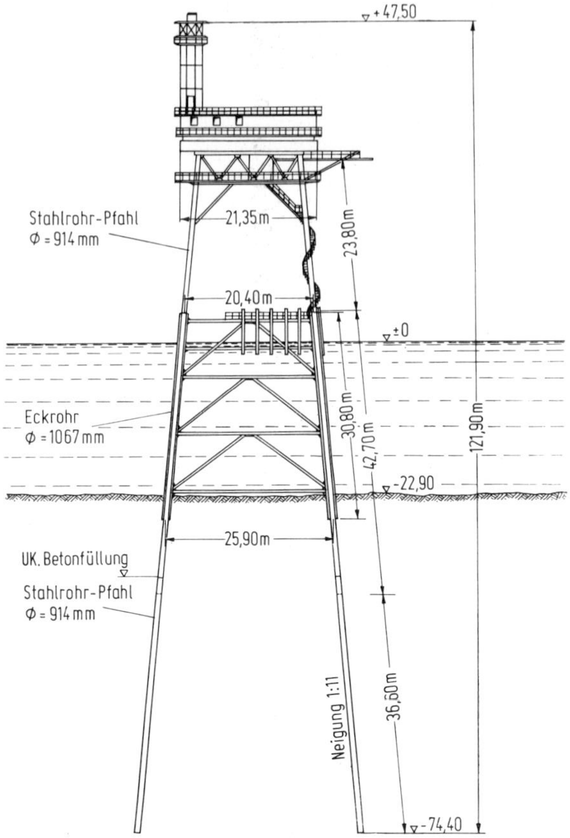

e) Texas tower-Typ

Von diesem Turmtyp steht kein einziger in Texas, er heißt nur so nach den Öl-Bohrtürmen. Es gibt sechs Exemplare, alle vor den Küsten der Nordstaaten – weit draußen in 15 bis 50 km Entfernung. Dort, wo der Atlantik für Schraubpfahl- und Caissontürme zu tief und gefährlich ist, hatten sie die letzten Feuerschiffe abgelöst.

Für ihren Einsatz in Wassertiefen bis zu 27 m und andererseits gegen Wellen bis zu 12 m Höhe war eine Standardausführung entwickelt worden. Der Unterbau besteht aus einer vorgefertigten vierbeinigen Stahlfachwerkkonstruktion, durch deren Eckrohre Gründungspfähle in den Meeresboden eingerammt wurden, und zwar bis zu 50 m tief. Der Untergrund war vorher genau auf seinen geologischen Aufbau hin untersucht worden. Nach Verankerung des Unterbaues durch Ausbetonieren der Gründungspfähle setzte man die ebenfalls vorgefertigten Überbauten auf. Diese unterscheiden sich nur geringfügig durch Art und Höhe des Eckturmes für das weittragende Leuchtfeuer. Die Plattform dient als Hubschrauberlandeplatz.

Als architektonisch interessantes Accessoire erhielten drei der Türme eine schraubenförmige Wendeltreppe um eines der vier Beine.

Wie bei vielen anderen Leuchttürmen im Meer, wird der Strom für die zahlreichen elektrischen Anlagen durch stationäre Dieselaggregate erzeugt.
Bis zum Anschluß an die Fernsteuerung gegen Ende der 80er Jahre waren die Türme bemannt. Die Besatzungen bestanden aus sechs Mann, von denen sich jeweils drei im Wechsel von zwei Wochen ablösten. Alle 1 1/2 Jahre wurden die Besatzungen gegen andere ausgetauscht. Ihr Dienst »an Bord« war nicht viel anders als auf den letzten Feuerschiffen, nur stand ihr Untersatz fest, 25 m hoch und (fast) immer trocken. Wenn ein Hurrikan heranzog, wurden die Männer vorsichtshalber an Land gebracht.
Nachstehend eine Aufzählung in chronologischer Reihenfolge:
1961 **Buzzards Bay**, (Mass.), Feuerhöhe 31 m.
1962 **Brenton Reef** (R.I.), Feuerhöhe 27 m.
1965 **Chesapeake** (Va.), Feuerhöhe 36 m.

Leuchtturm **Charleston III** *(S.C.), 1962 erbaut, 43 m hoch*

Leuchtturm **Buzzards Bay** *(Mass.), 1961 erbaut*

1966 **Frying Pan Shoals** (N.C.), Feuerhöhe 36 m.
1967 **Diamond Shoal** (N.C.), Feuerhöhe 37 m. Hier war 1891 der Versuch, einen Caisson-Leuchtturm zu errichten, gescheitert; das Meer zerschlug den abgesenkten Kasten.
1967 **Ambrose** (N.Y.), Feuerhöhe 41 m. Der Turm ersetzte das letzte Feuerschiff, das auf dieser seit 1823 bestehenden Station gelegen hatte. Hier befindet sich das westliche Ende der Rekordstrecke für das Blaue Band des Ozeans (s. Band 1, Seite 81).

Natürlich passen auch einige Leuchttürme nicht in den Rahmen der beschriebenen Typen. Die beiden höchsten und modernsten von ihnen seien hier kurz aufgeführt:
1958 **Oak Island** (N.C.), 47 m hoch, runder Betonturm im Silo-Stil, bei dem die Tönungen schon in das Material hineingearbeitet sind (oben schwarz, Mitte weiß, unten grau).
1962 **Charleston III** (S.C.), 43 m hoch, dreieckiges, mit Keramikplatten verkleidetes Stahlgerippe, oben schwarz, unten weiß; einziger Leuchtturm der USA mit Lift; im Turmkopf befindet sich allerdings auch eine Beobachtungsstation.

Felsenriff-Leuchtturm **Minots Ledge** *von 1850*

Obwohl er eigentlich schon in vorherigen Kapiteln hätte erwähnt werden müssen, bleibt der berühmteste Leuchtturm-Standort der US-Ostküste bis zum Schluß aufgespart:

Minots Ledge (Mass.). Das ist ein dicht unter der Wasseroberfläche liegendes Riff der sog. Cohasset Rocks vor der Boston-Bucht. Dort hatten immer wieder Schiffe und ihre Besatzungen ein schreckliches Ende gefunden, so auch 1754 ein Dreimaster des Bostoner Kaufmannes George Minot. Seitdem trägt das Riff seinen berühmt-berüchtigten Namen. Nachdem dort allein zwischen 1832 und 1841 wieder 40 Schiffe verloren gegangen waren, wurde der Entschluß gefaßt, auf dem äußersten Riff der Gruppe einen Leuchtturm zu errichten. Aber in Amerika hatte man zu jener Zeit noch keinerlei Erfahrungen mit solchen Bauwerken. Nur in Europa existierten schon einige Riff-Leuchttürme.

Offenbar ermutigt durch die Standhaftigkeit des hölzernen Stelzen-Leuchtturmes **Smalls** von 1776 (Band 1, Seite 76), entschloß man sich zu einer ähnlichen Konstruktion, allerdings auf Gußeisenbeinen. Das würde schneller gehen und nicht so teuer werden wie ein Granitturm. 1847 begann man mit der Bohrung der 1,5 m tiefen Löcher für die neun vorgesehenen Stelzen. Wie bei Riff-Türmen in Europa, so konnte auch hier zunächst nur bei ruhiger See und niedrigem Wasserstand gearbeitet werden. Die Werkleute wohnten auf einem nahebei verankerten Schoner, der nur bei nahendem Sturm einen Hafen aufsuchte. Am 1. Januar 1850 nahm der 23 m hohe Leuchtturm **Minots Ledge** seinen Betrieb auf.

Als Erbauer gilt der Ingenieur William A. Swift, dessen Entwurf eine gewisse Ähnlichkeit mit dem gleichzeitig entstandenen englischen Leuchtturm **Bishop Rock I** (s. Band 1, Seite 80) aufweist. Genau wie diesem Turm am 5. Februar 1850, so erging es **Minots Ledge** gut ein Jahr später: In der Nacht vom 16. zum 17. April 1851 knickte stürmische See ein Bein nach dem anderen ab bis das ganze Bauwerk ins Meer stürzte. Trotz des brausenden Sturmes hatte man an Land noch die von den beiden Wärtern in ihrer Not geschlagene Nebelglocke gehört bis sie in den frühen Morgenstunden verstummte, gleichzeitig erlosch auch das Leuchtfeuer. Fischer fanden einige Tage später ihre letzte Flaschenpost: »Der Turm hält nicht länger. Während ich dies schreibe, schwankt er drei Fuß nach jeder Seite. Gott segne auch alle!«.

Aber man gab sich nicht geschlagen und hielt Ausschau nach hohen Riff-Leuchttürmen in Europa, die den Naturgewalten bis dahin getrotzt hatten. Davon gab es damals erst fünf Exemplare, drei in englischen und zwei in französischen Gewässern, alle massiv aus Granit. So entschloß man sich, den neuen Turm auch aus Granit zu bauen. Als Vorbild für die äußere Form diente der 1755 abgebrannte **Eddystone II**, als Vorbild für die Bauweise **Eddystone III** mit seinen verkeilten Granitblöcken

16. April 1851: das schreckliche Ende des Turmes

(s. Band 1, Seiten 68–70). Als Architekt fungierte General Joseph G. Totten, Chefingenieur der USA, als Baumeister Burton S. Alexander.
1855 begannen die Arbeiten draußen auf dem Riff, wobei zunächst die abgebrochenen Eisenbeine des zerstörten Vorgängers zu beseitigen waren. Die alten gebohrten Löcher nutzte Alexander zur Errichtung eines Baugerüstes aus. Doch mußte 1857 wieder von vorne begonnen werden, weil die See im Winter alles zerschlagen hatte.
Auf einer an Land eingerichteten Baustelle wurde der aus verkeilten Granitblöcken bestehende Turm nach englischem Muster schon vorher probeweise zusammengesetzt und wieder zerlegt, ehe er auf dem Riff endgültig erstand. Die Baustelle kann noch heute besichtigt werden. Insgesamt wurden etwa 7000 t an Steinen verbaut. Am 15. November 1860 konnte der neue, 30 m hohe Leuchtturm **Minots Ledge II** in Betrieb genommen und das während des Baues ausgelegte Feuerschiff wieder eingezogen werden.
1894 wurde das anfängliche Festfeuer durch ein Drehfeuer ersetzt. Dieses hatte als Charakteristik eine Folge von 1–4–3 Blinken, die alle 30 sec wiederholt wurde. Bei den Amerikanern standen die Blinke für Buchstaben – wie bei dem Satz »I love you« (ich liebe dich). Nachdem diese Charakteristik 1983 bei der Umstellung des Leuchtfeuers auf Solarbetrieb geändert worden war, gab es Proteste in der Bevölkerung, die ihr »Lover's Light« behalten wollte. Daraufhin wurde es 1989 wieder eingeführt – begrüßt mit Sirenengeheul zahlreicher Privatboote.

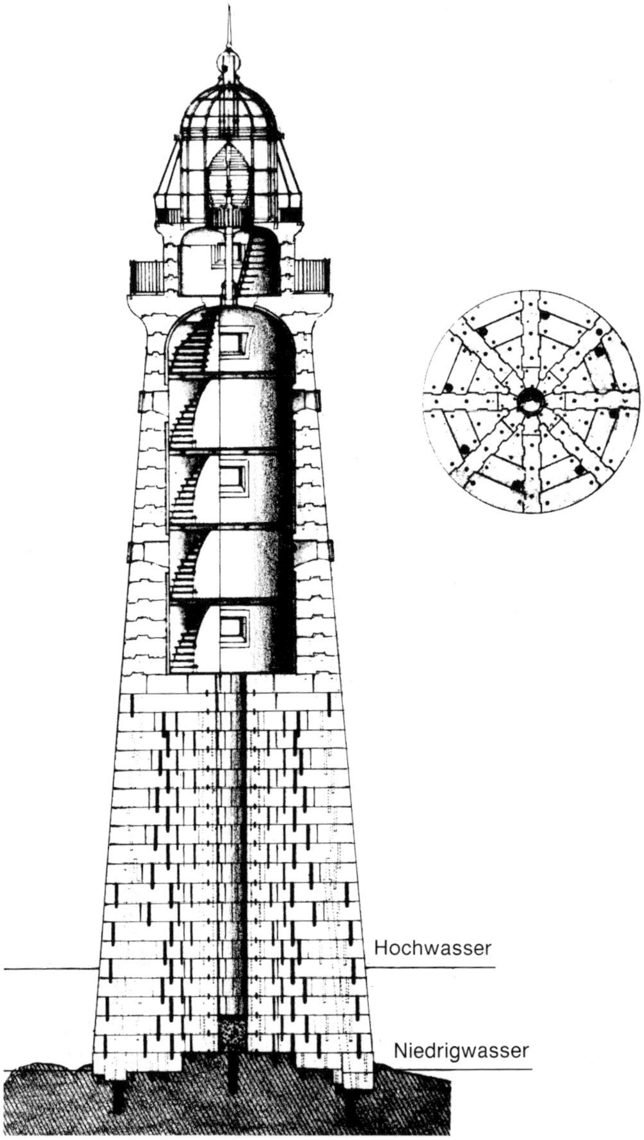

Felsenriff-Leuchtturm **Minots Ledge II** *(Mass.) vor Boston, 1855–1860 erbaut, Schnitt durch den Turm, die verkeilten Granitblöcke und die Metallanker sind deutlich zu erkennen*

Karibien / Westindien

Zunächst zu den Ländern des Festlandsbogens vom hier miteinbezogenen Mexiko bis Venezuela. Fremdherrschaften, Kriege, Revolutionen waren die Ursache für zurückbleibende wirtschaftliche Entwicklung. Eine gewisse Stabilisierung begann zumeist erst gegen Ende des 19. Jahrhunderts. Bis dahin gab es nur wenig nächtliche Orientierungshilfen für die Schiffahrt. Vielerorts wurden die ersten Leuchttürme auch wieder zerstört. Selbst heute ist die Leuchtfeuerkette an diesem langen Küstenstrich noch höchst lückenhaft.

Am nördlichsten auf dem mittelamerikanischen Festlandsbogen liegt ***MEXIKO***. Wie bereits erwähnt, hatten die Spanier noch vor Ende des 16. Jahrhunderts ein Feuer in **Vera Cruz**, dem wichtigsten Hafen des Landes eingerichtet. Sein Schicksal ist unbekannt.
Etwa 1815 entstand als Nachfolger ein 19 m hoher weißer Leuchtturm im Fort San Juan auf der vorgelagerten Insel Ulloa. Wahrscheinlich wurde er 1847 im Krieg gegen die USA zerstört. Jedenfalls ersetzte man ihn 1872 durch einen blau/weiß gebänderten Turm im Kloster San Francisco. Vierter in der Reihe wurde 1905 ein Uhrturm in der Stadt. Jetzt leuchtet den Schiffen neben zahlreichen kleinen Hafenfeuern eine Laterne auf einem hohen Hotel.
Ansonsten entstanden erst ab 1852 ganz vereinzelt Leuchtfeuer, zunächst am Golf von Campeche (westlich der Halbinsel Yucatan), später auch an den angrenzenden Küsten. In mehreren Fällen geschah dies unter Ausnutzung vorhandener Wach- oder Kirchtürme.

Leuchtturm **Vera Cruz**, *ca. 1815 erbaut (nach einem alten Stich)*

Vor Tampico, dem zweitwichtigsten Hafen, stellten endlich die USA 1883 den ersten richtigen Leuchtturm auf, einen 40 m hohen Gitterturm mit Treppenrohr. Er heißt wie der Hafen **Tampico** und steht noch heute als höchster in Mexiko.
Mit der etwa 1890 einsetzenden wirtschaftlichen Entwicklung begann auch der mehr oder weniger planmäßige Aufbau eines Seezeichenwesens. Bis in die 1920er Jahre entstand eine Reihe von Leuchttürmen meist geringer oder mittlerer Höhe aus Stein, Eisen oder Beton. Danach ging es nur schleppend weiter. Erst in jüngerer Zeit bemüht man sich um Verdichtung des Leuchtfeuernetzes und um Modernisierung. Ein Großteil der Feuer arbeitet schon mit Solarenergie. Trotzdem fällt auf, daß in der mexikanischen Seezeichenorganisation unverhältnismäßig viele Menschen beschäftigt sind.

Vor ***BELIZE*** (früher British-Honduras) liegt das zweitgrößte Korallenriff der Erde. Auch hier gibt es »Kays«, allerdings anders geschrieben als in Florida. Die Briten begannen 1821 mit der Befeuerung einiger vor dem Hafen Belize liegender Kays, woraufhin die ganze Gegend den Namen »Lighthouse Reef« erhielt.
Die anfänglich aufgestellten primitiven Masten wurden in den 1880er Jahren durch Gittertürme ersetzt. Zwei von ihnen, **Sandbore Kay** und **Half-Moon Kay**, je 25 m hoch, existieren noch heute.

GUATEMALA begann erst 1908 mit der Errichtung von Leuchtfeuern an seiner nur kurzen Küstenlinie. Einziger bedeutender Leuchtturm ist ein 1909 erbauter ca. 30 m hoher Gitterturm an der Spitze einer vorgelagerten Landzunge: **Cabo Tres Puntas**.

In ***HONDURAS*** soll 1875 ein erstes Holzgerüst mit Leuchtfeuer auf der Insel **Roatan** vor der Küste errichtet worden sein. Es wurde 1892 vom Sturm zerstört und 1920 ersetzt. Ein ähnliches Schicksal weist das 1876 eingerichtete Leuchtfeuer **Cabo Honduras** auf.
Erst nach der Jahrhundertwende wurde die Einrichtung von Leuchtfeuern fortgesetzt. Um 1920 entstanden auch einige etwas höhere Exemplare, als höchstes 1912 ein 30 m hoher Gittermast auf der dem Hafen La Ceiba vorgelagerten Insel **Utila**. Er existiert nicht mehr, wie übrigens auch viele andere in jener Zeit entstandene Leuchtfeuer-Bauwerke.
Darüber hinaus hält Honduras den traurigen Rekord in Unzuverlässigkeit: Viele angegebene Feuer brennen überhaut nicht oder nur unregelmäßig.
Auf den weit vorgelagerten, von den USA verwalteten **Swan Islands** gibt es seit 1917 einen kleinen Leuchtturm und neuerdings ein Luftfahrtfeuer, das auch der Schifffahrt dient.

In ***NICARAGUA*** sieht es nicht viel besser aus. An der 550 km langen Lagunenküste gibt es keine guten Häfen und keine nennenswerten Leuchtfeuer. Nur die USA erbauten während ihrer Besetzung 1913 einen 30 m hohen stählernen Leuchtturm: **Punta Gorda**. Aber er leuchtet auch nicht mehr.

El Faro en la Barra de **Tampico**, *mit 40 m höchster Leuchtturm an der mexikanischen Ostküste*

Wegen unwegsamer Landverbindungen ist heute der Luftverkehr am wichtigsten. Es gibt mehr Luftfahrtfeuer als Leuchttürme für die Schiffahrt.

Nebenbei bemerkt: Beinahe hätte Nicaragua bezüglich eines Kanals zwischen Atlantik und Pazifik Panama den Rang abgelaufen. Schon seit 1528 gab es immer wieder Pläne für solch eine Schiffsverbindung unter Ausnutzung des Nicaraguasees und seines Ausflusses zur Karibik. Der Bau wurde 1889 tatsächlich begonnen, 1893 aber wieder eingestellt, weil man inzwischen den Panamakanal als bessere Lösung erkannt hatte.

An der Atlantikküste von ***COSTA RICA*** gibt es nur einen Leuchtturm, und zwar am Hafen **Limon,** 1908 erbaut, 25 m hoch. Er soll allerdings seit 1985 außer Betrieb sein.

PANAMA gehörte bis 1903 zu Kolumbien, das wenig Neigung zeigte, dort Geld für die Küstenbefeuerung aufzuwenden.

Einziger Leuchtturm von Bedeutung war der 1852 auf dem nördlichen Landbogen erbaute **Punta Manzanillo,** ein 18 m hoher Eisengitterturm; er wurde 1894 abgelöst von einem 26 m hohen weißen Metall-Leuchtturm mit einer Feuerhöhe von 93 m auf der davor gelegenen Isla Grande.

Nachdem der 1881 von den Franzosen unter Lesseps begonnene Bau des Panamakanals 1894 aufgrund ungeheurer Menschenverluste, finanzieller und technischer Schwierigkeiten abgebrochen worden war, schloß das Land 1903 einen Vertrag mit den USA über die Realisierung eines neuen Kanalprojektes.

Belehrt durch die Katastrophe ihrer Vorgänger, begannen die Amerikaner nicht sofort mit dem eigentlichen Kanalbau, sondern schufen zunächst bessere Voraussetzungen für den Großeinsatz von Menschen. Sie rotteten die Moskitos aus, die zuvor Schuld gewesen waren am Tod von 20000 Arbeitern, indem sie die Sümpfe trockenlegten oder mit Öl übergossen, um die Insektenlarven zu ersticken. Sie errichteten Spitäler und gesunde Unterkünfte, auch schickten sie Ärzte voraus. Dann erst ließen sie die Arbeiten beginnen.

Karibien/Westindien

Leuchtturm **Gatun** am Panamakanal, 1914 erbaut

1914 wurde der Kanal mit seiner 81 km langen Fahrrinne versuchsweise in Betrieb genommen, 1920 offiziell eröffnet.
Weit vor der Einfahrt ragen zwei 3000 m lange Wellenbrecher keilförmig in die Karibik hinaus. Die Lücke zwischen ihnen wird seit 1914 durch je einen 30 m hohen eisernen Leuchtturm bezeichnet. Von dort aus führt eine Richtfeuerlinie bis zur eigentlichen Kanaleinfahrt. Das Oberfeuer, der 30 m hohe Beton-Leuchtturm **Gatun** erhebt sich neben der oberen von drei Schleusen, in denen die Schiffe um 26 m auf die Höhe des künstlich aufgestauten Gatun-Sees gehoben werden.

In ***KOLUMBIEN*** selber begann man auch erst in der zweiten Hälfte des 19. Jahrhunderts mit der Einrichtung von Leuchtfeuern, zum Teil unter Ausnutzung vorhandener Türme. Erste Feuer waren u.a. 1857 **Riohacha** auf einem Kirchturm, 1881 in **Cartagena** auf dem Turm des ehemaligen Klosters La Mercid sowie 1886 auf einem Holzgerüst im Fort San Fernando.
Die ersten primitiven Feuer wurden nach der Jahrhundertwende ersetzt durch Gittertürme oder geschlossene, meist viereckige Türme aus Eisen, neuerdings auch aus Aluminium. Höchster von ihnen ist **Punta Gallinas** mit 34 m.
Seit den 1920er Jahren entstanden Feuer auch auf einigen zu Kolumbien gehörenden, vor Nicaragua gelegenen Cays; als wichtigster gilt **Cayo Bolivar** auf den Courtown Cays, ein 1932 errichteter 29 m hoher Metallturm.

In ***VENEZUELA***, einem Land mit besonders vielen inneren Unruhen und einem Rekord an Revolutionen, begann die Leuchtfeuergeschichte ebenfalls recht spät, nämlich 1864 im Hafen Cabello mit dem Leuchtturm **Punta Brava**. Er war nur wenige Meter hoch, aus Holz und brannte 1892 ab. Der 1911 erbaute Nachfolger, ein 29 m hohes Eisengestellt mit schwarzen Bändern existiert noch. Auch die wenigen anderen, im 19. Jahrhundert eingerichteten Leuchtfeuer wurden inzwischen ersetzt.

An Venezuelas langer Küste wurde es erst heller, als der Erdölboom einsetzte und die Bohrtürme auf dem Maracaibo-See entstanden. Wegen der dort nur geringen Wassertiefe mußte das Öl von vielen kleinen Tankschiffen abtransportiert werden, und die brauchten nächtliche Wegweiser. So entstanden ab 1920 weitere Leuchtfeuer, insbesondere an der Ausfahrt des Maracaibo-Sees, allerdings fast ausschließlich auf nur kleinen Metall- oder Betonträgern. Der mit 35 m einzige höhere – zugleich höchster in Venezuela – heißt **Punta Macolla**; es handelt sich um einen schwarzen Metallturm auf hohem Betonsockel; er steht seit 1930 an der Ostseite des sich zur Karibik hin öffnenden Venezuela-Golfes.
Nebenbei bemerkt, die meisten Feuerträger sind schwarz oder weiß. Die mit 425 m größte Feuerhöhe besitzt die Laterne auf einem Öltank hoch über dem Hafen **La Guaira**.
Sehenswert ist eigentlich nur der kleine Leuchtturm **Isla Margarita** auf der gleichnamigen Insel. Er leuchtet zwar nicht mehr, wird aber weiterhin gepflegt und als Denkmal in einer Anlage erhalten (Abb. Seite 145). 1896 in Porlamar zur Markierung der Passage zwischen Insel und Festland erbaut, wurde er bereits 1930 durch das Feuer auf einem Funkmast ersetzt.

Vor Schilderung der Westindischen Inseln sei noch eine Inselgruppe erwähnt, die 900 km östlich Cape Hatteras liegt und eigentlich zu Nordamerika gehört: ***BERMUDAS***. Es handelt sich um das nördlichste Korallenatoll der Erde, gebildet aus 300 Inselchen, von denen nur 20 bewohnt sind. Die britische Kronkolonie war einst Schlupfwinkel für Piraten, heute ist sie einerseits Natur-, andererseits Steuerparadies.

Nach der vorangegangenen Aufzählung mittelamerikanischer Staaten mit ihren unbedeutenden Leuchttürmen kann hier endlich wieder ein Musterexemplar präsentiert werden: Leuchtturm **Gibb's Hill**, 1846 von dem bereits erwähnten Engländer Alexander Gordon als einer der ersten hohen gußeisernen Leuchttürme erbaut. Aus Stabilitätsgründen ist der untere Teil bis zu einer Höhe von 7 m mit Beton ausgefüllt. Der Eisenschaft mißt 31 m, das ganze Bauwerk mit Laterne 38 m. Alle Teile wurden aus England antransportiert.

Der Turm steht im Süden der Hauptinsel auf dem 74 m hohen Hügel, nach dem er benannt ist. Von dort strahlt er mit seiner alten Fresnelschen Riesenoptik weit auf den Atlantik hinaus. Er wurde zwar 1964 automatisiert, behielt aber noch zwei Wärter zur Überwachung des Schiffsverkehrs. Man darf ihn besteigen und den herrlichen Blick von oben genießen. Dabei fallen besonders die schneeweißen Dächer auf; Erklärung: Sie sind aus Korallenblöcken.

Nordöstlich auf einer Nachbarinsel entstand 1879 der Leuchtturm **St. Davids**, 22 m hoch, achteckig, mit rotem Band. Beide Türme sind übrigens Motiv je einer Briefmarke.

Ansonsten gibt es auf den Inseln noch eine Reihe kleinerer Leuchttürme, die meisten sind aus Beton, einige neuere aus glasfaserverstärktem Kunststoff.

Ältester Leuchtturm der Bahamas: **Nassau Harbour**, *1816 erbaut, 19 m hoch*

Leuchtturm **Gibb's Hill**, *Bermudas (Ausschnitt aus einer Briefmarke)*

Nördlichste Eilande Westindiens sind die geschichtsträchtigen ***BAHAMAS***. Am 12. Oktober 1492 landete Kolumbus auf einer dieser Inseln, die er San Salvador nannte. Ein Denkmal ziert heute die vermutete Landestelle.

Die Bahamas bestehen aus 30 größeren sowie 3000 Mini-Inseln. Letztere kann man von geschäftstüchtigen Maklern einzeln kaufen.

Daß die ganze Gegend bei Seefahrern verrufen war und ist, versteht sich von selbst. Auch hier gab es gewisse Leute, die Schiffe durch Irrlichter auf die Klippen lockten; sie lebten von Bergung und Verkauf der Ladung. Heute ist es zu einem beliebten Sport geworden: das Tauchen nach gesunkenen Schiffen. Als weiteres Betätigungsfeld sei noch der Schmuggel erwähnt, während der Prohibition 1920–1933 mit Alkohol, jetzt mit Rauschgift.

Als Staatsoberhaupt dieser heute parlamentarischen Demokratie fungiert immer noch die britische Königin. Die Hauptstadt heißt Nassau. Diesen Namen kann man am Heck vieler Schiffe lesen, die nie dort waren. Die Dilligflagge macht's möglich.

Geographisch gehört auch die Kronkolonie ***TURKS & CAICOS*** zu den Bahamas – als Restposten des britischen Empire. Es handelt sich um 42 Inseln, von denen acht bewohnt sind. Besondere Briefmarken, davon eine sogar mit Leuchtturm, dokumentieren eine gewisse Eigenständigkeit.

Nun zu den Leuchttürmen. Viele sind recht hoch, weil es kaum größere Erhebungen gibt.

Die Leuchtfeuergeschichte begann 1816 mit dem heute noch in Betrieb befindlichen massiven Steinturm **Nassau Harbour**, 19 m hoch. Wie auch in allen späteren Fällen, wurde die Leuchteinrichtung aus England geliefert. 1836 folgten zwei ähnliche Steintürme im Norden der Inselgruppe: **Gun Cay**, 21 m hoch und **Abaco**, 28 m hoch; beide sind unten weiß, oben rot. Letzterer steht auf einer 25 m steil aufragenden Klippe.

Bei den nachstehenden drei Exemplaren handelt es sich um die einzigen Gußeisentürme der Inselgruppe; alle Teile stammen aus England:
1845 **Grand Turk Island**, 19 m hoch,
1859 **Great Isaak,** 42 m hoch,
1869 **Lobos Cay**, 45 m hoch.
Alle drei sind rund und weiß, die beiden letztgenannten waren aber fast hundert Jahre lang rot/weiß bzw. schwarz/weiß gebändert.

Um den **Great Isaac** rankt sich eine Gespenstergeschichte: Kurz bevor der Bau begann, sahen Fischer einen weißen Hengst auf der Klippe tanzen, der jedoch wieder verschwand, als sie sich näherten. Statt dessen fanden sie dort die Leiche einer Frau, die ihr noch lebendes Kind in den Armen hielt. Beide stammten offenbar von einem gestrandeten Schiff, dessen Masten noch aus dem Wasser ragten. Die Fischer begruben die Mutter an der Stelle, wo sie sie gefunden hatten. Das Kind nahmen sie mit, es wuchs in England auf.
Bei Baubeginn war von dem Grab keine Spur mehr zu finden, das Meer hatte es fortgespült. Kurz vor Fertigstellung des Turmes sah ein Bauarbeiter abends eine Frau über die Felsen irren, die offenbar etwas suchte. Als er näher kam, verschwand sie. In der nächsten Nacht wollte der Baumeister selber der Sache auf den Grund gehen. Er kam völlig verstört zurück, denn auch er hatte die »Graue Lady« gesehen. In den folgenden Jahrzehnten erschien sie auch den Leuchtturmwärtern immer wieder, und zwar während einer bestimmten Mondphase.

Leuchtturm **Elbow Cay,** *1863 erbaut*

Links: Die »Graue Lady« am Leuchtturm **Great Isaac,** *dem Schauplatz einer Gespenstergeschichte*

Unten: Höchster Leuchtturm der Bahamas: **Lobos Cay,** *45 m hoch (Abbildung aus einem Verzeichnis von 1874)*

Um dem Geist der jungen Mutter, die auf ewiger Suche nach ihrem Kind war, endlich Ruhe zu geben, ließ 1914 ein Wärter an der Fundstelle eine Messe lesen. Danach hatte die arme Seele offenbar Ruhe, denn die »Graue Lady« ward nicht mehr gesehen.

Doch zurück zu den Realitäten. Nach den drei Eisentürmen entstanden wieder Steintürme, alle leicht konisch, zunächst gebändert, heute weiß. Hier die Aufzählung:
1863 **Elbow Cay**, 27 m hoch,
1863 **Great Stirrup Cay**, 17 m hoch,
1868 **Castle Island,** 34 m hoch,
1870 **Great Inagua**, 34 m hoch,
1876 **Bird Rock**, 34 m hoch.
Eine Besonderheit hat der Leuchtturm **Watling Island** vor San Salvador aufzuweisen: Er wurde 1897 aus Korallensteinen erbaut, 22 m hoch.
Damit waren die Eckpfeiler des Leuchtturmnetzes gesetzt. Bei allen aufgeführten Exemplaren handelt es sich um weittragende Seefeuer, die heute noch leuchten. Im 20. Jahrhundert wurden nur noch Ergänzungen mit meist kleineren und unbewachten Feuern vorgenommen.
Von dem am weitesten im Südwesten liegenden Leuchtturm der Bahamas, **Lobos Cay** ist es nur ein Katzensprung zur größten Insel der Antillen, ***KUBA***. Sie ist 1300 km lang und umringt von tausend Inselchen und Korallenriffen. Da die Küsten fast durchweg flach sind, findet man hier viele höhere Leuchttürme.
Den ersten hatten schon die Spanier etwa 1671 in **Havanna**, dem wichtigsten Hafen Westindiens errichtet (s. Seite 84). Hier konzentrierte sich der Handel – nicht nur mit Zucker, sondern auch mit Negersklaven. Die Sklaverei wurde dort übrigens erst vor gut hundert Jahren, nämlich 1886 abgeschafft.

Etwa 1830 bis 1870 erlebte Kuba eine wirtschaftliche Blütezeit, in der auch das Leuchtfeuernetz aufgebaut wurde, allerdings zum großen Teil im Interesse und mit Kapital der USA.

Das erste bescheidene Feuerchen entstand 1842 im Südosten der Insel auf einer hochgelegenen Bastion namens »St. Jago de Cuba«. Es erhielt – wie damals üblich – den gleichen Namen, später **Santiago de Cuba** geschrieben. Es handelte sich um einen kleinen Eisenturm, der 1923 von einem 14 m hohen weißen Betonturm abgelöst wurde. Der zweite Leuchtturm auf Kuba, ein 1845 in Havanna errichteter 25 m hoher Steinturm existiert dagegen noch heute. Er überragt die Mauern des 1589 bis 1597 von Sklaven erbauten Hafenforts mit dem edlen Namen »El Castillo de los tres Reyes del Morro.« Eigentlich heißt der Leuchtturm auch so. Da aber der Platz in den Spalten der Leuchtfeuerverzeichnisse dafür nicht ausreicht, steht dort abgekürzt **Castillo del Morro**. Dafür trägt er aber noch nach seinem Erbauer den Beinamen »O'Donnell-Turm«. In seiner Laterne wurden übrigens zu Anfang Versuche mit Leuchtgas als Lichtquelle gemacht. Der alte Leuchtturm **Havanna**, abgebildet auf Seite 84, soll zu jener Zeit nicht mehr vorhanden gewesen sein.

Hier eine Aufzählung weiterer wichtiger Leuchttürme:

1849 **Punta Maternillos**, auch Colon-Turm genannt (Ostküste), ein weißer runder Steinturm auf viereckigem Sockel, mit 52 m heute noch höchster Leuchtturm auf Kuba.

1850 **Cabo San Antonio**, »Roncali« (Westkap), 33 m hoch; der Nachfolger von 1898, ein runder gelber Turm, mißt nur 23 m.

1851 **Punta de los Colorados**, auch **Jagua** genannt (vor Hafen Cienfuegos, Südküste), weißer runder Ziegelturm von 20 m Höhe.

Leuchtturm **Castillo del Morro** *von 1845 in dem 1589–1597 erbauten Fort von Havanna*

1857 **Cayo Piedras del Norte** (vor Nordküste), Steinturm, 19 m hoch.

1858 **Cayo Paredón Grande** (vor Nordküste), klassischer, leicht konischer Gußeisenturm, 41 m hoch, schwarz/braun gescheckt.

1862 **Cayo Bahia de Cadiz** (vor Nordküste), ähnlicher Turm wie der zuvor genannte, 49 m hoch, rot/weiß senkrecht gestreift.

1862 **Punta Maisi** (Ostkap), Steinturm, 31 m hoch.

1864 **Punta Lucrecia** (Nordostküste), runder Steinturm, 37 m hoch; er ähnelt den höchsten gemauerten Steintürmen in Spanien **Chipiona** und **Cabo de Palos** und stammt vom gleichen Architekten Lucio del Valle.

1864 **Cabo Cruz** (Südostküste, Westkap), Steinturm, 32 m hoch.

1897 **Cayo Jutias** (vor Nordwestküste), 41 m hoch, schwarz/gelb gebändert; es handelt sich um eine Kombination von Gitterturm mit Treppenrohr und Florida-Typ mit Wärterhaus in geringer Höhe.

Leuchtturm **Punta Lucrecia** *von 1864*

Der originelle achtseitige Leuchtturm **Cayo Jutias** *auf Pfählen*

Zwischendurch etwas Historie:
In Anbetracht ihrer hohen Investitionen schauten die US-Amerikaner immer begehrlicher nach Kuba hinüber. Zunächst versuchten sie, die Zuckerinsel käuflich zu erwerben. Nachdem 1846 ihr Angebot von 200 Mio. Dollar von Spanien abgelehnt worden war, zettelten sie 1898 den Spanisch-Amerikanischen Krieg an und besetzten die Insel. 1902 machten sie Kuba zur Republik, behielten aber gegen eine heute noch geltende Pachtsumme von jährlich 4000 Dollar die Bucht von Guantanamo (US-Abkürzung GTMO) im Südosten als Marinebasis. Von dort aus läßt sich nämlich der Schiffsverkehr durch die nur 87 km breite Windward Passage zwischen Kuba und Haiti, die Zufahrt zwischen Atlantik und Karibischem Meer kontrollieren.
Natürlich kümmerten sie sich auch um die Befeuerung der immerhin 40 qkm großen Bucht. Bis dahin existierten nur zwei primitive Laternen auf den Molenköpfen des Hafens von Guantanamo. 1905 errichteten sie den Leuchtturm **Windward Point** draußen vor der Bucht, 1949 ersetzt durch die Laterne auf einem hohen Gebäude mit einer Feuerhöhe von 115 m.

Zurück zum übrigen Kuba.
Zu Anfang des 20. Jahrhunderts entstanden noch diese beiden Gußeisentürme, je 32 m hoch und rot/weiß gebändert:
1902 **Punta Gobernadora** (Nordwestküste) und
1909 **Cayo Caiman Grande de Santa Maria** (Nordostküste). Letzterer unterstreicht die spanische Vorliebe für lange wohlklingende Namen – bei einem langen Turm vielleicht sogar gerechtfertigt.
Eine etwas seltsame Konstruktion wurde ebenfalls 1909 fertig, der Leuchtturm **Cayo Guano del Este** (Insel vor der Südküste); er ist 45 m hoch, aus Beton und rot/weiß gebändert.
Nun gab es eine lange Pause. Erst 1930 entstanden wieder Leuchttürme, und zwar acht gleiche, je 30 m hohe Aluminium-Strukturen, verteilt auf alle Küsten zur Verdichtung des Leuchtfeuernetzes.
1959 begann die Wandlung von der »grünen« zur »roten« Insel. Wie im Ostblock, so wurden Leuchttürme auch in Kuba als militärische Objekte eingestuft und bildliche Darstellungen verboten. Rätselhaft bleibt, warum sie trotzdem auf mehreren Serien von Briefmarken abgebildet sind, einer sogar von oben, gewissermaßen aus der »Bomber-Perspektive«. Bei ihm handelt es sich um den 1983 unter Castro-Herrschaft aus Beton erbauten **Carapachibey** (Isla de Pinos, vor der Südküste), 50 m hoch, offenbar eine Art Denkmal.
Anmerkung für Philatelisten: Alle auf Briefmarken abgebildeten Leuchttürme sind im Text erwähnt und auf der Lageskizze (Seite 134) eingezeichnet.

Leuchtturm ***Cayo Guano del Este,*** *45 m hoch, Baujahr 1909*

Leuchtturm ***Carapachibey,*** *50 m hoch, Baujahr 1983*

JAMAIKA, die drittgrößte Insel Westindiens ist 225 km lang. 1494 wurde sie von Kolumbus entdeckt, 1655 von den Engländern erobert, die bis 1962 herrschten. Unter ihrer Regie entstand die Küstenbefeuerung, beginnend 1842 mit dem 30 m hohen Leuchtturm **Morant Point** am Ostkap.
Dieser erregte damals viel Aufsehen in der Fachwelt, denn es handelt sich um das erste größere Exemplar aus Gußeisen, konstruiert von Alexander Gordon. Nach seinem Test mit zwei kleinen Molentürmen in England und einem Vorab-Aufbau in London war dies gewissermaßen eine Art Generalprobe. Sie wurde ein voller Erfolg, denn der Turm – rund, leicht konisch und mit Fenstern in jeder Etage – steht noch heute.
Gegenüber den bis dahin üblichen Steintürmen hat diese Turmart mehrere Vorteile: geringeres Gewicht, schnellerer Aufbau, weniger Kosten. Zudem ließen sich die Einzelteile gut transortieren bzw. verschiffen und am Aufstellungsort mit wenigen mitgebrachten Fachkräften montieren. Diesen Vorteil nutzen vor allem die ehemaligen Kolonialmächte, wenn sie in ihren überseeischen Besitzungen noch nicht über einheimische Baumeister und Mauerleute verfügten. Aber auch in Europa wurde diese Bauart Vorbild für viele Leuchtturm-Riesen, z. B. in Norwegen, Deutschland und Holland.
Zweiter Leuchtturm war 1854 **Plumb Point** vor der heutigen Hauptstadt Kingston. Der Turm selber ist nur 21 m hoch und nicht besonders aufregend. Sein Standort, der Hafen Port Royal war im 17. Jahrhundert berüchtigt als Piratenhauptstadt und Umschlaghafen für Beute. Hier herrschte damals der Top-Pirat Henry Morgan über eine ganze Flotte von Seeräuberschiffen.

Die zweitgrößte Insel Westindiens ist ***HAITI***, eigentlich ***HISPANIOLA***, denn den Namen »Haiti« beansprucht die Republik im westlichen Drittel der Insel für sich, während der östliche, größere Teil heute »Dominikanische Republik« heißt. Es wurde entsetzlich viel Blut vergossen, ehe diese Spaltung in den westlichen, französisch beeinflußten und den östlichen, spanisch beeinflußten Teil erfolgte. So sind auch die Orts- und Leuchtfeuernamen entsprechend französisch bzw. spanisch.
Jedoch bevor man von Jamaika aus nach Haiti kommt, passiert man ein 100 m aus dem Wasser ragendes Plateau mit einem Leuchtturm drauf. Inselchen und Leuchtturm heißen **Navassa** und gehören den USA, die beides von GTMO aus versorgen. Bei dem Leuchtturm handelt es sich um einen 1917 erbauten Beton-»Bleistift« von 49 m Höhe. Er war nötig geworden, nachdem sich der Schiffsverkehr durch diese Passage seit Eröffnung des Panamakanals erheblich verstärkt hatte.
Gegenüber diesem imposanten Exemplar nehmen sich alle Leuchttürme auf der wirtschaftlich wenig entwickelten Insel Haiti recht bescheiden aus. Auf der Lageskizze (Seite 134) sind trotzdem einige wesentliche Leuchtfeuer-Standorte mit der Jahreszahl ihrer ersten Einrichtung verzeichnet. Im Westteil stehen alle Feuer auf niedrigen Bauwerken oder Masten, es gibt nur einen richtigen Leuchtturm: **Pointe du Lamentin** vor der Hauptstadt Port-au-Prince, 1864 aus Eisen erbaut, 29 m hoch.
In der östlichen Republik existieren wohl einige höhere Leuchttürme – meist Betonbauten als Ersatz für verfallene Vorgänger – aber viele sind vernachlässigt, ganz oder zeitweise außer Betrieb, also höchst unzuverlässig. In keinem Verzeichnis stehen genaue Angaben.
Eine ungewöhnliche Art von **»Kolumbus-Leuchtturm«** ließ Präsident Balaguer 1986–1991 nahe der Hauptstadt Santo Domingo erbauen: ein liegendes Betonkreuz von 240 m Länge, 34 m Breite und 46 m Höhe. Es ist bis zum Boden »eingekerbt«, so daß von unten heraus mit 146 Scheinwerfern ein Lichtkreuz an den Himmel geworfen werden kann. Auf dem Mittelpunkt steht die überdimensionale Nachbildung eines Feuerkorbes, in einem inneren Mausoleum ruhen die angeblich echten Gebeine von Kolumbus. Der Riesenbau beherbergt sechs Museen

Leuchtturm **Puerto Plata** *(Dominikanische Republik, Haiti), 18 m hoch, mit offener Wendeltreppe; 1854 zunächst nahe der Hauptstadt Santo Domingo errichtet, 1879 zum heutigen Standort an der Nordküste versetzt; noch in Betrieb (?)*

Das riesige liegende Kreuz von Santo Domingo als **Kolumbus-Leuchtturm**

Inbetriebnahme am 12. Oktober 1992, genau 500 Jahre nach der Entdeckung Amerikas

zum Thema Kolumbus und Amerika. Die 500-Jahr-Feier der Entdeckung Amerikas durch Kolumbus am 12. Oktober 1992 war Anlaß zur Inbetriebnahme.
Der Entwurf stammt von dem britischen Architekten Joseph Cleave, der damit 1929 einen Wettbewerb gewann. Dem damaligen Diktator Trujillo war das Projekt jedoch zu teuer. Seitdem brachten lateinamerikanische Staaten immer wieder Briefmarken heraus mit dem Motiv **»Faro a Colón«**, das sich an diesen Entwurf anlehnt oder einen Phantasie-Leuchtturm zeigt.

Nun zur kleinsten der Großen Antilleninseln, ***PUERTO RICO***, wörtlich übersetzt »Reicher Hafen«. Sie war wirklich schon damals reich und den Spaniern so viel wert, daß sie sie gewaltig befestigten und ihre Küsten in der zweiten Hälfte des 19. Jahrhunderts gut befeuerten.
Die Leuchtturm-Anlagen bestanden – wie vielerorts damals im Mutterland – zumeist aus Steintürmen auf oder neben dem viereckigen Wärterhaus. Die Türme waren zwar alle nur um 15 m hoch, standen aber fast durchweg auf kleinen Küstenerhebungen, so daß sich Feuerhöhen von 30 bis 40 m, in zwei Fällen sogar von 90 m ergaben. Die Laternen aus Frankreich enthielten ausnahmslos Fresnelsche Optiken, bei Kap-Türmen sogar der größten Ausführung.

So fanden die USA die Leuchttürme vor, als sie 1898 im Spanisch-Amerikanischen Krieg Puerto Rico eroberten. Es waren 13 an der Zahl, rund um die Insel verteilt; die wichtigsten Standorte sind auf der Lageskizze (Seite 134) eingezeichnet.
Von nun an sorgte die US-Leuchtfeuerverwaltung für Instandhaltung und Modernisierung. Fast alle Türme waren derartig solide gebaut, daß sie heute noch in Betrieb sind, natürlich inzwischen automatisiert. Einige der vorbildlich gepflegten Bauwerke gelten schon fast als historische Monumente des spanisch-klassizistischen Stils.

Einen Leuchtturm hatten die US-Truppen allerdings bei ihrer Belagerung durch Granatfeuer schwer beschädigt: **Punta del Morro**. Er stand nämlich auf dem Sperrfort der Hauptstadt San Juan. Er wurde zwar schnell repariert, aber nicht gründlich genug, so daß 1908 ein Nachfolger gebaut werden mußte. Dieser paßt allerdings mit seinen Rundungen und zierlichen Ecktürmchen nicht ganz zum Baustil der im 16. Jahrhundert errichteten klotzigen Festung. Touristen bewundern ohnehin meist mehr das gigantische Castello mit seinen gewaltigen Mauern und dem Labyrinth von Tunneln als den kleinen Appendix Leuchtturm.

Mitten in der wegen ihrer Riffe gefürchteten Mona Passage zwischen Haiti und Puerto Rico liegt die Insel

Leuchtturm **Punta del Morro** *auf dem Sperrfort von San Juan auf Puerto Rico*

Mona, ein Naturparadies, wo schon Kolumbus und Ponce de Leon Station gemacht hatten. Als die Amerikaner 1898 kamen, fanden sie am Ostende der Insel schon etliche Eisenteile für einen Leuchtturm vor. Sie beschafften den Rest und bauten zwei Jahre danach alles zusammen zum Leuchtturm **Isla Mona**, einem Gitterturm mit Treppenrohr von 16 m Höhe. Er war das einzige eiserne Exemplar von Puerto Rico. Seit den 1970er Jahren ist seine Laterne allerdings leer, denn die Optik wurde auf einen neuen Stahlturm am günstiger gelegenen Westende der Insel verbracht; dieser leuchtet seitdem aus einer Feuerhöhe von 89 m über die vielbefahrene Passage.
Die Westküste von Puerto Rico wurde 1918 von einem Erdbeben heimgesucht, das mit seiner Flutwelle den dicht am Meer stehenden Leuchtturm **Punta Borinquen** schwer beschädigte. Einen Nachfolger erbauten die Amerikaner 1920 etwas weiter landeinwärts in sicherer Höhe von 80 m.
So weit die Leuchtfeuergeschichte von Puerto Rico, der östlichsten der vier Großen Antillen.

Was nun folgt, ist die Geschichte der sich anschließenden Inseln, die hufeisenförmig den östlichen Teil des Karibischen Meeres umschließen; ihr Name: Kleine Antillen. Es sind tausende, darunter auch hübsche Palmeninseln mit Sandstrand, wie auf vielen Reiseprospekten mit dem obligatorischen Paar abgebildet.
Zur groben Unterscheidung hat man sie wenigstens zweigeteilt: »Inseln über dem Winde« – das ist der Ostbogen – und »Inseln unter dem Winde« – das sind die südlichen vor Venezuela. Erstere werden von den korrekten Engländern noch einmal unterteilt in »Leeward Islands« im Norden und »Windward Islands« im Süden. Pate bei dieser Namensgebung stand der Nordost-Passat.
Zahlreichen Inselnamen ist eine »St.« vorangestellt, weil Kolumbus sie bei ihrer Entdeckung einfach nach dem Tagesheiligen benannte. Dominica entdeckte er an einem Sonntag.

Am nördlichsten und an Puerto Rico anschließend liegen die ***VIRGIN ISLANDS*** (Jungfern-Inseln). Am bekanntesten von ihnen ist St. Thomas, weil kaum ein Karibik-Kreuzfahrtschiff den dortigen Hafen ausläßt. Hier wurde 1844 der kleine Leuchtturm **Mohlenfels** als erster der Inselgruppe errichtet – von den Dänen, denn ihnen gehörten damals diese Inseln. Sie befeuerten die ganze Gegend nach heimischem Muster; einige ihrer Türmchen stehen noch – mit der damals in Dänemark üblichen roten Krone auf dem Dach, z. B. der 1913 errichtete, 8 m hohe Leuchtturm **Hams Bluff**. Er strahlt aus 120 m Höhe 24 sm weit und steht auf St. Croix, der sog. »Insel der sieben Flaggen«. Hier herrschten nämlich Spanier, Engländer, Franzosen, Malteserritter, Holländer und Dänen, die ihren Besitz 1917 für 25 Mio. Dollar an die USA verkauften. Aber die Orte haben noch ihre dänischen Namen, so Christiansted und Frederiksted.

Ein Teil der Virgin Islands gehört übrigens den Briten, ebenso die angrenzende Inselgruppe mit dem Namen ***ANGUILLA***. In vorgelagerter, strategisch günstiger Position liegt die kahle, kaum einen Quadratkilometer große Kalksteininsel Sombrero. Nachdem zwei Dampfer der 1848 eröffneten Schiffahrtslinie Southampton–Westindien dort gescheitert waren, wurde 1867 auf der Insel der eiserne Leuchtturm **Sombrero** errichtet und am 1. Januar 1868 in Betrieb genommen.
Inzwischen hatte die amerikanische Phosphat-Company begonnen, Bauxit auf dem Eiland abzubauen. Um von den Engländern dafür die Konzession zu erhalten, hatte sie sich verpflichten müssen, die Kosten für die Unterhaltung des Leuchtturmes zu tragen.
Als Besatzung dienten drei Wärter und ein Koch, denn bei einer Entfernung von 160 km bis zum nächsten Hafen waren sie auf sich alleine angewiesen.
Erhalten ist eine Aufstellung ihrer monatlich zugeteilten Verpflegung. Sie bestand aus geräuchertem Hering, 100 Pfund Beaf, 2 Schafen, 7 Pfund Butter sowie verschiedenen Quantitäten an Biscuits, Käse, Kaffee, Rosinen, Mehl, Haferflocken, Schinken, Marmelade, Salz, Pilzen, Erbsen, Pfeffer, Kartoffeln, Zucker, Tee, Essig und Öl (Original-Reihenfolge). Kontakte hatten die Wärter nur zu den Minenarbeitern, von denen übrigens zwei bei Unterwasserarbeiten umkamen.
Die Leuchtturm-Position hat seit Eröffnung des Panamakanals noch an Bedeutung gewonnen, denn sie ist Ansteuerungspunkt für viele aus Europa kommende Schiffe, die in den Pazifik wollen.
Der 38 m hohe Gitterturm mit seinem Treppenrohr überstand wohl alle Hurrikane, doch Seewasser und Salzluft griffen ständig das Gußeisen an, das allmählich zu korrodieren begann. Nachdem 1931 zunächst durch Einbetonieren des Turmunterteiles Abhilfe geschaffen worden war, wurde doch bald ein kompletter Ersatz nötig. Und 1960 schaffte man die Teile für einen Nachfolger und die Bauleute von England aus auf die Insel.
Doch kaum war der Anfang gemacht, als der Hurrikan »Donna« über das Eiland fegte und es mit einer 14 m hohen Flutwelle überschwemmte. Zum Glück konnten sich alle Menschen retten, nur die Materialien nahmen erheblichen Schaden. So wurde **Sombrero II** erst 1962 fertig, wieder aus Eisen, rot angestrichen. Nur hat man bei ihm das Unterteil gleich aus Beton gebaut.
Wie sein Vorgänger, ist er mit 38 m der höchste Leuchtturm der Kleinen Antillen. Seine Feuerhöhe beträgt 48 m, seine Tragweite 23 sm. Die Optik wurde vom alten Turm übernommen. Darin leuchtete bis 1987 Kerosin-Glühlicht, dann erst erfolgte die Umrüstung auf elektrische Lichtquelle. Gespeist wird sie aus Batterien, die von einem Windkraftgenerator auf dem stehengebliebenen Betonstumpf des alten Turmes ständig aufgeladen werden. Notfalls hilft ein Dieselaggregat nach.
Vor dieser Umrüstung mußte das Antriebsgewicht für das Drehfeuer noch alle 2 Stunden von den Wärtern hochgekurbelt werden.
Auf die Besatzung hat man noch nicht verzichtet, sie besteht jetzt sogar aus vier Wärtern und einem Koch, die jeweils 6 Wochen auf ihrem einsamen Posten ausharren müssen – bis heute noch ohne TV. Weitere Menschen leben nicht mehr auf der Insel, der Bauxit-Abbau war schon 1880 eingestellt worden.

1984 übernahm das englische Trinity House die zuvor von der regionalen Transportverwaltung durchgeführte Betreuung.
Vom alten und neuen Turm gibt es je eine Briefmarke.

Leuchtturm **Sombrero I** *von 1868*

Leuchtturm **Sombrero II** *von 1962*

Nach Überspringen etlicher Inselgruppen trifft man erst bei ***GUADELOUPE*** wieder auf richtige Leuchttürme, denn ihr Übersee-Département haben die Franzosen relativ gut befeuert. Mehrere Hafenlichter entstanden schon um 1860. Hier die drei Leuchttürme mit besonders hellen Feuern an der Atlantikküste:
1858 **Petite Terre**, Steinturm, 26 m hoch,
1883 **Îlet du Gozier**, Steinturm, 21 m hoch,
1933 **La Désirade**, Eisenturm, 20 m hoch.
Außerdem gibt es zahlreiche weitere Feuer auf Masten bis zu 20 m Höhe und auf Türmen bis zu 10 m Höhe.

Ähnlich sieht es im 200 km südlich gelegenen ***MARTINIQUE*** aus – ebenfalls französisches Département, wo Briefe nur Inlandporto kosten, sozusagen »Klein-Frankreich«. Ältester Standort ist **Pointe des Nègres**, wo 1855 auf dem Fort-Royal – seit der französischen Revolution heißt es Fort-de-France – ein Mast mit Leuchtfeuer errichtet wurde. 1924 löste ihn ein weißer, 28 m hoher Gitterturm ab, der als Prototyp für weittragende Feuer mit schwerer Laterne gilt.
1862 entstand der Leuchtturm **La Caravelle** auf einem östlich vorgelagerten, 120 m hohen Inselchen. Einige weitere Leuchtfeuer folgten.
Eine der größten Naturkatastrophen ereignete sich 1902, als der Vulkan Mont Pelée ausbrach und alles Leben im Norden der Insel auslöschte. In wenigen Minuten starben 30000 Menschen. Auch der 1883 erbaute, 17 m hohe Leuchtturm **Place Bertin** wurde dabei völlig zerstört.

Leuchtturm **Pointe des Nègres** *auf Martinique, 28 m hoch, 1924 erbaut*

Von »Klein-Frankreich« nach »Klein-England«: ***BARBADOS***, 1626 bis 1966 britisch, jetzt unabhängig, aber mit unverändert englischem Flair – natürlich auch um die Leuchttürme. Ältester ist der Gordonsche Gußeisenturm **South Point** von 1852 mit 27 m Höhe (Abb. Seite 146). Alles existiert noch im Original. Auch seine rot/weißen Bänder trägt der rüstige Veteran von Anfang an. Nur enthält die alte Laterne anstelle der ursprünglichen Reverberen seit 1964 ein elektrisches Drehfeuer. Mit dem Traditionsturm kann man gewissermaßen auch bezahlen, denn sein Bild ziert eine 5-Cent-Münze der dortigen Barbados-Dollar-Währung (Abb. S. 144).

Weitere Bilderbuch-Leuchttürme sind der weiße **Ragged Point** am Ostkap, 1875 aus Korallensteinen erbaut, 30 m hoch, und **Harrison Point** im Norden, 26 m hoch, Baujahr 1926 (Abb. Seite 146).

Leuchtturm **South Point** *auf einer Münze*

Nun ein Sprung von der östlichsten Insel der Kleinen Antillen zur südlichsten Inselgruppe ***TRINIDAD UND TOBAGO***.
Hier waren es auch die Engländer, die die ersten, allerdings nur kleinen Leuchttürme errichteten: 1841 in **Port of Spain** (damals noch »Puerto de España«) auf Trinidad, 1842 am Hafen **Scarborough** auf Tabago. Oberhalb von Scarborough steht seit 1900 in 140 m Höhe ein unscheinbares Betonhäuschen mit Laterne namens **Fort George** – klein aber oho, denn es erhielt 1951 das mit 30 sm Tragweite stärkste Leuchtfeuer der Kleinen Antillen. Es warnt vor einer weit draußen liegenden Untiefe, allerdings im Verbund mit dem 1951 eingerichteten, fast ebenso lichtstarken Leuchtturm **Brigand Hill** in über 200 m Höhe auf Trinidad.
Die Nordostspitze von Trinidad wird seit 1898 vom Leuchtturm **Galera Point** markiert. Dem runden, 14 m hohen Betonturm hat man später einen Eisenmast aufgesetzt, so daß die Gesamthöhe jetzt 23 m beträgt.
In Port of Spain dient der alte, 1841 errichtete Leuchtturm heute nur noch als Tagesmarke; er ist sechseckig, 17 m hoch und steht an der Wurzel der Einwanderungsmole. Seine ehemalige Wärterwohnung im Erdgeschoß wurde zum Zollhaus umfunktioniert.
Die schmale Passage zwischen Trinidad und einer langen Zunge des Festlandes ist so gefährlich, daß man sie »Dragon's Mouth« (Drachenmaul) genannt hat. Sie wird seit 1898 durch den Beton-Leuchtturm **Chacachacare** in 250 m Höhe bezeichnet.

Der Rest des Antillenbogens besteht nur aus einer relativ dünnen Inselkette. Die östlichen Eilande gehören zu Venezuela, während die drei westlichen als niederländische ***ABC-INSELN*** (Aruba, Bonaire, Curaçao) bekannt sind. Man nennt die Inseln auch »Klein-Holland«. Ihre Hauptstadt heißt Willemstad.
Der älteste noch aktive Leuchtturm steht am südlichsten Punkt von Bonaire. Er ist aus Stein, 20 m hoch und heißt **Willemstoren;** sein offizieller Name ist allerdings **Lacre Punt**. In Betrieb genommen wurde er am 24. August 1838, dem Geburtstag des königlichen Namengebers. Auf einer Briefmarke der Serie 1991 ist er abgebildet; zwei weitere Kollegen sind auf anderen Marken der Niederländischen Antillen verewigt. Besonders naturgetreu sollen sie jedoch nicht wiedergegeben sein.
Wie in den Niederlanden, so werden auch hier die Türme gut instandgehalten. Die Leuchteinrichtungen sind modern, seit 1984 arbeiten alle Feuer mit Solarenergie. Eine Ausnahme bildet die nördlichste, seit 1986 (fast) selbständige Insel Aruba. Hier steht der markanteste, aber nicht so gepflegte Leuchtturm **Noordwest Punt**, 30 m hoch, 1913 erbaut. Er dient den vielen Tankern auf ihrem Weg zu den dortigen Ölraffinerien.

Leuchtturm **Noordwest Punt** *auf Aruba, 30 m hoch, 1913 erbaut*

Leuchtturm **Isla Margarita** *auf der gleichnamigen Insel (Venezuela), 1896–1930 in Betrieb, jetzt Museum*

1902

Farbseite:

Oben links: ***Manaus****, ein Leuchtturm über 1000 km landeinwärts am Rio Negro, nahe an dessen Einmündung in den Amazonas (Südamerika)*

Oben rechts: Der Veteran auf Barbados: Gußeisen-Leuchtturm ***South Point****, Höhe 24 m, Baujahr 1852*

Unten links: Leuchtturm ***Harrison Point*** *(Barbados), 26 m hoch, Baujahr 1926*

Unten rechts: Der kleine Leuchtturm am südlichsten Punkt von Amerika: ***Cabo de Hornos*** *(Kap Hoorn), 1902 erbaut; die rundherum angebrachten Flaggentafeln sollen dokumentieren, daß das Kap zu Chile gehört*

Leuchtturm ***Enfant Perdu*** *von 1864 (Französisch-Guayana)*

Südamerika (Ostküste)

In ***GUAYANA*** fing die Leuchtfeuergeschichte 1829 an, als die Briten in **Georgetown** an der Demarara-Mündung ein Hafenfeuer einrichteten. Es wurde 1864 durch einen 30 m hohen Steinturm, der heute noch steht, ersetzt. In der Zwischenzeit waren zwei Feuerschiffe ausgelegt worden, die den Weg durch das verschlammte Küstenvorfeld weisen sollten.
In Surinam, dem mittleren Guayana, begannen die Niederländer 1858 mit der Küstenbeleuchtung, allerdings zunächst durch Auslegen eines Feuerschiffes. Ihr erster Leuchtturm, **Maroni** entstand 1871 in Gestalt einer weißen sechseckigen Holzpyramide von 21 m Höhe. Heute steht dort ein 60 m hoher Gittermast namens **Hoek Galibi** mit einem weittragenden Feuer.

In Französisch-Guayana leuchtete als erstes 1850 ein Hafenfeuer in **Cayenne**. Davor liegen die Teufelsinseln sowie zahlreiche Über- und Unterwasserriffe. Auf einer dieser Klippen entstand 1864 unter großen Schwierigkeiten der Leuchtturm **Enfant Perdu**, ein Eisengestell von 12 m Höhe mit Wärterhütte. Heute leuchtet dort ein automatisches Feuerchen auf einem 15 m hohen grauen Turm. 1864 wurde vor der Küste ein weiteres Feuer eingerichtet, **Île Royale**, zunächst auf dem Dach des Hospitals, 1934 ersetzt durch einen Eisengitterturm auf rundem Betonsockel, insgesamt 29 m hoch.

Leuchtturm ***Île Royale II,*** *29 m hoch, Baujahr 1934 (Französisch-Guayana)*

BRASILIEN ist ein Land der Superlative, fast so groß wie sämtliche Länder Europas zusammen, mit einer Küstenlänge von 7400 km und unzähligen Häfen. Außerdem besitzt es das größte schiffbare Stromnetz der Welt. Allein der Amazonas ist in seiner ganzen Länge von 3800 km auf brasilianischem Gebiet befahrbar. Große Seeschiffe, heute auch Kreuzfahrer, kommen bis zur 1600 km stromaufwärts gelegenen Stadt Manaus. Die Stadt wurde reich, als Mitte des 19. Jahrhunderts der Gummiboom einsetzte. Denn nur im tropischen Regenwald des Amazonasgebietes wuchs damals der begehrte Kautschukbaum, dessen Rohprodukte von Manaus aus in alle Welt verschifft wurden.

Neben anderen Bauten im klassizistischen Stil entstand um die Jahrhundertwende auch der Leuchtturm **Manaus** (Abb. Seite 146).

Die Mündungsbreite des Amazonenstromes beträgt 100 km, wenn man den Nachbarstrom Para hinzurechnet, sogar über 300 km. Alles in allem für Mitteleuropäer unvorstellbare Größenordnungen.

An Gefahren für die Schiffahrt mangelt es nicht. Außer den üblichen gibt es im Mündungsgebiet des Amazonenstromes noch eine spezifische, die Pororoca, eine Gezeitenflutwelle. Sie wird bei Tidenwechsel durch einen gewaltigen Aufstau der Flutwelle hervorgerufen, normalerweise 4 bis 5 m, bei Neu- und Vollmondspringfluten bis zu 10 m hoch. Als tosender, sich ständig überschlagender Wasserschwall wirft sie sich hunderte von Kilometern stromaufwärts – besonders für kleinere Schiffe natürlich äußerst gefährlich, wenn sie sich nicht rechtzeitig in Seitenflüsse gerettet haben.

Auch verursachen diese gewaltigen Wassertransporte im Verein mit der Materialvorschwemmung ständig Veränderungen der Tiefen- und Fahrrinnenverhältnisse. Heute befindet sich hier die größte Konzentration von hohen Leuchtfeuermasten.

Wegen dieser Gefahren hatten sich die Portugiesen damals nicht direkt an der Amazonas-Mündung angesiedelt, sondern weiter östlich am Unterlauf des Para-Flusses. Auf der dort vorgelagerten Insel **Coutejuba** sollen sie 1661 auch ihr erstes Leuchtfeuer eingerichtet haben, wahrscheinlich eine Holzbake mit offenem Feuer. Über ihren Verbleib ist nichts bekannt.

Erst nach der Unabhängigkeitserklärung von 1822 begann die eigentliche brasilianische Leuchtturmgeschichte. Man kann getrost von »Leuchtturm«-Geschichte sprechen, denn in Anbetracht der meist flachen Küstenstreifen sind hier die Laternenträger fast durchweg relativ hoch und als Türme ausgebildet.

Seit alters her wurden wichtige Häfen an ihren Einfahrten durch Forts gesichert. Diese nach militärischen Gesichtspunkten an beherrschenden Stellen errichteten Bauwerke waren oft so markant, daß sie auch der Schiffahrt als Ansteuerungspunkt dienten. Es lag also nahe, sie als Standort für Leuchttürme zu nutzen. Das geschah ab 1823 innerhalb weniger Jahre vor den Häfen Bahia (heute Salvador), Pernambuco (heute Recife), Rio de Janeiro, Santos und Rio Grande an der Ostküste, sowie vor Fortaleza und São Luis an der Nordküste.

Ältester Leuchtturm Brasiliens:
Santo Antônio da Barra
(vor Salvador), 1823 erbaut

Hier die Namen und Daten dieser ersten Leuchttürme, von denen die meisten noch aktiv sind:

1823 **Santo Antônio da Barra** (auch als **da Barra** bekannt), 22 m hoher Steinturm im gleichnamigen, 1598 erbauten Fort von Salvador an der östlichen Landspitze vor der Einfahrt in die riesige Bahia de Todos os Santos (Allerheiligen-Bucht); heute ältester in Betrieb befindlicher Leuchtturm Brasiliens mit einem der stärksten Feuer.

1824 **Recife**, 18 m hoher, achteckiger Steinturm neben dem Fort Picão am Nordende eines dicht vor der Küste liegenden, 4 km langen Korallenriffs, das als natürlicher Wellenbrecher wirkt.

1828 **Ilha Rasa**, 18 m hohes quadratisches Turmhaus, 1909 durch runden Aufsatz um 8 m erhöht – allerdings nicht in einem Fort, sondern auf einer Insel draußen vor Rio de Janeiro. Etwa 1890 erhielt der Turm als erster in Brasilien eine elektrische Lichtquelle. Wahrscheinlich handelte es sich um eine stationäre Anlage, denn Rio hatte bis zum Anfang des 20. Jahrhunderts noch Gasbeleuchtung, hätte also keinen Strom dafür liefern können.

1829 **Ponta de São Marcos**, 10 m hoher viereckiger Steinturm auf dem Fort São Marcos vor São Luis (Nordküste).

1831 **Ilha da Moéla**, 12 m hoher dicker Rundturm mit riesiger, weittragender Laterne, östlich der Einfahrt nach Santos.

1839 **Santa Cruz**, Steintürmchen auf dem gleichnamigen Fort an der nur 1,5 km breiten Einfahrt zur Hafenbucht von Rio de Janeiro – schräg gegenüber dem »Zuckerhut«.

Das waren die Vorreiter, alle aus Stein, aber von unterschiedlicher Gestalt.

Einer der letzten Steintürme: **Santa Marta,** *29 m hoch, Baujahr 1891*

Leuchtturm **Recife**, *Baujahr 1824 (Aufnahme etwa 1920)*

Um bei diesem Baumaterial zu bleiben, später wurden nur noch vereinzelt Steintürme errichtet – entweder quadratischer Art mit seitlich angebauten Wärterwohnungen oder rund. Man plazierte sie an den etwas gehobenen Küstenstellen, so daß geringe Turmhöhen genügten. Der mit 29 m höchste und gleichzeitig lichtstärkste von ihnen ist **Santa Marta** auf dem gleichnamigen Kap an der südöstlichen Küste, Baujahr 1891, Feuerhöhe 74 m. Die wenigen übrigen besitzen ähnliche Feuerhöhen, sind aber nur 15 bis 20 m hoch.

Als Nachzügler gilt der 1933 auf einer 350 km vor der Nordostküste liegenden Inselgruppe Fernando de Noronha erbaute Leuchtturm **Ilha Rata**.

Die weitaus meisten Türme der relativ dichten Leuchtfeuerkette wurden ab Mitte des 19. Jahrhunderts aus Eisen errichtet. Da es sich um etwa 250 Exemplare handelt, möge hierfür eine kurze Beschreibung der wichtigsten Typen genügen.

Erster und am häufigsten vertretener Typ ist ein geschlossener, meist achtekkiger Gußeisenturm, 12 bis 16 m hoch, bis in die 1880er Jahre hinein gebaut.

Leuchtturm **Ilha Rasa** *vor Rio de Janeiro, 26 m hoch, 1828 erbaut*

Südamerika

PANAMA
KOLUMBIEN
ECUADOR
PERU
GUAYANA
BRASILIEN
ARGENTINIEN
URUGUAY
Georgetown 1829
Maroni 1871
Hoek Galibi
Île Royal 1864
Enfant Perdu 1864
Cayenne 1850
Simão Grande 1908
(Coutejuba 1661)
Punta Atalaya 1852
São João 1884
Ponta de São Marcos 1829
Ilha de Santana 1861
Rocas 1883
Macuripe 1847
Manaus
AMAZONAS
SÃO LUIS
FORTALEZA
Cabo Calcanhar 1927
Ilha Rata 1933
Cabo Branco
Olinda 1872
Recife 1824
RECIFE
Maceió 1856
Aracaju 1863
Santo Antonio da Barra 1823
SALVADOR
Morro de São Paulo 1854
Belmonte 1885
Abrolhos 1861
Rio Doce 1907
Santa Luzia 1871
São Tomé 1882
Cabo Frio 1862
RIO DE JANEIRO
SANTOS
Santa Cruz 1839
Ilha Rasa 1828
Ilha da Moéla 1831
Ponta das Conchas 1872
Ponta dos Naufragados 1861
Santa Marta 1891
Cidreira 1907
Mostardas 1920
Rio Grande 1851
Sarita 1909
Cabo Polonio 1881
Cabo Santa Maria 1874
MONTE-VIDEO
BUENOS AIRES
Punta del Este 1860
Isla de Lobos 1907
San Antonio 1892
Punta Medanos 1893
Querandi 1922
Punta Mogotes 1891
Quequen 1921
Claromeco 1922
Recalada 1906
El Ricon 1925
Segunda Barranca 1919
Rio Negro 1887
Punta Delgada 1905
San Jorge 1925
Cabo Blanco 1917
Cape Pembroke 1855
Año Nuevo 1902
(San Juan de Salvamento 1884)
Cabo San Diego 1934
Cabo de Hornos (Kap Hoorn) 1902
Punta Mala 1915
Cabo Corrientes
Isla Palmas 1922
Tumaco 1922
Punta Galera 1923
Guayaquil 1841/1873
Paita 1931
Isla Lobos de Afuera 1912
Isla S. Lorenzo 1857
Gran Almirante Grau
LIMA
La Marina
Punta Atico 1922
Punta Islay 1930
(Inique 1880)
Punta Tetas 1913
Punta Caldera 1868
Punta Tortuga 1911
Valparaiso 1838
Punta Angeles 1857
Cabo Carranza 1901
Isla Quiriquina 1869
Punta Lutrin 1884
Punta Galera 1876
Punta Corona 1859
Isla Guafo 1907
Cabo Ráper 1914
CHILE
ARGENTINIEN
CHILE
Cabo Virgines 1904
Punta Delgado 1902
Punta Dungeness 1899
Punta Arenas 1868
Cabo Penas 1917
Cabo San Isidro 1908
Islotes Evangelistas 1896
CHILE
ARGENT.

Bei dem zweiten Haupttyp handelt es sich um offene, verstrebte Gittertürme, z. T. mit eingesetzter Wärterwohnung und mit zentralem Treppenrohr – wie bereits aus vielen anderen Ländern bekannt; gebaut wurden sie etwa in der Zeit von 1860 bis 1910. Mit 45 m höchster von ihnen ist **São Tomé**, 250 km nordöstlich Rio de Janeiro, 1882 errichtet.
Dritter Typ ist ein gewöhnlicher Gittermast, wie bei Überlandleitungen, erst in neuerer Zeit eingesetzt, bis zu 40 m hoch und mit einer kleinen Leuchte, natürlich unbewacht.

Besonders erwähnt und eingehender beschrieben sei ein etwas aus dem Rahmen fallendes Exemplar: der runde gußeiserne Leuchtturm **Abrolhos** mit zwei Galerien, 22 m hoch, schwarz/weiß gebändert. Sein Standort ist die 1,5 km lange kahle Korallen- und Felseninsel Santa Barbara, 60 km von der Ostküste entfernt. Grundwasser gibt es nicht, ein paar Wracks liegen herum, im Wasser tummeln sich Haie. Hier wurde der Turm, dessen Einzelteile aus England stammen, 1861 zusammengesetzt.
Die ursprüngliche Leuchtanlage bestand aus 21 silberplattierten Parabolspiegeln mit je einer Argandlampe im Brennpunkt, montiert auf einem Drehtisch mit Gewichtsantrieb. Das 60 kg schwere Gewicht mußte alle sieben Stunden wieder hochgekurbelt werden. 1898 erhielt der Turm eine hyperradiale Linsenoptik von 2,5 m Durchmesser, ebenfalls aus England.
Als Lichtquelle fungierte Paraffin-Glühlicht, 1962 allerdings ersetzt durch eine elektrische 1000 Watt-Lampe.

Beispiel für den häufig vertretenen achteckigen Eisenturmtyp: Leuchtturm ***Santa Luzia****, 1871 an der Ostküste erbaut, 12 m hoch*

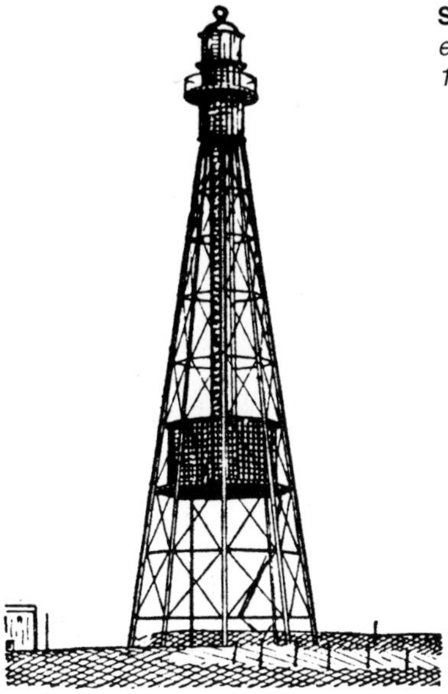

São Tomé, *mit 45 m höchster eiserner Gitterturm Brasiliens, 1882 erbaut*

Der lichtstarke Sonderling: Leuchtturm ***Abrolhos****, 1861 weit vor der Ostküste auf einer Felseninsel erbaut*

Nach Installation von Funkfeuer und weiteren technischen Anlagen auf der Insel war nämlich der Einbau von Dieselgeneratoren nötig geworden. Seitdem gibt es endlich auch eine elektrische Pumpe für das in einem 90000 Liter-Tank gesammelte Regenwasser, sehnlich gewünscht von den auf dem Felseneiland lebenden Wärtern und Fachkräften mit ihren Familien.
Soweit der Blick auf einen der wichtigsten Leuchtturm-Standorte Brasiliens.
Seit Anfang des 20. Jahrhunderts wird auch Beton als Baumaterial verwendet. Neben zahlreichen kleinen Trägern aus Beton gibt es zehn »Riesen« mit Höhen von 30 bis 50 m, verteilt auf markante Stellen, z. T. auch als Ersatz für ältere Feuer. In den 1930er Jahren entwarfen brasilianische Architekten dafür einen Turmtyp mit vier seitlich angesetzten Stützen. Der letzte und höchste dieser Art, der 1943 erbaute **Cabo Calcanhar II** (Nordostkap) mißt sogar 62 m. Sie tragen alle schwarze Bemalung auf weißem Grund – natürlich unterschiedlich. Der östlichste Punkt des Festlandes wird durch den modernen Beton-Leuchtturm **Cabo Branco** markiert: eine 18 m hohe dreieckige Säule streckt in 4 m Höhe drei dachförmige Flügel aus.
Die Laternen mit Leuchtanlagen bezog Brasilien fast durchweg aus Frankreich; die meisten sind heute noch vorhanden und in Betrieb. Lediglich kleinere neuere Optiken dürften aus heimischer Produktion stammen.
Abgesehen vom erwähnten Leuchtturm **Ilha Rasa** sowie einigen Türmen, die elektrischen Strom aus nahegelegenen Städten beziehen konnten, dienten noch bis in die jüngste Zeit Glühlichtbrenner als Lichtquelle. Eine generelle Umstellung auf elektrische Glühlampen begann erst 1986. Das Programm sieht auch die Ausnutzung von Solarenergie bei schwächeren Feuern vor.
Auf der Lageskizze (Seite 150) sind – wie üblich – die ältesten und wichtigsten Leuchtturm-Standorte mit dem Jahr der ersten Inbetriebnahme eingezeichnet. Insgesamt besitzt Brasilien etwa 500 Leuchttürme und Leuchtbaken.

URUGUAY besitzt im Gegensatz zu den langgestreckten ABC-Staaten Südamerikas nur eine relativ kurze Küste von ca. 700 km. Besonders gefährlich ist die südliche Landecke mit ihren vorgelagerten Inseln und Klippen. Sie muß von den vielen Schiffen umrundet werden, die in den Rio de la Plata einlaufen wollen. Das ist der 300 km lange und bis zu 250 km breite Mündungstrichter der beiden Flüsse Paraná und Uruguay. Am Rio de la Plata liegt nicht nur der wichtigste Hafen von Uruguay, Montevideo, sondern auch sozusagen das Pendant, der Haupthafen von Argentinien, Buenos Aires.

»Monte« heißt »Berg«, das weiß jeder. Und man muß heute nicht Lateiner sein, um zu wissen, daß »Video« etwas mit sehen zu tun hat. »Monte Video« heißt ein Berg, von dem aus man die jenseits einer Bucht auf einer Halbinsel gelegene Stadt sehen kann. Der Name dieser berühmten Stadt soll so entstanden sein.
Besagter Berg ist 150 m hoch und eigentlich nur ein Hügel, spanisch »Cirro«. Dort oben begann 1802 die Leuchtfeuergeschichte von Uruguay, indem man das Dach des beherrschenden, vierkantigen Forts mit einem Laternchen krönte: **Cirro de Montevideo** heißt der heute noch existierende Standort.
Bis 1818 leuchteten Kerzen, danach Walöl-Lampen. 1836 wurde anstelle des ersten Feuers ein kleiner dicker Rundturm erbaut, dessen Laterne 1852 sieben Parabollampen erhielt. Seit 1907 leuchtet darin eine Drehlinsen-Optik aus Paris; heute beträgt die Lichtstärke 0,5 Mio. Kerzen, die Tragweite 22 sm.
Alle bis zum Ende des 19. Jahrhunderts, meist mit französischer Hilfe entstandenen weiteren Leuchttürme sind aus Stein, rund und heute noch in Betrieb. Die relativ wenigen bedeutenden Exemplare können hier noch einzeln aufgeführt werden:

1828 **Isla de Flores** (östlich Montevideo), 19 m hoch, 10 m dick, konisch, 1983/84 restauriert, 1985 Einbau eines Dieselgenerators zwecks Elektrifizierung; zwei Teams von je vier Wärtern lösen sich in 14tägigem Rhythmus ab. Der Turm markiert eine Fahrrinne zwischen Inseln.

1860 **Punta del Este** (Südkap), 25 m hoch.

1874 **Cabo Santa Maria** (Ostküste), mit 30 m der damals höchste Leuchtturm. Während des Baues gab es ein tragisches Ereignis: Am 17. 5. 1872 schlug der Blitz ein und tötete alle Arbeiter, 8 Italiener und 7 Franzosen, die sich in das Mauerwerk geflüchtet hatten. Ihre Gräber befinden sich in einem kleinen Friedhof, dessen viereckige Mauern unmittelbar am Leuchtturm ansetzen.

1876 **Farallon** (tief im Rio de la Plata), 28 m hoch, ab 1928 als erster unbewacht mit selbsttätigem Gasfeuer; neuerdings nur noch solarbetriebenes Nebenfeuer.

1881 **Cabo Polonio** (Ostküste), 26 m hoch, 1961 erster Leuchtturm mit elektrischer Lichtquelle.

Anmerkung:
Auf der Lageskizze (Seite 150) sind die Leuchtfeuer-Standorte im Rio de la Plata nicht eingezeichnet.

Abschließend seien noch zwei interessante Standorte erwähnt, an denen nach der Jahrhundertwende Leuchttürme errichtet wurden.
Im ersten Fall handelt es sich um den mit 59 m höchsten nächtlichen Wegweiser in Uruguay, **Isla de Lobos,** 1907 in Betrieb genommen. Die Insel, nach der er benannt ist, liegt südlich der erwähnten gefährlichen Landecke. Sie erhielt ihren Namen nach den im dortigen Küstenbereich zu tausenden lebenden Seelöwen. Eine Briefmarke zeigt einige Exemplare dieser Dickhäuter vor dem Leuchtturm.
Bei dem zweiten handelt es sich um Uruguays »Eddystone«, einen Felsenriff-Leuchtturm im Rio de la Plata, südwestlich von Montevideo: **La Panela**. Er wurde 1915 als Ersatz für das seit 1857 in der Nähe ausliegende Feuerschiff BANCO INGLES errichtet, nachdem der Dichter Isidoro Zagüez das trostlose und gefährliche Leben auf dem Vorposten im Meer in einer Novelle beschrieben hatte. Aber auf dem Riff-Leuchtturm war das Leben auch nicht besser, so automatisierte man 1951 die Lichtanlage und zog die Besatzung ab.

Höchster Leuchtturm in Uruguay: **Isla de Lobos,** *1907 erbaut, 59 m hoch*

Der »Eddystone von Uruguay«: Felsenriff-Leuchtturm **La Panela** *(1915–1984)*

Der Turm besteht aus einem runden Betonsockel, einem quadratischen Mauerteil und einem runden Eisenaufsatz mit Laterne – das heißt, er bestand daraus. Denn auch hier hatten sich die Naturgewalten als stärker erwiesen, jetzt liegen nur noch die Trümmer auf dem Riff herum. Seit Dezember 1984 steht auf dem alten Betonsockel eine rot/weiße Säule aus glasfaserverstärktem Kunststoff mit einem solarbetriebenen Feuer.
Übrigens, die meisten anderen Leuchttürme sind noch bemannt und mit Glühlicht ausgestattet. Die Seezeichenbehörden bemühen sich jedoch um Elektrifizierung und Automation.

In ***ARGENTINIEN*** blieben die Küsten noch besonders lange dunkel. Die Spanier hatten bis zum Ende ihrer Herrschaft 1807 hier gar nichts getan, zu Hause übrigens auch kaum. Es gehört zu den unbegreiflichen Tatsachen, daß dieses im Mittelalter so erfolgreiche Seefahrervolk dem Leuchtfeuerwesen damals so wenig Bedeutung beigemessen hat.
Erst nach Gründung des Staates Argentinien begannen 1833 die ersten beiden nächtlichen Wegweiser zu leuchten, nicht auf festen Strukturen an Land, sondern auf Pontons vor dem einzig wichtigen Hafen, Buenos Aires, dem »Tor des Landes«. 1857 folgte ein richtiges Feuerschiff. Aber die Lichter gingen wieder aus. Kriege und Unruhen, die bis 1880 dauerten, waren die Ursache für eine lange Verzögerung.

Argentiniens Leuchtfeuergeschichte begann praktisch erst 1884, und zwar gleichzeitig an den beiden Schwerpunkten des Schiffsverkehrs, zum einen nahe Buenos Aires mit einem hölzernen Leuchtturm namens **Martin Garcia**, zum anderen im äußersten Süden auf der zu Feuerland gehörenden Isla de los Estados mit einem flachen, achteckigen Laternenhaus namens **San Juan de Salvamento**. Letzteres diente der Sicherung des Seeweges um das berüchtigte Kap Hoorn zum Pazifik. Um dieses Bauwerk rankt sich übrigens die Handlung in dem Roman von Jules Verne »Der Leuchtturm am Ende der Welt«: Leuchtturmwärter kontra Seeräuber.
Der Aufbau einer Leuchtfeuerkette zwischen diesen beiden Schwerpunkten dauerte bis in die 1930er Jahre. Im nördlichen, an den Rio de la Plata anschließenden und stark befahrenen Küstenbereich findet man heute etliche »Riesen« von 34 bis 67 m Höhe. Weiter südlich beschränkt sich die Befeuerung auf kleinere, weiter auseinanderstehende Leuchttürme – für den Regionalverkehr offenbar ausreichend.

Ältester in Betrieb befindlicher Leuchtturm Argentiniens, **Rio Negro,** *1887 erbaut, 16 m hoch*

Bis zur Eröffnung des Panamakanals 1914 konnte die Westküste Amerikas nur durch Umschiffung der Südspitze erreicht werden, entweder ganz außen um Kap Hoorn herum oder durch die Magalhäesstraße – und das bei nur ganz wenigen Leuchtfeuern. Auch heute ist Kap Hoorn **(Cabo de Hornos)** nur mit einem schwachen Licht auf einem 5 m hohen Kunststofftürmchen befeuert (Abb. Seite 146), während die Magalhäesstraße gradezu gespickt ist mit unbewachten, automatischen Feuerchen. Aber sie gehört schon zu Chile.
Also zurück zum Aufbau der argentinischen Leuchtfeuerkette. Als erster »richtiger« Leuchtturm entstand 1887 **Rio Negro** an der Mündung des gleichnamigen Flusses, 16 m hoch und aus Stein. Aus Stein bzw. Ziegeln wurden in der folgenden Zeit aber nur noch vereinzelt Leuchttürme gebaut, hier die größeren:

1905 **Punta Delgada**, rund und dick, 14 m hoch, mit gewaltiger Laterne.
1917 **Cabo Blanco**, rund, leicht konisch, 27 m hoch.
1925 **San Jorge**, vierkantig, 27 m hoch; er ähnelt dem allerdings wesentlich höheren französischen Leuchtturm **Eckmühl** (s. Band 2, Seite 60).

Wie in Brasilien, so wurden auch in Argentinien die meisten Leuchttürme aus Eisen errichtet, und zwar ebenfalls in den drei Haupttypen: geschlossen, offen als konischer Gitterturm mit Treppenrohr und als einfacher Gittermast.
Von der erstgenannten Art seien zwei Beispiele aufgeführt:

1891 **Punta Mogotes**, rund, von leicht konkaver Kontur, weiß mit zwei breiten roten Bändern, 35 m hoch.
1902 **Año Nuevo**, 23 m hoch, rund, weiß mit drei schwarzen Bändern. Er löste Jules Vernes »Leuchtturm am Ende der Welt« ab, steht allerdings ein Stückchen weiter westlich.

Leuchtturm **Punta Delgada,** *Baujahr 1905, Höhe 14 m*

Leuchtturm ***Año Nuevo*** *(Feuerland), Baujahr 1902; dort stand zuvor Jules Vernes »Leuchtturm am Ende der Welt«*

Insgesamt existieren in Argentinien z.Z. etwa 70 Leuchttürme sowie 250 Leuchtbaken und Hafenfeuer. Alle Optiken, meist sogar die kompletten Laternen stammen aus Frankreich oder England. Als Lichtquelle diente zunächst durchweg Azetylen-Glühlicht, bei vielen exponierten Feuern von Anfang an selbsttätig. 1970 wurde damit begonnen, die wichtigsten Leuchttürme auf elektrischen Betrieb umzurüsten. Einige kleinere Feuer arbeiten neuerdings mit Windkraft.

13 Leuchttürme bleiben wahrscheinlich noch lange bewacht, weil sie mit anderen Einrichtungen kombiniert sind. Alle Wärter zählen zum militärischen Personal.

Nun einige Beispiele des Gitterturmtyps, auf dessen Herstellung sich französische und englische Firmen spezialisiert hatten:

1892 **San Antonio**, Dreibein-Turm, außen und innen verstrebt, 58 m hoch, schwarz/weiß gebändert.

1893 **Punta Medanos,** Dreibein-Turm mit nur wenigen Streben zum Mittelrohr, 50 m hoch, schwarz gestrichen.

Beide stammen aus Frankreich. Aus England stammen Gittertürme mit 6 bis 8 Beinen, hier drei typische Vertreter:

1904 **Cabo Virgines,** Höhe 26 m, Feuerhöhe 65 m, Tragweite 30 sm. Aufgrund seines Standortes am Ostende der Magalhäesstraße gilt er als wichtigster Wegweiser im südlichen Bereich; nach wie vor bewacht, Signal-, Funk- und meteorologische Station sind angeschlossen.

1906 **Recalada**, mit 67 m höchster Leuchtturm in Argentinien, rot/weiß gebändert.

1919 **Segunda Barranca**, 34 m hoch, schwarz/weiß gebändert.

Von den bis zu 36 m hohen Gittermasten ist keiner besonders erwähnenswert, viele tragen nur eine Bojenlaterne.

Ab 1920 entstanden auch Leuchttürme aus Stahlbeton, alle rund, leicht konkav und mehr oder weniger breit schwarz/weiß gebändert; hier die höchsten:

1921 **Quequen**, 34 m,
1922 **Querandi**, 54 m,
1922 **Claromeco**, 54 m,
1925 **El Rincon**, 62 m hoch.

Leuchtturm ***Cabo Virgines*** *an der östlichen Einfahrt zur Magalhäesstraße, 26 m hoch, 1904 aus England importiert (ähnlich, nur mit mehr Etagen,* ***Recalada*** *und* ***Segunda Barranca*****)**

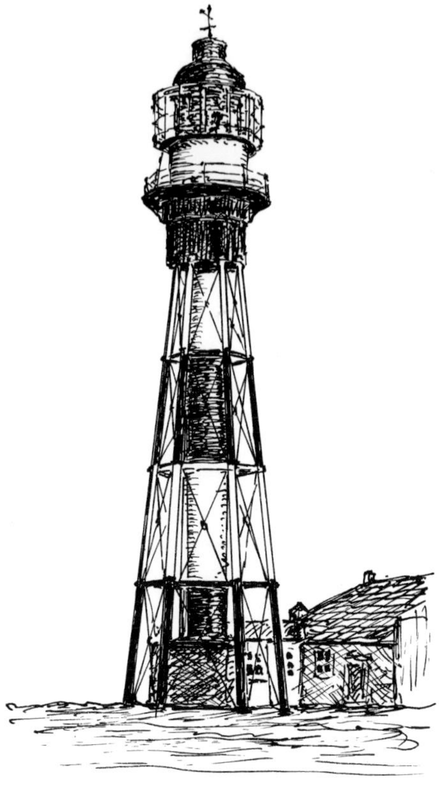

Fast drei Jahrzehnte vor Beginn der argentinischen Leuchtfeuergeschichte nahm 800 km vor der Südküste ein Leuchtturm seinen Betrieb auf: **Cape Pembroke** auf den ***FALKLAND-INSELN*** (Islas Malvinas). Nachdem die Briten 1833 von dieser Inselgruppe Besitz ergriffen hatten, bauten sie dort Hafenanlagen und errichteten 1855 auf Ostfalkland den genannten Leuchtturm aus Gußeisen, 21 m hoch. Sein helles Feuer leuchtete seitdem unzähligen Schiffen auf ihrem Weg um Kap Hoorn. Heute ist es automatisiert. Der Turm war 1982 nach dem Einfall Argentiniens hart umkämpft. 1984 übernahm Trinity House die Betreuung.

Leuchtturm **Cape Pembroke** *(Falklandinseln), 1855 von den Engländern errichtet, 21 m hoch* ▶

Einsamer Wegweiser am Beagle-Kanal (südlich der Hauptinsel von Feuerland): Leuchtturm **Islote Eclaireurs,** *1921 erbaut, 11 m hoch*

Südamerika (Westküste)

CHILE erstreckt sich 4300 km von Nord nach Süd, das entspricht einer Entfernung vom Nordkap Europas bis zur Nilmündung in Afrika. Nur sind die Temperaturverhältnisse entgegengesetzt: Dort gibt es den kalten Süden. Dieser ist landschaftlich völlig zerfranst mit um die 5000 Inseln und Inselklippen, dem allmählich untertauchenden Ende der Kordilleren.
Das Festland endet, wo Fernão Magalhães 1519/20 die 600 km lange, später nach ihm benannte Durchfahrt fand. Obwohl sie sehr gefährlich und gewunden ist, wird sie lieber benutzt als der weitere Weg um Kap Hoorn. Geographisch gehört die Magalhäesstraße weder zur Ost-, noch zur Westküste, sie wird aber zum Westen gerechnet, weil sie durch chilenisches Hoheitsgebiet führt. Chiles langgestreckte Küste ist aufgrund der ungünstigen morphologischen Struktur arm an Naturhäfen. Vielerorts wurde nur durch Molenbau ein Anlaufen größerer Schiffe möglich gemacht. So mußten z. B. auch die vielen Großsegler, die bis zum Ersten Weltkrieg den zur künstlichen Düngung benötigten Salpeter nach Deutschland holten, vor der Küste ankern und mit Leichtern beladen werden.
Die Leuchtfeuergeschichte begann am 18. September 1837 mit der Inbetriebnahme eines bescheidenen Türmchens in **Valparaiso**. 1857 wurde in 2 km Entfernung oberhalb der Steilküste der erste richtige Leuchtturm erbaut: **Punta Angeles**, 18 m hoch, mit einer Feuerhöhe von 58 m. Er gehörte zu einer Serie von fünf aus England bezogenen Eisentürmen, die an Häfen zur Aufstellung kamen. 1859 folgte der 10 m hohe steinerne Leuchtturm **Punta Corona** auf der chilenischen Insel Chiloé. Jetzt trägt er eines der stärksten Feuer am Pazifik. Nachdem 1867 eine Zentralbehörde für das Seezeichenwesen gebildet worden war, entstanden weitere Leuchttürme, hier einige nennenswerte:

1868 **Punta Arenas** (Magalhäesstraße, nahe Arenas, der südlichsten Stadt der Erde), Gußeisenturm, 9 m hoch,

1868 **Punta Caldera**, ein viereckiger, kegelstumpfförmiger, 18 m hoher Holzturm, der heute noch existiert,

1876 **Punta Galera**, gemauerter Turm, 19 m hoch, Feuerhöhe 65 m, eines der wichtigsten Seefeuer mit einer Tragweite von neuerdings 32 sm,

1880 **Inique**, 22 m hoher Eisenturm; heute nicht mehr vorhanden; vor diesem Hafen wurden einst viele Millionen Tonnen Salpeter verladen.

In Chile gibt es auch heute durchweg nur relativ niedrige Leuchttürme, da die Küste fast überall hoch genug ist, um günstige Feuerhöhen zu erzielen.

Nun zu dem wohl bedeutendsten Leuchtturm Chiles, placiert vor dem westlichen Ende der Magalhäesstraße: **Islotes Evangelistas**. Der 11 m hohe Granitturm auf dem 50 m steil aufragenden Felsblock gilt als Pendant zum schottischen Leuchtturm **Muckle Flugga** auf den Shetland Inseln (s. Band 1, Seite 87). Außer dem ähnlichen Felsenstandort gibt es noch weitere Parallelen: Die Errichtung dauerte auch jahrelang (1893–1896); es wurden 80 Arbeiter eingesetzt, die auch erst Stufen in den Felsen schlagen mußten, um überhaupt nach oben zu kommen; und der Erbauer war ein Brite, der vom Trinity House »entliehene« Ingenieur George H. Slight; auch peitschten Stürme die See gelegentlich bis zum Turm hoch, so daß die Wärter es mit der Angst bekamen.

Unter den zahlreichen, in diesem Gebiet gescheiterten Schiffen war 1914 auch der deutsche Segler »Palmira«. Zwei Überlebende, die sich 48 Stunden auf dem Wrack hatten halten können und anschließend vier Tage in einem Boot umhergeirrt waren, wurden völlig entkräftet, verletzt und halb verhungert von den Leuchtturmwärtern aufgenommen und acht Wochen lang gesund gepflegt – bis das Seezeichenschiff mit der Ablösung kam. Kaiser Wilhelm II dankte den Wärtern, die während dieser Zeit auf vieles verzichtet hatten, durch Verleihung von Goldmedaillen.
Unter Leitung des erwähnten britischen Ingenieurs Slight entstanden anschließend noch etwa 70 weitere Leuchttürme und Leuchtfeuer an den chilenischen Küsten, so 1899 am östlichen Ende der Magalhäesstraße **Punta Dungeness,** nur etwa 8 km vom argentinischen **Cabo Virgines** entfernt. Er ist aus Gußeisen und mit 25 m der höchste chilenische Leuchtturm. In der Form und mit seiner schwarz/weißen Bänderung ähnelt er dem Kollegen **Año Nuevo** auf Feuerland (s. Seite 155).

Einzeln aufgeführt seien noch weitere wichtige Leuchttürme:

1902 **Punta Delgada** (Magalhäesstraße, östlichste Enge), Gußeisenturm, 12 m hoch, rot/weiß gebändert,

1907 **Isla Guafo**, kleiner Eisenturm mit der größten Feuerhöhe in Chile (143 m),

1914 **Cabo Raper**, 14 m hoher Granitturm an der westlichsten Stelle des Landes.

Die besonders im Norden noch relativ dünne Leuchtfeuerkette wird weiter verdichtet. Neben Beton kommt neuerdings auch Kunststoff als Baumaterial für Träger zum Einsatz. Heute arbeitet die Mehrzahl der Feuer automatisch; die meisten Glühlichtbrenner wurden auf elektrische Lichtquellen umgerüstet. Zahlreiche kleine Feuer werden bereits solarbetrieben.

In ***PERU*** hatten sich Wirtschaft und Handelsschiffahrt erst spät und langsam entwickelt. Das Land hatte nämlich aufgrund ständiger Unruhen nicht gerade übermäßig viele friedliche Zeiten zum Aufbau. Außerdem erreichten die damaligen europäischen Segelschiffe die Pazifikküste nur nach monatelanger beschwerlicher Fahrt. Je weiter ihr Ziel im Norden lag, desto länger dauerte die Reise, denn den Panamakanal gab es noch nicht.
So erklärt sich der späte Beginn einer Befeuerung und die Tatsache, daß die nördliche Pazifikküste Südamerikas noch heute zu den dünnsten Leuchtfeuerketten der Erde zählt. Allein die peruanische Küste ist 2150 km lang, und die Hauptstadt Lima liegt schon über 5000 km nördlich von Kap Hoorn.
Der erste Leuchtturm, **Isla San Lorenzo**, 1857 auf der gleichnamigen Insel vor Callao, dem Hafen von Lima erbaut, fiel im Salpeterkrieg (1879–1883) chilenischen Granaten zum Opfer. Der achteckige, 18 m hohe Turm hatte aus einer Feuerhöhe von fast 300 m geleuchtet. Aber auch später wurden etliche Leuchttürme bei den zahlreichen kriegerischen Handlungen in Ruinen verwandelt, wahrscheinlich ein Grund für das Fehlen von historischen Unterlagen.
Auf der genannten Insel San Lorenzo, dem ältesten und wichtigsten Standort erhebt sich heute wieder ein Leuchtturm. Er ist aus Eisen, 22 m hoch und leuchtet als hellster des Landes aus einer Feuerhöhe von 294 m; sein Name: **Gran Almirante Grau**.
Der mit 23 m höchste und schönste heißt **La Marina**; er steht oberhalb des Hafens Calloa in 90 m Höhe. Es handelt sich wahrscheinlich um einen aus England stammenden Gordonschen Gußeisenturm, der ab 1889 im Norden von Peru gestanden hatte, dann aber etwa 1938 hierher versetzt wurde. Wie mehrere seiner größeren Kollegen ist er blau/weiß gebändert.
Seit einigen Jahrzehnten bemüht sich die peruanische Seezeichenbehörde sehr um Verbesserung der Befeuerung und um Anschluß an die internationale Entwicklung. Die Anzahl der Leuchtfeuer hat seitdem beachtlich zugenommen. In fast allen Fällen handelt es sich aber nur um einfache Laternen auf relativ niedrigen Eisenmasten oder Betonpfählen mit allerdings z. T. erheblichen Feuerhöhen.
Die älteren Standorte sowie heutige Feuer mit nennenswerten Tragweiten sind auf der Lageskizze Seite 150 eingezeichnet.

In ***ECUADOR*** ist es um das Leuchtfeuerwesen besonders schlecht bestellt. Leuchttürme im klassischen Sinne gibt es überhaupt nicht.
Der wichtigste Hafen Guyaquil liegt in einer tiefen Bucht mit einer größeren und mehreren kleinen Inseln. Auf einer der kleineren, **Isla de Santa Clara**, soll ab 1841 ein

Schönster Leuchtturm von Peru:
La Marina *in Callao, dem Hafen von Lima*

Feuer für die Schiffahrt geleuchtet haben. Auf der größeren, namens Puna entstanden 1873 zwei weitere Leuchten: **Punta Arenas** und **Punta Madinga** (auf der Lageskizze als **Guayaquil** zusammengefaßt).
Abgesehen von zwei 40 m hohen Kirchtürmen mit Leuchtfeuern, bestehen alle Träger nur aus kleinen Masten oder Betontürmchen. Die Feuer besitzen lediglich relativ geringe Tragweiten. Sie wurden zumeist erst nach 1920 eingerichtet.

KOLUMBIEN ist der einzige Staat Südamerikas, der Küsten sowohl an der Karibik, als auch am Pazifik besitzt. Erstere wurden bereits auf Seite 135 erwähnt.
An der Pazifikküste begann die Befeuerung erst nach Eröffnung des Panamakanals, dann allerdings z. T. gleich mit unbewachten Feuern. Einige Träger sind bis zu 36 m hoch. Besonders interessante Exemplare gibt es aber nicht. An der fast 1000 km langen Küste leuchten auch heute erst etwa 20 Feuer.

Point Pinos *(»Cape Cod-Typ«), ältester in Betrieb befindlicher Leuchtturm an der US-Pazifikküste, 1855 als einer der ersten erbaut*

Die beiden mit je 35 m höchsten Leuchttürme an der US-Pazifikküste: links ***Pigeon Point****, Baujahr 1872, rechts* ***Point Arena II****, 1908 als Ersatz für den 1906 durch Erdbeben zerstörten Vorgänger erbaut*

Leuchtturm **Heceta Head,** *1894 an einer der schönsten, aber am schwierigsten zugänglichen Stellen der »Traumstraßen-Küste« erbaut*

Leuchtturm **Umpqua River II** *(Ore.), 20 m hoch, 1894 erbaut (baugleich* **Heceta Head***)*

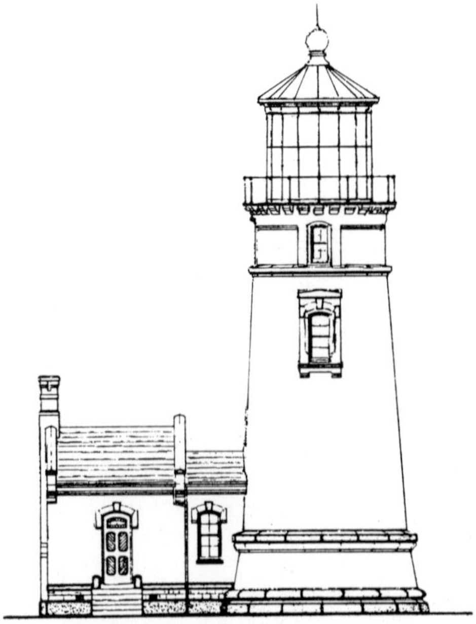

Skizze der Türme mit Wärterhaus

Leuchtturm **Grays Harbour** *(Wash.), 33 m hoch, Baujahr 1898*

Hier zwei baugleiche, 20 m hohe gemauerte Türme:

1894 **Umpqua River II** (Ore.), Ersatz für den unterminierten Turm von 1857, und

1894 **Heceta Head** (Ore.). Der felsige Standort war damals – wie auch in mehreren ähnlichen Fällen – nur unter größten Schwierigkeiten vom Meer aus zugänglich, denn eine Straße gab es noch nicht. Auf einer Holztafel steht zu lesen (hier die Übersetzung:)

»Heceta Head wurde benannt nach Bruno Heceta, einem Kapitän der königlich-spanischen Flotte, der 1775 diese Nordwestküste bis hinauf nach Sitka, Alaska, erkundete. Der Leuchtturm wurde 1892–1894 erbaut mit einem Kostenaufwand von $ 180000. Die Optik enthält 640 Prismen, jede zwei Zoll dick. Das Antriebsgewicht für die Drehmaschine mußte alle 4 Stunden von Hand aufgewunden werden. Lichtquelle war anfangs eine 5-Docht-Lampe, ab 1940 ein Glühlichtbrenner, ein paar Jahre später eine elektrische Lampe. Seit der 1963 erfolgten Automatisierung wird der Turm fernüberwacht. Die Lichtstärke beträgt 1000000 Kerzen, die Tragweite 21 Meilen.«

Als weiteres, aus Ziegeln gemauertes höheres Exemplar sei noch erwähnt:

1898 **Grays Harbour** (Wash.); der 33 m hohe achteckige Turm gilt als Meisterstück des Architekten C. W. Leick. Zur feierlichen Einweihung waren zahlreiche Menschen von nah und fern gekommen.

Auch der Hafen von **Los Angeles** erhielt mehrere Leuchttürme, u. a. 1913 einen 21 m hohen Steinturm am Ende eines neuen, langen Wellenbrechers. Nach Installation der ersten Radar-Generation in den 1960er Jahren soll sich dort bei dichtem Nebel folgender Dialog auf einem UKW-Sprechkanal ergeben haben:

1. Stimme: Wir haben Sie mit unserem Radar erfaßt. Sie befinden sich auf Kollisionskurs zu uns. Ändern Sie Ihren Kurs um 10 Grad nach Süd.

2. Stimme: Auch wir haben Sie auf unserem Radar. Ändern Sie Ihren Kurs um 10 Grad nach Nord.

1. Stimme: Wir erwarten, daß Sie Ihren Kurs ändern, wir haben Admiral Goodman an Bord und sind ein Schlachtschiff.

2. Stimme: Wir sind ein Leuchtturm.

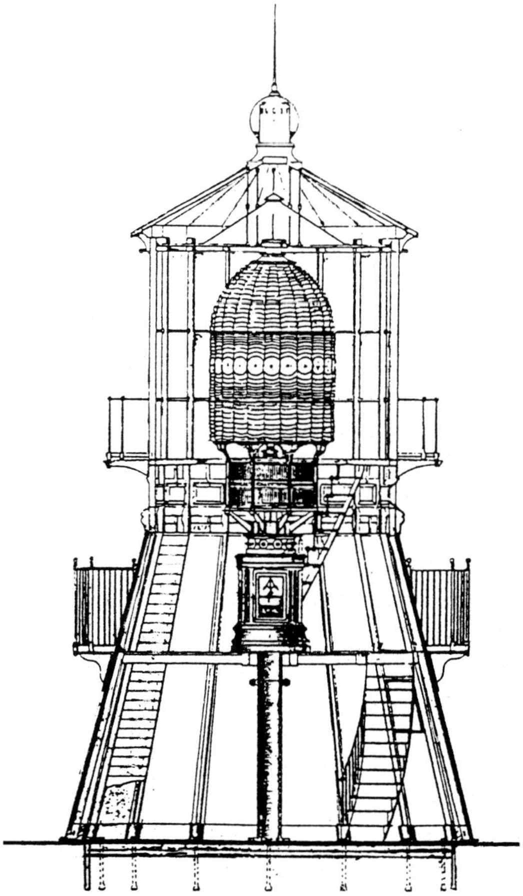

Leuchtturm **Point Reyes** *von 1870 im Schnitt*

Bei den wenigen Eisentürmen handelt es sich, abgesehen von dem bereits erwähnten Gitterturm **Point Loma II**, um nur wenige Meter hohe vieleckige klobige Sockel mit schwerer Laterne. Sie stehen ohnehin alle sehr hoch; **Cape Mendocino** (Cal.Nord), Baujahr 1868, besitzt mit 157 m die größte Feuerhöhe, sein Doppelgänger **Point Reyes I** (Cal.Mitte) von 1870 – jetzt allerdings nur noch Museum – leuchtete aus 90 m Höhe.
Interessanter sind dagegen die Bauten aus Holz. Zwei besonders hübsche, allerdings längst außer Dienst gestellte Leuchtfeuerhäuser sind erhalten und zur Besichtigung freigegeben, beide im Süden von Californien: **Point Fermin**, 1874 erbaut, sowie das ähnliche **San Luis Obispo**, Baujahr 1890. Ein weiteres, ebenfalls sehr ähnliches war 1875 erbaut worden, **Point Adams** (Ore.); 1899 hatte es einer Hafenerweiterung Platz machen müssen.

Leuchttürme aus Beton entstanden erst nach der Jahrhundertwende, und zwar fast ausschließlich als Ersatz für ältere Bauten. Mit 35 m höchster ist der erwähnte **Point Arena II** von 1908 (Abb. Seite 163), zweithöchster mit 26 m **Altcatraz Island II** am ältesten Standort.

Point Fermin *(Cal.), hölzernes Leuchtfeuerhaus, 18 m hoch, 1874–1945 in Betrieb (Aufnahme etwa 1910)*

Zum Schluß seien die Türme im Meer, die »Eddystones« erwähnt:

1881 **Tillamook Rock** (Ore.), Feuerhöhe 41 m
1892 **St. George Reef** (Cal.Nord), Feuerhöhe 45 m
1906 **Mile Rocks** (Cal., im Golden Gate), Feuerhöhe 24 m.

Wer je die Küstenstraße Nr. 101, die »Bilderbuchstrecke« am Pazifik entlanggefahren ist, hat sie gesehen, die zackigen Felsblöcke, die überall aus dem Meer ragen. Einer der gefährlichsten ist der 1,5 km vor der Küste liegende Tillamook Rock mit dem bezeichnenden Beinamen »Terrible Tilly«.

Erst nach vielen vergeblichen Versuchen gelang es, auf den steilen Basaltfelsen zu kommen. Von seiner 35 m hohen Spitze mußten zunächst einige Meter abgeschlagen werden, um eine Grundfläche für das Bauwerk zu schaffen. Unter unsäglichen Mühen und Gefahren war es dem Baumeister Charles A. Ballantyne und seinem zehnköpfigen Team nach zwei Jahren gelungen, den 15 m hohen Steinturm **Tillamook Rock** und die Unterkünfte fertigzustellen.

Auch die Wärter lebten später oft genug in Angst, wenn Orkane die See bis über die Turmspitze peitschten; mehrmals zerschlugen dabei Gesteinsbrocken die Laternenscheiben, 1894 sogar die Optik.

Nach Außerdienststellung des Leuchtturmes 1952 wurde die ganze Felseninsel an einen Privatmann verkauft, der dort das erste See-Kolumbarium der Welt einrichtete. Zahlreiche Urnen füllen bereits die Regale in den entsprechend umgebauten Räumen. Mehr und mehr Amerikaner wünschen sich den Felsen als letzte Ruhestätte.

Leuchtturm **Tillamook Rock,** *1881–1952 in Betrieb (Aufnahme um 1900)*

St. George Reef, *teuerster Leuchtturm der USA, 1892–1975 in Betrieb*

Der Leuchtturm **St. George Reef** entstand auf dem höchsten Felsen einer Riffgruppe in 10 km Entfernung vor der Küste. Mit der Erbauung hatte man wieder Ballantyne aufgrund seiner einschlägigen Erfahrungen betraut. Er wählte eine Turmform ähnlich dem französischen **La Vieille** (s. Band 2, Seite 51), allerdings auf einem ovalen Granitsockel.

Der Kampf mit den Elementen bis zur Fertigstellung dauerte fast zehn Jahre. Für den Sockel mit 1339 Riesenblöcken und den Turm darüber wurden 14000 t Granit und 2000 t weiteres Material verbaut. Der Transport von Mensch und Material erfolgte mittels einer Art Seilbahn zwischen einem verankerten Schiff und dem Felsen.

Oft zerschlug die See Einrichtungen, einmal sogar die Bauhütte, in der sich 50 Arbeiter aufhielten. Es gab mehrere schwere Unfälle mit Toten und Verletzten. Für die USA wurde es der verlustreichste und mit $ 700000 Kosten der teuerste Leuchtturmbau.

Auf der umtosten, einsamen Station hielten es nur wenige Wärter längere Zeit aus. Trotzdem ließ die Coast Guard Behörde das Feuer nicht automatisieren; 1975 zog sie die Besatzung ab und überließ den unbefeuerten Turm mit der kompletten Einrichtung seinem Schicksal. Seitdem warnt eine in der Nähe verankerte und mit vielen technischen Einrichtungen ausgestattete Großtonne vor den Klippen.

Leuchtturm **Mile Rocks** *(Golden Gate), 1906 erbaut*

Der dritte Felsen-Leuchtturm, **Mile Rocks** steht in Sichtweite der Golden Gate-Brücke auf einem Riff, das nur wenig aus dem Wasser ragt. Sein Bau war beschlossen worden, nachdem dort am 22. Februar 1901 der Luxusdampfer »City of Rio de Janeiro« aufgelaufen war, wobei es 128 Menschenverluste gegeben hatte.
Es handelt sich um einen Turm aus drei unterschiedlich dicken eisernen Zylindern auf einem runden, mit Stahl umkleideten Betonsockel. Die Errichtung war auch hier auf große Schwierigkeiten gestoßen.

Größter Schrecken für die vier Wärter war das oft lange Zeit hindurch brüllende Nebelhorn – bis 1966, als der Turm automatisiert und seines Oberteiles beraubt wurde. Stehen blieb nur der Sockel und die unterste Etage mit der Maschinenanlage. Eine Hubschrauber-Landeplattform bildet seitdem den oberen Abschluß; ein kleines Leuchtfeuer befindet sich darunter. Der Strom dafür, sowie für Nebelhorn und Außenanstrahlung wird durch Dieselaggregate erzeugt, nachdem Kabelverlegungen gescheitert waren.

Verbesserte Orientierungsmöglichkeiten für die Schifffahrt machen auch an der Pazifikküste der USA mehr und mehr Leuchttürme entbehrlich. Wie an der Ostküste, so haben sich auch hier private Organisationen gebildet, die sich um außer Dienst gestellte Exemplare kümmern und sie, oft unter großem finanziellen Aufwand, restaurieren.

Der Turm nach dem Umbau 1966

KANADA begann mit der Befeuerung seiner pazifischen Küste erst 1860. Genaugenommen handelte es sich hier in Columbia bis 1871 noch um eine britische Kronkolonie. Unter ihrer Regie entstanden im äußersten Süden, wo sich der Schiffsverkehr konzentrierte, die ersten beiden Leuchttürme:

1860 **Fisgard Island**, 18 m hoch, aus heimischen Ziegeln; diese hielten jedoch weder den Schußerschütterungen des nahen Forts Rodd Hill, noch den Witterungseinflüssen stand, so daß schon 1873 eine Ummantelung aus Zement erforderlich wurde. Die weitere Geschichte in Stichworten: 1928 Automatisierung des Gasfeuers, Abzug der Wärter; 1951 Bau eines Dammes zur Insel; 1958 Elektrifizierung, Strom vom genannten Fort aus; 1982 Ersatz durch Gittermast mit modernerer Leuchteinrichtung, seitdem Kulturdenkmal, Turm und Wärterhaus heute als Museum eingerichtet und auf Briefmarken abgebildet.

1861 **Race Rocks**, mit 32 m zweithöchster im westlichen Kanada; auf einem Felsen 2 km vor der Küste aus schottischem Granit erbaut. Die Fresnelsche Optik wurde – wie auch für alle anderen Leuchtfeuer – aus England geliefert. Der Turm leuchtet noch heute an dieser gefährlichen Südecke von Vancouver Island, dem Wendepunkt für Schiffe zu den kanadischen Häfen.

Fisgard Island, *erster Leuchtturm an der kanadischen Pazifikküste, 1860 erbaut*

Leuchtturm **Race Rocks,** *32 m hoch, Baujahr 1861*

Auch ein Feuerschiff wurde 1866 noch unter britischer Regie ausgelegt: SOUTH SAND HEADS. Es bezeichnete den Einlauf des Flusses Fraser, der ab 1858 aufgrund von Goldfunden unzählige Abenteurer anlockte, von denen die meisten über See anrückten. Flußbettverlagerungen machten jedoch mehrmalige Änderungen erforderlich. So wurde das Feuerschiff 1884 durch einen 16 m aus dem Meer ragenden Schraubpfahlleuchtturm abgelöst; 1905 folgte ein neuer Leuchtturm, 1913 wieder ein Feuerschiff, das dann endgültig 1957 durch einen Beton-Leuchtturm auf Pfählen mit einer Feuerhöhe von 16 m ersetzt wurde. Alle Feuer erhielten den Namen **Sand Heads**.

Vom Zusammenwachsen des Riesenreiches – 1885 war die transkanadische Bahn bis Vancouver fertig – profitierte auch der Leuchtturmbau, indem die an der Atlantikküste bewährte Holzbauweise (s. Seiten 86, 88, 89) übernommen wurde. Wälder gab es auch hier genug. Bis 1908 entstanden fast alle weiteren Leuchttürme aus Holz, vier- oder achteckig, leicht konisch, um die 15 m hoch. Leider sind nur noch wenige erhalten.

Die im 20. Jahrhundert erforderlich gewordenen Ersatzbauten, sowie einige Leuchttürme an neuen Standorten wurden nun allerdings aus Beton errichtet, meist sechs- oder achteckig, zum Teil mit seitlichen Stützen. Höchster der letzteren mit 38 m und damit Rekordhalter wurde **Estevan Point** (1910), schwierigster **Triple Island** (1921), 23 m hoch. Modernster Vertreter ist **Sisters II** von 1968, ein 23 m hoher runder Säulenturm, den Philatelisten sicher bekannt, denn er ist auf einer Briefmarke dargestellt, allerdings stilisiert. Er steht mitten im Labyrinth der mit tausenden von Riffen und Felseninseln gespickten »Inside Passage«.

Aber auch die äußere, die »Outside Passage« birgt ähnliche Risiken. So sind zahlreiche Leuchttürme noch bemannt, weil man nicht auf menschliche Beobachtung und notfalls Hilfe verzichten will.

Oft vererbte sich der Beruf des Leuchtturmwärters von Generation zu Generation, obwohl besondere Gefahren drohten, wie Erdbeben oder Flutwellen. Oberhalb des Leuchtturmes **Point Atkinson II**, nahe Vancouver, befindet sich sogar eine Tafel mit den Vornamen und Daten aller »Woodwards« seit 1875. Bei dem Turm handelt es sich um einen sechseckigen Betonbau mit Stützen, 1912 als Nachfolger des Holzturmes von 1875 erbaut. Wie die meisten seiner Kollegen, trägt er nicht mehr die alte Gürteloptik, sondern eine moderne kleine Scheinwerferlinse.

Erwähnt sei noch ein Exemplar, das weder besonders alt, hoch oder großartig ist, aber zum Anfassen für jedermann am Hafen von Vancouver im Stanley Park auf vier Beinen steht: **Brockton Point**, viereckig, weiß mit rotem Band und roter Laterne, nur 13 m hoch; von 1902 bis 1926 hat er für die Schiffahrt geleuchtet, jetzt blinzelt er nur noch ein bißchen für Landratten.

Aus der Lageskizze (Seite 160) ist ersichtlich, wann die ältesten und wichtigsten Leuchtfeuer-Stationen eingerichtet wurden.

Leuchtturm **Brockton Point** *am Hafen von Vancouver (1902–1926 in Betrieb)*

Point Atkinson II, *18 m hoch, 1912 erbaut, einer der Betontürme mit Seitenstützen* ▶

Mit 38 m höchster kanadischer Leuchtturm am Pazifik:
Estevan Point, *1910 erbaut*

ALASKA war nach den 1728 und 1741/42 von Bering durchgeführten Erkundungen zunächst russisch. 150 Jahre lang betrieben die Russen dort Robbenfang und Pelzhandel, ab 1799 auch mit den Nordamerikanern zusammen in der Russian-American Company. Hauptort war Neu-Archangelsk, das heutige Sitka.
Auf einer Felseninsel 2 km vor Sitka soll ab 1805 das erste Leuchtfeuer der amerikanischen Pazifikküste gebrannt haben. Es wurde 1837 abgelöst von **Baranof's Castle** im Ort selber. Vier Reflektorlampen leuchteten aus einer Laterne auf dem Dach des besagten Schlosses, einem riesigen, zweistöckigen Holzbau; das heißt, sie leuchteten nur, »wenn sich von Außen ein Kanonenschuß hören läßt«, so steht es in einem alten Verzeichnis.
Das Feuer existierte noch, als die USA 1867 dem Zarenreich ganz Alaska für 7,2 Mio. Dollar abkauften und so eine Küstenlinie hinzugewannen, die mit 10000 km länger war als alle ihre bisherigen zusammen. Dieser heute 49. Staat der USA besteht nicht nur aus dem ziemlich menschenleeren Nordwestteil Amerikas, sondern reicht im Süden mit einem schmalen Küstenstreifen bis weit vor kanadisches Gebiet. Für die Schiffahrt ist dieser südliche, dichter besiedelte Teil natürlich am wichtigsten. Hier gibt es auch eine »Inside Passage«, an ihr liegt die heutige Hauptstadt Juneau.

Zwischen 1902 und 1916 wurden in diesem Seegebiet neun, weiter westlich bis zum Ende der Alaska-Halbinsel vier weitere Leuchttürme gebaut. In fast allen Fällen handelte es sich um achteckige Holzhäuser mit pyramidenförmigem Dach, aus dessen Spitze der ebenfalls achteckige Turm mit der Laterne ragte. Die Türme waren zwischen 14 und 18 m hoch. Mehrere Häuser enthielten neben Wohnräumen auch Maschinenanlagen für die Nebelhörner.

Hölzerner Leuchtturmtyp in Alaska, hier **Tree Point,** *18 m hoch, 1904–1935 in Betrieb*

Turmtyp der 1930er Jahre, hier **Sentinel Island II,** *17 m hoch, 1935 aus Beton erbaut*

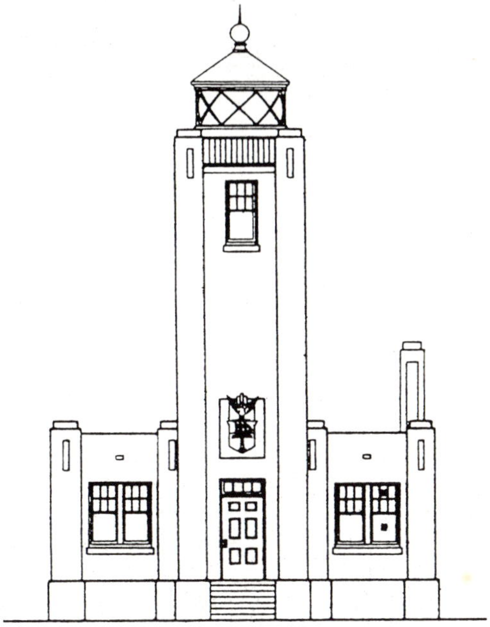

Wie in Kanada, so baute man auch hier die Nachfolger sowie einige Exemplare an neuen Standorten aus Beton, und zwar ab 1934. In fast einheitlichem Stil mit graden, hochgezogenen Kanten bestehen sie aus quadratischen Türmen von 16 bis 23 m Höhe auf oder neben ekkigen Gebäuden.
1992 existierten nur noch zwei der ursprünglichen Holzbauten.

Leuchtturm **Scotch Cap II** *(Aleuten), 1940 aus Beton erbaut, 1946 durch Flutwelle völlig zerstört*

Im Gegensatz zu Kanada wurden inzwischen nach Automatisierung der Feuer alle Leuchtturmwärter abgezogen. Letzter Schritt war Umstellung fast aller Leuchtanlagen – sogar der Drehfeuer – auf Solarenergie. Außer 16 Leuchttürmen als Hauptfeuer gibt es etwa 500 Nebenfeuer. Auf der Lageskizze (Seite 160) sind jedoch nur die Hauptfeuer im südlichen Bereich eingezeichnet. Wer Interesse hat, kann sich selber die drei nachstehend mit ihrer geographischen Lage aufgeführten exponiertesten Leuchtfeuer-Standorte auf der Landkarte heraussuchen:

- nördlichstes Feuer (Nordpolarmeer): **Point Hope** 68° 20' Nord, 166° 45' West
- westlichstes Feuer (auf den Aleuten): **Adak Island** 51° 51' Nord, 176° 38' West
- gegenüber Sibirien (Beringstraße): **Cape Prince of Wales** 65° 38' Nord, 168° 07' West.

Vor dem westlichen Ende der Alaska-Halbinsel liegt die erste Aleuten-Insel Unimak, wegen der rauchenden Vulkane auch »Dach der Hölle« genannt. Der Schiffsverkehr zwischen Golf von Alaska und Beringmeer muß sie umrunden. Dort entstanden 1903 und 1904 die beiden westlichsten, damals bemannten Leuchtturm-Häuser **Scotch Cap** und **Cape Sarichef**. Sie wurden 1940 bzw. 1950 durch stabile Betonbauten der beschriebenen Art ersetzt.

Wegen der unwirtlichen Verhältnisse durften die Wärter ihre Familien nicht mitbringen und dort wohnen lassen. Ihr Dienst dauerte 12 Monate, danach gab es 6 Monate Urlaub. Aber oft waren die Wetterverhältnisse so schlecht, daß es für das Versorgungsschiff unmöglich war, die beiden Feuer zu erreichen. In einem besonders ungünstigen Fall konnte die Ablösung anstatt im August erst im Mai des nächsten Jahres erfolgen.

Ein trauriger Fall ereignete sich 1914. Auf **Cape Sarichef** erkrankte ein Wärter lebensgefährlich. Trotz schlechten Wetters gelang es einem Kutter der Küstenwache zu landen und den Kranken aufzunehmen. Auf der Rückfahrt kenterte das Boot jedoch, und alle acht Insassen ertranken.

Eine andere Tragödie gab es am 1. April 1946, als eine seismische Riesenwelle den dickwandigen Beton-Leuchtturm **Scotch Cap II** und den noch stehengebliebenen hölzernen Vorgänger völlig zerstörte. Dabei kamen fünf Wärter ums Leben. Ein Notfeuer leuchtete, bis 1950 ein ähnlicher Turm entstanden war.

Das sind nur die schlimmsten von vielen Fällen, in denen Verluste an Menschen und Material auftraten.

Das schlimmste Ereignis, allerdings anderer Art, gab es am 23. 3. 1989, als der Tanker »Exxon Valdez« neben dem zum Hafen Valdez führenden Fahrwasser auf ein Riff lief und die größte bisherige Ölkatastrophe verursachte.

Zwecks besserer Orientierung für die Schiffahrt errichtete man deshalb 1990 auf der höchsten Stelle dieses gefährlichen Riffs den Leuchtturm **Bligh Reef**. Die 12 m hohe Struktur besteht aus mehreren in den Felsen eingelassenen Pfeilern als Sicherung gegen die sich im dortigen Prince-William-Sound herumtreibenden kleinen Eisberge, die von einem nur 20 km entfernten Gletscher stammen. Die Feuerhöhe beträgt 36 m, die Tragweite 9 sm. Drei Solar-Panele liefern den Strom.

HAWAII zählt als 50. Staat der USA gewissermaßen auch zum pazifischen Küstengebiet von Nordamerika. Der größten Insel Hawaii schließen sich nach Nordwesten zu als weitere bewohnte Eilande an: Maui, Lanai, Molokai, Oahu mit der Hauptstadt Honolulu nebst Marinestützpunkt Pearl Harbor, Kauai und Niihau. Außerdem gibt es zahlreiche kleinere Inseln und Meeresfelsen.

Der ganze Archipel ist gebirgig mit bis zu 4200 m hohen erloschenen Vulkanen; auf Hawaii sind zwei Vulkane sogar noch tätig. Dort fand übrigens James Cook sein Ende: Er wurde 1779 im Streit von Eingeborenen erschlagen, nachdem er ein Jahr zuvor die Inselgruppe entdeckt und nach seinem Gönner, dem Grafen Sandwich benannt hatte. Auch sonst ging es dort ziemlich unruhig zu, bis die Amerikaner im Jahre 1900 den Archipel annektierten. Sie fanden 19 staatlich betriebene und einige weitere, von einer Schiffahrtsgesellschaft unterhaltene Leuchtfeuer vor.

Am Hafen **Lahaina** auf Maui, von dem aus damals Walfang betrieben wurde, soll 1840 das erste Feuer gebrannt haben. Ab 1869 folgten weitere, u.a. auf dem Zollhaus von **Honolulu**. Es handelte sich um Holzgestelle mit Reflektorlampen – bis auf zwei echte Leuchttürme, beide auf Oahu:

1888 **Barbers Point**, 13 m hoch, aus Korallensteinen,

1899 **Diamond Head,** 17 m hoch; ausgemauertes Eisengestell mit Laterne und Fresnelscher Optik aus Paris.

Ersterer wurde 1933 durch einen 27 m hohen runden Betonturm, letzterer 1917 durch einen stilgerechten, sehr ähnlichen Bau, ebenfalls aus Beton, aber mit der alten Laterne ersetzt. Ansonsten wechselten die Amerikaner zunächst die alten Leuchteinrichtungen gegen gasbetriebene Linsenfeuer aus, ehe sie ab 1906 neue Leuchttürme an weiteren markanten Stellen errichteten. Dabei handelte es sich fast ausschließlich um runde Betonbauten geringer oder mittlerer Höhe. Einige Ausnahmen oder besondere Exemplare sind nachstehend aufgeführt:

1909 **Molokai** (benannt nach der Insel, auf der er steht), achteckig, mit 42 m höchster Vertreter seiner Gattung auf der Inselgruppe

Leuchtturm **Kilauea Point** *auf der Hawaii-Insel Kauai, 1913–1976 in Betrieb*

Traditions-Leuchtturm **Diamond II** *von 1917 mit der Laterne des Vorgängers von 1899*

1909 **Makapuu Point** (auf Oahu), rund, nur 14 m hoch, aber mit einer Feuerhöhe von 128 m, ausgerüstet mit einer 4 m hohen Hyperradiallinse, der größten Optik in den USA, bestehend aus 1140 Prismen (heute im Museum Lahaina); noch in Betrieb mit einer kleineren modernen Leuchtanlage

1913 **Kilauea Point** (auf weit vorspringender Felsennase von Kauai), 16 m hoch, 1939 elektrifiziert, 1976 ersetzt durch ordinären 3 m hohen Pfeiler mit Laterne; seit 1979 gilt der unter Denkmalschutz stehende alte Turm als Musterexemplar und Touristenattraktion

1929 **Cape Kumukahi** (Hawaii-Ostkap), 38 m hoher Gittermast am Fuße des Kilauea-Vulkans. 1960 schlossen glühende Lavamassen den Turm ein und vernichteten alle Gebäude in seiner Umgebung. Das automatische Feuer leuchtete weiter.

In einigen Fällen mußten auch schon die anfangs von den Amerikanern errichteten Leuchttürme ersetzt werden, so **Ninini Point** (auf Kauai) von 1906 und **Kauhola Point** (auf Hawaii) von 1912. Die Nachfolger waren fast gleiche Betontürme, 25 m hoch, 1932 bzw. 1933 errichtet.

Seit Ende der 1970er Jahre arbeiten alle Leuchtfeuer automatisch. Das Wartungsteam kommt jetzt per Hubschrauber zu einigen früher nur auf abenteuerlichen Wegen erreichbaren Standorten.

In Honolulu befindet sich das Hauptquartier für etwa 700 Seezeichen auf Hawaii und andere entlegene Pazifikinseln der USA.

Schrifttum

Fachbücher und -broschüren

Adams, W.H. Davenport: The Story of our Lighthouses and Lightships, London 1891
Allard, Emile: Les Phares, Paris 1889
Andersin, Ernst Fr.: Kort historik öfver Finlands fyrbåker, Helsingfors 1895
Australian Government Publishing Service: From Dusk till Dawn, Melbourne 1988
Auvinen, Visa / Laurell, Seppo / Säteri, Kai: Leijonalippu Marella, Pori 1983

Bachand, Robert G.: Northeast Lights, Norwalk 1989
Basis, L.: Leuchttürme und Leuchtturmbauten; deutsche Übersetzung aus Morskoj Sbornik (Marine-Handbuch der Sowjet-Union) 1975
Basmakov, P. J.: Historische Entwicklung der Leuchttürme in Rußland; deutsche Übersetzung aus Kapitel VIII, Leningrad 1925
Beaver, Patrick: A History of Lighthouses, New York 1973
Bjørkaug, Birger / Poulsen, Sven: Norges Fyr, Bind 1 1986, Bind 2 1988
Blytmann, Einar: Det kgl. Danske Fyrvæsen 1560–1927, Kopenhagen 1927
Brustat-Naval: Lichter über dem Meer, Wiesbaden 1969
Bush, Edward F.: The Canadian Lighthouse, Ottawa 1975

Carr, R.V. / Cecil, K.L.: The White Queen, Belmont 1986
Chadwick, Lee: Lighthouses and Lightships, London 1974
Crommelin, Liesbeth / van Suchtelen, H.: Nederlandse vuurtorens, Nieuwkoop 1978
Czerner, Marian: Laternie morskie polskiego wybrzeza, Poznan 1986

Dumontier, Jean-Paul / Gast, René: Des Phares et des Hommes, Paris 1985

Edwards, E. Price: Our Seamarks, London 1884
Ehlers, Chad / Gibbs, Jim: Sentinels of Solitude, West Coast Lighthouses, Portland / Oregon 1981

Faille, René: Les Phares et la Signalisation au XVIIe Siècle, Paris 1970
Faille, René: Cordouan, Les Baleines, Chassiron, La Rochelle 1974
Faille, René: Le Phâre de Cordouan 1584–1984, Le Verdon-sur-Mer 1984
Findlay, Alexander George: The Lighthouse of the world, London 1891

Gibbs, Jim A.: Lighthouses of the Pacific, West Chester 1986
Graham, Donald: Lights of the Inside Passage, Vancouver 1986

Hague, Douglas B. / Christie, Rosemary: Lighthouses, their Architecture, History and Archæologie, Llandysul 1975
Hale, Stephe L.: Lighthouses and Lightships of East Kent, Ramsgate 1985
Henningsen, Henning: Det danske Fyrvæsen gennem 400 År, Kopenhagen 1960
Hiebel, Alfred: Seezeichen, Leuchtfeuer und Schallsignale des Atlantischen Ozeans, Hamburg 1908
Holland, Francis Ross, Jr.: America's Lighthouses, their illustrated History since 1716, Brattleboro / Vermont 1972
Holland, Francis Ross, Jr.: Great American Lighthouses, Baltimore 1989
Hutter, Siegfried: Der römische Leuchtturm von La Coruña, Mainz 1973

Ireland, John de Coury: Wreck and Rescue on the East Coast of Ireland, Dublin 1983
Ishihara, S.: Misaki to todai (Nikon Hakken Series No. 35), Tokyo 1982

Jacobi, G.: Aus der Geschichte der Leuchtfeuer und Seezeichen, eine Einführung in die Literatur, Kiel 1929

Kumlien, Bertil: Utsikt över sjödistrikt, Stockholm 1983
Kustverket, Oslo: Illustrert Liste over 62 større fyrstasjoner i. Norge, Oslo 1980

Lang, Arend, Wilhelm: Geschichte des Seezeichenwesens an der deutschen Nordseeküste, Bonn 1965
Langmaid, Kenneth: The Sea, Thine Enemy, London 1966
Laurell, Seppo / Riimala, Erkki: Through Ice and Snow, Helsinki 1985
Legrand, André: Les Phares et leurs gardiens, Rennes 1982
Luige, Armas: Eesti Tuletornid, Tallinn 1982
Luttermann, Hans-Joachim: Blüsen, Baken, Feuertürme, Rostock 1986

Manfredini, Camillo / Pescara, Antonio Walter: Il Libro dei Italiani, Mailand 1985
McCarthy, Kevin: Florida Lighthouses, Gainesville 1990
McLaren, Verne: The Cape Jaffa Lighthouse Story, Kingston 1977
Müller, Heinz-Olaf: Die Leuchttürme von Cuxhaven und Neuwerk, Herford 1984
Munro, R.W.: Scottish Lighthouses, Stornoway 1979

Naish, John: Seamarks, their History and Development, London 1985
Nicholson, Christopher: Rock Lighthouses of Britain, Cambridge 1983

Parsons, Eleanor C.: Thachers; Island of the Twin Lights, Cannan / New Hampshire 1985
Parsons, Ronald: Lighthouses of South Australia, Magill 1985
Pavitt, J.A.L.: First Pharos of the Eastern Seas, Singapur 1966
Pope, Armas: Zvaigznes krastà, Riga 1985
Prinz, Winfried: Einmal um die ganze Welt, Herford 1990

Renard, Léon: Les Phares, Paris 1901
Reuleaux, F.: Leuchttürme und Feuer- oder Leuchtschiffe, Das Buch der Erfindungen, Gewerbe und Industrien, 7. Band, Der Weltverkehr und seine Mittel, 8. Auflage 1887
Reuleaux, F.: Schiffahrtszeichen, wie vor, 10. Auflage 1901
Ribière, C.: Phares et Signaux Maritimes, Paris 1908
Roberts, Bruce / Jones, Ray: Southern Lighthouses, Chester / Connecticut 1989
Rode, C.F.: Norges Fyrvesen, Oslo 1941

Sañchez Terry, Miguel Angel: Los Faros Españoles, Historia y Evolution, Madrid 1986
Shanks, Ralph C. Jr. / Shanks, Janetta Thompson: Lighthouses and Lifeboats on the Redwood Coast, San Anselmo / California 1978
Sharp, Eric W.: Lighthouses of the Channel Islands, Guernsey 1986
Sjöfartsverket Norrköping: Beskrifning öfver Svenska Fyrarne, Stockholm 1872
Sjöfartsverket Norrköping: Verksamheten 1984/85, Stockholm 1985
Smyth, Dacre: The Lighthouses of Victoria, 1980
Snow, Edward Rowe: The Lighthouses of New England 1716–1973, New York 1973
Stevens, David E.: Lighthouses of Nova Scotia, Hantsport 1973
Stevenson, Alan: History, Construction and Illumination of Lighthouses, London 1850
Stevenson, D. Alan: The World's Lighthouses before 1820, London 1959
Stevenson, Thomas: Lighthouse Illumination, Edinburgh 1871
van Suchtelen, H.: De Bouwijze van de gietijzeren vuurtorens te Ijmuiden 1879–1979, Scheveningen 1979
Sutton-Jones, Kenneth: Pharos, Salisbury 1985

Tait, Thomas R.: Early History of Lighthouses, Existing Acts, Glasgow, 1902
Talbot, Frederick A.: Lightships and Lighthouses, London 1913
Taylor, Peter: As darker grows the night, Auckland 1975
Tokokai (japan. Leuchtfeuer-Behörde): Lighthouses in Japan, Tokyo 1968

Ulsamer, Gregor: Borkums Großer Leuchtturm, Norden 1979
Ulsamer, Gregor: Feuerschiff Borkumriff, Offenbach 1988
U.S. Coast Guard: Historically famous Lighthouses, Washington, D.C. 1972
U.S. Coast Guard: Chronology of Aids to Navigation and the old Lighthouse Service 1716–1939, Washington, D.C. 1974

van der Veen, Romke, Vuurtorens, Groningen 1981
Veitmeyer, L.A.: Leuchtfeuer und Leuchtapparate, München und Leipzig 1900
Vitastofnun Islands: Vitar Islands i 50 ar 1878–1928, Reykjavik 1928

Welch, Wally: The Lighthouses of Maine, 1972
Witney, Dudley: The Lighthouse, Boston 1975

Sonstige Fachbeiträge

Cooper, H. C.: The Lighthouses of Cape Colony, Johannesburg 1910

Fallosch, Wolfgang: Wo Licht ist, ist Hoffnung, Graz 1985

Fehr, Dr. H.: Ingenieurarchitektur: Römische Hafenanlagen, 1978

Kroog, Claus: Eckmühl und Jument – die gestifteten Leuchttürme, Hamburg 1983

Kuschel, Leo: Great Lakes Light, Engagement Calendar 1990, 1991, 1992 Ann Arbor, Michigan

Kuke, H.: Von Leuchttürmen und Feuerschiffen, Bremerhaven 1973

Maltha, Bent: 22 danske fyr, Kopenhagen 1982

Martin, E. R.: Marine Department Centennial History 1866–1966, Wellington 1969

Otte, Helmut: Lichter über dem Meer (unveröffentlichter Vortrag), Dinslaken 1983

Phillips, Valmai: Romance of Australian Lighthouses, Adelaide 1977

Scheina, Dr. Robert: The Evolution of the Lighthouse Tower, Washington D. C. 1989

Trinity House: Relative Merits of Electricity, Gas and Oil as Lighthouse Illuminants, London 1885

außerdem einschlägige Artikel in Zeitungen und Zeitschriften aus aller Welt

Periodika

AISMA / IALA-bulletin, Paris

Deutsches Schiffahrtsarchiv, Zeitschrift des Deutschen Schiffahrtsmuseums, Bremerhaven

FLASH, Trinity House, London

HANSA, Zentralorgan für Schiffahrt, Schiffbau und Hafen, Hamburg

Jahrbuch der Hafenbautechnischen Gesellschaft, Berlin, Heidelberg, New York

The Keepers LOG, United States Lighthouse Society, San Francisco

Leuchtfeuer-Verzeichnisse zahlreicher Staaten (mit den jeweils üblichen Titeln)

PHAROS, Lighthouse Study Unit, Northville / Michigan

Seehandbücher, Deutsches Hydrographisches Institut, Hamburg

Zeitschrift des Vereins deutscher Ingenieure, Berlin

Schriften allgemeiner Art

Bertelsmann Universal Lexikon

ENCYCLOPÆDIA BRITANNICA, New York 1962

Meyers Großes Konversations-Lexikon, 6. Auflage, Leipzig und Wien 1907

ferner Werke über Geschichte, Technik und Literatur

Der Autor dankt allen denen, die zur Beschaffung des umfangreichen Materials und der Informationen beigetragen haben. Dieser Dank gilt vor allem den Herren

Dr. Werner Berthold, Leverkusen, der bei der Bearbeitung mithalf und sich als Lektor betätigte,

Egbert Koch, Hamburg,

Peter Voelckers, Richmond, USA.

Auch nachstehende Institutionen, Firmen und Privatpersonen stellten bereitwillig Material zur Verfügung:

Association Internationale de Signalisation Maritime (AISM), St. Germain en Laye, Frankreich

Rudolf Bartelmann, Kühlungsborn,

Bundesamt für Seeschiffahrt und Hydrographie, Hamburg,

Deutsches Schiffahrtsmuseum, Bremerhaven,

Werner Eubel, Port Elizabeth, Südafrika,

René Faille, Fontenay-aux-Roses, Frankreich,

Prof. Dr. Wolfgang Fallosch, Graz,

Dieter Jürgen Goldau, Hamburg,

Hafenbautechnische Gesellschaft, Hamburg,

Holmer Hoenck, Okahandja, Südwestafrika,

H. D. Huis, Voorburg, Niederlande,

Inventaire des Monuments d'Art et d'Historie du Canton de Genève,

Michael Karwin, Bremen,

Irmtrud Kita, Tokio,

Walter Lauterbach, Mainz,

Gottfried Lenz, Rio de Janeiro,

Armas Luige, Tallinn / Reval, Estland,

Arved Luts, Tartu / Dorpat, Estland,

Hans-Joachim Luttermann, Rostock,

Paul Eduard Mende, Wattenbek,

Peter Meyer-Ranke, Athen,

Dr. John Naish, Bristol, England,

J. W. Ockhorst, Den Haag,

Miguel Angel Sanchez Terry, Salou, Spanien,

Dieter Schmidt, Stuttgart,

Karl Rainer Spitzer, Solingen,

Gregor Ulsamer, Emden,

Ernst-Jürgen Vanselow, Hudson, Kanada,

Herbert Vogel, Essen,

Horst Wache, Hamburg,

Prof. Dr. Konrad von Weihe, Hamburg,

H. A. Williams, Johannesburg, Südafrika

Dr. Hans W. Zielinski, Kassel.

Zu Dank verpflichtet ist der Autor darüber hinaus den Schiffahrts- bzw. Leuchtfeuerverwaltungen folgender Länder und Gebiete, die Unterlagen zur Verfügung stellten oder bei deren Beschaffung halfen:

Argentinien: Armada Argentina, Servicio de Hidrografia Naval, Buenos Aires

Australien: Department of Transport, Maritime Safety Division, Canberra

Bahrain: Middle East Navigation Aids Service, Manama, z. Z. London

Belgien: Ministerie van Verkeerswezen -zeewezen, Ostende

Chile: Instituto Hidrografico de la Armada, Valparaiso

Cypern: Cyprus Ports Authority, Nicosia

Dänemark: Farvandsdirektoratet, Kopenhagen

Deutschland: Bundesverkehrsministerium, Bonn; Wasser- und Schiffahrtsdirektionen Aurich und Kiel mit ihren unterstellten Ämtern

England: Trinity House Lighthouse Service, London

Finnland: Merenkulkuhallitus, Helsinki

Frankreich: Service des Phares et Balises et le la Navigation, Bonneuil-sur-Marne

Griechenland: Hellenic Navy Lighthouse Service, Piräus

Hongkong: Marine Department, Hongkong

Indien: Department of Lighthouses & Lightships, New Delhi

Irland: Commissioners of Irish Lights, Dublin

Island: Vitastofnun Islands, Reykjavik

Israel: Ministry of Transport, Administration of Shipping and Ports, Haifa

Italien: Stato Maggiore della Marina, Ispettorato dei Fari e Signalamenti Marittimi, Rom

Jersey: Harbors Department, St. Helier

Kanada: Canadian coast Guard, Ottawa

Neuseeland: Ministry of Transport, Marine Division, Wellington

Niederlande: Direktoraat – Generaal Scheepvaart en Maritieme Zaken; Rijswijk

Norwegen: Kystdirektoratet, Oslo

Portugal: Ministerio da Marinha, Direcção de Farois, Lissabon-Oeiras

Schottland: Northern Lighthouse Board, Edinburgh

Schweden: Sjöfartsverket, Centralförwaltning, Norrköping

Singapur: Port of Singapore Authority

Spanien: Dirección General de Puertos y Señales Maritimas, Madrid

Südafrika: South African Transport Services, Johannesburg

Taiwan: Marine Department of Inspectorate General of Customs, Taipeh

Uruguay: Servicio de Oceanografia, Hidrografia y Meteorologia de la Marina, Montevideo

USA: U. S. Coast Guard, Washington, D. C.

Personen- und Sachregister

Leuchtturm-Index

Aufgeführt sind alle im Text erwähnten, abgebildeten und in Aufstellungen enthaltenen Exemplare (auf einigen Lageskizzen sind darüber hinaus weitere Feuer eingetragen)

130 m
120 m
110 m
100 m
90 m
80 m
70 m
60 m
50 m
40 m
30 m
20 m